公路工程施工项目试验管理手册

刘文胜　罗桂军　谢开武　主编
谭立新　主审

中国建筑工业出版社

图书在版编目（CIP）数据

公路工程施工项目试验管理手册/刘文胜，罗桂军，谢开武主编．—北京：中国建筑工业出版社，2017.6
ISBN 978-7-112-20397-0

Ⅰ.①公⋯ Ⅱ.①刘⋯②罗⋯③谢⋯ Ⅲ.①道路工程-工程施工-工程试验-指南 Ⅳ.①U415.1-62

中国版本图书馆CIP数据核字（2017）第026883号

本书包括：概述、法律法规及基础知识、工地试验室建设与管理、工程施工质量与试验检测控制方法等内容。文后还有附录。本书是一本全面、系统介绍公路工程施工项目试验管理及其应用经验的实用手册，汇集了公路工程试验管理最新现行法律法规、工地试验室建设与管理及工程施工质量与试验检测控制方法。

本书可供从事公路工程建设、施工、监理及质量监督部门的专业试验检测人员使用，也可供相关专业人员及大专院校师生使用。

责任编辑：胡明安
责任设计：李志立
责任校对：焦　乐　张　颖

公路工程施工项目试验管理手册

刘文胜　罗桂军　谢开武　主编
谭立新　主审

*

中国建筑工业出版社出版、发行（北京海淀三里河路9号）
各地新华书店、建筑书店经销
北京红光制版公司制版
北京圣夫亚美印刷有限公司印刷

*

开本：787×1092毫米　1/16　印张：45　字数：1120千字
2017年7月第一版　2017年7月第一次印刷
定价：140.00元（附网络下载）
ISBN 978-7-112-20397-0
（29927）

版权所有　翻印必究
如有印装质量问题，可寄本社退换
（邮政编码100037）

本书编写委员会

主　编：刘文胜　罗桂军　谢开武

单　位：中国建筑第五工程局有限公司

　　　　中建五局土木工程有限公司

参　编：胡石卫　舒　燕　邹　瑜　丁少华　宋鹏飞　廖纪明

　　　　钟世振　谢爱荣　刘　平　王　竺　刘　勇　杨　雄

　　　　赖美莲　黄长翠　何润华　罗　涛　姚　正　胡明德

　　　　罗光财　汪　玲　张红卫　吴　昊　苏汉斌　邱朝兴

主　审：谭立新

前 言

《公路工程施工项目试验管理手册》是由中国建筑第五工程局有限公司组织，中建五局土木工程有限公司实施编写并审定的公路工程施工技术标准化丛书之一。

项目试验管理是工程施工质量管理的重要组成部分，同时，也是工程施工质量控制和竣工验收评定工作中的重要环节。用科学、真实的试验检测数据指导工程建设和管理，真正做到"用数据说话、用科学的数据为工程建设质量保驾护航"。

由于公路建设工程大多数都位于远离城市、交通不便的偏僻偏远地方，为了加强工地现场质量管理的需要，须在工地现场设立临时试验室（又称工地试验室）。工地试验室随建设工程的开工而建立，伴随建设工程的结束而撤销。与城市里常设试验检测机构相比较，工地试验室具有临时性的特点，决定了机构及人员的不稳定，加大了现场管理难度。

工地试验室由取得《公路水运工程试验检测机构等级证书》（简称《等级证书》）的母体试验检测机构设立，其在工地现场所从事的试验检测业务范围必须是《等级证书》核定的试验检测业务范围，不能超出范围开展试验检测工作。工地试验室所提供的试验检测数据是工程建设现场质量控制和评判的重要基础数据来源，直接关系到工程质量和施工安全生产。

本手册是一本全面系统介绍公路工程施工项目试验室标准化建设、试验管理和试验检测控制的实用手册，汇集了公路工程试验管理最新现行法律法规、工地试验室建设与管理以及工程施工质量与试验检测控制方法。本手册共分 4 章，主要内容包括：第 1 章为概述；第 2 章为法律法规及基础知识；第 3 章为工地试验室建设与管理；第 4 章为工程施工质量与试验检测控制方法等内容。

本手册是根据国家现行有关法律法规及交通规范性文件的管理要求，以我国公路工程现行试验规程、施工技术规范和工程质量检验评定标准为基础，并结合编者二十多年的公路工程施工试验管理经验总结编写而成。该手册理论联系实际，注重实用性和可实施性，内容新颖、全面，文字通俗易懂。本手册既可供从事公路建设、施工、监理单位以及质量监督部门的专业试验检测技术人员学习和使用参考，也可供参加公路水运工程试验检测专业技术人员职业资格考试的备考人员以及高校相关专业师生参考。

本手册由刘文胜、罗桂军、谢开武担任主编。刘文胜主要负责编写第 1 章、第 3 章，并负责全书的统稿工作；第 2 章主要由罗桂军编写；第 4 章主要由谢开武编写；胡石卫、舒燕、邹瑜、丁少华、宋鹏飞、廖纪明、钟世振、谢爱荣、刘平、王竺、刘勇、杨雄、赖美莲、黄长翠、何润华、罗涛、姚正、胡明德、汪玲、罗光财、张红卫、吴昊、苏汉斌、邱朝兴等分别参与了本手册部分内容的编写工作。中建五局总工程师谭立新对本书进行了审阅，并提出了宝贵的意见和建议。本手册在编写过程中得到了交通运输部公路科学研究院专家成员包左军先生、全国交通工程设施（公路）标准化技术委员会委员韩文元先生的大力支持，也得到了解先荣、陈建勋、马建秦、张超、郑南翔、王建设、顾龙芳的大力帮助，也得到了中国建筑工业出版社的大力帮助，在此表示感谢。

由于公路工程建设发展迅猛，工程施工质量管理和试验检测水平不断提升，工程施工技术规范及验收标准处于集中更新期，加之编者水平有限，书中难免存在一些疏漏和错误，敬请专家和读者批评指正，并提出宝贵意见。

罗桂军
2016 年 12 月 25 日

目 录

第1章 概述 1
1.1 公路工程试验检测历史沿革 1
1.1.1 历史阶段划分 1
1.1.2 法规建设的历史渊源 1
1.2 公路工程试验检测的作用和特点 2
1.2.1 公路工程试验检测的作用 2
1.2.2 公路工程试验检测的特点 3

第2章 法律法规及基础知识 4
2.1 公路工程试验检测管理的相关法律法规 4
2.1.1 计量法及计量法实施细则 4
2.1.2 标准化法及标准化法实施条例 12
2.1.3 产品质量法 22
2.1.4 建设工程质量管理条例 29
2.1.5 公路工程竣（交）工验收办法及实施细则 37
2.2 公路水运工程试验检测管理 46
2.2.1 《公路水运工程试验检测管理办法》简介 46
2.2.2 公路水运工程试验检测机构等级标准和等级评定程序 49
2.2.3 公路水运工程试验检测机构和人员信用评价 57
2.2.4 公路水运工程工地试验室管理 65
2.2.5 公路水运工程试验检测机构的换证管理 68
2.2.6 公路水运工程试验检测专业技术人员继续教育 70
2.2.7 公路水运工程试验检测的安全管理 72
2.2.8 公路水运工程试验检测规范管理 75
2.3 检验检测机构资质认定管理办法及评审准则 77
2.3.1 《检验检测机构资质认定管理办法》简介 77
2.3.2 《检验检测机构资质认定评审准则》简介 82
2.3.3 管理体系文件的编写 103
2.3.4 《检测和校准实验室能力认可准则》的运用 110
2.3.5 资质认定形式的区别 112
2.3.6 资质认定与交通等级印章的含义与使用 114
2.4 公路水运工程试验检测专业技术人员职业资格管理 116

- 2.4.1 职业资格考试专业、科目设置及考试方式 …… 116
- 2.4.2 历次证书专业划分 …… 117
- 2.4.3 职业资格考试及证书管理 …… 118
- 2.5 职业道德教育 …… 120
  - 2.5.1 《质量发展纲要（2011～2020年）》有关内容 …… 120
  - 2.5.2 职业道德 …… 123
- 2.6 试验检测常用术语和定义 …… 126
  - 2.6.1 试验检测管理术语 …… 126
  - 2.6.2 试验检测技术术语 …… 127
- 2.7 计量基础、设备检定管理和法定计量单位 …… 131
  - 2.7.1 计量基本概念 …… 131
  - 2.7.2 计量管理体系的主要组成 …… 136
  - 2.7.3 计量检定基本知识 …… 141
  - 2.7.4 设备检定、校准及自校（验） …… 142
  - 2.7.5 校准结果的确认及运用 …… 151
  - 2.7.6 校准数据的线性回归 …… 154
  - 2.7.7 期间核查的方法 …… 157
  - 2.7.8 国际单位制 …… 162
  - 2.7.9 SI单位及其倍数单位的应用 …… 166
  - 2.7.10 SI基本单位的定义 …… 168
- 2.8 抽样检验和极限数值 …… 168
  - 2.8.1 基本概念 …… 168
  - 2.8.2 抽样检验 …… 170
  - 2.8.3 交通工程设施抽样检验技术 …… 175
  - 2.8.4 极限数值的表示和判定 …… 176
- 2.9 试验检测数据处理 …… 180
  - 2.9.1 数字的处理 …… 180
  - 2.9.2 统计技术基础 …… 184
  - 2.9.3 可疑数据的剔除 …… 188
  - 2.9.4 数据的表达方法和数据分析 …… 191
  - 2.9.5 常用数理统计工具 …… 193
  - 2.9.6 测量误差 …… 195
  - 2.9.7 测量不确定度 …… 197
- 2.10 试验检测记录表和报告编制 …… 199
  - 2.10.1 试验检测记录表编制 …… 199
  - 2.10.2 试验检测报告编制 …… 203
- 2.11 能力验证与质量控制 …… 207
  - 2.11.1 能力验证的基本概念 …… 207
  - 2.11.2 能力验证计划的设计与运作 …… 212

目 录

    2.11.3 数据分析、统计方法和报告 …………………………………………… 217
    2.11.4 与参加者的沟通、保密 ………………………………………………… 223
    2.11.5 能力验证的利用 ………………………………………………………… 224
    2.11.6 质量控制 ………………………………………………………………… 225
  2.12 单位、分部及分项工程的划分 ………………………………………………… 229
  2.13 公路工程质量检验评定方法 …………………………………………………… 232
    2.13.1 工程质量评分 …………………………………………………………… 232
    2.13.2 工程质量等级评定 ……………………………………………………… 235

第3章 工地试验室建设与管理 ……………………………………………………… 236

  3.1 基本要求 …………………………………………………………………………… 236
  3.2 机构设置 …………………………………………………………………………… 236
  3.3 工地试验室建设 …………………………………………………………………… 237
    3.3.1 驻地建设 ………………………………………………………………… 237
    3.3.2 信息化管理 ……………………………………………………………… 244
    3.3.3 人员配备 ………………………………………………………………… 246
    3.3.4 设备配置 ………………………………………………………………… 249
    3.3.5 体系和文化建设 ………………………………………………………… 250
  3.4 工地试验室管理 …………………………………………………………………… 250
    3.4.1 人员管理 ………………………………………………………………… 250
    3.4.2 设备管理 ………………………………………………………………… 251
    3.4.3 环境管理 ………………………………………………………………… 251
    3.4.4 档案管理 ………………………………………………………………… 251
    3.4.5 样品管理 ………………………………………………………………… 252
    3.4.6 外委管理 ………………………………………………………………… 253
    3.4.7 其他要求 ………………………………………………………………… 254
    3.4.8 能力核验和建设验收 …………………………………………………… 254
  3.5 制度建设条例 ……………………………………………………………………… 257
    3.5.1 工地试验室工作职责 …………………………………………………… 257
    3.5.2 主要岗位人员职责 ……………………………………………………… 258
    3.5.3 母体试验检测机构对工地试验室的监督管理制度 ………………… 262
    3.5.4 母体试验检测机构对工地试验室授权负责人的监督管理制度 …… 262
    3.5.5 工地试验室管理制度 …………………………………………………… 263
    3.5.6 工地（总部）试验室对分部试验室的管理制度 …………………… 264
    3.5.7 信息化管理制度 ………………………………………………………… 264
    3.5.8 安全生产管理制度 ……………………………………………………… 265
    3.5.9 工作环境管理制度 ……………………………………………………… 266
    3.5.10 试验检测质量保证制度 ……………………………………………… 266
    3.5.11 学习考核制度 ………………………………………………………… 267

3.5.12 公章管理制度 ………………………………………………………… 267
3.5.13 仪器设备管理制度 ……………………………………………………… 267
3.5.14 仪器设备、计量器具的检定/校准制度 ………………………………… 268
3.5.15 检测事故分析报告制度 ………………………………………………… 268
3.5.16 不合格品报告制度 ……………………………………………………… 268
3.5.17 异常数据当日报告制度 ………………………………………………… 269
3.5.18 自检公示制度 …………………………………………………………… 269
3.5.19 档案资料管理制度 ……………………………………………………… 270
3.5.20 文件、标准、规范及试验规程受控管理制度 ………………………… 270
3.5.21 试验检测原始记录管理制度 …………………………………………… 272
3.5.22 试验检测报告审核签发管理制度 ……………………………………… 272
3.5.23 外委试验管理制度 ……………………………………………………… 273
3.5.24 抽样、见证取样及送检制度 …………………………………………… 273
3.5.25 样品管理制度 …………………………………………………………… 274
3.5.26 现场检测管理制度 ……………………………………………………… 274
3.5.27 化学药品管理制度 ……………………………………………………… 277
3.5.28 废弃物品管理制度 ……………………………………………………… 277
3.5.29 试验痕迹保留制度 ……………………………………………………… 278
3.5.30 力学室工作制度 ………………………………………………………… 279
3.5.31 混凝土室工作制度 ……………………………………………………… 281
3.5.32 标准养护室管理制度 …………………………………………………… 282
3.5.33 土工室工作制度 ………………………………………………………… 282
3.5.34 集料室工作制度 ………………………………………………………… 282
3.5.35 水泥室工作制度 ………………………………………………………… 283
3.5.36 化学分析室管理制度 …………………………………………………… 283
3.6 工地试验室管理体系与运行控制 …………………………………………… 283
　3.6.1 管理体系文件 …………………………………………………………… 283
　3.6.2 质量保证体系 …………………………………………………………… 286
　3.6.3 试验检测工作质量控制 ………………………………………………… 288
　3.6.4 仪器设备管理 …………………………………………………………… 331
　3.6.5 试验检测结果质量控制 ………………………………………………… 347
　3.6.6 能力验证计划、实施、统计及评价 …………………………………… 348
　3.6.7 人员培训及资格考核 …………………………………………………… 349
　3.6.8 工地试验室内部审核 …………………………………………………… 353
　3.6.9 工地试验室监督检查 …………………………………………………… 355
　3.6.10 工地试验室绩效考核 ………………………………………………… 359
3.7 工地试验室资质管理与信用评价 …………………………………………… 363
　3.7.1 资质管理 ………………………………………………………………… 363
　3.7.2 信用评价 ………………………………………………………………… 364

目 录

3.8 常见疑难问题解析 ··· 366

第4章 工程施工质量与试验检测控制方法 ····································· 376

4.1 材料试验 ·· 376
    4.1.1 路基工程 ·· 376
    4.1.2 路面工程 ·· 377
    4.1.3 桥梁、涵洞工程 ·· 383
    4.1.4 隧道工程 ·· 386
    4.1.5 交通安全设施工程 ··· 392
    4.1.6 机电工程 ·· 393
4.2 试验路段 ·· 395
4.3 施工质量检测 ·· 395
    4.3.1 路基工程 ·· 395
    4.3.2 路面工程 ·· 408
    4.3.3 桥梁、涵洞工程 ·· 417
    4.3.4 隧道工程 ·· 420
    4.3.5 交通安全设施工程 ··· 428
    4.3.6 机电工程 ·· 431
4.4 交（竣）工验收检测 ·· 457
    4.4.1 概述 ··· 457
    4.4.2 交（竣）工验收 ·· 458
    4.4.3 公路工程质量鉴定办法 ··· 458
4.5 工程完工后的试验管理工作 ·· 466
    4.5.1 试验竣工资料编制 ··· 466
    4.5.2 试验总结 ·· 479
4.6 常见疑难问题解析 ··· 480

附录1 公路水运工程试验检测管理办法 ··· 507

附录2 关于公布《公路水运工程试验检测机构等级标准》及《公路水运工程试验检测机构等级评定程序》的通知 ··· 513

附录3 公路水运工程试验检测信用评价办法（试行） ··························· 566

附录4 试验检测机构及人员信用评价程序及时间 ································· 579

附录5 关于进一步加强公路水运工程工地试验室管理工作的意见 ············ 580

附录6 公路水运工程试验检测机构换证复核细则 ································· 593

附录7 公路水运工程试验检测人员继续教育办法（试行） ····················· 626

附录8 公路水运工程安全生产监督管理办法 ······································ 629

附录9 关于进一步加强和规范公路水运工程试验检测工作的若干意见 … 636

附录10 《公路水运工程试验检测专业技术人员职业资格制度规定》和《公路水运工程试验检测专业技术人员职业资格考试实施办法》 … 638

附录11 检验检测机构资质认定管理办法 … 642

附录12 检验检测机构资质认定评审准则 … 649

附录13 检测和校准实验室能力认可准则 … 656

附录14 质量发展纲要（2011—2020年） … 677

附录15 工地试验室常用仪器设备自校规程 … 689

附录16 工地试验室常用仪器设备（标准物质）期间核查规程 … 692

参考文献 … 702

第1章 概 述

质量是在工程施工过程中形成的,从工程开工前材料采购开始,质量就已经形成。质量控制要从头到尾控制、持续改进;质量是项目全体员工参与;是全过程的质量。工程项目质量管理水平的高低将直接影响到施工企业的经济效益。在施工过程中必须严把过程质量关,做到事前预防、事中控制、事后纠正的质量管控原则,使工程质量管理走向现代化、规范化、科学化的道路。

1.1 公路工程试验检测历史沿革

质量是工程的生命,试验检测是工程质量的重要组成部分,是工程质量科学管理的重要手段。伴随着公路工程建设的发展,试验检测也得到了较快发展,从业人员的数量和素质都有较大提高,试验检测在质量控制、评定中的作用得到充分发挥。

1.1.1 历史阶段划分

我国公路工程试验检测起源于20世纪80年代。由于当时设备简陋,试验规范标准不全,施工质量控制大多凭经验,试验数据很少,行业管理尚未形成体系。

直到20世纪90年代,国家为了加快经济的发展,交通建设投资规模急速增加。随着高速公路的建设发展,规范标准的逐步完善,质量意识的不断提高,公路工程试验检测数据已成为交(竣)工验收评定的依据,试验检测工作在质量控制方面的重要性日益显现,人们对试验检测工作的重视程度得到提高。

2005年《公路水运工程试验检测管理办法》(交通部令2005年第12号)颁布;2016年12月22日交通运输部发布《公路水运工程试验检测管理办法》(修正)(交通运输部令2016年第80号),标志着公路工程试验检测重新起步并快速发展。

发展至今,法规制度逐步建立、管理手段逐渐强化、市场规模逐步扩大,管理部门和参建各方对试验检测更加重视,试验检测行业管理水平稳步提升,管理成效突出。

1.1.2 法规建设的历史渊源

为加强对公路工程试验检测人员的管理,提高公路工程试验检测工作质量,实现检测数据对工程施工的质量控制和指导,交通运输部工程质量监督局于1997年先后颁布了《公路工程试验检测机构资质管理暂行办法》、《公路水运工程试验检测人员资质管理暂行办法》、《公路水运工程试验检测人员资质培训管理暂行办法》等规范性文件,启动了对试验检测机构和人员的管理工作。这些管理规定的出台,初步建立了公路工程试验检测管理法规体系,这对于尚处于起步阶段的公路试验检测机构和人员的规范管理,起到了很好的指导作用,增强了人们对试验检测工作管理必要性的认识。

2002年交通运输部出台了《水运工程试验检测机构资质管理办法》（交通部令2002年第4号），将水运检测机构类别分为材料和结构。材料设置甲乙丙三个等级，结构分为甲乙等级，对从事水运工程试验检测的机构和人员做出了规定，在人员数量、设备配置、检测环境等方面提出了相应的要求。

2005年交通运输部颁布了《公路水运工程试验检测管理办法》（交通部令2005年第12号）。该《办法》首次将公路水运检测要求进行了统一，建立了公路水运检测机构的等级评定制度，根据检测机构的能力水平实施等级管理，同时明确能力等级划分原则以保证检测机构能胜任与所从事的公路水运工程规定的试验检测参数相适应为准。为了贯彻实施办法，出台了《公路水运工程试验检测机构等级标准》及《公路水运工程试验检测机构等级评定程序》。

由于交通建设工程大都在远离城市、交通不便的地方，为了满足工地现场检测的需要，必须设立工地试验室，通过工地试验室的检测，实现对在建工程质量的控制。工地试验室的出现，在方便工地现场检测的同时，也给试验检测的管理工作提出了更高的要求。

2016年12月22日交通运输部发布《公路水运工程试验检测管理办法》（修正）（交通运输部令2016年第80号），该《管理办法》（修正）第30条规定：取得《等级证书》的检测机构，可设立工地临时试验室，承担相应公路水运工程试验检测业务，并对其试验检测结果承担责任。

为加强公路水运工程试验检测专业技术人员队伍建设，提高试验检测专业技术人员素质，人力资源社会保障部联合交通运输部于2015年6月23日出台了《公路水运工程试验检测专业技术人员职业资格制度规定》和《公路水运工程试验检测专业技术人员职业资格考试实施办法》（人社部发【2015】59号）规定："公路水运工程试验检测专业技术人员职业资格分为助理试验检测师和试验检测师2个级别。助理试验检测师和试验检测师职业资格实行考试的评价方式。评价结果与工程系列相应级别职称有效衔接，为用人单位科学使用公路水运工程试验检测专业技术人才提供依据"。

通过公路水运工程助理试验检测师和试验检测师职业资格考试，取得公路水运工程试验检测职业资格证书，且符合《工程技术人员职务试行条例》中助理工程师或者工程师任职条件的人员，用人单位可根据工作需要聘任其相应级别工程专业技术职务。

1.2 公路工程试验检测的作用和特点

1.2.1 公路工程试验检测的作用

质量是工程建设的永恒主题，是工程的生命，更是交通行业的生命。我国公路工程建设正处于跨越式发展时期，随着建设规模的持续扩大，建设速度的不断提高，如何保证建设工程的质量已成为我们面临的紧迫而又重要的课题。

规模庞大的公路工程是人类技术、经验、智慧的结晶，是科学的产物。公路建设工程大部分是属于隐蔽工程，只能用科学的技术、先进的仪器设备和经验丰富的人员才能对工程质量的好坏进行科学的判定。公路基本建设关系到国家经济的快速发展与人民群众生命财产的安全，更应贯彻落实科学发展观，用科学、真实的数据指导工程建设和管理工作，真正做到"用数据说话,用科学的数据为工程建设质量保驾护航"。

试验检测贯穿于公路工程的始终,从设计初期的地质勘察到施工建设再延伸到使用中的监控养护,均离不开试验检测。设计需要地质勘察的数据为其设计方案提供依据,施工建设工程中的质量控制需要对所用材料的质量进行检测,避免使用不合格的材料,同时对已完工的工程实体进行检测,确保工程的实体质量满足规范要求。试验检测是工程建设中,质量、进度、费用三大控制的重要手段,通过试验检测,可以合理地选择原材料,优化原材料的组合,提高工程质量,降低建设成本,节约工程造价;通过试验检测,可以确定新材料的使用品质,为提升新材料的质量提供技术支撑,为发展新技术作出贡献;通过试验检测,可以不断改进施工工艺,优化施工流程,保障施工质量;通过试验检测,可以确定工程内在质量和外观质量,验证施工与设计的一致性,及时发现、消除工程质量隐患,为保证工程质量奠定基础;通过试验检测,还可以为分析工程质量事故的原因提供佐证,为实事求是地处理工程质量事故提供科学依据。可以说,试验检测工作是推进技术进步的先导,是加强质量管理的先行,是严格质量把关的重要关口,也是质量优劣评定的重要依据。

1.2.2 公路工程试验检测的特点

公路工程试验检测不仅具有点多、线长、面广、规模大、周期长的特点,而且更具有专业性、技术性、实际操作性非常强,涉及的试验检测方法种类、所使用的仪器设备类型繁多等特点。试验检测人员通常需要根据读取的数据,进行综合分析处理,工作经验就显得尤为重要,试验检测人员素质的高低将直接影响到最终结果的判断。

第 2 章 法律法规及基础知识

2.1 公路工程试验检测管理的相关法律法规

2.1.1 计量法及计量法实施细则

2.1.1.1 中华人民共和国计量法

《中华人民共和国计量法》（2015 年第 3 次修正）（1985 年 9 月 6 日第六届全国人民代表大会常务委员会第十二次会议通过；根据 2009 年 8 月 27 日第十一届全国人民代表大会常务委员会第十次会议《关于修改部分法律的决定》第一次修正；根据 2013 年 12 月 28 日第十二届全国人民代表大会常务委员会第六次会议《关于修改〈中华人民共和国海洋环境保护法〉等七部法律的决定》第二次修正；根据 2015 年 4 月 24 日第十二届全国人民代表大会常务委员第十四次会议《关于修改〈中华人民共和国计量法〉等五部法律的决定》第三次修正）。

由总则、计量基准器具、计量标准器具和计量检定、计量器具管理、计量监督、法律责任和附则 6 部分组成。

1. 总则

第一条 为了加强计量监督管理，保障国家计量单位制的统一和量值的准确可靠，有利于生产、贸易和科学技术的发展，适应社会主义现代化建设的需要，维护国家、人民的利益，制定本法。

第二条 在中华人民共和国境内，建立计量基准器具、计量标准器具，进行计量检定，制造、修理、销售、使用计量器具，必须遵守本法。

第三条 国家采用国际单位制。

国际单位制计量单位和国家选定的其他计量单位，为国家法定计量单位。国家法定计量单位的名称、符号由国务院公布。

非国家法定计量单位应当废除。废除的办法由国务院制定。

第四条 国务院计量行政部门对全国计量工作实施统一监督管理。

县级以上地方人民政府计量行政部门对本行政区域内的计量工作实施监督管理。

2. 计量基准器具、计量标准器具和计量检定

第五条 国务院计量行政部门负责建立各种计量基准器具，作为统一全国量值的最高依据。

第六条 县级以上地方人民政府计量行政部门根据本地区的需要，建立社会公用计量标准器具，经上级人民政府计量行政部门主持考核合格后使用。

第七条 国务院有关主管部门和省、自治区、直辖市人民政府有关主管部门，根据本

部门的特殊需要，可以建立本部门使用的计量标准器具，其各项最高计量标准器具经同级人民政府计量行政部门主持考核合格后使用。

第八条 企业、事业单位根据需要，可以建立本单位使用的计量标准器具，其各项最高计量标准器具经有关人民政府计量行政部门主持考核合格后使用。

第九条 县级以上人民政府计量行政部门对社会公用计量标准器具，部门和企业、事业单位使用的最高计量标准器具，以及用于贸易结算、安全防护、医疗卫生、环境监测方面的列入强制检定目录的工作计量器具，实行强制检定。未按照规定申请检定或者检定不合格的，不得使用。实行强制检定的工作计量器具的目录和管理办法，由国务院制定。

对前款规定以外的其他计量标准器具和工作计量器具，使用单位应当自行定期检定或者送其他计量检定机构检定，县级以上人民政府计量行政部门应当进行监督检查。

第十条 计量检定必须按照国家计量检定系统表进行。国家计量检定系统表由国务院计量行政部门制定。

计量检定必须执行计量检定规程。国家计量检定规程由国务院计量行政部门制定。没有国家计量检定规程的，由国务院有关主管部门和省、自治区、直辖市人民政府计量行政部门分别制定部门计量检定规程和地方计量检定规程。

第十一条 计量检定工作应当按照经济合理的原则，就地就近进行。

3. 计量器具管理

第十二条 制造、修理计量器具的企业、事业单位，必须具备与所制造、修理的计量器具相适应的设施、人员和检定仪器设备，经县级以上人民政府计量行政部门考核合格，取得《制造计量器具许可证》或者《修理计量器具许可证》。

第十三条 制造计量器具的企业、事业单位生产本单位未生产过的计量器具新产品，必须经省级以上人民政府计量行政部门对其样品的计量性能考核合格，方可投入生产。

第十四条 未经省、自治区、直辖市人民政府计量行政部门批准，不得制造、销售和进口国务院规定废除的非法定计量单位的计量器具和国务院禁止使用的其他计量器具。

第十五条 制造、修理计量器具的企业、事业单位必须对制造、修理的计量器具进行检定，保证产品计量性能合格，并对合格产品出具产品合格证。

县级以上人民政府计量行政部门应当对制造、修理的计量器具的质量进行监督检查。

第十六条 使用计量器具不得破坏其准确度，损害国家和消费者的利益。

第十七条 个体工商户可以制造、修理简易的计量器具。

制造、修理计量器具的个体工商户，必须经县级人民政府计量行政部门考核合格，发给《制造计量器具许可证》或者《修理计量器具许可证》。

个体工商户制造、修理计量器具的范围和管理办法，由国务院计量行政部门制定。

4. 计量监督

第十八条 县级以上人民政府计量行政部门，根据需要设置计量监督员。计量监督员管理办法，由国务院计量行政部门制定。

第十九条 县级以上人民政府计量行政部门可以根据需要设置计量检定机构，或者授权其他单位的计量检定机构，执行强制检定和其他检定、测试任务。

执行前款规定的检定、测试任务的人员，必须经考核合格。

第二十条 处理因计量器具准确度所引起的纠纷，以国家计量基准器具或者社会公用计量标准器具检定的数据为准。

第二十一条　为社会提供公证数据的产品质量检验机构，必须经省级以上人民政府计量行政部门对其计量检定、测试的能力和可靠性考核合格。

5. 法律责任

第二十二条　未取得《制造计量器具许可证》、《修理计量器具许可证》制造或者修理计量器具的，责令停止生产、停止营业，没收违法所得，可以并处罚款。

第二十三条　制造、销售未经考核合格的计量器具新产品的，责令停止制造、销售该种新产品，没收违法所得，可以并处罚款。

第二十四条　制造、修理、销售的计量器具不合格的，没收违法所得，可以并处罚款。

第二十五条　属于强制检定范围的计量器具，未按照规定申请检定或者检定不合格继续使用的，责令停止使用，可以并处罚款。

第二十六条　使用不合格的计量器具或者破坏计量器具准确度，给国家和消费者造成损失的，责令赔偿损失，没收计量器具和违法所得，可以并处罚款。

第二十七条　制造、销售、使用以欺骗消费者为目的的计量器具的，没收计量器具和违法所得，处以罚款；情节严重的，并对个人或者单位直接责任人员依照刑法有关规定追究刑事责任。

第二十八条　违反本法规定，制造、修理、销售的计量器具不合格，造成人身伤亡或者重大财产损失的，依照刑法有关规定，对个人或者单位直接责任人员追究刑事责任。

第二十九条　计量监督人员违法失职，情节严重的，依照《刑法》有关规定追究刑事责任；情节轻微的，给予行政处分。

第三十条　本法规定的行政处罚，由县级以上地方人民政府计量行政部门决定。本法第二十七条规定的行政处罚，也可以由工商行政管理部门决定。

第三十一条　当事人对行政处罚决定不服的，可以在接到处罚通知之日起十五日内向人民法院起诉；对罚款、没收违法所得的行政处罚决定期满不起诉又不履行的，由作出行政处罚决定的机关申请人民法院强制执行。

6. 附则

第三十二条　中国人民解放军和国防科技工业系统计量工作的监督管理办法，由国务院、中央军事委员会依据本法另行制定。

第三十三条　国务院计量行政部门根据本法制定实施细则，报国务院批准施行。

第三十四条　本法自一九八六年七月一日起施行。

2.1.1.2　中华人民共和国计量法实施细则

《中华人民共和国计量法实施细则》（根据《国务院关于修改部分行政法规的决定》（2016年2月6日国务院令第666号）修改），由总则、计量基准器具和计量标准器具、计量检定、计量器具的制造和修理、计量器具的销售和使用、计量监督、产品质量检验机构的计量认证、计量调解和仲裁检定、费用、法律责任和附则11部分组成。

1. 总则

第一条　根据《中华人民共和国计量法》的规定，制定本细则。

第二条　国家实行法定计量单位制度。国家法定计量单位的名称、符号和非国家法定计量单位的废除办法,按照国务院关于在我国统一实行法定计量单位的有关规定执行。

第三条 国家有计划地发展计量事业,用现代计量技术装备各级计量检定机构,为社会主义现代化建设服务,为工农业生产、国防建设、科学实验、国内外贸易以及人民的健康、安全提供计量保证,维护国家和人民的利益。

2. 计量基准器具和计量标准器具

第四条 计量基准器具(简称计量基准,下同)的使用必须具备下列条件:

(一)经国家鉴定合格;

(二)具有正常工作所需要的环境条件;

(三)具有称职的保存、维护、使用人员;

(四)具有完善的管理制度。

符合上述条件的,经国务院计量行政部门审批并颁发计量基准证书后,方可使用。

第五条 非经国务院计量行政部门批准,任何单位和个人不得拆卸、改装计量基准,或者自行中断其计量检定工作。

第六条 计量基准的量值应当与国际上的量值保持一致。国务院计量行政部门有权废除技术水平落后或者工作状况不适应需要的计量基准。

第七条 计量标准器具(简称计量标准,下同)的使用,必须具备下列条件:

(一)经计量检定合格;

(二)具有正常工作所需要的环境条件;

(三)具有称职的保存、维护、使用人员;

(四)具有完善的管理制度。

第八条 社会公用计量标准对社会上实施计量监督具有公证作用。县级以上地方人民政府计量行政部门建立的本行政区域内最高等级的社会公用计量标准,须向上一级人民政府计量行政部门申请考核;其他等级的,由当地人民政府计量行政部门主持考核。

经考核符合本细则第七条规定条件并取得考核合格证的,由当地县级以上人民政府计量行政部门审批颁发社会公用计量标准证书后,方可使用。

第九条 国务院有关主管部门和省、自治区、直辖市人民政府有关主管部门建立的本部门各项最高计量标准,经同级人民政府计量行政部门考核,符合本细则第七条规定条件并取得考核合格证的,由有关主管部门批准使用。

第十条 企业、事业单位建立本单位各项最高计量标准,须向与其主管部门同级的人民政府计量行政部门申请考核。乡镇企业向当地县级人民政府计量行政部门申请考核。经考核符合本细则第七条规定条件并取得考核合格证的,企业、事业单位方可使用,并向其主管部门备案。

3. 计量检定

第十一条 使用实行强制检定的计量标准的单位和个人,应当向主持考核该项计量标准的有关人民政府计量行政部门申请周期检定。

使用实行强制检定的工作计量器具的单位和个人,应当向当地县(市)级人民政府计量行政部门指定的计量检定机构申请周期检定。当地不能检定的,向上一级人民政府计量行政部门指定的计量检定机构申请周期检定。

第十二条 企业、事业单位应当配备与生产、科研、经营管理相适应的计量检测设施，制定具体的检定管理办法和规章制度，规定本单位管理的计量器具明细目录及相应的检定周期，保证使用的非强制检定的计量器具定期检定。

第十三条 计量检定工作应当符合经济合理、就地就近的原则，不受行政区划和部门管辖的限制。

4. 计量器具的制造和修理

第十四条 企业、事业单位申请办理《制造计量器具许可证》，由与其主管部门同级的人民政府计量行政部门进行考核；乡镇企业由当地县级人民政府计量行政部门进行考核。经考核合格，取得《制造计量器具许可证》的，准予使用国家统一规定的标志，有关主管部门方可批准生产。

第十五条 对社会开展经营性修理计量器具的企业、事业单位，办理《修理计量器具许可证》，可直接向当地县（市）级人民政府计量行政部门申请考核。当地不能考核的，可以向上一级地方人民政府计量行政部门申请考核。经考核合格取得《修理计量器具许可证》的，方可准予使用国家统一规定的标志和批准营业。

第十六条 制造、修理计量器具的个体工商户，须在固定的场所从事经营。申请《制造计量器具许可证》或者《修理计量器具许可证》按照本细则第十五条规定的程序办理。凡易地经营的，须经所到地方的人民政府计量行政部门验证核准。

第十七条 对申请《制造计量器具许可证》和《修理计量器具许可证》的企业、事业单位和个体工商户进行考核的内容为：

（一）生产设施；

（二）出厂检定条件；

（三）人员的技术状况；

（四）有关技术文件和计量规章制度。

第十八条 凡制造在全国范围内从未生产过的计量器具新产品，必须经过定型鉴定。定型鉴定合格后，应当履行型式批准手续，颁发证书。在全国范围内已经定型，而本单位未生产过的计量器具新产品，应当进行样机试验，样机试验合格后，发给合格证书。凡未经型式批准或者未取得样机试验合格证书的计量器具，不准生产。

第十九条 计量器具新产品定型鉴定，由国务院计量行政部门授权的技术机构进行；样机试验由所在地方的省级人民政府计量行政部门授权的技术机构进行。

计量器具新产品的型式由当地省级人民政府计量行政部门批准。省级人民政府计量行政部门批准的型式，经国务院计量行政部门审核同意后，作为全国通用型式。

第二十条 申请计量器具新产品定型鉴定和样机试验的单位，应当提供新产品样机及有关技术文件、资料。

负责计量器具新产品定型鉴定和样机试验的单位，对申请单位提供的样机和技术文件、资料必须保密。

第二十一条 对企业、事业单位制造、修理计量器具的质量，各有关主管部门应当加强管理，县级以上人民政府计量行政部门有权进行监督检查，包括抽检和监督试验。凡无产品合格印、证，或者经检定不合格的计量器具，不准出厂。

5. 计量器具的销售和使用

第二十二条 外商在中国销售计量器具，须比照本细则第十八条的规定向国务院计量行政部门申请型式批准。

第二十三条 县级以上地方人民政府计量行政部门对当地销售的计量器具实施监督检查。凡没有产品合格印、证和《制造计量器具许可证》标志的计量器具不得销售。

第二十四条 任何单位和个人不得经营销售残次计量器具零配件，不得使用残次零配件组装和修理计量器具。

第二十五条 任何单位和个人不准在工作岗位上使用无检定合格印、证或者超过检定周期以及经检定不合格的计量器具。在教学示范中使用计量器具不受此限。

6. 计量监督

第二十六条 国务院计量行政部门和县级以上地方人民政府计量行政部门监督和贯彻实施计量法律、法规的职责是：

（一）贯彻执行国家计量工作的方针、政策和规章制度、推行国家法定计量单位；

（二）制定和协调计量事业的发展规划，建立计量基准和社会公用计量标准，组织量值传递；

（三）对制造、修理、销售、使用计量器具实施监督；

（四）进行计量认证，组织仲裁检定，调解计量纠纷；

（五）监督检查计量法律、法规的实施情况，对违反计量法律、法规的行为，按照本细则的有关规定进行处理。

第二十七条 县级以上人民政府计量行政部门的计量管理人员，负责执行计量监督、管理任务；计量监督员负责在规定的区域、场所巡回检查，并可根据不同情况在规定的权限内对违反计量法律、法规的行为，进行现场处理，执行行政处罚。

计量监督员必须经考核合格后，由县级以上人民政府计量行政部门任命并颁发监督员证件。

第二十八条 县级以上人民政府计量行政部门依法设置的计量检定机构，为国家法定计量检定机构。其职责是：负责研究建立计量基准、社会公用计量标准，进行量值传递，执行强制检定和法律规定的其他检定、测试任务，起草技术规范，为实施计量监督提供技术保证，并承办有关计量监督工作。

第二十九条 国家法定计量检定机构的计量检定人员，必须经县级以上地方人民政府计量行政部门考核合格，并取得计量检定证件。其他单位的计量检定人员，由其主管部门考核发证。无计量检定证件的，不得从事计量检定工作。

计量检定人员的技术职务系列，由国务院计量行政部门会同有关主管部门制定。

第三十条 县级以上人民政府计量行政部门可以根据需要，采取以下形式授权其他单位的计量检定机构和技术机构，在规定的范围内执行强制检定和其他检定、测试任务：

（一）授权专业性或区域性计量检定机构，作为法定计量检定机构；

（二）授权建立社会公用计量标准；

（三）授权某一部门或某一单位的计量检定机构，对其内部使用的强制检定计量器具执行强制检定；

（四）授权有关技术机构，承担法律规定的其他检定、测试任务。

第三十一条 根据本细则第三十条规定被授权的单位，应当遵守下列规定：

（一）被授权单位执行检定、测试任务的人员，必须经授权单位考核合格；

(二）被授权单位的相应计量标准，必须接受计量基准或者社会公用计量标准的检定；

（三）被授权单位承担授权的检定、测试工作，须接受授权单位的监督；

（四）被授权单位成为计量纠纷中当事人一方时，在双方协商不能自行解决的情况下，由县级以上有关人民政府计量行政部门进行调解和仲裁检定。

7. 产品质量检验机构的计量认证

第三十二条 为社会提供公证数据的产品质量检验机构，必须经省级以上人民政府计量行政部门计量认证。

第三十三条 产品质量检验机构计量认证的内容：

（一）计量检定、测试设备的性能；

（二）计量检定、测试设备的工作环境和人员的操作技能；

（三）保证量值统一、准确的措施及检测数据公正可靠的管理制度。

第三十四条 产品质量检验机构提出计量认证申请后，省级以上人民政府计量行政部门应指定所属的计量检定机构或者被授权的技术机构按照本细则第三十三条规定的内容进行考核。考核合格后，由接受申请的省级以上人民政府计量行政部门发给计量认证合格证书。未取得计量认证合格证书的，不得开展产品质量检验工作。

第三十五条 省级以上人民政府计量行政部门有权对计量认证合格的产品质量检验机构，按照本细则第三十三条规定的内容进行监督检查。

第三十六条 已经取得计量认证合格证书的产品质量检验机构，需新增检验项目时，应按照本细则有关规定，申请单项计量认证。

8. 计量调解和仲裁检定

第三十七条 县级以上人民政府计量行政部门负责计量纠纷的调解和仲裁检定，并可根据司法机关、合同管理机关、涉外仲裁机关或者其他单位的委托，指定有关计量检定机构进行仲裁检定。

第三十八条 在调解、仲裁及案件审理过程中，任何一方当事人均不得改变与计量纠纷有关的计量器具的技术状态。

第三十九条 计量纠纷当事人对仲裁检定不服的，可以在接到仲裁检定通知书之日起十五日内向上一级人民政府计量行政部门申诉。上一级人民政府计量行政部门进行的仲裁检定为终局仲裁检定。

9. 费用

第四十条 建立计量标准申请考核，使用计量器具申请检定，制造计量器具新产品申请定型和样机试验，制造、修理计量器具申请许可证，以及申请计量认证和仲裁检定，应当缴纳费用，具体收费办法或收费标准，由国务院计量行政部门会同国家财政、物价部门统一制定。

第四十一条 县级以上人民政府计量行政部门实施监督检查所进行的检定和试验不收费。被检查的单位有提供样机和检定试验条件的义务。

第四十二条 县级以上人民政府计量行政部门所属的计量检定机构，为贯彻计量法律、法规，实施计量监督提供技术保证所需要的经费，按照国家财政管理体制的规定，分别列入各级财政预算。

10. 法律责任

第四十三条 违反本细则第二条规定，使用非法定计量单位的，责令其改正；属出版物的，责令其停止销售，可并处一千元以下的罚款。

第四十四条 违反《中华人民共和国计量法》第十四条规定，制造、销售和进口国务院规定废除的非法定计量单位的计量器具和国务院禁止使用的其他计量器具的，责令其停止制造，销售和进口，没收计量器具和全部违法所得，可并处相当其违法所得百分之十至百分之五十的罚款。

第四十五条 部门和企业、事业单位的各项最高计量标准，未经有关人民政府计量行政部门考核合格而开展计量检定的，责令其停止使用，可并处一千元以下的罚款。

第四十六条 属于强制检定范围的计量器具，未按照规定申请检定和属于非强制检定范围的计量器具未自行定期检定或者送其他计量检定机构定期检定的，以及经检定不合格继续使用的，责令其停止使用，可并处一千元以下的罚款。

第四十七条 未取得《制造计量器具许可证》或者《修理计量器具许可证》制造、修理计量器具的，责令其停止生产、停止营业，封存制造、修理的计量器具，没收全部违法所得，可并处相当其违法所得百分之十至百分之五十的罚款。

第四十八条 制造、销售未经型式批准或样机试验合格的计量器具新产品的，责令其停止制造、销售，封存该种新产品，没收全部违法所得，可并处三千元以下的罚款。

第四十九条 制造、修理的计量器具未经出厂检定或者经检定不合格而出厂的，责令其停止出厂，没收全部违法所得；情节严重的，可并处三千元以下的罚款。

第五十条 使用不合格计量器具或者破坏计量器具准确度和伪造数据，给国家和消费者造成损失的，责令其赔偿损失，没收计量器具和全部违法所得，可并处二千元以下的罚款。

第五十一条 经营销售残次计量器具零配件的，责令其停止经营销售，没收残次计量器具零配件和全部违法所得，可并处二千元以下的罚款；情节严重的，由工商行政管理部门吊销其营业执照。

第五十二条 制造、销售、使用以欺骗消费者为目的的计量器具的单位和个人，没收其计量器具和全部违法所得，可并处二千元以下的罚款；构成犯罪的，对个人或者单位直接责任人员，依法追究刑事责任。

第五十三条 个体工商户制造、修理国家规定范围以外的计量器具或者不按照规定场所从事经营活动的，责令其停止制造、修理，没收全部违法所得，可并处以五百元以下的罚款

第五十四条 未取得计量认证合格证书的产品质量检验机构，为社会提供公证数据的，责令其停止检验，可并处一千元以下的罚款。

第五十五条 伪造、盗用、倒卖强制检定印、证的，没收其非法检定印、证和全部违法所得，可并处二千元以下的罚款；构成犯罪的，依法追究刑事责任。

第五十六条 计量监督管理人员违法失职，徇私舞弊，情节轻微的，给予行政处分；构成犯罪的，依法追究刑事责任。

第五十七条 负责计量器具新产品定型鉴定、样机试验的单位，违反本细则第二十条第二款规定的，应当按照国家有关规定，赔偿申请单位的损失，并给予直接责任人员行政处分；构成犯罪的，依法追究刑事责任。

第五十八条　计量检定人员有下列行为之一的，给予行政处分；构成犯罪的，依法追究刑事责任：

（一）伪造检定数据的；

（二）出具错误数据，给送检一方造成损失的；

（三）违反计量检定规程进行计量检定的；

（四）使用未经考核合格的计量标准开展检定的；

（五）未取得计量检定证件执行计量检定的。

第五十九条　本细则规定的行政处罚，由县级以上地方人民政府计量行政部门决定。罚款一万元以上的，应当报省级人民政府计量行政部门决定。没收违法所得及罚款一律上缴国库。

本细则第五十条规定的行政处罚，也可以由工商行政管理部门决定。

11. 附则

第六十条　本细则下列用语的含义是：

（一）计量器具是指能用以直接或间接测出被测对象量值的装置、仪器仪表、量具和用于统一量值的标准物质，包括计量基准、计量标准、工作计量器具。

（二）计量检定是指为评定计量器具的计量性能，确定其是否合格所进行的全部工作。

（三）定型鉴定是指对计量器具新产品样机的计量性能进行全面审查、考核。

（四）计量认证是指政府计量行政部门对有关技术机构计量检定、测试的能力和可靠性进行的考核和证明。

（五）计量检定机构是指承担计量检定工作的有关技术机构。

（六）仲裁检定是指用计量基准或者社会公用计量标准所进行的以裁决为目的的计量检定、测试活动。

第六十一条　中国人民解放军和国防科技工业系统涉及本系统以外的计量工作的监督管理，亦适用本细则。

第六十二条　本细则有关的管理办法、管理范围和各种印、证、标志，由国务院计量行政部门制定。

第六十三条　本细则由国务院计量行政部门负责解释。

第六十四条　本细则自发布之日起施行。

2.1.2　标准化法及标准化法实施条例

2.1.2.1　中华人民共和国标准化法

《中华人民共和国标准化法（修订草案征求意见稿）》（2016年3月22日国务院法制办公室发布）由总则、标准的制定、标准的实施、标准化工作的监督、法律责任和附则6部分组成。

1. 总则

第一条　为了加强标准化工作，保证产品和服务质量，促进产业转型升级，提高经济社会发展水平，制定本法。

第二条　本法所称标准（含标准样品），是指农业、工业、服务业和社会事业等领域统一的技术和管理要求。

第三条 县级以上人民政府应当将标准化工作纳入本级国民经济和社会发展规划，将标准化工作经费纳入本级财政预算。

本法所称标准化工作，是指制定标准、组织实施标准和对标准实施进行监督的活动。

第四条 国务院标准化行政主管部门统一管理全国标准化工作。国务院有关行政主管部门分工管理本部门、本行业的标准化工作。

省、自治区、直辖市人民政府标准化行政主管部门统一管理本行政区域内的标准化工作。省、自治区、直辖市人民政府有关行政主管部门分工管理本行政区域内本部门、本行业的标准化工作。

市、县人民政府标准化行政主管部门和有关行政主管部门按照省、自治区、直辖市人民政府规定的各自的职责，管理本行政区域内的标准化工作。

第五条 国务院建立标准化协调推进机制，统筹协调全国标准化工作重大事项。县级以上地方人民政府可以根据工作需要建立标准化协调推进机制，统筹协调本行政区域内标准化工作重大事项。

第六条 国家鼓励积极参与国际标准化活动，参与制定、采用和推广国际标准；鼓励开展标准化国际合作与交流，推进中国标准与国外标准间的转化运用。

第七条 各级人民政府和有关行政主管部门对在标准化工作中做出显著成绩的组织和个人，按照国家有关规定给予表彰和奖励。

2. 标准的制定

第八条 对需要在全国范围内统一的技术和管理要求，应当制定国家标准。国家标准分为强制性标准和推荐性标准。

第九条 为保障人身健康和生命财产安全、国家安全、生态环境安全以及满足社会经济管理基本要求，需要统一的技术和管理要求，应当制定强制性国家标准。

国务院标准化行政主管部门统一管理强制性国家标准，负责强制性国家标准的立项、编号和发布，并开展对外通报。

国务院各有关行政主管部门依据职责负责强制性国家标准的项目提出、组织起草、征求意见、技术审查、组织实施和监督。省、自治区、直辖市人民政府可以向国务院标准化行政主管部门提出强制性国家标准的立项建议，由国务院标准化行政主管部门决定。

法律、行政法规对强制性标准的制定另有规定的，从其规定。

强制性国家标准免费向社会公开。

第十条 推荐性国家标准由国务院标准化行政主管部门制定。

第十一条 对没有国家标准、需要在全国某个行业内统一的技术和管理要求，可以制定行业标准。行业标准为推荐性标准。

行业标准由国务院有关行政主管部门制定，并报国务院标准化行政主管部门备案。在公布国家标准之后，该项行业标准自行废止。

第十二条 对没有国家标准和行业标准、需要在特定行政区域内统一的技术和管理要求，可以制定地方标准。地方标准为推荐性标准。

地方标准由省、自治区、直辖市人民政府标准化行政主管部门制定；设区的市人民政府标准化行政主管部门根据本行政区域的特殊需要，经所在省、自治区人民政府标准化行政主管部门批准，可以制定本市的地方标准。地方标准由省、自治区、直辖市人民政府标准化行政主管部门报国务院标准化行政主管部门和国务院有关行政主管部门备案。在公布国家标准或者行业标准之后，该项地方标准自行废止。

第十三条 依法成立的社会团体可以制定团体标准，供社会自愿采用。团体标准的制定工作由国务院标准化行政主管部门规范、引导和监督。

团体标准管理办法由国务院标准化行政主管部门制定。

第十四条 国家鼓励企业制定严于国家标准或者行业标准、地方标准的企业标准。企业和企业间联盟可根据需要自行制定企业标准。

企业生产的产品没有国家标准、行业标准、地方标准和团体标准的，应当制定企业标准作为组织生产的依据。

第十五条 国务院标准化行政主管部门或者国务院有关行政主管部门应当对国民经济、社会发展急需的标准项目优先立项，抓紧开展组织起草、征求意见、技术审查等工作，确保定期完成。

第十六条 制定标准应当符合下列要求：

（一）有利于合理利用国家资源；
（二）有利于推广科学技术成果；
（三）有利于提高经济效益；
（四）有利于产品通用互换；
（五）有利于促进对外经济技术合作和对外贸易。

第十七条 制定标准不得存在下列内容：

（一）损害人身健康或者生命、财产安全的；
（二）侵犯消费者合法权益的；
（三）干扰市场秩序，妨碍公平竞争的；
（四）危害国家安全、公共安全、经济安全或者生态安全的。

禁止利用标准从事行业壁垒、地区封锁、不正当竞争等违法活动。

第十八条 制定标准应当发挥企业、科研机构、消费者和社会团体的作用，广泛听取意见。

第十九条 制定推荐性国家标准、行业标准和地方标准的行政主管部门，应当组织由相关方组成的标准化技术委员会，负责推荐性标准的起草和技术审查工作。

强制性国家标准的起草和技术审查工作可以委托标准化技术委员会承担。

标准化技术委员会的组成应当具有广泛代表性。

第二十条 国家标准、行业标准、地方标准、团体标准和企业标准的代号和编号规则，由国务院标准化行政主管部门规定。

第二十一条 制定标准的行政主管部门、社会团体或者企业负责解释标准。

受著作权法保护的标准，其著作权由制定标准的行政主管部门、社会团体或者企业享有。

第二十二条 制定标准的行政主管部门、社会团体和企业应当定期对标准进行复审，并根据科学技术进步的状况和经济社会发展的需要及时开展标准的修订、废止工作。

制定标准的行政主管部门、社会团体和企业应当对其制定标准的实施情况进行跟踪评价；评价结果应当作为标准修订、废止的依据。对强制性标准实施情况的跟踪评价，国家建立统计分析报告制度。

3. 标准的实施

第二十三条 强制性标准必须执行。不符合强制性标准的产品、服务，禁止生产、销售、进口或者提供。

推荐性标准自愿采用。

第二十四条 国家实行企业产品或者服务标准自我声明公开制度。

企业执行的产品标准应当通过企业标准信息公共服务平台向社会公开；鼓励企业将执行的服务标准向社会公开。

企业公开自行制定的产品或者服务标准，应当包括产品、服务的功能指标、产品的性能指标以及相应的检验方法。

企业公开所执行的国家标准、行业标准、地方标准或者团体标准，应当包括标准的代号、编号和名称。

企业生产的产品、提供的服务应当符合企业公开标准的要求。

第二十五条 出口产品和服务的技术要求，依照合同的约定执行。

第二十六条 企业研制新产品、改进产品，进行技术改造，应当符合本法规定的标准化要求。

第二十七条 国家鼓励依据本法规定的标准开展认证认可。开展认证认可应当遵守认证认可相关法律、行政法规的规定。

第二十八条 国家鼓励各级人民政府运用标准实施经济调控、市场准入、行政监管，提供公共服务。

第二十九条 各级人民政府应当支持开展标准化试点示范工作，传播标准化理念，推广标准化经验，推动全社会运用标准化方式组织生产、经营、管理和服务。

第三十条 国家鼓励社会团体、企业、科研机构、高等学校、中等职业学校等开展实施和推广标准工作，提供标准化信息咨询、技术指导、宣传培训和人才培养等服务，培育发展标准化服务业。

4. 标准化工作的监督

第三十一条 县级以上人民政府标准化行政主管部门、有关行政主管部门依照法定职责对标准化工作进行监督检查；强制性国家标准的实施情况应当作为监督检查的重点。

实施监督检查的行政主管部门有权依据法律、行政法规采取行政强制措施。

第三十二条 国务院标准化行政主管部门发现国务院有关行政主管部门未按时完成强制性国家标准的起草和技术审查工作的，应当要求国务院有关行政主管部门说明情况，并限期完成。

第三十三条 国务院标准化行政主管部门发现行业标准、地方标准、团体标准或者企业标准有下列情形之一的，应当要求国务院有关行政主管部门或者省、自治区、直辖市人民政府标准化行政主管部门、社会团体、企业说明情况，并限期改正；逾期不改正的，由国务院标准化行政主管部门公告废止：

（一）代号、编号不符合规定的；

（二）未按规定备案的；

（三）未按规定复审的。

第三十四条　各级标准化行政主管部门应当建立标准争议协调机制，有关行政主管部门可以根据工作需要建立标准争议协调机制，对社会反映的标准问题进行协调处理。

第三十五条　县级以上人民政府标准化行政主管部门和有关行政主管部门可以根据工作需要，委托检验检测机构对产品是否符合标准进行检验检测。检验检测机构应当具备基本检验检测条件和技术能力，具备法定资质。

5. 法律责任

第三十六条　生产、销售、进口产品或者提供服务不符合强制性国家标准的，由法律、行政法规规定的行政主管部门依法处理；法律、行政法规未作规定的，由标准化行政主管部门责令改正，予以警告，没收违法所得，根据情节处违法所得一倍以上五倍以下的罚款；没有违法所得的，处十万元以上五十万元以下的罚款；情节严重的，责令停业整顿；构成犯罪的，依法追究刑事责任。

第三十七条　有关行政主管部门违反本法第十七条第一款规定制定标准的，由国务院标准化行政主管部门公告废止相关标准，对负有责任的领导人员和直接责任人员，由任免机关、监察机关依法给予处分。

社会团体、企业违反本法第十七条第一款规定制定标准的，由国务院标准化行政主管部门公告废止相关标准，由法律、行政法规规定的行政主管部门依法查处；法律、行政法规未作规定的，由标准化行政主管部门根据情节予以警告、没收违法所得，处违法所得一倍以上五倍以下的罚款；没有违法所得的，处十万元以上五十万元以下的罚款；构成犯罪的，依法追究刑事责任。

违反本法第十七条第二款规定，利用标准从事行业壁垒、地区封锁、不正当竞争等违法活动的，依照相关法律、行政法规查处。

第三十八条　企业生产、销售的产品和提供的服务不符合其公开的标准要求的，由有关行政主管部门依照法律、行政法规规定给予行政处罚；造成他人损失的，依法承担相应的赔偿责任；构成犯罪的，依法追究刑事责任。

违反本法第二十四条规定，企业未公开其执行的产品标准，企业公开的产品标准与所执行标准不一致或者企业公开标准弄虚作假的，由标准化行政主管部门责令限期改正，并在企业标准信息公共服务平台向社会公示；逾期未改正的，处一万元以上十万元以下罚款。

第三十九条　社会团体制定的团体标准违反法律、行政法规或者强制性标准的，由国务院标准化行政主管部门责令限期改正，处一万元以上十万元以下的罚款；逾期不改正的，由国务院标准化行政主管部门公告废止团体标准，并将有关情况通报社会团体登记管理部门。

第四十条　标准化工作的监督、检验检测、管理人员滥用职权、玩忽职守、徇私舞弊的，依法给予处分；构成犯罪的，依法追究刑事责任。

6. 附则

第四十一条　本法实施条例由国务院制定。

第四十二条　本法自1989年4月1日起施行。

2.1.2.2　中华人民共和国标准化法实施条例

《中华人民共和国标准化法实施条例》（1990年4月6日　中华人民共和国国务院令

第 53 号发布）由总则、标准化工作的管理、标准的制定、标准的实施与监督、法律责任和附则 6 部分组成。

1. 总则

第一条 根据《中华人民共和国标准化法》（以下简称《标准化法》）的规定，制定本条例。

第二条 对下列需要统一的技术要求，应当制定标准：

（1）工业产品的品种、规格、质量、等级或者安全、卫生要求；

（2）工业产品的设计、生产、试验、检验、包装、储存、运输、使用的方法或者生产、储存、运输过程中的安全、卫生要求；

（3）有关环境保护的各项技术要求和检验方法；

（4）建设工程的勘察、设计、施工、验收的技术要求和方法；

（5）有关工业生产、工程建设和环境保护的技术术语、符号、代号、制图方法、互换配合要求；

（6）农业（含林业、牧业、渔业，下同）产品（含种子、种苗、种畜、种禽，下同）的品种、规格、质量、等级、检验、包装、储存、运输以及生产技术、管理技术的要求；

（7）信息、能源、资源、交通运输的技术要求。

第三条 国家有计划地发展标准化事业。标准化工作应当纳入各级国民经济和社会发展计划。

第四条 国家鼓励采用国际标准和国外先进标准，积极参与制定国际标准。

2. 标准化工作的管理

第五条 标准化工作的任务是制定标准、组织实施标准和对标准的实施进行监督。

第六条 国务院标准化行政主管部门统一管理全国标准化工作，履行下列职责：

（1）组织贯彻国家有关标准化工作的法律、法规、方针、政策；

（2）组织制定全国标准化工作规划、计划；

（3）组织制定国家标准；

（4）指导国务院有关行政主管部门和省、自治区、直辖市人民政府标准化行政主管部门的标准化工作，协调和处理有关标准化工作问题；

（5）组织实施标准；

（6）对标准的实施情况进行监督检查；

（7）统一管理全国的产品质量认证工作；

（8）统一负责对有关国际标准化组织的业务联系。

第七条 国务院有关行政主管部门分工管理本部门、本行业的标准化工作，履行下列职责：

（1）贯彻国家标准化工作的法律、法规、方针、政策，并制定在本部门、本行业实施的具体办法；

（2）制定本部门、本行业的标准化工作规划、计划；

（3）承担国家下达的草拟国家标准的任务，组织制定行业标准；

（4）指导省、自治区、直辖市有关行政主管部门的标准化工作；

（5）组织本部门、本行业实施标准；

（6）对标准实施情况进行监督检查；

（7）经国务院标准化行政主管部门授权，分工管理本行业的产品质量认证工作。

第八条 省、自治区、直辖市人民政府标准化行政主管部门统一管理本行政区域的标准化工作，履行下列职责：

（1）贯彻国家标准化工作的法律、法规、方针、政策，并制定在本行政区域实施的具体办法；

（2）制定地方标准化工作规划、计划；

（3）组织制定地方标准；

（4）指导本行政区域有关行政主管部门的标准化工作，协调和处理有关标准化工作问题；

（5）在本行政区域组织实施标准；

（6）对标准实施情况进行监督检查。

第九条 省、自治区、直辖市有关行政主管部门分工管理本行政区域内本部门、本行业的标准化工作，履行下列职责：

（1）贯彻国家和本部门、本行业、本行政区域标准化工作的法律、法规、方针、政策，并制定实施的具体办法；

（2）制定本行政区域内本部门、本行业的标准化工作规划、计划；

（3）承担省、自治区、直辖市人民政府下达的草拟地方标准的任务；

（4）在本行政区域内组织本部门、本行业实施标准；

（5）对标准实施情况进行监督检查。

第十条 市、县标准化行政主管部门和有关行政主管部门的职责分工，由省、自治区、直辖市人民政府规定。

3. 标准的制定

第十一条 对需要在全国范围内统一的下列技术要求，应当制定国家标准（含标准样品的制作）：

（1）互换配合、通用技术语言要求；

（2）保障人体健康和人身、财产安全的技术要求；

（3）基本原料、燃料、材料的技术要求；

（4）通用基础件的技术要求；

（5）通用的试验、检验方法；

（6）通用的管理技术要求；

（7）工程建设的重要技术要求；

（8）国家需要控制的其他重要产品的技术要求。

第十二条 国家标准由国务院标准化行政主管部门编制计划，组织草拟，统一审批、编号、发布。

工程建设、药品、食品卫生、兽药、环境保护的国家标准，分别由国务院工程建设主管部门、卫生主管部门、农业主管部门、环境保护主管部门组织草拟、审批；其编号、发布办法由国务院标准化行政主管部门会同国务院有关行政主管部门制定。

法律对国家标准的制定另有规定的，依照法律的规定执行。

第十三条 对没有国家标准而又需要在全国某个行业范围内统一的技术要求，可以制定行业标准（含标准样品的制作）。制定行业标准的项目由国务院有关行政主管部门确定。

第十四条 行业标准由国务院有关行政主管部门编制计划，组织草拟，统一审批、编号、发布，并报国务院标准化行政主管部门备案。

行业标准在相应的国家标准实施后，自行废止。

第十五条 对没有国家标准和行业标准而又需要在省、自治区、直辖市范围内统一的工业产品的安全、卫生要求，可以制定地方标准。制定地方标准的项目，由省、自治区、直辖市人民政府标准化行政主管部门确定。

第十六条 地方标准由省、自治区、直辖市人民政府标准化行政主管部门编制计划，组织草拟，统一审批、编号、发布，并报国务院标准化行政主管部门和国务院有关行政主管部门备案。

法律对地方标准的制定另有规定的，依照法律的规定执行。

地方标准在相应的国家标准或行业标准实施后，自行废止。

第十七条 企业生产的产品没有国家标准、行业标准和地方标准的，应当制定相应的企业标准，作为组织生产的依据。企业标准由企业组织制定（农业企业标准制定办法另定），并按省、自治区、直辖市人民政府的规定备案。

对已有国家标准、行业标准或者地方标准的，鼓励企业制定严于国家标准、行业标准或者地方标准要求的企业标准，在企业内部适用。

第十八条 国家标准、行业标准分为强制性标准和推荐性标准。

下列标准属于强制性标准：

（1）药品标准，食品卫生标准，兽药标准；

（2）产品及产品生产、储运和使用中的安全、卫生标准，劳动安全、卫生标准，运输安全标准；

（3）工程建设的质量、安全、卫生标准及国家需要控制的其他工程建设标准；

（4）环境保护的污染物排放标准和环境质量标准；

（5）重要的通用技术术语、符号、代号和制图方法；

（6）通用的试验、检验方法标准；

（7）互换配合标准；

（8）国家需要控制的重要产品质量标准。

国家需要控制的重要产品目录由国务院标准化行政主管部门会同国务院有关行政主管部门确定。

强制性标准以外的标准是推荐性标准。

省、自治区、直辖市人民政府标准化行政主管部门制定的工业产品的安全、卫生要求的地方标准，在本行政区域内是强制性标准。

第十九条 制定标准应当发挥行业协会、科学技术研究机构和学术团体的作用。

制定国家标准、行业标准和地方标准的部门应当组织由用户、生产单位、行业协会、科学技术研究机构、学术团体及有关部门的专家组成标准化技术委员会，负责标准草拟和参加标准草案的技术审查工作。未组成标准化技术委员会的，可以由标准化技术归口单位负责标准草拟和参加标准草案的技术审查工作。

制定企业标准应当充分听取使用单位、科学技术研究机构的意见。

第二十条 标准实施后，制定标准的部门应当根据科学技术的发展和经济建设的需要适时进行复审。标准复审周期一般不超过5年。

第二十一条 国家标准、行业标准和地方标准的代号、编号办法，由国务院标准化行政主管部门统一规定。

企业标准的代号、编号方法，由国务院标准化行政主管部门会同国务院有关行政主管部门规定。

第二十二条 标准的出版、发行办法，由制定标准的部门规定。

4. 标准的实施与监督

第二十三条 从事科研、生产、经营的单位和个人，必须严格执行强制性标准。不符合强制性标准的产品，禁止生产、销售和进口。

第二十四条 企业生产执行国家标准、行业标准、地方标准或企业标准，应当在产品或其说明书、包装物上标注所执行标准的代号、编号、名称。

第二十五条 出口产品的技术要求由合同双方约定。

出口产品在国内销售时，属于我国强制性标准管理范围的，必须符合强制性标准的要求。

第二十六条 企业研制新产品、改进产品、进行技术改造，应当符合标准化要求。

第二十七条 国务院标准化行政主管部门组织或授权国务院有关行政主管部门建立行业认证机构，进行产品质量认证工作。

第二十八条 国务院标准化行政主管部门统一负责全国标准实施的监督。国务院有关行政主管部门分工负责本部门、本行业的标准实施的监督。

省、自治区、直辖市标准化行政主管部门统一负责本行政区域内的标准实施的监督。省、自治区、直辖市人民政府有关行政主管部门分工负责本行政区域内本部门、本行业的标准实施的监督。

市、县标准化行政主管部门和有关行政主管部门，按照省、自治区、直辖市人民政府规定的各自的职责，负责本行政区域内的标准实施的监督。

第二十九条 县级以上人民政府标准化行政主管部门，可以根据需要设置检验机构，或者授权其他单位的检验机构，对产品是否符合标准进行检验和承担其他标准实施的监督检验任务。检验机构的设置应当合理布局，充分利用现有力量。

国家检验机构由国务院标准化行政主管部门会同国务院有关行政主管部门规划、审查。地方检验机构由省、自治区、直辖市人民政府标准化行政主管部门会同省级有关行政主管部门规划、审查。

处理有关产品是否符合标准的争议，以本条规定的检验机构的检验数据为准。

第三十条 国务院有关行政主管部门可以根据需要和国家有关规定设立检验机构，负责本行业、本部门的检验工作。

第三十一条 国家机关、社会团体、企业事业单位及全体公民均有权检举、揭发违反强制性标准的行为。

5. 法律责任

第三十二条 违反《标准化法》和本条例有关规定，有下列情形之一的，由标准化行

政主管部门或有关行政主管部门在各自的职权范围内责令限期改进,并可通报批评或给予责任者行政处分:

(1) 企业未按规定制定标准作为组织生产依据的;
(2) 企业未按规定要求将产品标准上报备案的;
(3) 企业的产品未按规定附有标识或与其标识不符的;
(4) 企业研制新产品、改进产品、进行技术改造,不符合标准化要求的;
(5) 科研、设计、生产中违反有关强制性标准规定的。

第三十三条 生产不符合强制性标准的产品的,应当责令其停止生产,并没收产品,监督销毁或作必要技术处理;处以该批产品货值金额百分之二十至百分之五十的罚款;对有关责任者处以五千元以下罚款。

销售不符合强制性标准的商品的,应当责令其停止销售,并限期追回已售出的商品,监督销毁或作必要技术处理;没收违法所得;处以该批商品货值金额百分之十至百分之二十的罚款;对有关责任者处以五千元以下罚款。

进口不符合强制性标准的产品的,应当封存并没收该产品,监督销毁或作必要技术处理;处以进口产品货值金额百分之二十至百分之五十的罚款;对有关责任者给予行政处分,并可处以五千元以下罚款。

本条规定的责令停止生产、行政处分,由有关行政主管部门决定;其他行政处罚由标准化行政主管部门和工商行政管理部门依据职权决定。

第三十四条 生产、销售、进口不符合强制性标准的产品,造成严重后果,构成犯罪的,由司法机关依法追究直接责任人员的刑事责任。

第三十五条 获得认证证书的产品不符合认证标准而使用认证标志出厂销售的,由标准化行政主管部门责令其停止销售,并处以违法所得二倍以下的罚款;情节严重的,由认证部门撤销其认证证书。

第三十六条 产品未经认证或者认证不合格而擅自使用认证标志出厂销售的,由标准化行政主管部门责令其停止销售,处以违法所得三倍以下的罚款,并对单位负责人处以五千元以下罚款。

第三十七条 当事人对没收产品、没收违法所得和罚款的处罚不服的,可以在接到处罚通知之日起十五日内,向作出处罚决定的机关的上一级机关申请复议;对复议决定不服的,可以在接到复议决定之日起十五日内,向人民法院起诉。当事人也可以在接到处罚通知之日起十五日内,直接向人民法院起诉。当事人逾期不申请复议或者不向人民法院起诉又不履行处罚决定的,由作出处罚决定的机关申请人民法院强制执行。

第三十八条 本条例第三十二条至第三十六条规定的处罚不免除由此产生的对他人的损害赔偿责任。受到损害的有权要求责任人赔偿损失。赔偿责任和赔偿金额纠纷可以由有关行政主管部门处理,当事人也可以直接向人民法院起诉。

第三十九条 标准化工作的监督、检验、管理人员有下列行为之一的,由有关主管部门给予行政处分,构成犯罪的,由司法机关依法追究刑事责任:

(1) 违反本条例规定,工作失误,造成损失的;
(2) 伪造、篡改检验数据的;
(3) 徇私舞弊、滥用职权、索贿受贿的。

第四十条 罚没收入全部上缴财政。对单位的罚款，一律从其自有资金中支付，不得列入成本。对责任人的罚款，不得从公款中核销。

6．附则

第四十一条 军用标准化管理条例，由国务院、中央军委另行制定。

第四十二条 工程建设标准化管理规定，由国务院工程建设主管部门依据《标准化法》和本条例的有关规定另行制定，报国务院批准后实施。

第四十三条 本条例由国家技术监督局负责解释。

第四十四条 本条例自发布之日起施行。

2.1.3 产品质量法

《中华人民共和国产品质量法》（2009年修正）（2009年8月27日根据第十一届全国人民代表大会常务委员会第十次会议《关于修改部分法律的决定》第二次修正）），由总则、产品质量的监督、生产者、销售者的产品质量责任和义务、损害赔偿、罚则和附则6部分组成。

1．总则

第一条 为了加强对产品质量的监督管理，提高产品质量水平，明确产品质量责任，保护消费者的合法权益，维护社会经济秩序，制定本法。

第二条 在中华人民共和国境内从事产品生产、销售活动，必须遵守本法。本法所称产品是指经过加工、制作，用于销售的产品。

建设工程不适用本法规定；但是，建设工程使用的建筑材料、建筑构配件和设备，属于前款规定的产品范围的，适用本法规定。

第三条 生产者、销售者应当建立健全内部产品质量管理制度，严格实施岗位质量规范、质量责任以及相应的考核办法。

第四条 生产者、销售者依照本法规定承担产品质量责任。

第五条 禁止伪造或者冒用认证标志等质量标志；禁止伪造产品的产地，伪造或者冒用他人的厂名、厂址；禁止在生产、销售的产品中掺杂、掺假，以假充真，以次充好。

第六条 国家鼓励推行科学的质量管理方法，采用先进的科学技术，鼓励企业产品质量达到并且超过行业标准、国家标准和国际标准。

对产品质量管理先进和产品质量达到国际先进水平、成绩显著的单位和个人，给予奖励。

第七条 各级人民政府应当把提高产品质量纳入国民经济和社会发展规划，加强对产品质量工作的统筹规划和组织领导，引导、督促生产者、销售者加强产品质量管理，提高产品质量，组织各有关部门依法采取措施，制止产品生产、销售中违反本法规定的行为，保障本法的施行。

第八条 国务院产品质量监督部门主管全国产品质量监督工作。国务院有关部门在各自的职责范围内负责产品质量监督工作。

县级以上地方产品质量监督部门主管本行政区域内的产品质量监督工作。县级以上地方人民政府有关部门在各自的职责范围内负责产品质量监督工作。

法律对产品质量的监督部门另有规定的，依照有关法律的规定执行。

第九条 各级人民政府工作人员和其他国家机关工作人员不得滥用职权、玩忽职守或者徇私舞弊，包庇、放纵本地区、本系统发生的产品生产、销售中违反本法规定的行为，或者阻挠、干预依法对产品生产、销售中违反本法规定的行为进行查处。

各级地方人民政府和其他国家机关有包庇、放纵产品生产、销售中违反本法规定的行为的，依法追究其主要负责人的法律责任。

第十条 任何单位和个人有权对违反本法规定的行为，向产品质量监督部门或者其他有关部门检举。

产品质量监督部门和有关部门应当为检举人保密，并按照省、自治区、直辖市人民政府的规定给予奖励。

第十一条 任何单位和个人不得排斥非本地区或者非本系统企业生产的质量合格产品进入本地区、本系统。

2. 产品质量的监督

第十二条 产品质量应当检验合格，不得以不合格产品冒充合格产品。

第十三条 可能危及人体健康和人身、财产安全的工业产品，必须符合保障人体健康和人身、财产安全的国家标准、行业标准；未制定国家标准、行业标准的，必须符合保障人体健康和人身、财产安全的要求。

禁止生产、销售不符合保障人体健康和人身、财产安全的标准和要求的工业产品。具体管理办法由国务院规定。

第十四条 国家根据国际通用的质量管理标准，推行企业质量体系认证制度。企业根据自愿原则可以向国务院产品质量监督部门认可的或者国务院产品质量监督部门授权的部门认可的认证机构申请企业质量体系认证。经认证合格的，由认证机构颁发企业质量体系认证证书。

国家参照国际先进的产品标准和技术要求，推行产品质量认证制度。企业根据自愿原则可以向国务院产品质量监督部门认可的或者国务院产品质量监督部门授权的部门认可的认证机构申请产品质量认证。经认证合格的，由认证机构颁发产品质量认证证书，准许企业在产品或者其包装上使用产品质量认证标志。

第十五条 国家对产品质量实行以抽查为主要方式的监督检查制度，对可能危及人体健康和人身、财产安全的产品，影响国计民生的重要工业产品以及消费者、有关组织反映有质量问题的产品进行抽查。抽查的样品应当在市场上或者企业成品仓库内的待销产品中随机抽取。监督抽查工作由国务院产品质量监督部门规划和组织。县级以上地方产品质量监督部门在本行政区域内也可以组织监督抽查。法律对产品质量的监督检查另有规定的，依照有关法律的规定执行。

国家监督抽查的产品，地方不得另行重复抽查；上级监督抽查的产品，下级不得另行重复抽查。

根据监督抽查的需要，可以对产品进行检验。检验抽取样品的数量不得超过检验的合理需要，并不得向被检查人收取检验费用。监督抽查所需检验费用按照国务院规定列支。

生产者、销售者对抽查检验的结果有异议的，可以自收到检验结果之日起十五日内向实施监督抽查的产品质量监督部门或者其上级产品质量监督部门申请复检，由受理复检的产品质量监督部门作出复检结论。

第十六条 对依法进行的产品质量监督检查，生产者、销售者不得拒绝。

第十七条 依照本法规定进行监督抽查的产品质量不合格的，由实施监督抽查的产品质量监督部门责令其生产者、销售者限期改正。逾期不改正的，由省级以上人民政府产品质量监督部门予以公告；公告后经复查仍不合格的，责令停业，限期整顿；整顿期满后经复查产品质量仍不合格的，吊销营业执照。

监督抽查的产品有严重质量问题的，依照本法第五章的有关规定处罚。

第十八条 县级以上产品质量监督部门根据已经取得的违法嫌疑证据或者举报，对涉嫌违反本法规定的行为进行查处时，可以行使下列职权：

（一）对当事人涉嫌从事违反本法的生产、销售活动的场所实施现场检查；

（二）向当事人的法定代表人、主要负责人和其他有关人员调查、了解与涉嫌从事违反本法的生产、销售活动有关的情况；

（三）查阅、复制当事人有关的合同、发票、账簿以及其他有关资料；

（四）对有根据认为不符合保障人体健康和人身、财产安全的国家标准、行业标准的产品或者有其他严重质量问题的产品，以及直接用于生产、销售该项产品的原辅材料、包装物、生产工具，予以查封或者扣押。

县级以上工商行政管理部门按照国务院规定的职责范围，对涉嫌违反本法规定的行为进行查处时，可以行使前款规定的职权。

第十九条 产品质量检验机构必须具备相应的检测条件和能力，经省级以上人民政府产品质量监督部门或者其授权的部门考核合格后，方可承担产品质量检验工作。法律、行政法规对产品质量检验机构另有规定的，依照有关法律、行政法规的规定执行。

第二十条 从事产品质量检验、认证的社会中介机构必须依法设立，不得与行政机关和其他国家机关存在隶属关系或者其他利益关系。

第二十一条 产品质量检验机构、认证机构必须依法按照有关标准，客观、公正地出具检验结果或者认证证明。

产品质量认证机构应当依照国家规定对准许使用认证标志的产品进行认证后的跟踪检查；对不符合认证标准而使用认证标志的，要求其改正；情节严重的，取消其使用认证标志的资格。

第二十二条 消费者有权就产品质量问题，向产品的生产者、销售者查询；向产品质量监督部门、工商行政管理部门及有关部门申诉，接受申诉的部门应当负责处理。

第二十三条 保护消费者权益的社会组织可以就消费者反映的产品质量问题建议有关部门负责处理，支持消费者对因产品质量造成的损害向人民法院起诉。

第二十四条 国务院和省、自治区、直辖市人民政府的产品质量监督部门应当定期发布其监督抽查的产品的质量状况公告。

第二十五条 产品质量监督部门或者其他国家机关以及产品质量检验机构不得向社会推荐生产者的产品；不得以对产品进行监制、监销等方式参与产品经营活动。

3. 生产者、销售者的产品质量责任和义务

3.1 生产者的产品质量责任和义务

第二十六条 生产者应当对其生产的产品质量负责。

产品质量应当符合下列要求：

（一）不存在危及人身、财产安全的不合理的危险，有保障人体健康和人身、财产安全的国家标准、行业标准的，应当符合该标准；

（二）具备产品应当具备的使用性能，但是，对产品存在使用性能的瑕疵作出说明的除外；

（三）符合在产品或者其包装上注明采用的产品标准，符合以产品说明、实物样品等方式表明的质量状况。

第二十七条 产品或者其包装上的标识必须真实，并符合下列要求：

（一）有产品质量检验合格证明；

（二）有中文标明的产品名称、生产厂厂名和厂址；

（三）根据产品的特点和使用要求，需要标明产品规格、等级、所含主要成分的名称和含量的，用中文相应予以标明；需要事先让消费者知晓的，应当在外包装上标明，或者预先向消费者提供有关资料；

（四）限期使用的产品，应当在显著位置清晰地标明生产日期和安全使用期或者失效日期；

（五）使用不当，容易造成产品本身损坏或者可能危及人身、财产安全的产品，应当有警示标志或者中文警示说明。

裸装的食品和其他根据产品的特点难以附加标识的裸装产品，可以不附加产品标识。

第二十八条 易碎、易燃、易爆、有毒、有腐蚀性、有放射性等危险物品以及储运中不能倒置和其他有特殊要求的产品，其包装质量必须符合相应要求，依照国家有关规定作出警示标志或者中文警示说明，标明储运注意事项。

第二十九条 生产者不得生产国家明令淘汰的产品。

第三十条 生产者不得伪造产地，不得伪造或者冒用他人的厂名、厂址。

第三十一条 生产者不得伪造或者冒用认证标志等质量标志。

第三十二条 生产者生产产品，不得掺杂、掺假，不得以假充真、以次充好，不得以不合格产品冒充合格产品。

3.2 销售者的产品质量责任和义务

第三十三条 销售者应当建立并执行进货检查验收制度，验明产品合格证明和其他标识。

第三十四条 销售者应当采取措施，保持销售产品的质量。

第三十五条 销售者不得销售国家明令淘汰并停止销售的产品和失效、变质的产品。

第三十六条 销售者销售的产品的标识应当符合本法第二十七条的规定。

第三十七条 销售者不得伪造产地，不得伪造或者冒用他人的厂名、厂址。

第三十八条 销售者不得伪造或者冒用认证标志等质量标志。

第三十九条 销售者销售产品，不得掺杂、掺假，不得以假充真、以次充好，不得以不合格产品冒充合格产品。

4. 损害赔偿

第四十条 售出的产品有下列情形之一的，销售者应当负责修理、更换、退货；给购买产品的消费者造成损失的，销售者应当赔偿损失：

（一）不具备产品应当具备的使用性能而事先未作说明的；

（二）不符合在产品或者其包装上注明采用的产品标准的；

（三）不符合以产品说明、实物样品等方式表明的质量状况的。

销售者依照前款规定负责修理、更换、退货、赔偿损失后，属于生产者的责任或者属于向销售者提供产品的其他销售者（以下简称供货者）的责任的，销售者有权向生产者、供货者追偿。

销售者未按照第一款规定给予修理、更换、退货或者赔偿损失的，由产品质量监督部门或者工商行政管理部门责令改正。

生产者之间，销售者之间，生产者与销售者之间订立的买卖合同、承揽合同有不同约定的，合同当事人按照合同约定执行。

第四十一条　因产品存在缺陷造成人身、缺陷产品以外的其他财产（以下简称他人财产）损害的，生产者应当承担赔偿责任。

生产者能够证明有下列情形之一的，不承担赔偿责任：

（一）未将产品投入流通的；

（二）产品投入流通时，引起损害的缺陷尚不存在的；

（三）将产品投入流通时的科学技术水平尚不能发现缺陷的存在的。

第四十二条　由于销售者的过错使产品存在缺陷，造成人身、他人财产损害的，销售者应当承担赔偿责任。销售者不能指明缺陷产品的生产者也不能指明缺陷产品的供货者的，销售者应当承担赔偿责任。

第四十三条　因产品存在缺陷造成人身、他人财产损害的，受害人可以向产品的生产者要求赔偿，也可以向产品的销售者要求赔偿。属于产品的生产者的责任，产品的销售者赔偿的，产品的销售者有权向产品的生产者追偿。属于产品的销售者的责任，产品的生产者赔偿的，产品的生产者有权向产品的销售者追偿。

第四十四条　因产品存在缺陷造成受害人人身伤害的，侵害人应当赔偿医疗费、治疗期间的护理费、因误工减少的收入等费用；造成残疾的，还应当支付残疾者生活自助具费、生活补助费、残疾赔偿金以及由其扶养的人所必需的生活费等费用；造成受害人死亡的，并应当支付丧葬费、死亡赔偿金以及由死者生前扶养的人所必需的生活费等费用。

因产品存在缺陷造成受害人财产损失的，侵害人应当恢复原状或者折价赔偿。受害人因此遭受其他重大损失的，侵害人应当赔偿损失。

第四十五条　因产品存在缺陷造成损害要求赔偿的诉讼时效期间为二年，自当事人知道或者应当知道其权益受到损害时起计算。

因产品存在缺陷造成损害要求赔偿的请求权，在造成损害的缺陷产品交付最初消费者满十年丧失；但是，尚未超过明示的安全使用期的除外。

第四十六条　本法所称缺陷，是指产品存在危及人身、他人财产安全的不合理的危险；产品有保障人体健康和人身、财产安全的国家标准、行业标准的，是指不符合该标准。

第四十七条　因产品质量发生民事纠纷时，当事人可以通过协商或者调解解决。当事人不愿通过协商、调解解决或者协商、调解不成的，可以根据当事人各方的协议向仲裁机构申请仲裁；当事人各方没有达成仲裁协议或者仲裁协议无效的，可以直接向人民法院起诉。

第四十八条 仲裁机构或者人民法院可以委托本法第十九条规定的产品质量检验机构，对有关产品质量进行检验。

5. 罚则

第四十九条 生产、销售不符合保障人体健康和人身、财产安全的国家标准、行业标准的产品的，责令停止生产、销售，没收违法生产、销售的产品，并处违法生产、销售产品（包括已售出和未售出的产品，下同）货值金额等值以上三倍以下的罚款；有违法所得的，并处没收违法所得；情节严重的，吊销营业执照；构成犯罪的，依法追究刑事责任。

第五十条 在产品中掺杂、掺假，以假充真，以次充好，或者以不合格产品冒充合格产品的，责令停止生产、销售，没收违法生产、销售的产品，并处违法生产、销售产品货值金额百分之五十以上三倍以下的罚款；有违法所得的，并处没收违法所得；情节严重的，吊销营业执照；构成犯罪的，依法追究刑事责任。

第五十一条 生产国家明令淘汰的产品的，销售国家明令淘汰并停止销售的产品的，责令停止生产、销售，没收违法生产、销售的产品，并处违法生产、销售产品货值金额等值以下的罚款；有违法所得的，并处没收违法所得；情节严重的，吊销营业执照。

第五十二条 销售失效、变质的产品的，责令停止销售，没收违法销售的产品，并处违法销售产品货值金额两倍以下的罚款；有违法所得的，并处没收违法所得；情节严重的，吊销营业执照；构成犯罪的，依法追究刑事责任。

第五十三条 伪造产品产地的，伪造或者冒用他人厂名、厂址的，伪造或者冒用认证标志等质量标志的，责令改正，没收违法生产、销售的产品，并处违法生产、销售产品货值金额等值以下的罚款；有违法所得的，并处没收违法所得；情节严重的，吊销营业执照。

第五十四条 产品标识不符合本法第二十七条规定的，责令改正；有包装的产品标识不符合本法第二十七条第（四）项、第（五）项规定，情节严重的，责令停止生产、销售，并处违法生产、销售产品货值金额百分之三十以下的罚款；有违法所得的，并处没收违法所得。

第五十五条 销售者销售本法第四十九条至第五十三条规定禁止销售的产品，有充分证据证明其不知道该产品为禁止销售的产品并如实说明其进货来源的，可以从轻或者减轻处罚。

第五十六条 拒绝接受依法进行的产品质量监督检查的，给予警告，责令改正；拒不改正的，责令停业整顿；情节特别严重的，吊销营业执照。

第五十七条 产品质量检验机构、认证机构伪造检验结果或者出具虚假证明的，责令改正，对单位处五万元以上十万元以下的罚款，对直接负责的主管人员和其他直接责任人员处一万元以上五万元以下的罚款；有违法所得的，并处没收违法所得；情节严重的，取消其检验资格、认证资格；构成犯罪的，依法追究刑事责任。

产品质量检验机构、认证机构出具的检验结果或者证明不实，造成损失的，应当承担相应的赔偿责任；造成重大损失的，撤销其检验资格、认证资格。

产品质量认证机构违反本法第二十一条第二款的规定，对不符合认证标准而使用认证标志的产品，未依法要求其改正或者取消其使用认证标志资格的，对因产品不符合认证标准给消费者造成的损失，与产品的生产者、销售者承担连带责任；情节严重的，撤销其认证资格。

第五十八条 社会团体、社会中介机构对产品质量作出承诺、保证,而该产品又不符合其承诺、保证的质量要求,给消费者造成损失的,与产品的生产者、销售者承担连带责任。

第五十九条 在广告中对产品质量作虚假宣传,欺骗和误导消费者的,依照《中华人民共和国广告法》的规定追究法律责任。

第六十条 对生产者专门用于生产本法第四十九条、第五十一条所列的产品或者以假充真的产品的原辅材料、包装物、生产工具,应当予以没收。

第六十一条 知道或者应当知道属于本法规定禁止生产、销售的产品而为其提供运输、保管、仓储等便利条件的,或者为以假充真的产品提供制假生产技术的,没收全部运输、保管、仓储或者提供制假生产技术的收入,并处违法收入百分之五十以上三倍以下的罚款;构成犯罪的,依法追究刑事责任。

第六十二条 服务业的经营者将本法第四十九条至第五十二条规定禁止销售的产品用于经营性服务的,责令停止使用;对知道或者应当知道所使用的产品属于本法规定禁止销售的产品的,按照违法使用的产品(包括已使用和尚未使用的产品)的货值金额,依照本法对销售者的处罚规定处罚。

第六十三条 隐匿、转移、变卖、损毁被产品质量监督部门或者工商行政管理部门查封、扣押的物品的,处被隐匿、转移、变卖、损毁物品货值金额等值以上三倍以下的罚款;有违法所得的,并处没收违法所得。

第六十四条 违反本法规定,应当承担民事赔偿责任和缴纳罚款、罚金,其财产不足以同时支付时,先承担民事赔偿责任。

第六十五条 各级人民政府工作人员和其他国家机关工作人员有下列情形之一的,依法给予行政处分;构成犯罪的,依法追究刑事责任:

(一)包庇、放纵产品生产、销售中违反本法规定行为的;

(二)向从事违反本法规定的生产、销售活动的当事人通风报信,帮助其逃避查处的;

(三)阻挠、干预产品质量监督部门或者工商行政管理部门依法对产品生产、销售中违反本法规定的行为进行查处,造成严重后果的。

第六十六条 产品质量监督部门在产品质量监督抽查中超过规定的数量索取样品或者向被检查人收取检验费用的,由上级产品质量监督部门或者监察机关责令退还;情节严重的,对直接负责的主管人员和其他直接责任人员依法给予行政处分。

第六十七条 产品质量监督部门或者其他国家机关违反本法第二十五条的规定,向社会推荐生产者的产品或者以监制、监销等方式参与产品经营活动的,由其上级机关或者监察机关责令改正,消除影响,有违法收入的予以没收;情节严重的,对直接负责的主管人员和其他直接责任人员依法给予行政处分。

产品质量检验机构有前款所列违法行为的,由产品质量监督部门责令改正,消除影响,有违法收入的予以没收,可以并处违法收入一倍以下的罚款;情节严重的,撤销其质量检验资格。

第六十八条 产品质量监督部门或者工商行政管理部门的工作人员滥用职权、玩忽职守、徇私舞弊,构成犯罪的,依法追究刑事责任;尚不构成犯罪的,依法给予行政处分。

第六十九条 以暴力、威胁方法阻碍产品质量监督部门或者工商行政管理部门的工作人员依法执行职务的，依法追究刑事责任；拒绝、阻碍未使用暴力、威胁方法的，由公安机关依照治安管理处罚法的规定处罚。

第七十条 本法规定的吊销营业执照的行政处罚由工商行政管理部门决定，本法第四十九条至第五十七条、第六十条至第六十三条规定的行政处罚由产品质量监督部门或者工商行政管理部门按照国务院规定的职权范围决定。法律、行政法规对行使行政处罚权的机关另有规定的，依照有关法律、行政法规的规定执行。

第七十一条 对依照本法规定没收的产品，依照国家有关规定进行销毁或者采取其他方式处理。

第七十二条 本法第四十九条至第五十四条、第六十二条、第六十三条所规定的货值金额以违法生产、销售产品的标价计算；没有标价的，按照同类产品的市场价格计算。

6. 附则

第七十三条 军工产品质量监督管理办法，由国务院、中央军事委员会另行制定。

因核设施、核产品造成损害的赔偿责任，法律、行政法规另有规定的，依照其规定。

第七十四条 本法自1993年9月1日起施行。

2.1.4 建设工程质量管理条例

《建设工程质量管理条例》（2000年1月30日 中华人民共和国国务院令第279号）由总则、建设单位的质量责任和义务、勘察、设计单位的质量责任和义务、施工单位的质量责任和义务、工程监理单位的质量责任和义务、建设工程质量保修、监督管理、罚则和附则9部分组成。

1. 总则

第一条 为了加强对建设工程质量的管理，保证建设工程质量，保护人民生命和财产安全，根据《中华人民共和国建筑法》，制定本条例。

第二条 凡在中华人民共和国境内从事建设工程的新建、扩建、改建等有关活动及实施对建设工程质量监督管理的，必须遵守本条例。

本条例所称建设工程，是指土木工程、建筑工程、线路管道和设备安装工程及装修工程。

第三条 建设单位、勘察单位、设计单位、施工单位、工程监理单位依法对建设工程质量负责。

第四条 县级以上人民政府建设行政主管部门和其他有关部门应当加强对建设工程质量的监督管理。

第五条 从事建设工程活动，必须严格执行基本建设程序，坚持先勘察、后设计、再施工的原则。

县级以上人民政府及其有关部门不得超越权限审批建设项目或者擅自简化基本建设程序。

第六条 国家鼓励采用先进的科学技术和管理方法，提高建设工程质量。

2. 建设单位的质量责任和义务

第七条 建设单位应当将工程发包给具有相应资质等级的单位。

建设单位不得将建设工程肢解发包。

第八条 建设单位应当依法对工程建设项目的勘察、设计、施工、监理以及与工程建设有关的重要设备、材料等的采购进行招标。

第九条 建设单位必须向有关的勘察、设计、施工、工程监理等单位提供与建设工程有关的原始资料。

原始资料必须真实、准确、齐全。

第十条 建设工程发包单位不得迫使承包方以低于成本的价格竞标，不得任意压缩合理工期。

建设单位不得明示或者暗示设计单位或者施工单位违反工程建设强制性标准，降低建设工程质量。

第十一条 建设单位应当将施工图设计文件报县级以上人民政府建设行政主管部门或者其他有关部门审查。施工图设计文件审查的具体办法，由国务院建设行政主管部门会同国务院其他有关部门制定。

施工图设计文件未经审查批准的，不得使用。

第十二条 实行监理的建设工程，建设单位应当委托具有相应资质等级的工程监理单位进行监理，也可以委托具有工程监理相应资质等级并与被监理工程的施工承包单位没有隶属关系或者其他利害关系的该工程的设计单位进行监理。

下列建设工程必须实行监理：
(1) 国家重点建设工程；
(2) 大中型公用事业工程；
(3) 成片开发建设的住宅小区工程；
(4) 利用外国政府或者国际组织贷款、援助资金的工程；
(5) 国家规定必须实行监理的其他工程。

第十三条 建设单位在领取施工许可证或者开工报告前，应当按照国家有关规定办理工程质量监督手续。

第十四条 按照合同约定，由建设单位采购建筑材料、建筑构配件和设备的，建设单位应当保证建筑材料、建筑构配件和设备符合设计文件和合同要求。

建设单位不得明示或者暗示施工单位使用不合格的建筑材料、建筑构配件和设备。

第十五条 涉及建筑主体和承重结构变动的装修工程，建设单位应当在施工前委托原设计单位或者具有相应资质等级的设计单位提出设计方案；没有设计方案的，不得施工。

房屋建筑使用者在装修过程中，不得擅自变动房屋建筑主体和承重结构。

第十六条 建设单位收到建设工程竣工报告后，应当组织设计、施工、工程监理等有关单位进行竣工验收。

建设工程竣工验收应当具备下列条件：
(1) 完成建设工程设计和合同约定的各项内容；
(2) 有完整的技术档案和施工管理资料；
(3) 有工程使用的主要建筑材料、建筑构配件和设备的进场试验报告；
(4) 有勘察、设计、施工、工程监理等单位分别签署的质量合格文件；
(5) 有施工单位签署的工程保修书。

建设工程经验收合格的，方可交付使用。

第十七条　建设单位应当严格按照国家有关档案管理的规定，及时收集、整理建设项目各环节的文件资料，建立、健全建设项目档案，并在建设工程竣工验收后，及时向建设行政主管部门或者其他有关部门移交建设项目档案。

3. 勘察、设计单位的质量责任和义务

第十八条　从事建设工程勘察、设计的单位应当依法取得相应等级的资质证书，并在其资质等级许可的范围内承揽工程。

禁止勘察、设计单位超越其资质等级许可的范围或者以其他勘察、设计单位的名义承揽工程。禁止勘察、设计单位允许其他单位或者个人以本单位的名义承揽工程。

勘察、设计单位不得转包或者违法分包所承揽的工程。

第十九条　勘察、设计单位必须按照工程建设强制性标准进行勘察、设计，并对其勘察、设计的质量负责。

注册建筑师、注册结构工程师等注册执业人员应当在设计文件上签字，对设计文件负责。

第二十条　勘察单位提供的地质、测量、水文等勘察成果必须真实、准确。

第二十一条　设计单位应当根据勘察成果文件进行建设工程设计。

设计文件应当符合国家规定的设计深度要求，注明工程合理使用年限。

第二十二条　设计单位在设计文件中选用的建筑材料、建筑构配件和设备，应当注明规格、型号、性能等技术指标，其质量要求必须符合国家规定的标准。

除有特殊要求的建筑材料、专用设备、工艺生产线等外，设计单位不得指定生产厂、供应商。

第二十三条　设计单位应当就审查合格的施工图设计文件向施工单位作出详细说明。

第二十四条　设计单位应当参与建设工程质量事故分析，并对因设计造成的质量事故，提出相应的技术处理方案。

4. 施工单位的质量责任和义务

第二十五条　施工单位应当依法取得相应等级的资质证书，并在其资质等级许可的范围内承揽工程。

禁止施工单位超越本单位资质等级许可的业务范围或者以其他施工单位的名义承揽工程。禁止施工单位允许其他单位或者个人以本单位的名义承揽工程。

施工单位不得转包或者违法分包工程。

第二十六条　施工单位对建设工程的施工质量负责。

施工单位应当建立质量责任制，确定工程项目的项目经理、技术负责人和施工管理负责人。

建设工程实行总承包的，总承包单位应当对全部建设工程质量负责；建设工程勘察、设计、施工、设备采购的一项或者多项实行总承包的，总承包单位应当对其承包的建设工程或者采购的设备的质量负责。

第二十七条　总承包单位依法将建设工程分包给其他单位的，分包单位应当按照分包合同的约定对其分包工程的质量向总承包单位负责，总承包单位与分包单位对分包工程的质量承担连带责任。

第二十八条 施工单位必须按照工程设计图纸和施工技术标准施工，不得擅自修改工程设计，不得偷工减料。

施工单位在施工过程中发现设计文件和图纸有差错的，应当及时提出意见和建议。

第二十九条 施工单位必须按照工程设计要求、施工技术标准和合同约定，对建筑材料、建筑构配件、设备和商品混凝土进行检验，检验应当有书面记录和专人签字；未经检验或者检验不合格的，不得使用。

第三十条 施工单位必须建立、健全施工质量的检验制度，严格工序管理，作好隐蔽工程的质量检查和记录。隐蔽工程在隐蔽前，施工单位应当通知建设单位和建设工程质量监督机构。

第三十一条 施工人员对涉及结构安全的试块、试件以及有关材料，应当在建设单位或者工程监理单位监督下现场取样，并送具有相应资质等级的质量检测单位进行检测。

第三十二条 施工单位对施工中出现质量问题的建设工程或者竣工验收不合格的建设工程，应当负责返修。

第三十三条 施工单位应当建立、健全教育培训制度，加强对职工的教育培训；未经教育培训或者考核不合格的人员，不得上岗作业。

5. 工程监理单位的质量责任和义务

第三十四条 工程监理单位应当依法取得相应等级的资质证书，并在其资质等级许可的范围内承担工程监理业务。

禁止工程监理单位超越本单位资质等级许可的范围或者以其他工程监理单位的名义承担工程监理业务。禁止工程监理单位允许其他单位或者个人以本单位的名义承担工程监理业务。

工程监理单位不得转让工程监理业务。

第三十五条 工程监理单位与被监理工程的施工承包单位以及建筑材料、建筑构配件和设备供应单位有隶属关系或者其他利害关系的，不得承担该项建设工程的监理业务。

第三十六条 工程监理单位应当依照法律、法规以及有关技术标准、设计文件和建设工程承包合同，代表建设单位对施工质量实施监理，并对施工质量承担监理责任。

第三十七条 工程监理单位应当选派具备相应资格的总监理工程师和监理工程师进驻施工现场。

未经监理工程师签字，建筑材料、建筑构配件和设备不得在工程上使用或者安装，施工单位不得进行下一道工序的施工。未经总监理工程师签字，建设单位不拨付工程款，不进行竣工验收。

第三十八条 监理工程师应当按照工程监理规范的要求，采取旁站、巡视和平行检验等形式，对建设工程实施监理。

6. 建设工程质量保修

第三十九条 建设工程实行质量保修制度。

建设工程承包单位在向建设单位提交工程竣工验收报告时，应当向建设单位出具质量保修书。质量保修书中应当明确建设工程的保修范围、保修期限和保修责任等。

第四十条 在正常使用条件下，建设工程的最低保修期限为：

（1）基础设施工程、房屋建筑的地基基础工程和主体结构工程，为设计文件规定的该工程的合理使用年限；

(2) 屋面防水工程、有防水要求的卫生间、房间和外墙面的防渗漏，为 5 年；

(3) 供热与供冷系统，为 2 个采暖期、供冷期；

(4) 电气管线、给排水管道、设备安装和装修工程，为 2 年。

其他项目的保修期限由发包方与承包方约定。

建设工程的保修期，自竣工验收合格之日起计算。

第四十一条 建设工程在保修范围和保修期限内发生质量问题的，施工单位应当履行保修义务，并对造成的损失承担赔偿责任。

第四十二条 建设工程在超过合理使用年限后需要继续使用的，产权所有人应当委托具有相应资质等级的勘察、设计单位鉴定，并根据鉴定结果采取加固、维修等措施，重新界定使用期。

7. 监督管理

第四十三条 国家实行建设工程质量监督管理制度。

国务院建设行政主管部门对全国的建设工程质量实施统一监督管理。国务院铁路、交通、水利等有关部门按照国务院规定的职责分工，负责对全国的有关专业建设工程质量的监督管理。

县级以上地方人民政府建设行政主管部门对本行政区域内的建设工程质量实施监督管理。县级以上地方人民政府交通、水利等有关部门在各自的职责范围内，负责对本行政区域内的专业建设工程质量的监督管理。

第四十四条 国务院建设行政主管部门和国务院铁路、交通、水利等有关部门应当加强对有关建设工程质量的法律、法规和强制性标准执行情况的监督检查。

第四十五条 国务院发展计划部门按照国务院规定的职责，组织稽察特派员，对国家出资的重大建设项目实施监督检查。

国务院经济贸易主管部门按照国务院规定的职责，对国家重大技术改造项目实施监督检查。

第四十六条 建设工程质量监督管理，可以由建设行政主管部门或者其他有关部门委托的建设工程质量监督机构具体实施。

从事房屋建筑工程和市政基础设施工程质量监督的机构，必须按照国家有关规定经国务院建设行政主管部门或者省、自治区、直辖市人民政府建设行政主管部门考核；从事专业建设工程质量监督的机构，必须按照国家有关规定经国务院有关部门或者省、自治区、直辖市人民政府有关部门考核。经考核合格后，方可实施质量监督。

第四十七条 县级以上地方人民政府建设行政主管部门和其他有关部门应当加强对有关建设工程质量的法律、法规和强制性标准执行情况的监督检查。

第四十八条 县级以上人民政府建设行政主管部门和其他有关部门履行监督检查职责时，有权采取下列措施：

(1) 要求被检查的单位提供有关工程质量的文件和资料；

(2) 进入被检查单位的施工现场进行检查；

(3) 发现有影响工程质量的问题时，责令改正。

第四十九条 建设单位应当自建设工程竣工验收合格之日起 15 日内，将建设工程竣工验收报告和规划、公安消防、环保等部门出具的认可文件或者准许使用文件报建设行政主管部门或者其他有关部门备案。

建设行政主管部门或者其他有关部门发现建设单位在竣工验收过程中有违反国家有关建设工程质量管理规定行为的，责令停止使用，重新组织竣工验收。

第五十条 有关单位和个人对县级以上人民政府建设行政主管部门和其他有关部门进行的监督检查应当支持与配合，不得拒绝或者阻碍建设工程质量监督检查人员依法执行职务。

第五十一条 供水、供电、供气、公安消防等部门或者单位不得明示或者暗示建设单位、施工单位购买其指定的生产供应单位的建筑材料、建筑构配件和设备。

第五十二条 建设工程发生质量事故，有关单位应当在24小时内向当地建设行政主管部门和其他有关部门报告。对重大质量事故，事故发生地的建设行政主管部门和其他有关部门应当按照事故类别和等级向当地人民政府和上级建设行政主管部门和其他有关部门报告。

特别重大质量事故的调查程序按照国务院有关规定办理。

第五十三条 任何单位和个人对建设工程的质量事故、质量缺陷都有权检举、控告、投诉。

8. 罚则

第五十四条 违反本条例规定，建设单位将建设工程发包给不具有相应资质等级的勘察、设计、施工单位或者委托给不具有相应资质等级的工程监理单位的，责令改正，处50万元以上100万元以下的罚款。

第五十五条 违反本条例规定，建设单位将建设工程肢解发包的，责令改正，处工程合同价款百分之零点五以上百分之一以下的罚款；对全部或者部分使用国有资金的项目，并可以暂停项目执行或者暂停资金拨付。

第五十六条 违反本条例规定，建设单位有下列行为之一的，责令改正，处20万元以上50万元以下的罚款：

（1）迫使承包方以低于成本的价格竞标的；
（2）任意压缩合理工期的；
（3）明示或者暗示设计单位或者施工单位违反工程建设强制性标准，降低工程质量的；
（4）施工图设计文件未经审查或者审查不合格，擅自施工的；
（5）建设项目必须实行工程监理而未实行工程监理的；
（6）未按照国家规定办理工程质量监督手续的；
（7）明示或者暗示施工单位使用不合格的建筑材料、建筑构配件和设备的；
（8）未按照国家规定将竣工验收报告、有关认可文件或者准许使用文件报送备案的。

第五十七条 违反本条例规定，建设单位未取得施工许可证或者开工报告未经批准，擅自施工的，责令停止施工，限期改正，处工程合同价款百分之一以上百分之二以下的罚款。

第五十八条 违反本条例规定，建设单位有下列行为之一的，责令改正，处工程合同价款百分之二以上百分之四以下的罚款；造成损失的，依法承担赔偿责任；

(1) 未组织竣工验收，擅自交付使用的；
(2) 验收不合格，擅自交付使用的；
(3) 对不合格的建设工程按照合格工程验收的。

第五十九条 违反本条例规定，建设工程竣工验收后，建设单位未向建设行政主管部门或者其他有关部门移交建设项目档案的，责令改正，处1万元以上10万元以下的罚款。

第六十条 违反本条例规定，勘察、设计、施工、工程监理单位超越本单位资质等级承揽工程的，责令停止违法行为，对勘察、设计单位或者工程监理单位处合同约定的勘察费、设计费或者监理酬金1倍以上2倍以下的罚款；对施工单位处工程合同价款百分之二以上百分之四以下的罚款，可以责令停业整顿，降低资质等级；情节严重的，吊销资质证书；有违法所得的，予以没收。

未取得资质证书承揽工程的，予以取缔，依照前款规定处以罚款；有违法所得的，予以没收。

以欺骗手段取得资质证书承揽工程的，吊销资质证书，依照本条第一款规定处以罚款；有违法所得的，予以没收。

第六十一条 违反本条例规定，勘察、设计、施工、工程监理单位允许其他单位或者个人以本单位名义承揽工程的，责令改正，没收违法所得，对勘察、设计单位和工程监理单位处合同约定的勘察费、设计费和监理酬金1倍以上2倍以下的罚款；对施工单位处工程合同价款百分之二以上百分之四以下的罚款；可以责令停业整顿，降低资质等级；情节严重的，吊销资质证书。

第六十二条 违反本条例规定，承包单位将承包的工程转包或者违法分包的，责令改正，没收违法所得，对勘察、设计单位处合同约定的勘察费、设计费百分之二十五以上百分之五十以下的罚款；对施工单位处工程合同价款百分之零点五以上百分之一以下的罚款；可以责令停业整顿，降低资质等级；情节严重的，吊销资质证书。

工程监理单位转让工程监理业务的，责令改正，没收违法所得，处合同约定的监理酬金百分之二十五以上百分之五十以下的罚款；可以责令停业整顿，降低资质等级；情节严重的，吊销资质证书。

第六十三条 违反本条例规定，有下列行为之一的，责令改正，处10万元以上30万元以下的罚款：
(1) 勘察单位未按照工程建设强制性标准进行勘察的；
(2) 设计单位未根据勘察成果文件进行工程设计的；
(3) 设计单位指定建筑材料、建筑构配件的生产厂、供应商的；
(4) 设计单位未按照工程建设强制性标准进行设计的。

有前款所列行为，造成工程质量事故的，责令停业整顿，降低资质等级；情节严重的，吊销资质证书；造成损失的，依法承担赔偿责任。

第六十四条 违反本条例规定，施工单位在施工中偷工减料的，使用不合格的建筑材料、建筑构配件和设备的，或者有不按照工程设计图纸或者施工技术标准施工的其他行为的，责令改正，处工程合同价款百分之二以上百分之四以下的罚款；造成建设工程质量不符合规定的质量标准的，负责返工、修理，并赔偿因此造成的损失；情节严重的，责令停业整顿，降低资质等级或者吊销资质证书。

第六十五条 违反本条例规定，施工单位未对建筑材料、建筑构配件、设备和商品混凝土进行检验，或者未对涉及结构安全的试块、试件以及有关材料取样检测的，责令改正，处10万元以上20万元以下的罚款；情节严重的，责令停业整顿，降低资质等级或者吊销资质证书；造成损失的，依法承担赔偿责任。

第六十六条 违反本条例规定，施工单位不履行保修义务或者拖延履行保修义务的，责令改正，处10万元以上20万元以下的罚款，并对在保修期内因质量缺陷造成的损失承担赔偿责任。

第六十七条 工程监理单位有下列行为之一的，责令改正，处50万元以上100万元以下的罚款，降低资质等级或者吊销资质证书；有违法所得的，予以没收；造成损失的，承担连带赔偿责任：

（1）与建设单位或者施工单位串通，弄虚作假、降低工程质量的；

（2）将不合格的建设工程、建筑材料、建筑构配件和设备按照合格签字的。

第六十八条 违反本条例规定，工程监理单位与被监理工程的施工承包单位以及建筑材料、建筑构配件和设备供应单位有隶属关系或者其他利害关系承担该项建设工程的监理业务的，责令改正，处5万元以上10万元以下的罚款，降低资质等级或者吊销资质证书；有违法所得的，予以没收。

第六十九条 违反本条例规定，涉及建筑主体或者承重结构变动的装修工程，没有设计方案擅自施工的，责令改正，处50万元以上100万元以下的罚款；房屋建筑使用者在装修过程中擅自变动房屋建筑主体和承重结构的，责令改正，处5万元以上10万元以下的罚款。

有前款所列行为，造成损失的，依法承担赔偿责任。

第七十条 发生重大工程质量事故隐瞒不报、谎报或者拖延报告期限的，对直接负责的主管人员和其他责任人员依法给予行政处分。

第七十一条 违反本条例规定，供水、供电、供气、公安消防等部门或者单位明示或者暗示建设单位或者施工单位购买其指定的生产供应单位的建筑材料、建筑构配件和设备的，责令改正。

第七十二条 违反本条例规定，注册建筑师、注册结构工程师、监理工程师等注册执业人员因过错造成质量事故的，责令停止执业1年；造成重大质量事故的，吊销执业资格证书，5年以内不予注册；情节特别恶劣的，终身不予注册。

第七十三条 依照本条例规定，给予单位罚款处罚的，对单位直接负责的主管人员和其他直接责任人员处单位罚款数额百分之五以上百分之十以下的罚款。

第七十四条 建设单位、设计单位、施工单位、工程监理单位违反国家规定，降低工程质量标准，造成重大安全事故，构成犯罪的，对直接责任人员依法追究刑事责任。

第七十五条 本条例规定的责令停业整顿，降低资质等级和吊销资质证书的行政处罚，由颁发资质证书的机关决定；其他行政处罚，由建设行政主管部门或者其他有关部门依照法定职权决定。

依照本条例规定被吊销资质证书的，由工商行政管理部门吊销其营业执照。

第七十六条 国家机关工作人员在建设工程质量监督管理工作中玩忽职守、滥用职权、徇私舞弊，构成犯罪的，依法追究刑事责任；尚不构成犯罪的，依法给予行政处分。

第七十七条 建设、勘察、设计、施工、工程监理单位的工作人员因调动工作、退休等原因离开该单位后,被发现在该单位工作期间违反国家有关建设工程质量管理规定,造成重大工程质量事故的,仍应当依法追究法律责任。

9. 附则

第七十八条 本条例所称肢解发包,是指建设单位将应当由一个承包单位完成的建设工程分解成若干部分发包给不同的承包单位的行为。

本条例所称违法分包,是指下列行为:

(1) 总承包单位将建设工程分包给不具备相应资质条件的单位的;

(2) 建设工程总承包合同中未有约定,又未经建设单位认可,承包单位将其承包的部分建设工程交由其他单位完成的;

(3) 施工总承包单位将建设工程主体结构的施工分包给其他单位的;

(4) 分包单位将其承包的建设工程再分包的。

本条例所称转包,是指承包单位承包建设工程后,不履行合同约定的责任和义务,将其承包的全部建设工程转给他人或者将其承包的全部建设工程肢解以后以分包的名义分别转给其他单位承包的行为。

第七十九条 本条例规定的罚款和没收的违法所得,必须全部上缴国库。

第八十条 抢险救灾及其他临时性房屋建筑和农民自建低层住宅的建设活动,不适用本条例。

第八十一条 军事建设工程的管理,按照中央军事委员会的有关规定执行。

第八十二条 本条例自发布之日起施行。

附:刑法有关条款

第一百三十七条 建设单位、设计单位、施工单位、工程监理单位违反国家规定,降低工程质量标准,造成重大安全事故的,对直接责任人员处五年以下有期徒刑或者拘役,并处罚金;后果特别严重的,处五年以上十年以下有期徒刑,并处罚金。

2.1.5 公路工程竣(交)工验收办法及实施细则

2.1.5.1 公路工程竣(交)工验收办法

《公路工程竣(交)工验收办法》(2004年3月31日 交通部令2004年第3号),由总则、交工验收、竣工验收、罚则和附则5部分组成。

1. 总则

第一条 为规范公路工程竣(交)工验收工作,保障公路安全有效运营,根据《中华人民共和国公路法》,制定本办法。

第二条 本办法适用于中华人民共和国境内新建和改建的公路工程竣(交)工验收活动。

第三条 公路工程应按本办法进行竣(交)工验收,未经验收或者验收不合格的,不得交付使用。

第四条 公路工程验收分为交工验收和竣工验收两个阶段。

交工验收是检查施工合同的执行情况,评价工程质量是否符合技术标准及设计要求,是否可以移交下一阶段施工或是否满足通车要求,对各参建单位工作进行初步评价。

竣工验收是综合评价工程建设成果，对工程质量、参建单位和建设项目进行综合评价。

第五条 公路工程竣（交）工验收的依据是：

（1）批准的工程可行性研究报告；

（2）批准的工程初步设计、施工图设计及变更设计文件；

（3）批准的招标文件及合同文本；

（4）行政主管部门的有关批复、批示文件；

（5）交通部颁布的公路工程技术标准、规范、规程及国家有关部门的相关规定。

第六条 交工验收由项目法人负责。

竣工验收由交通主管部门按项目管理权限负责。交通部负责国家、部重点公路工程项目中100公里以上的高速公路、独立特大型桥梁和特长隧道工程的竣工验收工作；其他公路工程建设项目，由省级人民政府交通主管部门确定的相应交通主管部门负责竣工验收工作。

第七条 公路工程竣（交）工验收工作应当做到公正、真实和科学。

2. 交工验收

第八条 公路工程（合同段）进行交工验收应具备以下条件：

（1）合同约定的各项内容已完成；

（2）施工单位按交通部制定的《公路工程质量检验评定标准》及相关规定的要求对工程质量自检合格；

（3）监理工程师对工程质量的评定合格；

（4）质量监督机构按交通部规定的公路工程质量鉴定办法对工程质量进行检测（必要时可委托有相应资质的检测机构承担检测任务），并出具检测意见；

（5）竣工文件已按交通部规定的内容编制完成；

（6）施工单位、监理单位已完成本合同段的工作总结。

第九条 公路工程各合同段符合交工验收条件后，经监理工程师同意，由施工单位向项目法人提出申请，项目法人应及时组织对该合同段进行交工验收。

第十条 交工验收的主要工作内容是：

（1）检查合同执行情况；

（2）检查施工自检报告、施工总结报告及施工资料；

（3）检查监理单位独立抽检资料、监理工作报告及质量评定资料；

（4）检查工程实体，审查有关资料，包括主要产品质量的抽（检）测报告；

（5）核查工程完工数量是否与批准的设计文件相符，是否与工程计量数量一致；

（6）对合同是否全面执行、工程质量是否合格作出结论，按交通主管部门规定的格式签署合同段交工验收证书；

（7）按交通部规定的办法对设计单位、监理单位、施工单位的工作进行初步评价。

第十一条 项目法人负责组织公路工程各合同段的设计、监理、施工等单位参加交工验收。拟交付使用的工程，应邀请运营、养护管理单位参加。参加验收单位的主要职责是：

项目法人负责组织各合同段参建单位完成交工验收工作的各项内容，总结合同执行过

程中的经验,对工程质量是否合格作出结论;

设计单位负责检查已完成的工程是否与设计相符,是否满足设计要求;

监理单位负责完成监理资料的汇总、整理,协助项目法人检查施工单位的合同执行情况,核对工程数量,科学公正地对工程质量进行评定;

施工单位负责提交竣工资料,完成交工验收准备工作。

第十二条 项目法人组织监理单位按《公路工程质量检验评定标准》的要求对各合同段的工程质量进行评定。

监理单位根据独立抽检资料对工程质量进行评定,当监理按规定完成的独立抽检资料不能满足评定要求时,可以采用经监理确认的施工自检资料。

项目法人根据对工程质量的检查及平时掌握的情况,对监理单位所做的工程质量评定进行审定。

第十三条 各合同段工程质量评分采用所含各单位工程质量评分的加权平均值。即:

$$合同段工程质量评分值 = \frac{\Sigma(单位工程质量评分值 \times 该单位工程投资额)}{合同段总投资额}$$

工程各合同段交工验收结束后,由项目法人对整个工程项目进行工程质量评定,工程质量评分采用各合同段工程质量评分的加权平均值。即:

$$工程项目质量评分值 = \frac{\Sigma(合同段工程质量评分值 \times 该合同段投资额)}{\Sigma 施工合同段投资额}$$

工程质量等级评定分为合格和不合格,工程质量评分值大于等于 75 分的为合格,小于 75 分的为不合格。

第十四条 公路工程各合同段验收合格后,项目法人应按交通部规定的要求及时完成项目交工验收报告,并向交通主管部门备案。国家、部重点公路工程项目中 100 公里以上的高速公路、独立特大型桥梁和特长隧道工程向省级人民政府交通主管部门备案,其他公路工程按省级人民政府交通主管部门的规定向相应的交通主管部门备案。

公路工程各合同段验收合格后,质量监督机构应向交通主管部门提交项目的检测报告。交通主管部门在 15 天内未对备案的项目交工验收报告提出异议,项目法人可开放交通进入试运营期。试运营期不得超过 3 年。

第十五条 交工验收提出的工程质量缺陷等遗留问题,由施工单位限期完成。

3. 竣工验收

第十六条 公路工程进行竣工验收应具备以下条件:

(1) 通车试运营 2 年后;

(2) 交工验收提出的工程质量缺陷等遗留问题已处理完毕,并经项目法人验收合格;

(3) 工程决算已按交通部规定的办法编制完成,竣工决算已经审计,并经交通主管部门或其授权单位认定;

(4) 竣工文件已按交通部规定的内容完成;

(5) 对需进行档案、环保等单项验收的项目,已经有关部门验收合格;

(6) 各参建单位已按交通部规定的内容完成各自的工作报告;

(7) 质量监督机构已按交通部规定的公路工程质量鉴定办法对工程质量检测鉴定合格,并形成工程质量鉴定报告。

第十七条 公路工程符合竣工验收条件后，项目法人应按照项目管理权限及时向交通主管部门申请验收。交通主管部门应当自收到申请之日起 30 日内，对申请人递交的材料进行审查，对于不符合竣工验收条件的，应当及时退回并告知理由；对于符合验收条件的，应自收到申请文件之日起 3 个月内组织竣工验收。

第十八条 竣工验收的主要工作内容是：
(1) 成立竣工验收委员会；
(2) 听取项目法人、设计单位、施工单位、监理单位的工作报告；
(3) 听取质量监督机构的工作报告及工程质量鉴定报告；
(4) 检查工程实体质量、审查有关资料；
(5) 按交通部规定的办法对工程质量进行评分，并确定工程质量等级；
(6) 按交通部规定的办法对参建单位进行综合评价；
(7) 对建设项目进行综合评价；
(8) 形成并通过竣工验收鉴定书。

第十九条 竣工验收委员会由交通主管部门、公路管理机构、质量监督机构、造价管理机构等单位代表组成。大中型项目及技术复杂工程，应邀请有关专家参加。国防公路应邀请军队代表参加。

项目法人、设计单位、监理单位、施工单位、接管养护等单位参加竣工验收工作。

第二十条 参加竣工验收工作各方的主要职责是：

竣工验收委员会负责对工程实体质量及建设情况进行全面检查。按交通部规定的办法对工程质量进行评分，对各参建单位进行综合评价，对建设项目进行综合评价，确定工程质量和建设项目等级，形成工程竣工验收鉴定书。

项目法人负责提交项目执行报告及验收所需资料，协助竣工验收委员会开展工作；

设计单位负责提交设计工作报告，配合竣工验收检查工作；

监理单位负责提交监理工作报告，提供工程监理资料，配合竣工验收检查工作；

施工单位负责提交施工总结报告，提供各种资料，配合竣工验收检查工作。

第二十一条 竣工验收工程质量评分采取加权平均法计算，其中交工验收工程质量得分权值为 0.2，质量监督机构工程质量鉴定得分权值为 0.6，竣工验收委员会对工程质量评定得分权值为 0.2。

工程质量评定得分大于等于 90 分为优良，小于 90 分且大于等于 75 分为合格，小于 75 分为不合格。

第二十二条 竣工验收委员会按交通部规定的办法对参建单位的工作进行综合评价。

评定得分大于等于 90 分且工程质量等级优良的为好，大于等于 75 分为中，小于 75 分为差。

第二十三条 竣工验收建设项目综合评分采取加权平均法计算，其中竣工验收工程质量得分权值为 0.7，参建单位工作评价得分权值为 0.3（项目法人占 0.15，设计、施工、监理各占 0.05）。

评定得分大于等于 90 分且工程质量等级优良的为优良，大于等于 75 分为合格，小于 75 分为不合格。

第二十四条 负责组织竣工验收的交通主管部门对通过验收的建设项目按交通部规定

的要求签发《公路工程竣工验收鉴定书》。

通过竣工验收的工程，由质量监督机构依据竣工验收结论，按照交通部规定的格式对各参建单位签发工作综合评价等级证书。

4. 罚则

第二十五条 项目法人违反本办法规定，对不具备交工验收条件的公路工程组织交工验收，交工验收无效，由交通主管部门责令改正。

第二十六条 项目法人违反本办法规定，对未进行交工验收、交工验收不合格或未备案的工程开放交通进行试运营的，由交通主管部门责令停止试运营，并予以警告处罚。

第二十七条 项目法人对试运营期超过3年的公路工程不申请组织竣工验收的，由交通主管部门责令改正。对责令改正后仍不申请组织竣工验收的，由交通主管部门责令停止试运营。

第二十八条 质量监督机构人员在验收工作中滥用职权、玩忽职守、徇私舞弊的，依法给予行政处分，构成犯罪的，依法追究刑事责任。

5. 附则

第二十九条 公路工程建设项目建成后，施工单位、监理单位、项目法人应负责编制工程竣工文件、图表、资料，并装订成册，其编制费用分别由施工单位、监理单位、项目法人承担。

各合同段交工验收工作所需的费用由施工单位承担。整个建设项目竣（交）工验收期间质量监督机构进行工程质量检测所需的费用由项目法人承担。

第三十条 对通过验收的工程，由项目法人按照国家规定，分别向档案管理部门和公路管理机构、接管养护单位办理有关档案资料和资产移交手续。

第三十一条 对于规模较小、等级较低的小型项目，可将交工验收和竣工验收合并进行。规模较小、等级较低的小型项目的具体标准由省级人民政府交通主管部门结合本地区的具体情况制订。

第三十二条 本办法由交通部负责解释。

第三十三条 本办法自2004年10月1日起施行。交通部颁布的《公路工程竣工验收办法》（交公路发〔1995〕1081号）同时废止。

2.1.5.2 公路工程竣（交）工验收办法实施细则

《公路工程竣（交）工验收办法实施细则》（2010年4月30日 交通运输部公路司发布（交公路发〔2010〕65号）），由总则、交工验收、竣工验收和附则4部分组成。

1. 总则

第一条 为进一步规范和完善公路工程竣（交）工验收工作，根据《公路工程竣（交）工验收办法》（交通部令2004年第3号），制定本细则。

第二条 公路工程验收分为交工验收和竣工验收两个阶段。

交工验收阶段，其主要工作是：检查施工合同的执行情况，评价工程质量，对各参建单位工作进行初步评价。

竣工验收阶段，其主要工作是：对工程质量、参建单位和建设项目进行综合评价，并对工程建设项目作出整体性综合评价。

第三条 公路工程竣（交）工验收的依据是：

(1) 批准的项目建议书、工程可行性研究报告。
(2) 批准的工程初步设计、施工图设计及设计变更文件。
(3) 施工许可。
(4) 招标文件及合同文本。
(5) 行政主管部门的有关批复、批示文件。
(6) 公路工程技术标准、规范、规程及国家有关部门的相关规定。

2. 交工验收

第四条 公路工程交工验收工作一般按合同段进行，并应具备以下条件：
(1) 合同约定的各项内容已全部完成。各方就合同变更的内容达成书面一致意见。
(2) 施工单位按《公路工程质量检验评定标准》及相关规定对工程质量自检合格。
(3) 监理单位对工程质量评定合格。
(4) 质量监督机构按"公路工程质量鉴定办法"（见附件1）对工程质量进行检测，并出具检测意见。检测意见中需整改的问题已经处理完毕。
(5) 竣工文件按公路工程档案管理的有关要求，完成"公路工程项目文件归档范围"（见附件2）第三、四、五部分（不含缺陷责任期资料）内容的收集、整理及归档工作。
(6) 施工单位、监理单位完成本合同段的工作总结报告。

第五条 交工验收程序：
(1) 施工单位完成合同约定的全部工程内容，且经施工自检和监理检验评定均合格后，提出合同段交工验收申请报监理单位审查。交工验收申请应附自检评定资料和施工总结报告。
(2) 监理单位根据工程实际情况、抽检资料以及对合同段工程质量评定结果，对施工单位交工验收申请及其所附资料进行审查并签署意见。监理单位审查同意后，应同时向项目法人提交独立抽检资料、质量评定资料和监理工作报告。
(3) 项目法人对施工单位的交工验收申请、监理单位的质量评定资料进行核查，必要时可委托有相应资质的检测机构进行重点抽查检测，认为合同段满足交工验收条件时应及时组织交工验收。
(4) 对若干合同段完工时间相近的，项目法人可合并组织交工验收。对分段通车的项目，项目法人可按合同约定分段组织交工验收。
(5) 通过交工验收的合同段，项目法人应及时颁发"公路工程交工验收证书"（见附件3）。
(6) 各合同段全部验收合格后，项目法人应及时完成"公路工程交工验收报告"（见附件4）。

第六条 交工验收的主要工作内容：
(1) 检查合同执行情况。
(2) 检查施工自检报告、施工总结报告及施工资料。
(3) 检查监理单位独立抽检资料、监理工作报告及质量评定资料。
(4) 检查工程实体，审查有关资料，包括主要产品的质量抽（检）测报告。
(5) 核查工程完工数量是否与批准的设计文件相符，是否与工程计量数量一致。
(6) 对合同是否全面执行、工程质量是否合格做出结论。

(7) 按合同段分别对设计、监理、施工等单位进行初步评价（评价表见附件 6-2～附件 6-4）。

第七条 各合同段的设计、施工、监理等单位参加交工验收工作，由项目法人负责组织。路基工程作为单独合同段进行交工验收时，应邀请路面施工单位参加。拟交付使用的工程，应邀请运营、养护管理等相关单位参加。交通运输主管部门、公路管理机构、质量监督机构视情况参加交工验收。

第八条 合同段工程质量评分采用所含各单位工程质量评分的加权平均值。即：

$$合同段工程质量评分值 = \frac{\Sigma(单位工程质量评分值 \times 该单位工程投资额)}{\Sigma 单位工程投资额}$$

工程各合同段交工验收结束后，由项目法人对整个工程项目进行工程质量评定，工程质量评分采用各合同段工程质量评分的加权平均值。即：

$$工程项目质量评分值 = \frac{\Sigma(合同段工程质量评分值 \times 该合同段投资额)}{\Sigma 合同段投资额}$$

投资额原则使用结算价，当结算价暂时未确定时，可使用招标合同价，但在评分计算时应统一。

第九条 交工验收工程质量等级评定分为合格和不合格，工程质量评分值大于等于 75 分的为合格，小于 75 分的为不合格。

第十条 交工验收不合格的工程应返工整改，直至合格。

交工验收提出的工程质量缺陷等遗留问题，由项目法人责成施工单位限期完成整改。

第十一条 对通过交工验收工程，应及时安排养护管理。

3. 竣工验收

第十二条 按照公路工程管理权限，各级交通运输主管部门应于年初制定年度竣工验收计划，并按计划组织竣工验收工作。列入竣工验收计划的项目，项目法人应提前完成竣工验收前的准备工作。

第十三条 公路工程竣工验收应具备以下条件：

(1) 通车试运营 2 年以上。

(2) 交工验收提出的工程质量缺陷等遗留问题已全部处理完毕，并经项目法人验收合格。

(3) 工程决算编制完成，竣工决算已经审计，并经交通运输主管部门或其授权单位认定。

(4) 竣工文件已完成"公路工程项目文件归档范围"的全部内容。

(5) 档案、环保等单项验收合格，土地使用手续已办理。

(6) 各参建单位完成工作总结报告。

(7) 质量监督机构对工程质量检测鉴定合格，并形成工程质量鉴定报告。

第十四条 竣工验收准备工作程序：

(1) 公路工程符合竣工验收条件后，项目法人应按照公路工程管理权限及时向相关交通运输主管部门提出验收申请，其主要内容包括：

1) 交工验收报告。

2) 项目执行报告、设计工作报告、施工总结报告和监理工作报告。

3) 项目基本建设程序的有关批复文件。
4) 档案、环保等单项验收意见。
5) 土地使用证或建设用地批复文件。
6) 竣工决算的核备意见、审计报告及认定意见。

(2) 相关交通运输主管部门对验收申请进行审查，必要时可组织现场核查。审查同意后报负责竣工验收的交通运输主管部门。

(3) 以上文件齐全且符合条件的项目，由负责竣工验收的交通运输主管部门通知所属的质量监督机构开展质量鉴定工作。

(4) 质量监督机构按要求完成质量鉴定工作，出具工程质量鉴定报告，并审核交工验收对设计、施工、监理初步评价结果，报送交通运输主管部门。

(5) 工程质量鉴定等级为合格及以上的项目，负责竣工验收的交通运输主管部门及时组织竣工验收。

第十五条 竣工验收主要工作内容：

(1) 成立竣工验收委员会。

(2) 听取公路工程项目执行报告、设计工作报告、施工总结报告、监理工作报告及接管养护单位项目使用情况报告。（见附件 5 "公路工程参建单位工作总结报告"）

(3) 听取公路工程质量监督报告及工程质量鉴定报告。

(4) 竣工验收委员会成立专业检查组检查工程实体质量，审阅有关资料，形成书面检查意见。

(5) 对项目法人建设管理工作进行综合评价。审定交工验收对设计单位、施工单位、监理单位的初步评价。（见附件 6 "公路工程参建单位工作综合评价表"）

(6) 对工程质量进行评分，确定工程质量等级，并综合评价建设项目。（见附件 7 "公路工程竣工验收评价表"）

(7) 形成并通过《公路工程竣工验收鉴定书》（见附件 8）。

(8) 负责竣工验收的交通运输主管部门印发《公路工程竣工验收鉴定书》。

(9) 质量监督机构依据竣工验收结论，对各参建单位签发"公路工程参建单位工作综合评价等级证书"（见附件 9）。

第十六条 竣工验收委员会由交通运输主管部门、公路管理机构、质量监督机构、造价管理机构等单位代表组成。国防公路应邀请军队代表参加。大中型项目及技术复杂工程，应邀请有关专家参加。

项目法人、设计、施工、监理、接管养护等单位代表参加竣工验收工作，但不作为竣工验收委员会成员。

第十七条 参加竣工验收工作各方的主要职责是：

竣工验收委员会负责对工程实体质量及建设情况进行全面检查。对工程质量进行评分，对各参建单位及建设项目进行综合评价，确定工程质量和建设项目等级，形成工程竣工验收鉴定书。

项目法人负责提交项目执行报告及验收工作所需资料，协助竣工验收委员会开展工作。

设计单位负责提交设计工作报告，配合竣工验收检查工作。

施工单位负责提交施工总结报告，提供各种资料，配合竣工验收检查工作。

监理单位负责提交监理工作报告，提供工程监理资料，配合竣工验收检查工作。

接管养护单位负责提交项目使用情况报告，配合竣工验收检查工作。

公路建设项目设计、施工、监理、接管养护等有多家单位的，项目法人应组织汇总设计工作报告、施工总结报告、监理工作报告、项目使用情况报告。竣工验收时选派代表向竣工验收委员会汇报。

第十八条 竣工验收工程质量评分采取加权平均法计算，其中交工验收工程质量得分权值为0.2，质量监督机构工程质量鉴定得分权值为0.6，竣工验收委员会对工程质量的评分权值为0.2。

对于交工验收和竣工验收合并进行的小型项目，质量监督机构工程质量鉴定得分权值为0.6，监理单位对工程质量评定得分权值为0.1，竣工验收委员会对工程质量的评分权值为0.3。

工程质量评分大于等于90分为优良，小于90分且大于等于75分为合格，小于75分为不合格。

第十九条 对建设项目出现以下特别严重问题的合同段，整改合格后，合同段工程质量不得评为优良，质量鉴定得分按照整改前的鉴定得分，超出75分的按75分，不足75分的按原得分；建设项目竣工验收工程质量等级和综合评定等级直接确定为合格。

（1）路基工程的大段落路基沉陷、大面积高边坡失稳。

（2）路面工程车辙深度大于10mm的路段累计长度超过该合同段车道总长度的5%。

（3）特大桥梁主要受力结构需要或进行过加固、补强。

（4）隧道工程渗漏水经处治效果不明显，衬砌出现影响结构安全裂缝，衬砌厚度合格率小于90%或有小于设计厚度二分之一的部位，空洞累计长度超过隧道长度的3%或单个空洞面积大于$3m^2$。

（5）重大质量事故或严重质量缺陷，造成历史性缺陷的工程。

第二十条 对建设项目出现以下严重问题的合同段，整改合格后，合同段工程质量不得评为优良，质量鉴定得分按75分计算；并视对建设项目的影响，由竣工验收委员会决定建设项目工程质量是否评为优良。

（1）路基工程的重要支挡工程严重变形。

（2）路面工程出现修补、唧浆、推移、网裂等病害路段累计长度超过路线的3%或累计面积大于总面积的1.5%；竣工验收复测路面弯沉合格率小于90%。

（3）大桥、中桥主要受力结构需要或进行过加固、补强。

第二十一条 竣工验收委员会对项目法人及设计、施工、监理单位工作进行综合评价。评定得分大于等于90分且工程质量等级优良的为好，小于90分且大于等于75分为中，小于75分为差。

第二十二条 竣工验收建设项目综合评分采取加权平均法计算，其中竣工验收工程质量得分权值为0.7，参建单位工作评价得分权值为0.3（项目法人占0.15，设计、施工、监理各占0.05）。

评定得分大于等于90分且工程质量等级优良的为优良，小于90分且大于等于75分为合格，小于75分为不合格。

第二十三条　发生过重大及以上生产安全事故的建设项目综合评定等级不得评为优良。

第二十四条　根据《国务院关于促进节约用地的通知》（国发〔2008〕3号）要求，竣工验收时需要核验建设项目依法用地和履行土地出让合同、划拨等情况。

4. 附则

第二十五条　各合同段交工验收工作所需的费用由施工单位承担。整个建设项目竣（交）工验收期间质量监督机构进行工程质量检测所需的费用由项目法人承担。

质量监督机构可委托有相应资质的检测机构承担竣（交）工验收的检测工作。

第二十六条　本细则自2010年5月1日起施行。《关于贯彻执行公路工程竣（交）工验收办法有关事宜的通知》（交公路发〔2004〕446号）同时废止。

附件：

1. 公路工程质量鉴定办法（略）
2. 公路工程项目文件归档范围（略）
3. 公路工程交工验收证书（略）
4. 公路工程交工验收报告（略）
5. 公路工程参建单位工作总结报告（略）
6. 公路工程参建单位工作综合评价表（略）
7. 公路工程竣工验收评价表（略）
8. 公路工程竣工验收鉴定书（略）
9. 公路工程参建单位工作综合评价等级证书（略）

2.2　公路水运工程试验检测管理

2.2.1　《公路水运工程试验检测管理办法》简介

《公路水运工程试验检测管理办法》（2005年10月19日交通部发布，根据2016年12月10日交通运输部《关于修改〈公路水运工程试验检测管理办法〉的决定》修正），于2016年12月22日发布《公路水运工程试验检测管理办法》（修正）（交通运输部令2016年第80号）（以下简称《管理办法》（修正）），该《管理办法》（修正）由总则、检测机构等级评定、试验检测活动、监督检查及附则5部分组成。

2.2.1.1　目的依据和管理范围

该《管理办法》（修正）在总则中明确了制定的目的是为规范公路水运工程试验检测活动，保证公路水运工程质量及人民生命和财产安全；从事公路水运工程试验检测活动，应当遵守本办法。

公路水运工程试验检测是指根据国家有关法律、法规的规定，依据工程建设技术标准、规范、规程，对公路水运工程所用材料、构件、工程制品、工程实体的质量和技术指标等进行的试验检测活动。

试验检测机构是指承担公路水运工程试验检测业务并对试验检测结果承担责任的机构。

试验检测人员是指具备相应公路水运工程试验检测知识、能力，并承担相应公路水运工程试验检测业务的专业技术人员。

2.2.1.2 公路水运工程试验检测机构等级管理和等级设置

1. 试验检测机构的检测能力实行等级管理，试验检测机构根据需要自愿提出申请。试验检测机构等级是依据试验检测机构的公路水运工程试验检测水平、主要试验检测仪器设备及试验检测人员的配备情况、试验检测环境等基本条件对试验检测机构进行的能力划分。

2. 试验检测机构等级分为公路工程和水运工程专业。

公路工程专业分为综合类和专项类。公路工程综合类设甲、乙、丙3个等级，公路工程专项类分为交通工程和桥梁隧道工程。

水运工程专业分为材料类和结构类。水运工程材料类设甲、乙、丙3个等级，水运工程结构类设甲、乙2个等级。

2.2.1.3 试验检测机构等级评定

1. 部质量监督机构负责公路工程综合类甲级、公路工程专项类和水运工程材料类及结构类甲级的等级评定工作；省级交通质监机构负责公路工程综合类乙、丙级和水运工程材料类乙、丙级、水运工程结构类乙级的等级评定工作。

2. 试验检测机构等级评定工作分为受理、初审、现场评审3个阶段。

3. 试验检测机构应逐级申请等级评定。试验检测机构被评为丙级、乙级后须满1年且具有相应的试验检测业绩方可申报上一等级的评定。

2.2.1.4 等级证书有效期、变更管理及证书管理

1. 《等级证书》有效期为5年。《等级证书》期满后拟继续开展公路水运工程试验检测业务的，试验检测机构应提前3个月向原发证机构提出换证申请。

2. 试验检测机构名称、地址、法定代表人或者机构负责人、技术负责人等发生变更的，应当自变更之日起30日内到原发证质监机构办理变更登记手续；试验检测机构停业时，应当自停业之日起15日内向原发证质监机构办理《等级证书》注销手续。

3. 《等级证书》遗失或者污损的，可以向原发证质监机构申请补发；任何单位和个人不得伪造、涂改、转让、租借《等级证书》。

2.2.1.5 试验检测活动

1. 取得《等级证书》，同时按照《计量法》的要求经过计量行政部门考核合格，通过计量认证的试验检测机构，可向社会提供试验检测服务；取得《等级证书》的试验检测机构在《等级证书》注明的项目范围内出具的试验检测报告，可以作为公路水运工程质量评定和工程验收的依据。

2. 取得《等级证书》的试验检测机构，可设立工地临时试验室，承担相应公路水运工程的试验检测业务，并对其试验检测结果承担责任。试验检测机构在同一公路水运工程项目标段中不得同时接受业主、监理、施工等多方的试验检测委托。试验检测机构依据合同承担公路水运工程试验检测业务，不得转包、违规分包。

3. 试验检测机构应当严格按照现行有效的国家和行业标准、规范和规程独立开展检测工作，不受任何干扰和影响，保证试验检测数据客观、公正、准确；应当建立严密、完善、运行有效的质量保证体系；应当按照有关规定对仪器设备进行正常维护，定期检定与

校准；应当建立样品管理制度，提倡盲样管理；应及时更新试验检测仪器设备，不断提高业务水平；应当建立健全档案制度，保证档案齐备，原始记录和试验检测报告内容必须清晰、完整、规范。

2.2.1.6 试验检测人员能力水平及从业行为规范

1. 试验检测人员分为试验检测师和助理试验检测师。试验检测机构的技术负责人应当由试验检测师担任；试验检测报告应当由试验检测师审核、签发。

2. 试验检测人员应当重视知识更新，不断提高试验检测业务水平；应当严守职业道德和工作程序，独立开展检测工作，保证试验检测数据科学、客观、公正，并对试验检测结果承担法律责任；试验检测人员不得同时受聘于两家以上试验检测机构，不得借工作之便推销建设材料、构配件和设备。

2.2.1.7 监督检查

1. 试验检测机构应积极配合或接受质监机构的定期或不定期的监督检查，及时纠正违反本规定的行为。

2. 公路水运工程试验检测监督检查，主要包括下列内容：

（1）《等级证书》使用的规范性，有无转包、违规分包、超范围承揽业务和涂改、租借《等级证书》的行为；

（2）检测机构能力变化与评定的能力等级的符合性；

（3）原始记录、试验检测报告的真实性、规范性和完整性；

（4）采用的技术标准、规范和规程是否合法有效，样品的管理是否符合要求；

（5）仪器设备的运行、检定和校准情况；

（6）质量保证体系运行的有效性；

（7）检测机构和检测人员试验检测活动的规范性、合法性和真实性；

（8）依据职责应当监督检查的其他内容。

3. 试验检测机构应当积极配合或参与部质量监督机构组织的不定期开展全国试验检测机构的比对试验，并如实提供相关资料。

4. 任何单位和个人都有权向质监机构投诉或举报违法违规的试验检测行为。

5. 质监机构在监督检查中发现试验检测机构有违反本规定行为的，应当予以警告、限期整改，情节严重的列入违规记录并予以公示，质监机构不再委托其承担检测业务。

实际能力已达不到《等级证书》能力等级的试验检测机构，质监机构应当给予整改期限。整改期满仍达不到规定条件的，质监机构应当视情况注销《等级证书》或者重新评定试验检测机构等级。重新评定的等级低于原来评定等级的，试验检测机构1年内不得申报升级。被注销等级的试验检测机构2年内不得再次申报。质监机构应当及时向社会公布监督检查的结果。

6. 质监机构在监督检查中发现试验检测人员违反本办法的规定，出具虚假试验检测数据或报告的，应当给予警告，情节严重的列入违规记录并予以公示。

2.2.1.8 其他规定

交通运输部关于修改《公路水运工程试验检测管理办法》的决定，自2016年12月10日起施行。

2.2.2　公路水运工程试验检测机构等级标准和等级评定程序

依据原《公路水运工程试验检测管理办法（2005年）》（以下简称原《办法（2005年）》）的规定，交通运输部出台了《等级标准》和《等级评定程序》。该《等级标准》和《等级评定程序》按照管理办法设立的等级，提出了每个等级应配备的设备、人员、检测用房、试验环境等；考虑检测机构的基本能力，设置了强制性参数和非强制性参数。强制性参数和设备属于必须满足的条件，而非强制性参数和设备检测机构可根据地域差异，结合实际需要选择性配置，所缺少的非强制性参数和设备小于应配置总量80%，评审时采取扣分制。

2.2.2.1　公路水运工程试验检测机构等级标准

1. 公路水运工程试验检测机构等级标准中对人员配置、检测环境的规定，见附录2。

现行标准中各等级检测机构试验检测人员的配置不仅对数量而且对专业提出明确要求，避免人员总数量符合要求，专业配置不合理。

技术负责人的主要职责是负责检测机构的试验检测质量，他的技术力量和水平决定了检测机构的检测能力和报告的准确可靠程度，要求其在检测中必须具备发现问题和解决问题的能力。标准中强调了技术负责人的职称和检测工作经历要求。

质量负责人的主要职责是负责检测机构管理体系的建立与运行，需要了解并掌握试验检测机构管理体系的有关知识，最好由取得内审员证书的人员担任。标准中对质量负责人提出了工作年限和职称要求，对检测机构只注重试验检测而轻视管理的现象予以纠正。

管理体系运行质量直接影响检测结果的质量，需要提高对质量负责人的要求来加强检测机构的管理，确保试验检测机构的管理满足试验室资质认定评审准则的要求和交通行业的要求。

环境方面根据规范标准提出检测用房的最小面积，检测用房面积应是各检测室、养护室、资料室面积的总和，明确检测用房不包括办公室、会议室。

对检测有环境条件要求的如温湿度要求、环保要求等还需满足相应的规定。

2. 试验检测能力基本要求及主要仪器设备

等级标准参数的设置是根据公路工程质量检验评定标准和水运工程强制性标准来进行的，基本覆盖了标准中的关键性指标和参数，也是为更好地对公路水运建设工程提供全面高质量的检测服务所必需的。

仪器设备配置的数量和精度应符合规范要求，数量应满足需要。

公路水运工程试验检测能力基本要求及主要仪器设备，见附录2。

2.2.2.2　公路水运工程试验检测机构等级评定程序

1. 申请的受理和初审

（1）公路水运工程试验检测机构申请公路水运工程试验检测机构等级评定，应填报《公路水运工程试验检测机构等级评定申请书》，并按原《办法（2005年）》第9条规定，向省级交通质量监督机构（以下简称省质监机构）提交申请材料1份。

（2）省质监机构收到申请材料后，应按照原《办法（2005年）》第11条要求进行认真核查，及时作出书面受理或不受理的决定。

所申请的等级属于质监总站负责评定范围的，省质监机构应在10个工作日内完成核查工作。对于受理的,退回申请材料中相关材料的原件,出具核查意见,并将申请材料转报质监总站。

原《办法(2005年)》第9条规定:申请公路水运工程试验检测机构等级评定,应向所在地省站提交以下材料:

1)《公路水运工程试验检测机构等级评定申请书》;
2) 申请人法人证书原件及复印件;
3) 通过计量认证的,应当提交计量认证证书副本的原件及复印件;
4) 检测人员考试合格证书和聘(任)用关系证明文件原件及复印件;
5) 所申报试验检测项目的典型报告(包括模拟报告)及业绩证明;
6) 质量保证体系文件。

原《办法(2005年)》第10条规定:公路水运工程试验检测机构等级评定工作分为受理、初审、现场评审3个阶段。

原《办法(2005年)》第11条规定:省站认为所提交的申请材料齐备、规范、符合规定要求的,应当予以受理;材料不符合规定要求的,应当及时退还申请人,并说明理由。

所申请的等级属于质监总站评定范围的,省站核查后出具核查意见并转送质监总站。

所申请的等级属于省站评定范围,但申报的试验检测项目有属于质监总站评定范围的,对该项目的评审省站应当报请质监总站同意,评审专家从质监总站专家库中抽取,质监总站对该项目的评审进行监督抽查。

质监总站或省质监机构对受理的申请材料应按照原《办法(2005年)》第12条要求进行初审。初审发现问题需要澄清的,质监机构应当通知申请人予以澄清,并出具"公路水运工程试验检测机构等级评定申请补正通知书";初审不合格的,质监机构应当及时书面说明理由;初审合格的进入现场评审阶段。

(3) 材料初审时应关注的主要内容

1) 申请的试验检测项目范围及设备配备与申请的等级是否相符。
2) 人员:持证总数量、专业情况,检测工程师、检测员数量是否被其他机构注册,技术负责人、质量负责人的资格是否符合要求等。
3) 设备:配备的种类、数量、精度是否符合要求,检定、校准、验证的情况是否符合交通行业检测要求。
4) 规范标准齐全现行有效:包括试验方法、评定标准、施工规范、设计标准等,标准中除交通行业规范外,还应注意相关的国家标准是否现行有效。
5) 机构检测用房面积、布局的合理性等。
6) 管理体系文件是否满足规范性、系统性、协调性、唯一性、适用性的基本要求。

(4) 增项申请

1) 增项申请应填报《公路水运工程试验检测机构等级评定申请书》中增项相关内容。
2) 增项申请必须以检测项目为单位,不得申请单个或多个参数的增项。
3) 增项原则上应是试验检测机构等级标准范围内的检测项目,特殊情况下,可对试验检测机构等级标准范围外,但在现行交通行业标准、规范内规定的检测项目中申请增项。

4) 增项数量应不超过本等级检测项目数量的50%，增项检测项目对人员、环境等对应条件的要求应在申报材料中体现。

增项评审的注意事项：

1) 就增项的参数提出申请，按照评审范围递交申请。

2) 必须以检测项目为单位，不得申请单个或多个参数的增项。

3) 对于增加的参数需注意人员数量和专业是否满足要求。

4) 增项数量是否超出规定。

(5) 同一检测机构申请多项等级

1) 同一人所持的多个专业检测资格证书，可在不同的检测等级申报中使用，但不得超过2次。

2) 除行政、技术、质量负责人外，其他持单一专业检测资格证书的人员不得重复使用。

3) 不同等级的专业重叠部分检测用房可共用，不重叠部分检测用房必须独立分别满足要求，以保证试验检测工作的正常开展。

4) 不同等级专业重叠部分的仪器设备可交叉使用，但对用量大的仪器设备应有数量规模要求，省质监机构初审时可视具体情况掌握。

2. 现场评审的规定

(1) 现场评审准备

1) 现场评审时间一般为2天，现场评审专家组人数一般为3~5人。如申请人申请多个资质或申请1个资质另加增项检测项目，评审组人数可适当增加。现场评审专家组设组长1名，负责主持现场评审工作。现场评审过程中，质监机构可派员进行过程监督。

2) 现场评审5个工作日前，质监机构应向申请人发出《公路水运工程试验检测机构等级评定现场评审通知书》，属于质监总站评定范围的增项申请，由质监总站向申请单位所在的省质监机构发出《试验检测项目评审任务书》。

3) 现场评审专家组由质监机构在其所建的公路水运工程试验检测专家库中随机抽取。被选专家与被评定的检测机构有利害关系的，在现场评审前应主动向质监总站提出回避。

(2) 现场评审程序及内容

1) 预备会议

在首次会议前，评审组长应组织预备会议，明确现场评审计划及专家分工，提请专家现场评审应注意的有关事项。

参加人员：评审组、监督人员

监督人员：一般为省站人员或市质量监督站人员。

2) 首次会议

① 介绍评审任务和依据。

任务：按照《公路水运工程试验检测等级评定现场评审通知书》或《试验检测项目评审任务书》，对被评审检测机构做出公平、公正、公开、科学的现场评审，提出现场评审意见。

依据：原《办法(2005年)》和《公路水运工程工程试验检测等级标准》。

② 介绍评审组成员组成，宣布现场评审计划考核内容和人员分工。

③ 对检测机构提出评审工作要求。

④ 检测机构随机抽取现场操作项目,并随机指定操作人员。

⑤ 检测机构负责人介绍机构总体情况。

参加人员:评审组、监督人员、被评审检测机构主要人员。

3)现场总体考察

现场总体考察的目的是从宏观上评价检测机构总体状况,评审组可按试验检测工作流程,重点考察:

① 试验室面积、总体布局、环境、设备管理状况等情况。

② 可能存在的薄弱环节。

③ 对环境、安全防护等有特殊要求的项目。

4)分组专项考核的相关内容

按现场评审计划及分工,评审组成员分档案材料组、硬件环境组和技术考核组,每组考核的内容有所不同。

① 档案材料组

通过对档案和内业资料的查阅,考核申请人的业绩、检测能力、管理的规范性和人员资格等情况。其内容包括:

a. 查验试验检测人员的职称证书、检测资格证书是否真实有效,检查技术负责人和质量负责人的资格以及试验检测人员的专业配置是否满足要求,试验检测报告的审核、签发人是否具备试验检测工程师资格,签字领域和考证批准的是否一致。

b. 检测机构是否为所有持证试验检测人员签订劳动合同且办理三险(五险)。

c. 所有强制性试验检测项目的原始记录和试验检测报告或模拟检测报告是否齐全,抽查不少于10%的强制性项目和5%的非强制性项目检测报告的正确性、科学性、规范性。对于有模拟报告而无业绩的项目,检测机构应提交比对试验报告,或由现场评审专家组织比对试验进行确认。

d. 试验检测项目适用的标准、规范和规程是否齐全且现行有效。

e. 质量保证体系文件是否齐全、合理,运转有效。

f. 收样、留样和盲样运转记录是否齐全、合理。

盲样管理是为了保证检测数据的公正,将客户信息隐藏不被试验者了解而进行的样品管理方式。

任务单(样品单)中的样品信息应是除了客户信息以外的有关样品的信息如名称、规格(牌号)、数量、用途(若判定需要)、产地(若需要)等。

模拟报告应是对真实样品按照规范标准检测所得结果的报告,与业绩报告的差异只是缺少资质印章。

为了方便对人员情况的查验,了解检测机构对人员的管理状态,各家机构应按照《检验检测机构资质认定评审准则》的要求建立人员业绩档案,它不同于人事档案,通过业绩档案了解人员在业务方面的水平和专长,技术人员业绩档案至少包括:

(a)人员简历;(b)身份证;(c)学历证明;(d)职称证书;(e)资格证书;(f)培训证书;(g)荣誉证书;(h)年度工作总结;(i)内审员证书;(j)所发表的论文、论著等;(k)其他。

表 2.2.2-1 是人员业绩档案卷内目录的格式，可供参考。

人员业绩档案卷内目录　　　　　　表 2.2.2-1

序号	内容	页次	备注
1	人员简历	1	
2	身份证件	1	
3	学历证明	1	
4	职称证书		
5	资格证书		
6	培训证书		
7	荣誉证书		
8	劳动合同		
9	任职文件		
10	年度工作总结	1＋1＋	
11	内审员证书		
12	考核记录		
13	所发表的论文、论著		
14	其他		

人员业绩档案中的各类证书如资格证书、培训证书、荣誉证书等可为复印件。原件另行保存。年度工作总结数量每年都有变化，为了方便管理建议写成1＋1＋…格式。

② 硬件环境组

通过现场符合性检查，考核检测机构硬件实际状况是否与所申请材料的内容一致，是否满足等级标准的要求。

检查的主要内容包括：

a. 试验检测场地的面积是否满足要求，检查被评审检测机构用房的产权。若是租赁，租赁合同是否长期有效（租期≥5年为长期）。

b. 逐项核查仪器设备的数量和运行使用状况，与申请材料是否符合。强制性设备不得缺少；非强制性设备配置率应不低于80%，低于此比例的按每缺1台（套）扣0.5分。

c. 仪器设备管理状况，逐一核查仪器设备的使用记录、维修记录、检定/校准证书。重点核查有疑问仪器设备的购货凭证（购货发票和合同原件）。所有仪器设备必须具有所有权，不得租赁。

d. 试验检测场所是否便于集中有效管理，试验环境是否满足要求。

e. 样品的管理条件是否符合要求。

硬件设施是一个检测机构的重要组成部分，它和人员一样，缺一不可，各家检测机构由于检测用房条件不同，在检测室、设备的布局方面各不相同，但是无论如何，检测用房应满足规范标准的试验条件要求，符合检测流程的需要，方便试验；各检测用房面积合理，避免检测用房总面积满足要求，但个别检测室过于拥挤的现象。检测场所不应分散影响管理。

试验环境是否满足要求根据规范标准对试验环境如温度、湿度、振动干扰、化学试剂的储存条件等进行评价。

仪器设备档案的管理是十分重要的,它是检测机构管理体系的一个重要组成部分,档案内容为检测数据的准确、可靠提供相关的证据。

设备档案至少包含以下内容:

a. 设备名称、型号、制造厂商、购置价格、购置日期、出厂编号、本单位固定资产管理编号、保管人、放置地点、目前状态(在用、停用、报废)。

b. 说明书,若是外文说明书应有使用方法及校准部分的中文译文。

c. 仪器检定、校准或校验情况记录,包括检定校准日期、周期、证书号、检定单位及电话、有效期、送检人、计量检定(校准)证书原件。

d. 购置仪器的申请、仪器装箱单、验收清单、验收日期及验收记录、仪器启用日期。

e. 仪器设备使用记录,期间核查记录,仪器设备损坏、故障、修理记录,仪器设备维护保养记录,设备存放位置变更记录和仪器设备报废情况记录。

为了方便检测机构试验仪器设备的档案管理,根据交通试验检测机构的特点和《检验检测机构资质认定评审准则》的要求,形成了表 2.2.2-2 仪器设备档案目录清单,表 2.2.2-3 为仪器设备管理卡,表 2.2.2-4 为仪器设备验收清单,以供参考。

仪器设备档案目录清单 表 2.2.2-2

序号	内容	页次	备注
1	仪器设备管理卡	1	
2	说明书		
3	产品合格证	1	
4	购置申请	1	
5	验收单	1	
6	检定(校准)证书	1+1+	
7	设备使用记录		
8	维护保养记录	1	
9	期间核查记录		
10	设备的购置发票(复印件)	1	
11	维修、改装记录		
12	其他		
13			

考虑检定(校准)证书的数量每年都发生变化,因此记录时不宜填写总量,建议写成如上 1+1+…的形式。

仪器设备管理卡 表 2.2.2-3

仪器设备名称		型号/规格	
仪器设备管理编号		出厂编号	
生产厂家		购置价格	
购置日期		启用日期	
检定日期		检定周期	
责任(管理)人		存放地点	
(单位名称)_____检测中心			

仪器设备验收清单 表 2.2.2-4

_____检测中心

仪器设备名称			型号/规格	
生产厂商			出厂编号	
购置价格			出厂日期	
验收日期			验收人	
随机附件		1. 装箱单		
		2. 合格证		
		3. 说明书		
		4. 其他		
随机配件				
使用功能情况				
设备接收（使用）人			接收日期	
备 注				

样品的管理应包含如下几个方面的要求：

a. 注意样品信息的完整性。对于待检验品至少应有名称、规格、样品编号、数量、龄期（若需要）、检测状态。留样的样品，除前面所要求的信息外，还应增加留存日期、保存期限等。

b. 待检样品的完整性和数量应符合规程规范的要求。

c. 储存情况。无论是待检或留样均应满足温湿度的要求，如水泥、化学用品以及标准物质的保存保管。

d. 对已检试件的留置处理规定：检测应按有关标准的规定留置已检试件，有关标准留置时间无明确要求的，留置时间不应少于72h；已检试件留置应与其他试件有明显的隔离和标识；已检试件留置应有唯一性标识，其封存和保管应由专人负责；已检试件留置应有完整的封存试件记录，并分类、分品种有序摆放，以便于查找。

e. 试验室建立样品的唯一标识系统是样品管理的关键环节，样品除名称、种类等信息外，还应有状态标识，表明该样品的检测/校准状态，是待检、在检、还是已检。每个样品都应有唯一编号。当一组样品有多个试件时，应有统一样品编号和试件序号，以避免错拿样品或试验室无样品序号出现数据记录错误。

常见样品状态标识卡格式，如表2.2.2-5所示。

样品状态标识卡　　　　　　　　　　表 2.2.2-5

样品名称		样品编号	
品　种		送样日期	
规格/型号		样品状态	
检测依据/标准		样品数量	
检测项目			
检测状态	未检□　在检□　检毕□　留样□		

③ 技术考核组

技术考核组需根据检测机构所申报的项目进行抽查确认现场试验项目，抽测的检测项目原则上应覆盖申请人所申请的试验检测各大项目。各大项目可参照检测机构能力等级标准所列出的主要检测项目。抽取具体参数应通过抽签方式决定，专家评审组去现场评审前，检测机构应做好所有试验准备，试样、设备和人员都应齐备，不得以人员、仪器设备不在或没有样品为理由推脱。现场评审专家应对该项目现场演示过程进行测评。凡是现场评审时，未准备好的项目一律按不能开展判定。

通过现场操作考核，检查试验检测人员能否完整、规范、熟练地完成试验检测项目，从而评定申请人所具有的实际试验检测能力。

现场操作考核工作要点：

a. 提问考核技术负责人和质量负责人的业务和质量管理的相关知识。

b. 检查操作人员的检测证书，确定是否为所申报的人员，避免替换。

c. 观察检测人员的实际操作过程是否完整、规范、熟练。

d. 通过提问或问卷，随机抽查试验检测人员相关试验检测知识。

e. 审查提交的现场操作项目报告的规范性、完整性。选 2 份作为《现场评审报告》附件，其余封存，留检测机构备查。

f. 对涉及结构安全的检测项目，如基桩等应对所有操作人员加强现场操作考核，并在证书上确认。

以上各点在评审时需根据试验检测机构的具体情况加强针对性。例如，当发现检测人员操作不规范时，分析原因，判断不规范的程度；考核技术负责人和质量负责人时，根据两人的职责分工，侧重点应有所不同，技术负责人全面负责技术管理内容，而质量负责人负责管理体系的运行；对涉及结构安全的检测项目，如基桩操作人员至少应取得桥梁或地基基础专业证书。

5) 评审组内部沟通会议

档案材料组、硬件环境组和技术考核组将各自考核的评审情况进行汇总，确定总体评价，提出存在的问题和整改要求，整理完善各评审工作表，并在沟通情况的基础上，各专家独立打分，填写《公路水运工程试验检测机构现场评分表》，由组长汇总计算平均分。

6) 末次会议

末次会议是现场评审的最终会议，由评审组长主持，参加人员与首次会议相同，目的是通报评审总体情况，指出存在的问题并要求检测机构按《现场评审专家反馈意见表》内容落实整改。

7) 提交现场评审材料

现场评审结束后,评审组组长负责将《公路水运工程试验检测机构能力等级现场评审报告》及《公路水运工程试验检测机构等级评定现场工作用表》等材料整理齐备,连同电子稿及选取的 2 份现场操作项目试验检测报告一并在现场评审后 5 个工作日内上报质监机构。

2.2.2.3 现场评审分值的规定

现场评审得分有以下几种情况:

(1) 得分<80 分,不予通过,评定结束满 6 个月后可重新申报;

(2) 80 分≤得分<85 分,不予通过,评定结束后满 3 个月方可申请现场整改复核评定;

(3) 得分≥85 分,予以通过,需整改的方面,应报送书面整改。

质监机构依据原《办法(2005 年)》及《现场评审报告》召开专题会议,对申请人进行公路水运工程试验检测机构等级评定,并将评定结果予以公示,公示期为 7 个工作日。

以上 3 种情况处理方式不同。

(1) 对于评定通过,且公示期间无异议或经核实异议不成立的试验检测机构,质监机构发出《公路水运工程试验检测机构等级评定决定书》,并核发《等级证书》及"公路水运试验检测机构"专用标识用章。检测机构需登陆交通运输部质监总站网进行机构及人员信息注册。

(2) 对于公示期间有异议且经核实异议成立的,应当书面通知申请人,并视情节轻重,作出相应处理。

(3) 对于需要整改后复核的试验检测机构,质监机构发出《公路水运工程试验检测机构等级评定整改通知书》。

(4) 对于评定不通过的试验检测机构,质监机构发出《公路水运工程试验检测机构等级评定不予通过决定书》。

(5) 对于甲级或专项增项通过的试验检测机构,质监总站向省质监机构发出《试验检测项目评定决定书》,检测机构需带原证书到省站办理增项手续。

评审的流程图,如图 2.2.2-1 所示。

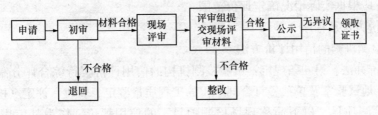

图 2.2.2-1 评审流程图

2.2.3 公路水运工程试验检测机构和人员信用评价

公路水运工程试验检测行业关系到国家和人民生命、财产的安全,其信用状况尤为重要。信用是职业道德的体现,是一个行业发展到一定阶段所必须面对的问题。在公路水运试验检测市场蓬勃发展之际,交通运输部出台《公路水运工程试验检测信用评价管理办法

（试行）》（以下简称《信用评价办法》），通过建立行业信用体系，来加强公路水运试验检测管理和诚信建设，引导和监控试验检测市场和试验检测行为，树立检测机构讲诚信的正气。

2.2.3.1 信用评价办法的主要内容

《信用评价办法》由5章正文（共20条）和7个附件组成，如图2.2.3-1所示。正文规定了信用评价范围及评价程序，附件提供了信用评价标准及相关表格。

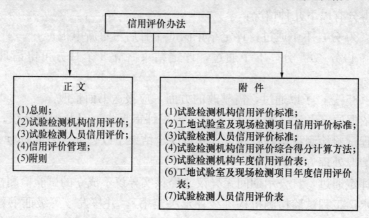

图 2.2.3-1　信用评价办法

2.2.3.2 评价范围

《信用评价办法》第2条规定：本办法所称信用评价是指交通运输主管部门对持有公路水运试验检测工程师或试验检测员证书的试验检测从业人员和取得公路水运工程试验检测等级证书并承担公路水运工程质量鉴定、验收、评定（检验）、监测及第三方试验检测业务的试验检测机构的从业承诺履行状况等诚信行为的综合评价。

由此条款可以看出：

（1）评价对象：持有公路水运试验检测工程师或试验检测员证书的试验检测从业人员；取得公路水运工程试验检测等级证书的机构。

（2）评价范围：公路水运工程质量鉴定、验收、评定（检验）、监测及第三方试验检测业务。各省应根据实际情况确定评价范围。

2.2.3.3 评价方法及程序

1. 试验检测机构的信用评价方法

《信用评价办法》第6条规定：试验检测机构的信用评价实行综合评分制。试验检测机构设立的工地试验室及单独签订合同承担的工程质量鉴定、验收、评定（检验）及监测等现场试验检测项目（以下简称现场检测项目）的信用评价，作为其信用评价的组成部分。

即试验检测机构对外派的工地试验室有连带责任，工地试验室数量越多，其信用评价的风险也越大。综合评价的计算，如式（2.2.3-1）：

$$W = W'(1-\gamma) + \frac{\gamma}{n} \cdot \sum_{i=1}^{n} W''_i \tag{2.2.3-1}$$

式中　W——试验检测机构信用评价综合得分；

W'——母体机构得分；

W''_i——工地试验室及现场检测项目得分；

n——工地试验室及现场检测项目数；

γ——权重；

$n=0$ 时，$\gamma=0$；

$n=1\sim 5$ 时，$\gamma=0.4$；

$n=6\sim 10$ 时，$\gamma=0.08\times n$；

$n>10$ 时，$\gamma=0.8$。

试验检测机构、工地试验室及现场检测项目的评价采用扣分制。基准分为100分。具体扣分内容，见附录3。

2．试验检测人员的信用评价方法

试验检测人员的信用评价实行随机检查累计扣分制。在评价周期内，试验检测人员在不同项目和不同工作阶段发生的违规行为实行累计扣分。一个具体行为涉及两项以上违规行为的，以扣分标准高者为准。具体扣分内容，见附录3。

评价周期内，当：

20 分≤试验检测人员累计扣分分值＜40 分　　属信用较差

　　试验检测人员累计扣分分值≥40 分　　属信用很差

连续2年信用等级被评为信用较差的试验检测人员，其信用等级直接降为信用很差。

被确定为信用很差或伪造证书上岗的试验检测人员列入黑名单，并按原《公路水运工程试验检测管理办法》（交通部令2005年第12号）予以处罚。

3．试验检测机构信用等级的划分

《信用评价办法》第8条规定：试验检测机构信用评价分为AA、A、B、C、D五个等级，评分对应的信用等级分别为：

AA级：信用评分＞95分，信用好；

A级：85＜信用评分≤95分，信用较好；

B级：70＜信用评分≤85分，信用一般；

C级：60＜信用评分≤70分，信用较差；

D级：信用评分≤60分，信用很差。

被评为D级的试验检测机构直接列入黑名单，并按原《公路水运工程试验检测管理办法》（交通部令2005年第12号）予以处罚。

4．试验检测机构及人员信用评价程序

评价具体程序及时间要求，见附录4。

《信用评价办法》第10条规定：质监机构用于复核评价的不良信用信息采集每年至少1次且要覆盖到评价标准的所有项。

在各级质监机构开展的监督检查中发现的违规行为、投诉举报查实的违规行为、交通运输主管部门通报批评中的违规行为，均作为对试验检测机构、工地试验室及现场检测项目信用的评价依据。

信用检查结果应有检查人员的签字确认，多次发现的问题可累计扣分。上一级质监机构应当对下一级质监机构所负责评价的试验检测机构、工地试验室及现场检测项目进行随机抽查复核。

2.2.3.4 信用评价实施及结果发布

《信用评价办法》第4条规定：交通运输部负责公路水运工程试验检测机构和人员信用评价工作的统一管理。负责试验检测工程师和取得公路水运甲级及专项等级证书并承担高速公路、独立特大桥、长大隧道及大型水运工程质量鉴定、验收、评定（检验）、监测及第三方试验检测业务试验检测机构的信用评价和信用评价结果的发布。

省级交通运输主管部门负责在本行政区域内从事公路水运工程试验检测业务的试验检测人员和相关试验检测机构信用评价工作的管理。省级交通运输主管部门所属的质量监督机构（以下简称省级质监机构）负责信用评价的具体组织实施工作。

在本省注册，属交通运输部发布范围的试验检测机构和试验检测工程师信用评价结果经省级交通运输主管部门审核后报部质监机构。

在本省注册的试验检测员和取得公路水运乙级、丙级等级证书并承担工程质量鉴定、验收、评定（检验）、监测及第三方试验检测业务的试验检测机构，及根据本省实际确定的其它范围的试验检测机构的信用评价结果，由省级交通运输主管部门审定后发布。

第5条规定：信用评价周期为1年，评价的时间段从1月1日至12月31日。评价结果定期公示、公布，对被直接评为信用很差的试验检测机构和人员应当及时公布。

2.2.3.5 信用评价标准释义

《信用评价办法》明确：试验检测机构信用评价标准有17项失信行为，工地试验室及现场检测项目信用评价标准有15项失信行为，试验检测人员信用评价标准有15项失信行为。正确理解标准的含义，才能真正使用评价结果管理市场，优胜劣汰，促进检测市场健康有序发展。以下将逐条阐述所有条款的含义。

1. 试验检测机构信用评价标准（17项失信行为，行为代码JJC 201001～JJC 201017）

（1）JJC 201001 出借或借用试验检测等级证书承揽试验检测业务的。

指利用（或允许利用）非本试验检测机构的试验检测等级证书进行试验检测业务承揽，或被证实在试验检测业务承揽活动中挂靠他人（或允许他人挂靠）试验检测机构参与不正当投标行为。被证实有上述行为的双方试验检测机构将在信用评价时均被"直接确定为D级"。

（2）JJC 201002 以弄虚作假或其他违法形式骗取等级证书或承接业务的。

指试验检测机构通过虚列持证检测人员，制作假证，为应付评审而借用强制性设备，借用其他检测机构的试验场地、虚报业绩等弄虚作假甚至违法行为的方式骗取等级证书（或承接业务）的。

（3）JJC 201003 出具虚假数据报告并造成质量标准降低的。

工程质量降低达不到合格标准、形成事故隐患需要返工以及造成质量安全事故、经检查发现检测机构事前对其出具了虚假合格报告的；因检测机构出具虚假报告，误导工程质量控制措施，导致工程质量降低。

（4）JJC 201004 所设立的工地试验室及现场检测项目有得分为0分的。

不论检测机构设立了多少个工地试验室和承担了多少个现场检测项目，其中有一个得0分即说明监管不力。

（5）JJC 201005 存在虚假数据报告及其他虚假资料。

存在虚假数据和报告的几种情况:
1) 报告中,数据、结论与原始记录严重不一致;
2) 多组试验时,数据明显雷同的;
3) 在记录所反映出的时间段内,不可能完成相应工作量的。
4) 为满足检测频率要求而编造数据报告的,但未认定达到 JJC 201003 的可适用本条。

为避免在该项扣分一次性被扣至 0 分,特规定了对该项失信行为一次检查扣分的上限为 30 分。一次扣分达到 30 分的,检查部门要在 3 个月内对上次检查后检测机构出具的数据报告及资料进行复查,如发现仍有类似行为,则在上次扣分的基础上进行累加扣分。

(6) JJC 201006 超等级能力范围承揽业务的。

检测机构应在等级证书限定的参数范围内开展业务,超出批准等级标准限定的参数范围,且在《等级标准》列表中有的参数,扣分。

超出《等级标准》列表中的参数范围的参数,但又在该机构经计量认证通过的参数范围内,同时试验检测报告未加盖交通试验检测专用标识章的,不扣分。

试验检测报告加盖了交通试验检测专用标识章的,扣分。

(7) JJC 201007 未对设立的工地试验室及现场检测项目有效监管的。

按"工地试验室或现场检测项目"被评分小于 70 分的,可视为未进行有效监管。

(8) JJC 201008 聘用信用很差或无证试验检测人员从事试验检测工作的,或所聘用的试验检测人员被评为信用很差的。

从事检测工作是指在试验检测活动中需要签字负责的检测岗位,检测辅助工不在此列。检测人员在该机构工作期间被评为信用很差,说明机构监管不力,应承担相应责任。

(9) JJC 201009 报告签字人不具备资格。

报告签字人包括试验人员、审核人、签发人。资格应为取得交通运输部职业资格中心颁发人力资源社会保障部、交通运输部监制的试验检测师和助理试验检测师职业资格证书,并在其证书的专业范围内,否则视为不具备资格。报告签发人未经授权视为不具备资格。

(10) JJC 201010 试验检测机构的重要变更(指机构行政负责人,技术、质量负责人,地址等的变更)未在规定期限内办理变更手续。

原《公路水运工程试验检测管理办法(2005 年)》第 24 条规定:检测机构名称、地址、法定代表人或者机构负责人、技术负责人等发生变更的,应当自变更之日起 30 日内到原发证质监机构办理变更登记手续。

(11) JJC 201011 评价期内,持证人员数量达不到相应等级要求。

指评审时达到要求,后来因种种原因变动造成未达到《等级标准》要求的。

(12) JJC 201012 评价期内,试验检测机构技术负责人、质量负责人上岗资格达不到相应等级要求。

指评审时达到要求,后来因种种原因变动造成未达到《等级标准》要求的。

(13) JJC 201013 评价期内,强制性试验检测设备配备不满足等级标准要求。

指评审时达到要求,后来因种种原因变动造成未达到《等级标准》要求的。

(14) JJC 201014 试验检测设备未按规定检定校准的。这里分三种情况:

1) 正常使用中的设备未按时检定或校准；
2) 检定/校准流于形式，仪器设备不能达到使用要求的仍在使用；
3) 自校仪器无校准规程和记录的。

检定/校准须有依据，校准、测试须有数据。

(15) JJC 201015 试验检测环境达不到技术标准规定要求的。

指不满足《等级标准》（见附录2中的附表2-3）对试验面积的要求，以及标准、规程规定的试验检测环境条件要求的，如：
1) 对样品制备过程有温湿度要求的；
2) 对检测前样品放置环境有温湿度要求的；
3) 对检测过程环境温湿度有要求的；
4) 一些特殊的环境要求，如安全防护措施、防腐、防有害气体、防电磁干扰等要求。

(16) JJC 201016 试验检测原始记录信息及数据记录不全，结论不准确，试验检测报告不完整（含漏签、漏盖章）。

这里共分3类：
1) 试验检测原始记录信息及数据记录不全；
2) 结论不准确，包括结论依据不正确；
3) 试验检测报告不完整（含漏签、漏盖章）。

按此3类分别扣分，多份报告出现同一类问题最多扣3分。

(17) JJC 201017 无故不参加质监机构组织的比对试验的。

"参加比对试验"是《公路水运工程试验检测管理办法》对取得等级证书的检测机构的明确要求，检测机构申请取得了检测等级证书，就是对"参加比对试验"进行了承诺，无故不参加，就是一种不遵守承诺的不诚信行为。这里对无故不参加的行为进行扣分，而对比对试验不合格等能力问题不在此扣分。

2. 工地试验室及现场检测项目信用评价标准（15项失信行为，行为代码JJC 202001～JJC 202015）

工地试验室及现场检测项目信用评价标准中的JJC 202001、JJC 202002、JJC 202003与试验检测机构信用评价标准中的JJC 201003、JJC 201005、JJC 201008内容相同。

(1) JJC 202004 未经母体机构有效授权

本项只对工地试验室适用，工地试验室必须有母体机构的规范授权，其授权书上应盖有机构公章、检测资质标识章，其报告签发人必须经母体机构正式授权，并明确授权范围、时间等。

(2) JJC 202005 授权负责人不是母体机构派出人员的。

本项只对工地试验室适用，工地试验室授权负责人是抓好工地试验室工作的关键人，要求必须是母体机构的成员，涉及人事关系的有关事项均应在母体机构中有明确证据。

(3) JJC 202006 超授权范围开展业务。

本项只对工地试验室适用，母体机构应在其等级证书项目参数范围内向工地试验室授权（可参阅试验检测机构信用评价标准中的JJC 201006），工地试验室应在授权范围内开展业务。

(4) JJC 202007 未按规定或合同配备相应条件的试验检测人员或擅自变更试验检测

人员。

未按合同要求配备符合相应条件和数量的试验检测师和助理试验检测师，或其人员变更未履行程序。

(5) JJC 202008、JJC 202009、JJC 202010 参见试验检测机构信用评价标准中的 JJC 201014、JJC 201015、JJC 201009。

(6) JJC 202011 试验检测原始记录信息及数据记录不全，结论不准确，试验检测报告不完整（含漏签、漏盖章），试验检测频率不满足规范或合同要求。

参见试验检测机构信用评价标准中的 JJC 201016，试验检测频率不满足规范或合同要求是指某工程部位的某项检测参数数量未达到规范规定或检测合同规定的要求。

(7) JJC 202012 未按规定上报发现的试验检测不合格事项以及不合格报告。

未按照有关合同文件或试验室管理手册、程序文件等管理规定上报发现的检测不合格事项以及不合格报告。

(8) JJC 202013 对各级监督部门提出的检查意见整改不闭合。

是指包括母体试验检测机构的检查、建设、监理及质监部门的监督检查在内的检查意见的整改并回复，有相关存档资料可查阅。

(9) JJC 202014 未经备案审核开展检测业务的。

本项只对工地试验室适用，要求工地试验室经监督部门审核备案后，方可开展检测业务。

(10) JJC 202015 严重违反试验检测技术规程操作的。

指采用错误的（或错误采用）试验检测方法、仪器设备，任意删减、增加试验检测流程并可能对最终结果造成不良影响的行为。

3. 试验检测人员信用评价标准（15 项失信行为，行为代码 JJC 203001～JJC 203015）

(1) JJC 203001 在试验检测活动中被司法部门认定构成犯罪的。

两个要件：

1) 在试验检测活动中；

2) 司法部门认定构成犯罪。

(2) JJC 203002 参见试验检测机构信用评价标准中的 JJC 201003。

(3) JJC 203003 出现 JJC 201001、JJC 201002、JJC 201003、JJC 201004 项行为对相应负责人的处理。

是对应负领导责任的相应负责人的处理。

(4) JJC 203004 同时受聘于两个或两个以上试验检测机构的。

原《公路水运工程试验检测管理办法（2005 年）》第 43 条规定：检测人员不得同时受聘于两家以上检测机构……

这里的两家以上（含两家）检测机构，同时也包含在一家母体试验检测机构同一时间段内在两家及以上的工地试验室内任职。

(5) JJC 203005 出借试验检测人员资格证书的。

允许其他单位使用其资格证书用于招投标、承揽试验检测业务、申请试验检测机构等级等行为的。

(6) JJC 203006 在试验检测工作中，有徇私舞弊、吃拿卡要行为。

原《公路水运工程试验检测管理办法（2005年）》第42条规定：检测人员应当严守职业道德和工作程序，独立开展检测工作，保证试验检测数据科学、客观、公正，并对试验检测结果承担法律责任。该条必须经查实。

(7) JJC 203007 利用工作之便推销建筑材料、构配件和设备的。

原《公路水运工程试验检测管理办法（2005年）》第43条规定：检测人员不得借工作之便推销建设材料、构配件和设备。该条必须经查实。

(8) JJC 203008 玩忽职守造成质量安全隐患或事故的。

按质量安全事故的责任认定属于检测人员责任，由于其不作为或工作失误造成，要与有意或恶意造成的区分开来（有意则构成 JJC 203O02 行为）。

(9) JJC 203009 出现 JJC 201007、JJC 201011、JJC 201013 项行为的对技术或质量负责人的处理，出现 JJC 201008、JJC 201010、JJC 201012、JJC 201017、JJC 202005 项行为的对机构负责人的处理。

出现 JJC 201007、JJC 201011、JJC 201013 项行为时，是对应负责任的技术或质量负责人的处理；出现 JJC 201008、JJC 201010、JJC 201012、JJC 201017、JJC 202005 项行为时，是对应负责任的机构负责人的处理。

(10) JJC 203010 未按相关标准、规范、试验规程等要求开展试验检测工作，试验检测数据失真的。

分以下2种情况：

1) 检测使用标准规范等与委托任务要求不一致；

2) 对使用标准规范的理解、操作错误或操作水平达不到其要求，造成数据不正确的。

(11) JJC 203011 超出资格证书中规定项目范围进行试验检测活动的。

持证人员应在其专业范围内从事试验检测活动。

(12) JJC 203012 出具虚假数据和报告的。

参见试验检测机构信用评价标准中的 JJC 201005。

出具虚假数据和报告对直接责任人的处理。

(13) JJC 203013 越权签发、代签、漏签试验检测报告的。

参见试验检测机构信用评价标准中的 JJC 201009、JJC 201016。

(14) JJC 203014 工地试验室信用评价得分＜70分时对其授权负责人的处理。

工地试验室信用评价得分＜70分属于信用较差或信用很差，授权负责人要负主要责任；仅适用于工地试验室授权负责人。

(15) JJC 203015 工地试验室有 JJC 202002～3、JJC 202006、JJC 202012、JJC 202015 项行为时，对其授权负责人的处理。

这些失信行为都是授权负责人管理不善造成，未履行授权负责人责任制，授权负责人要负主要责任；仅适用于工地试验室授权负责人。JJC 202002～3 属严重的失信行为，每项扣5分，其余扣3分。

关于试验检测机构、工地试验室及现场检测项目、试验检测人员失信行为每项的扣分标准，见附录3。

2.2.4 公路水运工程工地试验室管理

公路水运工程工地试验室作为加强工程建设现场质量管理而设立的临时试验室，工地试验室随建设项目的开工而建立，伴随建设工程的结束而撤销。工地试验室所提供的试验检测数据是工程建设现场质量控制和评判的重要基础数据来源，是工程建设质量保证体系的重要组成部分，直接关系到工程质量和施工安全生产。

根据原《公路水运工程试验检测管理办法（2005年）》第31条规定：取得《等级证书》的检测机构，可设立工地临时试验室；而在2016年12月22日交通运输部发布《公路水运工程试验检测管理办法》（修正）（交通运输部令2016年第80号），该《管理办法》（修正）第30条规定：取得《等级证书》的检测机构，可设立工地临时试验室，承担相应公路水运工程的试验检测业务，并对其试验检测结果承担责任。

与常设试验检测机构相比较，其工地试验室具有临时性的特点，决定了机构及人员的不稳定，加大了管理难度。

为了进一步贯彻原《公路水运工程试验检测管理办法（2005年）》的有关规定，加强工地试验室的监管，规范工程建设现场试验检测活动，保证工地试验室的检测质量，交通运输部出台了《关于进一步加强公路水运工程工地试验室管理工作的意见》（厅质监字〔2009〕183号）（以下简称《意见》），见附录5。《意见》对设立工地试验室的条件、责任、管理等方面提出了指导意见。

2.2.4.1 工地试验室设立的原则

《意见》强调"取得《等级证书》的检测机构，可设立工地试验室，承担相应公路水运工程的试验检测业务，并对其试验检测结果承担责任"。这样设定，使责任主体得以明确，对保证工地试验室的检测质量将起到积极作用。

工地试验室必须由取得《等级证书》的试验检测机构设立。这不是仅仅用母体试验检测机构的牌子，而是工地试验室的试验检测人员应是母体试验检测机构的人员，授权人必须是母体试验检测机构的正式人员，并且工地试验室所从事的检测业务范围也必须是《等级证书》核定的检测业务范围，不能超范围开展检测工作。凡是查出工地试验室有问题的，按照信用评价办法对其母体试验检测机构进行处理。凡是工地试验室的母体试验检测机构不具备《等级证书》的，其所出的数据将不作为公路水运工程质量评定和工程验收的依据，质监机构将不予认可。

原《公路水运工程试验检测管理办法（2005年）》第37条规定：检测机构在同一公路水运工程项目标段中不得同时接受业主、监理、施工等多方的检测委托；而在2016年12月22日交通运输部发布《公路水运工程试验检测管理办法》（修正）（交通运输部令2016年第80号），该《管理办法》（修正）第36条规定：检测机构在同一公路水运工程项目标段中不得同时接受业主、监理、施工等多方的试验检测委托。

因此，需设立工地试验室的试验检测机构必须满足规定。其次，由于建设规模的差异或建设项目工地与母体试验检测机构相距较近，可以利用母体试验检测机构或距离工地现场不远的第三方试验检测机构完成试验检测，原则是方便服务且经济。如果需要设立，公路水运工程建设项目建设单位应在招标文件、合同文件中明确工地试验室的检测能力、人员、仪器设备配备要求，督促中标单位保证工地试验室的投入，加强对工地试验室试验检测工作的监督检查，按照《信用评价办法》的要求，开展对工地试验室和试验检测人员的信用评价工作。

考虑建设单位大多无《等级证书》，因此允许建设单位通过招标等方式直接委托具有《等级证书》和《计量认证证书》（以下简称《计量认证》）的第三方试验检测机构设立工地试验室，承担工程建设项目监理的全部或部分试验检测工作，但不包含施工方的工地试验检测。

2.2.4.2 工地试验室的管理要求

（1）任何单位不得干预工地试验室独立、客观地开展试验检测活动。

（2）设立工地试验室的母体试验检测机构，应当在其《等级证书》核定的业务范围内，根据工程现场管理需要或合同约定，对工地试验室进行授权。公路水运工程工地试验室设立授权书包括工地试验室可开展的试验检测项目及参数、授权负责人、授权工地试验室的公章、授权期限等。授权书应加盖母体试验检测机构公章及等级专用标识章。

授权人应考虑被授权人的证书专业领域是否涵盖工地现场授权的参数范围，避免超领域签发报告。

（3）当工地现场需要的试验检测参数超出母体试验检测机构《等级证书》范围时，应当委托具有交通行业《等级证书》且通过计量认证的机构；参数超出《等级标准》的范围时，应当委托通过资质认定的机构。

（4）工地试验室应在母体试验检测机构授权的范围内，为工程建设项目提供试验检测服务，不得对外承揽试验检测业务。

任何单位不得干预工地试验室独立、客观地开展试验检测活动。工地试验室开展试验检测工作，应由具有等级的母体试验检测机构有效授权，并建立完善的质量保证体系和管理制度。强调母体试验检测机构对外派工地试验室的管理职责，通过母体试验检测机构对工地的管理，提高工地试验室检测水平，保障工程质量。工地试验室实行授权负责人责任制，并按照《信用评价办法》进行全面信用评价，以促进工地试验室诚信建设，提高试验检测人员职业道德。

2.2.4.3 工地试验室备案程序

工地试验室备案设立实行登记备案制。按照母体试验检测机构授权→工地试验室填写"公路水运工程工地试验室备案登记表"→建设单位初审→质监机构登记备案→通过时出具"公路水运工程工地试验室备案通知书"的流程。

工地试验室被授权的试验检测项目及参数，或试验检测持证人员进行变更的，应当由母体试验检测机构提出申请，报经建设单位同意后，向项目质监机构备案。

2.2.4.4 工地试验室的资料管理

母体试验检测机构应加强对授权工地试验室的管理和指导，根据工程现场管理需要或合同约定，合理配备工地试验室试验检测人员和仪器设备，并对工地试验室试验检测结果的真实性和准确性负责。

（1）工地试验室是由母体试验检测机构派出，代表母体试验检测机构在工地现场从事检测工作，工地试验室的工作质量和管理水平直接反映母体的水平，尤其是施工单位的母体试验检测机构更多履行的是管理职能，其检测业绩大多是通过工地试验检测报告反映，需要将工地试验室的相关资料如：授权书、备案通知书、设备的使用记录、检测的原始记录、检测台账等在工程完工后移交母体试验检测机构。

（2）工地试验室应按照母体试验检测机构质量管理体系的要求，建立完整的试验检测人员档案、仪器设备管理档案和试验检测业务档案，严格按照试验检测规程操作，并做到试验检测台账、仪器设备使用记录、试验检测原始记录、试验检测报告相互对应。试验检测报告签字人必须是持证的试验检测人员。

（3）工地试验室试验检测环境（包括所设立的养护室、样品室、留样室等）应满足试验检测规程要求和试验检测工作需要。

鼓励工地试验室推行标准化、信息化管理。

（4）工地试验室出具的试验检测报告应加盖工地试验室印章，印章包含的基本信息有："母体试验检测机构名称＋建设项目标段名称＋工地试验室"。

2.2.4.5 人员的职责

工地试验室实行授权负责人责任制。工地试验室授权负责人对工地试验室运行管理工作和试验检测活动全面负责，授权负责人必须是母体试验检测机构委派的正式聘用人员，且须持有试验检测工程师证书。

授权负责人有以下职责：

（1）审定和管理工地试验室资源配置，确保工地试验室人员、设备、环境等满足试验检测工作需要；签发工地试验室出具的试验检测报告，对试验检测数据及报告的真实性、准确性负责；对违规人员有权辞退。

（2）建立完善的工地试验室质量保证体系和管理制度，包括人员、设备、环境以及试验检测流程、样品管理、操作规程、不合格品处理等各项制度，监督各项制度的有效执行。

（3）严格按照国家和行业标准、规范、规程以及合同的约定独立开展试验检测工作。有权拒绝影响试验检测活动公正性、独立性的外部干扰和影响，保证试验检测数据客观、公正、准确。

（4）实行不合格品报告制度，对于签发的涉及结构安全的产品或试验检测项目不合格报告，工地试验室授权负责人应在2个工作日之内报送试验检测委托方，抄送项目质量监督机构，并建立不合格试验检测项目台账。

2.2.4.6 工地试验室授权负责人的管理

（1）母体试验检测机构应制订工地试验室授权负责人管理制度，对其工作进行监督管理。

（2）质监机构应建立工地试验室授权负责人专用信息库，加强监督检查。按照《信用评价办法》对其从业情况进行全面的信用评价。

（3）工地试验室授权负责人变更，需由母体试验检测机构提出申请，经项目建设单位同意后报项目质监机构备案。擅自离岗或同时任职于两家及以上工地试验室，均视为违规行为，按照《信用评价办法》予以扣分。

（4）工地试验室授权负责人信用等级被评为信用较差的，2年内不能担任工地试验室授权负责人。信用等级被评为信用很差的，5年内不能担任工地试验室授权负责人。

（5）工地试验室信用评价结果小于等于70分的，其授权负责人两年内不能担任工地试验室授权负责人。

2.2.5 公路水运工程试验检测机构的换证管理

为做好公路水运工程试验检测机构换证复核工作,根据原《公路水运工程试验检测管理办法(2005年)》、《公路水运工程试验检测机构等级标准》及《公路水运试验检测机构等级评定程序》和《交通运输部关于进一步加强和规范公路水运工程试验检测工作的若干意见》(交质监发〔2013〕114号),交通运输部工程质量监督局于2013年4月出台了《公路水运工程试验检测机构换证复核细则》(质监综字〔2013〕7号)(以下简称《细则》)。《细则》由19条内容和3个附件组成。

2.2.5.1 换证复核的含义

试验检测机构换证复核是指试验检测等级证书有效期满,根据试验检测机构申请,由原发证机构对其与所持有证书等级标准的符合程度、业绩及信用情况以及是否持续具有相应试验检测等级能力的核查。

2.2.5.2 换证复核的职责分工

交通运输部工程质量监督局(以下简称部质监局)负责公路工程综合类甲级、专项类和水运工程材料类、结构类甲级试验检测机构的换证复核工作以及属于部质监局评定的试验检测项目增项的复核工作。

省级质监机构负责本行政区域内公路工程综合类乙、丙级和水运工程材料类乙、丙级及水运工程结构类乙级试验检测机构的换证复核工作。

2.2.5.3 申请换证复核的基本条件

第7条规定:申请换证复核的试验检测机构应符合下列基本条件:

(1) 试验检测人员、设备、环境等满足相应等级标准要求(换证复核以最新公布的等级标准为准,配备的设备应与所申请的参数相对应);

(2) 上年度信用等级为B级及以上且等级证书有效期内信用等级为C级次数不超过1次;

(3) 等级证书有效期内所开展的试验检测参数应覆盖批准的所有试验检测项目且不少于批准参数的70%;

(4) 甲级及专项类试验检测机构每年应有不少于1项高速公路或大型水运工程现场检测项目或设立工地试验室业绩,其他等级试验检测机构每年应有不少于1项公路水运工程现场检测项目或设立工地试验室业绩。

2.2.5.4 换证复核的准备工作

(1) 申请换证复核的试验检测机构应将机构、人员等信息录入部质监局试验检测管理信息系统,并及时维护和更新信息。

(2) 申请换证复核的试验检测机构应在等级证书有效期满3个月前在试验检测管理系统中完成提交申请,并将换证复核资料送达省级质监机构。属于部质监局复核范围的,省级质监机构应出具核查意见并确保提前3个月转送部质监局。

(3) 申请换证复核的试验检测机构应提交以下申请材料:

1)《公路水运工程试验检测机构换证复核申请书》(格式见附录6附件Ⅰ);

2) 申请人法人证书、试验检测等级证书正副本复印件,通过计量认证的,同时提交计量认证证书及附表复印件;

3）试验检测机构用房平面布置图及用房证明。

2.2.5.5 中止现场核查

核查组现场核查发现试验检测机构有下列情形之一的，应报告质监机构同意后，中止核查，并书面记录有关情况备查。

（1）现场不具备核查条件；
（2）质量体系控制失效；
（3）实际状况与申请资料或《等级标准》严重不符；
（4）申请项目与实际能力严重不符；
（5）存在本办法第十四条所列行为；
（6）干扰妨碍核查工作；
（7）存在其他违法违规行为。

2.2.5.6 现场核查的重点内容

现场核查的重点是：

(1) 试验检测机构基本条件与等级标准及有关要求的实际符合程度；
(2) 质量管理体系运行和试验检测工作开展情况；
(3) 试验检测机构业绩情况，核查证明材料的真实有效性；
(4) 对以下试验检测项目（参数）或人员通过抽查的方式进行能力确认：
1）标准规范有实质性变化且涉及结构安全及耐久性的试验检测项目（参数）；
2）因标准变化在换证复核中应增加的试验检测项目（参数）；
3）有效期内未开展的试验检测项目（参数）；
4）有效期内变更的技术、质量负责人及其他主要技术人员。

2.2.5.7 现场核查分值的规定

依据现场核查情况，专家组完成《公路水运工程试验检测机构换证复核现场核查报告》（格式见附录6附件Ⅱ）。

试验检测机构现场核查得分≥85分的，换证复核结果为合格，需整改的方面，应报送书面整改资料；现场核查得分<85分的，换证复核结果为不合格。

质监机构根据专家组现场核查报告及试验检测等级标准确定换证复核结果（格式见附录6附件Ⅲ）。

试验检测机构换证复核结果为合格的，予以换发新的《等级证书》，证书有效期为五年；换证复核结果为不合格的，质监机构应当责令其在6个月内进行整改，在整改期内不得承担质量评定和工程验收的试验检测业务。整改期满仍不能达到规定条件的，应降级或者注销《等级证书》。

2.2.5.8 换证复核结果发布

现场核查过程中发现的相关问题，按有关规定记入试验检测机构当年信用评价。

换证复核结果应当向社会公示、公布。

2.2.5.9 处罚

第14条规定：试验检测机构存在伪造检测报告、试验检测数据造假、人员冒名顶替、借（租）用试验检测仪器设备等弄虚作假行为的，取消换证复核资格、注销《等级证书》，且2年内不得再次申报。

第 17 条规定：试验检测机构未按规定期限申请换证复核的，其等级证书到期失效。换证复核时被注销等级证书、被降低等级的试验检测机构，其原等级证书失效。

2.2.6 公路水运工程试验检测专业技术人员继续教育

2.2.6.1 继续教育的各项管理规定

（1）原《公路水运工程试验检测管理办法（2005年）》第41条规定：检测人员应当重视知识更新，不断提高试验检测业务水平。

（2）交通运输部工程质量监督局于2014年8月18日出台了《关于公路水运工程试验检测人员继续教育有关事宜的通知》（质监综函〔2014〕10号）规定，对：

1）继续教育学时有明确的要求：2011年及2011年以前获得证书人员应在2016年底前完成至少48学时的继续教育；2012年及以后获得证书人员在每个继续教育周期内（周期为2年，从获得证书的次年起计算），应完成不少于24学时的继续教育，即证书有效期（5年）内不少于48学时；持有多个证书或证书有增项的人员，以第一次获得证书的时间为起点计算继续教育周期；

2）继续教育学时计算：继续教育学时包括网络继续教育学时、经确认的面授学时和折算学时，今后逐步过渡到以网络继续教育为主；

3）证书审验工作：交通运输部工程质量监督局计划于2016年组织开展试验检测人员证书审验工作（有关要求另行通知）。未在规定时间内完成继续教育学时的人员，在补足继续教育学时后，方可进行审验。

（3）人力资源社会保障部联合交通运输部于2015年6月23日出台了《公路水运工程试验检测专业技术人员职业资格制度规定》（人社部发〔2015〕59号）第18条规定："取得公路水运工程试验检测职业资格证书的人员，应当按照国家专业技术人员继续教育有关规定自觉接受继续教育，更新专业知识，不断提高职业素质和试验检测专业工作能力"。

通过继续教育，让试验检测专业技术人员知识、理念不断更新，综合素质不断提高，才能适应交通建设又好又快的发展形势。

2.2.6.2 继续教育的目的、原则和适用范围

《公路水运工程试验检测人员继续教育办法》（试行）（厅质监字〔2011〕229号）由总则、继续教育的组织、继续教育的实施、继续教育的监督检查及附则等组成。

以巩固并不断提高试验检测人员的能力和技术水平，适应公路水运工程试验检测工作发展需要，促进试验检测人员继续教育制度化、规范化、科学化为目的；适用范围为取得公路水运工程试验检测工程师和试验检测员证书的从业人员。

本办法所称继续教育是指为持续提高试验检测人员的专业技术和理论水平，在规定期限内完成的教育；强调接受继续教育是试验检测人员的义务和权利；要求试验检测机构应督促本单位试验检测人员按要求参加继续教育，并保证试验检测人员参加继续教育的时间，提供必要的学习条件。

2.2.6.3 继续教育的组织方式及分工

交通运输部工程质量监督局的主要职责：

主管全国公路水运工程试验检测人员继续教育工作，负责制定继续教育相关制度，确定继续教育主体内容，统一组织继续教育师资培训，监督、指导各省开展继续教育工作。

交通运输部职业资格中心配合部质监局开展相关具体工作。

各省级交通运输主管部门质量监督机构（简称"省级质监机构"）的职责：

负责本省范围内试验检测人员继续教育工作，负责制定本行政区域继续教育相关制度和年度计划，结合实际确定继续教育补充内容，组织、协调本省继续教育工作。

2.2.6.4 承担继续教育机构和师资的条件

承担继续教育的机构应是受省级质监机构委托，机构需满足以下条件：

（1）具有较丰富的公路、水运工程试验检测和工程经验，能够独立按照教学计划和有关规定开展继续教育相关工作；

（2）具有独立法人资格，具备完善的教学、师资等组织管理及评价体系；

（3）有不少于10名师资人员；

（4）有教学场所、实操场所（如租用场所应至少有3年以上的协议）；

（5）收支管理规范，有收费许可证、税务登记证；能够按照相关规定核算有关费用，合理确定收费项目和收费标准；

师资人员一般应具备以下条件：

（1）具有较高的政治、业务素质，较强的政策能力，在专业技术领域内有较高的理论水平和较丰富的工程经验；

（2）具有相关专业高级技术职称；

（3）通过部质监局组织的师资培训。

2.2.6.5 继续教育的实施的内容和方式

省级质监机构应根据部质监局确定的继续教育主体内容，结合实际制定并公布本省继续教育计划和内容，指导试验检测机构合理、有序地组织试验检测人员参加继续教育。

公路水运工程试验检测继续教育采取集中面授方式，逐步推行网络教学和远程教育。

继续教育的授课内容应突出实用性、先进性、科学性，侧重试验检测工作实际需要，注重与实际操作技能相结合，一般应包括：

（1）与试验检测工作有关的法律法规、标准、规范、规程；

（2）试验检测人员职业道德教育；

（3）试验检测业务的新理论、新方法；

（4）试验检测新技术、新设备；

（5）试验检测案例分析；

（6）实际操作技能；

（7）其他有关知识。

2.2.6.6 继续教育的周期和学时要求

公路水运工程试验检测继续教育周期为2年（从取得证书的次年起计算）。试验检测人员在每个周期内接受继续教育的时间累计不应少于24学时。

试验检测人员的以下专业活动可以折算为继续教育学时。每个继续教育周期内，不同形式的专业活动折算的学时可叠加。

（1）参加试验检测考试大纲及教材编写工作的，折算12学时；

（2）参加试验检测考试命题工作的，折算24学时；

（3）参加试验检测工程师考试阅卷工作的，折算12学时；参加试验检测员考试阅卷工作的，折算 8 学时；

(4) 担任继续教育师资的，折算 24 学时；

(5) 参加部组织的机构评定、试验检测专项检查等专业活动的，折算 12 学时；

(6) 参加省组织的机构评定、试验检测专项检查等专业活动的，折算 8 学时。

2.2.6.7　继续教育的监督检查

试验检测人员在继续教育过程中有弄虚作假、冒名顶替等行为的，取消其本周期内已取得的继续教育记录，并纳入诚信记录。

2.2.7　公路水运工程试验检测的安全管理

随着我国经济文化的不断发展，安全已经成为一个为社会高度关注的问题。安全意识观，决定着人们对安全生产和安全生活的思维方式，并进而决定了人们的安全理念、奋斗目标、战略技术、方式方法等。

近年来，国务院及相关部门相继出台了一系列的有关安全生产监督管理法规，《建设工程安全生产管理条例》、《公路水运工程安全生产监督管理办法》（2016 年修正）（2016 年 3 月 16 日中华人民共和国交通运输部令 2016 年第 9 号）（以下简称现行《管理办法》）等对安全生产作出了相关规定。公路水运试验检测工作的安全管理也应遵照和执行现行《管理办法》的规定。

2.2.7.1　公路水运试验检测安全监督管理的依据和方针

"安全第一，预防为主，综合治理"是安全生产工作的指导方针，是企业安全生产的灵魂和统帅。安全意识是安全科学发展之本，是实现安全生产和安全生存的灵魂；是所有企业经济效益的重要基础，公路水运试验检测企业的安全监督管理也同样如此。

现行《管理办法》第 2 条规定：公路水运工程建设活动的安全生产行为及对其实施监督管理，应当遵守本办法。同时第 3 条规定：本办法所称公路水运工程是指列入国家和地方基本建设计划的公路、水运基础设施新建、改建、扩建以及拆除、加固等建设项目；本办法所称从业单位是指从事公路水运工程建设、勘察、设计、监理、施工、检验检测、安全评价等工作的单位。同时第 4 条规定：公路水运工程安全生产监督管理应当坚持安全第一、预防为主、综合治理的方针。

2.2.7.2　公路水运试验检测的安全责任

根据现行《管理办法》第 15 条规定：建设单位在公路水运工程施工招标文件中应当按照法律、法规的规定对施工单位的安全生产条件、安全生产信用情况、安全生产的保障措施等提出明确要求。

建设单位不得对咨询、勘察、设计、监理、施工、设备租赁、材料供应、检测等单位提出不符合工程安全生产法律、法规和工程建设强制性标准规定的要求。不得随意压缩合同规定的工期。

施工单位应当建立健全安全生产责任制度和安全生产教育培训制度及安全生产技术交底制度，制定安全生产规章制度和操作规程，保证本单位安全生产条件所需资金的投入，落实安全生产各项制度，配备相应的消防设施和灭火器材。

第 27 条规定：施工单位应当向作业人员提供必需的安全防护用具和安全防护服装，

书面告知危险岗位的操作规程并确保其熟悉和掌握有关内容和违章操作的危害。

第 28 条规定：作业人员应当遵守安全施工的工程建设强制性标准、规章制度，正确使用安全防护用具、机械设备等。

第 29 条规定：施工单位采购、租赁的安全防护用具、机械设备、施工机具及配件，应当具有生产（制造）许可证、产品合格证，并在进入施工现场前由专职安全管理人员进行查验。

施工现场的安全防护用具、机械设备、施工机具及配件必须由专人管理，定期进行检查、维修和保养，建立相应的资料档案，并按照国家有关规定及时报废。

以上各条表明安全责任的主体是从业单位，工程建设参与各方以及作业人员的安全责任各有不同，无论是机构还是作业人员只要履行好自己的职责，建立健全安全责任制度，使用合格的安全防护用具和仪器设备，按照操作规程实施操作，才能防患于未然，避免或减少安全事故。

2.2.7.3 安全监督管理的责任追究

对从事安全生产或作业的机构或单位，当公路水运工程安全生产监督管理部门对监督检查中发现的安全问题，依据现行《管理办法》第 37 条规定将视情况作出如下处理：

（1）从业单位存在安全管理问题需要整改的，以书面方式通知存在问题单位限期整改；

（2）从业单位存在严重安全事故隐患的，责令立即排除；

（3）重大安全事故隐患在排除前或者在排除过程中无法保证安全的，责令其从危险区域内撤出作业人员或者暂时停止施工。

2.2.7.4 公路水运工程试验检测安全工作的重点

公路水运工程试验检测从检测工作的场所来分，可以分为室内试验和室外检测。

室内试验检测的对象是工程建设所用原材料、半成品或成品，常见的原材料有水泥、钢材、砂、石料、钢绞线等，半成品有水泥混凝土试件、砂浆试件等，成品有橡胶支座、防撞护栏的波形梁板、标志等；室外检测主要是工程实体，如路基路面的质量、桥梁的质量等。

根据试验检测的工作特点，保障试验检测安全需做好以下几个方面的工作：

1. 建立健全安全生产管理制度

现行《管理办法》规定，机构需建立健全安全生产责任制度，《检验检测机构资质认定评审准则》也要求管理体系文件中要建立《内务管理程序》，无论是室内还是室外检测，检测机构都需根据实际建立切实可行的安全管理规章制度和操作规程，确保安全工作有章可循。

试验检测机构应根据组织机构的设立情况合理分配各岗位及部门职能，明确责任，建立健全各项规章制度，编制试验检测安全作业指导书，尤其是安全管理的程序和操作规程，并做好监督检查和制度的落实。

2. 试验检测的安全作业

（1）仪器设备的安装使用

1）仪器、设备的安装，应符合有关安全技术标准，电动设备应有良好的接地装置，并检查确认后方可使用；对于有飞溅情况的实验设备应设置有效防护，防止试件飞溅伤害人员及设备。

2）仪器设备使用中，试验检测人员应熟悉仪器设备的性能，严格遵守操作规程；操作人员不得擅自离开，防止安全事故的发生；操作中若发现仪器设备运转异常，或有异味，或遇停电、停水、漏油、漏水时，应立即停机，切断电源、水源，属故障停机时应排除故障。

3）加强仪器设备检查维护保养及维修，确保其使用时性能稳定、示值准确。

（2）危险化学品安全管理

危险化学品安全管理应遵守《危险化学品安全管理条例》（2013年修订）（2013年12月7日中华人民共和国国务院令第645号）规定进行。

凡具有毒害、腐蚀、爆炸、燃烧、助燃等性质，对人体、设备、环境具有危害的化学品和其他化学品均属危险化学品。

目前交通行业检测机构常用的化学试剂中，强酸、强碱，如盐酸、硫酸、氢氧化钠，易燃助燃的有酒精、三氯乙烯等均属危险化学品范畴。因此，无论是购买、储存、使用都应制定相应的规章制度和程序，确保化学危险品的安全使用。

依据现行《危险化学品安全管理条例》第24条规定：危险化学品应当储存在专用仓库、专用场地或者专用储存室（以下统称专用仓库）内，并由专人负责管理；剧毒化学品以及储存数量构成重大危险源的其他危险化学品，应当在专用仓库内单独存放，并实行双人收发、双人保管制度。

危险化学品的储存方式、方法以及存储数量应当符合国家标准和国家有关规定。

第25条规定：储存危险化学品的单位应当建立危险化学品出入库核查、登记制度。

第28条规定：使用危险化学品的单位，其使用条件（包括工艺）应当符合法律、行政法规的规定和国家标准、行业标准的要求，并根据所使用的危险化学品的种类、危险特性以及使用量和使用方式，建立、健全使用危险化学品的安全管理规章制度和安全操作规程，保证危险化学品的安全使用。

（3）现场检测及临时设施的安全管理

1）开放交通的道路现场检测安全

目前，随着交通建设的飞速发展，试验检测技术水平不断提高，检测设备的自动化程度愈来愈高，为工程质量的方便快捷准确检测提供了保障，尤其是已开放交通的道路质量检测提供了极大的便利。采用自动化检测设备或多种检测指标一体的综合检测车辆进行现场检测时，由于道路上的车辆流动，各种不确定因素较多，给检测车辆和人员安全增加了风险，因此，必须制定科学、安全可行的现场检测方案，除在距离检测现场一定距离的地方设置安全警示标志外，检测人员必须穿安全防护服。

2）桥梁、码头、船闸等结构物现场检测高空作业安全事项

依据现行《建设工程安全生产管理条例》（2003年11月24日中华人民共和国国务院令第393号），现场检测所使用的机械设备、机具、配件应当对其安全性能进行检测，且应有检测合格证明；施工现场安装、拆卸施工起重机械和整体提升脚手架、模板等自升式架设设施，必须有相应资质的单位承担；设施安装完毕后需进行自检。

检验检测机构对检测合格的施工起重机械和整体提升的自升式架设设施，应当出具安全合格证明文件，并对检测结果负责。

3) 试验检测临时用房的安全

对于设立的工地试验室临时用房,应按照现行《建设工程安全生产管理条例》第29条的规定执行。使用的装配式活动房屋应当具有产品合格证。

临时用电满足负荷要求,必须采取符合要求的安全措施。

现场管理是安全管理的出发点和落脚点,也是保证安全的主要因素,而现场管理工作的要点则在于做好相关准备工作。因此,加强现场管理,搞好环境建设,规范岗位作业标准化,预防"人"和"物"的不安全因素,是确保生产安全顺畅的基础。

坚持"安全第一、预防为主"的安全观念、增强安全意识,牢固树立"安全生产人人有责"的意识,保障安全生产,真正做到"预防为主",对安全生产进行事前控制,必须严格落实"四大保障"措施。

安全观是对安全活动、安全行为、安全环境、安全事物、安全标准、安全原则、安全现实条件的基本态度和观点。安全意识对人的不安全行为产生控制作用。企业作为安全生产的主体,不断培育有自己特色的企业安全意识,从提高人的素质入手,最终实现企业的本质安全,规范职工的安全行为,使每一个人都明晰安全的含义、明确安全责任、意识到事故的危害,自觉地规范自己的安全行为,自觉帮助他人规范安全行为,最终实现减少和消除各类事故。

2.2.7.5 处罚

现行《管理办法》第43条规定:违反本办法规定,按照《中华人民共和国安全生产法》、《建设工程安全生产管理条例》、《安全生产许可证条例》的相关规定,给予行政处罚。

2.2.8 公路水运工程试验检测规范管理

原《公路水运工程试验检测管理办法(2005年)》颁布实施以来,各级交通运输主管部门、质监机构、各参建单位对试验检测数据重要性的认识已普遍提高,试验检测工作对公路水运工程质量安全的基础保障作用日益突显,试验检测管理制度不断完善,试验检测机构和人员的专业技术水平不断提高,市场规模已基本满足当前交通建设需求。

为进一步提高试验检测行业科学化管理水平,切实发挥好试验检测在质量安全监管中的基础性、关键性作用,2013年交通运输部出台了《关于进一步加强和规范公路水运工程试验检测工作的若干意见》(交质监发〔2013〕114号)(以下简称《意见》),见附录9。

1.《意见》的主要内容

《意见》由优化试验检测工作环境、加强试验检测行业监管及提升试验检测能力水平3部分(13)条组成。

2. 优化试验检测工作环境方面规定

(1) 试验检测是公路水运工程质量安全管理的重要手段,真实、准确、客观、公正的试验检测数据是控制和评判工程质量、保障工程施工安全和运营安全的重要依据和基本前提。各级交通运输主管部门、质监机构要高度重视试验检测在工程建设质量安全监管工作中的重要性,切实加强组织领导、强化政策研究、做好统筹规划,为试验检测工作创造有利条件。

(2) 各级交通运输主管部门、质监机构要加强调研,科学核算本地区试验检测工作成本,制定地区指导价格,引导试验检测工作合理、有效投入。各建设项目在工程概预算编制阶段,要落实试验检测费用渠道;各参建单位在工程实施过程中不得挤占挪用试验检测费用,为保证试验检测工作正常开展提供基本条件。

(3) 要切实发挥母体检测机构对保证工地试验室工作质量的基础作用,将试验检测行业管理要求有效延伸至工程一线,着力解决工地试验室人员结构不稳定、责任感不强、短期行为等问题。项目建设、施工、监理等有关参建单位不得利用行政隶属关系、费用拨付手段等干预试验检测工作的正常开展,不得授意更改试验检测数据,努力营造有利于工地试验室独立、规范运行的工作环境。

(4) 要牢固树立现代工程管理理念,有效利用试验检测技术手段,加强工程项目建设过程中质量安全风险的预防、预控、预判、预警工作。质监机构、建设单位可委托实力强、信用好的独立试验检测机构,对涉及结构安全的关键部位进行动态监控量测。

3. 加强试验检测行业监管方面规定

(1) 要将试验检测行业管理的重心从市场培育转移到规范和培育并重、更加注重规范上来,按照"调控规模、提升素质、进退有序"的原则,制定试验检测发展规划,切实控制好市场发展节奏和规模,避免因机构数量过多造成恶性竞争的不良后果。

自本文发布之日起用1~2年时间,整顿规范试验检测市场、提升行业整体素质。在此期间,停止受理所有等级试验检测机构和增项的评定申请。努力构建布局合理、竞争有序、运行高效、诚信守法的试验检测市场新格局。

(2) 各省级质监机构要切实履行对甲级和专项类试验检测机构等级评定及换证复核的初审职责,禁止将达不到标准条件的机构上报;对本地区的乙丙级机构,要切实加强动态管理,制定评审和换证复核计划。在乙级机构申报和换证复核的现场评审中,至少应从部专家库中抽取1名专家参加。

(3) 要采取随机抽查、飞行检查、专项检查等有效方式,加大检测机构证书有效期内的中间检查力度,及时查处和纠正试验检测工作中存在的违规和不规范行为,保证检测机构实际运行状况与相应等级标准要求相符合。对于经整改仍不满足标准要求的机构,要降低机构等级或注销其等级证书。

(4) 整顿规范市场秩序,加大对违法违规行为的查处力度。要严厉打击出借资质、转包和违法分包行为;严厉打击试验检测机构恶意压价、施工和监理单位有意压低试验检测相关费用,签订阴阳合同、假合同等违规违法行为;严厉打击试验检测数据造假以及在考试、证书管理等环节的弄虚作假行为。上述行为涉及到的检测机构和人员,要坚决清退出试验检测市场,形成有进有出的市场动态运行机制。

(5) 要不断完善信用评价指标设置的科学性,充分发挥试验检测信用管理在提高工作质量、规范从业行为、调控市场规模等方面的重要作用;完善信用评价结果与市场竞争、市场准入等工作的有效衔接机制。要将信用评价融入质量监督、安全监管、专项督查等日常工作中,及时对失信行为进行确认并录入评价管理系统。

4. 提升试验检测能力水平方面规定

(1) 各省级质监机构要结合工程建设特点和行业管理需要,经常组织能力验证、技能竞赛、技术比武等活动,促进能力验证等活动常态化、扁平化,不断扩大参与活动的机构、人员和检测参数范围。鼓励检测机构内部或机构之间开展形式多样的比对、岗位练兵活动，尤其对于涉及结构安全、日常开展业务较少的试验检测项目和参数，要加强实操演练，确保机构和人员持续保持相应试验检测能力。对于在部组织的比对试验中连续2年出现"不满意"结果的检测机构，要降低机构等级。

（2）各省级质监机构要按照公路水运工程试验检测人员继续教育有关要求，结合本地区工程特点，作好试验检测继续教育的组织工作，推进网络教学有序开展。各建设项目、检测机构应根据自身特点，广泛开展内部技术培训与交流活动，将继续教育、业务学习融入日常工作中，不断提高试验检测人员的职业道德水平和专业技术能力，努力建设人员专业化、行为规范化、管理科学化的试验检测队伍。

（3）要高度重视试验检测工作质量与仪器设备状况的密切相关性，切实加强仪器设备计量管理，尤其对于自动化、智能化仪器设备，要按照有关规定保证其检定、校准工作有效，及时纠正出现的异常状态，确保试验检测数据准确可靠。

（4）要按照高速公路施工标准化活动的总体部署和《公路试验检测数据报告编制导则》JT/T 828—2012、工地试验室标准化建设的有关要求，规范数据记录和报告管理，大力推进试验检测工作标准化、信息化建设。鼓励采用具有自动采集和监控系统的智能检测设备和手段，提高试验检测数据报告的客观性和规范性，提升工程管理水平。

2.3 检验检测机构资质认定管理办法及评审准则

2.3.1 《检验检测机构资质认定管理办法》简介

为了规范检验检测机构资质认定工作，加强对检验检测机构的监督管理，国家质量监督检验检疫总局于2015年4月9日根据《中华人民共和国计量法》及其实施细则、《中华人民共和国认证认可条例》等法律、行政法规的规定，发布《检验检测机构资质认定管理办法》（中华人民共和国国家质量监督检验检疫总局令第163号）。该办法由总则、资质认定条件和程序、技术评审管理、检验检测机构从业规范、监督管理、法律责任及附则组成。

1. 适用范围

在中华人民共和国境内从事向社会出具具有证明作用的数据、结果的检验检测活动以及对检验检测机构实施资质认定和监督管理，应当遵守本办法。

法律、行政法规另有规定的，依照其规定。

2. 名词术语

（1）检验检测机构，是指依法成立，依据相关标准或者技术规范，利用仪器设备、环境设施等技术条件和专业技能，对产品或者法律法规规定的特定对象进行检验检测的专业技术组织。

（2）资质认定，是指省级以上质量技术监督部门依据有关法律法规和标准、技术规范的规定，对检验检测机构的基本条件和技术能力是否符合法定要求实施的评价许可。资质认定包括检验检测机构计量认证。

3. 资质认定条件和程序

（1）资质认定条件

1) 检验检测机构从事下列活动，应当取得资质认定：
① 为司法机关作出的裁决出具具有证明作用的数据、结果的；
② 为行政机关作出的行政决定出具具有证明作用的数据、结果的；
③ 为仲裁机构作出的仲裁决定出具具有证明作用的数据、结果的；
④ 为社会经济、公益活动出具具有证明作用的数据、结果的；
⑤ 其他法律法规规定应当取得资质认定的。
2) 申请资质认定的检验检测机构应当符合以下条件：
① 依法成立并能够承担相应法律责任的法人或者其他组织；
② 具有与其从事检验检测活动相适应的检验检测技术人员和管理人员；
③ 具有固定的工作场所，工作环境满足检验检测要求；
④ 具备从事检验检测活动所必需的检验检测设备设施；
⑤ 具有并有效运行保证其检验检测活动独立、公正、科学、诚信的管理体系；
⑥ 符合有关法律法规或者标准、技术规范规定的特殊要求。
3) 外方投资者在中国境内依法成立的检验检测机构，申请资质认定时，除应当符合本办法第九条规定的资质认定条件外，还应当符合我国外商投资法律法规的有关规定。
4) 检验检测机构依法设立的从事检验检测活动的分支机构，应当符合本办法第九条规定的条件，取得资质认定后，方可从事相关检验检测活动。
资质认定部门可以根据具体情况简化技术评审程序、缩短技术评审时间。

(2) 资质认定程序

检验检测机构资质认定程序：

1) 申请资质认定的检验检测机构（以下简称申请人），应当向国家认监委或者省级资质认定部门（以下统称资质认定部门）提交书面申请和相关材料，并对其真实性负责；
2) 资质认定部门应当对申请人提交的书面申请和相关材料进行初审，自收到之日起 5 个工作日内作出受理或者不予受理的决定，并书面告知申请人；
3) 资质认定部门应当自受理申请之日起 45 个工作日内，依据检验检测机构资质认定基本规范、评审准则的要求，完成对申请人的技术评审。技术评审包括书面审查和现场评审。技术评审时间不计算在资质认定期限内，资质认定部门应当将技术评审时间书面告知申请人。由于申请人整改或者其他自身原因导致无法在规定时间内完成的情况除外；
4) 资质认定部门应当自收到技术评审结论之日起 20 个工作日内，作出是否准予许可的书面决定。准予许可的，自作出决定之日起 10 个工作日内，向申请人颁发资质认定证书。不予许可的，应当书面通知申请人，并说明理由。

检验检测机构资质认定程序流程图表述，如图 2.3.1-1 所示。

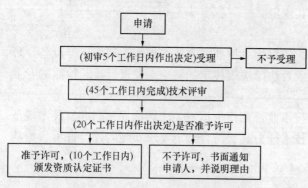

图 2.3.1-1 资质认定程序流程图

4. 资质认定证书管理

(1) 资质认定证书有效期为 6 年。

(2) 需要延续资质认定证书有效期的，应当在其有效期届满 3

个月前提出申请。

资质认定部门根据检验检测机构的申请事项、自我声明和分类监管情况,采取书面审查或者现场评审的方式,作出是否准予延续的决定。

(3) 有下列情形之一的,检验检测机构应当向资质认定部门申请办理变更手续:

1) 机构名称、地址、法人性质发生变更的;

2) 法定代表人、最高管理者、技术负责人、检验检测报告授权签字人发生变更的;

3) 资质认定检验检测项目取消的;

4) 检验检测标准或者检验检测方法发生变更的;

5) 依法需要办理变更的其他事项。

检验检测机构申请增加资质认定检验检测项目或者发生变更的事项影响其符合资质认定条件和要求的,依照本办法第十条规定的程序实施。

(4) 资质认定证书内容包括:发证机关、获证机构名称和地址、检验检测能力范围、有效期限、证书编号、资质认定标志。

检验检测机构资质认定标志,由 China Inspection Bodyand Laboratory Mandatory Approval 的英文缩写 CMA 形成的图案和资质认定证书编号组成。式样如图 2.3.1-2。

图 2.3.1-2 资质认定标志

5. 技术评审管理

(1) 资质认定部门根据技术评审需要和专业要求,可以自行或者委托专业技术评价机构组织实施技术评审。

资质认定部门或者其委托的专业技术评价机构组织现场技术评审时,应当指派两名以上与技术评审内容相适应的评审员组成评审组,并确定评审组组长。必要时,可以聘请相关技术专家参加技术评审。

(2) 评审组应当严格按照资质认定基本规范、评审准则开展技术评审活动,在规定时间内出具技术评审结论。

专业技术评价机构、评审组应当对其承担的技术评审活动和技术评审结论的真实性、符合性负责,并承担相应法律责任。

(3) 评审组在技术评审中发现有不符合要求的,应当书面通知申请人限期整改,整改期限不得超过 30 个工作日。逾期未完成整改或者整改后仍不符合要求的,相应评审项目应当判定为不合格。

评审组在技术评审中发现申请人存在违法行为的,应当及时向资质认定部门报告。

(4) 资质认定部门应当建立并完善评审员专业技能培训、考核、使用和监督制度。

(5) 资质认定部门应当对技术评审活动进行监督,建立责任追究机制。

资质认定部门委托专业技术评价机构组织开展技术评审的,应当对专业技术评价机构及其组织的技术评审活动进行监督。

(6) 专业技术评价机构、评审员在评审活动中有下列情形之一的,资质认定部门可以根据情节轻重,作出告诫、暂停或者取消其从事技术评审活动的处理:

1) 未按照资质认定基本规范、评审准则规定的要求和时间实施技术评审的;

2) 对同一检验检测机构既从事咨询又从事技术评审的;

3) 与所评审的检验检测机构有利害关系或者其评审可能对公正性产生影响,未进行回避的；

  4) 透露工作中所知悉的国家秘密、商业秘密或者技术秘密的；

  5) 向所评审的检验检测机构谋取不正当利益的；

  6) 出具虚假或者不实的技术评审结论的。

6. 检验检测机构从业规范

(1) 检验检测机构及其人员从事检验检测活动，应当遵守国家相关法律法规的规定，遵循客观独立、公平公正、诚实信用原则，恪守职业道德，承担社会责任。

(2) 检验检测机构及其人员应当独立于其出具的检验检测数据、结果所涉及的利益相关各方，不受任何可能干扰其技术判断因素的影响，确保检验检测数据、结果的真实、客观、准确。

(3) 检验检测机构应当定期审查和完善管理体系，保证其基本条件和技术能力能够持续符合资质认定条件和要求，并确保管理体系有效运行。

(4) 检验检测机构应当在资质认定证书规定的检验检测能力范围内，依据相关标准或者技术规范规定的程序和要求，出具检验检测数据、结果。

检验检测机构出具检验检测数据、结果时，应当注明检验检测依据，并使用符合资质认定基本规范、评审准则规定的用语进行表述。

检验检测机构对其出具的检验检测数据、结果负责，并承担相应法律责任。

(5) 从事检验检测活动的人员，不得同时在两个以上检验检测机构从业。

检验检测机构授权签字人应当符合资质认定评审准则规定的能力要求。非授权签字人不得签发检验检测报告。

(6) 检验检测机构不得转让、出租、出借资质认定证书和标志；不得伪造、变造、冒用、租借资质认定证书和标志；不得使用已失效、撤销、注销的资质认定证书和标志。

(7) 检验检测机构向社会出具具有证明作用的检验检测数据、结果的，应当在其检验检测报告上加盖检验检测专用章，并标注资质认定标志。

(8) 检验检测机构应当按照相关标准、技术规范以及资质认定评审准则规定的要求，对其检验检测的样品进行管理。

检验检测机构接受委托送检的，其检验检测数据、结果仅证明样品所检验检测项目的符合性情况。

(9) 检验检测机构应当对检验检测原始记录和报告归档留存，保证其具有可追溯性。原始记录和报告的保存期限不少于 6 年。

(10) 检验检测机构需要分包检验检测项目时，应当按照资质认定评审准则的规定，分包给依法取得资质认定并有能力完成分包项目的检验检测机构，并在检验检测报告中标注分包情况。

具体分包的检验检测项目应当事先取得委托人书面同意。

(11) 检验检测机构及其人员应当对其在检验检测活动中所知悉的国家秘密、商业秘密和技术秘密负有保密义务，并制定实施相应的保密措施。

7. 监督管理

(1) 国家认监委组织对检验检测机构实施监督管理，对省级资质认定部门的资质认定工作进行监督和指导。

省级资质认定部门自行或者组织地（市）、县级质量技术监督部门对所辖区域内的检验检测机构进行监督检查，依法查处违法行为；定期向国家认监委报送年度资质认定工作情况、监督检查结果、统计数据等相关信息。

地（市）、县级质量技术监督部门对所辖区域内的检验检测机构进行监督检查，依法查处违法行为，并将查处结果上报省级资质认定部门。涉及国家认监委或者其他省级资质认定部门的，由其省级资质认定部门负责上报或者通报。

（2）资质认定部门根据检验检测专业领域风险程度、检验检测机构自我声明、认可机构认可以及监督检查、举报投诉等情况，建立检验检测机构诚信档案，实施分类监管。

（3）检验检测机构应当按照资质认定部门的要求，参加其组织开展的能力验证或者比对，以保证持续符合资质认定条件和要求。

鼓励检验检测机构参加有关政府部门、国际组织、专业技术评价机构组织开展的检验检测机构能力验证或者比对。

（4）资质认定部门应当在其官方网站上公布取得资质认定的检验检测机构信息，并注明资质认定证书状态。

国家认监委应当建立全国检验检测机构资质认定信息查询平台，以便社会查询和监督。

（5）检验检测机构应当定期向资质认定部门上报包括持续符合资质认定条件和要求、遵守从业规范、开展检验检测活动等内容的年度报告，以及统计数据等相关信息。

检验检测机构应当在其官方网站或者以其他公开方式，公布其遵守法律法规、独立公正从业、履行社会责任等情况的自我声明，并对声明的真实性负责。

（6）资质认定部门可以根据监督管理需要，就有关事项询问检验检测机构负责人和相关人员，发现存在问题的，应当给予告诫。

（7）检验检测机构有下列情形之一的，资质认定部门应当依法办理注销手续：

1）资质认定证书有效期届满，未申请延续或者依法不予延续批准的；

2）检验检测机构依法终止的；

3）检验检测机构申请注销资质认定证书的；

4）法律法规规定应当注销的其他情形。

（8）对检验检测机构、专业技术评价机构或者资质认定部门及相关人员的违法违规行为，任何单位和个人有权举报。相关部门应当依据各自职责及时处理，并为举报人保密。

8. 法律责任

（1）检验检测机构未依法取得资质认定，擅自向社会出具具有证明作用数据、结果的，由县级以上质量技术监督部门责令改正，处3万元以下罚款。

（2）检验检测机构有下列情形之一的，由县级以上质量技术监督部门责令其1个月内改正；逾期未改正或者改正后仍不符合要求的，处1万元以下罚款：

1）违反本办法第二十五条、第二十八条规定出具检验检测数据、结果的；

2）未按照本办法规定对检验检测人员实施有效管理，影响检验检测独立、公正、诚信的；

3）未按照本办法规定对原始记录和报告进行管理、保存的；

4）违反本办法和评审准则规定分包检验检测项目的；

5）未按照本办法规定办理变更手续的；

6）未按照资质认定部门要求参加能力验证或者比对的；

7）未按照本办法规定上报年度报告、统计数据等相关信息或者自我声明内容虚假的；

8）无正当理由拒不接受、不配合监督检查的。

（3）检验检测机构有下列情形之一的，由县级以上质量技术监督部门责令整改，处3万元以下罚款：

1）基本条件和技术能力不能持续符合资质认定条件和要求，擅自向社会出具具有证明作用数据、结果的；

2）超出资质认定证书规定的检验检测能力范围，擅自向社会出具具有证明作用数据、结果的；

3）出具的检验检测数据、结果失实的；

4）接受影响检验检测公正性的资助或者存在影响检验检测公正性行为的；

5）非授权签字人签发检验检测报告的。

前款规定的整改期限不超过3个月。整改期间，检验检测机构不得向社会出具具有证明作用的检验检测数据、结果。

（4）检验检测机构违反本办法第二十七条规定的，由县级以上质量技术监督部门责令改正，处3万元以下罚款。

（5）检验检测机构有下列情形之一的，资质认定部门应当撤销其资质认定证书：

1）未经检验检测或者以篡改数据、结果等方式，出具虚假检验检测数据、结果的；

2）违反本办法第四十三条规定，整改期间擅自对外出具检验检测数据、结果，或者逾期未改正、改正后仍不符合要求的；

3）以欺骗、贿赂等不正当手段取得资质认定的；

4）依法应当撤销资质认定证书的其他情形。

被撤销资质认定证书的检验检测机构，三年内不得再次申请资质认定。

（6）检验检测机构申请资质认定时提供虚假材料或者隐瞒有关情况的，资质认定部门不予受理或者不予许可。检验检测机构在一年内不得再次申请资质认定。

（7）从事资质认定和监督管理的人员，在工作中滥用职权、玩忽职守、徇私舞弊的，依法予以处理；构成犯罪的，依法追究刑事责任。

2.3.2 《检验检测机构资质认定评审准则》简介

为贯彻实施《检验检测机构资质认定管理办法》，确保科学、统一、规范地实施检验检测机构资质认定评审，中国国家认证认可监督管理委员会（以下简称国家认监委）于2016年5月31日正式出台了《检验检测机构资质认定评审准则》（国认实〔2016〕33号）（以下简称《评审准则》）。

《评审准则》由总则、参考文件、术语和定义、评审要求4个部分组成。其中：评审要求有5个要求+1个特殊要求（5+1），共6个方面50条款。

2.3.2.1 适用范围

在中华人民共和国境内，向社会出具具有证明作用的数据、结果的检验检测机构的资质认定评审应遵守本准则。

2.3.2.2 《评审准则》的内容提要

《评审准则》分为总则、参考文件、术语和定义、评审要求4个部分,重点内容为评审要求。其中评审要求包含:法人或者其他组织、检验检测技术人员和管理人员、工作场所和工作环境、检验检测设备设施、管理体系及特殊要求等。

每个要求涵盖了多方面的内容,有些要求在交通行业属于不适用情况,如分包。只有全面准确理解准则的要求,才能结合行业检测的实际,有针对性地管理试验室,保证试验检测机构的运行符合法律法规的要求。

2.3.2.3 《评审准则》的要求与条款

《检验检测机构资质认定评审准则》有5个要求+1个特殊要求(5+1),共6个方面50条款。为了与准则条款相对应,以下均采用《评审准则》的要求编号,各个要求与评审条款分布情况如下。

4. 评审要求

4.1 法人或者其他组织(5条款);

4.2 检验检测技术人员和管理人员(7条款);

4.3 工作场所和工作环境(4条款);

4.4 检验检测设备设施(6条款);

4.5 管理体系(27条款);

4.6 特殊要求(1条款)。

2.3.2.4 《评审准则》条文理解

为了与准则条款相对应,以下均采用《评审准则》的要求编号。

4. 评审要求

4.1 依法成立并能够承担相应法律责任的法人或者其他组织。

【条文理解】

本条款是对检验检测机构的法律地位和法律责任的要求。

4.1.1 检验检测机构或者其所在的组织应有明确的法律地位,对其出具的检验检测数据、结果负责,并承担相应法律责任。不具备独立法人资格的检验检测机构应经所在法人单位授权。

【条文理解】

(1)依法设立的法人包括机关法人、事业单位法人、企业法人和社会团体法人。

其他组织包括取得工商行政机关颁发的《营业执照》的企业法人分支机构、特殊普通合伙检验检测企业、民政部门登记的民办非企业单位(法人)、经核准登记的司法鉴定机构等。

法人或者其他组织应具有有效的登记、注册文件,其登记、注册文件中的经营范围应包含检验、检测、检验检测或者相关表述,不得有影响其检验检测活动公正性的诸如生产、销售等经营项目。

生产企业内部的检验检测机构不在检验检测机构资质认定范围之内。生产企业出资设立的具有独立法人资格的检验检测机构可以申请检验检测机构资质认定。

(2)检验检测机构作为检验检测活动的第一责任人,应对其出具的检验检测数据、结果负责,并承担相应法律责任。因检验检测机构自身原因导致检验检测数据、结果出现错误、不准确或者其他后果的，应当承担相应解释、召回报告或证书的后果，并承担赔偿责任。涉及违反相关法律法规规定的，需承担相应的法律责任。

（3）非独立法人检验检测机构，其所在的法人单位应为依法成立并能承担法律责任的实体，该检验检测机构在其法人单位内应有相对独立的运行机制。申请检验检测机构资质认定时，应提供所在法人单位的法律地位证明文件和法人授权文件。非独立法人检验检测机构所在法人单位的法定代表人不担任检验检测机构最高管理者的，应由法定代表人对最高管理者进行授权。

4.1.2　检验检测机构应明确其组织结构及质量管理、技术管理和行政管理之间的关系。

【条文理解】

（1）检验检测机构应明确其内部组织构成，并通过组织结构图来表述。非独立法人的检验检测机构，应明确其与所属法人以及所属法人的其他组成部门的相互关系。

（2）质量管理：是指检验检测机构进行检验检测时，与工作质量有关的相互协调的活动。质量管理可分为质量策划、质量控制、质量保证和质量改进等，质量管理可保障技术管理，规范行政管理。

（3）技术管理：是指检验检测机构从识别客户需求开始，将客户的需求转化为过程输入，利用技术人员、设施、设备等资源开展检验检测活动，通过检验检测活动得出数据和结果，形成检验检测机构报告或证书的全流程管理。对检验检测的技术支持活动，如仪器设备、试剂和消费性材料的采购，仪器设备的检定和校准服务等也属于技术管理的一部分。

（4）行政管理：是指检验检测机构的法律地位的维持、机构的设置、人员的任命、财务的支持和内外部保障等。

（5）技术管理是检验检测机构工作的主线，质量管理是技术管理的保障，行政管理是技术管理资源的支撑。

4.1.3　检验检测机构及其人员从事检验检测活动，应遵守国家相关法律法规的规定，遵循客观独立、公平公正、诚实信用原则，恪守职业道德，承担社会责任。

【条文理解】

（1）检验检测机构及其人员应承诺"遵守国家相关法律法规的规定，遵循客观独立、公平公正、诚实信用原则，恪守职业道德，承担社会责任。"

（2）《检验检测机构诚信基本要求》GB/T 31880 对检验检测机构提出了开展检验检测活动有关诚信的基本要求，建议检验检测机构参考使用。

4.1.4　检验检测机构应建立和保持维护其公正和诚信的程序。检验检测机构及其人员应不受来自内外部的、不正当的商业、财务和其他方面的压力和影响，确保检验检测数据、结果的真实、客观、准确和可追溯。若检验检测机构所在的单位还从事检验检测以外的活动，应识别并采取措施避免潜在的利益冲突。检验检测机构不得使用同时在两个及以上检验检测机构从业的人员。

【条文理解】

（1）检验检测机构应建立保证检验检测公正和诚信的程序，以识别影响公正和诚信的因素，并消除或最大化减少该因素对公正和诚信的影响。

（2）检验检测机构及其人员应公正、诚信地从事检验检测活动，确保检验检测机构及其人员与检验检测委托方、数据和结果使用方或者其他相关方不存在影响公平公正的关系。检验检测机构的管理层和员工不会受到不正当的压力和影响，能独立开展检验检测活动，确保检验检测数据、结果的真实性、客观性、准确性和可追溯性。

（3）若检验检测机构所属法人单位的其他部门，从事与其承担的检验检测项目相关的研究、开发和设计时，检验检测机构应明确授权职责，确保检验检测机构的各项活动不受其所属单位其他部门的影响，保持独立和公正。

（4）检验检测机构应以文件规定或者合同约定等方式确保不录用同时在两个及以上检验检测机构从业的检验检测人员。

4.1.5　检验检测机构应建立和保持保护客户秘密和所有权的程序，该程序应包括保护电子存储和传输结果信息的要求。检验检测机构及其人员应对其在检验检测活动中所知悉的国家秘密、商业秘密和技术秘密负有保密义务，并制定和实施相应的保密措施。

【条文理解】

（1）检验检测机构应当按照有关法律法规保护客户秘密和所有权，应制定有关措施，并有效实施，以保证客户的利益不被侵害。

（2）检验检测机构应对进入检验检测现场、设置计算机的安全系统、传输技术信息、保存检验检测记录和形成检验检测报告或证书等环节，应执行保密措施。

（3）样品、客户的图纸、技术资料属于客户的财产，检验检测机构有义务保护客户财产的所有权，必要时，检验检测机构应与客户签订协议。检验检测机构应对检验检测过程中获得或产生的信息，以及来自监管部门和投诉人的信息承担保护责任。

（4）除非法律法规有特殊要求，检验检测机构向第三方透露相关信息时，应征得客户同意。

4.2　具有与其从事检验检测活动相适应的检验检测技术人员和管理人员。

【条文理解】

检验检测机构应有与其检验检测活动相适应的检验检测技术人员和管理人员，应建立和保持人员管理程序。

4.2.1　检验检测机构应建立和保持人员管理程序，对人员资格确认、任用、授权和能力保持等进行规范管理。检验检测机构应与其人员建立劳动或录用关系，明确技术人员和管理人员的岗位职责、任职要求和工作关系，使其满足岗位要求并具有所需的权力和资源，履行建立、实施、保持和持续改进管理体系的职责。

【条文理解】

（1）检验检测机构应制定人员管理程序，该管理程序应对检验检测机构人员的资格确认、任用、授权和能力保持等进行规范管理。检验检测机构应与其人员建立劳动或录用关系，对技术人员和管理人员的岗位职责、任职要求和工作关系予以明确，使其与岗位要求相匹配，并有相应权力和资源，确保管理体系运行。

（2）检验检测机构应拥有为保证管理体系的有效运行、出具正确检验检测数据和结果所需的技术人员（检验检测的操作人员、结果验证或核查人员）和管理人员（对质量、技术负有管理职责的人员，包括最高管理者、技术负责人、质量负责人等）。技术人员和管理人员的结构和数量、受教育程度、理论基础、技术背景和经历、实际操作能力、职业素养等应满足工作类型、工作范围和工作量的需要。

4.2.2 检验检测机构的最高管理者应履行其对管理体系中的领导作用和承诺：负责管理体系的建立和有效运行；确保制定质量方针和质量目标；确保管理体系要求融入检验检测的全过程；确保管理体系所需的资源；确保管理体系实现其预期结果；满足相关法律法规要求和客户要求；提升客户满意度；运用过程方法建立管理体系和分析风险、机遇；组织质量管理体系的管理评审。

【条文理解】

（1）检验检测机构最高管理者应对管理体系全面负责，承担领导责任和履行承诺。最高管理者负责管理体系的建立和有效运行；满足相关法律法规要求和客户要求；提升客户满意度；运用过程方法建立管理体系和分析风险、机遇；组织质量管理体系的管理评审。

（2）检验检测机构最高管理者应确保制定质量方针和质量目标；确保管理体系要求融入检验检测的全过程；确保管理体系所需的资源；确保管理体系实现其预期结果。

（3）检验检测机构最高管理者应识别检验检测活动的风险和机遇，配备适宜的资源，并实施相应的质量控制。

4.2.3 检验检测机构的技术负责人应具有中级及以上相关专业技术职称或同等能力，全面负责技术运作；质量负责人应确保质量管理体系得到实施和保持；应指定关键管理人员的代理人。

【条文理解】

（1）检验检测机构应有技术负责人全面负责技术运作。技术负责人可以是一人，也可以是多人，以覆盖检验检测机构不同的技术活动范围。技术负责人应具有中级及以上相关专业技术职称或者同等能力，胜任所承担的工作。以下情况可视为同等能力：

1）博士研究生毕业，从事相关专业检验检测活动1年及以上；硕士研究生毕业，从事相关专业检验检测活动3年及以上；

2）大学本科毕业，从事相关专业检验检测活动5年及以上；

3）大学专科毕业，从事相关专业检验检测活动8年及以上。

（2）检验检测机构应指定质量负责人，赋予其明确的责任和权力，确保管理体系在任何时候都能得到实施和保持。质量负责人应能与检验检测机构决定政策和资源的最高管理者直接接触和沟通。

（3）检验检测机构应规定技术负责人和质量负责人的职责。

（4）检验检测机构应指定关键管理人员（包括最高管理者、技术负责人、质量负责人等）的代理人，以便其因各种原因不在岗位时，有人员能够代行其有关职责和权力，以确保检验检测机构的各项工作持续正常地进行。

4.2.4 检验检测机构的授权签字人应具有中级及以上相关专业技术职称或同等能力，并经资质认定部门批准。非授权签字人不得签发检验检测报告或证书。

【条文理解】

（1）授权签字人是由检验检测机构提名，经资质认定部门考核合格后，在其资质认定授权的能力范围内签发检验检测报告或证书的人员。

（2）授权签字人应：

1）熟悉检验检测机构资质认定相关法律法规的规定，熟悉《检验检测机构资质认定评审准则》及其相关的技术文件的要求；

2）具备从事相关专业检验检测的工作经历，掌握所承担签字领域的检验检测技术，熟悉所承担签字领域的相应标准或者技术规范；

3）熟悉检验检测报告或证书审核签发程序，具备对检验检测结果做出评价的判断能力；

4）检验检测机构对其签发报告或证书的职责和范围应有正式授权；

5）检验检测机构授权签字人应具有中级及以上专业技术职称或者同等能力。

（3）非授权签字人不得对外签发检验检测报告或证书。检验检测机构不得设置授权签字人的代理人员。

4.2.5 检验检测机构应对抽样、操作设备、检验检测、签发检验检测报告或证书以及提出意见和解释的人员，依据相应的教育、培训、技能和经验进行能力确认并持证上岗。应由熟悉检验检测目的、程序、方法和结果评价的人员，对检验检测人员包括实习员工进行监督。

【条文理解】

（1）检验检测机构应对所有从事抽样、操作设备、检验检测、签发检验检测报告或证书以及提出意见和解释的人员，按其岗位任职要求，根据相应的教育、培训、经历、技能进行能力确认。上岗资格的确认应明确、清晰，如进行某一项检验检测工作、签发某范围内的检验检测报告或证书等，应由熟悉专业领域并得到检验检测机构授权的人员完成。

（2）检验检测机构应设置覆盖其检验检测能力范围的监督员。监督员应熟悉检验检测目的、程序、方法和能够评价检验检测结果；应按计划对检验检测人员进行监督。检验检测机构可根据监督结果对人员能力进行评价并确定其培训需求，监督记录应存档，监督报告应输入管理评审。

4.2.6 检验检测机构应建立和保持人员培训程序，确定人员的教育和培训目标，明确培训需求和实施人员培训，并评价这些培训活动的有效性。培训计划应适应检验检测机构当前和预期的任务。

【条文理解】

（1）检验检测机构应根据质量目标提出对人员教育和培训要求，并制定满足培训需求和提供培训的政策和程序。培训计划既要考虑检验检测机构当前和预期的任务需要，也要考虑检验检测人员以及其他与检验检测活动相关人员的资格、能力、经验和监督评价的结果。

（2）检验检测机构可以通过实际操作考核、检验检测机构内外部质量控制结果、内外部审核、不符合工作的识别、利益相关方的投诉、人员监督评价和管理评审等多种方式对培训活动的有效性进行评价，并持续改进培训以实现培训目标。

4.2.7 检验检测机构应保留技术人员的相关资格、能力确认、授权、教育、培训和监督的记录，并包含授权和能力确认的日期。

【条文理解】

检验检测机构应对从事抽样、操作设备、检验检测、签发检验检测报告或证书以及提出意见和解释等工作的人员，在能力确认的基础上进行授权，建立并保留所有技术人员的档案，应有相关资格、能力确认、授权、教育、培训和监督的记录，并包含授权和能力确认的日期。

4.3 具有固定的工作场所，工作环境满足检验检测要求。

【条文理解】

检验检测机构应具有满足检验检测所需要的工作场所，并依据标准、技术规范和程序，识别检验检测所需要的环境条件，并对环境条件进行控制。

4.3.1 检验检测机构应具有满足相关法律法规、标准或者技术规范要求的场所，包括固定的、临时的、可移动的或多个地点的场所。

【条文理解】

（1）固定的场所：指不随检验检测任务而变更，且不可移动的开展检验检测活动的场所。

（2）临时的场所：指检验检测机构根据现场检验检测需要，临时建立的工作场所（例如对公共场所和作业场所环境的噪声检验检测的现场；在高速公路施工阶段和桥梁通车前所建立的检验检测临时场所）。

（3）可移动的场所：指利用汽车、动车和轮船等装载检验检测设备设施，可在移动中实施检验检测的场所。

（4）多个地点的场所（多场所）：指检验检测机构存在两个及以上地址不同的检验检测工作场所。

（5）工作场所性质包括：自有产权、上级配置、出资方调配或租赁等，应有相关的证明文件。

4.3.2 检验检测机构应确保其工作环境满足检验检测的要求。检验检测机构在固定场所以外进行检验检测或抽样时，应提出相应的控制要求，以确保环境条件满足检验检测标准或者技术规范的要求。

【条文理解】

（1）检验检测机构应识别检验检测所需的环境条件，当环境条件对结果的质量有影响时，检验检测机构应编写必要的文件。并有相应的环境条件控制措施，确保环境条件不会使检验检测结果无效，或不会对检验检测质量产生不良影响。

（2）在检验检测机构固定设施以外的场所进行抽样、检验检测时，应予以特别关注，必要时，应提出相应的控制要求并记录，以保证环境条件符合检验检测标准或者技术规范的要求。

4.3.3 检验检测标准或者技术规范对环境条件有要求时或环境条件影响检验检测结果时，应监测、控制和记录环境条件。当环境条件不利于检验检测的开展时，应停止检验检测活动。

【条文理解】

（1）检验检测标准或者技术规范对环境条件有要求，以及检验检测机构发现环境条件影响检验检测结果质量时，检验检测机构应监测、控制和记录环境条件。

（2）检验检测机构在从事抽样、检验检测前应进行环境识别，根据识别结果采取相应的措施。对诸如生物消毒、灰尘、电磁干扰、辐射、湿度、供电、温度、声级和振级等予以重视，使其适应于相关的技术活动。

（3）检验检测机构在环境条件存在影响检验检测的风险和隐患时，需停止检验检测，并经有效处置后,方可恢复检验检测活动。

4.3.4 检验检测机构应建立和保持检验检测场所的内务管理程序,该程序应考虑安全和环境的因素。检验检测机构应将不相容活动的相邻区域进行有效隔离,应采取措施以防止干扰或者交叉污染,对影响检验检测质量的区域的使用和进入加以控制,并根据特定情况确定控制的范围。

【条文理解】

(1) 检验检测机构应有内务管理程序,对检验检测场所的安全和环境的评价,应以检验检测标准或者技术规范提出的要求为依据。

(2) 当相邻区域的活动或工作,出现不相容或相互影响时,检验检测机构应对相关区域进行有效隔离,采取措施消除影响,防止干扰或者交叉污染。

(3) 检验检测机构应对人员进入或使用对检验检测质量有影响的区域予以控制,应根据自身的特点和具体情况确定控制的范围。在确保不对检验检测质量产生不利影响的同时,还应保护客户和检验检测机构的机密及所有权,保护进入或使用相关区域的人员的安全。

4.4 具备从事检验检测活动所必需的检验检测设备设施。

【条文理解】

检验检测机构应依据检验检测标准或者技术规范配备满足要求的设备和设施。

4.4.1 检验检测机构应配备满足检验检测(包括抽样、物品制备、数据处理与分析)要求的设备和设施。用于检验检测的设施,应有利于检验检测工作的正常开展。检验检测机构使用非本机构的设备时,应确保满足本准则要求。

【条文理解】

(1) 检验检测机构应正确配备检验检测所需要的仪器设备,包括抽样工具、物品制备、数据处理与分析。所用仪器设备的技术指标和功能应满足要求,量程应与被测参数的技术指标范围相适应。

(2) 检验检测机构的设施包括固定和非固定设施,这些设施应满足相关标准或者技术规范的要求,避免影响检验检测结果的准确性。

(3) 检验检测机构租用仪器设备开展检验检测时,应确保:

1) 租用仪器设备的管理应纳入本检验检测机构的管理体系;

2) 本检验检测机构可全权支配使用,即:租用的仪器设备由本检验检测机构的人员操作、维护、检定或校准,并对使用环境和贮存条件进行控制;

3) 在租赁合同中明确规定租用设备的使用权;

4) 同一台设备不允许在同一时期被不同检验检测机构共用租赁。

4.4.2 检验检测机构应建立和保持检验检测设备和设施管理程序,以确保设备和设施的配置、维护和使用满足检验检测工作要求。

【条文理解】

检验检测机构应建立相关的程序文件,描述检验检测设备和设施的安全处置、运输、存储、使用、维护等的规定,防止污染和性能退化。检验检测机构应确保设备在运输、存储和使用时,具有安全保障。检验检测机构设施应满足检验检测工作需要。

4.4.3 检验检测机构应对检验检测结果、抽样结果的准确性或有效性有显著影响的设备，包括用于测量环境条件等辅助测量设备有计划地实施检定或校准。设备在投入使用前，应采用检定或校准等方式，以确认其是否满足检验检测的要求，并标识其状态。

针对校准结果产生的修正信息，检验检测机构应确保在其检测结果及相关记录中加以利用并备份和更新。检验检测设备包括硬件和软件应得到保护，以避免出现致使检验检测结果失效的调整。检验检测机构的参考标准应满足溯源要求。无法溯源到国家或国际测量标准时，检验检测机构应保留检验检测结果相关性或准确性的证据。

当需要利用期间核查以保持设备检定或校准状态的可信度时，应建立和保持相关的程序。

【条文理解】

（1）对检验检测结果有显著影响的设备，包括辅助测量设备（例如用于测量环境条件的设备），检验检测机构应制定检定或校准计划，确保检验检测结果的计量溯源性。

（2）检验检测机构应确保用于检验检测和抽样的设备及其软件达到要求的准确度，并符合相应的检验检测技术要求。设备（包括用于抽样的设备）在投入使用前应进行检定或校准等方式，以确认其是否满足检验检测标准或者技术规范。

（3）检验检测设备包括硬件和软件应得到保护，以避免出现致使检验检测结果失效的调整。

（4）无法溯源到国家或国际测量标准时，测量结果应溯源至 RM、公认的或约定的测量方法、标准，或通过比对等途径，证明其测量结果与同类检验检测机构的一致性。当测量结果溯源至公认的或约定的测量方法、标准时，检验检测机构应提供该方法、标准的来源等相关证据。

（5）检验检测机构需要内部校准时，应确保：

1）设备满足计量溯源要求；

2）限于非强制检定的仪器设备；

3）实施内部校准的人员经培训和授权；

4）环境和设施满足校准方法要求；

5）优先采用标准方法，非标方法使用前应经确认；

6）进行测量不确定度评估；

7）可不出具内部校准证书，但应对校准结果予以汇总；

8）质量控制和监督应覆盖内部校准工作。

（6）当仪器设备经校准给出一组修正信息时，检验检测机构应确保有关数据得到及时修正，计算机软件也应得到更新，并在检验检测工作中加以使用。

（7）检验检测机构在设备定期检定或校准后应进行确认，确认其满足检验检测要求后方可使用。对检定或校准的结果进行确认的内容应包括：

1）检定结果是否合格，是否满足检验检测方法的要求；

2）校准获得的设备的准确度信息是否满足检验检测项目、参数的要求，是否有修正信息，仪器是否满足检验检测方法的要求；

3）适用时，应确认设备状态标识。

（8）需要时，检验检测机构对特定设备应编制期间核查程序，确认方法和频率。检验检测机构应根据设备的稳定性和使用情况来判断设备是否需要进行期间核查，判断依据包括但不限于：

1) 设备检定或校准周期；
2) 历次检定或校准结果；
3) 质量控制结果；
4) 设备使用频率；
5) 设备维护情况；
6) 设备操作人员及环境的变化；
7) 设备使用范围的变化。

4.4.4 检验检测机构应保存对检验检测具有影响的设备及其软件的记录。用于检验检测并对结果有影响的设备及其软件，如可能，应加以唯一性标识。检验检测设备应由经过授权的人员操作并对其进行正常维护。若设备脱离了检验检测机构的直接控制，应确保该设备返回后，在使用前对其功能和检定、校准状态进行核查。

【条文理解】

（1）检验检测机构应建立对检验检测具有重要影响的设备及其软件的记录，并实施动态管理，及时补充相关的信息。记录至少应包括以下信息：

1) 设备及其软件的识别；
2) 制造商名称、型式标识、系列号或其他唯一性标识；
3) 核查设备是否符合规范；
4) 当前位置（适用时）；
5) 制造商的说明书（如果有），或指明其地点；
6) 检定、校准报告或证书的日期、结果及复印件，设备调整、验收准则和下次校准的预定日期；
7) 设备维护计划，以及已进行的维护记录（适用时）；
8) 设备的任何损坏、故障、改装或修理。

（2）检验检测机构应指定人员操作重要的、关键的仪器设备以及技术复杂的大型仪器设备，未经指定的人员不得操作该设备。

（3）设备使用和维护的最新版说明书（包括设备制造商提供的有关手册）应便于检验检测人员取用。用于检验检测并对结果有影响的设备及其软件，如可能，均应加以唯一性标识。

（4）应对经检定或校准的仪器设备的检定或校准结果进行确认。只要可行，应使用标签、编码或其他标识确认其检定或校准状态。

（5）仪器设备的状态标识可分为"合格"、"准用"和"停用"三种，通常以"绿"、"黄"、"红"三种颜色表示。

（6）设备脱离了检验检测机构，这类设备返回后，在使用前，检验检测机构须对其功能和检定、校准状态进行核查，得到满意结果后方可使用。

4.4.5 设备出现故障或者异常时，检验检测机构应采取相应措施，如停止使用、隔离或加贴停用标签、标记，直至修复并通过检定、校准或核查表明设备能正常工作为止。应核查这些缺陷或超出规定限度对以前检验检测结果的影响。

【条文理解】

曾经过载或处置不当、给出可疑结果，或已显示有缺陷、超出规定限度的设备，均应停止使用。这些设备应予隔离，以防误用，或加贴标签、标记以清晰表明该设备已停用，直至修复。修复后的设备为确保其性能和技术指标符合要求，必须经检定、校准或核查表明其能正常工作后方可投入使用。检验检测机构还应对这些因缺陷或超出规定极限而对过去进行的检验检测活动造成的影响进行追溯，发现不符合应执行不符合工作的处理程序，暂停检验检测工作、不发送相关检验检测报告或证书，或者追回之前的检验检测报告或证书。

4.4.6　检验检测机构应建立和保持标准物质管理程序。可能时，标准物质应溯源到 SI 单位或有证标准物质。检验检测机构应根据程序对标准物质进行期间核查。

【条文理解】

检验检测机构应建立和保持标准物质的管理程序。可能时，标准物质应溯源到 SI 单位或有证标准物质。检验检测机构应对标准物质进行期间核查，同时按照程序要求，安全处置、运输、存储和使用标准物质，以防止污染或损坏，确保其完整性。

4.5　具有并有效运行保证其检验检测活动独立、公正、科学、诚信的管理体系。

【条文理解】

检验检测机构的管理和技术运作应通过建立健全、持续改进、有效运行的管理体系来实现。检验检测机构应建立并有效实施实现质量方针、目标和履行承诺，保证其检验检测活动独立、公正、科学、诚信的管理体系。

4.5.1　检验检测机构应建立、实施和保持与其活动范围相适应的管理体系，应将其政策、制度、计划、程序和指导书制订成文件，管理体系文件应传达至有关人员，并被其获取、理解、执行。

【条文理解】

（1）管理体系是指为建立方针和目标并实现这些目标的体系。包括质量管理体系、技术管理体系和行政管理体系。管理体系的运作包括体系的建立、体系的实施、体系的保持和体系持续改进。

（2）检验检测机构应建立符合自身实际状况，适应自身检验检测活动并保证其独立、公正、科学、诚信的管理体系。

（3）为使检验检测工作有效运行，检验检测机构必须系统地识别和管理许多相互关联和相互作用的过程，称为"过程方法"。该方法使检验检测机构能够对体系中相互关联和相互依赖的过程进行有效控制，有助于提高其效率。过程方法包括按照检验检测机构的质量方针和政策，对各过程及其相互作用，系统地进行规定和管理，从而实现预期结果。

（4）检验检测机构应将其管理体系、组织结构、程序、过程、资源等过程要素文件化。文件可分为四类：质量手册、程序文件、作业指导书、质量和技术记录表格。

（5）检验检测机构管理体系形成文件后，应当以适当的方式传达有关人员，使其能够"获取、理解、执行"管理体系。

4.5.2　检验检测机构应阐明质量方针，应制定质量目标，并在管理评审时予以评审。

【条文理解】

（1）质量方针由最高管理者制定、贯彻和保持，是检验检测机构的质量宗旨和方向。

（2）质量方针一般应在质量手册中予以阐明，也可单独发布。

(3) 质量方针声明应经最高管理者授权发布，至少包括下列内容：
1) 最高管理者对良好职业行为和为客户提供检验检测服务质量的承诺；
2) 最高管理者关于服务标准的声明；
3) 质量目标；
4) 要求所有与检验检测活动有关的人员熟悉质量文件，并执行相关政策和程序；
5) 最高管理者对遵循本准则及持续改进管理体系的承诺。

(4) 质量目标包括年度目标和中长期目标。各相关部门可以根据检验检测机构的目标制定本部门的质量目标。质量目标应在管理评审时予以评审。

4.5.3 检验检测机构应建立和保持控制其管理体系的内部和外部文件的程序，明确文件的批准、发布、标识、变更和废止，防止使用无效、作废的文件。

【条文理解】

(1) 检验检测机构依据制定的文件管理控制程序，对文件的编制、审核、批准、发布、标识、变更和废止等各个环节实施控制，并依据程序控制管理体系的相关文件。文件包括法律法规、标准、规范性文件、质量手册、程序文件、作业指导书和记录表格，以及通知、计划、图纸、图表、软件等。

(2) 文件可承载在各种载体上，可以是数字存储设施如光盘、硬盘等，或是模拟设备如磁带、录像带或磁带机，还可以采用缩微胶片、纸张、相纸等。

(3) 检验检测机构应定期审查文件，防止使用无效或作废文件。失效或废止文件一般要从使用现场收回，加以标识后销毁或存档。如果确因工作需要或其他原因需要保留在现场的，必须加以明显标识，以防误用。

4.5.4 检验检测机构应建立和保持评审客户要求、标书、合同的程序。对要求、标书、合同的偏离、变更应征得客户同意并通知相关人员。

【条文理解】

(1) 检验检测机构应依据制定的评审客户要求、标书和合同的相关程序，对合同评审和对合同的偏离加以有效控制，记录必要的评审过程或结果。

(2) 检验检测机构应与客户充分沟通，了解客户需求，并对自身的技术能力和资质状况能否满足客户要求进行评审。若有关要求发生修改或变更时，需进行重新评审。对客户要求、标书或合同有不同意见，应在签约之前协调解决。

(3) 对于出现的偏离，检验检测机构应与客户沟通并取得客户同意，将变更事项通知相关的检验检测人员。

4.5.5 检验检测机构需分包检验检测项目时，应分包给依法取得资质认定并有能力完成分包项目的检验检测机构，具体分包的检验检测项目应当事先取得委托人书面同意，检验检测报告或证书应体现分包项目，并予以标注。

【条文理解】

(1) 检验检测机构因工作量、关键人员、设备设施、环境条件和技术能力等原因，需分包检验检测项目时，应分包给依法取得检验检测机构资质认定并有能力完成分包项目的检验检测机构，具体分包的检验检测项目应当事先取得委托人书面同意，并在检验检测报告或证书中清晰标明分包情况。检验检测机构应要求承担分包的检验检测机构提供合法的检验检测报告或证书，并予以使用和保存。产生分包的需求主要有以下两种形式：

1)"有能力的分包"指一个检验检测机构拟分包的项目是其已获得检验检测机构资质认定的技术能力,但因工作量急增、关键人员暂缺、设备设施故障、环境状况变化等原因,暂时不满足检验检测条件而进行的分包。分包应分包给获得检验检测机构资质认定并有相应技术能力的另一检验检测机构,该检验检测机构可出具包含另一检验检测机构分包结果的检验检测报告或证书,其报告或证书中应明确分包项目,并注明承担分包的另一检验检测机构的名称和资质认定许可编号。

2)"没有能力的分包"指一个检验检测机构拟分包的项目是其未获得检验检测机构资质认定的技术能力,实施分包应分包给获得检验检测机构资质认定并有相应技术能力的另一检验检测机构。检验检测机构可将分包部分的检验检测数据、结果,由承担分包的另一检验检测机构单独出具检验检测报告或证书,不将另一检验检测机构的分包结果纳入自身检验检测报告或证书中。若经客户许可,检验检测机构可将分包给另一检验检测机构的检验检测数据、结果纳入自身的检验检测报告或证书,在其报告或证书中应明确标注分包项目,且注明自身无相应资质认定许可技术能力,并注明承担分包的另一检验检测机构的名称和资质认定许可编号。

(2)检验检测机构实施分包前,应制定分包的管理程序,包括控制文件、事先通知客户并经客户书面同意、对分包方定期评价(或采信资质认定部门的认定结果)、建立合格分包方名录并正确选用。该程序在检验检测业务洽谈、合同评审和合同签署过程中予以实施。

(3)除非是客户或法律法规指定的分包,检验检测机构应对分包结果负责。

4.5.6 检验检测机构应建立和保持选择和购买对检验检测质量有影响的服务和供应品的程序。明确服务、供应品、试剂、消耗材料的购买、验收、存储的要求,并保存对供应商的评价记录和合格供应商名单。

【条文理解】

(1)为保证采购物品和相关服务的质量,检验检测机构应当对采购物品和相关服务进行有效的控制和管理,应按制定的程序对服务、供应品、试剂、消耗材料的购买、验收、存储进行控制,以保证检验检测结果的质量。

(2)采购服务,包括检定和校准服务,仪器设备购置,环境设施的设计和施工,设备设施的运输、安装和保养,废物处理等。

(3)检验检测机构应对影响检验检测质量的重要消耗品、供应品和服务的供货单位和服务提供者进行评价,并保存这些评价的记录和获批准的合格供货单位和服务提供者名单。

4.5.7 检验检测机构应建立和保持服务客户的程序。保持与客户沟通,跟踪对客户需求的满足,以及允许客户或其代表合理进入为其检验检测的相关区域观察。

【条文理解】

(1)检验检测机构应与客户沟通,全面了解客户的需求,为客户解答有关检验检测的技术和方法。

(2)定期以适当的方式征求客户意见并深入分析,改进管理体系。

(3)让客户了解、理解检验检测过程,是与客户交流的重要手段。在保密、安全、不干扰正常检验检测前提下,允许客户或其代表,进入为其检验检测的相关区域观察检验检测活动。

4.5.8 检验检测机构应建立和保持处理投诉的程序。明确对投诉的接收、确认、调查和处理职责，并采取回避措施。

【条文理解】

（1）检验检测机构应指定部门和人员接待和处理客户的投诉，明确其职责和权利。对客户的每一次投诉，均应按照规定予以处理。

（2）与客户投诉相关的人员、被客户投诉的人员，应采取适当的回避措施。对投诉人的回复决定，应由与投诉所涉及的检验检测活动无关的人员做出，包括对该决定的审查和批准。

（3）检验检测机构应对投诉的处理过程及结果及时形成记录，并按规定全部归档。只要可能，检验检测机构应将投诉处理过程的结果正式通知投诉人。

4.5.9 检验检测机构应建立和保持出现不符合的处理程序，明确对不符合的评价、决定不符合是否可接受、纠正不符合、批准恢复被停止的工作的责任和权力。必要时，通知客户并取消工作。该程序包含检验检测前中后全过程。

【条文理解】

（1）不符合是指检验检测活动不满足标准或者技术规范的要求、与客户约定的要求或者不满足体系文件的要求。

（2）检验检测机构应明确如何对不符合的严重性和可接受性进行评价，规定当识别出不符合时采取的纠正措施，并明确使工作恢复的职责。

（3）不符合的信息可能来源于监督员的监督、客户意见、内部审核、管理评审、外部评审、设备设施的期间核查、检验检测结果质量监控、采购的验收、报告的审查、数据的校核等。检验检测机构应关注这些环节，及时发现、处理不符合。当评价表明不符合可能再度发生，或对检验检测机构的运作与其政策和程序的符合性产生怀疑时，应立即执行纠正措施程序。

（4）当不符合可能影响检验检测数据和结果时，应通知客户，并取消不符合时所产生相关结果。

4.5.10 检验检测机构应建立和保持在识别出不符合时，采取纠正措施的程序；当发现潜在不符合时，应采取预防措施。检验检测机构应通过实施质量方针、质量目标，应用审核结果、数据分析、纠正措施、预防措施、管理评审来持续改进管理体系的适宜性、充分性和有效性。

【条文理解】

（1）纠正措施是指为消除已发现的不符合或其他不期望发生的情况所采取的措施。检验检测机构应当在识别出不符合、在管理体系发生不符合或在技术运作中出现对政策和程序偏离等情况时，应实施纠正措施。

（2）检验检测机构应针对分析的原因制定纠正措施，纠正措施应编制成文件并加以实施，对纠正措施实施的结果应进行跟踪验证，确保纠正措施的有效性。

（3）预防措施是指为消除潜在不符合或其他潜在风险所采取的措施。检验检测机构应当主动识别技术或管理方面潜在的不符合，制定和实施预防措施。应记录并跟踪所实施的预防措施及其结果，评价验证预防措施的有效性。

(4) 检验检测机构应在实施质量方针、质量目标,应用审核结果、数据分析、纠正措施、预防措施、管理评审时持续改进管理体系。对日常的监督活动中发现的管理体系运行的问题予以改正。检验检测机构应保留持续改进的证据。

4.5.11 检验检测机构应建立和保持记录管理程序,确保记录的标识、贮存、保护、检索、保留和处置符合要求。

【条文理解】

(1) 记录分为质量记录和技术记录两类:

1) 质量记录指检验检测机构管理体系活动中的过程和结果的记录,包括合同评审、分包控制、采购、内部审核、管理评审、纠正措施、预防措施和投诉等记录;

2) 技术记录指进行检验检测活动的信息记录,应包括原始观察、导出数据和建立审核路径有关信息的记录,检验检测、环境条件控制、员工、方法确认、设备管理、样品和质量监控等记录,也包括发出的每份检验检测报告或证书的副本。

(2) 每项检验检测的记录应包含充分的信息,该检验检测在尽可能接近原始条件情况下能够重复。

(3) 记录应包括抽样人员、每项检验检测人员和结果校核人员的签字或等效标识。

(4) 观察结果、数据应在产生时予以记录。不允许补记、追记、重抄。

(5) 书面记录形成过程中如有错误,应采用杠改方式,并将改正后的数据填写在杠改处。实施记录改动的人员应在更改处签名或等效标识。

(6) 所有记录的存放条件应有安全保护措施,对电子存储的记录也应采取与书面媒体同等措施,并加以保护及备份,防止未经授权的侵入及修改,以避免原始数据的丢失或改动。

(7) 记录可存于不同媒体上,包括书面、电子和电磁。

4.5.12 检验检测机构应建立和保持管理体系内部审核的程序,以便验证其运作是否符合管理体系和本准则的要求,管理体系是否得到有效的实施和保持。内部审核通常每年一次,由质量负责人策划内审并制定审核方案。内审员须经过培训,具备相应资格,内审员应独立于被审核的活动。检验检测机构应:

(1) 依据有关过程的重要性、对检验检测机构产生影响的变化和以往的审核结果,策划、制定、实施和保持审核方案,审核方案包括频次、方法、职责、策划要求和报告;

(2) 规定每次审核的审核准则和范围;

(3) 选择审核员并实施审核;

(4) 确保将审核结果报告给相关管理者;

(5) 及时采取适当的纠正和纠正措施;

(6) 保留形成文件的信息,作为实施审核方案以及做出审核结果的证据。

【条文理解】

(1) 内部审核是检验检测机构自行组织的管理体系审核,按照管理体系文件规定,对其管理体系的各个环节组织开展的有计划的、系统的、独立的检查活动。检验检测机构应当编制内部审核控制程序,对内部审核工作的计划、筹备、实施、结果报告、不符合工作的纠正、纠正措施及验证等环节进行合理规范。

(2) 内部审核通常每年一次,由质量负责人策划内审并制定审核方案,内部审核应当覆盖管理体系的所有要素,应当覆盖与管理体系有关的所有部门、所有场所和所有活动。

(3) 内审员应当经过培训,能够正确理解评审准则、清楚内部审核的工作程序、掌握内审的技巧方法和具备编制内部审核检查表、出具不符合项报告的能力。

(4) 在人力资源允许的情况下,应当保证内审员与其审核的部门或工作无关,确保内部审核工作的客观性、独立性。

(5) 内部审核发现问题应采取纠正、纠正措施并跟踪验证其有效性,对发现的潜在不符合制定和实施预防措施。

(6) 内部审核过程及其采取的纠正、纠正措施、预防措施均应予以记录。内部审核记录应清晰、完整、客观、准确。

4.5.13 检验检测机构应建立和保持管理评审的程序。管理评审通常12个月一次,由最高管理者负责。最高管理者应确保管理评审后,得出的相应变更或改进措施予以实施,确保管理体系的适宜性、充分性和有效性。应保留管理评审的记录。管理评审输入应包括以下信息:

(1) 以往管理评审所采取措施的情况;
(2) 与管理体系相关的内外部因素的变化;
(3) 客户满意度、投诉和相关方的反馈;
(4) 质量目标实现程度;
(5) 政策和程序的适用性;
(6) 管理和监督人员的报告;
(7) 内外部审核的结果;
(8) 纠正措施和预防措施;
(9) 检验检测机构间比对或能力验证的结果;
(10) 工作量和工作类型的变化;
(11) 资源的充分性;
(12) 应对风险和机遇所采取措施的有效性;
(13) 改进建议;
(14) 其他相关因素,如质量控制活动、员工培训。

管理评审输出应包括以下内容:

(1) 改进措施;
(2) 管理体系所需的变更;
(3) 资源需求。

【条文理解】

(1) 管理评审是最高管理者定期系统地对管理体系的适宜性、充分性、有效性进行评价,以确保其符合质量方针和质量目标。
(2) 管理评审通常12个月一次。
(3) 管理评审由最高管理者主持。
(4) 检验检测机构应当编制管理评审计划,明确管理评审的目的、内容、方法、时机以及结果报告。
(5) 最高管理者应确保管理评审输出的实施。

(6) 检验检测机构应当对评审结果形成评审报告，对提出的改进措施，最高管理者应确保负有管理职责的部门或岗位人员启动有关工作程序，在规定的时间内完成改进工作，并对改进结果进行跟踪验证。

(7) 应保留管理评审的记录。

4.5.14 检验检测机构应建立和保持检验检测方法控制程序。检验检测方法包括标准方法、非标准方法（含自制方法）。应优先使用标准方法，并确保使用标准的有效版本。在使用标准方法前，应进行证实。在使用非标准方法（含自制方法）前，应进行确认。检验检测机构应跟踪方法的变化，并重新进行证实或确认。必要时检验检测机构应制定作业指导书。如确需方法偏离，应有文件规定，经技术判断和批准，并征得客户同意。当客户建议的方法不适合或已过期时，应通知客户。

非标准方法（含自制方法）的使用，应事先征得客户同意，并告知客户相关方法可能存在的风险。需要时，检验检测机构应建立和保持开发自制方法控制程序，自制方法应经确认。

【条文理解】

(1) 检验检测机构应建立和保持检验检测方法控制程序。检验检测机构应使用适合的方法（包括抽样方法）进行检验检测，该方法应满足客户需求，也应是检验检测机构获得资质认定许可的方法。

(2) 检验检测方法包括标准方法和非标准方法，非标准方法包含自制方法。

(3) 当客户指定的方法是企业的方法时，则不能直接作为资质认定许可的方法，只有经过检验检测机构转换为其自身的方法并经确认后，方可申请检验检测机构资质认定。

(4) 检验检测机构在初次使用标准方法前，应证实能够正确地运用这些标准方法。如果标准方法发生了变化，应重新予以证实，并提供相关证明材料。

(5) 检验检测机构在使用非标准方法前应进行确认，以确保该方法适用于预期的用途，并提供相关证明材料。如果方法发生了变化，应重新予以确认，并提供相关证明材料。

(6) 如果标准、规范、方法不能被操作人员直接使用，或其内容不便于理解，规定不够简明或缺少足够的信息，或方法中有可选择的步骤，会在方法运用时造成因人而异，可能影响检验检测数据和结果正确性时，则应制定作业指导书（含附加细则或补充文件）。

(7) 偏离指一定的允许范围、一定的数量和一定的时间段等条件下的书面许可。检验检测机构应建立允许偏离方法的文件规定。不应将非标准方法作为方法偏离处理。

(8) 当客户建议的方法不适合或已过期时，应通知客户。如果客户坚持使用不适合或已过期的方法时，检验检测机构应在委托合同和结果报告中予以说明，应在结果报告中明确该方法获得资质认定的情况。

(9) 检验检测机构应制定程序规范自己制定的检验检测方法的设计开发、资源配置、人员、职责和权限、输入与输出等过程，自己制定的方法必须经确认后使用。在方法制定过程中，需进行定期评审，以验证客户的需求能得到满足。使用自制方法完成客户任务时，需事前征得客户同意，并告知客户可能存在的风险。

4.5.15 检验检测机构应根据需要建立和保持应用评定测量不确定度的程序。

【条文理解】

检验检测机构申请资质认定的检验检测项目中，相关检验检测方法有测量不确定度的要求时，检验检测机构应建立和保持应用评定测量不确定度的程序，作为评审时检验检测结果的必需应有的程序，检验检测机构应给出相应检验检测能力的评定测量不确定度案例。若检验检测机构申请资质认定的检验检测项目中无测量不确定度的要求时，检验检测机构可不制定该程序。鼓励检验检测机构在测试出现临界值、进行内部质量控制或客户有要求时，采用测量不确定度方法。

4.5.16 检验检测机构应当对媒介上的数据予以保护，应对计算和数据转移进行系统和适当地检查。当利用计算机或自动化设备对检验检测数据进行采集、处理、记录、报告、存储或检索时，检验检测机构应建立和保持保护数据完整性和安全性的程序。自行开发的计算机软件应形成文件，使用前确认其适用性，并进行定期、改变或升级后的再确认。维护计算机和自动设备以确保其功能正常。

【条文理解】

（1）检验检测机构应当对所有媒介上的数据予以保护，制定数据保护程序，保证数据的完整性和安全性。

（2）检验检测机构应当确保自行研发的软件适用于预定的目的，使用前确认其适用性，并进行定期、改变或升级后的再次确认，应保留相关记录。维护计算机和自动设备以确保其功能正常，并提供保护检测和校准数据完整性所必需的环境和运行条件。

4.5.17 检验检测机构应建立和保持抽样控制程序。抽样计划应根据适当的统计方法制定，抽样应确保检验检测结果的有效性。当客户对抽样程序有偏离的要求时，应予以详细记录，同时告知相关人员。

【条文理解】

（1）检验检测机构应建立抽样计划和程序，抽样程序应对抽取样品的选择、抽样计划、提取和制备进行描述，以提供所需的信息。抽样计划和程序在抽样的地点应能够得到。抽样计划应根据适当的统计方法制定，分析抽样对检验检测结果的影响，抽样过程应注意需要控制的因素，以确保检验检测结果的有效性。

（2）当客户要求对已有文件规定的抽样程序进行添加、删减或有所偏离时，检验检测机构应审视这种偏离可能带来的风险。根据任何偏离不得影响检验检测质量的原则，要对偏离进行评估，经批准后方可实施偏离。应详细记录这些要求和相关的抽样资料，并记入包含检验检测结果的所有文件中，同时告知相关人员。

（3）当抽样作为检验检测工作的一部分时，检验检测机构应有程序记录与抽样有关的资料和操作。这些记录应包括所用的抽样程序、抽样人的识别、环境条件（如果相关）、必要时有抽样位置的图示或其他等效方法，如适用，还应包括抽样程序所依据的统计方法。

4.5.18 检验检测机构应建立和保持样品管理程序，以保护样品的完整性并为客户保密。检验检测机构应有样品的标识系统，并在检验检测整个期间保留该标识。在接收样品时，应记录样品的异常情况或记录对检验检测方法的偏离。样品在运输、接收、制备、处置、存储过程中应予以控制和记录。当样品需要存放或养护时，应保持、监控和记录环境条件。

【条文理解】

（1）检验检测机构应当制定和实施样品管理程序，规范样品的运输、接收、制备、处置、存储过程。

（2）检验检测机构应当建立样品的标识系统，对样品应有唯一性标识和检验检测过程中的状态标识。应保存样品在检验检测机构中完整的流转记录，以备核查。流转记录包含样品群组的细分和样品在检验检测机构内外部的传递。

（3）检验检测机构在样品接收时，应对其适用性进行检查，记录异常情况或偏离。当对样品是否适合于检验检测存有疑问，或当样品与所提供的说明不相符时，或者对所要求的检验检测规定得不够详尽时，检验检测机构应在开始工作之前问询客户，予以明确，并记录下讨论的内容。

（4）检验检测机构应有程序和适当的设施避免样品在存储、处置和准备过程中发生退化、污染、丢失或损坏。如通风、防潮、控温、清洁等，并做好相关记录。应根据法律法规及客户的要求规定样品的保存期限。

4.5.19　检验检测机构应建立和保持质量控制程序，定期参加能力验证或机构之间比对。通过分析质量控制的数据，当发现偏离预先判据时，应采取有计划的措施来纠正出现的问题，防止出现错误的结果。质量控制应有适当的方法和计划并加以评价。

【条文理解】

（1）检验检测机构应制定质量控制程序，明确检验检测过程控制要求，覆盖资质认定范围内的全部检验检测项目类别，有效监控检验检测结果的稳定性和准确性。

（2）检验检测机构应分析质量控制的数据，当发现质量控制数据超出预先确定的判据时，应采取有计划的措施来纠正出现的问题，并防止报告错误的结果。

（3）检验检测机构应建立和有效实施能力验证或者检验检测机构间比对程序，如通过能力验证或者机构间比对发现某项检验检测结果不理想时，应系统地分析原因，采取适宜的纠正措施，并通过试验来验证其有效性。

（4）检验检测机构应参加资质认定部门所要求的能力验证或者检验检测机构间比对活动。

4.5.20　检验检测机构应准确、清晰、明确、客观地出具检验检测结果，并符合检验检测方法的规定。结果通常应以检验检测报告或证书的形式发出。检验检测报告或证书应至少包括下列信息：

（1）标题；

（2）标注资质认定标志，加盖检验检测专用章（适用时）；

（3）检验检测机构的名称和地址，检验检测的地点（如果与检验检测机构的地址不同）；

（4）检验检测报告或证书的唯一性标识（如系列号）和每一页上的标识，以确保能够识别该页是属于检验检测报告或证书的一部分，以及表明检验检测报告或证书结束的清晰标识；

（5）客户的名称和地址（适用时）；

（6）对所使用检验检测方法的识别；

（7）检验检测样品的状态描述和标识；

（8）对检验检测结果的有效性和应用有重大影响时，注明样品的接收日期和进行检验检测的日期；

（9）对检验检测结果的有效性或应用有影响时，提供检验检测机构或其他机构所用的抽样计划和程序的说明；

（10）检验检测检报告或证书的批准人；

（11）检验检测结果的测量单位（适用时）；

（12）检验检测机构接受委托送检的，其检验检测数据、结果仅证明所检验检测样品的符合性情况。

【条文理解】

（1）检验检测机构应准确、清晰、明确和客观地出具检验检测报告或证书，可以书面或电子方式出具。检验检测机构应制定检验检测报告或证书控制程序，保证出具的报告或证书满足以下基本要求：1）检验检测依据正确，符合客户的要求；2）报告结果及时，按规定时限向客户提交结果报告；3）结果表述准确、清晰、明确、客观，易于理解；4）使用法定计量单位。

（2）检验检测报告或证书应有唯一性标识。

（3）检验检测报告或证书批准人的签字或等效的标识。

（4）检验检测报告或证书应当按照要求加盖资质认定标志和检验检测专用章。

（5）检验检测机构公章可替代检验检测专用章使用，也可公章与检验检测专用章同时使用；建议检验检测专用章包含五角星图案，形状可为圆形或者椭圆形等。检验检测专用章的称谓可依据检验检测机构业务情况而定，可命名为检验专用章或检测专用章。

（6）检验检测机构开展由客户送样的委托检验时，检验检测数据和结果仅对来样负责。

4.5.21　当需对检验检测结果进行说明时，检验检测报告或证书中还应包括下列内容：

（1）对检验检测方法的偏离、增加或删减，以及特定检验检测条件的信息，如环境条件；

（2）适用时，给出符合（或不符合）要求或规范的声明；

（3）适用时，评定测量不确定度的声明。当不确定度与检测结果的有效性或应用有关，或客户的指令中有要求，或当对测量结果依据规范的限制进行符合性判定时，需要提供有关不确定度的信息；

（4）适用且需要时，提出意见和解释；

（5）特定检验检测方法或客户所要求的附加信息。

【条文理解】

当客户需要对检验检测结果做出说明，或者检验检测过程中已经出现的某种情况需在报告做出说明，或对其结果需要做出说明时，检验检测机构应本着对客户负责的精神和对自身工作的完备性要求，对结果报告给出必要的附加信息。这些信息包括：对检验检测方法的偏离、增加或删减，以及特定检验检测条件的信息，如环境条件；相关时，符合（或不符合）要求、规范的声明；适用时，评定测量不确定度的声明。当不确定度与检测结果的有效性或应用有关，或客户的指令中有要求，或当不确定度影响到对规范限度的符合性时，还需要提供不确定度的信息；适用且需要时，提出意见和解释；特定检验检测方法或客户所要求的附加信息。

4.5.22 当检验检测机构从事抽样检验检测时,应有完整、充分的信息支撑其检验检测报告或证书。

【条文理解】

检验检测机构从事包含抽样环节的检验检测任务,并出具检验检测报告或证书时,其检验检测报告或证书还应包含但不限于以下内容:抽样日期;抽取的物质、材料或产品的清晰标识(适当时,包括制造者的名称、标示的型号或类型和相应的系列号);抽样位置,包括简图、草图或照片;所用的抽样计划和程序;抽样过程中可能影响检验检测结果的环境条件的详细信息;与抽样方法或程序有关的标准或者技术规范,以及对这些标准或者技术规范的偏离、增加或删减等。

4.5.23 当需要对报告或证书做出意见和解释时,检验检测机构应将意见和解释的依据形成文件。意见和解释应在检验检测报告或证书中清晰标注。

【条文理解】

(1)检验检测结果不合格时,客户会要求检验检测机构做出"意见和解释",用于改进和指导。对检验检测机构而言,"意见和解释"属于附加服务。对检验检测报告或证书做出"意见和解释"的人员,应具备相应的经验,掌握与所进行检验检测活动相关的知识,熟悉检测对象的设计、制造和使用,并经过必要的培训。

(2)检验检测报告或证书的意见和解释可包括(但不限于)下列内容:

1)对检验检测结果符合(或不符合)要求的意见(客户要求时的补充解释);

2)履行合同的情况;

3)如何使用结果的建议;

4)改进的建议。

4.5.24 当检验检测报告或证书包含了由分包方出具的检验检测结果时,这些结果应予以清晰标明。

【条文理解】

按照4.5.5条款的条文解释进行评审。

4.5.25 当用电话、传真或其他电子或电磁方式传送检验检测结果时,应满足本准则对数据控制的要求。检验检测报告或证书的格式应设计为适用于所进行的各种检验检测类型,并尽量减小产生误解或误用的可能性。

【条文理解】

(1)当需要使用电话、传真或其他电子(电磁)手段来传送检验检测结果时,检验检测机构应满足保密要求,采取相关措施确保数据和结果的安全性、有效性和完整性。当客户要求使用该方式传输数据和结果时,检验检测机构应有客户要求的记录,并确认接收方的真实身份后方可传送结果,切实为客户保密。

(2)必要时,检验检测机构应建立和保持检验检测结果发布的程序,确定管理部门或岗位职责,对发布的检验检测结果、数据进行必要的审核。

4.5.26 检验检测报告或证书签发后,若有更正或增补应予以记录。修订的检验检测报告或证书应标明所代替的报告或证书,并注以唯一性标识。

【条文理解】

(1)当需要对已发出的结果报告作更正或增补时,应按规定的程序执行,详细记录更正或增补的内容，重新编制新的更正或增补后的检验检测报告或证书，并注以区别于原检验检测报告或证书的唯一性标识。

（2）若原检验检测报告或证书不能收回，应在发出新的更正或增补后的检验检测报告或证书的同时，声明原检验检测报告或证书作废。原检验检测报告或证书可能导致潜在其他方利益受到影响或者损失的，检验检测机构应通过公开渠道声明原检验检测报告或证书作废，并承担相应责任。

4.5.27 检验检测机构应当对检验检测原始记录、报告或证书归档留存，保证其具有可追溯性。检验检测原始记录、报告或证书的保存期限不少于6年。

【条文理解】

（1）检验检测机构建立检验检测报告或证书的档案，应将每一次检验检测的合同（委托书）、检验检测原始记录、检验检测报告或证书等一并归档。

（2）检验检测报告或证书档案的保管期限应不少于6年，若评审补充要求另有规定，则按评审补充要求执行。

4.6 符合有关法律法规或者标准、技术规范规定的特殊要求

特定领域的检验检测机构，应符合国家认证认可监督管理委员会按照国家有关法律法规、标准或者技术规范，针对不同行业和领域的特殊性，制定和发布的评审补充要求。

【条文理解】

（1）国家认监委按照国家有关法律法规、标准或者技术规范，针对不同行业和领域（如：公安刑侦和司法鉴定）的特殊性，制定和发布资质认定评审补充要求。

（2）对于开展相关特殊行业和领域的检验检测活动的机构，除满足本准则的要求外，还应满足相应的评审补充要求，并按照本准则和评审补充要求的规定，完善和有效运行管理体系，配置满足要求的技术资源，使其各项管理和技术过程能在符合要求的基础上有效运行，满足特殊行业和领域的需要。

2.3.3 管理体系文件的编写

为实现检验检测机构的质量方针和质量目标，建立一个与其活动范围相适应的管理体系，包括质量管理体系、行政管理体系和技术管理体系。

需要明确过程管理的要求、人员的职责、岗位设置、管理办法、实施管理所需的资源，把这些用文件形式表述形成规范性文件，即为检验检测机构的管理体系文件，它是检验检测机构开展工作的依据。

1. 管理体系文件的结构

管理体系文件分为4个层次，由《质量手册》（A层次）、《程序文件》（B层次）、《作业指导书》（C层次）、《记录》（D层次）组成。其层次结构，见图2.3.3-1所示。

管理体系文件从A层次到D层次内容逐渐具体详细，下层次文件支持上层次，上下层次相互支持、衔接，内容要求一致，下层次文件是对上层次文件的补充和具体化。

A层次：《质量手册》是规定组织管理体系的文件，是管理体系运行的纲领性文件，是管理体系中的最高层文件。按照《检验检测机构资质认定管理办法》和《检验检测机构资质认定评审准则》，制定的质量方针和质量目标，描述了检验检测机构管理体系的管理要求和技术要求，以及各岗位职责和管理途径。

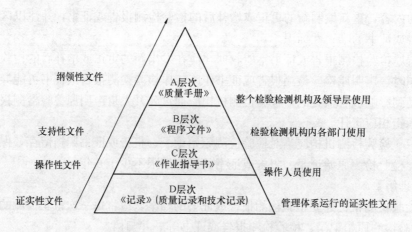

图 2.3.3-1　管理体系文件层次结构

B 层次：《程序文件》是描述管理体系所需的相互关联的过程和活动。该文件将管理体系运行各项管理活动的目的和范围、应该做什么，由谁来做，何地做，何时做，怎样做，应该使用什么材料、设备和文件；如何对该活动进行控制和记录等给予了详细、明确的描述。是对直接影响质量活动的要素予以控制所规定的方法以及实施管理体系所遵循的步骤和规则。

C 层次：《作业指导书》是有关任务如何实施和记录的详细描述，用以指导某个具体过程、描述事物形成的技术性细节的可操作性文件。对完成各项管理、技术活动的规定和描述。是工作人员实际操作的依据文件，它是《程序文件》的操作性文件。包括操作规程、实施细则、检验方法、自校规程和期间核查规程等。

D 层次：《记录》是阐明所取得的结果或提供所完成活动的证据的文件。记录可用以为可追溯性提供文件，并提供验证、预防措施和纠正措施的证据。管理体系所完成的活动以及检验检测数据、结果的证实性文件。通过记录可以识别、追溯和分析实施过程。记录分为质量记录和技术记录两类。

2. 对管理体系文件的基本要求

（1）规范性；

（2）系统性；

（3）协调性；

（4）唯一性；

（5）适用性，简单易懂。

3. 管理体系文件的内容

（1）《质量手册》的编写要点

《质量手册》是指导检验检测机构实施质量管理的纲领性文件，检验检测机构应根据《检验检测机构资质认定管理办法》和《检验检测机构资质认定评审准则》制定的质量方针、质量目标，描述了检验检测机构管理体系的管理要求和技术要求，提出对过程和活动的管理要求，包括说明检验检测机构质量方针、管理体系活动中的政策、管理体系运行涉及人员的职责权限及行为准则和活动的程序。质量方针需简明扼要，便于员工理解；质量目标是质量方针的具体化，既要有中长期目标，也要有年度目标，以便于目标的考核操作。质量目标应具有挑战性、可测量性和可实现性。

1)《质量手册》的目的

① 传达检验检测机构的质量方针、质量目标、程序和要求；

② 描述检验检测机构管理体系的建立并有效运行；

③ 提供质量改进的控制，保证检测活动正常进行；

④ 为审核管理体系提供文件依据；

⑤ 对外介绍检验检测机构管理体系，证明其符合国家认监委（国认实〔2016〕33号）《检验检测机构资质认定评审准则》；

⑥ 按管理体系要求和程序培训人员。

2)《质量手册》的作用

是阐述检验检测机构的质量方针和质量目标，描述检验检测机构质量管理的根本性规范文件，它明确了各部门管理职责、职权和相互衔接关系，以便使管理体系有效运行。

3)《质量手册》的发放与使用

《质量手册》由质量主管（质量负责人或质量经理）主持制定，最高管理者批准发布，档案资料管理员登记造册发放，并注明领用部门、持有者姓名、发放编号、发放日期、领用人签名。

《质量手册》发放范围：最高管理者、技术负责人、质量主管（质量负责人或质量经理）、各部门负责人、质量监督员、内审员、安全员、检测人员和有此要求的顾客。

《质量手册》持有者应妥善保管，未经质量主管（质量负责人或质量经理）允许，不得私自外借、涂改和复制。若发生丢失，应及时向档案资料管理员报失登记，查明原因，经质量主管（质量负责人或质量经理）同意后，办理补发手续。《质量手册》持有者因工作调动、变动时，应将其归还档案资料管理员。若《质量手册》换版，原持有者一律以旧换新，旧版手册由综合办公室统一销毁。

4)《质量手册》的修改

《质量手册》由最高管理者授权综合办公室修改，质量主管（质量负责人或质量经理）审核。《质量手册》部分章节修改后，经最高管理者签字后，由综合办公室负责发放修改后的文件；经过多次修改或管理体系结构发生重大变化后，由综合办公室重新换版。

5)《质量手册》的内容和格式

① 封面：手册名称、文件受控编号（如：＿＿＿／A001-＿＿＿）、编写、审核、批准、版本、受控状态、发放编号、发布日期、实施日期和发布单位名称。

② 每页上栏表格内容包括检验检测机构名称、管理体系文件的名称、主题、文件控制编号、版本号、修改码、页码、总页数和颁布日期，见表2.3.3-1（供参考）。

每页上栏表格格式　　　　　　　　　　　表 2.3.3-1

＿＿＿（检验检测机构名称） 质量手册	文件控制编号：＿＿＿／A001-＿＿＿-＿＿＿
	第　页共　页
主题： （如：目录/批准页/修改页/……）	第　版第　次修改
	颁布日期：　年　月　日

6)《质量手册》的目录

为了与准则条款相对应，以下均采用《评审准则》的要素编号（仅供参考）。

批准页

修改页

第1章　概述

1.1　检验检测机构概况；

1.2　公正性声明；

1.3　质量手册的管理；

第2章　质量方针、质量目标、质量承诺

2.1　质量方针；

2.2　质量目标；

2.3　质量承诺；

第3章　引用标准、名词术语与略缩语

3.1　引用标准；

3.2　名词术语与略缩语（仅用于本手册）；

第4章　5个要求＋1个特殊要求（5＋1）

4.1　法人或者其他组织；

4.2　检验检测技术人员和管理人员；

4.3　工作场所和工作环境；

4.4　检验检测设备设施；

4.5　管理体系；

4.6　特殊要求；

第5章　附录

5.1　检验检测机构组织机构框图；

5.2　岗位职责分配表；

5.3　试验检测报告授权范围及签字识别；

5.4　检验检测机构位置及平面布置图；

5.5　管理体系控制图；

5.6　程序文件目录；

5.7　检验检测机构检测人员一览表。

7）签发（批准）检验检测报告或证书的授权签字人，必须首先由检验检测机构提名，其能力（资格）和任职条件须经资质认定部门现场考核确认（批准），且在检验检测机构技术负责人批准或授权的检验检测领域内才能行使签发（批准）检验检测报告或证书的权力。检验检测报告授权签字人名单及授权签字范围，见表2.3.3-2。

注：依据《房屋建筑和市政基础设施工程质量检测技术管理规范》GB 50618—2011 附录 B 中 B.0.1.7 款技术负责人的岗位职责规定：按照技术管理层的分工批准或授权有相应资格的人批准和审核相应的检测报告。

表2.3.3-2是交通行业某检验检测机构管理体系要求检验检测报告授权范围及签字识别表，供参考。

检验检测报告授权范围及签字识别表　　　　表 2.3.3-2

序号	姓　　名		职务/职称	授权签字领域
	正体	签名		
1				审核/批准____专业检验检测报告
2				审核/批准____专业检验检测报告
3				审核/批准____专业检验检测报告
4				审核/批准____专业检验检测报告
……	……	……	……	……

注：1. 序号"1"不在工作岗位时，检验检测报告由序号"2"审核/批准。
　　2. 序号"1"和序号"2"同时不在工作岗位时，检验检测报告由序号"3"审核/批准；以此类推……。
　　3. 试验检测报告应当由试验检测师审核、签发。

(2)《程序文件》的编写要点

《程序文件》是规定检验检测机构质量活动方法和要求的文件，是《质量手册》的支持性文件。《程序文件》为完成管理体系中所有主要活动提供了方法和指导，分配了具体的职责和权限，包括管理、执行、验证活动，对某项活动所规定的途径进行描述。

1)《程序文件》内容基本要求

① 符合标准的要求；

② 与其他管理体系文件协调一致；

③ 适合管理体系运作；

④ 逻辑完整；

⑤ 具有可操作性。

其内容必须与《质量手册》的规定相一致，特别强调程序文件的协调性、可行性和可检查性。

需要说明的是，并非所有活动都要制定《程序文件》。是否需要制定《程序文件》有两个原则：

① 准则中明确提出要建立《程序文件》时；

② 活动的内容复杂且涉及的部门较多，该项活动在《质量手册》中无法表示清楚，必须制定相应的支持性《程序文件》。

2)《程序文件》的目录

目录的内容包括序号、文件名称、文件控制编号。常用的程序文件，见表 2.3.3-3，仅供参考。

常用程序文件　　　　表 2.3.3-3

序号	文件名称	文件控制编号
1	人员管理程序	××××/B001-××××-01
2	人员培训程序	××××/B001-××××-02
3	内务管理程序	××××/B001-××××-03
4	检验检测设备和设施管理程序	××××/B001-××××-04
5	标准物质管理程序	××××/B001-××××-05

续表

序号	文件名称	文件控制编号
6	仪器设备溯源程序	××××/B001-××××-06
7	仪器设备期间核查程序	××××/B001-××××-07
8	检验检测公正、诚信程序	××××/B001-××××-08
9	保护客户秘密和所有权的程序	××××/B001-××××-09
10	文件管理控制程序	××××/B001-××××-10
11	评审客户要求、标书、合同的程序	××××/B001-××××-11
12	分包管理程序	××××/B001-××××-12
13	选择和购买服务和供应品的程序	××××/B001-××××-13
14	服务客户程序	××××/B001-××××-14
15	处理投诉的程序	××××/B001-××××-15
16	不符合工作的处理程序	××××/B001-××××-16
17	纠正措施程序	××××/B001-××××-17
18	预防措施程序	××××/B001-××××-18
19	记录管理程序	××××/B001-××××-19
20	内部审核程序	××××/B001-××××-20
21	管理评审程序	××××/B001-××××-21
22	检验检测方法控制程序	××××/B001-××××-22
23	允许偏离程序	××××/B001-××××-23
24	开发特定的检验检测方法程序	××××/B001-××××-24
25	应用评定测量不确定度的程序	××××/B001-××××-25
26	保护数据完整性和安全性的程序	××××/B001-××××-26
27	抽样控制程序	××××/B001-××××-27
28	样品管理程序	××××/B001-××××-28
29	质量控制程序	××××/B001-××××-29
30	能力验证程序	××××/B001-××××-30
31	检验检测报告或证书控制程序	××××/B001-××××-31
32	检验检测结果发布的程序	××××/B001-××××-32
33	开展新检测项目的管理程序	××××/B001-××××-33
34	化学试剂、药品管理程序	××××/B001-××××-34
35	现场检测管理程序	××××/B001-××××-35
36	工地试验室管理程序	××××/B001-××××-36

注：1.《分包管理程序》不适用于交通行业的检验检测机构。

2.《化学试剂、药品管理程序》、《现场检测管理程序》和《工地试验室管理程序》3个程序，适用于交通行业需设立工地试验室的检验检测机构。

3)《程序文件》的内容和格式

① 封面：文件名称、文件受控编号（如：××××/B001-××××）、编写、审核、

批准、版本、受控状态、发放编号、发布日期、实施日期和发布单位名称。

② 每页上栏表格内容包括检验检测机构名称、管理体系文件的名称、主题、文件控制编号、版本号、修改码、页码、总页数和颁布日期，见表2.3.3-4（供参考）。

每页上栏表格格式　　　　　　　　　　　　　　　　　　　　表2.3.3-4

××××××（检验检测机构名称）	文件控制编号：××××/B001-××××-××
程序文件	第　页共　页
主题：（程序文件名称）	第　版第　次修改
	颁布日期：　年　月　日

③ 程序文件的内容由目的、适用范围、职责、工作程序、相关文件、记录6部分组成。

（3）《作业指导书》的编写要点

《作业指导书》是规定质量基层活动途径的操作性文件，其对象是具体的作业活动。

交通行业检验检测机构等级标准中所列试验项目大多数在交通行业的规范、标准、试验规程中已详细说明，具有很强的可操作性，无须再编制《作业指导书》，但对于有些内容容易产生理解上的差异时，还需《作业指导书》作进一步说明。这一点不同检验检测机构要根据自身的情况区别对待，并非每一项工作或《程序文件》都须编制《作业指导书》，只有在缺少《作业指导书》可能影响检测和校准结果时，才有必要编制《作业指导书》。

《作业指导书》编写的格式可参照交通行业的试验规程。

（4）《记录》的编写要点

《记录》是阐明所取得的结果或提供所完成活动的证据的文件。《记录》分为质量记录和技术记录两类。

1）质量记录

质量记录是指检验检测机构管理体系活动中的过程和结果的记录，包括合同评审、分包控制、采购、内部审核、管理评审、纠正措施和预防措施记录、投诉和申诉记录等。

2）技术记录

技术记录是指进行检验检测活动的信息记录，包括人员培训考核记录、环境条件控制、方法确认、设备管理、抽样记录、样品管理、质量监控、检验检测的原始记录、检验检测报告等。

不同的检验检测项目应有不同的记录格式。记录的格式应清晰明了，记录的内容应包含过程的全部信息，通过查阅记录可以追溯、复现检验检测过程。记录应包括抽样的人员、每项检验检测人员和结果校核人员的标识。记录还应按规定的任务进行分类标识，以及页码标识。

《记录》具有：完整性、充分性、在接近原始条件情况下能够重复、原始性及规范性等特点。

4. 管理体系文件的标识和编号

（1）文件编号

管理体系文件分为4个层次：A层—《质量手册》、B层—《程序文件》、C层—《作业指导书》、D层—《记录》，包括《质量记录和技术记录》。

标识和编号,如图 2.3.3-2(供参考):

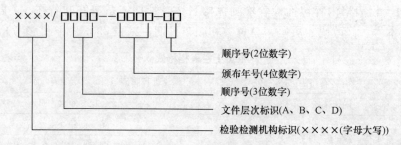

图 2.3.3-2 标识和编号

(2) 受控标识

《质量手册》、《程序文件》、《作业指导书》、《记录》及标准规范应在其封面加盖"受控"印章,并注明唯一性受控编号,标准规范本身的受控标识按照有关规定进行。

5. 管理体系文件由综合办公室统一编号、登记、发放和对作废文件进行回收处理。

6. 管理体系文件的宣贯由质量主管(质量负责人或质量经理)组织,检验检测机构所有人员参加,同时检验检测机构所有人员应熟悉相关的管理体系文件,并在工作中正确理解和贯彻执行。

7. 管理体系的变更

当检验检测机构的管理体系需要变更时,最高管理者应安排有关人员预先进行策划,不因管理体系变更的策划和实施而影响管理体系运行的完整性。

2.3.4 《检测和校准实验室能力认可准则》的运用

《检测和校准实验室能力认可准则》(以下简称《认可准则》)等同采用《检测和校准实验室能力的通用要求》ISO/IEC 17025:2005。

《认可准则》包含了检测和校准实验室为证明其按管理体系运行、具有技术能力并能提供正确的技术结果所必须满足的所有要求。同时,《认可准则》已包含了 ISO 9001 中与实验室管理体系所覆盖的检测和校准服务有关的所有要求,因此,符合《认可准则》的检测和校准实验室,也是依据 ISO 9001 运作的。

实验室质量管理体系符合 ISO 9001 的要求,并不证明实验室具有出具技术上有效数据和结果的能力;实验室质量管理体系符合《认可准则》,也不意味其运作符合 ISO 9001 的所有要求。

中国合格评定国家认可委员会(英文缩写:CNAS)使用《认可准则》作为对检测和校准实验室能力进行认可的基础。为支持特定领域的认可活动,CNAS 还根据不同领域的专业特点,制定一系列的特定领域应用说明,对《认可准则》的通用要求进行必要的补充说明和解释,但并不增加或减少《认可准则》的要求。

申请 CNAS 认可的实验室应同时满足《认可准则》以及相应领域的应用说明。《认可准则》的附录是信息性的,不是要求,旨在帮助理解和实施《认可准则》。

2.3.4.1 《认可准则》的适用范围

《认可准则》规定了实验室进行检测和/或校准的能力(包括抽样能力)的通用要求。

这些检测和校准包括应用标准方法、非标准方法和实验室制定的方法进行的检测和校准。

《认可准则》适用于所有从事检测和/或校准的组织,包括诸如第一方、第二方和第三方实验室,以及将检测和/或校准作为检查和产品认证工作一部分的实验室。

《认可准则》适用于所有实验室,不论其人员数量的多少或检测和/或校准活动范围的大小。

《认可准则》是 CNAS 对检测和校准实验室能力进行认可的依据,也可为实验室建立质量、行政和技术运作的管理体系,以及为实验室的客户、法定管理机构对实验室的能力进行确认或承认提供指南。

如果检测和校准实验室遵守《认可准则》的要求,其针对检测和校准所运作的质量管理体系也就满足了 ISO 9001 的原则。

2.3.4.2 《认可准则》的要素

《认可准则》将试验检测机构的质量管理体系分为管理要求和技术要求,其中:管理要求包含组织,管理体系,文件控制,要求、标书和合同的评审,检测和校准的分包,服务和供应品的采购,服务客户,投诉,不符合检测和/或校准工作的控制,改进,纠正措施,预防措施,记录的控制,内部审核,管理评审共 15 个要素;技术要求包含总则,人员,设施和环境条件,检测和校准方法及方法的确认,设备,测量溯源性,抽样,检测和校准物品(样品)的处置,检测和校准结果质量的保证,结果报告共 10 个要素。

为了与准则条款相对应,以下均采用《认可准则》的要素编号。

4 管理要求

4.1 组织

4.2 管理体系

4.3 文件控制

4.4 要求、标书和合同的评审

4.5 检测和校准的分包

4.6 服务和供应品的采购

4.7 服务客户

4.8 投诉

4.9 不符合检测和/或校准工作的控制

4.10 改进

4.11 纠正措施

4.12 预防措施

4.13 记录的控制

4.14 内部审核

4.15 管理评审

5 技术要求

5.1 总则

5.2 人员

5.3 设施和环境条件

5.4 检测和校准方法及方法的确认

5.5 设备

5.6 测量溯源性

5.7 抽样

5.8 检测和校准物品（样品）的处置

5.9 检测和校准结果质量的保证

5.10 结果报告

2.3.4.3 检测和校准实验室能力认可准则、ISO 9001 或 ISO 9002 的差异

实验室建立管理体系是为了实施质量管理，并实现和达到质量方针和质量目标，以最佳方式指导试验室的活动，确保顾客的满意，同时又降低成本。实验室管理体系是把影响检测/校准质量的所有要素都合在一起，在质量方针的指引下，为实现质量目标而形成集中统一、步调一致、协调配合的有机整体，使总体的作用大于各分部作用之和。

不同的标准对实验室所建立的体系有不同的要求，适用的范围也不同。ISO 9000 系列质量管理体系、ISO 14000 环保管理体系、ISO 18000 安全管理体系、《检测和校准实验室能力的通用要求》ISO/IEC 17025、《检测和校准实验室能力的通用要求》GB/T 27025（等同 ISO/IEC 17025）等都对建立质量管理体系提出了要求，试验检测机构建立的管理体系应包含对管理和检测能力 2 方面的要求。

实验室认可是依据《认可准则》及其在特殊领域的应用说明，对实验室内所有影响其出具检测/校准数据的准确性和可靠性的因素进行全面的评审。《认可准则》包含了检测和校准实验室为证明其按管理体系运行、具有技术能力并能提供正确的技术结果所必须满足的所有要求，包含了 GB/T 19001 idt ISO 9001 和 GB/T 19002 idt ISO 9002 中未包含的一些技术能力要求。其管理体系包括管理要求 15 个要素，技术要求 10 个要素，涵盖组织机构、人员管理、设备管理及结果报告内容。《认可准则》已包含了 ISO 9001 中与实验室管理体系所覆盖的检测和校准服务有关的所有要求，因此，符合《认可准则》的检测和校准实验室，也是依据 ISO 9001 运作的，ISO 9000 认证只能证明实验室已具备完整的质量管理体系。

《评审准则》在 ISO/IEC 17025 基础上，结合我国政府对检测市场检测实验室监管的强制性管理的要求，它既有行政许可的管理内容，也包含计量认证、审查认可的要求，是资质认定（计量认证、授权、验收）的评审依据，《评审准则》分管理要求和技术要求 2 部分，共包含 19 个要素，试验检测机构应按照《检测和校准实验室能力认可准则》或《评审准则》建立管理体系。

实验室质量管理体系符合 ISO 9001 的要求，并不证明实验室具有出具技术上有效数据和结果的能力；实验室质量管理体系符合《认可准则》，也不意味其运作符合 ISO 9001 的所有要求。

2.3.5 资质认定形式的区别

为交通行业提供试验检测数据的检验检测机构，首先应取得由交通行业颁发的《等级证书》，然后根据计量法及标准化法等有关法律法规选择通过资质认定、实验室认可。

资质认定的评审是依据《评审准则》的要求进行的，该准则参照了《认可准则》的要求，同时结合国家的法律法规，具有强制性。

审查认可的评审是依据《评审准则》，针对质量技术监督系统依法设置的质检机构的验收和对有关行业部门建立、经质量技术监督部门授权的机构评审。

国家鼓励检验检测机构取得经国家认监委确定的认可机构的认可，以保证其检测、校准和检查能力符合相关国际基本准则和通用要求，促进检测、校准和检查结果的国际互认。

国家实验室认可是实验室认可机构对检验检测机构有能力进行规定类型的检测和或校准所给予的一种正式承认。

资质认定与实验室认可互为补充，互为支持。认可推动资质认定制度的技术进步，资质认定带动认可在中国的推广应用。资质认定、审查认可和国家实验室认可三者的区别和联系，见表2.3.5-1。

资质认定、审查认可和国家实验室认可三者的区别和联系　　表2.3.5-1

名称	资质认定	审查认可	国家实验室认可
目的	提高检验检测机构的管理水平和技术能力	提高检验检测机构的管理水平和技术能力	提高检验检测机构的管理水平和技术能力
依据	《中华人民共和国计量法》、《中华人民共和国计量法实施细则》、《中华人民共和国认证认可条例》	《中华人民共和国标准化法》、《中华人民共和国标准化法实施条例》、《中华人民共和国产品质量法》	《检测和校准实验室能力认可准则》ISO/IEC 17025：2005
法律效力	国家对检验检测机构实施的法制管理范围，是强制性的，未经资质认定的检验检测机构不得向社会出具公证数据，是具有中国特点的政府对检验检测机构的强制认可	国家对检验检测机构实施的法制管理范围，是强制性的，是政府对于其授权检测站的资质认可，未经审查认可的检验检测机构不得承担产品的质量检验工作	实验室认可是自愿性的，我国的《认可准则》中第一项就是自愿原则
对象	第三方检验检测机构，个别第二方检验检测机构	第三方检验检测机构	第一、二、三方的检测/校准实验室
类型	两级认证（国家和省）	两级认证（国家和省）	一级认可（国家）
申请的基本条件	检验检测机构满足法律地位、独立性和公正性、安全、环境、人力资源、设施、设备、程序和方法、质量体系和财务等方面的要求	检验检测机构满足法律地位、独立性和公正性、安全、环境、人力资源、设施、设备、程序和方法、质量体系和财务等方面的要求，同时需要和当地质量技术监督局协调是否能够授权（一般情况下，审查认可机构都具备了资质认定的资质）	凡是具备实验室认可申请条件的检验检测机构都可以向中国合格评定国家认可委员会（CNAS）申请此项工作
实施	国家认监委和省质量技术监督部门	国家认监委和省质量技术监督部门	中国合格评定国家认可委员会（CNAS）
互认性	政府管理行为	政府管理行为	国际通行做法

续表

名称	资质认定	审查认可	国家实验室认可
考核内容	《检验检测机构资质认定评审准则》(国家认监委国认实〔2016〕33号)	《检验检测机构资质认定评审准则》(国家认监委国认实〔2016〕33号)	CNAS-RL01：2007 实验室认可规则
结果	发证书,可按证书上所限定的检验检测的能力范围内出具检验检测报告或证书中正确使用CMA标志	发证书,标识是CAL	发证书,可使用CNAS认可标志

注：1. 第一方检验检测机构是组织内的检验检测机构,检测/校准自己生产的产品,数据为己所用,目的是提高和控制自己生产的产品质量。

2. 第二方检验检测机构也是组织内的检验检测机构,检测/校准供方提供的产品,数据为己所用,目的是提高和控制供方产品质量。

3. 第三方则是独立于第一方和第二方,为社会提供检测/校准服务的检验检测机构,数据为社会所用,目的是提高和控制社会产品质量。

2.3.6 资质认定与交通等级印章的含义与使用

交通行业试验检测机构常用的印章有两种：资质认定（CMA）章和交通试验检测等级印章。

1. 资质认定标志

（1）标志的图形：资质认定标志的整个图形由英文字母CMA形成的图案和资质认定证书编号组成,证书编号由12位数字组成,C为外框,见图2.3.6-1。

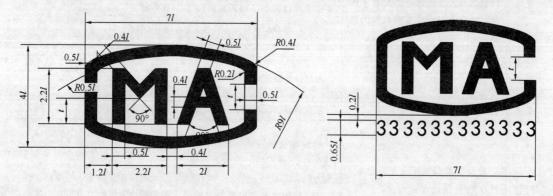

图 2.3.6-1 资质认定标志

（2）标志的使用：取得检验检测机构资质认定证书的机构,可使用证书中的"许可使用标志",进行对外宣传,并允许在资质认定范围内出具的检验检测报告或证书上予以使用。

（3）标志的规格：使用标志时,应按照标志规定的比例,根据情况放大或缩小,不可更改标志比例,标志上下部分的颜色应一致。资质认定标志的颜色建议为红色、蓝色或者黑色。

（4）标志字母的含义：CMA 是 China Inspection Body and Laboratory Mandatory Approval 的英文缩写。

（5）证书的编号：在标志下面的数字编号也为资质认定证书的编号。

（6）标志的位置：资质认定标志加盖（或印刷）在检验检测报告或证书封面上部适当位置。

依据《检验检测机构资质认定管理办法 国家质量监督检验检疫总局（总局令第163号）》的规定，检验检测机构资质认定证书编号由12位数字组成，其编号要求：

XX（发证年份后两位代码）XX（发证机关代码）XX（专业领域类别代码）XX（行业主管部门代码）XXXX（发证流水号）。

第1～2位数为发证年份后两位代码，如：2015年的代码为15；

第3～4位数为发证机关代码，国家认监委及省级质量技术监督部门的编码分别为：00—国家认监委；01—北京；02—天津；03—河北；04—山西；05—内蒙古；06—辽宁；07—吉林；08—黑龙江；09—上海；10—江苏；11—浙江；12—安徽；13—福建；14—江西；15—山东；16—河南；17—湖北；18—湖南；19—广东；20—广西；21—海南；22—重庆；23—四川；24—贵州；25—云南；26—西藏；27—陕西；28—甘肃；29—青海；30—宁夏；31—新疆。

第5～6位数为专业领域类别代码：00—食品；01—建筑工程；02—建材；03—卫生计生；04—农林牧渔；05—机动车安检；06—公安刑事技术；07—司法鉴定；08—机械；09—电子信息；10—轻工；11—纺织服装；12—环境与环保；13—水质；14—化工；15—医疗器械；16—采矿冶金；17—能源；18—医学；19—生物安全；20—综合；21—其他。（注：具备食品检验检测能力的机构一律按照00类划分）

第7～8位数为行业主管部门代码：00—教育；01—工业和信息；02—公安；03—司法；04—国土资源；05—环保；06—住房与建设；07—交通；08—水利；09—农业；10—卫计委；11—技术监督；12—检验检疫；13—安全生产；14—食品药品；15—林业；16—中科院；17—粮食；18—国防科工；19—海洋；20—测绘；21—铁路；22—机械；23—化工；24—石油；25—电力；26—轻工；27—商贸；28—建材；29—供销；30—分析测试与冶金；31—有色；32—节能；33—军队；34—其他。

第9～12位数为发证流水号。从"0001"开始，按数字顺序排列。

2. 交通检测机构证书编号和标志

（1）编号原则

为统一规范管理，各省站按照如下原则对《等级证书》进行编号：

1）公路检测机构等级证书编号原则：

地域简称（交、豫、鄂等）+G（公路）+JC（检测）+等级（甲、乙、丙）或桥（桥隧专项）或交（交通工程）+3位本系列总序号。

2）水运检测机构等级证书编号原则：

地域简称（交、豫、鄂等）+S（水运）+JC（检测）+等级（甲、乙、丙）+A（材料）或B（结构）+3位本系列总序号。

3）示例：

① 部总站（工程质量监督局）颁发的公路工程综合甲级证书编号：交GJC甲001。

② 广西站颁发的公路工程综合乙级证书编号：桂GJC乙001。

③ 广西站颁发的水运工程材料丙级证书编号：桂SJC丙A001。

(2) 报告专用标识章的尺寸

为提高公路、水运等级检测机构出具试验检测报告的权威性，增强检测机构责任意识，所有等级试验检测机构，在其业务范围内出具的试验检测报告，应在报告封面加盖"公路水运试验检测机构"专用标识。

图 2.3.6-2 报告专用标识章

"试验检测机构专用标识章"应加盖在试验检测报告的右上角。专用标识章的形状为长方形，长为 27mm，宽为 16mm。上半部分为标识，下半部分为证书编号，字体为隶书，字号为小四，颜色为蝴蝶兰，具体样式如图 2.3.6-2 所示。

3. 印章的使用

当检测参数通过资质认定时，检测报告须加盖 CMA 标志；检测参数属于《等级证书》批准的范围，未通过资质认定时，报告只加盖 J 标志；当检测参数通过资质认定同时属于《等级证书》批准的范围的检测报告，须加盖 CMA 和颜色为蝴蝶兰 J 的两种印章，交通行业第三方检测机构出具的报告属于该种情况。交竣工验收进行质量评定的报告应加盖 CMA 和颜色为蝴蝶兰 J 的两种印章。

2.4 公路水运工程试验检测专业技术人员职业资格管理

公路水运工程试验检测的特点是试验检测的专业性、技术性、实际操作性非常强，涉及的试验方法种类、所使用的仪器设备类型繁多，检测人员通常需要根据读取的数据，进行综合分析处理，工作经验就显得尤为重要，检测人员素质的高低将直接影响到最终结果的判断。

特别是近年来一些新技术在工程检测上的应用，更需要高素质的复合型人才。

为加强公路水运工程试验检测专业技术人员队伍建设，提高试验检测专业技术人员素质，人力资源社会保障部联合交通运输部于 2015 年 6 月 23 日出台了《公路水运工程试验检测专业技术人员职业资格制度规定》和《公路水运工程试验检测专业技术人员职业资格考试实施办法》（人社部发【2015】59 号）规定："公路水运工程试验检测专业技术人员职业资格分为助理试验检测师和试验检测师 2 个级别。助理试验检测师和试验检测师职业资格实行考试的评价方式。评价结果与工程系列相应级别职称有效衔接，为用人单位科学使用公路水运工程试验检测专业技术人才提供依据"。

通过公路水运工程助理试验检测师和试验检测师职业资格考试，取得公路水运工程试验检测职业资格证书，且符合《工程技术人员职务试行条例》中助理工程师或者工程师任职条件的人员，用人单位可根据工作需要聘任其相应级别工程专业技术职务。

2.4.1 职业资格考试专业、科目设置及考试方式

1. 职业资格考试的专业设置

按照现行《公路水运工程试验检测专业技术人员职业资格制度规定》（以下简称《职业资格制度规定》）（人社部发【2015】59 号）第 1 章第 4 条规定："公路水运工程试验检测专业技术人员职业资格包括：道路工程、桥梁隧道工程、交通工程、水运结构与地基、

水运材料5个专业，分为助理试验检测师和试验检测师2个级别。助理试验检测师和试验检测师职业资格实行考试的评价方式"。

2. 职业资格考试的科目设置

按照现行《公路水运工程试验检测专业技术人员职业资格考试实施办法》（以下简称《职业资格考试实施办法》）（人社部发【2015】59号）第3条规定："公路水运工程助理试验检测师、试验检测师均设公共基础科目和专业科目，专业科目为《道路工程》、《桥梁隧道工程》、《交通工程》、《水运结构与地基》和《水运材料》"。

3. 职业资格的考试方式

（1）按照现行《职业资格制度规定》第2章：

第7条规定："公路水运工程助理试验检测师和试验检测师职业资格考试，统一大纲、统一命题、统一组织。原则上每年举行一次考试"。

第8条规定："交通运输部职业资格中心负责公路水运工程助理试验检测师和试验检测师职业资格考试的组织和实施工作，组织成立考试专家委员会，研究拟定考试科目、考试大纲、考试试题和考试合格标准"。

第9条规定："人力资源社会保障部、交通运输部对交通运输部职业资格中心实施的考试工作进行监督和检查，指导交通运输部职业资格中心确定公路水运工程助理试验检测师和试验检测师职业资格考试科目、考试大纲、考试试题和考试合格标准"。

（2）按照现行《职业资格考试实施办法》第3条规定："公共基础科目考试时间为120min，专业科目考试时间为150min"。

第4条规定："公路水运工程助理试验检测师、试验检测师考试成绩均实行2年为一个周期的滚动管理。在连续2个考试年度内，参加公共基础科目和任一专业科目的考试并合格，可取得相应专业和级别的公路水运工程试验检测专业技术人员职业资格证书"。

2.4.2 历次证书专业划分

根据《关于印发〈公路水运工程试验检测专业技术人员职业资格制度规定〉和〈公路水运工程试验检测专业技术人员职业资格考试实施办法〉的通知》（人社部发【2015】59号），为了做好试验检测人员制度实施和衔接工作，交通运输部办公厅于2015年9月18日出台了《关于公路水运工程试验检测人员职业资格有关事项的通知》交办安监【2015】143号文件，对历次证书专业划分作了进一步的规定。

1. 公路工程历次证书专业划分

公路工程历次证书专业划分，见表2.4.2-1。

公路工程历次证书专业划分表　　　　　　　　表2.4.2-1

	2006年	2007年、2009～2014年		国家职业资格
试验检测工程师	路基路面（道路）	公路	试验检测师	道路工程
		材料		
	桥梁隧道	桥梁		桥梁隧道工程
		隧道		
	交通工程	交通安全设施		交通工程
		机电工程		

续表

	2006 年	2007 年、2009～2014 年	国家职业资格	
试验检测员	材料试验	材料	助理试验检测师	道路工程
	工程检测	公路		
		桥梁		桥梁隧道工程
		隧道		
	交通工程	交通安全设施		交通工程
		机电工程		

2. 水运工程历次证书专业划分

水运工程历次证书专业划分，见表 2.4.2-2。

水运工程历次证书专业划分　　　　表 2.4.2-2

	2006 年	2007 年、2009～2014 年	国家职业资格	
试验检测工程师	材料	材料	试验检测师	水运材料
	结构	结构		水运结构与地基
		地基与基础		
试验检测员	材料	材料	助理试验检测师	水运材料
	结构	结构		水运结构与地基
		地基与基础		

2.4.3 职业资格考试及证书管理

2.4.3.1 职业资格考试

1. 报考条件

（1）按照现行《职业资格制度规定》第 2 章：

第 10 条规定："遵守国家法律、法规，恪守职业道德，并符合公路水运工程助理试验检测师和试验检测师职业资格考试报名条件的人员，均可申请参加相应级别职业资格考试"。

第 11 条规定："符合下列条件之一者，可报考公路水运工程助理试验检测师职业资格考试：

① 取得中专或高中学历，累计从事公路水运工程试验检测专业工作满 4 年；

② 取得工学、理学、管理学学科门类专业大专学历，累计从事公路水运工程试验检测专业工作满 2 年；或者取得其他学科门类专业大专学历，累计从事公路水运工程试验检测专业工作满 3 年；

③ 取得工学、理学、管理学学科门类专业大学本科及以上学历或学位；或者取得其他学科门类专业大学本科学历，从事公路水运工程试验检测专业工作满 1 年"。

第 12 条规定："符合下列条件之一者，可报考公路水运工程试验检测师职业资格考试：

① 取得中专或高中学历，并取得公路水运工程助理试验检测师证书后，从事公路水

运工程试验检测专业工作满 6 年；

② 取得工学、理学、管理学学科门类专业大专学历，累计从事公路水运工程试验检测专业工作满 6 年；

③ 取得工学、理学、管理学学科门类专业大学本科学历或者学位，累计从事公路水运工程试验检测专业工作满 4 年；

④ 取得含工学、理学、管理学学科门类专业在内的双学士学位或者工学、理学、管理学学科门类专业研究生班毕业，累计从事公路水运工程试验检测专业工作满 2 年；

⑤ 取得工学、理学、管理学学科门类专业硕士学位，累计从事公路水运工程试验检测专业工作满 1 年；

⑥ 取得工学、理学、管理学学科门类专业博士学位；

⑦ 取得其他学科门类专业的上述学历或者学位人员，累计从事公路水运工程试验检测专业工作年限相应增加 1 年"。

（2）按照现行《职业资格考试实施办法》第 5 条规定："符合《公路水运工程试验检测专业技术人员职业资格制度规定》规定的助理试验检测师、试验检测师职业资格考试报名条件者均可申请参加相应级别和专业类别的考试"。

第 8 条规定："坚持考试与培训分开的原则。凡参与考试工作（包括命题、审题与组织管理等）的人员，不得参加考试，也不得参加或者举办与考试内容相关的培训工作。应考人员参加培训坚持自愿原则"。

2. 报名方式

按照现行《职业资格考试实施办法》：

第 6 条规定："参加考试由本人提出申请，按有关规定办理报名手续。考试实施机构按规定的程序和报名条件审核合格后，核发准考证。参加考试人员凭准考证和有效证件在指定的日期、时间和地点参加考试。

中央和国务院各部门所属单位、中央管理企业的人员按属地原则报名参加考试"。

3. 考试地点及考试日期

按照现行《职业资格考试实施办法》：

第 7 条规定："公路水运工程助理试验检测师、试验检测师职业资格考试的考点原则上设在直辖市和省会城市的大、中专院校或者高考定点学校。如确需在其他城市设置考点，须经交通运输部职业资格中心批准。考试日期原则上为每年的第三季度"。

4. 考试违规处理规定

（1）按照现行《职业资格制度规定》第 2 章：

第 14 条规定："对以不正当手段取得公路水运工程试验检测职业资格证书的，按照国家专业技术人员资格考试违纪违规行为处理规定处理"。

（2）按照现行《职业资格考试实施办法》：

第 9 条规定："考试实施机构及工作人员应当严格执行考试工作的各项规章制度，遵守考试工作纪律，切实做好从考试试题的命制到使用等各环节的安全保密工作，严防泄密"。

第 10 条规定："对违反考试工作纪律和有关规定的人员，按照国家专业技术人员资格考试违纪违规行为处理规定处理"。

2.4.3.2 职业资格证书管理

1. 职业资格证书获取

按照现行《职业资格制度规定》第 2 章：

第 13 条规定："公路水运工程试验检测职业资格考试合格，由交通运输部职业资格中心颁发人力资源社会保障部、交通运输部监制，交通运输部职业资格中心用印的相应级别《中华人民共和国公路水运工程试验检测专业技术人员职业资格证书》。该证书在全国范围有效"。

按照现行《职业资格考试实施办法》：

第 4 条规定："公路水运工程助理试验检测师、试验检测师考试成绩均实行 2 年为一个周期的滚动管理。在连续 2 个考试年度内，参加公共基础科目和任一专业科目的考试并合格，可取得相应专业和级别的公路水运工程试验检测专业技术人员职业资格证书"。

2. 职业资格证书登记

按照现行《职业资格制度规定》第 4 章：

第 19 条规定："公路水运工程试验检测职业资格证书实行登记制度。登记具体工作由交通运输部职业资格中心负责。登记情况应向社会公布"。

第 20 条规定："登记机构应建立持证人员的从业信息和诚信档案，并为用人单位提供查询服务"。

第 21 条规定："取得公路水运工程试验检测职业资格证书的人员，在工作中违反相关法律、法规、规章或者职业道德，造成不良影响的，取消登记并由交通运输部职业资格中心收回其职业资格证书"。

第 22 条规定："公路水运工程试验检测职业资格考试机构和登记机构在工作中，应当严格遵守国家和本行业的有关各项管理规定"。

2.5 职业道德教育

2.5.1 《质量发展纲要（2011～2020 年）》有关内容

质量发展是兴国之道、强国之策。质量反映一个国家的综合实力，是企业和产业核心竞争力的体现，也是国家文明程度的体现；既是科技创新、资源配置、劳动者素质等因素的集成，又是法治环境、文化教育、诚信建设等方面的综合反映。质量问题是经济社会发展的战略问题，关系可持续发展，关系人民群众切身利益，关系国家形象。

1. 工作方针和发展目标

（1）工作方针

"以人为本，安全为先，诚信守法，夯实基础，创新驱动，以质取胜"。

1）把以人为本作为质量发展的价值导向。质量发展必须不断满足人民群众日益增长的物质文化需要，更好地保障和改善民生。提高质量水平，促进质量发展，也必须依靠人民群众的共同努力。

2）把安全为先作为质量发展的基本要求。强化质量安全意识，落实质量安全责任，严格质量安全监管，加强质量安全风险管理，提高质量安全保障能力，科学处置质量安全事件，切实保障广大人民群众的身体健康和生命财产安全。

3）把诚信守法作为质量发展的重要基石。倡导诚实守信、合法经营。增强质量诚信意识，完善质量诚信体系，严厉打击质量违法行为，充分发挥市场机制作用，营造公平竞争、优胜劣汰的市场环境，发展先进的质量文化。

4）把夯实基础作为质量发展的保障条件。深化理论研究，加强质量法治建设，夯实质量管理基础，加强质量人才培养，推进标准化、计量、认证认可以及检验检测能力建设，不断完善有利于质量发展的体制机制。

5）把创新驱动作为质量发展的强大动力。加快技术进步，实现管理创新，提高劳动者素质，优化资源配置，增强创新能力，增强发展活力，推动质量事业全面、协调、可持续发展。

6）把以质取胜作为质量发展的核心理念。坚持好字优先，好中求快。全面提高各行各业的质量管理水平，发挥质量的战略性、基础性和支撑性作用，依靠质量创造市场竞争优势，增强我国产品、企业、产业的核心竞争力。

（2）发展目标

工程质量：到2020年，建设工程质量水平全面提升，国家重点工程质量达到国际先进水平，人民群众对工程质量满意度显著提高。

到2015年，工程质量发展的具体目标：

1）工程质量水平显著提升。工程质量整体水平保持稳中有升，建筑、交通运输、水利电力等重大建设工程的耐久性、安全性普遍增强，工程质量通病治理取得显著成效，大中型工程项目一次验收合格率达到100％，其他工程一次验收合格率达到98％以上。人民群众对工程质量（尤其住宅质量）满意度明显提高，建设工程质量投诉率逐年下降。

2）工程质量技术创新能力明显增强。在建筑、交通基础设施、清洁能源和新能源等重要工程领域拥有一批核心技术，节能、环保、安全、信息技术含量显著增加。建筑工程节能效率和工业化建造比重不断提高。绿色建筑发展迅速，住宅性能改善明显。

2. 加强质量监督管理

（1）加快质量法治建设

牢固树立质量法治理念，坚持运用法律手段解决质量发展中的突出矛盾和问题。健全质量法律法规，研究制定完善质量安全和质量责任追究等法律法规。严格依法行政，规范执法行为，保证严格执法、公正执法、文明执法。加强执法队伍建设，开展对执法人员的培养与培训，提高执法人员综合素质和执法水平。完善质量法制监督机制，落实执法责任，切实做到有权必有责、用权受监督、侵权须赔偿、违法要追究。加强质量法制宣传教育，普及质量法律知识，营造学法、用法、守法的良好社会氛围。

（2）强化质量安全监管

制定实施国家重点监管产品目录，加强对关系国计民生、健康安全、节能环保的重点产品、重大设备、重点工程及重点服务项目的监管。加强对食品、药品、妇女儿童老人用品以及农业生产资料、建筑材料、重要消费品、应急物资的监督检查，完善生产许可、强制性产品认证、重大设备监理、进出口商品法定检验、特种设备安全监察、登记管理等监管制度。强化城乡结合部和农村市场等重点区域，以及生产、流通、进出口环节质量安全监管，增强产品质量安全溯源能力，建立质量安全联系点制度，健全质量安全监管长效机制。

（3）实施质量安全风险管理

建立企业重大质量事故报告制度和产品伤害监测制度，加强对重点产品、重点行业和重点地区的质量安全风险监测和分析评估，对区域性、行业性、系统性质量风险及时预警，对重大质量安全隐患及时提出处置措施。建立和完善动植物外来有害生物防御体系、进出口农产品和食品质量安全保障体系、进出口工业品质量安全监控体系和国境卫生检疫风险监控体系，有效降低动植物疫情疫病传入传出风险，保障进出口农产品、食品和工业品质量安全，防止传染病跨境传播。完善质量安全风险管理工作机制，制定质量安全风险应急预案，加强风险信息资源共享，提升风险防范和应急处置能力，切实做到对质量安全风险的早发现、早研判、早预警、早处置。

（4）加强宏观质量统计分析

建立健全以产品质量合格率、出口商品质量合格率、顾客满意指数以及质量损失率等为主要内容的质量指标体系，推动质量指标纳入国民经济和社会发展统计指标体系。各地方、各行业要结合实际情况，建立和完善质量状况分析报告制度，定期评估分析质量状况及质量竞争力水平，比较研究国内外质量发展趋势，为宏观经济决策提供依据。

（5）推进质量诚信体系建设

健全质量信用信息收集与发布制度。搭建以组织机构代码实名制为基础、以物品编码管理为溯源手段的质量信用信息平台，推动行业质量信用建设，实现银行、商务、海关、税务、工商、质检、工业、农业、保险、统计等多部门质量信用信息互通与共享。完善企业质量信用档案和产品质量信用信息记录，健全质量信用评价体系，实施质量信用分类监管。建立质量失信"黑名单"并向社会公开，加大对质量失信惩戒力度。鼓励发展质量信用服务机构，规范发展质量信用评价机构，促进质量信用产品的推广使用，建立多层次、全方位的质量信用服务市场。

（6）依法严厉打击质量违法行为

加大生产源头治理力度，强化市场监督管理，深入开展重点产品、重点工程、重点行业、重点地区和重点市场质量执法，严厉查办制假售假大案要案，严厉打击危害公共安全、人身健康以及生命财产安全等质量违法行为，严厉查办利用高科技手段从事质量违法活动。加强执法协作，建立健全处置重大质量违法突发案件快速反应机制和执法联动机制，加强行业性、区域性产品质量问题集中整治，深入开展农业生产资料、建筑材料等产品打假，保护广大人民群众的合法权益。建立健全质量安全有奖举报制度，切实落实对举报人的奖励，保护举报人的合法权益。做好行政执法与刑事司法的有效衔接，加大质量违法行为的刑事司法打击力度。

3．夯实质量发展基础

（1）推动完善认证认可体系

参照国际通行规则，建立健全法律规范、行政监管、认可约束、行业自律、社会监督相结合的认证认可管理模式，完善认证认可体系，提升认证认可服务能力，提高强制性产品认证的有效性，推动自愿性产品认证健康有序发展，完善管理体系和服务认证制度。进一步培育和规范认证、检测市场，加强对认证机构、实验室和检查机构的监督管理。稳步推进国际互认,提高认证认可国际规则制定的参与度和话语权,提升中国认证认可国际影响力。

(2) 加快检验检测技术保障体系建设

推进技术机构资源整合,优化检验检测资源配置,建设检测资源共享平台,完善食品、农产品质量快速检验检测手段,提高检验检测能力。加强政府实验室和检测机构建设,对涉及国计民生的产品质量安全实施有效监督。建立健全科学、公正、权威的第三方检验检测体系,鼓励不同所有制形式的技术机构平等参与市场竞争。对技术机构进行分类指导和监管,规范检验检测行为,促进技术机构完善内部管理和激励机制,提高检验检测质量和服务水平,提升社会公信力。

2.5.2 职业道德

1. 道德理论

(1) 职业道德的概念和涵义

1) 职业道德,就是同人们的职业活动紧密联系的符合职业特点所要求的道德准则、道德情操与道德品质的总和,它既是对本职人员在职业活动中行为的要求,同时又是职业对社会所负的道德责任与义务。职业道德是指人们在职业生活中应遵循的基本道德,即一般社会道德在职业生活中的具体体现。是职业品德、职业纪律、专业胜任能力及职业责任等的总称,属于自律范围,它通过公约、守则等对职业生活中的某些方面加以规范。职业道德既是本行业人员在职业活动中的行为规范,又是行业对社会所负的道德责任和义务。

2) 职业道德的涵义包括以下 8 个方面:

① 职业道德是一种职业规范,受社会普遍的认可;
② 职业道德是长期以来自然形成的;
③ 职业道德没有确定形式,通常体现为观念、习惯、信念等;
④ 职业道德依靠文化、内心信念和习惯,通过员工的自律实现;
⑤ 职业道德大多没有实质的约束力和强制力;
⑥ 职业道德的主要内容是对员工义务的要求;
⑦ 职业道德标准多元化,代表了不同企业可能具有不同的价值观;
⑧ 职业道德承载着企业文化和凝聚力,影响深远。

(2) 职业道德的主要内容

职业道德的主要内容有:爱岗敬业,诚实守信,办事公道,服务群众,奉献社会,素质修养。

(3) 职业道德的要素

对从业人员来说,最基本的职业道德要素包括:职业理想,职业态度,职业责任,职业技能,职业纪律,职业良心,职业荣誉,职业作风。

(4) 职业道德的基本要求

职业道德的基本要求有:忠于职守,乐于奉献;实事求是,不弄虚作假;依法行事,严守秘密;公正透明,服务社会。

(5) 职业道德的特点

职业道德的特点包括以下 4 个方面：

1) 职业道德具有适用范围的有限性。每种职业都担负着一种特定的职业责任和职业义务；

2) 职业道德具有发展的历史继承性；

3) 职业道德表达形式多种多样。由于各种职业道德的要求都较为具体、细致，因此其表达形式多种多样；

4) 职业道德兼有强烈的纪律性。

纪律也是一种行为规范，但它是介于法律和道德之间的一种特殊的规范。它既要求人们能自觉遵守，又带有一定的强制性。职业道德有时又以制度、章程、条例的形式表达，让从业人员认识到职业道德又具有纪律的规范性。

（6）职业道德的作用

职业道德是社会道德体系的重要组成部分，它一方面具有社会道德的一般作用，另一方面它又具有自身的特殊作用，具体表现在：

1) 调节职业交往中从业人员内部以及从业人员与服务对象间的关系；

2) 有助于维护和提高本行业的信誉；

3) 促进本行业的发展；

4) 有助于提高全社会的道德水平。

（7）职业道德的特征

职业道德的特征包括以下 4 个方面：

1) 职业性。职业道德的内容与职业实践活动紧密相连，反映着特定职业活动对从业人员行为的道德要求。每一种职业道德都只能规范本行业从业人员的职业行为，在特定的职业范围内发挥作用。

2) 实践性。职业行为过程，就是职业实践过程，只有在实践过程中，才能体现出职业道德的水准。职业道德的作用是调整职业关系，对从业人员职业活动的具体行为进行规范，解决现实生活中的具体道德冲突。

3) 继承性。在长期实践过程中形成的，会被作为经验和传统继承下来。即使在不同的社会经济发展阶段，同样一种职业因服务对象、服务手段、职业利益、职业责任和义务相对稳定，职业行为的道德要求的核心内容将被继承和发扬，从而形成了被不同社会发展阶段普遍认同的职业道德规范。

4) 具有多样性。不同的行业和不同的职业，有不同的职业道德标准。

2. 道德规范

道德规范的内容包括有：公民基本道德规范，社会公德，职业道德，试验检测工作要求，交通建设试验检测行业从业自律公约等方面。

（1）公民基本道德规范

依据《公民道德建设实施纲要》我国公民基本道德规范的内容是：爱国守法，明礼诚信，团结友善，勤俭自强，敬业奉献。

（2）社会公德

社会公德是社会生活中最简单、最起码、最普通的行为准则，是维持社会公共生活正常、有序、健康进行的最基本条件，保证社会和谐稳定的最起码的道德要求。因此，社会公德是全体公民在社会交往和公共生活中应该遵循的行为准则，也是作为公民应有的品德操守。

社会公德作为维护社会关系秩序最基本的道德规范，其基本特征主要表现为：继承性，基础性，广泛性和简明性。《公民道德建设实施纲要》明确指出，社会公德"涵盖了人与人，人与社会，人与自然之间的关系"。故而每一个社会成员，都应遵守"文明礼貌、助人为乐、爱护公物、保护环境、遵纪守法"为主要内容的社会公德。

(3) 职业道德

职业道德是所有从业人员在职业活动中应该遵循的行为准则，涵盖了从业人员与服务对象、职业与职工、职业与职业之间的关系。随着现代社会分工的发展和专业化程度的增强，市场竞争日趋激烈，整个社会对从业人员职业观念、职业态度、职业技能、职业纪律和职业作风的要求越来越高。要大力倡导以爱岗敬业、诚实守信、办事公道、服务群众、奉献社会为主要内容的职业道德，鼓励人们在工作中做一个好建设者。

(4) 试验检测工作要求

依据现行《公路水运工程试验检测管理办法》(修正)(交通运输部令 2016 年第 80 号)：

第 31 条规定：检测机构应当严格按照现行有效的国家和行业标准、规范和规程独立开展检测工作，不受任何干扰和影响，保证试验检测数据客观、公正、准确。

第 36 条规定：检测机构在同一公路水运工程项目标段中不得同时接受业主、监理、施工等多方的试验检测委托。

第 37 条规定：检测机构依据合同承担公路水运工程试验检测业务，不得转包、违规分包。

第 40 条规定：检测人员应当严守职业道德和工作程序，独立开展检测工作，保证试验检测数据科学、客观、公正，并对试验检测结果承担法律责任。

第 41 条规定：检测人员不得同时受聘于两家以上检测机构，不得借工作之便推销建设材料、构配件和设备。

(5) 交通建设试验检测行业从业自律公约

依据中国交通建设监理协会和试验检测委员会共同制定的《交通建设试验检测行业从业自律公约（试行）》第 3 章试验检测人员自律规定：

第 13 条规定：试验检测人员必须严守职业道德准则和工作程序，独立开展试验检测工作，保证试验检测数据科学、客观、公正、准确，并对试验检测结果承担法律责任。不造假数据、不出假证明、不做假鉴定、不做假报告。

第 14 条规定：试验检测人员应当通过交通部规定的试验检测业务考试并取得相应的证书方能从事试验检测工作，不得越级超范围违规承接试验检测任务，不转借、出卖、伪造、涂改资格证书以及其他相关资信证明。

第 15 条规定：试验检测人员要清正廉洁，不得借工作之便推销建设材料、构配件和设备。不得向客户索取钱物，不收受客户的任何礼金和礼品。

第 16 条规定：遵守公共关系准则，同行间相互尊重、相互支持、友好合作。不损害同行的声誉，不妨害同行的工作。

第 17 条规定：试验检测人员不得同时受聘于两家以上试验检测机构，按照劳动人事聘用合同的规定在聘用单位从事试验检测工作，不得擅自离岗离聘，对因个人擅离职守给工作和聘用单位造成的损失承担责任。

第 18 条规定：试验检测人员在证书有效期内应按规定参加继续教育，不断学习、掌握新知识、新技术、新法规，努力提高技术、业务能力和职业道德水平。

2.6 试验检测常用术语和定义

2.6.1 试验检测管理术语

1. 母体试验检测机构

按照等级标准要求设立，取得相应资质等级的永久性试验检测机构，是工地试验室的授权机构。

2. 工地试验室

设立在工地现场，由母体试验检测机构授权，按照合同约定承担公路水运工程工地现场试验检测的临时性机构。

3. 第三方检测机构

第三方检测机构又称公正检验，指两个相互联系的主体之外的某个客体，我们把它叫作第三方。第三方可以是和两个主体有联系，也可以是独立于两个主体之外，是由处于买卖利益之外的第三方（如专职监督检验机构），以公正、权威的非当事人身份，根据有关法律、标准或合同所进行的商品检验活动。

4. 质量管理

确定质量方针、质量目标和职责，并在管理体系中通过诸如质量策划、质量控制、质量保证和质量改进使其实施全部管理职能的所有活动。

5. 质量体系

为了实施质量管理所需的组织结构、程序、过程的资源。

6. 授权签字人

是指实验室提名，经过计量认证评审组考核合格，能在实验室被认可范围内的检测报告或校准证书上获准签字的人员。

7. 工地试验室授权负责人

由母体试验检测机构授权，代表母体试验检测机构在工地现场从事工地试验室管理的负责人。

8. 模拟报告

依据试验规范标准对真实的样品进行检测所形成的检测报告。

9. 文件受控

为保证使用的各种文件现行有效，实验室对文件的编制、审核、批准、标识、发放、保管、修订等各个环节实施控制和管理。

10. 标准

为促进最佳的共同利益，在科学、技术、经验成果的基础上，由各有关方面合作起草并协商一致或基本同意而制定的适于公用并经标准化机构批准的技术规范和其他文件。

11. 校准

在规定条件下的一组操作，其第一步是确定由测量标准提供的量值与相应示值之间的关系，第二步则是用此信息确定由示值获得测量结果的关系，这里测量标准提供的量值与相应示值都具有测量不确定度。

12. 检验

通过观察和判定，适当时结合测量、试验或量测的合格评定。

13. 期间核查

根据规定程序，为了确定计量标准、标准物质或其他测量仪器是否保持其原有状态而进行的操作。

14. 内审

即内部审核，是实验室自身必须建立的评价机制，是对所策划的体系、过程及其运行的符合性、适宜性和有效性进行系统的、定期的审核，保证管理体系的自我完善和持续改进过程。其目的是为了检查本机构各项质量活动是否符合评审准则与质量管理体系文件的要求的活动。

15. 管理评审

由（实验室的）最高管理者就质量方针和质量目标，对质量体系的现状和适应性进行的正式评价。评审的目的是为了确保检测机构质量管理体系的适宜性、充分性、有效性和效率，以达到检测机构质量目标所进行的活动，为质量体系持续改进提供依据。

16. 真实性

由很多一个系列的检测结果得到的平均值与被接受的参考值之间的一致程度。

17. 比对

在规定条件下，对相同准确度等级或指定不确定度范围的同种测量仪器复现的量值之间比较的过程。

18. 实验室间比对

按照预先规定的条件，由两个或多个实验室对相同或类似的被测物品进行检测/校准的组织、实施和评价。

19. 量值溯源性

是通过一条具有规定不确定度的不间断的比较链，使测量结果或标准的值能够与规定的参考标准（通常是国家的或国际标准）联系起来的一种特性。通过量值溯源使所有同种量值溯源到同一个计量基准，在技术上保障了结果的准确性和一致性。量值的准确是在一定的不确定度、误差极限或允许误差范围内的准确。

2.6.2 试验检测技术术语

1. 测量

通过实验获得并可合理赋予某量一个或多个量值的过程。

2. 检测

对给定产品，按照规定程序确定某一种或多种特性、进行处理或提供服务所组成的技术操作。

3. 计量

实现单位统一、量值准确可靠的活动。

4. 测量方法

对测量过程中使用的操作所给出的逻辑性安排的一般性描述。

5. 测量程序

根据一种或多种测量原理及给定的测量方法,在测量模型和获得测量结果所需计算的基础上,对测量所做的详细描述。

6. 测量结果

与其他有用的相关信息一起赋予被测量的一组量值。

7. 量的真值

简称真值,是指与量的定义一致的量值。

8. 约定量值

又称量的约定值(简称约定值),是指对于给定目的,由协议赋予某量的量值。

9. 测量准确度

简称准确度,是指被测量的测得值与其真值间的一致程度。

10. 测量正确度

简称正确度,是指无穷多次重复测量所得量值的平均值与一个参考量值间的一致程度。

11. 测量精密度

简称精密度,是指在规定条件下,对同一或类似被测对象重复测量所得示值或测得值间的一致程度。

12. 期间测量精密度

简称期间精密度,是指在一组期间精密度测量条件下的测量精密度。

13. 重复性测量条件

简称重复性条件,是指相同测量程序、相同操作者、相同测量系统、相同操作条件和相同地点,并在短时间内对同一或相类似被测对象重复测量的一组测量条件。

14. 复现性测量条件

简称复现性条件,是指不同地点、不同操作者、不同测量系统,对同一或相类似被测对象重复测量的一组测量条件。

15. 测量复现性

简称复现性,是指在复现性测量条件下的测量精密度。

16. 实验标准偏差

简称实验标准差,对同一被测量对象进行 n 次测量,表征测量结果分散性的量。用符号 s 表示。

(1) n 次测量中某单个测得值 x_k 的实验标准偏差 $s(x_k)$ 可按贝塞尔公式(2.6.2-1)计算:

$$s(x_k) = \sqrt{\frac{\sum_{i=1}^{n}(x_i - \overline{x})^2}{n-1}} \qquad (2.6.2\text{-}1)$$

式中　x_i——第 i 次测量的测得值;

n——测量次数;

$\overline{x}$ —— n 次测量所得一组测得值的算术平均值。

(2) n 次测量的算术平均值 $\overline{x}$ 的实验标准偏差 $s(\overline{x})$ 为：

$$s(\overline{x}) = s(x_k)/\sqrt{n} \tag{2.6.2-2}$$

17. 测量不确定度

简称不确定度，是指根据所用到的信息，表征赋予被测量量值分散性的非负参数。

18. 标准不确定度

全称标准测量不确定度，以标准偏差表示的测量不确定度。

19. 测量不确定度的 A 类评定

简称 A 类评定，是指对在规定测量条件下测得的量值用统计分析的方法进行的测量不确定度分量的评定。

注：规定测量条件是指重复性测量条件、期间精密度测量条件或复现性测量条件。

20. 测量不确定度的 B 类评定

简称 B 类评定，是指用不同于测量不确定度 A 类评定的方法对测量不确定度分量进行的评定。

21. 合成标准不确定度

全称合成标准测量不确定度，是指由在一个测量模型中各输入量的标准测量不确定度获得的输出量的标准测量不确定度。

22. 相对标准不确定度

全称相对标准测量不确定度，是指标准不确定度除以测得值的绝对值。

23. 不确定度报告

是指对测量不确定度的陈述，包括测量不确定度的分量及其计算和合成。

不确定度报告应该包括测量模型、估计值、测量模型中与各个量相关联的测量不确定度、协方差、所用的概率密度分布函数的类型、自由度、测量不确定度的评定类型和包含因子。

24. 目标不确定度

全称目标测量不确定度，是指根据测量结果的预期用途，规定作为上限的测量不确定度。

25. 扩展不确定度

全称扩展测量不确定度，是指合成标准不确定度与一个大于 1 的数字因子的乘积。

26. 包含区间

是指基于可获得的信息确定的包含被测量一组值的区间，被测量值以一定概率落在该区间内。

注：
(1) 包含区间不一定以所选的测得值为中心。
(2) 不应把包含区间称为置信区间，以避免与统计学概念混淆。
(3) 包含区间可由扩展测量不确定度导出。

27. 包含因子

是指为获得扩展不确定度，对合成标准不确定度所乘的大于 1 的数。包含因子通常用

符号 k 表示。

28. 测量模型

简称模型,是指测量中涉及的所有已知量间的数学关系。

29. 随机测量误差

简称随机误差,是指在重复测量中按不可预见方式变化的测量误差的分量。

30. 系统测量误差

简称系统误差,是指在重复测量中保持不变或按可预见方式变化的测量误差的分量。

31. 测量偏移

简称偏移,是指系统测量误差的估计值。

32. 准确度等级

是指在规定工作条件下,符合规定的计量要求,使测量误差或仪器不确定度保持在规定极限内的测量仪器或测量系统的等别或级别。

注:

(1) 准确度等级通常用约定采用的数字或符号表示。

(2) 准确度等级也适用于实物量具。

33. 修正

是指对估计的系统误差的补偿。

注:

(1) 补偿可取不同形式,诸如加一个修正值或乘一个修正因子,或从修正值表或修正曲线上得到。

(2) 修正值是用代数方法与未修正测量结果相加,以补偿其系统误差的值。修正值等于负的系统误差估计值。

(3) 修正因子是为补偿系统误差而与未修正测量结果相乘的数字因子。

(4) 由于系统误差不能完全知道,因此这种补偿并不完全。

34. 测量仪器

也称计量器具,是指单独或与一个或多个辅助设备组合,用于进行测量的装置。

注:

(1) 一台可单独使用的测量仪器是一个测量系统。

(2) 测量仪器可以是指示式测量仪器,也可以是实物量具。

35. 测量系统

一套组装的并适用于特定量在规定区间内给出测得值信息的一台或多台测量仪器,通常还包括其他装置,诸如试剂和电源。

注:一个测量系统可以仅包括一台测量仪器。

36. 指示式测量仪器

是指提供带有被测量量值信息的输出信号的测量仪器。例:电压表、测微仪、温度计、电子天平等。

注:

(1) 指示式测量仪器可以提供其示值的记录。

(2) 输出信号能以可视形式或声响形式表示,也可传输到一个或多个其他装置。

37. 显示式测量仪器

是指输出信号以可视形式表示的指示式测量仪器。

38. 测量设备

为实现测量过程所必需的测量仪器、软件、测量标准、标准物质、辅助设备或其组合。

39. 最大允许测量误差

简称最大允许误差,又称误差限,是指对给定的测量、测量仪器或测量系统,由规范或规程所允许的,相对于已知参考量值的测量误差的极限值。

注:

(1) 通常,术语"最大允许误差"或"误差限"是用在有两个极端值的场合。

(2) 不应该用术语"容差"表示"最大允许误差"。

40. 示值误差

测量仪器示值与对应输入量的参考量值之差。

41. 参考物质(标准物质)

具有足够均匀和稳定的特定特性的物质,其特性被证实适用于测量中或标称特性检查中的预期用途。

42. 有证标准物质

附有由权威机构发布的文件,提供使用有效程序获得的具有不确定度和溯源性的一个或多个特性量值的标准物质。

43. 计量溯源性

通过文件规定的不间断的校准链,测量结果与参照对象联系起来的特性,校准链中的每项校准均会引入测量不确定度。

2.7 计量基础、设备检定管理和法定计量单位

2.7.1 计量基本概念

1. 计量的定义

根据《通用计量术语及定义》JJF 1001—2011,计量的定义是:实现单位统一、量值准确可靠的活动。

2. 计量的分类

国际上趋向把计量分为科学计量、工程(工业)计量和法制计量 3 类,它分别代表计量的基础、应用和政府起主导作用的社会事业 3 个方面。

(1) 科学计量

科学计量主要指的是基础性、探索性、先行性的计量科学研究。科学计量本身属于精确计量,通常是国家计量科学研究机构的主要任务,包括:计量单位与单位制的研究、计量基准和标准的研制、物理常数的测定、精密测量技术的研究、量值传递与量值溯源系统的研究、量值比对方法、误差理论及测量不确定度的研究。

(2) 工程计量

工程计量亦称工业计量,系指各种工程、工业企业中的实用计量。例如,关于能源、原材料消耗的计量,工艺流程的监控以及产品品质与性能的测试等是各行各业普遍开展的

一种计量。

（3）法制计量

法制计量是为了保证公众安全、国民经济和社会发展，根据法制、技术和行政管理的需要，由政府或官方授权进行强制管理的计量。包括对计量单位、计量器具（特别是计量基准、标准）、计量方法和测量准确度（或不确定度）以及计量人员的专业技能等都有明确规定和具体要求。

法制计量由政府或授权机构根据法制、技术和行政的需要进行强制管理，其目的是用法规或合同方式来规定并保证与贸易结算、安全防护、医疗卫生、环境监测、资源控制、社会管理等有关的测量工作的公正性和可靠性，因为它涉及到公众利益和国家持续发展战略。

综上所述，一方面，科学计量为法制计量提供了技术保障，还为工业计量和新技术发展提供测量基础。因此"没有测量，就没有科学"。另一方面，科学计量本身又必须用最新的科技成果来发展自己，使之始终保持在先行的位置。

3. 计量的特点

计量工作具有：准确性、一致性、溯源性、法制性等基本特点。

（1）准确性

准确性是计量的基本特点。它表征的是计量结果与被测量的真值的接近程度。严格地说，只有量值，而无准确程度的结果，不是计量结果。也就是说，计量不仅应明确给出被测量的量值，而且还应给出该量值的不确定度（或误差范围），即准确性。更严格地说，还应注明计量结果的影响量的值或范围。否则，计量结果便不具备充分的社会实用价值。所谓量值的统一，也是指在一定准确程度内的统一。

（2）一致性

计量单位的统一是量值一致的重要前提。无论在任何时间、任何地点，采用任何方法、使用任何器具以及任何人进行计量，只要符合有关计量的要求，计量结果就应在给定的不确定度（或误差范围）内一致。否则，计量将失去其社会意义。计量的一致性，不仅限于国内，而且也适用于国际。

（3）溯源性

在实际工作中，由于目的和条件的不同，对计量结果的要求亦各不相同。但是，为使计量结果准确一致，所有的同种量值都必须由同一个计量基准（或原始标准）传递而来。换句话说，任何一个计量结果，都能通过不间断的比较链溯源到计量基准，这就是溯源性。

就一国而论，所有的量值都应溯源于国家计量基准；就国际而论，则应溯源于国际计量基准或约定的计量标准。否则，量值出于多源，不仅无准确一致可言，而且势必造成技术上和应用上的混乱，以致酿成严重的后果。

（4）法制性

计量本身的社会性就要求有一定的法制保障。也就是说，量值的准确一致，不仅要有一定的技术手段，而且还要有相应的法律、法规的法制保障，特别是那些对国计民生有明显影响的计量，诸如社会安全、医疗保健、环境保护以及贸易结算中的计量，更必须有法制保障。否则，量值的准确一致便不能实现，计量的作用也就无法发挥。

4. 量值传递

在一国范围内，具有最高准确度的计量标准，就是国家计量基准。国家计量基准具有保存、复现和传递计量单位量值3种功能，是统一全国量值的最高依据。

量值传递是通过对测量仪器的校准或检定，将国家测量标准所实现的单位量值通过各等级的测量标准传递到工作测量仪器的活动，以保证测量所得的量值准确一致。量值传递是统一计量器具量值的重要手段，是保证计量结果准确可靠的基础。很显然，没有量值传递，量值也就无源可溯，更谈不上统一量值了。

我国《计量法（2015年第三次修正）》的第1条，明确指出制定《计量法》的目的是"为了加强计量监督管理，保障国家计量单位制的统一和量值的准确可靠，有利于生产、贸易和科学技术的发展，适应社会主义现代化建设的需要，维护国家、人民的利益"。可见，保证全国量值的准确可靠是计量立法的基本点之一，是计量工作的一项根本任务。保证量值的准确可靠是目的，量值传递是为了达到这一目的而采取的具体措施和技术保证。

(1) 量值传递系统

国家测量标准所实现的单位量值通过各等级的测量标准传递到工作测量仪器，由此形成了量值传递系统。

全国量值传递系统示意图，见图2.7.1-1。

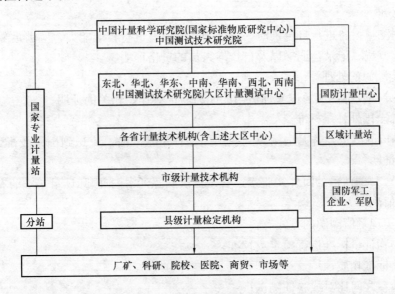

图2.7.1-1 全国量值传递系统示意图

(2) 量值传递的方法

量值传递的方式一般采用：实物标准逐级传递、发放标准物质、发布标准数据、发播标准信号和计量保证方案（MAP方式）等。

目前我国最基本的、最主要的量值传递方式是用实物标准进行逐级传递，发放标准物质主要用于化学计量领域，发播标准信号主要用于时间频率、无线电计量领域，而计量保证方案采用不多，但采用计量保证方案是将来发展方向。

5. 量值溯源

溯源性是指测量结果或测量标准的值，能够通过一条具有规定不确定度的连续比较链，与测量基准联系起来。这种特性使所有的同种量值，都可以按这条比较链通过校准向测量的源头追溯，也就是溯源到同一个测量基准（国家基准或国际基准），从而使准确性和一致性得到技术保证。否则，量值出于多源，必然会在技术上和管理上造成混乱。所谓"量值溯源"，是指自下而上通过不断地校准而构成溯源体系；而"量值传递"，则是自上而下通过逐级检定而构成检定系统。

（1）量值传递与量值溯源区别：

1）量值传递自上而下，体现强制性；量值溯源自下而上，体现自发性；

2）量值传递等级严格，层次与中间环节较多，容易造成准确度损失；量值溯源可根据需要越级溯源，不受等级限制；

3）量值传递采用检定或校准方式；量值溯源采用不间断的比较链，可使用多种方式。

（2）量值溯源原则

全部测量设备必须是可溯源的。在量值溯源时，必须依照国家计量检定规程或有关规定的技术方法进行。

1）外部检定或校准

根据溯源体系图选择相应等级的检测和校准实验室（必要时，应能提供该检测和校准实验室的能力认可证明）。

2）自校准

① 所用测量设备进行自校准时，需证明实验室有进行校准能力，应满足溯源要求；

② 校准方法、记录、证书以及自校准人员的资格证明。

3）不能溯源的处理

可采用分部校准，或通过参加适当的能力验证等提供相关的证明。

4）溯源至国外计量标准

① 当进口的测量设备无法溯源到我国国家计量基准时，应送到国外校准，能提供有效的溯源性证明；

② CNACL 的认可的海外实验室，必须提供溯源到本国/国际计量基准的有效证明。

（3）量值溯源方式

目前，实现量值溯源的方式有：

1）用实物计量标准进行检定或校准；

2）发放标准物质；

3）实验室之间比对或验证测试；

4）计量保证方案（MAP）。

其他还有：统一标准方法（参考测量方法或仲裁测量方法）；比率或互易测量；发播标准信号；发布标准（参与）数据；按国际承认的有关专业标准溯源；按双方同意的互认标准溯源等。

（4）国家溯源等级图

溯源等级图是一种代表等级顺序的框图，用以表明测量仪器的计量特性与给定量的测量标准之间的关系；是对给定量或给定类别的测量仪器所用比较链的一种说明，以此作为其溯源性的证据；

国家溯源等级图（在我国，也称"国家计量检定系统表"）在一个国家内，对给定量的测量仪器有效的一种溯源等级图,包括推荐(或允许)的比较方法或手段。是建立计量标准和制定检定规程的依据,在我国具有明确的法律地位,《中华人民共和国计量法(2015年第三次修正)》第10条规定:"计量检定必须按照国家计量检定系统表进行。国家计量检定系统表由国务院计量行政部门制定"。

国家溯源等级图包括内容:
1) 测量设备或基准、标准的名称;
2) 测量范围;
3) 准确度等级、测量不确定度或最大允许误差;
4) 比较方法或手段。

(5) 制定国家溯源等级图的目的

制定国家溯源等级图主要目的是确定我国某类计量器具的量值传递体系,指导计量检定,既确保被检计量器具的准确度,又考虑到量值传递的经济性、合理性。它可作为建立计量测量标准,制定检定规程的依据。

6. 量值传递与量值溯源图

(1) 量值传递图

因我国计量器具量值传递实行的是国家基准(国家测量标准)→各等级计量标准→工作计量器具的3级传递。因此,量值传递框图分:计量基准器具、计量标准器具、工作计量器具3部分,见图2.7.1-2所示。

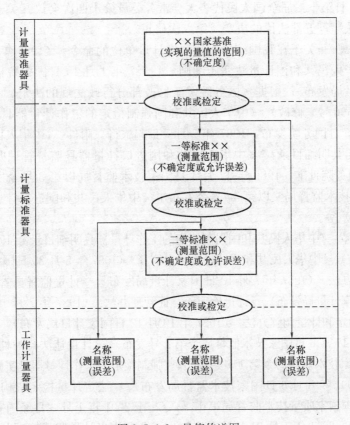

图2.7.1-2 量值传递图

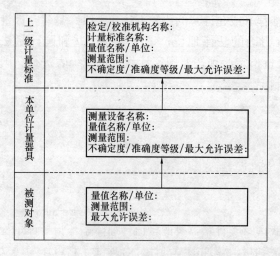

图 2.7.1-3　计量器具量值溯源图

(2) 量值溯源图

量值溯源是按测量结果→国家测量标准→国际测量标准进行溯源；计量器具量值溯源框图分：被测对象、本单位计量器具、上一级计量标准 3 部分，见图 2.7.1-3 所示。

2.7.2　计量管理体系的主要组成

1. 计量法律法规、计量技术规范、计量检定规程及计量检定系统表

(1) 现行有效的计量法律法规和规范性文件：

1) 法律：《中华人民共和国计量法》(1985 年 9 月 6 日第六届全国人民代表大会常务委员会第十二次会议审议通过，1985 年 9 月 6 日中华人民共和国主席令第 28 号公布，自 1986 年 7 月 1 日起施行；根据 2009 年 8 月 27 日第十一届全国人民代表大会常务委员会第十次会议《关于修改部分法律的决定》第一次修正；根据 2013 年 12 月 28 日第十二届全国人民代表大会常务委员第六次会议《关于修改〈中华人民共和国海洋环境保护法〉等七部法律的决定》第二次修正；根据 2015 年 4 月 24 日第十二届全国人民代表大会常务委员第十四次会议《关于修改〈中华人民共和国计量法〉等五部法律的决定》第三次修正）。

2) 行政法规：《关于在我国统一实行法定计量单位的命令》(1984 年 2 月 27 日国务院发布)、《中华人民共和国计量法实施细则》(1987 年 1 月 19 日国务院批准，1987 年 2 月 1 日国家计量局发布)；根据《国务院关于修改部分行政法规的决定》(2016 年 2 月 6 日国务院令第 666 号）修改)、《中华人民共和国强制检定的工作计量器具检定管理办法》(1987 年 4 月 15 日国务院发布，1987 年 7 月 7 日起施行) 附件：《中华人民共和国强制检定的工作计量器具明细目录》、《中华人民共和国进口计量器具监督管理办法》(1989 年 10 月 11 日经国务院批准，1989 年 11 月 4 日国家技术监督局以第 3 号令发布，1996 年 6 月 24 日，国家技术监督局又以第 44 号令发布了《中华人民共和国进口计量器具监督管理办法实施细则》）等。

3) 部门规章：《中华人民共和国强制检定的工作计量器具明细目录》(1987 年 5 月 28 日国家计量局发布)、《中华人民共和国计量法条文解释》(1987 年 5 月 30 日国家计量局发布)、《标准物质管理办法》(1987 年 7 月 10 日国家计量局发布)、《计量监督员管理办法》(1987 年 7 月 10 日国家计量局发布)、《计量检定印、证管理办法》(1987 年 7 月 10 日国家计量局发布)、《仲裁检定和计量调解办法》(1987 年 10 月 12 日国家计量局发布)、《计量授权管理办法》(1989 年 11 月 6 日国家技术监督局令第 4 号发布)、《计量违法行为处罚细则》(1990 年 8 月 25 日国家技术监督局令第 14 号发布)、《强制检定的工作计量器具实施检定的有关规定（试行）》(1991 年 8 月 6 日国家技术监督局发布)、《法定计量检定机构监督管理办法》(中华人民共和国国家质量技术监督局第 15 号令，于 2001 年 1 月 3 日经国家质量技术监督局局务会议通过，2001 年 1 月 21 日公布施行)、《集贸市场计量监督管理办法》(2002 年 3

月 27 日中华人民共和国国家质量监督检验检疫总局第 17 号令公布,自 2002 年 5 月 25 日起施行)、《定量包装商品计量监督管理办法》(2005 年 5 月 16 日国家质量监督检验检疫总局第 75 号令公布,自 2006 年 1 月 1 日起施行)、《零售商品称重计量监督管理办法》(2004 年 4 月 30 日国家质量监督检验检疫总局第 66 号令公布,并经国家工商行政管理总局 2004 年 7 月 15 日审议通过,自 2004 年 12 月 1 日起施行)、《加油站计量监督管理办法》(2002 年 12 月 19 日国家质量监督检验检疫总局第 35 号令公布,自 2003 年 2 月 1 日起施行)、《眼镜制配计量监督管理办法》(2003 年 9 月 28 日国家质量监督检验检疫总局第 54 号令公布,自 2003 年 12 月 1 日起施行)、《计量基准管理办法》(2007 年 6 月 6 日国家质量监督检验检疫总局第 94 号令公布,自 2007 年 7 月 10 日起施行)、《计量标准考核办法》(2005 年 1 月 14 日国家质量监督检验检疫总局第 72 号令公布,自 2005 年 7 月 1 日起施行)、《计量器具新产品管理办法》(2005 年 5 月 20 日国家质量监督检验检疫总局第 74 号令公布,自 2005 年 8 月 1 日起施行)、《中华人民共和国依法管理的计量器具目录(型式批准部分)》(2005 年 10 月 8 日国家质量监督检验检疫总局第 145 号公告发布,自 2006 年 5 月 1 日起施行)、《中华人民共和国进口计量器具型式审查目录》(2006 年 1 月 13 日国家质量监督检验检疫总局第 5 号公告发布,自 2006 年 8 月 1 日起施行)、《制造、修理计量器具许可监督管理办法》(2007 年 12 月 29 日国家质量监督检验检疫总局第 104 号令发布,自 2008 年 5 月 1 日起施行)、《计量检定人员管理办法》(2007 年 12 月 29 日国家质量监督检验检疫总局第 105 号令发布,自 2008 年 5 月 1 日起施行)等。

4)规范性文件:《法定计量检定机构考评员管理规范》(质技监局量发 [2000] 143 号,发布日期:2000 年 8 月 31 日,执行日期:2000 年 8 月 31 日)、《制造计量器具许可证考核规范》(国家质量监督检验检疫总局(国质检量 [2004] 268 号)发布,自 2004 年 6 月 23 日实施)等。

(2)计量技术规范、计量检定规程及计量检定系统表

截至 2015 年 12 月 31 日,经国家质量监督检验检疫总局(包括原国家标准计量局、原国家计量总局、原国家计量局、原国家技术监督局和原国家质量技术监督局)颁布的、现行有效的国家计量技术法规名目。其中包括:《法定计量检定机构考核规范》JJF 1069—2012、《计量标准考核规范》JJF 1033—2008 等国家计量检定规程名目 906 个,国家计量技术规范名目 577 个,国家计量检定系统表名目 95 个,详见《中华人民共和国国家计量技术法规目录(2016 版)》。

2. 计量管理部门和技术机构

(1)计量管理部门

中央和地方政府计量行政部门、中央和地方政府行业主管部门为计量管理部门。其中:中央和地方政府计量行政部门包括国家质量监督检验检疫总局(计量司)和各省市自治区技术监督局;中央和地方政府行业主管部门包括国务院各部委主管计量部门和各省市自治区行业政府机构主管计量部门。

(2)计量技术机构

国家和地方法定计量技术机构,包括中国计量科学研究院、国家七大区计量测试中心、国家专业计量站和各省市自治区计量研究院。

法定计量检定技术机构,是政府计量行政部门依法设置或授权建立并经政府计量行政

部门组织考核合格的，为政府计量行政部门实施计量监督提供技术保证，并为国民经济和社会生活提供技术服务的计量技术机构。

3. 计量从业人员

计量从业人员包括计量研究人员、持证检定人员、计量监督人员及计量评审专家等。

（1）计量研究人员：从事计量标准建设和检定规程编制的人员；

（2）持证检定人员：通过培训考核从事检定/校准的工作人员；

（3）计量监督人员：被授权进行计量监督工作的人员；

（4）计量评审专家：参加计量技术组织活动的技术专家。

4. 计量器具

计量器具是指单独地或连同辅助设备一起用以进行测量的器具。其具有用于测量、能确定被测对象的量值和本身是一种计量技术装置等特征。

（1）计量器具的分类：

计量器具的种类繁多，并有多种分类方法。最常见的分类有按其结构特点和计量学用途进行分类。

1）按结构特点分类

计量器具按其结构特点可分为：实物量具、计量仪器（仪表）、计量装置 3 类。

① 实物量具

具有所赋量值，使用时以固定形态复现或提供一个或多个量值的测量仪器。例如：标准砝码、容积量器（提供单个或多个量值、带或不带量的标尺）、标准电阻器、线纹尺、量块、标准信号发生器、有证标准物质等；

② 计量仪器

是指将被测的量转换成可直接观测的指示值或等效信息的计量器具。例如：电流表、压力计、水表、温度计、干涉仪、天平等；

③ 计量装置

是指为确定被测量值所必需的计量器具和辅助设备的总体。例如：电工材料的电阻率计量装置、自动网络分析装置、医用温度计校准装置等。

2）按计量学用途分类

按计量学用途可分为：计量基准、计量标准和工作标准 3 类。

① 计量基准

国家测量标准（简称国家标准），是指经国家权威机构承认，在一个国家或经济体内作为同类量的其他测量标准定值依据的测量标准。

在我国称计量基准或国家计量标准。

② 计量标准

参考测量标准（简称参考标准），是指在给定组织或给定地区内指定用于校准或检定同类量其他测量标准的测量标准。

在我国，这类标准称为计量标准。

③ 工作标准

工作测量标准（简称工作标准），是指用于日常校准或检定测量仪器或测量系统的测量标准。

注：工作测量标准通常用参考测量标准校准或检定。

测量标准，具有确定的量值和相关联的测量不确定度，实现给定量定义的参照对象。在我国，测量标准按其用途分为计量基准和计量标准。

(2) 计量器具特性

计量器具特性有：静态特性和动态特性。

1) 当输入信号不变时，计量装置或者计量装置的元件输出信号的特性称为静态特性。它包括：范围、准确度、测量仪器的稳定性、标尺间隔（又称分度值）、分辨力、显示装置的分辨力、测量系统的灵敏度、线性度和鉴别阈等。

① 范围包括：标尺间隔（又称分度值）、示值区间、标称示值区间、测量区间（或工作区间）、标称示值区间的量程。

a. 示值是指由测量仪器或测量系统给出的量值。

注：
(a) 示值可用可视形式或声响形式表示，也可传输到其他装置。示值通常由模拟输出显示器上指示的位置、数字输出所显示或打印的数字、编码输出的码形图、实物量具的赋值给出。
(b) 示值与相应的被测量值不必是同类量的值。

b. 标尺间隔，又称分度值，是指对应两相邻标尺标记的两个值之差。

注：标尺间隔用标在标尺上的单位表示。

c. 示值区间是指极限示值界限内的一组量值。

注：
(a) 示值区间可以用标在显示装置上的单位表示，例如：99V～201V。
(b) 在某些领域中，此术语也称"示值范围"。

d. 标称示值区间，简称标称区间，是指当测量仪器或测量系统调节到特定位置时获得并用于指明该位置的、化整或近似的极限示值所界定的一组量值。

注：
(a) 标称示值区间通常以它的最小和最大量值表示，例如：100V～200V。
(b) 在某些领域中，此术语也称"标称范围"。
(c) 在我国，此术语也简称"量程"。

e. 测量区间，又称工作区间，是指在规定条件下，由具有一定的仪器不确定度的测量仪器或测量系统能够测量出的一组同类量的量值。

注：
(a) 在某些领域中，此术语也称"测量范围或工作范围"。
(b) 测量区间的下限不应与检测限相混淆。

f. 标称示值区间的量程是指标称示值区间的两极限量值之差的绝对值。

例：对从$-10V$～$+10V$的标称示值区间，其标称示值区间的量程为20V。

② 准确度是测量准确度的简称，是指被测量的测得值与其真值间的一致程度。

准确度等级是指在规定工作条件下，符合规定的计量要求，使测量误差或仪器不确定度保持在规定极限内的测量仪器或测量系统的等别或级别。

注：
a. 准确度等级通常用约定采用的数字或符号表示。
b. 准确度等级也适用于实物量具。

③ 输入输出特性

输入输出特性包括：线性度、测量系统的灵敏度、鉴别阈、死区、分辨力、显示装置的分辨力。

a. 线性度：在规定条件下计量器具的输入（或激励）与对应的输出（或响应）的关系称为响应特性。响应关系可建立在理论和实验的基础上，它可用代数方程、数表或图的形式表示。

b. 测量系统的灵敏度，简称灵敏度，是指测量系统的示值变化除以相应的被测量值变化所得的商。

注：
(a) 测量系统的灵敏度可能与被测量的量值有关。
(b) 所考虑的被测量值的变化必须大于测量系统的分辨力。

c. 鉴别阈是指引起相应示值不可检测到变化的被测量值的最大变化。

注：鉴别阈可能与诸如噪声（内部或外部）或摩擦有关，也可能与被测量的值及其变化是如何施加的有关。

d. 死区是指当被测量值双向变化时，相应示值不产生可检测到的变化的最大区间。

注：死区可能与变化速率有关。

e. 分辨力是指引起相应示值产生可觉察到变化的被测量的最小变化。

注：分辨力可能与诸如噪声（内部或外部）或摩擦有关，也可能与被测量的值有关。

f. 显示装置的分辨力是指能有效辨别的显示示值间的最小差值。

④ 测量仪器的稳定性，简称稳定性，是指测量仪器保持其计量特性随时间恒定的能力。

注：稳定性可用几种方式量化。

2) 动态特性包括：稳态响应特性、瞬态响应特性、频率响应特性及阶跃响应特性等。

5. 计量标准

(1) 计量标准分类

按法律地位分类，计量标准分为社会公用计量标准、部门使用的计量标准和企（事）业单位使用的计量标准 3 类。

(2) 计量标准等级与关系

计量标准等级与关系，见图 2.7.2-1 所示。

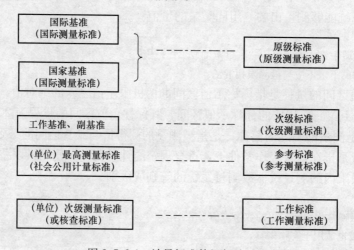

图 2.7.2-1　计量标准等级与关系图

(3) 计量标准考核规范

《计量标准考核规范》JJF 1033—2008 为计量标准的考核规范。

(4) 计量标准考核程序

计量标准考核程序，见图 2.7.2-2 所示。

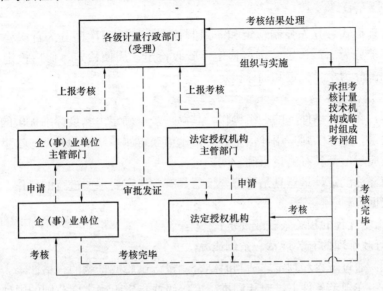

图 2.7.2-2 计量标准考核程序图

2.7.3 计量检定基本知识

计量检定是具有中国特色的法制性工作。

计量检定机构只有在其建立的计量标准经考核合格，并由有关部门审批或授权后才能开展计量标准范围内的检定项目。

计量检定是统一量值，确保计量器具准确一致的重要措施；是量值传递或溯源的重要形式；是为国家发展提供计量保证的重要条件；是实行全国计量监督的重要手段。

计量检定是计量科学最重要的实际应用，也是计量部门一项最基本的任务。

1. 计量检定定义

是指查明和确认测量仪器符合法定要求的活动，它包括检查、加标记和/或出具检定证书。

检定是由计量检定人员利用测量标准，按照计量检定规程要求，包括外观检查在内，对首次检定、后续检定和使用中检验的计量器具进行一系列的具体活动，以确定计量器具的准确度、重复性、稳定度、灵敏度等是否符合规定。

2. 计量检定的特点

计量检定具有以下特点：

(1) 检定对象：计量器具；

(2) 检定目的：判定计量器具是否符合法定要求；

(3) 检定依据：计量检定规程；

(4) 检定结果：必须作出是否合格的结论，并出具检定证书/检定结果通知书或加盖印记；

(5) 检定性质：具有法制性；

(6) 检定主体：计量检定人员。

3. 计量检定的分类

按法制管理形式可分为强制检定和非强制检定；按时间次序分为首次检定和后续检定；按管理环节分为出厂检定、进口检定、验收检定、周期检定、修后检定和仲裁检定等；按数量范围分为全量检定和抽样检定。

4. 计量检定相关术语

(1) 校准：在规定条件下的一组操作，其第一步是确定由测量标准提供的量值与相应示值之间的关系，第二步则是用此信息确定由示值获得测量结果的关系，这里测量标准提供的量值与相应示值都具有测量不确定度。

(2) 检查：为确定计量器具是否符合该器具有关法定要求所进行的操作。

检查的依据：

1) 计量检定规程的相关条款或规定；

2) 计量行政管理的有关规章、条例或办法。

(3) 检验：通过观察和判定，适当时结合测量、试验或量测的合格评定。

(4) 比对：在规定条件下，对相同准确度等级或指定不确定度范围的同种测量仪器复现的量值之间比较的过程。

(5) 计量确认：为确保测量设备处于满足预期使用要求的状态所需要的一组操作。

注：

1) 计量确认通常包括：校准和验证、各种必要的调整或维修及随后的再校准、与设备预期使用的计量要求相比较以及所要求的封印和标签。

2) 只有测量设备已被证实适合于预期使用并形成文件，计量确认才算完成。

3) 预期使用要求包括：测量范围、分辨力、最大允许误差等。

4) 计量要求通常与产品要求不同，并不在产品要求中规定。

2.7.4 设备检定、校准及自校（验）

为保证检测数据的准确可靠，所用仪器设备应进行量值溯源。常见的溯源方式有检定、校准及验证3类。如何为每种设备选择合适的溯源方式，必须了解什么是检定、校准、验证及3种方式的适用范围和差异。

1. 常见的溯源方式

(1) 检定

是指任何一个测量结果或计算标准的值，都能通过一条具有规定不确定度的比较链，与计量基准（国家基准或国际基准）联系起来，从而使准确性和一致性得到保证。

准确性是指测量结果与被测真值的一致程度。

凡列入《中华人民共和国依法管理的计量器具目录》，直接用于贸易结算、安全防护、医疗卫生、环境检测方面的工作计量器具，必须定点、定期送检，如玻璃液体温度计、天平、流量计、压力表等实行强制检定，取得检定证书的设备均为合格设备。

《中华人民共和国计量法实施细则》（根据《国务院关于修改部分行政法规的决定》（2016年2月6日国务院令第666号）修改）第13条规定：计量检定工作应当符合经济合理、就地就近的原则，不受行政区划和部门管辖的限制。

（2）校准

在规定条件下的一组操作，其第一步是确定由测量标准提供的量值与相应示值之间的关系，第二步则是用此信息确定由示值获得测量结果的关系，这里测量标准提供的量值与相应示值都具有测量不确定度。

范围：对于未列入强检目录的仪器设备可以检定，也可校准。

（3）验证

在VIM中，将"提供客观证据证明测量仪器满足规定的要求"定义为验证。仪器设备进行验证的基本条件是已知规定和使用要求，其次是获得是否满足要求的客观证据。在此基础上对所用仪器设备进行是否满足要求的认定。

可以通过验证方式进行溯源的仪器设备有以下几类：

1）实验室使用未经定型的专用检测仪器设备，需要由相关技术单位提供客观证据进行验证；

2）当实验室借用永久控制范围以外的仪器设备，实验室应当对该仪器设备是否符合规定要求进行验证；

3）当检测所用仪器设备暂不能溯源到国家基准时，可以通过比对、能力验证等方式，对其是否满足规定要求进行验证；

4）在试验检测中那些影响检测工作质量又不需要检定校准、作为工具使用不传输数据的仪器设备，应进行功能和性能的验证，检查其功能是否正常；

5）对实验室所选用的计算机软件应对软件是否满足要求、数据处理要求、检测标准要求、使用要求进行验算。

这类验证包括变换方法进行计算、与已证实的进行比较、进行试验和演示、文件发布前进行评审。

实验室常用的试验检测软件有：测量仪器设备本身自带的用于计算的软件、实验室根据需要自行开发的软件、管理部门推广使用的软件。无论何种软件都应进行验算确认，尤其是仪器设备自带的计算软件，由于对规范标准的理解偏差，导致计算结果的错误，如果是试验室自行开发的软件，应按软件产品设计开发的要求进行评审、验证、确认。

交通行业实验室常用仪器或试验检测的辅助工具如：脱模器、摇筛机、取芯机等属于功能性验证。验证功能正常者贴绿色标识。

玻璃器皿作为特殊器具，当被用做量具提供数据时，必须通过检定合格；当作为器具用做盛水等用途，不传输数据时，可不必检定。

考虑量筒、滴定管等有刻度的玻璃器皿易碎的特殊性，检定周期可采取首次检定终身使用。

（4）特殊情况

1）对于不能溯源的、非强检的仪器，评审机构可以进行自校准，但必须制定校验方法。

2)对于没有国家或地方计量检定规程、尚不能溯源的仪器,可以采取实验室间仪器比对的方法。

2. 检定和校准的区别

(1)校准不具有法制性,是企业的自愿行为;检定具有法制性,属于计量管理范畴的执法行为。

(2)校准主要确定测量器具的示值误差;检定是对测量器具的计量特性及技术要求的全面评定。

(3)校准的依据是校准规范、校准方法,可作统一规定也可自行制定;检定的依据是检定规程。

(4)校准不判定测量器具合格与否,但当需要时,可确定测量器具的某一性能是否符合预期的要求;检定要对所检测量器具做出合格与否的结论。

(5)校准结果通常是发校准证书或校准报告;检定结果合格的发检定证书,不合格的发不合格通知书。

由以上校准、检定的差异不难看出,取得校准证书或测试报告的设备不一定就符合要求,必须经技术负责人或质量负责人对证书或报告的数据进行确认,判定有无偏差,并对偏差进行修正,只有这样,才可确保校准结果的正确使用,尤其目前各计量检定机构水平参差不齐,对交通专有设备的使用范围、所需校准参数不了解,往往提供的报告结果无法满足试验要求。

3. 自校(验)

对暂无国家计量检定规程、标准、相关技术资料或法定计量检定机构暂时无法对整机系统进行检定或无法溯源到国家计量基准,而对检测结果的准确性或有效性有影响的仪器设备、标准物质,应按检测机构现行有效的仪器设备自校(验)规程进行自校(验)或比对。

(1)仪器设备自校(验)规程由检验人员根据产品说明书及有关技术资料负责编写,经检测室负责人审核,技术负责人批准后生效使用。检测室负责人负责检测设备的自校(验)工作,负责确定检测设备的计量特性、分类、自校(验)或自校周期,并对自校(验)结果进行适用性判定。

绘制量值传递图,保证能溯源到国家计量基准。

(2)仪器设备自校(验)规程的编制依据

编制依据:《中华人民共和国计量法》(2015年第三次修正)、《国家计量检定规程编写规则》JJF 1002—2010、《检测方法标准》。

(3)仪器设备自校(验)规程的格式内容包括:适用范围、概述、技术要求、校验条件(环境条件、校验所用计量标准器具及相应设备、校验所用计量标准器具的有效性)、校验项目及校验方法、校验结果处理、校验周期及附录(校验记录表)等。

(4)自校(验)记录

仪器设备自校(验)的记录有:规程目录、计划表和记录表。

1)表2.7.4-1~表2.7.4-3分别为仪器设备自校(验)规程目录、仪器设备自校(验)计划表和仪器设备自校(验)记录表,供参考。

2)搅拌站计量设备校验记录表,见表2.7.4-4(供参考)。

2.7 计量基础、设备检定管理和法定计量单位

仪器设备自校（验）规程目录　　　　　　　　　　　表 2.7.4-1

试验室名称：
编号：　　　　　　　　　　　　　　　　　　　　　　　　　　年　月　日

序号	文件控制编号	规程名称	页数

编制：　　　　　　审核：　　　　　　批准：

仪器设备自校（验）计划表　　　　　　　　　　　　表 2.7.4-2

试验室名称：
编号：　　　　　　　　　　　　　　　　　　　　　　　　　　年　月　日

序号	仪器设备名称	仪器设备管理编号	型号/规格	出厂编号	生产厂家	自校（验）周期	自校（验）日期	自校（验）单位	下次自校（验）日期	仪器设备状态	保管人	存放地点	备注

技术负责人批准：　　　　　　　　　　　计划编制人：

仪器设备自校（验）记录表

表 2.7.4-3

试验室名称：
编号：　　　　　　　　　　　　　　　　　　　　　　　　　　　年　月　日

仪器设备管理编号		自校（验）编号	
出厂编号、型号		自校（验）日期	年　月　日
仪器制造厂		自校（验）依据	
自校（验）地点		环境条件	环境温度：　　℃ 相对湿度(RH)：　　% 其他：

本次自校（验）所使用的主要计量标准器具

计量标准器具名称	型号/规格	测量范围	不确定度或准确度等级或最大允许误差	证书编号	有效期至	是否可溯源至国家计量基准
						□是　□否
						□是　□否
						□是　□否
						□是　□否
						□是　□否

项目	技术要求	自校（验）数据	结果

结论：

主管：　　　　　　　核验：　　　　　　　校验：

2.7 计量基础、设备检定管理和法定计量单位

搅拌站计量设备校验记录表 表 2.7.4-4
(动态标定)

受检单位：　　　　　　　　　　　　　校验编号：
设备型号：　　　　　　　　　　　　　校验日期：

数据＼项目	皮重(kg)	预定值(kg)	显示重量(kg)	实际重量(kg)	误差(%)	平均误差(%)	允许误差(%)	检验结果
胶凝材料秤								
细集料秤								
粗集料秤1号								
粗集料秤2号								
粗集料秤3号								
钢纤维								
外加剂								
掺合料（干燥状态）								
水秤								

备注：
动态校验过程：首先经过电脑设置预定值——然后控制下料——再将所下的料进行称重——计算其误差。

校验：　　　　核验：　　　　现场试验监理：　　　　搅拌站负责人：

4. 仪器设备标识管理

试验室内所有仪器设备不论是送检还是自校准，均应有状态标识。状态标识分为"合

格"、"准用"、"停用"3种，对应的颜色分别为"绿"、"黄"、"红"3色，除计量检定合格证以外，还应有仪器设备管理卡，一般为蓝色。

（1）合格标志（绿色）

经计量检定或校准、验证合格，确认其符合检测/校准技术规范规定使用要求的。

（2）准用标志（黄色）

仪器设备存在部分缺陷，但在限定范围内可以使用的，包括多功能检测设备其某些功能丧失，但检测所用功能正常，且校准/检定合格者。

测试设备某一量程准确度不合格，但检测所用量程合格者，降等级后使用的仪器设备。

（3）停用标志（红色）

仪器设备目前状态不能使用，但经检定/校准或修复后可以使用的，不是实验室不需要的废品杂物。停用包含：

1）仪器设备损坏者；

2）仪器设备经检定/校准不合格者；

3）仪器设备性能无法确定者；

4）仪器设备超过周期未检定/校准者；

5）不符合检测/校准技术规范规定的使用要求者；

6）不允许不明状态的仪器设备摆放在试验室。

（4）仪器设备状态合格证的格式内容（供参考）

仪器设备状态合格证（PASS）（绿色）。

1）仪器设备名称；

2）出厂编号；

3）检定/校准日期；

4）有效日期；

5）检定/校准员；

6）检定/校准单位名称等。

（5）仪器设备管理卡的格式内容

仪器设备管理卡的格式内容，见表2.2.2-2（供参考），仪器设备管理卡一般为蓝色。

（6）计量检定证书/校准证书的内容

首先检查检定/校准单位的资格和业务范围。

1）送检/委托单位名称；

2）送检/委托单位地址；

3）检定/校准的设备（计量器具）名称；

4）型号/规格；

5）出厂编号；

6）制造/生产单位名称；

7）检定/校准依据；

8）检定/校准所使用的主要计量标准器具；

9）所测定的参数及测量不确定度；

10) 检定/校准地点及环境条件（环境温度、相对湿度）；

11) 检定结果（结论）/校准结果；

12) 检定/校准日期；

13) 有效日期；

14) 批准人、核验员、检定/校准员签名；

15) 检定/校准专用章等。

注：检定周期一般为1年，也可根据使用频率自定。

(7) 仪器设备常见的标识错误

1) 误将路面材料强度试验仪标识贴在架子上。

路面材料强度试验仪常见的结构形式有2种，一种是测力架加应力环，另一种为测力架加传感器。当使用有应力环的路面材料强度试验仪时，标识应贴在应力环上，同时标识上应标明应力环的编号，避免不同量程应力环用错回归方程；使用直读式传感器路面材料强度试验仪时，可将标识贴在传感器上，使用时注意传感器的精度。

2) 将所有玻璃器皿均贴绿色标识。

常用的玻璃仪器有2种情况，一种是用来量取溶液体积需要读取数据的，如量筒、移液管、滴定管等，另一种用于盛装溶液不需读取数据的，如烧杯、三角瓶。当用作读取数据的量具时，必须通过检定加贴标识，用作盛装溶液的容器，无需检定。由于玻璃器皿需要冲洗且标识易脱落，可采用先编号后将标识贴在相应墙面，做到标识与玻璃器具的编号一一对应即可。

3) 水泥混凝土试模多个试模共用一个标识。

由于水泥混凝土试模数量较多，且校准费用较高，许多实验室试模校准采用"抽样调查"，校准报告中所有试模使用同一编号，无法确定所用试模是否符合要求。由于无编号，导致标识无法和试模一一对应。水泥混凝土强度直接受试件尺寸、相邻面间夹角的影响，而试件的尺寸及夹角取决于试模尺寸、夹角的影响，各实验室需要重视试模的校准质量。

4) 负压筛析仪校准不全，标识不全

负压筛析仪由负压筒和筛子两部分组成，由于水泥细度试验规范中，对压力和筛孔尺寸都有要求，2部分应分别校准，分别贴标识。许多试验人员误将规范中筛余系数的修正当作筛孔尺寸的校准，往往忽略筛孔尺寸的校准。用标准粉修正，是对在筛孔尺寸符合要求的前提下，由于使用过程中筛子未清洗干净而产生的误差进行的修正。

5) 千分表、百分表标识贴在包装盒上，出现表编号和盒上编号不一致。

由于千分表、百分表属于精密设备，出厂编号是唯一的，使用后放回包装盒时会出现盒子和表不对应。将标识贴在千分表、百分表的背面，且标识编号、校准报告中设备编号、千分表百分表出厂编号3者应相一致。

(8) 试验检测机构在仪器设备量值溯源方面的常见问题

1) 无设备管理的总体计划或管理方式不正确，检定/校准/验证概念不清，出现溯源方式错误，将一些无需检定/校准的试验检测工具，如取芯机、脱模器等进行检定/校准。

2) 制定的检定/校准周期不正确，设备检定/校准周期除按照检定规程规定进行检定/校准外，还应结合试验室实际使用情况确立合理的校准周期。

3) 实验室未能结合规范要求对仪器设备的检定/校准报告结果确认。

4）校准参数不全或检定/校准参数未覆盖所使用的范围，如沥青针入度试验所用针未能校准或校准参数不全，针入度仪连杆和针安装后的质量，马歇尔稳定度仪只有稳定度的校准而无流值的；常见烘箱、高温炉、低温恒温水浴，未能提供检测温度场的多个点检测数据。

5）仪器设备的校准报告中提供的修正值或修正因子未使用。

6）期间核查设备名称不明确，方法不正确。

7）检定/校准报告依据错误。

8）用于校准的标准器具量程未覆盖设备校准范围或使用错误器具。

9）检定/校准报告中未提供检测参数，只有合格结论。

10）压力机、万能机检定量程未按使用需要分档位检定。

11）检定/校准报告的仪器设备编号与实际编号无法对应。

5. 设备使用中的注意事项

(1) 根据测试参数和规范要求选择正确的仪器设备。

(2) 选择正确的量程范围。按照检定/校准证书检定/校准范围选用，尤其注意当使用小量程测试数据是否超出检定/校准范围。

(3) 做到实验前、后均需查验设备是否正常，尤其是带到工地现场使用的仪器设备。

(4) 认真填写仪器设备（标准物质）使用记录，确保实验操作过程能够再现。

表 2.7.4-5、表 2.7.4-6 分别为仪器设备使用记录表、标准物质使用记录表格式，以供参考。

仪器设备使用记录表　　　　　　　　　表 2.7.4-5

试验室名称：　　　　　　　　　　　　　　　　　　编号：
仪器设备名称：　　　　　仪器设备型号：　　　　　仪器设备管理编号：
检定/校验日期：　　　　　　　　　　　　　　　　　有效日期：

序号	样品名称	样品编号	样品数量	试验项目	试验日期	试验环境	试验时段	仪器设备状态			使用人	备注
								试验前	试验中	试验后		

注：当仪器设备正常时在"仪器设备状态"栏以"√"表示；当不正常时以"×"表示，并在备注栏中注明不正常现象。

填表人：　　　　　　　　　　　　　　填表时间：

标准物质使用记录表　　　　　　　　　表 2.7.4-6

试验室名称：　　　　　　　　　　　　　　　　　　编号：
标准物质名称：　　　　　标准物质规格/型号：　　　标准物质管理编号：
定值日期：　　　　　　　　　　　　　　　　　　　　有效日期：

序号	使用日期	标准物质状态		使用数量	标准物质使用情况	使用人	备注
		使用前	使用后				

注：当标准物质正常时在"标准物质状态"栏以"√"表示；当不正常时以"×"表示，并在备注栏中注明不正常现象。

填表人：　　　　　　　　　　　　　　填表时间：

为了确保交通行业试验仪器设备检定/校准结果符合规范标准的要求，正确使用校准结果，试验室必须对仪器设备的校准/检定/验证建立总体要求，对每一类、每一台仪器设备通过何种方式实施溯源作出具体的规定，尤其是检定/校准的依据、实施的内容、结果确认的依据等；同时根据仪器设备的工作周期要求，制定对检定/校准有影响的仪器设备的周期检定（校验）计划。

表2.7.4-7、表2.7.4-8列出了仪器设备检定/校准（验证）、确认总体计划表及仪器设备周期检定（校验）计划表的相关内容，以供参考。

仪器设备检定/校准（验证）、确认总体计划表　　　　表2.7.4-7

试验室名称：　　　　　　　　　　　　　　　　　　　　编号：

序号	仪器设备名称	技术性能			量值溯源			确认依据/要求	期间核查		使用		维护		控制措施
		检定/校准参数	量程	准确度等级/最小分度值	方式	周期（月）	机构		方法	周期（月）	条件（温度、湿度、防震）	是否授权	项目	周期（月）	

技术负责人批准：　　　　　　　　　　　　计划编制人：

仪器设备周期检定（校验）计划表　　　　表2.7.4-8

试验室名称：

编号：　　　　　　　　　　　　　　　　　　　　　　年　月　日

序号	仪器设备名称	仪器设备管理编号	型号/规格	出厂编号	生产厂家	检定（校准）周期	检定（校准）日期	检定（校准）单位	下次检定（校准）日期	仪器设备状态	保管人	存放地点	备注

技术负责人批准：　　　　　　　　　　　　计划编制人：

2.7.5 校准结果的确认及运用

对检定/校准机构或实验室出具的校准证书、测试报告，实验室应进行符合性确认评定；评定的内容包括：仪器设备的关键量或示值误差是否在该仪器设备允许的误差范围内；是否满足相关检测标准和/或客户的要求；被计量检定/校准的仪器设备是否可用于检测。

1. 校准报告结果确认的几种情况

（1）校准证书、测试报告中未对被校准的仪器设备的主要特性进行评定时，为确保测量仪器设备出具测量数据的准确性，实验室在收到仪器设备的校准证书、测试报告时，应对其给出的结果进行符合性判定。

（2）由于校准证书、测试报告上只反映出被校准仪器设备的示值误差（有的是引用误差，有的是相对误差，有的是绝对误差），因此只能对测量仪器设备示值误差的符合性进行评定。

（3）仪器设备的使用说明书和相关标准对仪器设备的精度要求是评定的依据，应对示值误差是否符合某一最大允许误差（MPEV）作出符合性判定，如果各个点均不超出最大允许误差的要求，则得出被评定仪器设备整个范围符合要求。若仪器设备的示值误差在某一使用范围内不超出最大允许误差的要求，则得出被评定仪器设备可在该范围内准用的评定。

2. 仪器设备示值误差符合性评定的基本方法

（1）对仪器设备特性进行符合性评定时，若评定值误差的不确定度与被评定仪器设备的最大允许误差的绝对值（MPEV）之比，小于或等于1∶3，则可不考虑示值误差评定的测量不确定度的影响。

由于测试报告中未给出被测量值的不确定度，因此认定计量部门出示的测试报告中的测量示值的不确定度应满足如下要求：

如果被评定仪器设备的示值误差在其最大允许误差限内时，可判为合格，即为合格。如果被评定仪器设备的示值误差超出其最大允许误差时，可判为不合格，即为不合格。

如果示值误差的测量不确定度不符合要求，则按以下判据进行评定：

1）合格判据：被评定仪器设备的示值误差的绝对值小于或等于其最大允许误差的绝对值（MPEV）与示值误差的扩展不确定度之差时，可判为合格，即为合格。

2）不合格判据：被评定仪器设备的示值误差的绝对值大于或等于其最大允许误差的绝对值（MPEV）与示值误差的扩展不确定度之和时，可判为不合格，即为不合格。

3）待定区：当被评定仪器设备的示值误差既不符合合格判据，又不符合不合格判据时，处于待定区，这时不能下合格或不合格的结论，即为待定区。

当仪器设备示值误差的评定处在不能作出符合性判定时，可以通过采用准确度更高的测量标准、改善环境条件、增加测量次数和改变测量方法等措施，以降低测量不确定度评定的不确定度，使其满足与最大允许误差绝对值MPEV之比小于或等于1∶3的要求，然后对仪器设备的示值误差重新进行评定。

（2）对于校准证书、测试报告上测量结果因系统误差造成不合格的情况，则在使用时需按理论值进行修正，具体可以根据实际情况采取曲线拟合方法、插入法等。对于校准证书、测试报告上测量结果离散性较大的，不属于系统误差的设备，则需维修或报废。维修后应重新校准/测试，并按上述方法再次进行评定。

3. 结果运用

以水泥抗折抗压试验机为例，说明试验检测设备的校准结果确认。水泥抗折抗压试验机的检定数据如表2.7.5-1所示。

水泥抗折抗压试验机（型号SYE-300）检定数据　　　　表2.7.5-1

最大试验力(kN)	试验力(kN)	示值相对误差(%)	重复性(%)
300	60	0.5	0.3
	120	0.4	0.3
	180	0.7	0.2
	240	0.9	0.2
	300	0.9	0.2

按照设备量程的精度要求，一般仪器设备使用范围宜在 20%～80%的量程。从表 2.7.5-1 中可以看出，设备检定的量程范围在总量程的 20%～100%，在 60～300kN 范围，示值相对误差小于 1%，符合Ⅰ级精度要求，但当量程到 240kN 之后，精度下降，240kN 时产生的荷载偏差为 2.16kN。因此使用时应考虑由于设备误差产生的产品不合格，尤其是数据介于合格与不合格的临界状态时。除此以外，在下次检定后要关注该设备精度是否还能满足要求。

校准报告中未提供低于 60kN 的相对误差，当测试的力值低于 60kN 时，需校准 60kN 以下量程，尤其是低强度水泥 3d 强度测试值会出现低于 60kN 的情况。

该设备检定结论符合Ⅰ级精度要求，但不得超检定量程范围使用。检定/校准证书和测试报告确认表，见表 2.7.5-2 供参考。

检定/校准证书和测试报告确认表 表 2.7.5-2

试验室名称：				编号：		
仪器设备名称				仪器设备管理编号		
仪器设备用途				保管部门		
检定/校准单位				检定/校准周期（年）		
证书/报告性质		□检定证书　□校准证书 □测试报告		证书/报告编号		
证书报告确认内容	(1) 有授权文件的标识				□是	□否
	(2) 校准/检定证书（测试报告）在校准实验室认可/实验室的授权范围内				□是	□否
	(3) 证书/报告具有量值溯源信息（如：上一级标准器的标识和检定/校准证书号）				□是	□否
	(4) 有检定/校准、测试的技术依据（代号：＿＿＿＿＿＿）				□是	□否
	(5) 提供了具体的校准数据				□是	□否
	(6) 提供了测量不确定度的数据				□是	□否
数据确认	检测项目	测试结果		标准、规范、规程要求	是否满足要求	
					□是	□否
					□是	□否
					□是	□否

根据证书、报告内容可确定：
□ 证书、报告满足要求
□ 根据证书、报告数据、结论判定该设备能使用
□ 根据证书、报告数据、结论判定该设备需降级使用
□ 根据检定/校准、测试产生的修正因子要对设备进行修正，修正情况：
□ 其他：

设备管理员： 日期： 年 月 日

部门负责人意见：

　　　　　　　　　　　　　　　　　签名： 日期： 年 月 日

技术负责人意见：

　　　　　　　　　　　　　　　　　签名： 日期： 年 月 日

备注：

设备的校准报告必须由专业人员对其内容进行确认，并对能否使用、使用中的修正值或注意事项提出意见和要求。

试验室在进行设备校准之前及对校准后的报告确认应注意的事项有：

（1）试验室根据规范、标准、使用需要等对仪器设备提出校准的参数及范围，如针入度试验，除对针入度仪校准，还应对针的角度、质量、粗糙度等提出要求。

（2）校准后对照规范标准的要求对校准结果逐一确认，并提出试验时的注意事项或要求。

这一点往往对确认人员的技术能力要求较高。

（3）当校准产生一组数据时，需要依据规范标准确认自变量与应变量是否关联，建立自变量与应变量回归方程和相应的曲线。

（4）检查校准报告中使用的依据，所用的计量标准含校准所用设备名称、测量范围、计量标准证书编号、测量不确定度等是否满足要求；尤其需要关注交通行业中专用设备的校准报告。

（5）校准结果的确认不能流于形式，要有确认结论。

2.7.6 校准数据的线性回归

当两个变量 x 与 y 之间存在一定的关系，利用数理统计中的回归分析，来确定两种变数间相互依赖的定量关系，这种统计分析方法即为回归分析。回归分析可分为线性回归分析和非线性回归分析。如果在回归分析中，只包括一个自变量和一个因变量，且二者的关系可用一条直线近似表示，这种回归分析称为一元线性回归分析。如果回归分析中包括两个或两个以上的自变量，且因变量和自变量之间是线性关系，则称为多元线性回归分析。

一元线性回归分析在交通行业的试验检测中运用十分广泛。试验检测仪器设备进行检定/校准后会出现成对成组的校准数据，如测力环等，对这一系列的数据需要建立线性回归关系，方便实验室进行计算时使用。

1. 一元线性回归拟合方程

当两个变量 x 与 y 之间用若干组数据表明其关联，每组数据在平面坐标系中，大致分布在一条线附近时，说明 x 与 y 之间存在线性关系，用直线方程表示 x 与 y 的关系：

$$y = bx + a \tag{2.7.6-1}$$

式中 a、b——回归系数。

按照最小二乘法的基本原理，当所有测量数据的偏差平方和最小时，所拟合的直线最优。其原理可表示为：

$$Q = \sum_{i=1}^{n}(y_i - Y_i)^2 = \sum_{i=1}^{n}(y_i - a - bx_i)^2 = 最小 \tag{2.7.6-2}$$

根据极值原理，要使 Q 最小，只需将上式分别对 a 和 b 求偏导数，并令其等于零，即：

$$\frac{\partial Q}{\partial a} = \sum_{i=1}^{n}[-2(y_i - a - bx_i)] = 0 \tag{2.7.6-3}$$

$$\frac{\partial Q}{\partial b} = \sum_{i=1}^{n}[-2(x_i - a - bx_i)] = 0 \quad (2.7.6-4)$$

根据上述两式，可以求得：

$$b = \frac{L_{xy}}{L_{xx}} \quad (2.7.6-5)$$

$$a = \bar{y} - b\bar{x} \quad (2.7.6-6)$$

式中

$$L_{xy} = \sum_{i=1}^{n}(x_i - \bar{x})(y_i - \bar{y}) = \sum_{i=1}^{n}x_i y_i - \frac{1}{n}\left(\sum_{i=1}^{n}x_i\right)\left(\sum_{i=1}^{n}y_i\right)$$

$$L_{xx} = \sum_{i=1}^{n}(x_i - \bar{x})^2 \sum_{i=1}^{n}x_i^2 - \frac{1}{n}\left(\sum_{i=1}^{n}x_i\right)^2$$

2. 相关系数 r_{xy}

当两个变量 x 与 y 之间存在一定的关系，可以建立回归方程，假如两变量 x、y 之间根本不存在线性关系，那么，所建立的回归方程就毫无实际意义。因此，需要引入一个数量指标来衡量其相关程度，这个指标就是相关系数，用 r_{xy} 表示。

$$r_{xy} = \frac{L_{xy}}{\sqrt{L_{xx}L_{yy}}} = \frac{\sum_{i=1}^{n}(X_i - \bar{X})(Y_i - \bar{Y})}{\sqrt{\sum_{i=1}^{n}(X_i - \bar{X})^2 \sum_{i=1}^{n}(Y_i - \bar{Y})^2}} \quad (2.7.6-7)$$

式中

$$L_{xy} = \sum_{i=1}^{n}(x_i - \bar{x})(y_i - \bar{y}) = \sum_{i=1}^{n}x_i y_i - \frac{1}{n}\left(\sum_{i=1}^{n}x_i\right)\left(\sum_{i=1}^{n}y_i\right)$$

$$L_{xx} = \sum_{i=1}^{n}(x_i - \bar{x})^2 \sum_{i=1}^{n}x_i^2 - \frac{1}{n}\left(\sum_{i=1}^{n}x_i\right)^2$$

$$L_{yy} = \sum_{i=1}^{n}(y_i - \bar{y})^2 \sum_{i=1}^{n}y_i^2 - \frac{1}{n}\left(\sum_{i=1}^{n}y_i\right)^2$$

r_{xy} 是反映 x、y 两个变量的关联程度，是描述回归方程线性相关的密切程度，取值范围为 $[-1, 1]$，r_{xy} 的绝对值越接近 1，x、y 的线性关系越好，当 $r_{xy} = \pm 1$ 时，x、y 之间符合直线函数关系，称 x 与 y 完全相关。如果 r_{xy} 趋近于 0，则 x 与 y 之间没有线性关系。

对于一个具体问题，只有当相关系数 r_{xy} 的绝对值大于临界值 r_β 时，才可用直线近似表示 x 与 y 之间的关系，其中临界值 r_β 与测量数据的个数 n 和显著性水平 β 有关。

例如：某千斤顶校准检测数据整理后得到，$y = 1.123x + 0.9856$，显著性水平 $\beta = 0.05$，$n = 10$，$r_{xy} = 0.9074$，查表可得相关系数的临界值 $r_{0.05} = 0.632$，$r_{xy} > r_{0.05}$ 说明该检测数据建立的回归方程属于线性相关，相关系数检验表见表 2.7.6-1。

相关系数检验表（r_β）　　　　　表 2.7.6-1

$n-2$	显著性水平 β		$n-2$	显著性水平 β		$n-2$	显著性水平 β	
	0.01	0.05		0.01	0.05		0.01	0.05
1	1.000	0.997	16	0.590	0.468	35	0.418	0.325
2	0.990	0.950	17	0.575	0.456	40	0.393	0.304
3	0.959	0.878	18	0.561	0.444	45	0.372	0.288
4	0.917	0.811	19	0.549	0.433	50	0.354	0.273
5	0.847	0.754	20	0.537	0.423	60	0.325	0.250
6	0.834	0.707	21	0.526	0.413	70	0.302	0.232
7	0.798	0.666	22	0.515	0.404	80	0.283	0.217
8	0.765	0.632	23	0.505	0.396	90	0.267	0.205
9	0.735	0.602	24	0.496	0.388	100	0.254	0.195
10	0.708	0.576	25	0.487	0.381	125	0.228	0.174
11	0.684	0.553	26	0.478	0.374	150	0.208	0.159
12	0.661	0.532	27	0.470	0.367	200	0.181	0.138
13	0.641	0.514	28	0.463	0.361	300	0.148	0.133
14	0.623	0.497	29	0.456	0.355	400	0.128	0.098
15	0.606	0.482	30	0.449	0.349	1000	0.081	0.062

3. 线性回归计算运用

目前，线性回归一般采用 Origin 和数学中常见的 MATLAB、Excel 等软件进行计算，具体人工计算过程已经得以简化。

以 50kN 应力环校准产生的一组数据为例进行说明，见表 2.7.6-2。

50kN 应力环校准数据表　　　　　表 2.7.6-2

最大试验力(kN)	试验力(kN)	显示值(mm)	重复性(%)
50	0	1.000	0.0
	10	1.784	0.1
	20	2.573	0.1
	30	3.380	0.1
	40	4.183	0.1
	50	4.990	0.1

应力与应变符合线性关系：

$$y = bx + a \tag{2.7.6-8}$$

式中　y——表示试验力，kN；

x——表示显示值，mm；

a、b——回归系数。

利用 Excel 软件拟合曲线，计算回归方程方便快捷。其操作步骤（略），得到线性回归方程，如图 2.7.6-1 所示。

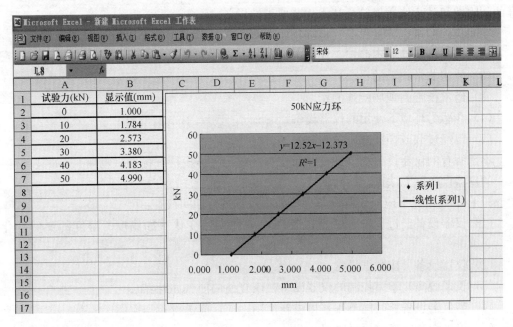

图 2.7.6-1　回归方程图

由图表中可以得知,该应力环形成的回归方程为 $y=12.52x-12.373$,相关系数的平方 $r_{xy}^2=1$。图中所有的点均在一条直线上。

采用该方法建立应力环的显示值和力值回归方程时,需要注意,在试验过程中百分表的显示值为自变量 x 值,通过百分表显示值计算应变量力值 y,与校准时自变量为试验力、应变量为百分表显示值恰恰相反。当使用建立的回归方程 $y=12.52x-12.373$ 计算力值(强度)时,x 为百分表的显示值,而不是试件的变形值。

2.7.7　期间核查的方法

1. 期间核查的概念及目的

测量设备性能的准确性,直接影响实验室检定、校准、检测结果的准确性和可靠性。为保证测量设备性能满足预期的使用要求,保证其量值的溯源性,须定期对其进行校准或检定。然而,由于测量设备固有特性的变化或漂移,在每次检定或校准后并不能保证其量值始终得到维持,因此,在日常工作中需要经常对测量设备的性能进行核查,及时识别可能发生超出预期范围的情况,以便确认其性能是否得到有效维持或是否满足其使用要求,而不会使测量设备得到非预期的使用。

因此,期间核查的概念可以表述为:根据规定程序,为了确定计量标准、标准物质或其他测量仪器是否保持其原有状态而进行的操作。

2. 期间核查的对象

不同实验室的测量设备期间核查要求是不尽相同的。按照《检测和校准实验室能力认可准则》ISO/IEC 17025：2005 和《法定计量检定机构考核规范》JJF 1069—2012 的要求,校准实验室和法定计量检定机构必须对其计量标准和标准物质进行期间核查。

期间核查不是一般的功能检查,更不是缩短检定/校准周期,其目的是在 2 次检定/校准的间隔期间防止使用不符合技术规范要求的设备。

期间核查的重点测量设备（标准物质）有：

（1）仪器设备性能不稳定，漂移率大的；

（2）使用非常频繁的；

（3）经常携带到现场检测的；

（4）在恶劣环境下使用的仪器设备；

（5）曾经过载或怀疑有质量问题的等。

不是所有的仪器设备都要进行期间核查，对无法寻找核查标准（物质）（如破坏性试验）的仪器设备就无法进行期间核查。

3. 在下列情况下应对仪器设备（标准物质）进行期间核查：

（1）仪器设备经过运输、搬迁以及环境条件突然变化（如温度、湿度的突然变化）时，必须进行；

（2）仪器设备导出数据异常；

（3）长期脱离实验室控制的仪器设备在恢复使用前（如外界）；

（4）当仪器设备长时间不用，再重新使用之前，应进行；

（5）仪器设备发生故障经维修、改装后或使用时间已较长，但还没有报废的仪器应经常进行检查；

（6）对检定周期较长的仪器设备应增加检查次数；

（7）按照年度核查次数进行；

（8）使用在检测机构控制范围以外的仪器设备等。

4. 期间核查工作程序

检测机构应在期间核查程序中列出期间核查仪器设备（标准物质）的名称、方法、周期等内容，并制定仪器设备（标准物质）期间核查规程。

仪器设备（标准物质）期间核查规程的内容包括：

用途；技术要求；核查依据；核查所用标准物质；核查项目及方法；核查结果；核查周期及核查记录等内容。

检测人员负责编制期间核查规程和每年初编制期间核查计划，检测室负责人负责审核，技术负责人负责批准，核查工作一般由仪器设备管理员进行，并作好核查记录。

5. 期间核查的方法及其判定原则

期间核查的方法有多种，可根据实验室及其检定、校准、检测样品的特点，从测量设备的特性以及经济性、实用性、可靠性、可行性等方面综合考虑。

首先要有一个核查标准，用以对测量设备进行期间核查。核查标准的性能必须稳定，它可以是上一等级、下一等级或同等级计量标准、标准物质，也可以是准确度等级更高或较低的同类测量设备、实物样品等。

期间核查的方法基本上采用等精度核查方式进行，常用方法有：仪器间的比对（传递测量法、多台（套）设备比对法、两台（套）设备比对法）、标准物质法、留样再测法、实物样件检查法、自带标样核查法、直接测量法（实验室间比对法、方法比对法）等。

（1）仪器间的比对

1）传递测量法

当对计量标准进行核查时，如果实验室内具备高一等级的计量标准，则可方便地对用其被核查计量标准的功能和范围进行检查，当结果表明被核查的相关特性符合其技术指标时，可认为核查通过。如利用高精度的万分之一电子天平检查其他较低精度的天平，将万分之一电子天平称量的物质放在低精度天平称量，看其是否满足相应天平精度的要求。

当对其他测量设备进行核查时，如果实验室具备更高准确度等级的同类测量设备或可以测量同类参数的设备，当这类设备的测量不确定度不超过被核查设备不确定度的 1/3 时，则可以用其对被核查设备进行检查，当结果表明被核查的相关特性符合其技术指标时，认为核查通过。当测量设备属于标准信号源时，也可以采用此方法。

2）多台（套）设备比对法

当实验室没有高一等级的计量标准或其他测量设备，但具有多台（套）同类的具有相同准确度等级的计量标准或测量设备时，可以采用这一方法。

首先，用被核查的测量设备对核查标准进行测量，得到的测量值为 y_1；然后，用其他几台设备分别对核查标准进行测量，得到的测量值分别为 y_1、y_2、y_3、$\cdots$、y_n，计算 y_1、y_2、y_3、$\cdots$、y_n 的平均值为 $\bar{y}$，则当 $|y_1-\bar{y}| \leqslant \sqrt{\dfrac{n-1}{n}} U$ 时，认为核查结果满意（式中 U 为用被核查设备对核查标准进行测量时的扩展不确定度）。

3）两台（套）设备比对法

当实验室只有两台（套）同类测量设备时，可用它们对核查标准进行测量，得到的测量值分别为 y_1、y_2。假如它们的测量不确定度分别为 U_1、U_2，则当满足 $|y_1-y_2| \leqslant \sqrt{U_1^2-U_2^2}$ 时，认为核查结果满意。如试验室用于钢筋试验的万能试验机间可采用上述方法进行比对，但选择的钢筋一定是在同一根上截取的。

若这两台（套）设备是溯源到同一计量标准，它们之间具有相关性，在评定不确定度时应予以考虑。

当对标准物质进行核查时，也可用此法。这时标准物质为被核查的测量设备，选取性能稳定、具有满足标准物质量值分辨力的测量设备作为核查标准，分别用两个同类的、性能指标相同的标准物质对核查标准进行测量，得到两个结果。按上述判别准则进行判定。由于被核查的标准物质类型相同、技术指标相同，因此两次测量具有相同的不确定度。同时，由于两次测量在同一台测量设备上进行，因此其判别准则为：

$$|y_1-y_2| \leqslant \sqrt{2} U \tag{2.7.7-1}$$

式中 U——扣除由系统效应引起的标准不确定度分量后的扩展不确定度。

（2）标准物质法

当实验室具有被核查设备的标准物质时，可用标准物质作为核查标准。若用标准物质去检查被核查设备的参数，得到的测量值为 y，判别准则为：

$$\left|\dfrac{y-Y}{\Delta}\right| \leqslant 1 \tag{2.7.7-2}$$

式中 y——测量值；

Y——标准物质代表的值；

Δ——与被核查设备准确度等级对应的允许偏差限值。

用于期间核查的标准物质应能溯源至 SI，或是在有效期内的有证标准物质。

当无标准物质时,可用已经过定值的标准溶液对测量设备进行核查。如 pH 计、离子计、电导仪等可用定值溶液进行核查。

(3) 留样再测法

留样再测法又可称做稳定性实验法、重复测量法。

当测量设备经检定或校准得到其性能数据后,立即用其对核查标准进行测量,把得到的测量值 y_1 作为参考值。这时的核查标准可以是测量设备,也可以是实物样品。然后在规定条件下保存好该核查标准,并尽可能不作他用。在规定或计划的核查频次上,用测量设备分别对该核查标准进行测量,得到测量值 y_1、y_2、y_3、$\cdots$、y_n。判别准则为:

$$|y_1 - y_2| \leqslant \sqrt{2}U$$
$$|y_1 - y_3| \leqslant \sqrt{2}U$$
$$\vdots$$
$$|y_1 - y_n| \leqslant \sqrt{2}U \qquad (2.7.7\text{-}3)$$

式中 U——扣除由系统效应引起的标准不确定度分量后的扩展不确定度。

用于钢筋试验的万能试验机可按照上述方法进行期间核查。在同一根钢筋上截取的样品分阶段进行试验,看其结果的变化。

(4) 实物样件检查法

某些测量设备是用于测量限值的,当测量值超过限定值时即自动报警。对于这类设备可用本方法进行期间核查。

首先,根据被核查设备的工作原理以及被核查参数的性质,设计、制作或购买相应的实物样件。然后,设定该参数的限定值,将实物样件施加于测量设备上,操作设备并调节到规定的输出量,观察测量设备是否具有相应的响应。

(5) 自带标样核查法

有些测量设备自带标准样块,有的还带有自动校准系统,这时可将标准样块作为核查标准,按照制造商提供的方法进行核查。

例如,电子天平往往自带一个标准工作砝码、射线监测仪自带标准膜片并能自动校准,这时可将标准工作砝码、标准膜片作为核查标准,按照设备说明书上规定的方法进行核查。

(6) 直接测量法

当测量设备属于标准信号源时,若实验室具备计量标准,可直接用仪器间的比对方法;若不具备计量标准,则可使用本方法。

首先确定需要核查的功能以及测量点,然后选取具有相应功能的测量设备作核查标准,在相应测量点上对核查标准的性能进行校准,得到相应的修正值,再用核查标准来测量被核查设备的性能,对核查结果进行修正后,观察是否符合其相应的技术要求。

1) 实验室间比对法

当实验室条件无法满足以上方法时,可用实验室间比对法来进行核查。当确定被核查设备所在实验室为比对的主导实验室时,判别原则按留样再测方法;当没有确定主导实验室时,判别原则按标准物质方法。

当参加比对实验室的测量设备均溯源到同一校准实验室的同一计量标准时,在评定不确定度时应考虑相关性的影响。

2) 方法比对法

可以采用不同的方法对测量设备进行核查。当利用同一台被核查测量设备对核查标准进行测量时，核查结果的判别原则可按自带标样核查方法。当两种方法的两次测量是在不同测量设备上进行的，可按留样再测方法进行判别。

6. 核查结果处理及核查频次

实验室进行期间核查后，应对数据进行分析和评价，其判定原则如下：

(1) 当期间核查良好时，核查记录与仪器设备（标准物质）使用记录一起归入仪器设备档案。

(2) 当通过期间核查发现测量设备性能超出预期使用要求时，应停止仪器设备的使用，查找原因，按照《检验检测设备和设施管理程序》处理。

首先，应立即停止使用并进行维修，在重新检定或校准表明其性能满足要求后，方可投入使用；其次，应立即采取适当的方法或措施，对上次核查后开展的检定、校准、检测工作进行追溯，以尽可能减少和降低由于仪器设备失准而造成的风险。

检定、校准、检测工作的追溯是需要成本的，如果仪器设备失准会给实验室和顾客带来风险，从而损害实验室和顾客的利益。因此，实验室应从自身资源、技术能力、测量设备的重要程度，以及追溯成本和可能产生的风险等因素综合考虑，确定仪器设备期间核查的频次。

7. 期间核查记录

仪器设备（标准物质）期间核查的记录有：规程目录、计划表和记录表。《仪器设备（标准物质）期间核查规程目录》、《仪器设备（标准物质）期间核查计划表》和《仪器设备（标准物质）期间核查记录表》，分别见表2.7.7-1～表2.7.7-3，供参考。

仪器设备（标准物质）期间核查规程目录　　　　表2.7.7-1

试验室名称：

编号：　　　　　　　　　　　　　　　　　　　　　　　　　　　年　月　日

序号	文件控制编号	规程名称	页数

编制：　　　　　　　　　　审核：　　　　　　　　　　批准：

仪器设备（标准物质）期间核查计划表 表 2.7.7-2

试验室名称：

编号：　　　　　　　　　　　　　　　　　　　　　　　　年　月　日

序号	仪器设备管理编号	仪器设备名称	型号	期间核查项目	期间核查日期	核查人	核查周期	备注

编制：　　　　　　　　　审核：　　　　　　　　　批准：

仪器设备（标准物质）期间核查记录表 表 2.7.7-3

试验室名称：　　　　　　　　　　　　　　　　　　　　编号：

仪器设备（标准物质）名称			仪器设备（标准物质）管理编号		规格型号	
出厂编号			核查依据		核查日期	
生产厂家			核查地点		保管人	
环境条件	环境温度	℃	检定/校准周期			
	相对湿度（RH）	%	最后一次检定/校准日期			
	其他		最后一次检定/校准证书号			

本次核查所使用的主要计量标准器具

计量标准器具名称	型号/规格	测量范围	不确定度或准确度等级或最大允许误差	证书编号	有效期至	是否可溯源至国家计量基准
						□是　□否
						□是　□否
						□是　□否

核查项目、核查数据、核查结果

1. 外观检查：
2. 核查项目及方法：
3. 核查结果：

　　　　　　　核查人：　　　　　年　月　日　　复核人：　　　　　年　月　日

部门负责人意见：

　　　　　　　　　　　　　　　　　　　　部门负责人：　　　　　年　月　日

技术负责人意见：

　　　　　　　　　　　　　　　　　　　　技术负责人：　　　　　年　月　日

备注

2.7.8 国际单位制

《中华人民共和国计量法》（2015 年第三次修正）第 3 条规定：国家采用国际单位制。国际单位制计量单位和国家选定的其他计量单位，为国家法定计量单位。国家法定计量单位的名称、符号由国务院公布。

我国允许使用的计量单位是国家法定计量单位。国家法定计量单位由国际单位制单位和国家选定的非国际单位制单位组成。

国际单位制是我国法定计量单位的主体，国际单位制如有变化，我国法定计量单位也将随之而变化。国际单位制是我国法定计量单位的基础，一切属于国际单位制的单位都是我国的法定计量单位。

国际单位制（SI）是由国际计量大会（CGPM）批准采用的基于国际量制的单位制，包括单位名称和符号、词头名称和符号及其使用规则。

SI单位是国际单位制中与基本单位构成一贯单位制的那些单位。除质量外，均不带SI词头（质量的SI单位为千克）。

一贯单位制是指在给定量制中，每个导出量的测量单位均为一贯导出单位的单位制。

1. 国际单位制的构成

国际单位制的内容包括国际单位制（SI）的构成体系、SI单位、SI倍数单位词头、SI单位的十进制倍数单位的构成以及它们的使用规则。国际单位制的构成，如图2.7.8-1所示。

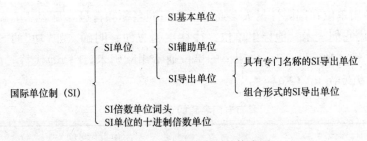

图2.7.8-1 国际单位制的构成图

国际单位制的单位，包括SI单位以及SI单位的十进制倍数单位。

2. SI单位

（1）SI单位的组成

SI单位包括SI基本单位、SI辅助单位、SI导出单位。

1）SI基本单位

基本单位是指对于基本量，约定采用的测量单位。国际单位制以表2.7.8-1中的7个单位为基础，这7个单位称为SI基本单位，又称为国际单位制的基本单位。

SI 基本单位　　　　　　　　　　　表 2.7.8-1

量的名称	单位名称	单位符号	量的名称	单位名称	单位符号
长度	米	m	热力学温度	开[尔文]	K
质量	千克，（公斤）	kg	物质的量	摩[尔]	mol
时间	秒	s	发光的强度	坎[德拉]	cd
电流	安[培]	A			

注：
① （ ）中的名称，是它前面名称的同义词，下同。
② [ ]中的字是在不致混淆的情况下，可以省略的字，下同。
③ 本标准所称的符号，除特殊指明者外，均指我国法定计量单位中所规定的符号，下同。

2) SI 辅助单位

弧度和球面度两个 SI 单位,国际计量大会并未将它们归入基本单位和(或)导出单位,而称之为 SI 辅助单位,又称为国际单位制辅助单位。这两个单位列于表 2.7.8-2,它们既可以作为基本单位使用,又可以作为导出单位使用。原则上说,它们是无量纲量的导出单位,但从实用出发不列为 SI 导出单位。使用上根据需要,既可以用弧度或球面度,也可以用"1"。

SI 辅助单位　　　　　　　　　　　表 2.7.8-2

量的名称	单位名称	单位符号
平面角	弧度	rad
立体角	球面度	sr

3) SI 导出单位

导出单位是指导出量的测量单位,是采用基本单位和(或)辅助单位以代数形式所表示。这种单位符号中的乘和除使用数学符号。如速度的 SI 单位为米每秒(m/s),角速度的 SI 单位为弧度每秒(rad/s)。属于这种形式的单位称为组合单位。

某些 SI 导出单位在国际计量大会通过了专门的名称和符号,见表 2.7.8-3。使用这些专门名称以及用它们表示其他导出单位,往往更为方便、明确。如"功"的 SI 单位通常用焦耳(J)代替牛顿·米(N·m),电阻率的单位通常用欧姆米(Ω·m)代替三次方米千克每三次方秒二次方安培$[m^3 \cdot kg/(s^3 \cdot A^2)]$。

具有专门名称的 SI 导出单位　　　　　　　表 2.7.8-3

量的名称	SI 导出单位		其他表示式	
	名称	符号	用 SI 单位示例	用 SI 基本单位
频率	赫[兹]	Hz	—	s^{-1}
力,重力	牛[顿]	N	—	$m \cdot kg \cdot s^{-2}$
压力,压强,应力	帕[斯卡]	Pa	N/m^2	$m^{-1} \cdot kg \cdot s^{-2}$
能[量],功,热量	焦[耳]	J	$N \cdot m$	$m^2 \cdot kg \cdot s^{-1}$
功能,辐[射能]通量	瓦[特]	W	J/s	$m^2 \cdot kg \cdot s^{-3}$
电荷[量]	库[仑]	C	—	s/A
电压,电动势,电位,(电势)	伏[特]	V	W/A	$m^2 \cdot kg \cdot s^{-2} \cdot A^{-1}$
电容	法[拉]	F	C/V	$m^{-2} \cdot kg^{-1} \cdot s^{-3} \cdot A^{-1}$
电阻	欧[姆]	Ω	V/A	$m^2 \cdot kg \cdot s^{-3} \cdot A^{-1}$
电导	西[门子]	S	A/V	$m^{-2} \cdot kg^{-1} \cdot s^{-3} \cdot A^{-1}$
磁通[量]	韦[伯]	Wb	$V \cdot s$	$m^2 \cdot kg \cdot s^{-3} \cdot A^{-1}$
磁通[量]密度,磁感应强度	特[斯拉]	T	Wb/m^2	$kg \cdot s^{-2} \cdot A^{-1}$
电感	亨[利]	H	Wb/A	$m^2 \cdot kg \cdot s^{-2} \cdot A^{-2}$
摄氏温度	摄氏度	℃	—	K
光通量	流[明]	lm	—	$cd \cdot sr$
(光)照度	勒[克斯]	lx	lm/m^2	$m^{-2} \cdot cd \cdot sr$

表 2.7.8-1~表 2.7.8-3 确定了单位的名称及其简称,用于口述,也可用于叙述性的文字中。

组合单位的名称与其符号表示的顺序一致,符号中的乘号没有对应的名称,除号的对应名称为"每"字,无论分母中有几个单位,"每"字都只出现一次。例如:比热容的单位符号是 J/(kg·K),其名称是"焦耳每千克开尔文",而不是"每千克开尔文焦耳"或"焦耳每千克每开尔文";波数的单位符号是 m^{-1},其名称为"每米",而不是"负一次方米"。

乘方形式的单位名称,其顺序应是指数名称在前,单位名称在后,指数名称由相应的数字加"次方"二字而成。例如:断面惯性矩单位符号为 m^4,其名称为"四次方米"。

如果长度的二次和三次幂分别表示面积和体积,则相应的指数名称为"平方"和"立方",否则应称为"二次方"和"三次方"。例如:体积单位符号是 m^3,其名称为"立方米",而断面系数单位符号是 m^3,其名称为"三次方米"。

书写单位名称时,不加任何表示乘或(和)除的符号或(和)其他符号。例如:电阻率单位符号是 Ω·m,其名称为"欧姆米",而不是"欧姆·米"、"欧姆-米"、"[欧姆][米]"等。

(2) SI 单位的倍数单位

倍数单位是指给定测量单位乘以大于 1 的整数得到的测量单位。表 2.7.8-4 列出了 SI 单位的倍数单位,倍数单位的词头(SI 词头)名称、简称及符号。词头用于构成 SI 单位的倍数单位,但不得单独使用。

SI 倍数单位词头 表 2.7.8-4

所表示的因数	词头名称	词头符号	所表示的因数	词头名称	词头符号
10^{18}	艾[可萨]	E	10^{-1}	分	d
10^{15}	拍[它]	P	10^{-2}	厘	c
10^{12}	太[拉]	T	10^{-3}	毫	m
10^{9}	吉[咖]	G	10^{-6}	微	μ
10^{6}	兆	M	10^{-9}	纳[诺]	n
10^{3}	千	k	10^{-12}	皮[可]	p
10^{2}	百	h	10^{-15}	飞[母拖]	f
10^{1}	十	da	10^{-18}	阿[托]	a

词头与所紧接的单位*,应作为一个整体对待,它们一起组成一个新单位(十进倍数单位),并具有相同的幂次,而且还可以根据习惯和其他单位构成组合单位。

如:$1cm^3 = (10^{-2}m)^3 = 10^{-6}m^3$;

$1\mu s^{-1} = (10^{-6}s)^{-1} = 10^6 s^{-1}$;

$1mm^2/s = (10^{-3}m)^2/s = 10^{-6}m^2/s$。

$10^6 eV$ 可写成为 MeV;

$10^{-3} L$ 可写成为 mL;

$10^{-3} tex$ 可写成为 mtex。

不得使用重叠词头,如只能写 nm,而不能写 mμm。

注:由于质量的 SI 单位名称"千克"中,已包含 SI 词头"千",所以质量的十进倍数单位由词头加

在"克"前构成，如用 mg 而不得用 μkg。

（3）可与国际单位制单位并用的其他单位

由于使用十分广泛而且需要，可与 SI 并用的我国法定计量单位，见表 2.7.8-5。

与 SI 并用的我国法定计量单位　　　表 2.7.8-5

量的名称	单位名称	单位符号	与 SI 单位的关系
时间	分	min	1min=60s
	[小]时	h	1h=60min=3600s
	日（天）	d	1d=24h=86400s
平面（角）	度	(°)	$1°=(\pi/180)$rad
	[角]分	(′)	$1'=(1/60)°=(\pi/10800)$rad
	（角）秒	(″)	$1''=(1/60)'=(\pi/648000)$rad
体积，容积	升	L(l)	$1L=1dm^3=10^{-3}m^3$
质量	吨	t	$1t=10^3$kg
	原子质量单位	μ	$1\mu \approx 1.6605655 \times 10^{-27}$kg
旋转速度	转每分	r/min	$1r/min=(1/60)s^{-1}$
长度	海里	n mile	1n mile=1852m（只用于航程）
速度	节	kn	1kn=1n mile/h=(1852/3600)m/s（只用于航程）
能	电子伏	eV	$1eV \approx 1.6021892 \times 10^{-19}$J
级差	分贝	dB	—
线密度	特[克斯]	tex	$1tex=10^{-6}$kg/m

注：1. 平面角单位度、分、秒的符号，在组合单位中应采用(°)、(′)、(″)的形式。例如，不用°/s 而用(°)/s 表示。

2. 升的两个符号属同等地位，可任意选用。今后是否取消其中之一，待国际上有新规定后再行修改。根据习惯，在某些情况下，表中的单位可以与国际单位制的单位构成组合单位。例如，kg/L，km/h。

2.7.9 SI 单位及其倍数单位的应用

根据使用方便的原则来选用 SI 单位的倍数单位。通过适当的选择，可使数值处于实用范围内。使用 SI 单位及其倍数单位具体原则：

（1）选用 SI 单位的倍数单位，一般应使用量的数值处于 0.1～1000 范围内。如：1.2×10^4N 可写成 12kN；

0.00394m 可写成 3.94mm；

11401Pa 可写成 11.401kPa；

3.1×10^{-8}s 可写成 31ns。

在某些情况下习惯使用的单位可以不受上述限制。如：大部分机械制图使用的单位可以用毫米，导线截面积使用的单位可以用平方毫米；领土面积用平方千米。

在同一个量的数值中，或叙述同一个量的文章里，为对照方便，使用相同的单位时，数值不受限制。词头 h、da、d、c（百、十、分、厘），一般用于某些长度、面积和体积。

（2）对于组合单位，其倍数单位的构成，最好只使用一个词头，而且尽可能是组合单位中的第一个单位采用词头。

只通过相乘构成的组合单位在加词头时，词头通常加在第一个单位之前。如：力矩的单位 kN·m，不宜写成 N·km。

只通过相除构成的组合单位，或通过乘和除构成的组合单位，在加词头时，词头一般都应加在分子的第一个单位之前，分母中一般不用词头，但质量单位 kg 在分母中时例外。如：摩尔内能单位 kJ/mol，不宜写成 J/mmol；比能单位可以是 kJ/kg。

当组合单位分母是长度、面积和体积单位时，分母中可以选用某些词头构成倍数单位。如：密度的单位可以选用 g/cm^3。

一般不在组合单位的分子分母中同时采用词头，但质量单位 kg 除外。如：电场强度单位不宜写成 kV/mm，而用 MV/m；质量摩尔浓度可以用 mmol/kg。

（3）在计算中为了方便，建议所有量均用 SI 单位表示，将词头用 10 的幂代替。

（4）有些国际单位制以外的单位，可以按习惯用 SI 词头构成倍数单位，但它们不属于国际单位制。如：MeV、mCi、mL 等。摄氏温度单位摄氏度，角度单位度、分、秒与时间单位日、时、分等不得用 SI 词头构成倍数单位。

（5）当组合单位是由两个或两个以上的单位相乘时，其组合单位的写法可采用下列形式之一：N・m，Nm。

注：

(1) 第二种形式，也可以在单位符号之间不留空隙，但应注意，当单位符号同时又是词头符号时，应尽量将它置于右侧，以免引起混淆。如 mN 表示毫牛顿而非指米牛顿。

(2) 在 ISO 1000—1981(E)中还有 N・m 形式。

当用单位相除的方法构成组合单位时，其符号可采用下列形式之一：

m/s；m 与 s^{-1} 相乘的形式；或 m＊/s。除加括号避免混淆外，单位符号中的斜线（/）不得超过一条。在复杂的情况下，也可以使用负指数或加括号。

（6）单位的中文符号。表 2.7.8-2～表 2.7.8-5 所确定的单位名称的简称，可作为这个单位的中文符号使用，并可用以代替本标准各个表中所给出的符号构成组合单位的中文符号。中文符号中不应含有单位的全称。

由两个或两个以上单位相乘所构成的组合单位，其符号形式为两个单位符号之间加居中圆点，如：牛・米。单位相除构成的组合单位，其符号可采用下列形式之一：米/秒；米・秒$^{-1}$或米＊/秒。

摄氏度的符号℃可以作为中文符号使用。

（7）单位符号的使用规则。

1) 单位与词头的名称，一般只宜在叙述性文学中使用。单位和词头的符号，在公式、数据表、曲线图、刻度盘和产品品牌等需要简单明了的地方使用，也用于叙述性文字中。

2) 单位名称和单位符号都必须各作为一个整体使用，不得拆开。如摄氏度的单位符号为℃，20 摄氏度不得写成或读成摄氏 20 度，也不得写成 20。C，只能写成 20℃。

3) 单位符号后不得加省略点，也无复数形式。

4) 可用汉字与单位的符号构成组合形式的单位，如：元/d，万 t・km。

5) 优先采用本节各表中给出的符号。

（8）将 SI 词头的中文名称置于单位名称的简称之前，构成中文符号时，应注意避免引起混淆，必要时使用圆括号。

转速的量值不得写为 3 千秒$^{-1}$。

如表示三每千秒，则应写为 3 千秒$^{-1}$（此处"千"为词头）。

如表示三千每秒，则应写为 3 千秒$^{-1}$（此处"千"为数词）。

体积的量值不得写为 2 千米^3。

如表示二立方千米，则应写为 2 千米^3（此处"千"为词头）。

如表示二千立方米，则应写为 2 千米^3（此处"千"为数词）。

(9) 单位和词头符号的书写规则。

单位符号一律用正体字母。除来源于人名的单位符号第一个字母要大写外，其余均为小写字母（升的符号 L 和天文单位距离的符号 A 例外）。例如：米(m)；秒(s)；坎德拉(cd)。

而来源于人名的，单位符号应写在全部数值之后，并与数值间留半个数字的空隙。例如：安培(A)；帕斯卡(Pa)；韦伯(Wb)等。

SI 词头符号一律用正体字母，小于 10^3（含 10^3）者为小写字母，大于 10^6（含 10^6）者为大写字母。SI 词头符号与单位符号间不得留空隙。

2.7.10 SI 基本单位的定义

1. 基本单位的定义

米：米等于光在真空中 299792458 分之一秒时间间隔内所经路径的长度。

千克：千克是质量单位，等于国际千克原器的质量。

秒：秒是铯-133 原子基态的两个超精细能级之间跃迁所对应的辐射的 9192631770 个周期的持续时间。

安培：安培是电流的单位。在真空中，截面积可忽略的两根相距 1m 的无限长平行圆直导线内通以等量恒定电流时，若导线间相互作用力在每米长度上为 $2×10^{-7}$ N，则每根导线中的电流为 1A。

开尔文：热力学温度开尔文是水三相点热力学温度的 1/273.16。

摩尔：摩尔是一系统物质的量，该系统中所包含的基本单元数与 0.012kg C-12 的原子数目相等。在使用摩尔时，基本单位应予指明，可以是原子、分子、离子、电子及其他粒子，或是这些粒子的特定组合。

坎德拉：坎德拉是一光源在给定方向上的发光强度，该光源发出频率为 $540×10^{12}$ Hz 的单色辐射，且在此方向上的辐射强度为 (1/683)W/SR。

2. 辅助单位的定义

弧度：弧度是一圆内两条半径间的平面角，这两条半径在圆周上截取的弧长与半径相等。

球面度：球面度是一个立体角，其顶点位于球心，而它在球面上所截取的面积等于以球半径为边长的正方形面积。

2.8 抽样检验和极限数值

2.8.1 基本概念

1. 单位产品：可独立描述和考察的事物。一件产品，一个部件，一定体积、重量的产品，一个服务过程都可看做单位产品。

2. 批：汇集在一起的一定数量的某种产品、材料或服务。

3. 连续批：待检批可利用最近已检批所提供的质量信息的连续提交检验批。

4. 批量，符号 N：批中产品的数量。

5. 样本：取自一个批并且提供有关该批信息的一个或一组产品。

6. 样本量，符号 n：样本中产品的数量。

7. 不合格：不满足规范的要求。

8. 不合格品：具有一个或一个以上的不合格的产品。

9. （总体或批）不合格品百分数：批中所有不合格品总数除以批量，再乘以 100，即：

$$\text{不合格品百分数} = \frac{\text{批（总体）中不合格品数}}{\text{批量（总体量）}} \times 100 \quad (2.8.1\text{-}1)$$

10. （总体或批）每百单位产品不合格数：总体或批中的不合格数除以总体量或批量，再乘以 100，即：

$$\text{每百单位产品不合格数} = \frac{\text{批中所有单位产品不合格总数}}{\text{批量}} \times 100 \quad (2.8.1\text{-}2)$$

注：一个不合格产品可有多项不合格，因此每百单位产品不合格数可能大于 100。

11. 过程平均，符号 p：一系列初次提交检验批的平均质量（用每百单位产品不合格品数或不合格数表示）。

12. 接收质量限，符号 AQL：当一个连续系列批被提交验收抽样时，可允许的最差过程平均质量水平。

13. 检验：为确定产品或服务的各特性是否合格，测定、检查、试验或度量产品或服务的一种或多种特性，并且与规定要求进行比较的活动。

14. 计数检验：关于规定的一个或一组要求，或者仅将单位产品划分为合格或不合格，或者仅计算单位产品中不合格数的检验。

15. 合格判定数（接收数），符号 Ac：作出批合格判断时样本中所允许的最大不合格品数或不合格数。

16. 不合格判定数（拒收数），符号 Re：作出批不合格判断时样本中所不允许的最小不合格品数或不合格数。

注：一般来说，对于一次抽样方案，$Re=Ac+1$。例如，合格判定数为 1，即允许有 1 个不合格，则不合格判定数为 2，即不允许有 2 个不合格。

17. 判定数组：合格判定数和不合格判定数或者合格判定数系列和不合格判定数系列结合在一起，称为判定数组。

18. 抽样方案：所使用的样本量和有关批接收准则的组合称为抽样方案。

注：根据批量大小、接收质量限、检验严格程度等因素决定出样本大小和判定数组，有了这 2 个参数就可以对给定的批进行抽样和判定。

19. 抽样程序：使用抽样方案判断批接收与否的过程。

20. 一次抽样方案：由样本大小 n 和判定数组（Ac、Re）结合在一起组成的抽样方案。

21. 正常检验：当过程平均优于接收质量限时抽样方案的一种使用方法。此时抽样方案具有为保证生产方以高概率接收而设计的接收准则。

22. 检验水平，符号 IL：提交检验批的批量与样本大小之间的等级对应关系称为检验水平，有时也称监督水平。

23. 样本大小字码：根据提交检验批的批量与检验水平确定的样本大小字母代码。

24. 批合格概率，符号 P_a：对一个过程平均质量水平（不合格品百分数或每百单位产品不合格数）已知的批，按给定抽样方案判该批为合格批的可能性大小，称为批合格概率，有时也称批接收概率。

25. 孤立批：脱离已生产或汇集的批系列，不属于当前检验批系列的批。

26. 极限质量，符号 LQ：对于孤立批，为进行抽样检验，限制在某一低的接收概率的过程平均质量水平。

注：实际上，极限质量也是一种不合格品数。

27. 监督质量水平，符号 D_0（或 P_0）：监督总体中允许的不合格品数或不合格品率的上限值。当监督总体量较小时用不合格品数表征监督质量水平，用符号 D_0 表示；当监督总体量较大时用不合格品率表征监督质量水平，用符号 P_0 表示。

28. 监督检验等级：监督抽样检验中样本量与检验功效之间的对应关系，称为监督检验等级。

注：监督检验等级代表了监督检验的严格程度，分第一监督检验等级和第二监督检验等级。样本量越大，检验的功效越高。对于涉及人身安全的产品，监督抽样检验时，应选用功效高的监督检验等级。

29. 错判风险，符号 α：将实际上符合规定质量要求的监督总体判为不可通过的概率。

30. 特殊样本数：指对破坏性或检测时间较长的检验项目而规定的样本大小。

注：特殊样本一般从按抽样方案已经抽出的样本中再次随机抽取。

31. 特殊合格判定数，符号 A_s：特指重要的质量特性和特殊样本规定的质量特性的合格判定数。

32. 试样：指为了满足检验要求，从样品上（中）裁下或取出的样块或部分样品。

2.8.2 抽样检验

1. 抽样检验的定义

抽样检验是相对全数检验而言的。

全数检验即 100% 检验，通过全数检验可达到对产品 100% 合格与否的判定，不存在错判风险；在实际检验中效率极低，对某些项目甚至是不可能的，因为一旦检验完毕，整个产品也就报废，失去了使用价值。

抽样检验是从每批产品中抽取适当数量的部分产品作为样本，对样本中的每 1 件产品进行检验，通过这样的检验来判别整个批的产品质量是否符合标准要求和能否被接收，是一种科学的统计检验方法，即通过样本的质量特性推断总体的质量状况的检验方法。

抽样检验的优点是：量少、效率高、经济可行；缺点是：存在错判风险。

2. 抽样检验的两类风险

（1）弃真错误和生产方风险 α

设 P 为被检验批的真实质量水平，可理解为实际不合格率；

设 P_0 为双方约定或标准规定的质量水平，也可理解为约定不合格率。

当 $P \leqslant P_0$ 时，把合格批判为不合格批拒收的错误，称为第一类错误（弃真错误），出现这种错误的概率叫第一错判概率,用 α 表示,此概率即生产方风险。

(2) 存伪错误和使用方风险 β

当 $P \geqslant P_0$ 时,把不合格批判为合格批接收的错误,称为第二类错误(存伪错误),出现这种错误的概率叫第二错判概率,用 β 表示,此类概率又称使用方风险。

抽样检验对供方和需方都存在风险。供方的风险来自"弃真错误",即把好的判成坏的而予以拒绝;需方的风险来自"存伪错误",即把坏的判成好的而予以接收。

3. 抽样检验的基本要求

实际检验中抽取的样品是否代表了整个检验批的质量水平是抽样检验的关键,这就要求抽样人员在主观上要增强责任心,针对被检批的堆放形态,采用分层、系统、随机的方法,抽取样品,而不能为了简单省事,仅从表层或专抽缺陷产品组成样本。在客观上选择合理的抽样方法和抽样方案(抽样标准),在检验时严格按照产品标准检验判定每个单位样品,按照抽样标准对整个批作出合格与否的判定。

目前国家颁布了 23 个抽样标准,其中有 20 个抽样方案,2 个方法,1 个导则。

需要注意:抽样方法只是完成了检测任务的第一步,将样品从批中抽了出来,如何检验是用不同的产品标准来实现的。

4. 抽样检验的类型

抽样是从总体中抽取样本的过程,并通过样本了解总体。总的来说,抽样检验的类型,如图 2.8.2-1 所示。

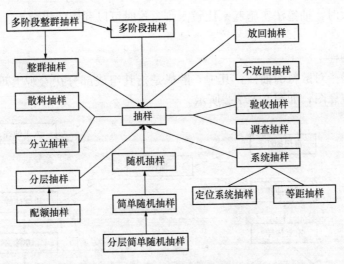

图 2.8.2-1 抽样检验的类型图

工程中试验检测常用的抽样方式有:简单随机抽样、散料抽样、系统抽样、整群抽样、多阶段抽样及分层抽样等。

(1) 简单随机抽样

简单随机抽样也称纯随机抽样。对于大小为 N 的总体,抽样样本量为 n 的样本,若全部可能的样本被抽中的概率都相等,则称这样的抽样为简单随机抽样。具体抽样时,根据抽样单位是否放回可分为重复抽样和不重复抽样。

1) 重复抽样

重复抽样是每次从总体中随机抽取一个样本单位,经调查观测后,将该单位重新放回总体,然后再在总体中随机抽取下一个单位进行调查观察,依次重复这样的步骤,直到从总体中随机抽够 n 个样本单位为止。

其特点是同一个单位有可能在同一个样本中重复出现。但考虑顺序与不考虑顺序之间有明显的区别:一是可能的样本个数不同;二是样本的概率分布不同,由此会导致估计量的概率分布不同。

2)不重复抽样

不重复抽样是每次从总体中随机抽取一个样本单位,经调查观测后,不再将该单位放回总体中参加下一个抽样,然后再在剩下的总体单位中随机抽取下一个样本单位进行调查观测,依次重复这样的步骤,直到从总体中随机抽取 n 个样本单位为止。

其特点是任何一个总体单位不可能在同一样本中重复出现,并且样本构造的估计量的概率分布相同。

3)简单随机抽样的抽选方法

简单随机抽样的抽选,通常有 2 种方法:抽签法和随机数法。

① 抽签法

当总体不大时,先将总体中每个单位都编上号,写在签上。将签充分混合均匀后,每次抽一个签,签上的号码表示样本中的一个单位。

② 随机数法

当总体较大时,抽签法实施起来比较困难,这时可以利用随机数表、随机数色子等进行抽样。

(2)散料抽样

散料抽样是指对散料的抽样,其中,散料是指其组成部分在宏观上难以区分的材料。其散料抽样的概念图,如图 2.8.2-2 所示。

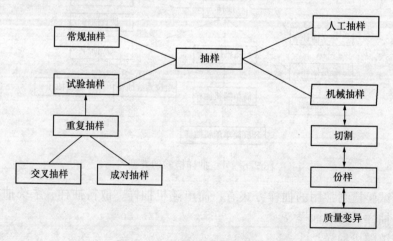

图 2.8.2-2 散料抽样的概念图

从概念图中可以看出,进行散料抽样可以有许多抽样方法,有:常规抽样、试验抽样、重复抽样、交叉抽样、成对抽样、人工抽样、机械抽样、切割、份样及质量变异等。

1)常规抽样:散料为确定批质量特性的平均值而按指定标准中的规定程序进行的

抽样。

2）试验抽样：散料为考察抽样方差和（或）抽样偏倚来源，应用特定实验设计的非常规抽样。

3）重复抽样：散料为组成多个集样，同时或相继抽取多份样品的实验抽样。

4）交叉抽样：散料为考察批内或子批内方差，从几个批或子批中抽得若干个集样品的重复抽样。

5）成对抽样：散料为组成两个集样，同时或相继抽取一对份样品的重复抽样。

6）人工抽样：散料使用人力进行的份样品采集。

7）机械抽样：散料借助机械手段进行份样品采集。

8）切割：散料在机械抽样中，在传送带上使用样本切割器的一次截取。

9）份样：散料用抽样装置一次抽取的一定量的散料。

10）质量变异：对散料用批或子批的交叉抽样所得样本间的方差进行估计或根据对不同时间间隔抽得的份样品差异的变异图分析估计方差，所确定的初级份样质量特性的标准差。

散料样本的制备作为散料抽样中的重要组成部分，对其抽样效果起着重要作用。散料样本制备概念图，如图 2.8.2-3 所示。

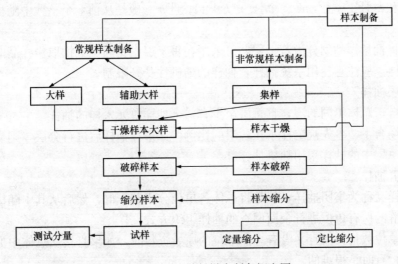

图 2.8.2-3 散料样本制备概念图

从散料样本制备的概念图可知，其划分的过程是多样的。因此，对其中重要概念的理解就非常有意义和必要。

1）样本制备：将样本转化为试样的一组必要操作。

2）常规样本制备：由散料确定该批质量特性平均值，而按指定标准中规定程序进行的样本制备。

3）非常规样本制备：散料为实验抽样而进行的样本制备。

4）集样：从批中按照实验抽样抽取的两个或以上份样品的集合。

5）样本干燥：散料将样本进行适度烘干，使其含水率接近于进一步测试或样本制备要求的一种样本制备操作。

6) 样本破碎：散料用碾压、磨研或粉碎等方法以减小的一种制备样本操作。

7) 样本缩分：通过对散料搅拌、分割、四分法等手段将散料样本分成若干子样本，保留其中一个或几个子样本的样本储备操作。

8) 定比缩分：散料所保留的子样本为原样本的一个固定比例的样本缩分。

9) 定量缩分：散料无论原样本质量多少，固定所保留的子样本质量的样本缩分。

10) 辅助大样：散料为特定目的，按常规抽样程序，以质量多少为基准，在批或子批中系统抽取几个相继的初级（一级）份样品的集合。

(3) 系统抽样

将总体中的抽样单元按一定顺序，在规定的范围内随机抽取一个或一组初始单元，然后按照一定规则确定其他样本单元的抽样叫系统抽样。系统抽样分为等距抽样和定位系统抽样。

定位系统抽样是指一个规定样本量的样本，取自于流水线中的某一规定位置或时间，认为它本身所处的环境具有代表性的系统抽样。例如，从流水线或传输装置中抽取散料样品时，系统抽样可按固定距离或固定时间间隔方式抽取样本，每个抽样单元或每份样品的质量应与抽样时的瞬时流量成比例。

等距抽样是将总体中的 N 个抽样单元按照一定顺序排列，n 个样本单元由满足以下关系的单元编号组成：$h, h+k, h+2k, \cdots, h+(n-1)k$。

其中 h 和 k 是正整数，$nk < N < n(k+1)$，且 h 一般是从前 k 个整数中随机抽取的系统抽样。

例如，将批量样品划分为若干层，可采用在每个层中相同位置抽取份样品的方法进行分层系统抽样。应注意使用系统抽样，抽样的随机性受到限制。

(4) 分层抽样

样本抽自于总体不同的层，且每层至少有一个抽样单元入样的抽样。

在某些场合下，事先规定样本在各层的比例。如果在抽样后进行分层，则事先不需规定此比例。每层中的抽样采用随机抽样。

(5) 整群抽样

整群抽样又称为集团抽样，就是将总体各单位分成若干群，然后从其中随机抽取部分群，对中选群的所有单位进行全面调查的抽样组织方式。

在总体单位数很大而且又没有总体单位的原始资料时，如果直接从总体中抽取总体单位进行调查，有时是很难的。

(6) 多阶段抽样

从总体中通过一次抽样过程就产生一个确定的样本，这种类型的抽样方式，可称为单阶段抽样或初阶段抽样。事实上，单阶段抽样可视为多阶段抽样的一个组成部分，或者说是多阶段抽样的一个特例。

假设总体中的每个单位：（初级单位）本身就很大，我们可以先在总体各单位（初级单位）中抽取样本单位，在抽中的初级单位中再抽取若干个第二级单位，在抽中的第二级单位中再抽取若干个第三级单位……直至从最后一级单位中抽取所要调查的基本单位的抽样组织形式，这就叫做多阶段抽样。

多阶段抽样的优点是：便于组织抽样、可以使抽样方式更加灵活和多样化、能够提高估计精度、可以提高抽样的经济效益、可以为各级机构提供相应的信息。

2.8.3 交通工程设施抽样检验技术

1. 抽样检验的一般规定

(1) 抽样原则

抽样时应遵循科学、经济的原则。抽出的样本质量特性应能代表检验批的质量。通过对样本的检验作出检验批是否可以被接收的结论,使错判和漏判的概率都达到最小。用最少的费用、时间和人力作出科学的判定,具有可操作性。

(2) 抽样检验的分类

按照检验目的和检验实施主体将公路交通安全设施抽样检验分为工厂验收检验(简称工厂验收)、工地抽查验收检验(简称工地抽验)、国家或行业组织的监督抽查检验(简称监督抽查)3种。

工厂验收一般由订货方在产品生产地组织实施,工地抽验一般由监理方在产品到达工地后、安装前组织实施,监督抽查由国家或交通建设主管部门组织有资质的质量监督检测机构在产品生产工厂、流通领域、工地安装现场以及安装后的工程上进行。

(3) 三种检验的相互关系

工厂验收在供货方检验合格的批中抽样,工地抽验在工厂验收合格的批中抽样,监督抽查可在任何时间、地点对产品进行抽样。

(4) 检验中缺陷(不合格)的分类与处置

1) 分类

公路交通安全设施有缺陷的产品分为A、B、C三类。

A类:主要质量特性不符合产品技术标准的要求。

B类:外观有较明显缺陷,其他质量特性符合产品技术标准的要求。

C类:外观有轻微缺陷,其他质量特性符合产品技术标准的要求。

2) 对于从不合格批中剔出来的有缺陷的产品的处置

对于A类缺陷品,应无条件拒收。

对于B类缺陷品,经订货方同意后,可以修复的应予以降价、降级使用。

对于C类缺陷品,经订货方同意后,可以修复的一般予以接收。

注:产品标准或合同中允许的缺陷不在上述3类缺陷之内。

3) 不合格批的处置

在工厂验收时出现不合格批,应予拒收。经订货方同意,供货方可以对该不合格批进行100%的检验,剔除所有缺陷品后重新组批提交检验。

在工地抽验时出现不合格批,供货方需对不合格批进行100%检验,剔除所有缺陷品后方可使用。考虑经济和工期等因素,经业主和监理工程师同意,对剔除的B类和C类缺陷品应修复后降级使用,对A类缺陷品不得使用并应当场销毁。

在监督抽查中没有通过的批,由监督部门按照国家监督抽查有关规定处置。

(5) 抽样标准的选用

1) 在工厂验收时,采用《计数抽样检验程序 第1部分:按接收质量限(AQL)检索的逐批检验抽样计划》GB/T 2828.1—2012,并规定AQL=1.0。

2) 在工地抽验时,采用《计数抽样检验程序 第1部分:按接收质量限(AQL)检索的逐批检验抽样计划》GB/T 2828.1—2012，并规定 AQL=4.0。

3）在验收检验中，当供货方不能提供批的质量信息时，应作孤立批处理，按《计数抽样检验程序 第 2 部分：按极限质量水平（LQ）检索的孤立批检验抽样方案》GB/T 2828.2—2008 的规定执行。

4）对路面标线涂料和玻璃珠等散粒料或液体进行检验时，按《色漆、清漆和色漆与清漆用原材料取样》GB/T 3186—2006 的规定执行。

5）监督抽查时：

当批量≤250 时，采用《计数抽样检验程序 第 11 部分：小总体声称质量水平的评定程序》GB/T 2828.11—2008；

当批量＞250 时，采用《计数抽样检验程序 第 4 部分：声称质量水平的评定程序》GB/T 2828.4—2008。

（6）组批原则

通常每个检验批应由同型号、同等级、同种类（尺寸、特性、成分等），且生产工艺、条件和时间基本相同的单位产品组成。批量的大小与施工标段、施工企业及供货单位有关，划分批量应充分考虑上述因素，不同供货单位的产品不能组成同一个批次。

（7）质量特性（检验项目）

质量特性应与产品技术标准一致，《公路交通安全设施质量检验抽样方法》JT/T 495—2014 标准涉及的公路交通安全设施质量特性应不少于附录 A 规定的项目，订货方可以附加其他技术要求。

2. 验收型抽样检验技术

在工程实践工作中，交通工程检测工作者遇到最多的是验收型检验。业主或施工企业订货，交给生产企业组织生产后，是否允许这批货物出场，需要验收检验；当货物运抵工地后，是否允许这批产品安装，也需要验收检验。因此，验收检验是最常用的一种抽样检验方法。

按照交通行业标准，验收型检验使用《计数抽样检验程序 第 1 部分：按接收质量限（AQL）检索的逐批检验抽样计划》GB/T 2828.1—2012 或《计数抽样检验程序 第 2 部分：按极限质量水平（LQ）检索的孤立批检验抽样方案》GB/T 2828.2—2008。

3. 监督型抽样检验技术

监督型抽样检验一般应用于政府主管部门组织实时的监督检查，例如交通运输部组织的交通产品行业监督抽查，各省交通运输主管部门组织的行政区内的监督抽查等，检测机构一般是监督抽查的执行者，而不是组织者。

根据监督批的大小分为小总体抽样程序和大总体抽样程序。小总体抽样程序适用于批量小于等于 250 的监督批，大总体抽样程序适用于批量大于 250 的监督批。

按照交通行业标准，监督型抽样检验使用《计数抽样检验程序 第 11 部分：小总体声称质量水平的评定程序》GB/T 2828.11—2008 或《计数抽样检验程序 第 4 部分：声称质量水平的评定程序》GB/T 2828.4—2008。

2.8.4　极限数值的表示和判定

1. 极限数值的定义

标准（或技术规范）中规定考核的以数量形式给出且符合该标准（或技术规范）要求

2.8 抽样检验和极限数值

的指标数值范围的界限值。

2. 书写极限数值的一般原则

(1) 标准(或其他技术规范)中规定考核的以数量形式给出的指标或参数等,应当规定极限数值。极限数值表示符合该标准要求的数值范围的界限值,它通过给出最小极限值和(或)最大极限值,或给出基本数值与极限偏差值等方式表达。

(2) 标准中极限数值的表示形式及书写位数应适当,其有效数字应全部写出。书写位数表示的精确程度,应能保证产品或其他标准化对象应有的性能和质量。

3. 表示极限数值的用语

(1) 基本用语

1) 表达极限数值的基本用语及符号,见表2.8.4-1。

表达极限数值的基本用语及符号 表2.8.4-1

基本用语	符号	特定情形下的基本用语			注
大于A	$>A$	—	多于A	高于A	测定值或计算值恰好为A值时,不符合要求
小于A	$<A$	—	少于A	低于A	测定值或计算值恰好为A值时,不符合要求
大于或等于A	$\geqslant A$	不小于A	不少于A	不低于A	测定值或计算值恰好为A值时,符合要求
小于或等于A	$\leqslant A$	不大于A	不多于A	不高于A	测定值或计算值恰好为A值时,符合要求

注:1. A 为极限数值。

2. 允许采用以下习惯用语表达极限数值:

(1) "超过A",指数值大于$A(>A)$;

(2) "不足A",指数值小于$A(<A)$;

(3) "A及以上"或"至少A",指数值大于或等于$A(\geqslant A)$;

(4) "A及以下"或"至多A",指数值小于或等于$A(\leqslant A)$。

例如:钢中磷的残量$<0.035\%$,$A=0.035\%$。

例如:钢丝绳抗拉强度$\geqslant 22\times 10^2$(MPa),$A=22\times 10^2$(MPa)。

2) 基本用语可以组合使用,表示极限值范围。

对特定的考核指标 X,允许采用下列用语和符号见表2.8.4-2。同一标准中一般只应使用一种符号表示方式。

对特定的考核指标 X,允许采用的表达极限数值的组合用语及符号 表2.8.4-2

组合基本用语	组合允许用语	符号		
		表示方式Ⅰ	表示方式Ⅱ	表示方式Ⅲ
大于或等于A且小于或等于B	从A到B	$A\leqslant X\leqslant B$	$A\leqslant\cdot\leqslant B$	$A\sim B$
大于A且小于或等于B	超过A到B	$A<X\leqslant B$	$A<\cdot\leqslant B$	$>A\sim B$
大于或等于A且小于B	至少A不足B	$A\leqslant X<B$	$A\leqslant\cdot<B$	$A\sim<B$
大于A且小于B	超过A不足B	$A<X<B$	$A<\cdot<B$	—

(2) 带有极限偏差值的数值

1) 基本数值A带有绝对极限上偏差值$+b_1$和绝对极限下偏差值$-b_2$,指从$A-b_2$到$A+b_1$符号要求,记为A_{-b2}^{+b1}。

注:当$b_1=b_2=b$时,A_{-b2}^{+b1}可简记为$A\pm b$。

例如：80_{-1}^{+2}mm，指从79mm到82mm符合要求。

2) 基本数值A带有相对极限上偏差值$+b_1\%$和相对极限下偏差值$-b_2\%$，指实测值或其计算值R对于A的相对偏差值$[(R-A)/A]$从$-b_2\%$到$+b_1\%$符合要求，记为$A_{-b2}^{+b1}\%$。

注：当$b_1=b_2=b$时，$A_{-b2}^{+b1}\%$可记为$A(1\pm b\%)$。

例如：$510\Omega(1\pm5\%)$，指实测值或其计算值$R(\Omega)$对于510Ω的相对偏差值$[(R-510)/510]$从-5%到$+5\%$符合要求。

3) 对基本数值A，若极限上偏差值$+b_1$和（或）极限下偏差值$-b_2$使得$A+b_1$和（或）$A-b_2$不符合要求，则应附加括号，写成A_{-b2}^{+b1}（不含b_1和b_2）或A_{-b2}^{+b1}（不含b_1）、A_{-b2}^{+b1}（不含b_2）。

例如：80_{-1}^{+2}（不含2）mm，指从79mm到接近但不足82mm符合要求。

例如：$510\Omega(1\pm5\%)$（不含5%），指实测值或其计算值$R(\Omega)$对于510Ω的相对偏差值$[(R-510)/510]$从-5%到接近但不足$+5\%$符合要求。

4. 测定值或其计算值与标准规定的极限数值作比较的方法

(1) 总则

1) 在判定测定值或计算值是否符合标准要求时，应将测试所得的测定值或其计算值与标准规定的极限数值做比较，比较的方法可采用：

① 全数值比较法；

② 修约值比较法。

2) 当标准或有关文件中，若对极限数值（包括带有极限偏差值的数值）无特殊规定时，均应使用全数值比较法。如规定采用修约值比较法，应在标准中加以说明。

3) 若标准或有关文件规定了使用其中一种比较方法时，一经确定，不得改动。

(2) 全数值比较法

将测试所得的测定值或计算值不经修约处理（或虽经修约处理，但应标明它是经舍、进或未进未舍而得），用该数值与规定的极限数值作比较，只要超出极限数值规定的范围（不论超出程度大小），都判定为不符合要求，示例见表2.8.4-3。

全数值比较法和修约值比较法的示例与比较　　表2.8.4-3

项　目	极限数值	测定值或其计算值	按全数值比较是否符合要求	修约值	按修约值比较是否符合要求
中碳钢抗拉强度（MPa）	$\geqslant14\times100$	1349	不符合	13×100	不符合
		1351	不符合	14×100	符合
		1400	符合	14×100	符合
		1402	符合	14×100	符合
NaOH的质量分数（%）	$\geqslant97.0$	97.01	符合	97.0	符合
		97.00	符合	97.0	符合
		96.96	不符合	97.0	符合
		96.94	不符合	96.9	不符合

续表

项 目	极限数值	测定值或其计算值	按全数值比较是否符合要求	修约值	按修约值比较是否符合要求
中碳钢的硅的质量分数（%）	≤0.5	0.452	符合	0.5	符合
		0.500	符合	0.5	符合
		0.549	不符合	0.5	符合
		0.551	不符合	0.6	不符合
中碳钢的锰的质量分数（%）	1.2~1.6	1.151	不符合	1.2	符合
		1.200	符合	1.2	符合
		1.649	不符合	1.6	符合
		1.651	不符合	1.7	不符合
盘条直径(mm)	10.0±0.1	9.89	不符合	9.9	符合
		9.85	不符合	9.8	不符合
		10.10	符合	10.1	符合
		10.16	不符合	10.2	不符合
盘条直径(mm)	10.0±0.1（不含0.1）	9.94	符合	9.9	不符合
		9.96	符合	10.0	符合
		10.06	符合	10.1	不符合
		10.05	符合	10.0	符合
盘条直径(mm)	10.0±0.1（不含+0.1）	9.94	符合	9.9	符合
		9.86	不符合	9.9	符合
		10.06	符合	10.1	不符合
		10.05	符合	10.0	符合
盘条直径(mm)	10.0±0.1（不含-0.1）	9.94	符合	9.9	不符合
		9.86	不符合	9.9	不符合
		10.06	符合	10.1	符合
		10.05	符合	10.0	符合

注：表中的例并不表明这类极限数值都应采用全数值比较法或修约值比较法。

（3）修约值比较法

1）将测定值或其计算值进行修约，修约数位应与规定的极限数值数位一致。

当测试或计算精度允许时，应先将获得的数值按指定的修约数位多一位或几位报出，然后按 2.9.1.2（2）进舍规则的程序修约至规定的数位。

2）将修约后的数值与规定的极限数值进行比较，只要超出极限数值规定的范围（不论超出程度大小），都判定为不符合要求，示例见表 2.8.4-3。

（4）两种判定方法的比较

对测定值或其计算值与规定的极限数值在不同情形用全数值比较法和修约值比较法的比较结果见表 2.8.4-3。

对同样的极限数值，若它本身符合要求，则全数值比较法比修约值比较法相对较严格。

2.9 试验检测数据处理

2.9.1 数字的处理

1. 有效数字

在测量和数值计算中，确定取几位数字来代表测量或计算的结果，这就涉及有效数字问题。例如：3.14 和 3.1416 作为圆周率 π 的近似值，分别有 3 位和 5 位有效数字。从计算数学的观点，有效数字可用来描述一个近似数的精度，一个数的相对（绝对）误差都与有效数字有关，有效数字的位数越多，相对（绝对）误差就越小。

在科学实验中有两类数：一类数其有效位数均可认为无限制，即它们的每一位数是确定的，例如各种计算式中的 $\sqrt{2}$、π 及自然数等；另一类数是用来表示测量结果的数，其末位数往往是估读得来，因此具有一定的误差或不确定性。在正常量测时一般只能估读到仪器最小刻度的 1/10，故在记录量测结果时，只允许末位有估读得来的不确定数字，其余数字均为准确数字，称这些所记的数字为有效数字。

在量测工作中，量测的结果总会有误差，这种误差是与量测的仪器精度和人们的感官有关，所以表示量测结果的数字位数不可能太多，太多就会超过仪器的精度范围，而且会使人们误以为量测精度很高，当然也不应太少，太少就会损失精度。

有效数字的概念可表述为：由数字组成的一个数，除最末一位数是不确切值或可疑值外，其余均为可靠性正确值，则组成该数的所有数字包括末位数字在内称为有效数字，除有效数字外，其余数字为多余数字。

注：精确位数与有效位数是不同的概念。

对于"0"这个数字，它在数中的位置不同，可能是有效数字，也可能是多余数字。例如：

（1）14000 为 5 位有效数字；1.4×10^4 为 2 位有效数字；1.40×10^3 为 3 位有效数字。

（2）表示精度时，如量测某一试件面积，得其有效面积 $A = 0.0501502 \mathrm{m}^2$，而其量测的极限误差 $\delta_{\lim} = 0.000005 \mathrm{m}^2$。所以量测结果应当表示为 $A = (0.050150 \pm 0.000005) \mathrm{m}^2$，量测结果为 5 位有效数字，即 50150；误差为 1 位有效数字，即 5。

一般约定，末位数的"0"指的是有效数字，如 $1230 \times 10^4 \mathrm{cm}$，同样 32.47mm 不能写成 32.470mm。

归纳起来有以下规律：

（1）整数前面的"0"无意义，是多余数字。

（2）对纯小数，在小数点后，数字前的"0"只起定位和决定数量级的作用，相当于所取量测的单位不同，所以也是多余数字。

（3）处于数中间位置的"0"是有效数字。

（4）处于数后面位置的"0"是否为有效数字可分为以下 3 种情况：

1）数后面的"0"，若把多余数字的"0"用 10 的乘幂来表示，使其与有效数字分开，这样在 10 的乘幂前面所有数字包括"0"皆为有效数字。

2）作为量测结果并注明误差值的数值，其表示的数值等于或大于误差值的所有数字，包括"0"皆为有效数字。

3)上面 2 种情况外的数后面的"0"则很难判断是有效数字还是多余数字,因此,应避免采用这种不确切的表示方法。

在量测或计量中应取多少位有效数字,可根据下述准则判定:

(1)对不需要标明误差的数据,其有效位数应取到最末一位数字为可疑数字(也称不确切或参考数字)。

(2)对需要标明误差的数据,其有效位数应取到与误差同一数量级。

2. 数值修约规则

数值修约:就是通过省略原数值的最后若干位数字,调整所保留的末位数字,使最后所得到的值最接近原数值的过程。

注:经数值修约后的数值称为(原数值的)修约值。

修约间隔:是指修约值的最小数值单位。

注:修约间隔的数值一经确定,修约值即为该数值的整数倍。

(1)确定修约间隔

1)指定修约间隔为 10^{-n}(n 为正整数),或指明将数值修约到 n 位小数;

2)指定修约间隔为 1,或指明将数值修约到"个"数位;

3)指定修约间隔为 10^n(n 为正整数),或指明将数值修约到 10^n 数位,或指明将数值修约到"十"、"百"、"千"……数位。

(2)进舍规则

1)拟舍弃数字的最左一位数字小于 5,则舍去,保留其余各位数字不变。

例如:将 12.1498 修约到个数位,得 12;将 12.1498 修约到一位小数,得 12.1。

2)拟舍弃数字的最左一位数字大于 5,则进一,即保留数字的末位数字加 1。

例如:将 1268 修约到"百"数位,得 13×10^2(特定场合可写为 1300);将 1268 修约到"十"数位,得 12.7×10^2(特定场合可写为 1270)。

说明:"特定场合"系指修约间隔明确时。

3)拟舍弃数字的最左一位数字是 5,且其后有非 0 数字时进一,即保留数字的末位数字加 1。

例如:将 10.5002 修约到个数位,得 11。

4)拟舍弃数字的最左一位数字为 5,且其后无数字或皆为 0 时,若所保留的末位数字为奇数(1,3,5,7,9)则进一,即保留数字的末位数字加 1;若所保留的末位数字为偶数(0,2,4,6,8),则舍去。例如:

① 修约间隔为 0.1(或 10^{-1})。

拟修约数值	修约值
1.050	10×10^{-1}(特定场合可写成为 1.0)
0.35	4×10^{-1}(特定场合可写成为 0.4)

② 修约间隔为 1000(或 10^3)。

拟修约数值	修约值
2500	2×10^3(特定场合可写成为 2000)
3500	4×10^3(特定场合可写成为 4000)

③ 准确至三位小数(修约间隔为 0.001 或 10^{-3})。

某沥青密度试验测试值分别为 1.034、1.031g/cm³，则该沥青密度试验结果为：先算得平均值为 1.0325，修约后试验结果是 1.032g/cm³。

5) 负数修约时，先将它的绝对值按 1)～4) 的规定进行修约，然后在所得值前面加上负号。例如：

① 将下列数字修约到"十"数位。

拟修约数值	修约值
-355	-36×10(特定场合可写为-360)
-325	-32×10(特定场合可写为-320)

② 将下列数字修约到三位小数，即修约间隔为 10^{-3}。

拟修约数值	修约值
-0.0365	-36×10^{-3}(特定场合可写为-0.036)

(3) 0.5 单位修约与 0.2 单位修约

在对数值进行修约时，若有必要，也可采用 0.5 单位修约或 0.2 单位修约。

1) 0.5 单位修约（半个单位修约）

0.5 单位修约是指按指定修约间隔对拟修约的数值 0.5 单位进行的修约。

0.5 单位修约方法如下：将拟修约数值 X 乘以 2，按指定修约间隔对 $2X$ 依据进舍规则修约，所得数值（$2X$ 修约值）再除以 2。例如：

① 将下列数字修约到"个"数位的 0.5 单位修约。

拟修约数值 X	$2X$	$2X$ 修约值	X 修约值
60.25	120.50	120	60.0
60.38	120.76	121	60.5
60.28	120.56	121	60.5
-60.75	-121.50	-122	-61.0

② 某沥青软化点试验测试值为：48.2℃、48.7℃，结果准确至 0.5℃。则该沥青软化点试验结果为：先算得平均值为 48.45℃，修约后试验结果如下。

拟修约数值 X	$2X$	$2X$ 修约值	X 修约值
48.45	96.90	97	48.5

2) 0.2 单位修约

0.2 单位修约是指按指定修约间隔对拟修约的数值 0.2 单位进行的修约。

0.2 单位修约方法如下：将拟修约数值 X 乘以 5，按指定修约间隔对 $5X$ 依据进舍规则修约，所得数值（$5X$ 修约值）再除以 5。

例如：将下列数字修约到"百"数位的 0.2 单位修约。

拟修约数值 X	$5X$	$5X$ 修约值	X 修约值
830	4150	4200	840
842	4210	4200	840
832	4160	4200	840
-930	-4650	-4600	-920

(4) 不允许连续修约

1)拟修约数字应在确定修约间隔或指定修约数位后一次修约获得结果,不得多次按进舍规则连续修约。例如:

① 修约 97.46,修约间隔为 1。

正确的做法:97.46→97。

不正确的做法:97.46→97.5→98。

② 修约 15.4546,修约间隔为 1。

正确的做法:15.4546→15。

不正确的做法:15.4546→15.455→15.46→15.5→16。

2)在具体实施中,有时测试与计算部门先将获得数值按指定的修约数位多一位或几位报出,而后由其他部门判定。为避免产生连续修约的错误,应按下述步骤进行:

① 报出数值最右的非零数字为 5 时,应在数值右上角加"+"或加"—"或不加符号,分别表明已进行过舍、进或未舍未进。

例如:16.50^+ 表示实际值大于 16.50,经修约舍弃为 16.50;16.50^- 表示实际值小于 16.50,经修约进一为 16.50。

② 如对报出值需进行修约,当拟舍弃数字的最左一位数字为 5,且其后无数字或皆为零时,数值右上角有"+"者进一,有"—"者舍去,其他仍按进舍规则进行。

例如:将下列数字修约到个数位(报出值多留一位至一位小数)。

实测值	报出值	修约值
15.4546	15.5^-	15
−15.4546	-15.5^-	−15
16.5203	16.5^+	17
−16.5203	-16.5^+	−17
17.5000	17.5	18

3. 有效数字运算规则

在运算中,经常有不同有效位数的数据参加运算。在这种情况下,需将有关数据进行适当的处理。

(1)加减运算

当几个数据相加或相减运算时,它们的小数点后的数字位数及其和或差的有效数字的保留,应以小数点后位数最少(即绝对误差最大)的数据为依据,如图 2.9.1-1 所示。

图 2.9.1-1 算例

(2)乘除运算

几个数据相乘相除运算时,各参加运算数据所保留的位数,以有效数字位数最少的为标准,其积或商的有效数字也依此为准。

例如,当 0.0121×30.64×2.05782 时,其中 0.0121 的有效数字位数最少,所以,其余两数应修约成 30.6 和 2.06 与之相乘，即：0.0121×30.6×2.06＝0.763。

（3）乘方或开方

当数据进行乘方或开方运算时，其结果有效数字位数与原数据有效数字位数相同。

例如：$5.84^2=34.1056≈34.1$（保留 3 位有效数字）；

$\sqrt{8.12}=2.84956≈2.85$（保留 3 位有效数字）。

（4）对数计算

当数据进行对数运算时，所取对数的小数点后的位数（不包括整数部分）应与原数据的有效数字的位数相等。

例如：$\lg 78=1.892094603≈1.89$（保留 2 位有效数字）；

$\lg 121=2.08278537≈2.083$（保留 3 位有效数字）。

（5）表示分析结果的精密度和准确度时，大多数取 1～2 位有效数字。

（6）在计算中常遇到分数、倍数等，可视为多位有效数字。

（7）在混合计算中，有效数字的保留以最后一步计算的规则执行。

（8）若数据进行乘除运算时，首位数为"8"或"9"的数据，有效数字位数可多取 1 位。

例如：9.21 可看做是 4 位有效数字。

2.9.2 统计技术基础

1. 基本概念

（1）总体

总体是指所考虑对象的全体。

（2）样本

样本是指由一个或多个抽样单元组成的总体的子集。

（3）样本空间

样本空间是指所有可能结果的集合。

（4）算术平均值

算术平均值是总体单位某一数量标志值之和除以总体单位总量。

对样本量为 n 的随机样本 $\{X_1, X_2, \cdots, X_n\}$，算术平均值为：

$$\overline{X} = \frac{1}{n}\sum_{i=1}^{n} X_i \qquad (2.9.2\text{-}1)$$

式中　　$\overline{X}$——算术平均值；

n——样本量；

$\{X_1, X_2, \cdots, X_n\}$——随机样本。

（5）相关系数

在联合概率分布下，两个标准化随机变量乘积的均值。

（6）事件和随机事件

事件是指观测或试验的一种结果。例如：测量零件的半径所得的结果为 4.51mm，4.52mm，4.53mm，…，这里每个可能出现的测量结果都称为事件。

在客观世界中，我们可以把事件大致分为确定性和不确定性两类。

概率论和数理统计就是从两个不同侧面来研究这类不确定性事件的统计规律性。在概率统计中，把客观世界可能出现的事件区分为最典型的 3 种情况：

1) 必然事件：在一定条件下必然出现的事件，用 U 表示。

2) 不可能事生：在一定条件下不可能出现的事件，用 V 表示。

3) 随机事件：在随机试验中，对一次试验可能出现也可能不出现，而在多次重复试验中却具有某种规律的事件。随机事件是概率论的研究对象，常用 A・B・C……表示。随机事件即是随机现象的某种结果。

(7) 概率

频数是指在给定类（组）中，特定事件发生的次数或观测值的个数。频率即各组频数与总体单位总和之比，它反映了各组频数的大小对总体所起的作用的相对强度。在 n 次试验中，事件 A 出现 n_A 次，则称值 n_A/n 为事件 A 在这次试验中出现的频率，记以 $f_n(A)$，即：

$$f_n(A) = n_A/n \tag{2.9.2-2}$$

式中　n_A——频数。

实践证明，当试验次数逐渐增大时，频率 $f_n(A)$ 在某一定值 P 附近摆动。这一性质为频率的稳定性。摆动中心 P 值的大小就是衡量事件 A 出现可能性大小的量。

由于频率的稳定性，因此可把频率的摆动中心 P 作为事件 A 的概率 $P(A)$ 的值。这种方法定义的概率称为统计概率。

根据事件 A 发生的不同情况，其概率的性质如下：

1) 由于频率总是介于 0 和 1 之间，故随机事件 A 的概率也总是介于 0 与 1 之间：$0 < P(A) < 1$。

2) 必然事件的概率：$P(U) = 1$。

3) 不可能事件的概率：$P(V) = 0$。

4) 若事件 A 发生，事件 B 一定不发生；反之，事件 B 发生，事件 A 一定不发生，即 A、B 两事件不同时发生，称 A 与 B 不相容，也成为互斥事件。对于互斥事件 A 与 B，它们和的概率等于 A、B 两事件概率的和，即：

$$P(A+B) = P(A) + P(B) \tag{2.9.2-3}$$

5) 若事件 A 的发生不影响 B 的发生，则称事件 A 与 B 互相独立。

对于两个独立事件 A 与 B 之和的概率（同时发生的概率），等于 A、B 单独发生的概率的乘积，即：

$$P(AB) = P(A) \cdot P(B) \tag{2.9.2-4}$$

6) 小概率事件：如果某一事件的概率接近零，则这个事件在大量重复试验中出现的频率很小，这种事件称为"小概率事件"。"小概率事件"在一次试验中发生的可能很小，所以通常认为，在一次试验中"小概率事件"几乎是不会发生的。

(8) 随机变量

如果某一变量在一定条件下，取某一值或在某一范围内取值是一个随机事件，则这样的量叫做随机变量。

按照随机变量所取数值的分布情况不同,可分为两种:

1) 连续型随机变量

若随机变量 X 可在坐标轴上某一区间内取任一数值,即取值布满区间或整个实数轴,则称 X 为连续型随机变量。

2) 离散型随机变量

若随机变量 X 的取值可离散地排列为 x_1,x_2,$\cdots$,而且 X 以各种确定的概率取这些不同的值,即只取有限个或可数无穷多个实数值,则称 X 为离散型随机变量。

(9) 分布函数

随机变量的特点是以一定的概率取值,但并不是所有的观测或试验都能以一定的概率取某一个固定值。

对于任何实数 x,事件 $(X \leqslant x)$ 的概率当然是一个 x 的函数。令 $F(x) = P(X < x)$,这里 $F(x)$ 即为随机变量 X 的分布函数。分布函数 $F(x)$ 完全决定了事件 $(a \leqslant X \leqslant b)$ 的概率,或者说,分布函数 $F(x)$ 完整地描述了随机变量 X 的统计特性。

2. 随机变量的数字特征

利用分布函数或分布密度函数可以完全确定一个随机变量,但在实际问题中求分布函数或分布密度函数不仅十分困难,而且常常没有必要。

例如:测量零件长度得到了一系列的观测值,人们往往只需要知道零件长度这个随机变量的一些特征量就够了。诸如长度的平均值(近似地代表长度的真值)及测量标准(偏)差(观测值对平均值的分散程度)。用一些数字来描述随机变量的主要特征,显然十分方便、直观、实用,在概率论和数理统计中就称他们为随机变量的数字特征。这些特征量有:数学期望、方差、矩、协方差等。

(1) 数学期望

随机变量 X 的数学期望记为 $E(X)$ 或简记 μ_x,用它可以表示随机变量本身的大小,说明 X 的取值中心或在数轴上的位置,也称为期望值。数学期望表征随机变量分布的中心位置,随机变量围绕着数学期望取值。数学期望的估计值,即为若干个测量结果或一系列观测值的算数平均值。也就是说,数学期望是一个平均的大约数值,随机变量的所有可能值围绕着它而变化。

数学期望因随机变量所取数值的分布情况不同,可分为离散型随机变量的数学期望和连续型随机变量的数学期望 2 种。

(2) 方差

数学期望是随机变量的一个重要数字特征,它表示随机变量取值水平或者说随机变量的中心位置,从一个角度描述了随机变量,但在许多问题中单用数学期望通常是不够的,往往还要涉及另一类数字特征,即方差(它表征随机变量的取值与其中心位置的偏离程度)。

1) 方差

方差是指随机变量的中心化概率分布的二阶矩。即:设 X 为随机变量,若 $E[X-E(X)]^2$ 存在,则称 $E[X-E(X)]^2$ 为 X 的方差,记为 $V(X)$。

$$V(X) = E[X - E(X)]^2 \qquad (2.9.2\text{-}5)$$

在应用中还引入随机变量 X 具有相同量纲的量 $\sqrt{V(X)}$,记为 σ,称为标准差。

2) 离散型随机变量方差

$$V(X) = \sum_{i=1}^{\infty}[x_i - E(X)]^2 p_i \tag{2.9.2-6}$$

其中，$P\{X = x_i\} = p_i$，$i = 1, 2, \cdots$ 为 X 的分布律。

3）连续型随机变量方差

$$V(X) = \int_{-\infty}^{+\infty}[x - E(X)]^2 f(x)\mathrm{d}x \tag{2.9.2-7}$$

计算方差时，更多的是用下面的公式：

$$V(X) = E(X^2) - [E(X)]^2 \tag{2.9.2-8}$$

这个公式的证明如下：

$$V(X) = E[X - E(X)]^2 = E\{X^2 - 2XE(X) + [E(X)^2]\}$$
$$= E(X^2) - 2E(X) \cdot E(X) + [E(X)]^2 = E(X^2) - [E(X)]^2$$

（3）矩

设 X、Y 为随机变量，若 $E(|X|^k) < \infty$，记 $a_k = E(x^k)$，称 a_k 为 X 的 k 阶原点矩，简称 k 阶矩。

若 $E|X - E(X)|^k < \infty$，记 $b_k = E|X - E(X)|^k$，称 b_k 为 X 的阶中心矩。

（4）协方差

在联合概率分布下，两个中心化随机变量乘积的均值为协方差。

公式表示如下：

若随机变量 X 和 Y 的二阶矩都存在，则称 $E[X-E(X)][Y-E(Y)]$ 为 X 与 Y 的协方差，记为 σ_{XY}。

$$\sigma_{XY} = E[X - E(X)][Y - E(Y)] \tag{2.9.2-9}$$

3. 常见随机变量的概率分布

（1）均匀分布

均匀分布（图 2.9.2-1）指具有以下概率密度函数的连续分布，其中 $a \leqslant x \leqslant b$。

$$f(x) = \frac{1}{b-a} \tag{2.9.2-10}$$

（2）正态分布

正态分布（图 2.9.2-2）指具有如下概率密度函数的连续分布，其中 $-\infty < x < \infty$，且 $-\infty < \mu < \infty$，$\sigma > 0$。

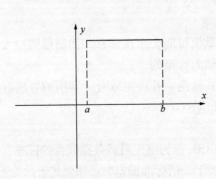

图 2.9.2-1 均匀分布图

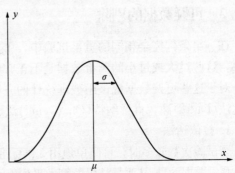

图 2.9.2-2 正态分布图

$$f(x) = \frac{1}{\sqrt{2\pi}\sigma} e^{\frac{(x-\mu)^2}{2\sigma^2}} \qquad (2.9.2-11)$$

式中　$f(x)$——概率密度函数；
　　　π——圆周率，$\pi=3.14159\cdots$；
　　　e——自然对数的底，$e=2.71828\cdots$；
　　　μ——其均值；
　　　σ——其标准差。

从图 2.9.2-2 以及简单的计算可知，正态分布图形具有下列性质：

1) $f(x)$ 处处大于零，且具有各阶连续的导数。

2) $f(x)$ 在 $(-\infty,\mu)$ 区间严格上升，在 $x=\mu$ 处达到最大值 $1/(\sigma\sqrt{2\pi})$，且其大小只取决于标准差 σ。标准差越大，观测值落在 μ 附近的概率越小，意味着测定精度差，观察值也越分散；标准差越小，观测值落在 μ 附近的概率越大，表示观测的精度好，观测值集中；在 $(\mu,+\infty)$ 区间严格下降；在 $x=\mu$ 处有极值点。

3) $f(x)$ 关于 $x=\mu$ 对称，即 $f(\mu+x)=f(\mu-x)$。

4)
$$\int_{-\infty}^{+\infty} f(x)\mathrm{d}x = 1 \qquad (2.9.2-12)$$

当 $\mu=0$，$\sigma=1$ 时，称为标准正态分布，记为 $N(0,1)$ 其密度函数用 $\varphi(x)$ 表示，即有：

$$\varphi(x) = \frac{1}{\sqrt{2\pi}} e^{-\frac{x^2}{2}} \qquad (2.9.2-13)$$

式中　$\varphi(x)$——密度函数；
　　　π——圆周率，$\pi=3.14159\cdots$；
　　　e——自然对数的底，$e=2.71828\cdots$。

(3) t 分布

具有如下概率密度函数的连续分布：

$$f(t) = \frac{\Gamma[(v+1)/2]}{\sqrt{\pi v}\Gamma(v/2)} \times \left(1+\frac{t^2}{v}\right)^{-(v+1)^2} \qquad (2.9.2-14)$$

式中　t——随机变量；
　　　v——样本容量，在数理统计学中称自由度。

2.9.3　可疑数据的剔除

在一组条件完全相同的重复试验中，个别的测量值可能会出现异常。如测量值过大或过小，这些过大或过小的测量数据是不正常的，或称为可疑的。

对于这些可疑数据应该用数理统计的方法判别其真伪，并决定取舍。常用的方法有拉依达法(Pauta)法、肖维纳特(Chauvenet)法、格拉布斯(Grubbs)法等。

1. 拉依达法

当试验次数较多时，可简单地用 3 倍标准偏差（3S）作为确定可疑数据取舍的标准。当某一测量数据 x_i 与其测量结果的算术平均值 $\bar{x}$ 之差大于 3 倍标准偏差时，用公式表示为：

$$|x_i - \bar{x}| > 3S \qquad (2.9.3-1)$$

则该测量数据应舍弃。

这是美国混凝土标准中所采用的方法,由于该方法是以3倍标准差作为判别标准,所以亦称3倍标准偏差法,简称3S法。

取3S的理由是:

根据随机变量的正态分布规律,在多次试验中,测量值落在 $\overline{x}-3S$ 与 $\overline{x}+3S$ 之间的概率为99.73%,出现在此范围之外的概率仅为0.27%,也就是在近400次试验中才能遇到1次,这种事件为小概率事件,出现的可能性很小,几乎是不可能。因而在实际试验中,一旦出现,就认为该测量数据是不可靠的,应将其舍弃。

另外,当测量值与平均值之差大于2倍标准偏差(即 $|x_i-\overline{x}|>2S$)时,则该测量值应保留,但需存疑。如发现生产(施工)、试验过程中,有可疑的变异时,该测量值则应予舍弃。

例如:试验室内进行同配比的混凝土抗压强度试验,其试验结果为($n=10$):
25.6MPa、24.0MPa、23.2MPa、24.6MPa、26.3MPa、29.2MPa、26.2MPa、35.2MPa、27.8MPa、26.4MPa,试用3S法决定其取舍。

解:分析上述10个测量数据,$x_{\min}=23.2$MPa 和 $x_{\max}=35.2$MPa 最可疑。故应首先判别 $x_{\min}$ 和 $x_{\max}$。

经计算:$\overline{x}=26.8$MPa,$S=3.42$MPa

由于
$$|x_{\max}-\overline{x}|=|35.2-26.8|=8.4\text{MPa}<3S=10.3\text{MPa}$$
$$|x_{\min}-\overline{x}|=|23.2-26.8|=3.6\text{MPa}<3S=10.3\text{MPa}$$

故上述测量数据均不能舍弃。

拉依达法简单方便,不需查表,但要求较宽,当试验检测次数较多或要求不高时可以应用,当试验检测次数较少时(如 $n<10$),在一组测量值中即使混有异常值,也无法舍弃。

2. 肖维纳特法

进行 n 次试验,其测量值服从正态分布,以概率 $1/(2n)$ 设定一判别范围 $(-k_n s, k_n s)$,当偏差(测量值 x_i 与其算术平均值 $\overline{x}$ 之差)超出范围时,就意味着该测量值 x_i 是可疑的,应予舍弃。判别范围由下式确定:

$$\frac{1}{2n}=1-\int_{-K_n}^{K_n}\frac{1}{\sqrt{2\pi}}e^{-\frac{t^2}{2}}dt \qquad (2.9.3-2)$$

式中 k_n——肖维纳特系数,与试验次数 n 有关,可由正态分布系数表查得,见表2.9.3-1。

肖维纳特系数　　　　　　　　　　　　　　　　　　表2.9.3-1

n	k_n	n	k_n	n	k_n	n	k_n	n	k_n	n	k_n
3	1.38	8	1.86	13	2.07	18	2.20	23	2.30	50	2.58
4	1.53	9	1.92	14	2.10	19	2.22	24	2.31	75	2.71
5	1.65	10	1.96	15	2.13	20	2.24	25	2.33	100	2.81
6	1.73	11	2.00	16	2.15	21	2.26	26	2.39	200	3.02
7	1.80	12	2.03	17	2.17	22	2.28	40	2.49	500	3.20

因此,肖维纳特法可疑数据舍弃的标准为:

$$|x_i - \bar{x}|/S \geqslant k_n \tag{2.9.3-3}$$

例如：试验结果同 2.9.3 中 1. 中例子，试用肖维纳特法进行判别。

解：查表 2.9.3-1，当 $n=10$ 时，$k_n=1.96$。

对于测量值 35.2，则有：

$$|x_i - \bar{x}|/S = |35.2 - 26.8|/3.42 = 2.46 > k_n = 1.96$$

测量数据 35.2 是异常值，应予舍弃。这一结论与用拉依达法的结果是不一致的。

肖维纳特法改善了拉依达法，但从理论上分析，当 $n \to \infty$，$k_n \to \infty$，此时所有异常值都无法舍弃。此外，肖维纳特法与置信水平之间无明确联系。

3. 格拉布斯法

格拉布斯法假定测量结果服从正态分布，根据顺序统计量来确定可疑数据的取舍。

进行 n 次重复试验，试验结果为 $x_1、x_2、\cdots、x_i、\cdots、x_n$，而且 x_i 服从正态分布。为了检验 $x_i(i=1,2,\cdots,n)$ 中是否有可疑值，可将 x_i 按其值由小到大顺序重新排列，得：

$$x_{(1)} \leqslant x_{(2)} \leqslant \cdots \leqslant x_{(n)} \tag{2.9.3-4}$$

根据顺序统计原则，给出标准化顺序统计量 g：

当最小值 $x_{(1)}$ 可疑时，则：$g = (\bar{x} - x_{(1)})/s$
当最大值 $x_{(n)}$ 可疑时，则：$g = (x_{(n)} - \bar{x})/s$ $\quad$ (2.9.3-5)

式中　$x_{(1)}$——最小值；

$\quad\quad x_{(n)}$——最大值；

$\quad\quad \bar{x}$——平均值；

$\quad\quad s$——标准差。

根据格拉布斯统计量的分布，在指定的显著性水平 β（一般 $\beta=0.05$）下，求得判别可疑值的临界值 $g_0(\beta,n)$，格拉布斯法的判别标准：

$$g \geqslant g_0(\beta,n) \tag{2.9.3-6}$$

当 $g \geqslant g_0(\beta,n)$ 时，该量测可疑值是异常的，应予以舍弃。格拉布斯系数 $g_0(\beta,n)$ 列于表 2.9.3-2。

格拉布斯系数 $g_0(\beta,n)$　　　　表 2.9.3-2

n \ β	0.01	0.05	n \ β	0.01	0.05	n \ β	0.01	0.05
3	1.15	1.15	13	2.61	2.33	23	2.96	2.62
4	1.49	1.46	14	2.66	2.37	24	2.99	2.64
5	1.75	1.67	15	2.70	2.41	25	3.01	2.66
6	1.94	1.82	16	2.74	2.44	30	3.10	2.74
7	2.10	1.94	17	2.78	2.47	35	3.18	2.81
8	2.22	2.03	18	2.82	2.50	40	3.24	2.87
9	2.32	2.11	19	2.85	2.53	50	3.34	2.96
10	2.41	2.18	20	2.88	2.56	100	3.59	3.17
11	2.48	2.24	21	2.91	2.58	—	—	—
12	2.55	2.29	22	2.94	2.60	—	—	—

利用格拉布斯法每次只能舍弃一个可疑值,若有两个以上的可疑数据,应该一个一个数据的舍弃,舍弃第一个数据后,试验次数由 n 变为 $n-1$,以此为基础再判别第二个可疑数据。

例如:试用格拉布斯法判别 2.9.3 中 1. 例子中测量数据的真伪。

解:(1)测量数据按小到大次序排列如下:

23.2MPa、24.0MPa、24.6MPa、25.6MPa、26.2MPa、26.3MPa、26.4MPa、27.8MPa、29.2MPa、35.2MPa。

(2)计算数据特征量

$$\bar{x} = 26.8 \text{MPa}, S = 3.42 \text{MPa}$$

(3)计算统计量

$$g_{(1)} = (\bar{x} - x_{(1)})/s = (26.8 - 23.2)/3.42 = 1.05$$
$$g_{(10)} = (x_{(10)} - \bar{x})/s = (35.2 - 26.8)/3.42 = 2.46$$

由于 $g_{(10)} > g_{(1)}$,首先判别 $x_{(10)} = 35.2$。

(4)选定显著性水平 $\beta = 0.05$,并根据 $\beta = 0.05$ 和 $n = 10$,由表 2.9.3-3 查得 $g_{(10)}(0.05, 10) = 2.18$。

(5)判别

由于 $g_{(10)} = 2.46 > g_{(10)}(0.05, 10) = 2.18$,所以 $x_{(10)} = 35.2$ 为异常值,应予舍弃。这一结论与肖维纳特法结论是一致的。

仿照上述方法继续对余下的 9 个数据进行判别,经计算没有异常值。

2.9.4 数据的表达方法和数据分析

通过试验检测获得一系列数据,如何对这些数据进行深入的分析,以便得到各参数之间的关系,甚至用数学解析的方法,导出各参数之间的函数关系,这是数据处理的任务之一。

1. 数据的表达方法

测量数据的表达方法通常有表格法、图示法和经验公式法 3 种。

(1)表格法

用表格法来表示函数的方法,在自然科学和工程技术上用得特别多。在科学试验中一系列测量数据都是首先列成表格,然后再进行其他的处理。

表格法简单方便,但要进行深入的分析,表格就不能胜任了。首先,尽管测量次数相当多,但它不能给出所有的函数关系;其次,从表格中不易看出自变量变化时函数的变化规律,而只能大致估计出函数是递增的、递减的或是周期性变化的等。列成表格是为了表示出测量结果,或是为了以后的计算方便,同时它也是图示法和经验公式法的基础。

表格有 2 种:一种是试验检测数据记录表,另一种是试验检测结果表。

试验检测数据记录表是该项试验检测的原始记录表,它包括的内容应有试验检测目的、内容摘要、试验日期、环境条件、检测仪器设备、原始数据、测量数据、结果分析以及参加人员和负责人等。

试验检测结果表只反映试验检测结果的最后结论,一般只有几个变量之间的对应关系。试验检测结果表应力求简明扼要,能说明问题。

(2) 图示法

在自然科学和工程技术中用图形来表示测量数据是一种普遍的方法。图示法的最大优点是一目了然，即从图形中可非常直观地看出函数的变化规律，如递增性或递减性，最大值或最小值，是否具有周期性变化规律等。但是，从图形上只能得到函数变化关系而不能进行数学分析。

图示法的基本要点为：

1) 在直角坐标系中绘制测量数据的图形时，应以横坐标为自变量，纵坐标为对应的函数量。

2) 坐标纸的大小与分度的选择应与测量数据的精度相适应。分度过粗时，影响原始数据的有效数字，绘图精度将低于试验中参数测量的精度；分度过细时会高于原始数据的精度。

坐标分度值不一定自零起，可用低于试验数据的某一数值作起点和高于试验数据的某一数值作终点，曲线以基本占满全幅坐标纸为宜。

3) 坐标轴应注明分度值的有效数字和名称、单位，必要时还应标明试验条件，坐标的文字书写方向应与该坐标轴平行，在同一图上表示不同数据时应该用不同的符号加以区别。

4) 曲线平滑方法。测量数据往往是分散的，如果用短线连接各点得到的就不是光滑的曲线，而是折线。由于每一个测点总存在误差。按带有误差的各数据所描的点不一定是真实值的正确位置。根据足够多的测量数据，完全有可能作出一光滑曲线，决定曲线的走向应考虑曲线应尽可能通过或接近所有的点，但曲线不必强求通过所有的点，尤其是两端的点。当不可能时，则应移动曲线尺，顾及到所绘制的曲线与实测值之间的误差的平方和最小。此时曲线两边的点数接近于相等。

(3) 经验公式法

测量数据不仅可用图形表示函数之间的关系，而且可用与图形对应的一个公式来表示所有的测量数据，当然这个公式不可能完全准确地表达全部数据。因此，常把与曲线对应的公式称为经验公式，在回归分析中则称之为回归方程。

把全部测量数据用一个公式来代替，不仅有紧凑扼要的优点，而且可以对公式进行必要的数学运算，以研究各自变量与函数之间的关系。

根据一系列测量数据，如何建立公式，建立什么形式的公式，这是首先需要解决的问题。

所建立的公式能正确表达测量数据的函数关系，往往不是一件容易的事情，在很大程度上取决于试验人员的经验和判断能力，而且建立公式的过程比较繁琐，有时还要多次反复才能得到与测量数据更接近的公式。

建立公式的步骤大致可归纳如下：

1) 描绘曲线：以自变量为横坐标，函数量为纵坐标，将测量数据描绘在坐标纸上，并把数据点描绘成测量曲线（详见图示法）。

2) 对所描绘的曲线进行分析，确定公式的基本形式。

如果数据点描绘的基本上是直线，则可用一元线性回归方法确定直线方程。

如果数据点描绘的是曲线，则要根据曲线的特点判断曲线属于何种类型。判断时可参考现成的数学曲线形状加以选择,对选择的曲线则按一元非线性回归方法处理。

如果测量曲线很难判断属何种类型,则可按多项式回归处理。

3) 曲线化直。如果测量数据描绘的曲线被确定为某种类型的曲线,则可先将该曲线方程变换为直线方程,然后按一元线性回归方法处理。

4) 确定公式中的常量。代表测量数据的直线方程或经曲线化直后的直线方程表达式为 $y=a+bx$,可根据一系列测量数据确定方程中的常量 a 和 b,其方法一般有图解法、端值法、平均法和最小二乘法等。

5) 检验所确定的公式的准确性,即用测量数据中自变量值代以公式计算出函数值,看它与实际测量值是否一致,如果差别很大,说明所确定的公式基本形式可能有错误,则应建立另外形式的公式。

2. 数据分析

若两个变量 x 和 y 之间存在一定的关系,并通过试验获得 x 和 y 的一系列数据,用数学处理的方法得出这两个变量之间的关系式,这就是回归分析,也就是工程上所说的拟合问题,所得关系式称为经验公式,或称回归方程、拟合方程。

若果两变量 x 和 y 之间的关系是线性关系,就称为一元线性回归或称直线拟合。如果两变量之间的关系是非线性关系,则称为一元非线性回归或称曲线拟合。

对于非线性问题,可以通过坐标变换转化为线性回归问题进行处理。

道路工程中除了使用一元线性回归和一元非线性回归外,还采用二元回归分析和多元回归分析等。

2.9.5 常用数理统计工具

通过试验检测采集得到的大量原始数据必须经过数理统计方法处理,取得可靠的试验检测结果,才能科学地评价工程质量。

数理统计 7 种工具有:调查表、排列图、散布图、因果图、分层法、直方图、控制图。

7 种工具的目的分别是:

(1) 调查表:收集、整理资料;

(2) 排列图:确定主导因素;

(3) 散布图:展示变量之间的线性关系;

(4) 因果图:寻找引发结果的原因;

(5) 分层法:从不同角度层面发现问题;

(6) 直方图:展示过程的分布情况;

(7) 控制图:识别波动的来源。

常用的数理统计工具有:调查表、因果图、分层法、直方图。

1. 调查表

在进行统计工作时,首先要收集数据,收集来的数据要规范化、表格化。统计分析用的调查表,是利用统计表对数据进行整理和初步分析原因的一种工具。

针对不同的需要,常用的格式有:

1) 不合格项目分类统计调查表。

如混凝土施工可按配比、拌和、运输、浇筑、振捣逐一统计；也可统计不合格的频率及百分比，并可分析不合格的原因。

2）工序质量特性分布统计分析调查表。

可以对各种参数分别给予统计分析，找出产生问题的主要原因。

3）调查缺陷位置的统计分析调查表。

2. 因果图

因果图又称"特性要因图"，也有人根据其图形如鱼骨状或树枝状，称其为"鱼骨图"或"树枝图"。这是一种逐步深入研究和讨论质量问题的图示方法。它把对质量问题有影响的一些重要因素加以分析和分类，依照这些原因的大小次序在同一张图上分别用主干、大枝和小枝图形表示出来，即为因果图。有了因果图就可以对因果作出明确而系统的整理，从而可一目了然、系统地观察所产生质量问题的原因，有利于研究解决的办法。

在进行因果分析过程中，对那些认为比较重要的因素，要用特殊记号标注说明，然后根据查找出来的问题，从大到小，通过研究绘制对策表，针对查找出的影响质量的因素，制订对策，落实解决的办法。以混凝土强度不足为例，用因果图表示出来，如图2.9.5-1所示。

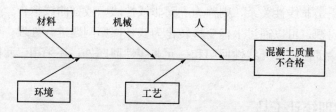

图2.9.5-1　某工程混凝土质量不合格的因果分析图

3. 分层法

分层法是将所有收集的数据按照数据来源、性质、使用目的和要求，分类加以归纳、总结和分析，然后再用其他统计分析方法将分类后的数据加工成图标。

分层法是数据分析的一项基础工作。分层的好坏直接影响着后期分析的结果。例如：作直方图分层不好时，就会出现峰型和平顺型；排列图分层不好时，矩形高度差不多，无法分清因素的主次。

4. 直方图

直方图是通过对数据的加工处理，从而分析和掌握质量数据的分布和估算工序不合格品率的一种方法。

直方图有频数直方图和频率直方图2种，其中以频数直方图使用较多。样本数据频数直方图，是指将样本观测值 $x_1、x_2、\cdots、x_n$ 进行适当的分组，然后计算各组中数据的个数。以样本取值范围为横坐标，以频数为纵坐标，将按样本序列划分的组及其频率的柱状图连续画在图中而得。

（1）直方图的作图方法和步骤

1）直方图的作图方法

①做频数（或频率）分布表；②画直方图；③进行有关计算。

2）步骤

① 收集数据；② 分析和整理数据；③ 确定组数和组距；④ 确定组界；⑤ 画频数分布直方图。

(2) 判断质量分布状态

作完频数直方图后，可以从图形判断工程质量是否正常。直方图从分布类型上可以分为正常型和异常性。

正常型：中间高，两边低，左右对称，呈正态分布。

异常型直方图有以下几种类型：

1) 孤岛型。直方图两边出现孤立小岛。造成原因如材料发生变化，测试有误差等。

2) 双峰型。直方图中出现两个峰，这主要是数据来自两个不同分布的总体，此时应加以分层。

3) 折齿形。直方图出现凹凸不平的形状。这主要是数据分组太多，测量仪器误差过大等造成，此时应重新收集和整理数据。

4) 陡壁型。直方图向一边倾斜，这是由收集数据不正常所至。

5) 偏态型。当受上、下限的限制时，多发生偏态型。下限受限制时，多发生左偏，上限受限制时，多发生右偏。

6) 平顶型。直方图没有突出的顶峰，呈平顶型，这可能是数据源于多个不同分布的总体；也可能是质量特性在某区间中均匀变化。

2.9.6 测量误差

1. 测量误差的定义

在一定的环境条件下，材料的某些物理量应当具有一个确定的值。但在实际测量中，要准确测定这个值是十分困难的。因为尽管测量环境条件、测量仪器和测量方法都相同，但由于测量仪器计量不准，测量方法不完善以及操作人员水平等各种因素的影响，各次各人的测量值之间总有不同程度的偏离，不能完全反映材料物理量的确定值（真值）。测量值 X 与真值 X_0 之间存在的这一差值 Y，称为测量误差，简称误差。测量误差也称测量的绝对误差，其关系为：

$$Y = X - X_0 \tag{2.9.6-1}$$

大量实践表明，一切实验测量结果都具有这种误差。

由各测量值的误差积累，计算出测量结果的精确度，可以鉴定测量结果的可靠程度和测量者的实验水平；根据生产、科研的实际需要，预先定出测量结果的允许误差，可以选择合理的测量方法和适当的仪器设备，规定必要的测量条件，可以保证测量工作的顺利完成。因此，不论是测量操作或数据处理，树立正确的误差概念是很有必要的。

2. 测量误差的来源

测量误差主要由测量器具、测量方法、测量环境、测量人员和试剂误差等方面因素产生。

(1) 测量器具：测量器具设计中存在的原理误差，如杠杆机构、阿贝误差等。制造和装配过程中的误差也会引起其示值误差的产生。例如刻线尺的制造误差、量块制造与检定误差、表盘的刻制与装配偏心、光学系统的放大倍数误差、齿轮分度误差等。其中最重要的是基准件的误差，如刻线尺和量块的误差，它是测量器具误差的主要来源。

(2) 测量方法：间接测量法中因采用近似的函数关系原理而产生的误差或多个数据经过计算后的误差累积。

(3) 测量环境：测量环境主要包括温度、气压、湿度、振动、空气质量等因素。在一般测量过程中，温度是最重要的因素。测量温度对标准温度（+20℃）的偏离、测量过程中温度的变化以及测量器具与被测件的温差等都将产生测量误差。

(4) 测量人员：测量人员引起的误差主要有视差、估读误差、调整误差等引起，它的大小取决于测量人员的操作技术和其他主观因素。

(5) 试剂误差：在材料的成分分析及某些性质的测定中，有时要用一些试剂，当试剂中含有被测成分或含有干扰杂质时，也会引起测试误差，这种误差称为试剂误差。

3. 测量误差的分类

测量误差按其产生的原因、出现的规律及其对测量结果的影响，可以分为系统误差、随机误差和过失误差。

(1) 系统误差：在规定条件下，绝对值和符号保持不变或按某一确定规律变化的误差，称为系统误差。其中绝对值和符号不变的系统误差为定值系统误差，按一定规律变化的系统误差为变值系统误差。如量块的误差、刻线尺的误差、度盘偏心的误差。系统误差大部分能通过修正值或找出其变化规律后加以消除。

(2) 随机误差：在规定条件下，绝对值和符号以不可预知的方式变化的误差，称为随机误差。就某一次测量而言，随机误差的出现无规律可循，因而无法消除。但若进行多次等精度重复测量，则与其他随机事件一样具有统计规律的基本特性，可以通过分析，估算出随机误差值的范围。随机误差主要由温度波动、测量力变化、测量器具传动机构不稳、视差等各种随机因素造成，虽然无法消除，但只要认真、仔细地分析产生的原因，还是能减少其对测量结果的影响。

(3) 过失误差：过失误差，也叫错误，是一种与事实不符的显然误差。这种误差是由于实验者粗心，不正确的操作或测量条件突然变化所引起的。例如：仪器放置不稳，受外力冲击产生毛病；测量时读错数据、记错数据；数据处理时单位搞错、计算出错等。显然，过失误差在实验过程中是不允许的。

4. 误差的表示方法

为了表示误差，工程上引入了精密度、准确度和精确度的概念。

精密度表示测量结果的重演程度，精密度高表示随机误差小；准确度指测量结果的正确性，准确度高表示系统误差小；精确度（又称精度）包含精密度和准确度两者的含义，精确度高表示测量结果既精密，又可靠。根据这些概念，误差的表示方法有3种。

(1) 极差

极差是测量最大值与最小值之差，即

$$R = x_{\max} - x_{\min} \tag{2.9.6-2}$$

式中 R——极差，表示测量值的分布区间范围；

$x_{\max}$——同一物理量的最大测量值；

$x_{\min}$——同一物理量的最小测量值。

极差可以粗略地说明数据的离散程度，既可以表征精密度，也可以用来估算标准偏差。

(2) 绝对误差

绝对误差是测量值与真值间的差异，即：

$$\Delta x_i = x_i - x_0 \tag{2.9.6-3}$$

式中 Δx_i——绝对误差；

x_i——第 i 次测量值；

x_0——真值。

绝对误差反映测量的准确度，同时含有精密度的意思。

(3) 相对误差

相对误差指绝对误差与真值的比值，一般用百分数表示，即：

$$\varepsilon = (\Delta x_i / x_0) \times 100\% \tag{2.9.6-4}$$

相对误差 ε 既反映测量的准确度，又反映测量的精密度。

绝对误差和相对误差是误差理论的基础，在测量中已广泛应用，但在具体使用时要注意它们之间的差别与使用范围。在某些实验测量及数据处理中，不能单纯从误差的绝对值来衡量数据的精确程度，因为精确度与测量数据本身的大小也很有关系。

相对误差是测量单位所产生的误差，因此，不论是比较各测量值的精度或是评定测量结果的质量，采用相对误差更为合理。

在实验测量中应当注意到，虽然用同一仪表对同一物质进行重复测量时，测量的可重复性越高就越精密，但不能肯定准确度一定高，还要考虑到是否有系统误差存在（如仪表未经校正等）；否则，虽然测量很精密也可能不准确。因此，在实验测量中要获得很高的精确度，必须有高的精密度和高的准确度来保证。

2.9.7 测量不确定度

1. 测量不确定度的概念

测量不确定度（简称不确定度），是指根据所用到的信息，表征赋予被测量量值分散性的非负参数。

为表征其分散性，以标准偏差表示的测量不确定度，称标准不确定度 u（全称标准测量不确定度）。对同一被测量进行 n 次测量，表征测量结果分散性的量称为实验标准偏差 $S_{(x)}$，按下式计算：

$$s(x) = \sqrt{\frac{\sum_{k=1}^{n}(x_k - \overline{x})^2}{n-1}} \quad \text{（贝塞尔公式）} \tag{2.9.7-1}$$

式中 x_k——第 k 次测量的结果；

$\overline{x}$——n 次测量结果的算术平均值。

通常以独立观测列的算术平均值作为测量结果，测量结果的标准不确定度为：

$$s(\overline{x}) = s(x_k)/\sqrt{n} = u(\overline{x}) \tag{2.9.7-2}$$

由在一个测量模型中各输入量的标准测量不确定度获得的输出量的标准测量不确定

度，称为合成标准不确定度（全称合成标准测量不确定度）。

注：在数学模型中的输入量相关的情况下，当计算合成标准不确定度时必须考虑协方差。

合成标准不确定度与一个大于1的数字因子的乘积，称为扩展不确定度（全称扩展测量不确定度）。为获得扩展不确定度，对合成标准不确定度所乘的大于1的数称为包含因子k。

测量中，可能导致测量不确定度的来源一般可从以下方面考虑：

（1）被测量的定义不完整；

（2）复现被测量的测量方法不理想；

（3）取样的代表性不够，即被测样本不能代表所定义的被测量；

（4）对测量过程受环境影响的认识不恰如其分，或对环境的测量与控制不完善；

（5）对模拟式仪器的读数存在人为偏移；

（6）测量仪器的计量性能（如最大允许误差、灵敏度、鉴别力、分辨力、死区及稳定性等）的局限性导致的不确定度，即仪器的不确定度；

（7）测量标准或标准物质提供的量值的不确定度；

（8）引用的数据或其他参量的不确定度；

（9）测量方法和测量程序中的近似和假设；

（10）在相同条件下重复观测中测得的量值的变化。

测量不确定度的来源必须根据实际测量情况进行具体分析。

2. 测量不确定度的评定方法

测量不确定度的评定分为A类评定和B类评定。

A类评定是指对在规定测量条件下测得的量值用统计分析的方法进行的测量不确定度分量的评定。

注：规定测量条件是指重复性测量条件、期间精密度测量条件或复现性测量条件。

B类评定是指用不同于测量不确定度A类评定的方法对测量不确定度分量进行的评定。

测量不确定度评定步骤：

（1）找出所有影响测量不确定度的影响量；

（2）建立满足测量不确定度评定所需的数学模型；

（3）确定各影响因素的估计值以及对应的标准不确定度；

（4）确定对应于各影响因素标准不确定度分量；

（5）列出不确定度分量汇总表；

（6）将各标准不确定度分量合成标准不确定度；

（7）确定测量可能值分布的包含因子；

（8）确定扩展不确定度；

（9）给出测量不确定度报告。

不确定度报告是指对测量不确定度的陈述，包括测量不确定度的分量及其计算和合成。

注：不确定度报告应该包括测量模型、估计值、测量模型中与各个量相关联的测量不确定度、协方差、所用的概率密度分布函数的类型、自由度、测量不确定度的评定类型和包含因子。

将上述评定步骤汇总可得到,如图 2.9.7-1 所示流程图。

3. 测量误差与测量不确定度的主要区别

(1) 误差表示测量结果对真值的偏离量,在数轴上表示为一个点。而测量不确定度表示被测量之值的分散性,在数轴上表示一个区间。

(2) 在测量结果中我们只能得到随机误差和系统误差的估计值;而不确定度则是根据对标准不确定度的评定方法不同而分成 A 类评定和 B 类评定两类。

(3) 误差的概念和真值相联系,是无法测得的;而不确定度可根据实验、资料、经验等信息进行评定,是可以定量操作的。

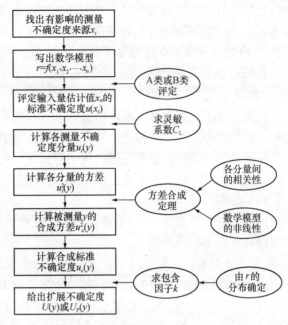

图 2.9.7-1 测量不确定度评定流程图

(4) 测量结果的不确定度表示在重复性或复现性条件下被测量之值的分散性,因此,测量不确定度仅与测量方法有关,而与具体测量的数值大小无关。测量方法应包括测量原理、测量仪器、测量环境条件、测量程序、测量人员以及数据处理方法等。测量结果的误差仅与测量结果以及真值有关,而与测量方法无关。

(5) 测量结果的误差与测量结果的不确定度两者在数值上没有确定的关系。

(6) 误差和不确定度是两个不同的概念,测量得到的误差肯定会有不确定度。反之也是一样,评定得到的不确定度可能存在误差。

(7) 对观测列进行统计分析得到的实验标准差表示该观测列中任一个被测量估计值的标准不确定度,而并不表示被测量估计值的随机误差。

(8) 自由度是表示测量不确定度评定可靠程度的指标,它与评定得到的不确定度的相对标准不确定度有关,而误差则没有自由度的概念。

(9) 当了解被测量的分布时,可以根据置信概率求出置信区间,而置信区间的半宽度则可以用来表示不确定度,而误差则不存在置信概率的概念。

2.10 试验检测记录表和报告编制

2.10.1 试验检测记录表编制

1. 记录的种类

记录包括质量记录和技术记录,具体有:委托单,抽样单,检测记录和检测报告,检测样品接收、传递、保管和处置记录,仪器设备的申购、验收、检定、使用、维护保养、维修记录,期间核查记录和环境监控记录,内部审核记录及报告,管理评审记录及报告,预防措施、日常监督检查记录,能力验证和比对试验活动计划、实施情况,人员培训计划和考核记录、新开展项目的评审情况记录,申诉和投诉处理记录等。

2. 检测记录表的格式与编制要求

检测记录表应采用交通运输行业标准《公路试验检测数据报告编制导则》JT/T 828—2012中统一制定的格式。

检测记录表由标题区、基本信息区、检验数据区、附加声明区、落款区5部分组成。按格式内容由标题区、表格区、落款区3部分组成,其中表格区按内容又可分为基本信息区、检验数据区和附加声明区等;按内容属性由管理要素和技术要素组成,其中管理要素包括标题区、落款区、基本信息区和附加声明区等内容,技术要素包括检验数据区内容。

(1) 标题区

标题区又称"表头"。记录表标题区由表格名称、唯一性标识编码、试验室名称、记录编号和页码等内容组成。

1) 表格名称

位于标题区第一行居中位置。以《公路水运工程试验检测机构等级标准》中综合甲级(桥梁结构、构件、隧道,交通安全设施等除外)、桥梁隧道工程专项和交通工程专项中所列的"项目"、"主要试验检测参数"(以下简称"参数")栏的内容为依据,原则上采用"项目名称"+"参数名称"+"试验检测记录表"的形式,特殊情况可采用以下形式:

① 当试验参数有多种测试方法可选择时,宜在记录表后将选用的测试方法以括号的形式加以标识,如"压实度检测记录表(灌砂法)";

② 当同一"项目"栏内存在多个项目类型或按习惯用法可分为多个项目类型时,宜按项目类型分别编制记录表,如水泥混凝土____试验检测记录表、砂浆____试验检测记录表;

③ 当对同一样品在一次试验中得到多个参数值时,记录表可以多参数的形式出现,表格名称在表述时宜列出全部参数并在参数间以"、"号分隔,如"水泥标准稠度用水量、凝结时间、安定性试验检测记录表";

④ 当记录表包含《公路水运工程试验检测机构等级标准》"项目"栏对应的全部参数时,参数名称可省略,以"项目名称"+"试验检测记录表"为表格名称,如"隧道环境检测试验检测记录表";

⑤ 当参数能明确地体现测试内容时,项目名称可省略,以"参数名称"+"试验检测记录表"为表格名称,如"反光膜性能测试试验检测记录表"。

2) 唯一性标识编码

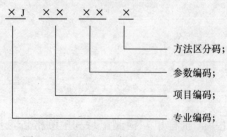

图2.10.1-1 记录表唯一性标识编码结构示意图

用以区分记录表的管理编码,具有唯一性,与表格名称同处一行,靠右对齐。记录表唯一性标识编码采用2+2+2+1四段位的编码形式,即用"专业编码"+"项目编码"+"参数编码"+"方法区分码"的形式表示,其结构见图2.10.1-1所示。

记录表唯一性标识编码各段位的编制要求为:

① 专业编码:由两位大写英文字母组成,

第一位字母用于区分专业类别，用 J、Q、A 分别代表公路工程、桥梁隧道工程、交通工程专业；第二位字母为 J 代表记录表；

② 项目编码：由两位数字组成，用《公路水运工程试验检测机构等级标准》中的"综合甲级（桥梁结构、构件，隧道，交通安全设施等除外）"、"桥梁隧道工程专项"、"交通工程专项"中"项目"序号表示，采用 01～99 的形式

③ 参数编码：由两位数字组成，用《公路水运工程试验检测机构等级标准》中与项目对应的"参数"栏内各参数的顺序号表示，采用 01～99 的形式；多参数记录表，该段位为排在前面的参数的顺序号；

④ 方法区分码：由一位小写英文字母组成，采用 a～z（i、l、o 除外）的形式，用于区分单项目或多项目对同一参数的不同试验方法，由试验室自行制定。如粗集料颗粒级配（干筛法 a、水洗法 b）、细集料颗粒级配（干筛法 c、水洗法 d）、矿粉颗粒级配（水洗法 e）等。无方法区分码时，此段位编码省略。

3）试验室名称

位于标题区第二行位置，靠左对齐。在不引起歧义时，可用"公路水运工程试验检测机构等级证书"的编号表示试验室名称，工地试验室名称应能反映出其母体试验室及项目标段的信息。

4）记录编号

与"试验室名称"同处一行，靠右对齐。记录编号由试验室自行编制，用于试验参数、试验过程的识别。

5）页码

位于表格的页眉处，靠右对齐，以"第__页，共__页"的形式表示。

（2）基本信息区

包括但不限于：工程部位/用途、委托/任务编号、样品名称、样品描述、样品编号、试验条件、试验依据、试验日期、主要仪器设备及编号等内容。相关编写要求为：

1）工程部位/用途：为二选一填写项，当可以明确被检对象在工程中的具体位置时，宜填写工程部位的桩号；当指明数据报告结果的具体用途时，宜填写相关信息；

2）委托/任务编号：由试验室自行编制，用于表示外部委托/内部任务流转的唯一性编号，一般宜填写委托编号，用于盲样管理时可填写任务编号；

3）样品名称：按标准规范要求填写；

4）样品描述：描述样品的状态，如样品的结构、形状、规格、颜色、数量等信息；

5）样品编号：由试验室自行编制，用于区分每件独立样品的唯一性编号；

6）试验条件：用于描述试验时的环境条件，如试验的温度、湿度、照度以及在标准中有明确规定的其他环境条件的实测值或范围值；

7）试验依据：进行试验所依据的现行有效的标准、规程或其他技术文件。宜至少填写出完整的标准、规程编号，如：GB/T 1346—2011；必要时，可写至标准、规程的方法编号或条款号，如：JTG E51—2009 T 0820—2009；

8）试验日期：为试验的起止时间，以时间段或时间点表示；

9）主要仪器设备及编号：试验所用主要仪器设备的信息，宜包括仪器设备名称、型号规格及唯一性标识。

(3) 检验数据区

用于记录试验过程和试验结果的信息，是试验室按试验依据编制的技术内容，宜包括但不限于：原始观测项目、数据处理过程与方法、试验结果等，相关编写要求为：

1) 原始观测项目：应包含获取试验结果所需的充分信息，以便该试验在尽可能接近原条件的情况下能够复现；

2) 数据处理过程与方法：宜保留试验数据的处理过程，给出由原始观测数据导出试验结果的过程记录、数据修约或方法等；

3) 试验结果：宜按试验依据文件要求给出该项试验的测试结果。

(4) 附加声明区

附加声明区又称"备注"。附加声明区可用于：

1) 对试验检测的依据、方法、条件等偏离情况的声明；

2) 其他见证方签认；

3) 其他需要补充说明的事项。

(5) 落款区

由"试验"、"复核"、"日期"3部分组成。

日期为记录表的复核时间，以"＿＿年＿＿月＿＿日"的形式表示，如"2013年07月07日"。

3. 记录表的填写、计算和更改

原始记录是试验检测结果的如实记载，不允许随意更改，不许删减。记录应在工作中形成，不能追记。

记录应使用蓝黑墨水钢笔、签字笔填写，一般不得使用铅笔填写，计算机自动采集数据时可采用计算机打印。记录必须清晰明了，并赋有校核人员、检测人员或编制人员的签字等识别。

检测数据、观察结果、计算应在检测过程中及时记录在规定的表格内。原始记录的有效位数和数字修约应按照相关标准规范和《数值修约规则与极限数值的表示和判定》GB/T 8170—2008进行。

原始记录经过计算后的结果即为检测结果，必须有人校核，校核者必须在本领域有5年以上工作经验。校核者必须在试验检测记录和报告中签字，以示负责。校核者必须认真核对检测数据，校核量不得少于所检测项目的5%。

当原始记录如果出现错误确需更改时，作废数据应划两条水平线（不可刮改或涂改，以免字模糊或消失），将正确数据填在上方。对原始记录中的所有改动应有更改人的签名或加盖更改人印章。

4. 记录的保存及保密

记录待工作全部结束后应及时交综合办公室分类归档。记录的识别、收集、索引、立卷、存取、归档、借阅、保管、维护和处理等管理应符合《记录管理程序》的规定。

记录保存应便于存取，保存的设施与环境条件应能保证记录不丢失、不损坏、不变质、不泄密，同时应根据试验检测机构对检测工作追溯的需要和有关管理机构要求规定记录的保存期。

质量管理活动中形成的各种质量记录保存期为5年，检测过程中形成的技术记录（含原始记录和检测报告等）保存期应在工程交付使用之日起 5 年。关系到试验检测机构发展历史的记录应长期保存。

记录应安全保存，使用电子形式储存的记录，应执行《保护数据完整性和安全性的程序》，以防止未经授权的侵入或修改。

记录保存期到规定期限后，由综合办公室提出书面申请，经试验检测机构最高管理者批准后由综合办公室资料管理员销毁。

记录的保密应按《保护客户秘密和所有权的程序》执行。

记录只供查阅，未经试验检测机构最高管理者批准，不得复印和外借，试验检测机构人员需要查阅时，应办理借阅手续，经质量负责人批准后方可借阅，用完后应立即归还，不得丢失和损坏。

5. 试验检测记录表的格式，见《公路试验检测数据报告编制导则》JT/T 828—2012 附录 A 中图 A.1 所示。

2.10.2 试验检测报告编制

1. 检测报告的格式与编制要求

检测报告应采用交通运输行业标准《公路试验检测数据报告编制导则》JT/T 828—2012 中统一制定的格式。

检测报告由标题区、基本信息区、检验对象属性区、检验数据区、附加声明区、落款区 6 部分组成。按格式内容由标题区、表格区、落款区 3 部分组成，其中表格区按内容又可分为基本信息区、检验对象属性区、检验数据区和附加声明区等；按内容属性由管理要素和技术要素组成，其中管理要素包括标题区、落款区、基本信息区和附加声明区等内容，技术要素包括检验对象属性区和检验数据区等内容。

（1）标题区

标题区又称"表头"。报告标题区由表格名称、唯一性标识编码、试验室名称、报告编号和页码等内容组成。

1）表格名称

位于标题区第一行居中位置。采用以下 2 种表述方式：

① 由单一记录表导出的报告，其表格名称宜采用与记录表名称相同的命名方式，仅将"试验检测记录表"变更为"试验检测报告"；

② 由多个记录表导出的报告，依据试验参数具体组成，优先以项目名称命名报告名称，在不引起歧义的情况下，宜采用"项目名称"＋"试验检测报告"的形式或其他约定的形式。

2）唯一性标识编码

与表格名称同处一行，靠右对齐。报告唯一性标识编码采用 2＋2＋2＋2 四段位的编码形式，即用"专业编码"＋"分类编码"＋"项目编码"＋"格式区分码"的形式表示，其结构见图 2.10.2-1 所示。

报告唯一性标识编码各段位的编制要求为：

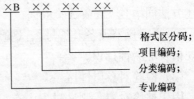

图 2.10.2-1 报告唯一性标识编码结构示意图

① 专业编码：由两位大写英文字母组成，第一位字母用于区分专业类别，用 J、Q、A 分别代表公路工程、桥梁隧道工程、交通工程专业；第二位字母为 B 代表报告；

② 分类编码：由两位数字组成，用 01、02、03 分别代表材料类报告、现场试验类报告、特殊参数类报告；

③ 项目编码：由两位数字组成，用《公路水运工程试验检测机构等级标准》中的"综合甲级（桥梁结构、构件、隧道，交通安全设施等除外）"、"桥梁隧道工程专项"、"交通工程专项"中"项目"序号表示，采用 01~99 的形式；

④ 格式区分码：由两位数字组成，采用 01~99 的形式，用于区分项目内各报告格式，由试验室自行制定。

3) 试验室名称

位于标题区第二行位置，靠左对齐。工地试验室名称应能反映出其母体试验室及项目标段的信息。

4) 报告编号

与"试验室名称"同处一行，靠右对齐。报告编号由试验室自行制定，用于报告的识别。

5) 页码

位于表格的页眉处，靠右对齐，以"第__页，共__页"的形式表示。

(2) 基本信息区

包括但不限于：施工/委托单位、工程名称、工程部位/用途、委托编号、样品描述、样品编号、试验依据、判定依据、主要仪器设备及编号等信息。相关编写要求为：

1) 施工/委托单位：为二选一填写项，宜填写施工单位名称，仅当无法填写施工单位信息时，可填写委托单位名称；

2) 工程名称：本报告测试范围内建设项目的名称；

3) 工程部位/用途：为二选一填写项，当可以明确被检对象在工程中的具体位置时，宜填写工程部位的桩号；当指明数据报告结果的具体用途时，宜填写相关信息；

4) 委托编号：由试验室自行编制，用于表示外部委托任务流转的唯一性编号；

5) 样品描述：描述样品的状态，如样品的结构、形状、规格、颜色、数量等信息；

6) 样品编号：由试验室自行编制，用于区分每件独立样品的唯一性编号；

7) 试验依据：进行试验所依据的现行有效的标准、规程或其他技术文件。宜至少填写出完整的标准、规程编号，如：GB/T 1346—2011；必要时，可写至标准、规程的方法编号或条款号，如：JTG E51—2009 T0820—2009；

8) 判定依据：判定试验结果合格与否所依据的相关试验规程、标准或其他技术文件。表述方法同本款 7) 项试验依据；

9) 主要仪器设备及编号：试验所用主要仪器设备的信息，宜包括仪器设备名称、型号规格及唯一性标识。

(3) 检验对象属性区

用于被检对象、测试过程中有关技术信息的详细描述，如"生产厂家"、"抽样基数"、"抽样数""试验龄期"等，视报告的具体需要确定其内容。

(4) 检验数据区

宜包括但不限于：检测项目、技术要求/指标、检测结果、结果判定与检测结论等内容，以及其他反映检测结果与结论的必要的图表信息。

(5) 附加声明区

附加声明区又称"备注"。附加声明区可用于：

1) 对试验检测的依据、方法、条件等偏离情况的声明；

2) 其他需要补充说明的事项。

(6) 落款区

由"试验"、"审核"、"签发"、"日期"、"（专用章）"5部分组成。

日期为报告的签发时间，以"＿＿年＿＿月＿＿日"的形式表示，如"2013年07月07日"。

2. 检测报告的内容编写要求

(1) 检测报告应做到文字简洁、页码完整、无空白栏，并不得涂改；

(2) 检测报告应包含2.10.2中1.（2）基本信息区中的所有内容；

(3) 每1份检测报告均应按所采用检测试验方法的规定，准确、清晰、明确、客观地反映检测试验结果；

(4) 全部检测试验数据均应采用国家法定计量单位；

(5) 不同类型的检测报告应分别采用专门的统一格式；

(6) 除非在备注栏中已注明不作结论或判定的理由，对各项检测试验均应给出明确的判定结论。检测试验结论的编写应符合如下规定：

1) 依据国家、行业、地方标准和已备案的企业标准，全项检测试验均符合要求时，结论为"按××××标准判定合格"（××××指标准编号，下同）；

2) 产品有分等级规定时，结论为"按××××标准×等级判定合格"或"按××××标准判定合格（×等级）"；

3) 当非全项检测试验，所检项目符合要求时，结论为"所检项目符合××××标准的技术要求"，不给出合格结论；

4) 全项检测试验或只检部分项目，有不符合项目且可以判不合格时给出不合格结论"按××××标准判定不合格"或"按××××标准×等级判定不合格"。

3. 检测报告的审批程序与发放

检测报告的审批程序：报告应由检测试验项目负责人负责编写，报告编写人应在确认原始记录符合要求后，才能编写检测报告并签字，签字后送交报告审核人审核；报告审核人将审核好的报告签字并送交报告授权签字人审批并签发。

检测报告的发放：检测报告经过审核、批准后，综合办公室按照相关规定加盖试验检测机构检测报告专用章和计量认证标志章后，负责发放并登记。

检测报告的复印须经部门负责人的同意，复印件应按有关规定盖章方可有效。

4. 检测报告的修改更正

(1) 检测报告的任何更正，必须重新打印，涂改无效。

(2) 更改检测报告的申请与审批，按下列2种情况分别处理：

1) 因委托单位原因造成差错需要更改时，由委托单位和见证单位共同出具盖有单位公章的《检测报告更改申请报告》（见表2.10.2-1，供参考），申明差错原因及差错所在，经检测报告原审核/批准人确认，签署同意更改的意见后方可更改。

检测报告更改申请报告　　　　　　　　　　　表 2.10.2-1

试验室名称：		受控编号：	
工程名称			
原委托单位			
原见证单位			

检测报告更改的原因：

申请更改人（取样人）签名：　　　　　　　　　　　　　日期：

更改内容			
试验项目	原检测报告编号	需更改内容	更改后的内容

委托单位（盖章）意见：	见证单位（盖章）意见：	检测机构（盖章）意见：
取样人签名：	见证人签名：	原报告审核/批准人签名：
日期：	日期：	日期：

备注：

2）因检测试验工作不当造成差错需要更改时，由检测试验操作人查明差错原因及差错所在，填写《检测报告更改申请表》（见表 2.10.2-2，供参考），经检测报告原审核/批准人确认，签署同意更改的意见后方可更改。

检测报告更改申请表　　　　　　　　　　　　表 2.10.2-2

试验室名称：		受控编号：	
工程名称			
原委托单位			
原见证单位			

检测报告更改的原因：

申请更改人（试验检测员）签名：　　　　　　　　　　日期：

更改内容			
试验项目	原检测报告编号	需更改内容	更改后的内容

原审核人意见：	原批准/审定人意见：
签名：　　　　　日期：	签名：　　　　　日期：

备注：

(3) 更改报告的做法：

收回有差错的报告，按检测报告审批程序，重新发1份更改报告，更改报告的编号为"原报告编号（Gn）"，n为第几次修改，并声明代替原检测报告，原报告作废注销。客户要求更改的《检测报告更改申请报告》或检测试验操作人要求更改的《检测报告更改申请表》、更改件与原件一起存档。

(4) 有差错的报告除保留1份存档外，回收的报告经检测试验部门负责人书面批准后进行销毁，填写《文件（资料）销毁登记表》。

(5) 上述情况中，属试验检测机构工作差错的，应向客户致歉。如造成客户经济损失，需磋商赔偿处理。

(6) 对检测试验结果出错情况，检测试验部门应了解差错原因，如发现属仪器设备、工作条件或试验操作错误等原因引起的，除以书面形式记录差错情况外，应根据《不符合工作的处理程序》进行处理。

(7) 如客户对检测报告数据或结论提出异议要求更改的，按照《处理投诉的程序》进行处理。

5. 检测报告的存储及保密

检测报告发出后，报告、原始记录和相关资料装订成册后交由档案资料管理员统一管理；报告的存储和销毁按《记录管理程序》执行。

检测报告的保密应按《保护客户秘密和所有权的程序》执行。

6. 试验检测报告的格式，见《公路试验检测数据报告编制导则》JT/T 828—2012附录A中图A.2所示。

2.11 能力验证与质量控制

2.11.1 能力验证的基本概念

1. 能力验证概念

能力验证是指利用实验室间比对，按照预先制定的准则评价参加者的能力。

参加者是指接受能力验证物品并提交结果以供能力验证提供者评价的实验室、组织或个人。

注：在某些情况下，参加者可以是检查机构。

所谓实验室间比对是按照预先规定的条件，由两个或多个实验室对相同或类似的物品进行测量或检测的组织、实施和评价。

"能力验证"具有极为广泛的含义，包括但不限于以下类型：

(1) 定量计划：该类计划是确定能力验证物品的一个或多个被测量的量值。

(2) 定性计划：该类计划是对能力验证物品的一个或多个特性进行鉴别或描述。

(3) 顺序计划：该类计划是将检测或测量的一个或多个能力验证物品按顺序分发，并按期返回能力验证提供者。

(4) 同步计划：该类计划中，分发能力验证物品，在规定期限内同时进行检测或测量。

（5）单个计划：该类计划中，为单一需求提供能力验证物品。

（6）连续计划：该类计划中，按规定间隔持续提供能力验证物品。

（7）抽样：该类计划是针对分析前的抽样环节。

（8）数据转换和解释：该类计划中，提供成组的数据或其他信息，要求参加者通过处理这些信息给出解释（或其他结果）。

对实验室的能力持续保持信任，不仅对实验室及其客户至关重要，而且对其他利益相关方，诸如监管机构、实验室认可机构以及其他对实验室持有特定要求的组织也很重要。

2. 能力验证主要目的

当前，实验室间比对的作用日益彰显，并得到越来越广泛地应用。实验室间比对的典型目的有：

（1）评定实验室从事特定检测或测量的能力及监视实验室的持续能力；

（2）识别实验室存在的问题并启动改进措施，这些问题可能与诸如不适当的检测或测量程序、人员培训和监督的有效性、设备校准等因素有关；

（3）建立检测或测量方法的有效性和可比性；

（4）增强实验室客户的信心；

（5）识别实验室间的差异；

（6）根据比对的结果，帮助参加实验室提高能力；

（7）确认实验室声称的不确定度；

（8）评估某种方法的性能特征——通常被称为协作试验；

（9）用于标准物质/标准样品的赋值，以及评定其应用于特定检测或测量程序时的适用性；

（10）支持由国际计量局（BIPM）及其相关区域计量组织，通过"关键比对"及辅助比对所达成的国家计量院间测量等效性的声明。

3. 能力验证计划的类型

能力验证已经成为检测、校准、检查各领域实验室活动的一项重要内容。根据使用方的需求、能力验证物品的性质、所用方法及参加者的数量，能力验证计划会有所不同。但是，大部分能力验证计划具有共同的特征，即将一个实验室所得的结果与一个或多个不同实验室所得的结果进行比较。

能力验证计划中的检测或测量类型决定了进行能力比较的方法。实验室活动有3种基本类型：定量的、定性的以及解释性的。

定量测量的结果是数值型的，并用区间尺度或比例尺度表示。定量测量检测的精密度、正确度、分析灵敏度以及特异性可能有所差异。在定量能力验证计划中，对数值结果通常进行统计分析。

定性检测的结果是描述性的，并以分类尺度或顺序尺度表示，如微生物的鉴定，或识别出存在某种特定的被测量（如某种药物或某种特性等级）。用统计分析评定能力可能不适用于定性检测。

对于解释性计划，"能力验证物品"是与参加者能力的解释性特征相关的一个检测结果（如描述性的形态学说明）、一套数据（如确定校准曲线）或其他一组信息（如案例研究）。

2.11 能力验证与质量控制

其他能力验证计划依其目的不同而有另外的特点，见 2.11.1 中 1 (1) ~ (8)。

以下讨论一些常用的能力验证类型，并在图 2.11.1-1 常见能力验证计划类型示例中说明。这些计划可能是"单次的"，只做一次，或是"连续的"，按一定间隔实施。

图 2.11.1-1 常见能力验证计划类型

注：根据指定值确定的方式，指定值在能力验证物品分发之前或在参加者结果反馈之后确定。

(1) 顺序参加的计划

顺序参加的计划（有时被称作测量比对计划）是将能力验证物品连续地从一个参加者传送到下一个参加者（即按顺序参加），有时需要传送回能力验证提供者进行再次核查。图 2.11.1-1 中的模式 1 简述了这类计划的设计，其主要特点概述如下：

1) 使用参考实验室，其能为能力验证物品提供可靠的、具有计量溯源性的指定值，且该指定值具有足够小的测量不确定度。对于分类或顺序的特性，指定值应由专家公议或其他权威公议来确定。在能力验证计划实施过程中，可能有必要在特定阶段对能力验证物品进行核查，以确保指定值没有明显变化。

2）各个测量结果与参考实验室确定的指定值进行比较。协调者应考虑各参加者声称的测量不确定度，或声称的专业水平。按组比较结果可能有困难，因为测量能力彼此接近的参加者可能相对较少。

3）完成顺序参加能力验证计划需要较长时间（有时需若干年），由此会造成一些困难。例如：
① 确保物品的稳定性；
② 严格监控物品在参加者间的传递及各参加者允许的测量时间；
③ 在计划实施过程中需向参加者单独反馈结果，而不是等到计划结束。

4）用于该类能力验证的能力验证物品（测量制品）可包括，如测量参考标准（如电阻器、千分尺和频率计），医学计划中有确诊结果的组织切片。

5）据此设计但仅限于单个参加者独立进行检测的计划通常称为"测量审核"。

6）某些情况下，在所有参加者（或部分参加者）完成测量比对后，能力验证物品的指定值由公议确定。

（2）同步参加的计划

同步参加的计划是从材料中随机抽取子样，同时分发给参加者共同进行测试。有些计划中，要求参加者自己抽取样品作为分析用能力验证物品。完成检测后，将结果返回能力验证提供者与指定值比对，以表明单个参加者的能力和一组参加者整体的能力。

该类计划所用的能力验证物品可包括食品、体液、农产品、水、土壤、矿物和其他环境材料，某些情况下，也可是以前建立的标准物质/标准样品的一部分。建议或有教育意义的评论是能力验证提供者反馈给参加者的报告中的典型部分，目的在于促进（参加者）能力的提升。图2.11.1-1中的模式2描述了这类能力验证计划的典型例子，通常针对检测实验室。模式3介绍了一种经常与同步计划结合使用的计划类型，用于监督或教育目的。

可以有：已知值、有证参考值、参考值、由专家参加者确定的公议值和由参加者确定的公议值等方式确定这类能力验证计划的指定值。然而，能力的评定既可以基于参加者（全部参加者或部分"专家"参加者）的公议值，也可基于独立确定的指定值。

已知值计划使用的指定值与参加者无关，且能力验证物品具有若干已知的被测量或特性。有证标准物质/标准样品也可用于该类计划，可以直接利用其标准值和测量不确定度。在该类计划中，也可以在重复性条件下将能力验证物品和有证标准物质/标准样品进行直接比较，但应确保有证标准物质/标准样品与能力验证物品非常接近。以前能力验证所用的能力验证物品如被证明是稳定的，也可用于该类计划。

能力验证的一种特殊应用，常被称作"盲样"能力验证，是指能力验证物品与实验室收到日常客户的物品或样品无法区别。这类能力验证可能是困难的，因为这要求与实验室的日常客户协作。另外，由于独特的包装和运输的需要，批量处理通常难以实现，且均匀性检验也有困难。

1）分割水平设计

一种常用的能力验证设计是"分割水平"设计，其中两个能力验证物品具有类似（但不相同）水平的被测量。该设计用于评估参加者在某个特定的被测量水平下的精密度，它避免了用同一能力验证物品做重复测量，或者在同一轮能力验证中使用两个完全相同的能力验证物品带来的问题。

2）分割样品检测计划。

"分割样品"设计是经常被参加者的客户以及某些监管机构采用的能力验证特殊类型。

注：不要将该类设计与"分割水平设计"相混淆。

分割样品能力验证通常用于少量参加者（通常只有两个参加者）数据的比较。在该类能力验证计划中，某种产品或材料的样品被分成两份或多份，每个参加者检测其中的一份（图 2.11.1-1 模式 5）。该类计划的用途包括识别不好的准确度、描述持续偏倚以及验证纠正措施的有效性。该设计可用于评价作为检测服务提供方的一个或两个参加者，或用于参加者数量太少而无法进行适当结果评价的情况。

该类计划中，其中的一个参加者由于使用了参考方法和更先进的设备等，或通过参加承认的实验室间比对计划获得满意结果而证实了其自身的能力，可认为其测量具有较高的计量水平（即较小的测量不确定度）。该参加者的结果可用作该类比对的指定值，该参加者可作为顾问实验室或指导实验室，其他参加者的结果与之比对。

3）部分过程计划

能力验证的一种特殊类型，用于评定参加者完成检测或测量全过程中若干部分的能力。例如，现有的某些能力验证计划是评定参加者转换和报告一套数据的能力（而不是进行实际的测试或测量），或基于一套数据或能力验证物品（如用于诊断的染色血液涂片）做出解释的能力，或根据规范抽取及制备样品或试样的能力。

(3) 外部质量评价（EQA）计划

EQA 计划（例如为医学检验实验室提供的计划）根据传统的能力验证模型提供多种实验室间比对计划，但比在顺序参加的计划、同步参加的计划和图 2.11.1-1 中所描述的应用模式更宽泛。

许多 EQA 计划设计的目的是对实验室完整的工作流程进行深入了解，而不是仅针对检测过程。多数 EQA 计划是包括长期实验室能力跟踪的连续性计划。EQA 计划的一个典型特征是向参加者提供教育机会并促进质量改进，为实现该目的，EQA 计划反馈给参加者的报告中包括了咨询和教育性的评议。

某些 EQA 计划在评价分析阶段的同时，也评定检测的分析前阶段和分析后阶段的能力。在这类 EQA 计划中，能力验证物品的性质可能与传统能力验证计划中所用的有很大差异，这些"能力验证物品"可能是一个调查表或案例分析（见图 2.11.1-1 模式 3），由 EQA 提供者发放给每个参加者并要求其反馈特定的答案。另一种情况是，能力验证物品可能带有一些分析前信息，要求参加者选择适当的方法进行检测或结果解释，而不仅是实施检测。在"制样核查"计划中，可能要求参加者给 EQA 提供者提交"能力验证物品"（见图 2.11.1-1 模式 4）。该类能力验证物品可能是处理过的试样或样品（如染色玻片或固定的组织）、实验室数据（如测试结果、实验室报告或质量保证/质量控制记录）或文件（如程序或方法确认准则）。

2.11.2 能力验证计划的设计与运作

1. 能力验证计划的设计

（1）策划

1）能力验证提供者应识别和策划直接影响能力验证计划质量的过程，并应确保这些过程依据既定程序进行。

注：在建立一项计划及相关信息时可考虑相关方的利益。

2）能力验证提供者不应将能力验证计划的策划工作分包。

注：能力验证提供者可向顾问、专家或指导小组寻求建议和帮助。

3）能力验证提供者应在能力验证计划开始之前制定文件化的方案，说明本次能力验证计划的目标、目的以及基本设计情况，并提供以下信息，适当时应说明其取舍理由：

① 能力验证提供者的名称和地址；

② 协调者以及其他参与能力验证计划设计和运作人员的姓名、地址和联系方式；

③ 分包的活动以及参与能力验证计划运作分包方的名称和地址；

④ 参加计划应满足的条件；

⑤ 能力验证计划预期的参加者数量和类型；

⑥ 所选定的被测量或特性，包括参加者需要鉴别、测量或检测的有关信息；

⑦ 对能力验证物品预期的量值范围和/或特性的描述；

⑧ 所提供能力验证领域中涉及的潜在的主要错误来源；

⑨ 对能力验证物品生产、质量控制、存储、分发的要求；

⑩ 合理防范参加者串通或伪造结果的措施，以及当怀疑串通或伪造时可执行的程序；

⑪ 将提供给参加者的信息描述，以及能力验证计划各阶段时间表；

⑫ 对于连续能力验证计划，给参加者分发能力验证物品的频次或日期，参加者返回结果的截止日期，适当时，参加者进行检测或测量的日期；

⑬ 参加者准备检测材料以及进行检测或测量所使用的方法或程序的有关信息；

⑭ 用于能力验证物品均匀性和稳定性检验的检测或测量方法的程序，必要时确定其生物活性；

⑮ 为参加者准备的所有标准化的结果报告格式；

⑯ 所使用统计分析的详细描述；

⑰ 所有指定值的来源、计量溯源性和测量不确定度；

⑱ 参加者能力评价的准则；

⑲ 返回参加者的数据、中期报告或信息的描述；

⑳ 参加者结果和根据能力验证计划结果所做结论的公布范围描述；

㉑ 能力验证物品丢失或损坏时应采取的措施。

4）能力验证提供者应能获得在检测、校准、抽样、检查以及统计分析等相关领域的必要专业知识和经验。需要时，可通过成立顾问组（称谓可不同）来实现。

5）适当时，应利用专业知识确定以下事宜：

① 2.11.2 中 1.（1）3）中所列的策划要求；

② 识别和解决在制备和保持均匀的能力验证物品，或在为能力验证物品提供稳定的指定值方面可预料到的困难；

③ 为参加者准备详细的指导书；

④ 对前几轮能力验证中参加者所提出的所有技术难题或意见进行评议；

⑤ 为评定参加者的能力提供建议；

⑥ 对参加者结果和能力进行整体评述，适当时，分组或逐一评议；

⑦ 为参加者分别提供或在报告中提供建议（在保密许可范围内）；

⑧ 回复参加者的反馈；

⑨ 策划或参加参加者之间的技术会议。

(2) 能力验证物品的制备

1) 能力验证提供者应建立并执行程序，以确保能力验证物品制备按照 2.11.2 中 1.(1) 描述的方案进行。

注：建议能力验证提供者充分考虑制备足够数量的能力验证物品，以便替代分发期间丢失或损坏的能力验证物品，或者在完成结果评价之后，用于对参加者的培训或者用作标准物质/标准样品。

2) 能力验证提供者应建立并执行程序，确保所有能力验证物品以恰当的方式获得、收集、制备、处理、储存，需要时包括废弃物的处置。该程序应确保制备能力验证物品所用材料的获取符合相关法规和伦理道德要求。

3) 能力验证物品的基体、被测量和浓度等应尽可能地与日常检测或校准物品和材料的类型相似。

4) 当能力验证计划中需要参加者将制备和/或处理后的能力验证物品再返回给能力验证提供者时，能力验证提供者应为参加者提供能力验证物品制备、包装及运输的说明。

(3) 均匀性和稳定性

1) 应基于不均匀性和不稳定性对参加者能力评定可能产生的影响，建立合适的均匀性和稳定性判定准则。

注：本条要求旨在确保每个参加者都收到具有可比性的能力验证物品，并且这些能力验证物品在整个能力验证过程中保持稳定。为此，需要周密地策划、制备和运输，且通常需要通过检验来确认。

2) 应将均匀性和稳定性的评定程序形成文件并执行，只要可行，应根据适用的统计设计进行评定。如可能，能力验证提供者应根据统计方法，从整批检测材料中随机抽取一定数量、具有代表性的能力验证物品来评定材料的均匀性。

注：某些情况下，从整批能力验证物品中采用随机分层抽样或系统抽样更为合适。

3) 均匀性评定通常应在能力验证物品被包装成最终形式之后、分发给参加者之前进行，除非不可行，例如稳定性研究表明必须以散装的方式来保存。

注：①当预计包装不会影响均匀性时，可在样品包装之前进行均匀性检验。

②某些情况下，由于实际的、技术的或后勤保障的原因，均匀性检验在样品分发前无法实施。

4) 应证实能力验证物品足够稳定，确保这些材料在能力验证实施过程（如储存和运输条件）中不会发生明显变化。如果无法保证，则应将稳定性量化，并考虑作为能力验证物品指定值测量不确定度的补充分量，必要时，在能力评定准则中予以考虑。

5) 若使用先前轮次中保留的能力验证物品，在样品分发前，能力验证提供者应确认本次能力验证计划中待测的特性值。

6）当无法进行均匀性和稳定性检验时，能力验证提供者应证明能力验证物品的收集、制备、包装和分发程序可以充分满足能力验证要求。

（4）统计设计

1）应根据数据的特性（定量或定性，包括顺序和分类）、统计假设、误差的性质以及预期的结果数量，制定符合计划目标的统计设计。

注：① 统计设计涵盖能力验证计划数据的策划、收集、分析和报告等过程。统计设计通常基于能力验证计划设定的目标，比如检出规定统计功效下的某类错误或确定带有规定测量不确定度的指定值。

② 数据分析方法可能非常简单（如描述性统计量），也可能由于利用带有概率假设或不同能力验证物品结果组合的统计模型而非常复杂。

③ 当能力验证计划根据委托人（如客户、法定管理机构或认可机构）给定的规范设计时，可直接使用规范中的统计设计和数据分析方法。

④ 在缺少统计设计所需的可靠信息时，可利用先期的实验室间比对来获得。

2）能力验证提供者应将用来确定指定值和评价参加者测量结果的统计设计和数据分析方法形成文件，并对选用的原因和假设进行说明。能力验证提供者应能证实统计假设合理并确保统计分析按照规定程序进行。

3）在设计统计分析时，能力验证提供者应仔细考虑下列事项：

① 能力验证中每个被测量或特性所要求或期望的准确度（正确度和精密度）以及测量不确定度；

② 达到统计设计目标所需的最少参加者数量；当参加者数量不足以达到目标或不能对结果进行有意义的统计分析时，提供者应将评定参加者能力的替代方法的详细内容形成文件，并提供给参加者；

③ 有效数字与所报告结果的相关性，包括小数位数；

④ 需要检测或测量的能力验证物品数量，以及对每个能力验证物品或每项测定的检测、校准或测量的重复次数；

⑤ 用于确定能力评定标准差或其他评定准则的程序；

⑥ 用于识别和（或）处理离群值的程序；

⑦ 只要适用，对统计分析中剔除值的评价程序；

⑧ 只要适当，与设计相符的目标和能力验证轮次的频率。

（5）指定值

1）能力验证提供者应将确定能力验证计划被测量或特性指定值的程序形成文件。该程序应考虑所需的计量溯源性和测量不确定度，以证明能力验证计划符合其目标。

注：计量溯源性并不是在所有情况都可行或适用。

2）校准领域的能力验证计划的指定值应具有计量溯源性和测量不确定度。

3）对于校准领域以外的能力验证计划，应考虑参加者或其他利益相关方的特定需求，或根据能力验证计划的设计来确定指定值的计量溯源性和测量不确定度的需求、关联性和可行性。

注：所需的计量溯源链可根据能力验证物品类型、被测量或特性以及可溯源校准和标准物质/标准样品可获得性而有所不同。

4）若将公议值（由专家参加者确定的公议值或由参加者确定的公议值）作为指定值，

能力验证提供者应将选择的原因形成文件，并应根据能力验证计划方案来评估指定值不确定度。

5）能力验证提供者应有关于指定值披露的政策。该政策应确保参加者不能从早期的披露中获益。

（6）能力验证计划的选择

1）实验室（以及其他类型的参加者）应选择适合于其检测或校准范围的能力验证计划。所选能力验证计划应符合《合格评定 能力验证的通用要求》GB/T 27043—2012 标准要求。

2）选择能力验证计划时，应考虑以下因素：

① 涉及的检测、测量或校准应与参加者所开展的检测、测量或校准类型相匹配；

② 利益相关方对计划设计的细节、确定指定值的程序、给参加者的指导书、数据统计处理以及最终总结报告的可获得性；

③ 能力验证计划运作的频次；

④ 拟参加的能力验证计划组织保障方面（如时间、地点、样品稳定性考虑、样品发送安排）的适宜性；

⑤ 接受准则（即用于判定能力验证中的满意表现）的适宜性；

⑥ 成本；

⑦ 能力验证提供者为参加者保密的政策；

⑧ 报告结果和分析数据的时间表；

⑨ 确信能力验证物品适宜性的特性（如均匀性、稳定性，以及适当时对国家或国际标准的计量溯源性）；

⑩ 与《合格评定 能力验证的通用要求》GB/T 27043—2012 标准的符合性。

注：有些能力验证计划中的检测可能与参加者所开展的检测不完全匹配（如对同一个测定使用不同的国家标准），但如果数据处理考虑了检测方法的重大差异或其他因素，参加能力验证计划在技术上仍然是可行的。

（7）参加能力验证计划的政策

1）需要时，利用相关方应将参加能力验证计划的政策制定成文件；该类文件化的政策应向实验室和其他利益相关方公布。

2）参加特定能力验证计划的政策中应说明的事项包括：

① 参加特定能力验证计划是强制性的或自愿的；

② 参加的频次；

③ 利益相关方用于判定满意或不满意表现的准则；

④ 若参加者的表现被判定为不满意，是否要求其参加后续的能力验证计划；

⑤ 在能力评定和随后的决定中如何使用能力验证的结果；

⑥ 利益相关方为参加者保密的政策细节。

（8）方法或程序的选择

1）通常期望参加者使用他们自己选择的检测方法、校准或测量程序，这些方法或程序应与其日常所使用的一致。能力验证提供者也可依据能力验证计划的设计，要求参加者使用指定的方法。

2) 若允许参加者使用他们自己选择的方法，能力验证提供者应：

① 制定政策并按程序对不同检测或测量方法得到的结果进行比对；

② 了解每个被测量所用不同检测或测量方法的技术等效性，并采取措施评价使用不同方法的参加者结果。

2．能力验证计划的运作

（1）给参加者的指导

1) 能力验证提供者应在发放能力验证物品前及早告知参加者能力验证物品可能到达或将要分发的日期，除非能力验证计划的设计不适宜这样做。

2) 能力验证提供者应向所有参加者提供详细的文件化的指导书。指导书应包括：

① 要求参加者按照大多数日常检测样品的处理方式处理能力验证物品（除非能力验证计划有不同于该原则的特定要求）；

② 对于影响能力验证物品检测或校准因素的详细说明，例如：能力验证物品的性质、存储条件、是否限定检测方法，以及检测或测量的时间要求；

③ 进行检测或校准之前，能力验证物品的准备和/或状态调节的详细程序；

④ 处置能力验证物品的适当指导，包括安全要求；

⑤ 参加者检测和/或校准时特定的环境条件，如适用，要求参加者报告测量期间相关环境条件；

⑥ 检测或测量结果及其不确定度记录和报告方式的明确和详细的说明。如果指导书要求报告结果的测量不确定度，应包括包含因子和置信概率（只要可行）；

注：指导书通常包括测量单位、有效数字或小数位数、报告结果的基准（如按干基重量计或按"收到基"计）等参数。

⑦ 提供者接收用于分析的能力验证结果的截止日期；

⑧ 能力验证提供者接受问询的详细联络信息；

⑨ 适用时，返回能力验证物品的说明。

（2）能力验证物品的处置和存储

1) 能力验证提供者应确保能力验证物品从制备到分发的过程中，被妥善标识和隔离，并能免受污染或降解。

2) 能力验证提供者应确保提供安全的存储区域和/或存储室，防止能力验证物品在制备和分发期间受损或变质。应制定授权从这些区域收发能力验证物品的合适程序。

3) 为发现存储期间可能的变质，适当时，应定期检查存储或存放能力验证物品、化学品和材料的条件。

4) 如果使用有潜在危险的能力验证物品、化学品和材料，应有设施保证其安全处置、去污染和废弃处理。

（3）能力验证物品的包装、标识和分发

1) 能力验证提供者应控制包装和标记过程，以确保符合有关国家、地区或国际的安全和运输要求。

注：对于某些类型的材料，分发能力验证物品时可能会面临一些困难，例如，要求持续冷藏或不能暴露于 x 射线下、碰撞或振动等。大部分化学材料采用气密包装，以避免受到空气中污染物的污染，例如，在运输中可能遇到的燃料蒸汽或发动机排放的废气。

2) 能力验证提供者应规定能力验证物品运输相关的环境条件。必要时，提供者应监视运输过程中的这些环境条件，评估其对能力验证物品的影响。

3) 在能力验证计划中，若要求参加者将能力验证物品传递给其他参加者，对于该传递，应向参加者提供文件化的指导书。

4) 能力验证提供者应确保标识牢固地贴在每个能力验证物品的包装上，并在整个能力验证期间保持清晰和完整。

5) 能力验证提供者应按照程序来确认能力验证物品的送达。

注：参加者如未按期收到能力验证物品，可按 2.11.2 中 2. (1) 1) 告知能力验证提供者。

3. 能力验证注意事项

（1）记录的保密性。

（2）结果的串通和伪造。

能力验证的目的主要是帮助参加者改善其能力，但在参加者中仍可能有一种倾向，即对其能力提供一个虚假的良好印象。例如，在实验室之间可能发生串通，以至不提交真正独立的数据。

因此，在可行情况下，能力验证应设计为能确保尽可能少地出现串通和伪造行为。

（3）能力验证提供者选择某个特定的能力验证计划，应由具备相应资格的人员进行审定和监督。

2.11.3 数据分析、统计方法和报告

1. 数据分析和记录

（1）所有的数据处理设备和软件在投入使用前，应依据程序确认。计算机系统维护应包括备份操作和系统恢复方案，并应记录维护和运作检查的结果。

（2）应运用适当的方法记录和分析参加者提交的结果；应建立和执行程序以检查数据输入、转换、统计分析和报告的有效性。

（3）数据分析应给出与能力验证计划统计设计相符的总计统计量、能力统计量以及有关信息。

（4）应使用稳健统计方法或检出统计离群值的适当方法，使离群值对总计统计量的影响降至最低。

（5）能力验证提供者应有文件化的准则和程序，以处理不适合统计评价的检测结果，例如：计算错误、转换错误和其他粗大误差。

（6）能力验证提供者应有文件化的准则和程序，以识别和处理在分发后才发现的不适合能力评定的能力验证物品，例如，能力验证物品不均匀、不稳定、损坏或被污染。

2. 统计方法

能力验证的结果可以有多种形式出现，涉及不同的数据类型和统计分布。分析这些结果时，应根据不同情况选择适用的统计方法。无论使用哪一种方法对参加者的结果进行评价，一般均包括以下几个方面的内容：

① 指定值的确定；

② 能力统计量的计算；

③ 能力评定；

④ 能力验证物品均匀性和稳定性的初步判定。

(1) 指定值及其不确定度的确定

1) 指定值的确定有多种方法，以下列出最常用的方法。在大多数情况下，按照以下次序，指定值的不确定度逐渐增大。

① 已知值：根据特定能力验证物品配方（如制造或稀释）确定的结果；

② 有证参考值：根据定义的检测或测量方法确定（针对定量检测）；

③ 参考值：根据对能力验证物品和可溯源到国家标准或国际标准的标准物质/标准样品或参考标准的并行分析、测量或比对来确定；

④ 由专家参加者确定的公议值：专家参加者（某些情况下可能是参考实验室）应当具有可证实的测定被测量的能力，并使用已确认的、有较高准确度的方法，且该方法与常用方法有可比性；

⑤ 由参加者确定的公议值：使用 ISO 13528 和 IUPAC 国际协议中的统计方法，并考虑离群值的影响。

2) 指定值的确定应确保公平地评价参加者，并尽量使检测或测量方法间吻合一致。只要可能，应通过选择共同的比对小组以及使用共同的指定值达到这一目的。

3) 对上述每类指定值，ISO 13528 和 IUPAC 国际协议中详细地描述了确定其不确定度的程序。此外，ISO/IEC 指南 98-3 中给出了确定不确定度的其他信息。

4) 对定性数据［也称为"分类的"或"定名的"值］或半定量值［也称为"顺序的"值］，确定其指定值的统计方法并没有在 ISO 13528 和 IUPAC 国际协议提及。通常，这些指定值需要由专家进行判断或由制造过程确定。某些情况下，能力验证提供者可使用大多数参加者的结果（预先确定的比例，如 80% 或更高）来确定公议值。然而，这个比例应基于能力验证计划的目标和参加者的能力和经验水平来确定。

5) 离群值可按下列方法进行统计处理：

① 明显错误的结果，如单位错误、小数点错误、或者错报为其他能力验证物品的结果，应从数据集中剔除，单独处理。这些结果不再计入离群值检验或稳健统计分析。

② 当使用参加者的结果确定指定值时，应使用适当的统计方法使离群值的影响降到最低，即可以使用稳健统计方法或计算前剔除离群值。在较大的或常规的能力验证计划中，如存在有效的客观判据，则可自动筛除离群值。

③ 如果某结果作为离群值被剔除，则仅在计算总计统计量时剔除该值。但这些结果仍应当在能力验证计划中予以评价，并进行适当能力评定。

注：ISO 13528 给出了一种确定公议均值和标准差的稳健方法，该方法不需要剔除离群值。

6) 需考虑的其他事项

① 理想情况下，如果指定值由参加者公议确定，能力验证提供者应当有确定该指定值正确度和检查数据分布的程序。

② 能力验证提供者应当有依据不确定度来判断指定值是否可接受的准则。在 ISO 13528 和 IUPAC 国际协议中给出了该准则，该准则是基于限定指定值不确定度对能力评定的影响而建立的，即：准则限定了由于指定值的不确定度而使参加者得到一个不可接受的评估结果的可能性。

(2) 能力统计量的计算

1) 定量结果

① 能力验证结果通常需要转化为能力统计量，以便进行解释和与其他确定的目标作比较。其目的是依据能力评定准则来度量与指定值的偏离。所用统计方法可能从不做任何处理到复杂的统计变换。

② 能力统计量对参加者应是有意义的。因此，统计量应适合于相关检测，并在某特定领域得到认同或被视为惯例。

③ 按照对参加者结果转化由简至繁的顺序，定量结果的常用统计量如下：

a. 差值 D，由式（2.11.3-1）计算：

$$D = x - X \qquad (2.11.3\text{-}1)$$

式中 x——参加者结果；
X——指定值。

b. 百分相对差 $D\%$，由式（2.11.3-2）计算：

$$D\% = \frac{(x-X)}{X} \times 100 \qquad (2.11.3\text{-}2)$$

c. Z 比分数，由式（2.11.3-3）计算：

$$z = \frac{x - X}{\hat{\sigma}} \qquad (2.11.3\text{-}3)$$

式中 $\hat{\sigma}$——能力评定标准差。

ISO 13528 中，$\hat{\sigma}$ 可由以下方法计算：
(a) 与能力评价的目标和目的相符，由专家判定或法规规定（规定值）；
(b) 根据以前轮次的能力验证得到的估计值或由经验得到的预期值（经验值）；
(c) 由统计模型得到的估计值（一般模型）；
(d) 由精密度试验得到的结果；
(e) 由参加者结果得到的传统标准差或稳健标准差。

注：z 比分数有时也称作 z 分数或 z 值。

d. ζ 比分数，由式（2.11.3-4）计算，除了使用标准不确定度代替扩展不确定度外，计算与 E_n 值非常类似。其解释与 z 比分数相同。

$$\zeta = \frac{x - X}{\sqrt{u_{\text{lab}}^2 + u_{\text{av}}^2}} \qquad (2.11.3\text{-}4)$$

式中 u_{lab}——参加者结果的合成标准不确定度；
u_{av}——指定值的标准不确定度。

注：ζ 比分数有时也称作 ζ 分数或 ζ 值，E_n 值有时也称作 E_n 数。

e. E_n 值由式（2.11.1-5）计算：

$$E_n = \frac{x - X}{\sqrt{U_{\text{lab}}^2 + U_{\text{ref}}^2}} \qquad (2.11.3\text{-}5)$$

式中 U_{lab}——参加者结果的扩展不确定度；
U_{ref}——参考实验室指定值的扩展不确定度。

注：1. 仅当 x 和 X 独立时，式（2.11.3-4）和式（2.11.3-5）才是正确的。

2. 其他的统计方法参见 ISO 13528 和 IUPAC 国际协议。

④ 需要考虑的其他事项：

a. 通过参加者结果与指定值之差完全可以确定实验室能力，对于参加者也是最容易理解的。差值 ($x-X$) 在《测量方法与结果的准确度（正确度与精密度）第 4 部分：确定标准测量方法正确度的基本方法》GB/T 6379.4—2006 和 ISO 13528 中称为"实验室偏倚的估计值"。

b. 百分相对差不依赖于指定值的大小，参加者也很容易理解。

c. 对于高度分散或者偏态的结果、顺序响应量、数量有限的不同响应量，百分位数和秩是有效的。但该方法仍应慎用。

d. 根据检测的特性，可能需要使用转换后的结果。例如，稀释的结果呈现几何尺度，需进行对数转换。

e. 如果 σ 由公议确定，变异度的估计应可靠，即：基于足够多次的观测以降低离群值的影响，并得到足够小的不确定度。

f. 如果能力统计量（例如 E_n 值和 ζ 比分数）需使用参加者报告的测量不确定度的估计值时，只有所有参加者采用一致的方法（比如按照 ISO/ICE 指南 98-3 的原则）评估不确定度，该方法才有意义。

2) 定性结果和半定量结果

① 对于定性结果和半定量结果，如果应用统计方法，必须与结果的特性相适应。对定性数据［也称之为"分类"数据］，可采用直接将参加者结果与指定值进行比较的技术。如果两者相同，则结果是可接受；如果不相同，可根据专家判断参加者结果是否满足预期用途。某些情况下，能力验证提供者可审查参加者的结果，并确定该能力验证物品不适于评估，或者指定值不正确。这些决定应当是能力验证计划的一部分，并在计划开始前使参加者了解。

② 用于定性数据的技术也适用于半定量结果［也称为"顺序"结果］。顺序结果包括很多类型，例如，响应为等级或排序、感官评价，或化学反应强度（如 1+，2+，3+，等）。有时，这些响应结果由数字表示，如：1=差，2=不满意，3=满意，4=良好，5=优秀。

③ 对顺序数据，计算常规的总计统计量是不合适的，即使结果以数值表示。因为这些数值并不是基于区间尺度，也就是说，客观意义上，1 和 2 间的差可能与 3 和 4 间的差并不相同，因而不能解释其平均值和标准差的意义。因此，对半定量结果使用诸如 z 比分数的统计量是不合适的。特定的统计量，如秩或顺序统计量，对顺序数据是可以使用的。

④ 描述出（或作图表示）所有参加者结果的分布，以及每一类结果的数量或百分比，并给出总计统计量（如众数和极差）是适当的。根据与指定值的接近程度评价结果的可接受性也是适当的，例如，结果落在指定值之上或之下一个数值范围内即为可接受的。某些情况下，利用百分位数评估能力也是合适的，如：可以规定距离众数或指定值最远的 5% 的结果是不可接受的。这些规则应根据能力验证计划的目的来确定，并事先告知参加者。

3) 合成的能力比分数

当对一个特定被测量使用了一个以上能力验证物品或有一组相关被测量时，可根据一轮能力验证计划中两个或两个以上的结果评定参加者的能力。这样可以对参加者能力进行全面评定。

图方法，如尧敦图或曼德尔 h 统计量图，是解释参加者能力的有效工具（见 ISO 13528）。

总之，不鼓励使用能力比分数的平均值，因为这将掩盖对一个或多个能力验证物品的较差的检测或测量能力，而这正是需要调查的。最常用的合成的能力比分数是可接受结果的数量（或百分比）。

(3) 能力评定

1) 能力验证提供者应使用符合能力验证计划目标的有效评定方法。该方法应形成文件并包含对评定依据的描述。能力评定不应分包。

2) 适当时，为达到能力验证计划的目的，能力验证提供者应对参加者的能力提供以下方面的专家评议：

① 将整体表现与预期比较，并考虑测量不确定度；

② 室内及空间的变异，及其与先前能力验证轮次、类似能力验证计划、或已公布的精密度数据的比较；

③ 方法或程序间的差异；

④ 误差的可能来源（针对离群值）和提高能力的建议；

⑤ 给参加者的建议和指导性反馈，作为参加者持续改进程序的一部分；

⑥ 由于非正常的因素，无法进行结果评价和能力评定的情况；

⑦ 其他的建议、意见或总体评述；

⑧ 结论。

注：在某个特定的能力验证计划实施过程中或完成之后，定期向参加者提供单独的汇总表是有用的。汇总表可包括各参加者在连续的能力验证计划的各轮次中能力的最新汇总。如需要，可对这些汇总做进一步分析并强调其趋势。

3) 初始能力

① 应根据能力度量方式制定能力评定准则，用于能力评定的方式如下：

a. 专家公议，由顾问组或其他有资格的专家直接确定报告结果是否与预期目标相符合；专家达成一致是评估定性测试结果的典型方法。

b. 与目标的符合性，根据方法性能指标和参加者的操作水平等预先确定准则。

c. 用统计方法确定比分数，其准则应当适用于每个比分数；比分数的常用例子如下：

(a) Z 比分数和 ζ 比分数（简单起见，示例中仅给出了 Z 比分数，对 ζ 也适用）；

a) $|z| \leqslant 2.0$　　　　表明能力"满意"，无需采取进一步措施；

b) $2.0 < |z| < 3.0$　　表明能力"有问题"，产生警诫信号；

c) $|z| \geqslant 3.0$　　　　表明能力"不满意"，产生措施信号。

(b) 对 E_n 值：

$|E_n| > 1.0$　　　　　表明能力"不满意"，产生措施信号。

② 分割样品设计的目的可能是为了识别结果中是否有不适当的校准或较大的随机波动。在这种情况下，评价需要建立在有足够多结果、并且测试的范围要足够宽的基础上。应用图形方法可以有效地识别并描述这些问题，在 ISO 13528 中对此有说明。这些图中纵轴表示结果之差，而不是一个参加者的结果对另一个参加者的结果作图。需要着重考虑的是一个参加者得到的结果是否有，或预期有较小的测量不确定度。这种情况下，该结

果就是被测量实际水平的最佳估计值。如果两个参加者有几乎相同的测量不确定度,则两者结果的平均值就是实际水平的优先估计值。

③ 只要可能,应当使用 ISO 13528 和 IUPAC 国际协议所述的图形来显示实验室能力(如直方图、误差条形图、顺序 Z 比分数图)。这些图可用来显示:

a. 参加者结果的分布;

b. 多个能力验证物品结果间的关系;

c. 不同方法所得结果分布的比较。

4) 长期监测能力

① 能力验证计划可包含长期监测能力的程序。该程序应当使参加者能观测到其能力的变动,是否呈现趋势性的变化或不一致的结果,以及随机变化。

② 图形方法有助于更多读者理解数据分析结果。传统的"休哈特"控制图是有用的,特别是出于自我改进的目的。数据列表和总计统计量可以提供更详细信息。用来评定能力的标准化能力比分数,如 Z 比分数,可用于绘制这些图和表。ISO 13528 给出了其他示例和图形工具。

③ 当标准差公议值作为能力验证标准差时,由于参加者群体的变化及其对比分数的未知影响,长期监测能力时应当谨慎。通常,由于参加者逐渐熟悉能力验证计划或者方法得到改进,实验室间标准差会随时间而减少。即便参加者本身的能力没有变化时,也会导致 Z 比分数的明显变大。

(4) 能力验证物品均匀性和稳定性

1)《合格评定 能力验证的通用要求》GB/T 27043—2012 标准要求通过有效的统计方法(包括随机抽取代表性数量的样品)证明能力验证物品"充分均匀"。ISO 13528 和 IUPAC 国际协议详述了具体程序。这两个文件中定义的"充分均匀"是相对于能力验证计划的评估区间而言,因而其推荐的方法是由评估区间确定不均匀性所带来的不确定度的允许量。ISO 13528 规定了不均匀性和不稳定性的严格限制,以减少不确定度的影响,进而减少对能力评估的影响。相对 ISO 13528 中相应准则,IUPAC 国际协议扩展了允许不均匀性和不稳定性估计值统计检验的准则。

2) 由于需求不同,《合格评定 能力验证的通用要求》GB/T 27043—2012 标准与《标准样品工作导则 (7) 标准样品生产者能力的通用要求》GB/T 15000.7—2012 和《标准样品工作导则 (3) 标准样品 定值的一般原则和统计方法》GB/T 15000.3—2008 中的规定有所不同,后者用于确定有证标准物质/标准样品的参考值及其不确定度。GB/T 15000.3—2008 使用方差分析法评估"瓶间"变异和"瓶内"变异(适当时),然后用这些方差作为指定值不确定度的分量。由于需要准确评估有证标准物质/标准样品的不确定度分量,因此,随机抽取样品数量可能超过能力验证所需的样品数量,而后者只是用来检查一批能力验证物品的不一致性。

3) 稳定性检验通常用来确保被测量在一轮能力验证中不发生变化。如 ISO 13528, IUPAC 国际协议和 GB/T 15000.3 所述,能力验证物品的稳定性检验应考虑能力验证计划正常运作中的各种条件,例如,分发给参加者的运输和处置条件。尽管通常只做较少的检测或测量,但可接受的不稳定性的判定准则与 ISO 13528 中不均匀性的判定准则相同。

3. 报告

（1）能力验证报告应清晰、全面，包含所有参加者结果的资料，并指出每个参加者的能力。最终报告的批准不应分包。

注：如果不能为参加者提供所有原始资料，那么可以提供一个结果汇总，例如，以表格或图形的形式。

（2）除非不适用或能力验证提供者有正当理由，否则报告应包括以下内容：

1）提供者的名称和详细联系信息；

2）协调者的姓名和详细联系信息；

3）报告批准人的姓名、职位、签名或等效标识；

4）提供者分包活动的说明；

5）报告发布日期和状态（如初期、中期的或最终的）；

6）报告的页码和清晰的结束标记；

7）结果保密程度的声明；

8）能力验证计划报告的编号和清晰标识；

9）对能力验证物品的清晰描述，包括能力验证物品制备、均匀性和稳定性评定的必要细节；

10）参加者的结果；

11）统计数据及总计统计量，包括指定值、可接受结果的范围和图形表示；

12）用于确定指定值的程序；

13）指定值的计量溯源性和测量不确定度的详细信息；

14）用于确定能力评定标准差或其他评定准则的程序；

15）对应每组参加者使用的检测方法/程序的指定值和总计统计量（如果不同组的参加者使用了不同的方法）；

16）能力验证提供者和技术顾问对参加者的能力评述；

17）能力验证计划设计和实施的信息；

18）数据统计分析的程序；

19）对统计分析解释的建议；

20）基于本轮次能力验证结果的评述或建议。

注：对于连续能力验证计划，提供较简单的报告即可，上述很多内容在常规报告中可以省略，但应包含在参加者可获得的能力验证计划协议或阶段性的汇总报告中。

（3）应使参加者在规定时间内获得报告。对于运作周期可能很长或涉及易腐坏材料的计划，可在最终结果发布之前提供初步的或预期的结果。

注：这样可以及早调查可能的错误。

（4）能力验证提供者应具有关于个人和组织使用报告的政策。

（5）当有必要发布一个能力验证计划新的或修正版的报告时，应包括以下内容：

1）唯一性的标识；

2）所要替换或修改的原始报告的引用；

3）修改和重新发布原因的说明。

2.11.4　与参加者的沟通、保密

1. 与参加者的沟通

（1）能力验证提供者应提供有关能力验证计划的详细信息。包括如下内容：

1）能力验证计划范围的详细信息；

2）参加者应支付的各项费用；

3）对参加能力验证的条件的文件化规定；

4）保密措施；

5）申请细则。

（2）能力验证提供者应迅速将能力验证计划设计或运作中的所有变化通知参加者。

（3）应制定文件化的程序，使参加者能够对能力验证计划中有关其能力评定提出申诉，并将申诉的途径告知能力验证计划参加者。

（4）适当时，与参加者交流的相关记录应保留并归档。

（5）若能力验证提供者发布参加通知或能力评定结果，应包含足够的信息，以免引起误导。

2. 保密

（1）除非参加者宣布放弃保密，否则应对能力验证计划参加者的身份保密；其身份应仅为参与能力验证计划运作的相关人员所知。

（2）参加者向能力验证提供者提供的所有信息都应视为保密信息。

注：参加者可以选择在能力验证计划范围内放弃保密，以便能够互相交流和帮助，例如为了提高能力。出于管理或认可的目的，参加者也可以放弃保密。在大多数情况下，参加者可以自己向相关权威机构提供能力验证结果。

（3）若某个利益相关方要求能力验证提供者直接向其提供能力验证结果，提供者应将该要求在计划开始前告知参加者。

（4）特殊情况下，若法定管理机构要求能力验证提供者直接向其提供能力验证结果，提供者应书面通知受影响的参加者。

2.11.5 能力验证的利用

1. 参加者对能力验证的利用

（1）参加者应从能力验证计划组织和设计的评价中得出有关自身能力的结论，其间应考虑能力验证计划和参加者客户的需求间的关系。考虑的信息应包括：

1）能力验证物品的来源和特性；

2）所使用的检测和测量方法，可能时，特定检测或测量方法的指定值；

3）能力验证计划的组织（如统计设计、重复测试次数、被测量、实施方式）；

4）能力验证提供者用于评定参加者能力的准则；

5）相关的监管、认可或其他要求。

（2）参加者应保留参加能力验证的记录，包括所有不满意结果的调查结论及随后的纠正或预防措施。

2. 利益相关方对结果的利用

（1）认可机构

1）《合格评定 认可机构通用要求》GB/T 27011—2005 7.15 规定了认可机构利用能力验证的要求。

注：ILAC P-9中进一步规定了认可机构符合ILAC多边承认协议要求的能力验证政策。

2）能力验证结果对于参加者和认可机构都有用。然而，利用这些结果确定参加者能力有其一定的限制。某一次能力验证计划的满意表现可以代表这一次的能力，但不能反映出持续的能力；同样，在一次能力验证计划中的不满意表现，也许反映的是参加者偶然地偏离了正常的能力状态。正因如此，在认可过程中，认可机构不能使用能力验证作为唯一的手段。

3）对报告了不满意结果的参加者，认可机构应有政策以：

① 确保参加者在规定时间内开展调查和评议其能力，并采取适当的纠正措施；

②（必要时）确保参加者进行后续的能力验证以确认所采取的纠正措施有效；

③（必要时）确保由合适的技术评审员对参加者进行现场评价，以确定纠正措施是有效的。

4）认可机构应将对能力验证计划中不满意结果可能采取的后续措施告知获准认可机构。这些措施可能包括在规定时间内确认有效纠正措施后维持认可、对相关检测暂停认可（视纠正措施情况而定），直至撤销相关检测的认可。

注：通常认可机构所选择的措施将基于参加者能力的长期表现及最近现场评审的情况。

5）认可机构应有政策，从获准认可机构处反馈其对能力验证结果所采取的措施，尤其是对不满意结果的措施。

(2) 其他利益相关方

1）参加者可能需要向其他利益相关方证明其能力，例如客户或分包协议中的相关方。能力验证结果以及其他质量控制活动可用于证明能力，尽管这不是唯一的方式。

注：利用能力验证数据证实能力时通常与其他证据联合使用，例如认可。见2.11.5中2.(1)2）。

2）参加者有责任确保向评价其能力的利益相关方提供所有相关信息。

3. 监管机构对能力验证的利用

(1) 对需要评价所辖参加者能力的监管机构，能力验证计划的结果是有用的。

(2) 监管机构运作能力验证计划时，应符合《合格评定能力验证的通用要求》GB/T 27043—2012标准要求。

(3) 使用独立的能力验证提供者的监管机构应：

1）在承认能力验证计划之前，寻求其符合《合格评定能力验证的通用要求》GB/T 27043—2012标准的文件化证据；

2）与参加者讨论能力验证计划的范围和运作参数，以便按相关规定恰当地判定参加者的能力。

2.11.6 质量控制

为了保证检验检测机构各项检测结果的质量及可信度，监控检测结果的有效性，检验检测机构应制定《质量控制程序》，对检测过程和结果的质量进行监控。

1. 职责

(1) 质量负责人根据各专业检测工作的特点提出检验检测机构检测工作能力验证的年度计划。

(2) 技术负责人负责批准年度能力验证计划，并对检验检测机构的监控方法、监控计划、监控结果以及比对验证结果的有效性进行评审。

(3) 综合办公室负责制定检验检测机构的年度能力验证计划，报质量负责人审核。

(4) 检测室负责检测工作能力验证年度计划的实施，并将结果及时报质量负责人。

(5) 质量监督员负责实施过程中的质量监督。

2. 工作程序

(1) 检测室根据检测工作的情况，每年年初提出本年度的能力验证、比对试验计划，报综合办公室。

(2) 综合办公室根据检测室的能力验证、比对试验计划，每年年初制定检验检测机构的年度能力验证、比对试验计划（内容包括：能力验证的检测项目、检测依据、拟采用的能力验证方法、时间安排、进度要求及人员安排），报质量负责人审核、技术负责人批准。除了按照省级质量技术监督局和有关部门组织参加的能力验证、比对试验以外，每年在主要的检测项目中抽取一定数量的项目，进行检验检测机构间的比对，并安排不同人员、不同设备进行检验检测机构内部的比对。

(3) 检验检测机构对检测工作的有效性监督，除了检验检测机构的质量监督员对检测工作有效性监督，检测、审核和批准人员按规定对检测工作和报告形成的各个环节把关外，还应选用下列方法为对检测结果的质量保证：

1) 采用统计技术分析验证检测结果是否合理可靠；

2) 与省内、外有关检验检测机构进行比对以及检验检测机构内部不同人员或不同设备之间进行比对；

3) 定期使用标准物质（参考物质）进行内部质量控制；

4) 对存留的样品进行再检测；

5) 利用相同或不同方法进行重复检测和校准；

6) 分析一个样品不同特性检验结果的相关性；

7) 其他合适的方法。

(4) 综合办公室于每年年初将《能力验证、比对试验计划表》以文件的形式下达到相关的部门。

(5) 检测室应根据《能力验证、比对试验计划表》的要求参加能力验证活动，安排比对试验，必要时对检测结果的不确定度进行分析评定。

(6) 根据检测工作的类型不同，检测室应制定相应的质量控制限，并在能力验证、比对试验结束后及时对其结果有效性进行分析，编写分析评价报告提交技术负责人。数据分析可采用如控制图、排列分析、散点图等多种方法，在发现监控的质量控制数据超出预定的数据时，应采取有计划的措施来纠正出现的问题，执行《不符合工作的处理程序》和《预防措施程序》。

(7) 技术负责人应在管理评审前进行汇总并写出分析报告，对检验检测机构采取的监控方法、监控计划、监控结果以及比对验证结果的有效性进行评审。当质量控制数据超出预定的质量控制限时，应分析原因，出现不符合工作时，应按照《不符合工作的处理程序》和《预防措施程序》执行。

(8) 监控计划的实施情况和实施结果应在每年的管理评审中体现，以利于检测工作质量的不断提高。

(9) 质量监督员应选择合适的监控方法对检测项目实施监督,并填写《日常质量监督抽查记录》。

(10) 能力验证、比对试验和质量监督抽查记录的所有资料,由综合办公室统一归档保存。

3. 记录

记录表包括:能力验证、比对试验计划表;年度能力验证、比对试验计划实施记录表;能力验证、比对试验分析报告;日常质量监督抽查记录表。分别见表2.11.6-1～表2.11.6-4所示,仅供参考。

能力验证、比对试验计划表　　　　表2.11.6-1

试验室名称:　　　　　　　　　　　　　　　　　　　　　编号:

序号	验证、比对项目	依据标准	验证、比对方法	时间安排	人员安排	组织单位/比对单位

综合办公室初审:	质量负责人审核:	技术负责人批准:
年 月 日	年 月 日	年 月 日

编制人:　　　　　　　　　　日期:　　　　　　　　　　　年 月 日

_____年度能力验证、比对试验计划实施记录表　　表2.11.6-2

试验室名称:　　　　　　　　　　　　　　　　　　　　　编号:
部门:

序号	验证、比对项目	依据标准	验证、比对方法	质量控制限	实施时间	实施人员	组织/比对单位	验证、比对结果	结果分析	实施资料清单	备注

年度能力验证情况总结	技术负责人: 年 月 日

注:请附上能力验证、比对试验报告。

能力验证、比对试验分析报告   表2.11.6-3

试验室名称：　　　　　　　　　　　　　　　　　　　　　　　编号：

能力验证、比对试验项目	
组织单位/参加单位和人员	
仪器设备名称及编号	
检验依据	
能力验证、比对试验结果分析	

其他需要说明的情况：

技术负责人：　　　　　试验负责人：　　　　　　　　　　　　日期：　年　月　日

日常质量监督抽查记录   表2.11.6-4

试验室名称：　　　　　　　　　　　　　　　　　　　　　　　编号：

检测项目		工程名称	
检测依据			
检测开始日期		检测结束日期	
检测地点		检测类别	
检测人员			

监督内容			
	□来样委托书	完整□　内容欠缺□　无□	
	□检测方案、检测大纲	完善□　欠完善□　应编制未编制□　不需编制□	
	□仪器设备	种类：　种　数量：　台	是否符合检测方法要求：是□ 否□
		检定/校准状态：合格□ 准用□ 停用□	量值溯源是否有效：是□ 否□
	□人员	数量：　人　满足□	不满足□
		资格：　有上岗证□	无上岗证□
	□样品	数量：　件（个）符合要求□	不符合要求□
		外观检查：检查符合要求□　检查不符合要求□　不检查□	
		样品抽样、取样是否按标准、检测方案：符合要求□　不符合要求□	
		样品唯一性标识：　有□	无□
		样品存放、处置记录：符合要求□	不符合要求□
	□检测标准检测方法	标准、检测方法：标准方法□　经过确认的非标方法□未经确认的非标方法□	
		标准、检测方法选择：合适□	不合适□
		检验实施细则：完整□　欠完整□　缺□　不需编制□	

续表

检测项目			工程名称	
检测依据				
检测开始日期			检测结束日期	
检测地点			检测类别	
检测人员				
监督内容	□ 检测过程	是否按标准的要求进行检测：是□　否□		
		原始记录是否在检测同时记录：是□　否□		
		仪器设备操作：符合要求 □　不符合要求 □		
	□ 环境	温度要求：　℃ 实测：　℃　湿度要求：　%　实测：　%		
		环境条件：　符合 □　温度不符合 □　湿度不符合 □		
	□ 记录	原始记录内容：　符合要求 □　不符合要求 □　无 □		
		设备使用记录　符合要求 □　不符合要求 □　无 □		
	□ 检验报告	内容　符合要求 □　　　不符合要求 □		
		结论　　正确 □　　　　有问题 □		
		检测结果和检查结论的可靠性：可靠 □　　不可靠 □		
	检查中发现问题			

监督员：　　　　　抽查日期：　　　　　　　　　年 月 日— 　年 月 日

注：1. 本表由质量监督员根据检验工作情况，每月进行不少于一次的质量监督抽查。
　　2. 质量监督员按本次监督内容在 □中打"√"，并填写相应内容。
　　3. 质量监督员在抽查时，发现问题应在"检查中发现问题"栏中加以描述，并及时填写《不符合工作的处理表》报综合办公室。
　　4. 检查项目的监督须填写目击检查记录。

2.12 单位、分部及分项工程的划分

1. 一般建设项目的工程划分，见表 2.12-1。

一般建设项目的工程划分　　　　表 2.12-1

单位工程	分部工程	分项工程
路基工程（每 10km 或每标段）	路基土石方工程*①（1~3km 路段）②	土方路基*，石方路基*，软土地基*，土工合成材料处治层*等
	排水工程（1~3km 路段）	管节预制，管道基础及管节安装*，检查（雨水）井砌筑*，土沟，浆砌排水沟*，盲沟，跌水，急流槽*，水簸箕，排水泵站等
	小桥及符合小桥标准的通道*，人行天桥，渡槽（每座）	基础及下部构造*，上部构造预制、安装或浇筑*，桥面*，栏杆，人行道等
	涵洞、通道（1~3km 路段）	基础及下部构造*，主要构件预制、安装或浇筑*，填土，总体等
	砌筑防护工程（1~3km 路段）	挡土墙*，墙背填土，抗滑桩*，锚喷防护*，锥、护坡，导流工程，石笼防护等
	大型挡土墙*，组合式挡土墙*（每处）	基础*，墙身*，墙背填土，构件预制，构件安装*，筋带，锚杆、拉杆，总体*等
路面工程（每 10km 或每标段）	路面工程*（1~3km 路段）	底基层，基层*，面层*，垫层，联结层，路缘石，人行道，路肩，路面边缘排水系统等

229

续表

单位工程	分部工程	分项工程
桥梁工程③（特大、大、中桥）	基础及下部构造*（每桥或每墩、台）	扩大基础，桩基*，地下连续墙*，承台，沉井*，桩的制作*，钢筋加工及安装，墩台身（砌体）浇筑*，墩台身安装，墩台帽*，组合桥台*，台背填土，支座垫石和挡块等
	上部构造预制和安装*	主要构件预制*，其他构件预制，钢筋加工及安装，预应力筋的加工和张拉*，梁板安装，悬臂拼装*，顶推施工梁*，拱圈节段预制，拱的安装，转体施工拱*，劲性骨架拱肋安装*，钢管拱肋制作*，钢管拱肋安装*，吊杆制作和安装*，钢梁制作*，钢梁安装，钢梁防护*等
	上部构造现场浇筑*	钢筋加工及安装，预应力筋的加工和张拉*，主要构件浇筑*，其他构件浇筑，悬臂浇筑*，劲性骨架混凝土拱*，钢管混凝土拱*等
	总体、桥面系和附属工程	桥梁总体*，钢筋加工及安装，桥面防水层施工，桥面铺装*，钢桥面铺装*，支座安装，搭板，伸缩缝安装，大型伸缩缝安装*，栏杆安装，混凝土护栏，人行道铺设，灯柱安装等
	防护工程	护坡，护岸*④，导流工程*，石笼防护，砌石工程等
	引道工程	路基*，路面，挡土墙*，小桥*，涵洞*，护栏等
互通立交工程	桥梁工程*（每座）	桥梁总体，基础及下部构造*，上部构造预制、安装或浇筑*，支座安装，支座垫石，桥面铺装*，护栏，人行道等
	主线路基路面工程*（1～3km路段）	见路基、路面等分项工程
	匝道工程（每条）	路基*，路面*，通道*，护坡，挡土墙*，护栏等
隧道工程	总体	隧道总体*等
	明洞	明洞浇筑，明洞防水层，明洞回填*，等
	洞口工程	洞口开挖，洞口边仰坡防护，洞门和翼墙的浇（砌）筑，截水沟、洞口排水沟等
	洞身开挖	洞身开挖*，（分段）等
	洞身衬砌	（钢纤维）喷射混凝土支护，锚杆支护，钢筋网支护，仰拱，混凝土衬砌*，钢支撑，衬砌钢筋等
	防排水	防水层，止水带、排水沟等
	隧道路面	基层*，面层*等
	装修	装修工程
	辅助施工措施	超前锚杆，超前钢管等

2.12 单位、分部及分项工程的划分

续表

单位工程	分部工程	分项工程
环保工程	声屏障（每处）	声屏障
	绿化工程（1～3km 路段或每处）	中央分隔带绿化，路侧绿化，互通立交绿化，服务区绿化，取、弃土场绿化等
交通安全设施（每20km或每标段）	标志*（5～10km 路段）	标志*
	标线、突起路标（5～10km 路段）	标线*，凸起路标等
	护栏*、轮廓标（5～10km 路段）	波形梁护栏*，缆索护栏*，混凝土护栏*，轮廓标等
	防眩设施（5～10km 路段）	防眩板、网等
	隔离栅、防落网（5～10km 路段）	隔离栅、防落网等
机电工程	监控设施	车辆检测器，气象检测器，闭路电视监视系统，可变标志，光电缆线路，监控（分）中心设备安装及软件调测，大屏幕投影系统，地图板，计算机监控软件与网络等
	通信设施	通信管道与光电缆线路，光纤数字传输系统，数字程控交换系统，紧急电话系统，无线移动通信系统，通信电源等
	收费设施	入口车道设备，出口车道设备，收费站设备及软件，收费中心设备及软件，IC 卡及发卡编码系统，闭路电视监视系统，内部有线对讲及紧急报警系统，收费站内光、电缆及塑料管道，收费系统计算机网络等
	低压配电设施	中心（站）内低压配电设备，外场设备电力电缆线路等
	照明设施	照明设施
	隧道机电设施	车辆检测器，气象检测器，闭路电视监视系统，紧急电话系统，环境检测设备，报警与诱导设施，可变标志，通风设施，照明设施，消防设施，本地控制器，隧道监控中心计算机控制系统，隧道监控中心计算机网络，低压供配电等
房屋建筑工程	（按其专业工程质量检验评定标准评定）	

1. 表内标注 * 号者为主要工程，评分时给以 2 的权值；不带 * 号者为一般工程，权值为 1。
2. 按路段长度划分的分部工程，高速公路、一级公路宜取低值，二级及二级以下公路可取高值。
3. 斜拉桥和悬索桥可参照表 2.12-2 进行划分。
4. 护岸参照挡土墙。

2. 特大斜拉桥和悬索桥为主体建设项目的工程划分，见表 2.12-2。

特大斜拉桥和悬索桥为主体建设项目的工程划分 表 2.12-2

单位工程	分部工程	分项工程
塔及辅助、过渡墩（每座）	塔基础*	钢筋加工及安装，扩大基础，桩基*，地下连续墙*，沉井*等
	塔承台*	钢筋加工及安装，双壁钢围堰，封底，承台浇筑*等
	索塔*	索塔*
	辅助墩	钢筋加工，基础，墩台身浇（砌）筑，墩台身安装，墩台帽，盖梁等
	过渡墩	
锚碇	锚碇基础*	钢筋加工及安装，扩大基础，桩基*，地下连续墙*，沉井*，大体积混凝土构件*等
	锚体*	锚固体系制作*，锚固体系安装*，锚碇块体，预应力锚索的张拉与压浆*等
上部构造制作与防护（钢结构）	斜拉索*	斜拉索制作与防护*
	主缆（索股）*	索股和锚头的制作与防护*
	索鞍*	主索鞍和散索鞍制作与防护*
	索夹	索夹制作与防护
	吊索	吊索和锚头制作与防护*等
	加劲梁	加劲梁段制作*，加劲梁防护*等
上部构造浇筑与安装	悬浇*	梁段浇筑*
	安装*	加劲梁安装*，索鞍安装*，主缆架设*，索夹和吊索安装*等
	工地防护*	工地防护*
	桥面系及附属工程	桥面防水层的施工，桥面铺装，钢桥面板上防水黏结层的洒布，钢桥面板上沥青混凝土铺装*，支座安装*，抗风支座安装，伸缩缝安装，人行道铺设，栏杆安装，防撞护栏等
	桥梁总体	桥梁总体
引桥		（参见表 2.12-1 "桥梁工程"）
引道		（参见表 2.12-1 "路基工程"和"路面工程"）
互通立交工程		（参见表 2.12-1 "互通立交工程"）
交通安全设施		（参见表 2.12-1 "交通安全设施"）

注：表内标注 * 号者为主要工程，评分时给以 2 的权值；不带 * 号者为一般工程，权值为 1。

2.13 公路工程质量检验评定方法

2.13.1 工程质量评分

1. 分项工程质量评分

(1)《公路工程质量检验评定标准 第一册 土建工程》JTG F80/1－2004 标准：分项工程质量检验内容包括基本要求、实测项目、外观鉴定和质量保证资料 4 个部分。只有在其使用的原材料、半成品、成品及施工工艺符合基本要求的规定，且无严重外观缺陷和质量保证资料真实并基本齐全时，才能对分项工程质量进行检验评定。

涉及结构安全和使用功能的重要实测项目为关键项目（在文中以"△"标识），其合格率不得低于 90%（属于工厂加工制造的桥梁金属构件不低于 95%，机电工程为 100%），且检测值不得超过规定极值，否则必须进行返工处理。

实测项目的规定极值是指任一单个检测值都不能突破的极限值，不符合要求时该实测项目为不合格。

采用《公路工程质量检验评定标准 第一册 土建工程》JTG F80/1—2004 标准附录 B 至附录 I 所列方法进行评定的关键项目，不符合要求时则该分项工程评为不合格。

分项工程的评分值满分为 100 分，按实测项目采用加权平均法计算。存在外观缺陷或资料不全时，应予减分。

$$分项工程得分 = \frac{\Sigma[检查项目得分 \times 权值]}{\Sigma 检查项目权值} \quad (2.13.1\text{-}1)$$

$$分项工程评分值 = 分项工程得分 - 外观缺陷减分 - 资料不全减分$$

1）基本要求检查

分项工程所列基本要求，对施工质量优劣具有关键作用，应按基本要求对工程进行认真检查。经检查不符合基本要求规定时，不得进行工程质量的检验和评定。

2）实测项目计分

对规定检查项目采用现场抽样方法，按照规定频率和下列计分方法对分项工程的施工质量直接进行检测计分。

检查项目除按数理统计方法评定的项目以外，均应按单点（组）测定值是否符合标准要求进行评定，并按合格率计分。

$$检查项目合格率(\%) = \frac{检查合格的点(组)数}{该检查项目的全部检查点(组)数} \quad (2.13.1\text{-}2)$$

$$检查项目得分 = 检查项目合格率 \times 100$$

3）外观缺陷减分

对工程外表状况应逐项进行全面检查，如发现外观缺陷，应进行减分。对于较严重的外观缺陷，施工单位须采取措施进行整修处理。

4）资料不全减分

分项工程的施工资料和图表残缺，缺乏最基本的数据，或有伪造涂改者，不予检验和评定。资料不全者应予减分，减分幅度可按《公路工程质量检验评定标准 第一册 土建工程》JTG F80/1—2004 标准 3.2.4 条所列各款逐款检查，视资料不全情况，每款减 1~3 分。

(2)《公路工程质量检验评定标准 第二册 机电工程》JTG F80/2—2004 标准：分项工程质量检验内容包括基本要求、实测项目、外观鉴定、资料 4 个方面。

1）机电工程实测项目检查

土建工程的实测项目是客观参数，而机电工程有些系统的功能、性能无法用 1 个指标值来控制，只能用功能测试、外观评价的方法，因此，机电工程的实测项目包括了参数测量和功能测试 2 部分，有些规定与土建工程不同，每个项目对机电工程的质量都很重要，因此，机电工程分项工程各项实测检查项目的权值均为 1。

机电工程分项工程检查频率：施工单位为 100%；工程监理单位不低于 30%，当项目测点数少于 3 个时，全部检查。

2）机电工程外观鉴定的评定办法：

机电工程的设备安装与土建工程不同，除了包括土建工程中的基础部分外，质量监控重点是机电工程的设备机箱安装质量、与之相关联的电力线、信号线、防雷、接地、与安全保护等处理工序、工艺及各工作部件的设备等。这些工艺措施都是外观评定的内容，用多项指标规定整个分项工程的质量。而这些项目指标在短期内不会直接影响机电工程的安全，但当缺陷积累到一定程度时至少反映出两方面问题，一是表明承包商的技术水平有问题；二是工程管理不善导致工程质量不合格。

因此，机电工程的外观质量也是比较重要的检测项目，可以影响工程的合格判定。然而对这些项目的评定很难用参数或功能的"是"、"否"两个逻辑参量来明确判定（线路的连接"对错"可以判定，指标已放在基本要求中），因此用缺陷扣分的方法来处理。扣分原则如下：

① 外观鉴定条目下的每一款为一个项目；
② 有轻微缺陷，无证据时，该项目可扣 0.1 分；
③ 有轻微缺陷，有证据时，每个证据可扣 0.1 分，每项目累计不超过 1 分；
④ 有明显缺陷，每个证据可扣 0.5 分，每项目累计不超过 1.5 分，当累计至 1.5 分以上时为不合格项，要求返工修复此测点；
⑤ 有严重缺陷，很明显不符合标准要求，此测点不得分，要求返修此测点。
⑥ 在统计分项工程的外观缺陷减分时，按减分最多的测点计算，不累加。如查检了 10 部外场紧急电话分机，第 1 测点扣 2.3 分，第 2 测点扣 1.7 分，第 10 测点扣 4 分，其余测点没扣分，则该分项工程的外观鉴定减分应为 4 分。

3）按本标准进行质量评定的机电项目，质量保证资料应真实并基本齐全，其所用设备、原材料、半成品和制成品，均应符合有关产品标准、规范或合同的要求，并有符合国家认可标准要求的质检机构出具的检验合格证和出厂合格证。

2. 分部工程和单位工程质量评分

《公路工程质量检验评定标准 第一册 土建工程》JTG F80/1—2004 标准附录 A 所列分项工程和分部工程区分为一般工程和主要（主体）工程，分别给以 1 和 2 的权值。进行分部工程和单位工程评分时，采用加权平均值计算法确定相应的评分值。

$$\text{分部（单位）工程评分值} = \frac{\Sigma[\text{分项（分部）工程评分值} \times \text{相应权值}]}{\Sigma\text{分项（分部）工程权值}}$$

(2.13.1-3)

3. 合同段和建设项目工程质量评分

合同段和建设项目工程质量评分值按《公路工程竣（交）工验收办法》计算。

4. 质量保证资料

施工单位应有完整的施工原始记录、试验数据、分项工程自查数据等质量保证资料，并进行整理分析，负责提交齐全、真实和系统的施工资料和图表。工程监理单位负责提交齐全、真实和系统的监理资料。质量保证资料应包括以下 6 个方面：

（1）所用原材料、半成品和成品质量检验结果；
（2）材料配比、拌合加工控制检验和试验数据；
（3）地基处理、隐蔽工程施工记录和大桥、隧道施工监控资料；

（4）各项质量控制指标的试验记录和质量检验汇总图表；

（5）施工过程中遇到的非正常情况记录及其对工程质量影响分析；

（6）施工过程中如发生质量事故，经处理补救后，达到设计要求的认可证明文件等。

2.13.2 工程质量等级评定

1. 分项工程质量等级评定

分项工程评分值不小于 75 分者为合格；小于 75 分者为不合格；机电工程、属于工厂加工制造的桥梁金属构件不小于 90 分者为合格，小于 90 分者为不合格。

评定为不合格的分项工程，经加固、补强或返工、调测，满足设计要求后，可以重新评定其质量等级，但计算分部工程评分值时按其复评分值的 90% 计算。

2. 分部工程质量等级评定

所属各分项工程全部合格，则该分部工程评为合格；所属任一分项工程不合格，则该分部工程为不合格。

3. 单位工程质量等级评定

所属各分部工程全部合格，则该单位工程评为合格；所属任一分部工程不合格，则该单位工程为不合格。

4. 合同段和建设项目质量等级评定

合同段和建设项目所含单位工程全部合格，其工程质量等级为合格；所属任一单位工程不合格，则合同段和建设项目为不合格。

第3章 工地试验室建设与管理

3.1 基本要求

1. 工地试验室是工程质量控制和评判工作的重要基础数据来源，是工程建设质量保证体系的重要组成部分。

2. 工地试验室必须严格执行国家有关法律、法规、技术标准和交通运输主管部门的有关规范、规程，遵循科学、客观、严谨、公正的原则，独立开展试验检测活动，为工程建设提供真实、准确的试验检测数据和报告。

3. 工地试验室应根据工程项目内容和规模进行设置，既要满足工程质量控制需要，又要满足合理布局、安全环保、环境整洁等要求。

3.2 机构设置

1. 施工、监理单位和检测机构应根据工程质量安全管理需要或合同约定，在工程现场设立工地试验室；设立工地试验室的母体机构应取得《公路水运工程试验检测机构等级证书》。

2. 工地试验室应按合同段单独设立，一个施工或监理合同段原则上只设置1个工地试验室，当监理单位管理跨度超过50km、施工单位线路跨度超过15km，应根据具体情况设置分部试验室。同一合同段内施工、监理单位的工地试验室不得由同一家母体检测机构授权设立。

3. 母体检测机构应在其等级证书核定的业务范围内对工地试验室进行授权，上年度信用评价等级在C级及以下的检测机构不宜作为授权设立工地试验室的母体检测机构。

4. 工地试验室按照规定到项目质监机构登记备案后，方可开展试验检测工作。

5. 工地试验室应在母体检测机构授权的范围内，为工程建设项目提供试验检测数据，不得对外承揽试验检测业务。

6. 工地试验室的类型包括：施工企业试验室、监理中心试验室和政府监督部门试验室3类。

（1）施工企业试验室

是施工企业为完成其所承担的施工任务而建立的试验室。

1）标段试验室。按工程招标划分的标段设置的试验室，由于其流动性强，其规模决定于工程规模的大小及所承担的具体工程任务，人员和设备多是由施工企业总部或分部临时调配，资质也多利用总部或分部的资质，一般只具有常规施工试验检测能力。但需经省级交通工程质量监督站临时资质认证后才能进行试验检测工作。

2) 中心拌合站（或厂）试验室。为方便工作，在中心拌合站或拌合厂设立的试验室，多由标段试验室派出，工作单一，任务明确，主要任务是负责检测混合材料配合比例和拌合质量。

3) 分部试验室。当标段里程较长，交通不便时，为方便工作，在工程队或工程量较集中的地方由标段试验室派出的驻分部试验室，主要负责某一项或几项施工自检试验工作。

(2) 监理中心试验室

各省、市、自治区交通运输部门的监理公司或咨询公司都有自己的固定试验室，主要承担省、市、自治区的监理工作方面的试验检测任务，一般都具有甲、乙级试验检测资质。社会监理公司大多数无自己独立的试验室。监理中心试验室一般规模较大，设备先进，功能完善，具有承担各类试验检测任务的能力。同时需经省级交通工程质量监督站临时资质认证后才能进行试验检测工作。施工标段一般不设监理试验室，现场监理的试验一般利用施工企业的试验室进行。

(3) 政府监督部门试验室

按行政区划设置，大体上有3级。

1) 各省、市、自治区交通工程质量监督站所属的试验室，大部分具有甲级检测资质，设备较先进、齐全，具有对各级公路进行监督试验检测的能力；

2) 各地、市交通工程质量监督站所属的试验室，业务上受所在省、市、自治区交通工程质量监督站的领导，一般具有对二级及二级以下公路进行监督试验检测的能力；

3) 各县、市交通工程质量监督站所属的试验室，业务上受所在地、市交通工程质量监督站的领导，主要承担地方道路的监督试验检测任务。

3.3 工地试验室建设

3.3.1 驻地建设

1. 工地试验室选址应充分考虑安全、环保、交通便利及工程质量管理要求等因素。应设置在监理、施工项目经理部驻地或集中拌和场内，其周边场所、交通通道均应进行硬化处理。

工地试验室选址基本要求：

(1) 交通便利，尽量靠近公路；

(2) 通信畅通，满足信息化管理要求；

(3) 严禁设置在河床河滩、洪水位下等危险区域，避开取土、弃土场、坍方等地段；

(4) 避开高压线路及高大树木。与通信、天然气等地下管线保持一定距离。

2. 工地试验室采用院落式封闭管理，功能区设置科学合理，办公区和各功能区面积满足规定要求，区内场地及主要道路应做硬化处理，排水设施完善，庭院适当绿化，环境优美整洁。

3. 工地试验室应将工作区和生活区分开设置，工作区总体上可分为：办公室、会议室、仪器设备室、档案资料室及功能室5部分。

4. 办公区内应设试验室主任（工地试验室授权负责人）办公室、技术负责人办公室、质量负责人办公室、试验检测人员办公室、仪器设备室、档案资料室及会议室等；功能室应根据工程内容和规模设置：样品室、留样室、力学室、标准养护室、水泥混凝土室、水泥室、集料室、土工室、现场检测室、化学室、沥青室、沥青混合料室、石料室及储藏室等。

（1）办公室：试验检测人员办公场所。

（2）会议室：试验检测人员开会及培训场所。

（3）仪器设备室：负责功能室所有仪器设备的管理。

（4）档案资料室：用于存放人员、仪器设备及各种试验资料档案。

（5）样品室：负责样品的来样登记、样品流转过程等管理。

（6）留样室：用于存放已检测样品的留置处理。不同材料应分类别分区存放，不能混乱存放。

（7）力学室：负责原材料或混合材料的力学性能试验，如金属材料的机械性能试验、砂石材料的力学性能试验、混凝土及砂浆的强度试验。

（8）标准养护室：用于强度试件的标准养护，可控制温度 $20\pm2℃$，相对湿度大于 90%。

（9）水泥混凝土室：负责水泥混凝土及砂浆配合比设计、水泥混凝土及水泥砂浆技术性能试验、混凝土及浆砌工程施工抽检。

（10）水泥室：负责水泥物理力学性能试验。

（11）集料室：负责水泥混凝土及沥青混合料用粗细集料的物理力学性能试验、浆砌工程用石料的技术性能试验。

（12）土工室：负责土的物理和力学性能试验，路面基层材料配合比设计试验，路基、路面基层施工现场抽检等。

（13）现场检测室：负责道路及桥梁工程结构现场检测工作，如路基路面的压实度、厚度、平整度、弯沉、回弹模量，路基CBR、路面的摩擦系数、抗滑构造深度、透水性及车辙，桥梁的桩基检测、荷载试验等。

（14）化学室：负责土、砂石材料、石灰、粉煤灰、水泥等原材料的化学分析试验，合成材料的化学分析试验，如石灰土中石灰剂量的分析。

（15）沥青室：负责沥青的技术性能试验。

（16）沥青混合料室：负责沥青混合料配合比设计、沥青混合料技术性能试验、沥青路面工程施工检测。

（17）石料室：负责石料及强度试件芯样的加工等。

（18）储藏室。

5. 试验室布设。

（1）试验室功能室布局应符合以下原则：

1）一个试验项目需要使用多个功能室的，功能室之间距离不宜太远；

2）试验过程产生振动的功能室宜设置在一起，试验过程需要使用隔振要求较高的精密仪器的功能室应远离振源功能室；

3）功能室室内设备应本着优化试验工作流程、减少功能室内的人流与物流的交叉、整体摆放、和谐美观、同时作业不至于造成相互干扰等原则进行平面布局布置。

（2）"工地试验室"采用铜制牌匾，规格为宽60cm×高40cm，牌匾挂在办公室前醒目处，牌底线离地面高度为160cm。牌匾内容与工地试验室印章内容一致，为"母体试验检测机构名称＋建设项目标段名称＋工地试验室"。

（3）办公室及功能室外应悬挂或张贴有统一规格的门牌标识。

（4）办公室内墙体上应悬挂工地试验室组织机构框图及人员配置图。条件允许的工地试验室可将主要管理制度及人员岗位职责同时上墙，但应注意布局协调、美观。管理图表均应装裱上墙。

人员岗位职责、组织机构框图、各项规章制度等采用蓝底白字宽60cm×高90cm的标牌，挂（贴）离地（底线）150cm墙体上。

（5）办公室应在墙体合适位置张贴工地晴雨表、人员考勤表、工程形象进度图、人员去向表等图表。

（6）办公区域内办公桌、资料柜等布置摆放要合理。办公桌应放置桌牌，包含姓名、照片、职务、所属部门、人员职责等内容。

（7）办公室应设置防暑降温、取暖设施。宜安装空调，为试验检测人员提供较好的工作环境，保证极端恶劣气候条件下试验检测工作正常开展。

（8）功能室内主要设备旁边墙体上应悬挂统一规格的仪器设备操作规程。操作规程框图制作尺寸为宽40cm×高60cm，蓝底白字。

（9）对有环境条件要求的功能室，应配置相应设施，如喷湿装置、温控装置、抽湿装置、防振动装置等。对有环境条件要求的区域应有环境条件要求标识及限入标识。各功能室应在墙体上悬挂温湿度表。对于空间较大的功能室及标准养护室应在房屋对角墙体位置布置不少于2个温湿度表。

（10）各功能室电源插头应高出地面100cm以上，防止冲洗时进水漏电。

（11）各功能室应设置一定数量的操作台，操作台高度应控制在70～85cm之间，台面宽度为60～80cm之间，台面宜采用光洁、耐磨、耐腐蚀的材料。台下可根据操作台结构设置储物隔柜，储物隔柜立面应采用统一材料遮挡，保持美观。

（12）功能室的温湿度记录表格、仪器设备使用（运行）记录表格用竖放硬面夹悬挂在相应的仪器操作规程下面，离地面一般140cm。

（13）各功能室均应设置自来水水池，水池布置应适用、美观，水池上沿同操作台等高。水泥混凝土室地面应设置水槽，方便设备及场地清洗。

（14）标准养护室门口的墙体上悬挂试件入、出库记录台账。需配备全自动温湿度同步控制设备。地面上要设置环形水槽，便于室内水排向室外，水槽断面尺寸为宽8cm×深5cm。标准养护室内应设置试件养护架，养护架须具有一定的刚度条件（建议采用40mm×40mm×4mm角钢），每个养护架应用大写英文字母编号，养护架高度不宜高于150cm，分层搁架应镂空处理，保证试块养生效果。标准养护室内需设置2个温湿度表，悬挂在养护架最高上方10cm处。

（15）沥青及沥青混合料室应安装大功率通风橱或排气扇。

（16）资料室应配备专用金属柜，应具备防潮、防蛀及通风条件。

(17) 水泥室里的比表面积测定仪用外箱罩住，里面放干燥剂；沸煮箱用外箱罩住，外箱上接一直径大于 8cm 的塑料管通向室外。

6. 试验室标识标牌。

(1) 大门处竖排设置工地试验室名称牌，名称牌制作材料为不锈钢本色底、黑字、宋体。牌匾内容与工地试验室印章内容一致，为"母体试验检测机构名称＋建设项目标段名称＋工地试验室"。

(2) 应在试验室的醒目位置，悬挂授权委托书、试验室组织机构图、岗位操作规程、试验人员公示牌、试验人员职责、试验流程图、试验检测形象进度图等。

(3) 试验区域、有毒有害气体存放处设置有禁止、指令标志。

(4) 消防设施存放处设置有提示标志，废旧物品存放区设置有明示标志。

(5) 试验规章制度及操作规程（试验室工作岗位责任制、试验检测工作程序、试验仪器设备操作规程、试验仪器设备的定期标定、保养、维修制度、试验室安全和卫生管理制度、试验资料管理的台账制度、标准养护室的管理检测制度、取样要求和样品管理制度、不合格数据管理制度、试验检测报告表格填写要求等）必须上墙。

(6) 所有图表均应装裱上墙，尺寸要求：晴雨表、主要管理人员考勤表，根据内容自行设定；桌牌尺寸为 150mm×100mm；其他图表尺寸为 600mm×900mm，试验检测人员胸牌尺寸 80mm×120mm。

(7) 房间铭牌：办公室铭牌，铭牌尺寸为 300mm×125mm。宿舍铭牌例 101 室（1 栋 1 号房间）。铭牌尺寸为 180mm×100mm。

(8) 办公生活区内须设置有卫生责任区域牌、消防责任区域牌，标牌尺寸为 400mm×300mm，蓝底白字。

(9) 备用电源处需设置有安全操作规程牌（600mm×900mm）和"机房重地，闲人免进"警示牌（400mm×300mm）。

(10) 垃圾桶（池）处设置有指示标志（150mm×300mm）及"讲究卫生，保护环境"提示牌（400mm×300mm）。

(11) 灭火器处设置有指示标志（400mm×300mm）及操作规程牌（600mm×900mm）。

7. 生活房屋及设施。

(1) 生活用房：应设宿舍、食堂、浴室、厕所等，具备条件的可设文体活动（学习）室、图书室等。

1) 宿舍

① 人员人均住宿面积不低于 $8m^2$/人；

② 工地试验室的宿舍要坚固、美观，房间净空高度不低于 2.8m；门窗齐全，同时应设置可开启式窗户，保证通风；房顶材料尽量选用阻燃、防水材料，若采用砖混结构，内墙抹灰刷白，地面硬化防潮湿；

③ 宿舍内必须实行统一管理，做到规划整齐，应采用统一尺寸的床架、被褥、蚊帐、被单等床上用品统一色彩和规格，更衣箱、面盆、毛巾、箱包统一布置。生活用品应放置整齐，有条件的每人可设（排号）生活专业组合柜，室内电线严禁私拉乱接；

④ 衣物不得随意晾晒，须设有固定的晾衣处（有条件的检测机构可建设轻型钢结构

遮雨棚，雨棚应具有抗风、防雨、防老化功能）；

⑤宿舍内夏季有消暑、防蚊虫叮咬措施，冬期有保暖和防煤气中毒措施。

2）食堂

①面积按高峰人数的70%计算人均$1m^2$，位置距厕所、垃圾等有害物质不小于30m。净空高度不得低于2.8m，水泥硬化地面或铺地砖，不积水。锅台四周面案板挨墙处贴白瓷砖，便于清洁卫生；

②制定食堂卫生管理责任制度，具备卫生许可证，炊事员（包括工作人员）有健康证，工作时必须戴工作证，穿工作服；

③食堂应配备必要的排风设施和冷藏设施。燃气罐应单独设置存放间，存放间应通风良好并严禁存放其他物品。炊具宜存放在封闭的橱柜内，食品应生熟分开；

④食堂内应设有防尘、蚊、蝇、鼠害设施；厨房应有防火设施；

⑤必须保证供应符合卫生标准的饮用水，高温季度应有降温防暑措施。

3）厕所

①必须分设男、女厕所，面积按现场平均人数设置人均$0.2 m^2$，最小不得小于$20 m^2$（蹲位不得少于现场职工人数的5%）。净空高度不得低于2.8m；

②必须是水冲式或移动式厕所且保持清洁。大小便池内镶贴瓷砖，地面敷设水泥砂浆，设纱窗纱门，厕所采光良好。

4）浴室

①必须分设男、女浴室，浴室面积按现场平均人数设置人均$0.2 m^2$，最小不得小于$20 m^2$，采用节水龙头，符合安全要求，满足职工洗浴；

②浴室建造必须结构牢固、通风，顶部水箱承重必须可靠，地下铺有防滑地砖，设下水沟槽。

5）文体活动（学习）室

房间净空高度应控制在2.8m以上，房顶选用阻燃材料。地面硬化，门窗齐全，通风、照明良好，墙面抹灰刷白。室内具备活动（学习）条件，设施良好，应悬挂各项活动（学习）制度。

6）洗手池

生活区域必须配置相应的洗手池，洗手池应用白瓷砖外包，洗手池的上部应有遮雨棚。

7）晾衣棚

晾衣棚可用钢管或角钢制作，顶棚采用透明材料搭建，设置在生活区周边，供工作人员晾晒衣服（晾衣棚应具有抗风、防雨、防老化功能）。

（2）消防设施

试验室（含办公区域）内必须配备不小于4kg干粉灭火器，设置在灭火器箱内或挂钩、托架上，其顶部离地面高度不应大于1.5m，挂于墙上1.5m高处；每50~100m^2配置1个；档案资料室、会议室、食堂等处必须单独配置1组，每组2个。每个试验室应备有不少于$0.5m^3$消防砂，还应备有足够数量的消防桶、消防锹等消防工具。配置的上述消防设施应合理分布在试验室各功能室及办公区域外。

（3）排水设施

1) 驻地内场地一般按照四周低，中心高的原则设置，保证面层排水坡度不应小于1.5%；

2) 周围设置完善的排水系统，保证排水通畅，庭院内场地排水沟采用暗沟，其他地方排水沟可设明沟，排水沟底面采用M7.5砂浆进行抹面；

3) 生活污水集中排放，根据生活污水排放量的大小，在场地外侧合适的位置设置沉砂井及污水过滤池。

（4）生活用水

1) 详细调查了解周边的水源情况，定期对水质进行取样检测，保证能满足生活用水要求；

2) 办公室、会议室、活动（学习）室安装饮水器；

3) 生活区应设热水间，配备电加热箱，保证热水供应。

（5）环境卫生

1) 房间内统一设置垃圾篓，每个房间排卫生值日表，每天进行清扫，室外场地设专人每天进行清扫；

2) 办公、生活区均设置垃圾桶（垃圾池），分类存放，及时清理，垃圾桶（垃圾池）要有标识；

3) 食堂、厕所、洗手池等处要定期进行清理，并喷洒消毒药水。

（6）用电

1) 所有线路铺设、电器设备必须由专职电工或厂家人员进行安装，满足《施工现场临时用电安全技术规范》JGJ 46—2005 相关要求；

2) 宿舍内严禁使用"热得快"、电炉、电饭煲、电炒锅、电取暖器等大功率电器；

3) 工地试验室驻地应备有专门的发电设备（功率≥15kW），能满足在停电情况下保证试验检测工作及办公生活正常、连续开展。试验室电路应设独立的专用线，在总闸及力学室、标准养护室等每台设备处应安装漏电保护器；电线、电缆的布设应符合有关技术标准，保证使用安全。

4) 检测室仪器设备用电采用三相五线制配电系统，仪器设备的底座或裸露的金属表面均应与电力系统的接地点连接，零线与地线不得混用。

仪器设备与照明用电线路须单独分开布设，零线不能共用。

8. 工地试验室用房可新建或租用现有房屋。新建房屋宜采用活动板房材料拼建而成。结构设计时应考虑空间跨度、风雪等极端气候的影响，必要时应进行加固处理，保证其使用周期内安全可靠。租赁地方房屋的，租赁的房屋必须符合安全要求，房屋的面积必须满足办公区、功能室划分的需求；其空间、通风、采光和保温等条件应满足使用要求。

9. 工地试验室的空间和面积应满足试验检测工作和环境条件要求，一般应综合考虑仪器设备放置、人员操作和行动通道所占用空间和面积以及门窗位置等因素。对有温度、湿度条件要求的功能室，必要时可进行吊顶处理，以便降低有效高度、提高保温保湿效果。

工地试验室的建筑面积大小应根据试验室的规模确定。工地试验室的建筑面积、房屋布置见表3.3.1-1确定，仅供参考。

3.3 工地试验室建设

工地试验室的建筑面积、房屋布置　　　　　3.3.1-1

序号	功能室	面积（≥m²）	配备要求	注备
1	办公室	40	办公桌椅、计算机、打印机、复印机、扫描仪等办公设备，具备网络通信条件，宜配置空调	
2	档案资料室	20	足够的文件柜，应配置防火、防潮、防蛀设施，宜配置空调	
3	仪器设备室	20	宜配置空调	
4	会议室	30	椭圆形黑色木质会议桌1张，靠背座椅若干。投影仪1套，话筒、音箱设备1套，LED显示屏1块，应配置空调	
5	样品室	30	应按照样品状态分区，设货架2个，应配置空调	
6	留样室	30	应配置空调	
7	力学室	30	设钢质货架2个，1个用于摆放万能试验机配件，另1个用于存放破断的钢筋试样；配电动砂轮1个，用于打磨钢筋端口的毛刺；张贴各种规格、各种牌号的钢筋试样长度、力学参数、加荷速率表1张；各种规格抗压试件的加荷速率表1张，应配置空调和除湿机	
8	标准养护室	30	设钢质货架若干，配喷雾式养护室全自动控制器1台，干湿温度计1支。应配置温、湿度控制设备、完善排水设施	
9	水泥混凝土室	30	应考虑洗刷用水的排出通道，应配置空调	
10	水泥室	25	设工作台1个，应配置空调和湿度控制设备	
11	集料室	25	设工作台1个，应配置空调	
12	土工室	30	设工作台1个，应配置空调	
13	现场检测室	20	设货架2个	
14	化学室	25	设工作台1个，排气扇1个，存放化学危险药品的橱子1个，应配置空调	
15	沥青室	25	设工作台1个，功率大于60W排气扇1个，应配置空调	
16	沥青混合料室	30	设工作台1个，功率大于60W排气扇1个，应配置空调	
17	石料室	30	应考虑试件加工时污水的排出通道，应配置空调	
18	储藏室	30	应配置空调和湿度控制设备	
19	废料区	30	土、砂、大小碎石分别设池，混凝土试块设平整的场地	

注：1. 表3.3.1-1为工地试验室的工作区面积，不包括生活区面积。
　　2. 工作台一般靠墙设立，水泥砂浆砌墙垛，钢筋混凝土预制板台面，大理石或瓷砖饰面。工作台的高度应控制在70~85cm之间，台面宽度应控制在60~80cm之间，墙垛宽60cm（留10cm檐口），台下隔柜的宽度不小于60cm，柜门采用拉卷式塑料百叶窗遮挡。

10. 工地试验室应有良好的通风采光条件，化学室、沥青及沥青混合料室应设置机械强制通风设施。

11. 工地试验室应设置较完善的排水设施，并配备必要的应急水源，保证试验检测工作正常、连续开展。各功能室均应铺设上、下水管道，配备水池，地面应设置地漏。水泥混凝土室、石料室等房间地面应设置水槽和沉淀池。

12. 工地试验室办公区域及各功能室应有必要的防火、防盗等安全措施；试验室（含办公区域）外窗应安装防盗网，防止设备和各种档案资料失窃影响试验检测工作正常开展。

13. 标准养护室的墙体和屋顶应进行防潮和保温处理，地面应设置储水装置，方便养护水回流，防止地面积水。

14. 对有安全条件要求的区域应设置警示及限入标识。

注：本节中的"尺寸数值"仅供参考，以当地所在省级交通质监机构的规定要求为准。

3.3.2 信息化管理

为了加强工地试验室信息化建设，提高工地试验室质量控制的信息化管理工作。

工地试验室信息化建设包括有：远程视频监控系统、工程检测数据自动采集系统、沥青混凝土拌合站数据采集系统、混凝土拌合站信息化管理系统、混凝土试件取样标识管理及微信二维码等信息化技术。

1. 远程视频监控系统

工地试验室远程视频监控系统是对工程材料的收样、检测过程的视频录像，结合数据上传、验证相关人员身份进行监督和管理的监控系统。利用互联网技术，可通过网络实时视频监督检测过程或事后查看视频录像，确保工程检测信息的真实性。

安装监控范围：样品接收室（确认见证人及送检样品）、力学试验室（含水泥、钢材、混凝土、砂浆等材料）等重要区域及场所。

视频监控装置由视频监控和网络接入两部分组成。

视频监控部分主要设备为摄像机和硬盘录像机，完成对工地试验室的收样、检测过程的视频录像；网络接入部分将视频监控部分接入省级交通工程质量监督站视频监控专网，实现远程视频监控。

工地试验室应将上述视频信息保存于试验室硬盘（光盘）和网络服务器，以备交通主管部门抽查。

视频监控录像保存时间不得少于1个月。

2. 工程检测数据自动采集系统

对涉及力值的检测项目等应实现自动采集，检测数据自动采集系统必须实时自动记录检测数据、曲线、数据修改等相关信息。

工地试验室应将上述检测信息保存于试验室硬盘（光盘）和网络服务器，以备交通主管部门抽查。

试验检测报告打印待试验检测数据上传省级交通工程质量监督站后才能操作打印。

3. 沥青混凝土拌合站数据采集系统

沥青混凝土拌合站数据采集系统包括：沥青混凝土拌合站生产数据监控终端、中心数据管理系统、查询分析管理系统3个部分组成。

（1）沥青混凝土拌合站生产数据监控终端，是一个集通信和数据监测功能为一体的检测控制系统。一般情况下沥青混凝土拌合站采用的进口或者国产系统，都具备逐行打印功能。生产数据监控终端就是安装在并口打印机之前的一种监控终端，无需在用户管理主机上安装任何软件，生产监控终端将逐行打印的数据信息进行检测和分析，并根据不同的厂家协议将数据上传到中心监控系统。

（2）中心数据管理系统

中心数据管理系统，是负责数据接收和解析，并存储到各个项目库中的中心软件系统。具有多任务的操作特性，可以负责同时处理100路沥青混凝土拌合站监控终端的上传数据处理任务。

（3）查询分析管理系统

查询分析管理系统的核心是基于互联的多级应用系统，支持项目经理部、监理单位、工程指挥部的3级查询应用。

4. 混凝土拌合站信息化管理系统

（1）混凝土拌合站信息化管理系统是混凝土生产拌合质量业务在线监测管理（自动采集、GPRS无线上传、归档、统计、分析、查询）的信息系统；是混凝土拌合全程监督控制的信息系统；是集成了工程指挥部、项目经理部、拌合站甚至可以包括整个工程多级用户的业务系统管理信息系统。

（2）在混凝土动态监管过程中，通过对混凝土拌合站所有生产活动信息、痕迹的全天候实时监控，利用GPRS远程信息传输和数据存储、分析平台，实时把混凝土拌和站生产情况采集到数据库中，并与设计值进行比对，如发现超差，及时提醒相关人员，有效控制混凝土生产质量，实现混凝土施工过程信息数据处理的智能化，解决混凝土施工的过程管理信息的真实性和反馈响应及时性问题，达到对混凝土施工过程动态管理的目标。

（3）系统以配合比信息为基础，展示动态监控（拌合时间监控、材料用量监控）、统计分析（产能分析、拌合时间历史查询、材料用量历史查询、材料误差分析、材料成本核算、生产量核算、短信消息提醒）、综合决策（综合决策依据、综合决策推理过程）等综合信息。

5. 混凝土试件取样标识管理

混凝土试件取样标识管理演变过程

（1）在混凝土试件表面，用毛笔沾墨汁书写→用铁钉刻划字→植入（RFID）芯片（即在试件混凝土初凝前，把成功写入信息的芯片平稳地插入至试件表面）。

混凝土试件标识，用毛笔沾墨汁或铁钉刻划字的具体方法：

1）在混凝土试件脱模后，用毛笔沾墨汁在其表面或侧面书写：工程名称、桩号、构造物名称（可用字母代号）、构件部位、设计强度等级和制作日期及试件类型（标养或同养）等内容。

2）在混凝土试件最后一次抹面后，用铁钉在其表面刻划出：工程名称、桩号、构造物名称（可用字母代号）、构件部位、设计强度等级和制作日期及试件类型（标养或同养）等内容字样。

（2）RFID芯片

混凝土试件植入芯片实际上是一种混凝土搅拌远程监控系统，通过在混凝土试件中植入具有无线射频（RFID）功能的芯片，写入相应的混凝土信息数据，通过相应的采集数据模块、处理数据模块、传送数据模块、显示数据模块，实现远程对混凝土数据的监控，杜绝数据作假。

1）RFID 即 Radio Frequency IDentification 技术，又称电子标签、无线射频识别，是一种通信技术，可通过无线电讯号识别特定目标并读写相关数据，而无需识别系统与特定目标之间建立机械或光学接触，能够存储无线射频数据的芯片称之为 RFID 芯片。

2）RFID 芯片植入混凝土试件的具体操作方法：

施工单位提前报混凝土浇筑计划给混凝土生产单位，由混凝土生产单位在混凝土浇筑前把浇筑计划上传到省级交通工程质量检测信息平台，同时平台会自动产生流水号，监理单位在混凝土浇筑前进入监理客服端选择流水号添加见证试块组数产生试件编号，并把 RFID 电子芯片提前写入到对应的试件编号上，在混凝土到达浇筑现场制作试块时，再把写好的芯片植入到试件上。

6. 微信二维码信息技术

通过下载快速生成二维码的软件。打开软件，将想要用二维码表达的文字输入到内容中，然后选择容错率及相关的二维码参数，再选择保存位置及保存的文件名即可。

（1）见证取样

现场见证取样时，通过下载相关软件生产二维码，再把生产的二维码贴于取样材料（如：钢筋材料）上，然后拍照上传，并打开 GPS 定位系统加以追踪。

（2）试验检测报告

使用检测信息管理系统出具的检测报告，报告封面具有系统自动生成的二维码防伪标识。

检测报告上二维码防伪标识经手机扫描后显示的内容有：报告编号、工程名称、工程部位、检测项目、检测参数、检测结论及报告日期等。

（3）试验检测技术交底

将工地试验室的试验检测（频率）总策划、现场取样或检测频率、现场检测（检测方案、操作规程、注意要求）及试验检测技术培训等内容，充分利用微信二维码信息技术进行交底。

微信二维码信息技术除上述几个方面应用外，还应在工地试验室综合情况、仪器设备管理、作业指导书及工地试验室持证人员信息公示等方面的应用。

3.3.3 人员配备

工地试验室必须完善组织机构，设立试验检测人员岗位职责，机构框图必须上墙。某合同段工地试验室组织机构图见图 3.3.3-1，仅供参考。

1. 配备原则

（1）工地试验室的授权负责人和试验检测人员必须是母体试验检测机构委派的正式聘用人员，资格要求为：

1）工地试验室授权负责人需从事试验检测工作 3 年以上，且须持有人力资源社会保障部、交通运输部联合核发的试验检测师职业资格证书；

2）工地试验室试验检测人员需持有人力资源社会保障部、交通运输部联合核发的试验检测师、助理试验检测师职业资格证书。

（2）工地试验室授权负责人全面负责工地试验室的运行管理工作和试验检测活动。

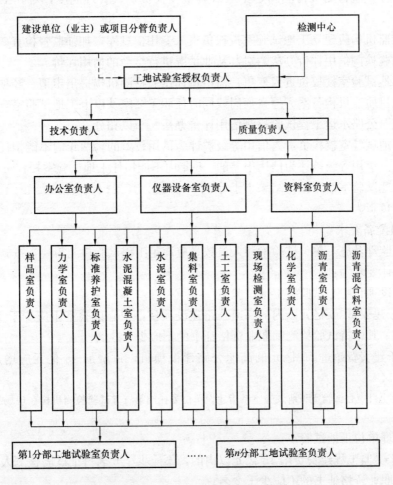

图 3.3.3-1 工地试验室组织机构图

（3）试验检测人员不得同时受聘于两家或两家以上的工地试验室。

（4）试验检测人员不得在项目部其他内设部门兼职。

（5）工地试验室不得聘用信用较差或很差的试验检测人员担任授权负责人，不得聘用信用很差的试验检测人员从事试验检测工作。

（6）工地试验室应综合考虑工程特点、工程量大小及工程复杂程度、工期要求等因素，科学合理地确定试验检测人员数量，确保试验检测工作正常开展。

（7）工地试验室人员岗位应按以下要求进行设置：

1）试验室设置授权负责人1名，技术负责人1名，质量负责人1名；

2）根据具体工作需要，配置试验检测师、助理试验检测师、辅助人员岗位若干；

3）试验室应根据人员专业范围、技术特长划分人员具体岗位。

（8）试验检测师持证专业应涵盖工程范围。各功能室主要操作技术人员应持有相应专业职业资格证书。

（9）工地试验室配置的辅助人员应通过质监机构组织的培训及考核。

2. 工地试验室授权负责人的管理

(1) 母体试验检测机构应制定工地试验室授权负责人管理制度,对其工作进行监督管理。

(2) 质监机构应建立工地试验室授权负责人专用信息库,加强监督检查。按照《公路水运工程试验检测信用评价办法》对其从业情况进行全面的信用评价。

(3) 工地试验室授权负责人变更,需由母体试验检测机构提出申请,经项目建设单位同意后报项目质监机构备案。擅自离岗或同时任职于2家及以上工地试验室,均视为违规行为,按照《公路水运工程试验检测信用评价办法》予以扣分。

(4) 工地试验室授权负责人信用等级被评为信用较差的,两年内不能担任工地试验室授权负责人。信用等级被评为信用很差的,5年内不能担任工地试验室授权负责人。

(5) 工地试验室信用评价结果小于等于70分的,其授权负责人两年内不能担任工地试验室授权负责人。

3. 人员配备要求

建设、监理及施工单位试验检测人员数量应满足工程试验检测需要,按施工合同额进行配备,具体要求为:

(1) 建设项目中心试验室工地试验室

1) 对于建安费50亿元以内的高速公路建设项目,中心试验室不应少于10名持证试验检测人员,其中持试验检测师职业资格证书的不应少于3名;

2) 对于建安费超过50亿元的高速公路建设项目,每增加15亿元应增加1名持证人员。

注:建设项目中心试验室工地试验室系指建设单位委托的第三方试验检测机构在现场组建的工地试验室。

(2) 监理单位工地试验室

1) 对于受监工程建安费用15亿元以内的,不应少于6名持证试验检测人员,其中持试验检测师职业资格证书的不应少于2名;

2) 受监工程建安费用每增加2.5亿元宜增加1名持证检测人员。

(3) 施工单位工地试验室

1) 对于一期土建工程,建安工程费用2.5亿元以内的,应配备不少于8名持证试验检测人员,其中持试验检测师职业资格证书的不应少于2名。建安工程费用每增加1.0亿元应增加1名持证检测人员;

2) 对于二期路面工程,建安工程费用3.0亿元以内的,应配备不少于8名持证试验检测人员,其中持试验检测师职业资格证书的不应少于2名。建安工程费用每增加1.0亿元应增加1名持证检测人员。

注:① 本节中的"人员配备要求"仅供参考,以当地所在省级交通质监机构的规定要求为准。

② 工地试验室可根据实际需要配置适当数量的辅助人员(试验工)。

4. 工地试验室持证人员信息公示栏

工地试验室应在办公室墙体上合适位置张贴工地试验室持证人员信息公示牌,尺寸要求根据内容自行设定。信息公示牌见图3.3.3-2所示,仅供参考。

5. 试验检测人员必须统一着装,佩戴胸卡,胸卡格式如图3.3.3-3所示。试验检测人员胸卡尺寸:宽70mm×长120mm,仅供参考。

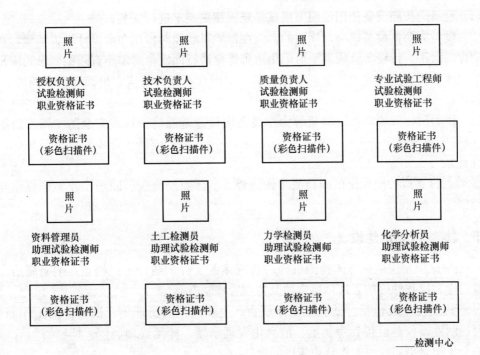

图 3.3.3-2　工地试验室持证人员信息公示牌

注：具体检测人员可根据实际情况进行添加。

____检测中心____高速公路____合同段工地试验室	
技术负责人	照片
证书编号	

图 3.3.3-3　胸卡

3.3.4　设备配置

1. 设备配置应满足以下要求：

(1) 设备配置应满足招标文件要求，符合投标文件承诺；

(2) 设备配置应能够适应工程内容及规模相关要求。使用频率高的设备应按能满足基本周转要求的原则配置多台；

(3) 设备精度、量程等技术指标应满足试验规程相关要求；

(4) 试验室应配备必要的试验辅助器具及工具；

(5) 试验室应至少配备 1 辆专用汽车；

(6) 试验室应配置必要的计算机、打印机、复印机、扫描仪等办公设备，具备网络通信条件。

2. 仪器设备安装应符合以下规定：

（1）设备应按照设备使用说明书或试验规程相关要求进行安装；

（2）设备需要安设基座与其固定的，应在试验室建设时根据布局设计设置基座，基座顶面应保持水平，待设备就位调平后采用地脚螺栓进行固定。对基座有隔振要求的应设立不与其他建筑物直接相连的独立混凝土台座，周围存在振源时应在地面与台座间设5mm厚橡胶垫；

（3）压力机、万能材料试验机等力学设备应设置金属防护罩或安全防护网，防护网（罩）网眼尺寸不应大于1cm×1cm，使用的防护网（罩）应既保证安全、方便操作，同时美观大方。

3. 仪器设备应按照优化试验检测工作流程、整体布局合理、同步作业不形成相互干扰的原则进行布置。

3.3.5　体系和文化建设

1. 工地试验室应依据母体检测机构的管理体系文件，结合工程特点，编制简洁、适用、针对性和操作性强的管理体系文件及各项管理制度。

2. 管理制度一般包括：试验室工作职责、主要岗位人员职责、试验检测工作制度、人员管理制度、仪器设备管理制度、信息化管理制度、样品管理制度、档案资料管理制度、安全生产管理制度、工作环境管理制度等。

3. 工地试验室应加强管理体系文件和各项管理制度的宣贯工作，并予以记录。

4. 工地试验室应积极营造"诚实守信、科学规范"的工地检测文化氛围，将"科学、客观、严谨、公正"的理念，融入到具体试验检测工作中。

3.4　工地试验室管理

3.4.1　人员管理

1. 工地试验室应加强试验检测人员考勤管理，确保日常工作有效开展。

2. 工地试验室应保持试验检测人员相对稳定，因特殊情况确需变动的，应由母体检测机构报经建设单位同意，并向项目质监机构备案。

3. 工地试验室应将试验检测人员的姓名、岗位、照片等信息予以公开。试验检测人员进行作业时应统一着装并挂牌上岗。

4. 工地试验室应重视试验检测人员劳动保护工作。试验检测人员在进行有毒、有腐蚀性、有强噪声等试验操作时，必须按要求佩戴相应的防护用具。

5. 工地试验室应制定全员学习培训计划，定期或不定期地组织学习有关政策、管理体系文件、标准规范规程以及试验检测操作技能、职业素养等知识，不断提高试验检测人员综合能力和水平。

6. 工地试验室应按照规定及时对试验检测人员进行年度信用评价。

3.4.2 设备管理

1. 工地试验室应制定仪器设备管理制度，一般应包括：采购、验收、检定/校准、使用维护、故障处理、核实降级与质量处理、仪器设备档案管理等制度。

2. 仪器设备经检定/校准或功能检验合格后方可投入使用。工地试验室应编制仪器设备的检定/校准计划，通过检定/校准和功能检验等方式对仪器设备进行量值溯源管理。

3. 仪器设备在检定/校准周期内如存在修理、搬运、移动等情况，应重新进行检定/校准。对于性能不稳定、使用频率高和进行现场检测的仪器设备，以及在恶劣环境下使用的仪器设备应进行期间核查。

4. 仪器设备应实施标识管理，分为管理状态标识和使用状态标识；管理状态标识包括：设备名称、编号、生产厂商、型号、操作人员和保管人员等信息；使用状态标识分为"合格"、"准用"、"停用"3种，分别用"绿"、"黄"、"红"3色标签进行标识。

5. 在使用仪器设备过程中，相关人员应注意人身和设备安全，使用完毕应切断电源、清扫现场，保持仪器设备的清洁。使用仪器设备时应按要求填写使用记录。

6. 仪器设备应定期进行维护和保养，并按要求填写维护保养记录。

7. 化学试剂（危险品）存放地点应按有关规定设置，并严格管理（实行"双锁"管理）。

8. 办公设备和交通工具应加强日常管理和维护，确保使用状态良好。

9. 工地试验室所有仪器设备均建立仪器设备管理卡（格式见表2.2.2-3仪器设备管理卡），并张贴在仪器设备正前方右上角。

3.4.3 环境管理

1. 工地试验室应保持室内外环境干净、整洁，日常清扫及检查工作应落实到人。

2. 工地试验室产生的废水、废气、废渣应安全排放。试验废水应经沉淀后方能排放，化学废液应进行中和处理后方能排放。试验固体废弃物应集中存放，定期清理到指定位置，不得随意摆放、丢弃。

3. 工地试验室的消防设施应有专人管理，并定期对灭火器材进行检查，始终保持有效。消防设施包括消防砂、消防桶、消防锹、灭火器等。

3.4.4 档案管理

1. 工地试验室应对相关资料分类建档，便于管理和查询。档案资料应及时填写、整理和归档。

2. 人员档案应一人一档，内容包括：人员简历、身份证件、学历证明、任职文件、劳动合同、职称证书、资格证书、培训证书、荣誉证书、内审员证书、考核记录、年度工作总结、所发表的论文、论著等。人员档案卷内目录的格式，可参考表2.2.2-1人员业绩档案卷内目录。

3. 设备档案一般应按一台一档建立，对于同类型的多个小型仪器设备可集中建立一套档案，但每个仪器均应进行唯一性编号。

设备档案包括：仪器设备管理卡、说明书、产品合格证、购置申请、验收单、检定

（校准）证书、设备使用记录、维护保养记录、期间核查记录、设备的购置发票（复印件）、维修、改装记录等。设备档案目录的格式，可参考表 2.2.2-2 仪器设备档案目录清单。

4. 试验检测台账分为管理和技术台账。管理台账一般包括：人员、设备、标准规范等台账；技术台账一般包括原材料进场台账、样品台账、试验/检测台账、不合格材料台账、外委试验台账等。台账应格式统一、简洁适用、信息齐全，台账的填写和统计应及时、规范。

5. 试验检测数据报告的格式和要素、记录表和报告的编制应符合《公路试验检测数据报告编制导则》JT/T 828—2012 要求。试验记录一律用蓝、黑色钢笔或签字笔书写，字迹应清晰、工整，试验报告结论表述应规范、准确。

6. 工地试验室应根据工程内容配齐试验检测工作所需的标准、规范和规程，并进行控制管理；及时进行查新更新，确保在用标准规范有效。

7. 工地试验室应注意收集隐蔽工程、关键部位的工程质量检验图片及影像资料，及时整理归档。

8. 工地试验室应按相关要求做好文件的收发、登记和流转工作。

3.4.5 样品管理

1. 工地试验室应制定样品管理制度，对样品的取样、运输、标识、存储、留样及处置等全过程实施严格的控制和管理。

2. 样品的取样方法、数量应符合规范、规程要求，满足试验过程需要。如有必要，在取样的同时要留存满足复验需要的样品。取样应具有代表性，并有相应记录。

3. 样品应进行唯一性标识，确保在流转过程中不发生混淆且具有可追溯性。样品标识信息应完整、规范。样品在流转过程中应标明流转状态。

（1）样品状态标识卡和原材料见证取样样品标识卡的标签采用长 6cm×4cm 的白底黑字（格式见表 3.4.5-1、表 3.4.5-2，仅供参考），桶装和瓶装样品直接正面粘贴，袋装样品直接粘贴在同样尺寸的硬板上，然后同铁丝绑扎于袋口处。

样品状态标识卡　　　　　　表 3.4.5-1

样品名称		样品编号	
品　种		送样日期	
规格/型号		样品状态	
检测依据/标准		样品数量	
检测项目			
检测状态	未检□　在检□　检毕□　留样□		

（2）混凝土试件标识。在混凝土试件最后一次抹面后，用铁钉在其表面刻划出：工程名称、桩号、构造物名称（可用字母代号）、构件部位、设计强度等级和制作日期及试件类型（标养或同养）等内容字样。

（3）混凝土试件的取样，今后的发展趋势实行（RFID）芯片信息化管理。

（4）见证取样采用微信二维码信息技术。现场见证取样时，通过下载相关软件生产二维码,再把生产的二维码贴于取样材料(如:钢筋材料)上,然后拍照上传,并打开GPS定位系统加以追踪。

4. 试验结束后,如无异议,工地试验室应按有关规定对试验样品进行处置,处置过程应符合安全和环保要求。如需留样,样品的留存方法、数量和期限等应符合有关规定,留存样品应有留样记录。

原材料见证取样样品标识卡　　　　　　　　表 3.4.5-2

样品名称		样品编号		备注
品　种		样品状态		
规格/型号		样品数量		
工程名称		工程部位		
厂家或产地		质保单编号		
批(炉)号/出厂编号		进场数量/批量		
生产日期		材料进货单编号		
取样人		取样日期		
生产厂家见证人		施工单位见证人		
监理单位见证人		建设项目中心试验室见证人		
检测项目		检测依据/标准		

取样说明:

3.4.6 外委管理

1. 工地试验室应加强外委试验管理,超出母体检测机构授权范围的试验检测项目和参数应进行外委,外委试验应向项目建设单位报备。

2. 接受外委试验的检测机构应取得《公路水运工程试验检测机构等级证书》(含相应参数)、通过计量认证(含相应参数)且上年度信用等级为B级及以上。

3. 外委试验取样、送样过程应进行见证。工地试验室应对外委试验结果进行确认。

4. 工程建设项目的同一合同段中的施工、监理单位和检测机构不得将外委试验委托给同一家检测机构。

5. 工地试验室必须建立完备的外委试验台账,由工地试验室授权负责人统一管理,并对此台账真实性负责。

6. 项目施工方、监理方、建设项目中心试验室的母体检测机构应对工地试验室所需开展的外委试验进行审查。经母体检测机构同意之后,统一向项目建设单位报备。

7. 工地试验室必须将接受外委试验的检测机构的资质证书和计量认证证书复印件(加盖检测单位公章)存档备查。

3.4.7 其他要求

1. 工地试验室应加强质量控制和管理，确保工地试验检测活动规范有效，试验检测数据客观准确。严禁编造虚假数据、记录和报告，严禁代签试验检测报告。
2. 工地试验室应按有关规范和合同文件规定的频率开展试验检测工作。
3. 试验检测操作应严格按照试验检测规程进行。试验检测所需的环境条件应满足有关标准、规范和规程要求。
4. 工地试验室应加强岗位技术培训，积极参加项目质监机构、建设单位组织的能力验证等活动，持续提高业务技能。
5. 工地试验室应重视试验检测信息化建设。鼓励质监机构或项目建设单位构建统一的试验检测信息化管理平台，平台建设应考虑运用数据资源共享、遏制数据造假、远程监控等功能。
6. 母体检测机构应定期对授权工地试验室进行检查指导，确保授权工作规范有效，检查过程应有记录，检查结果应有落实和反馈。

3.4.8 能力核验和建设验收

1. 检测能力分析表，见表 3.4.8-1。

检测能力分析表　　　　　　　　　　表 3.4.8-1

序号：		编号：
检测项目名称		部门负责人	
检测依据标准名称			
标准要求配置资源	(1) 仪器设备要求 (2) 人员数量 (3) 环境条件		
工地试验室目前具备资源	(1) 仪器设备 (2) 人员及持证人数 (3) 环境条件		
检测能力分析			
工地试验室部门负责人意见： 年　月　日	工地试验室技术负责人意见： 年　月　日	母体试验检测机构技术负责人意见： 年　月　日

2. 工地试验室建设验收表，见表 3.4.8-2。

3.4 工地试验室管理

_____工地试验室建设验收表　　　　　　表 3.4.8-2

施工单位	
监理单位	

序号	检查项目	检查内容	施工单位自检情况	监理单位检查情况	项目业主检查情况
1	组织机构设置	(1) 有成立工地试验室组织机构的批文，授权负责人、技术负责人、质量责任人应有母体检测机构授权书； (2) 办公区、生活区独立； (3) 有组织机构框图、人员分工表，人员符合合同约定且满足工作需要			
2	人员配置	(1) 符合合同约定且满足工作需要； (2) 主要人员实际在岗时间大于95%； (3) 人员变更必须按相关程序审批			
3	资质持证	(1) 符合合同约定且满足工作需要； (2) 应有试验检测资质等级证书、计量认证证书、企业法人营业执照、质量管理体系认证证书； (3) 检测人员应持职称证、毕业证、岗位证； (4) 检测人员持证率应达到100%			
4	试验仪器设备配置	(1) 符合合同约定且满足工作需要； (2) 应有拟投入检测和试验设备一览表，建立设备档案，仪器设备检定率100%，检测状态标识明显，保证运转正常； (3) 试验室平面布置得到管理单位的认可			
5	试验用房和试验环境	(1) 试验室布局合理，标准养护室符合条件，水泥室有空调； (2) 水泥室、力学室、土工室分开设置； (3) 有专门的办公资料室和样品封存间； (4) 压碎的混凝土试件等废弃物处理符合要求			
6	资料整理	(1) 试验报告检测数据真实、准确； (2) 资料发放登记清晰； (3) 各类制度完备，台账清晰、准确			

施工单位意见：

年　月　日
（盖　章）

监理单位意见：

年　月　日
（盖　章）

建设单位（业主）意见：

年　月　日
（盖　章）

第3章 工地试验室建设与管理

3. 工地试验室日常检查表，见表 3.4.8-3。

_____工地试验室日常检查表　　　　　　表 3.4.8-3

施工单位					
监理单位					
序号	检查项目	检查内容	施工单位自检情况	监理单位检查情况	项目业主检查情况
1	标志	(1) 授权委托书、岗位安全操作规程、试验人员公示牌、试验人员职责、试验流程图等符合规定； (2) 试验区域、有毒有害气体存放处设置禁止、指令标志符合规定； (3) 消防设施存放处所设置提示标志符合规定； (4) 废旧物品存放区设置明显标志符合规定			
2	试验室布局	(1) 检测室布局合理； (2) 水泥检验室和标准养护室配备温、湿度自动控制设备			
3	试验人员	资格、职责划分符合规定			
4	试验设备	(1) 机械设备悬挂安全操作规程和设备标识牌； (2) 作业中严格遵守劳动纪律和操作规程； (3) 做好设备使用、维护、保养记录； (4) 各类试验设备定期标定、检查			
5	工作环境	(1) 水泥室温、湿度控制； (2) 水泥混凝土、砂浆试件养护室温、湿度控制； (3) 检测室的检测环境条件			
6	样品管理	(1) 样品预留房屋设置和标识； (2) 样品储存环境安全、无腐蚀、无鼠害，防火、防盗措施齐全； (3) 易燃、易潮和有毒样品隔离存放，明显标记			
7	资料管理	(1) 分类收集整理，目录编写清楚，具有可追溯性； (2) 各类试验报告、施工配料单等资料及时签认、归档； (3) 检测或试验依据准确。			
8	文明检测	(1) 试验废弃原材料回收或存放符合环保要求； (2) 对电磁干扰、灰尘、振动、电源电压的管理措施			
施工单位意见：				年 月 日 （盖　章）	
监理单位意见：				年 月 日 （盖　章）	
建设单位（业主）意见：				年 月 日 （盖　章）	

3.5 制度建设条例

试验室应建立健全各项管理制度,且制度均要上墙张贴。

以下是几种常用的管理制度,仅供参考。

工地试验室工作职责;主要岗位人员职责;母体试验检测机构对工地试验室的监督管理制度;母体试验检测机构对工地试验室授权负责人的监督管理制度;工地试验室管理制度;工地(总部)试验室对分部试验室的管理制度;信息化管理制度;安全生产管理制度;工作环境管理制度;试验检测质量保证制度;学习考核制度;公章管理制度;仪器设备管理制度;仪器设备、计量器具的检定/校准制度;检测事故分析报告制度;不合格品报告制度;异常数据当日报告制度;自检公示制度;档案资料管理制度;文件、标准、规范及试验规程受控管理制度;试验检测原始记录管理制度;试验检测报告审核签发管理制度;外委试验管理制度;抽样、见证取样及送检制度;样品管理制度;现场检测管理制度;化学药品管理制度;废弃物品管理制度;试验痕迹保留制度;力学室工作制度;混凝土室工作制度;标准养护室管理制度;土工室工作制度;集料室工作制度;水泥室工作制度;化学分析室管理制度 39 种。

3.5.1 工地试验室工作职责

1. 在项目总工程师的领导下,严格执行各类施工技术规范、质量验收标准、试验规程及业主、监理有关工程试验检测的规定,全面负责完成本合同段的各项试验检测工作。有权制止违反操作规程的施工,必要时做好有关记录,如实向项目总工程师汇报,并提出处理建议。

2. 制定本合同段的试验检测工作计划,建立健全各项管理制度,做好试验检测工作管理,提出试验检测仪器设备的购置、送检、检定/校验和维修报告。提前完成工地现场施工所需的各类标准试验,取得可靠试验数据,指导工地现场施工。

3. 参加工程所用原材料的产源调查、选择及取样鉴定检测,指导原材料的正确保管、使用、检验和检测状态标识。负责做好各类原材料试验、施工过程试验检测、各种混合料配合比设计、并及时提供试验检测报告,供项目部合理选定各类原材料,为工程施工提供最合理的混合料配合比。

4. 根据工程进展情况,及时完成工地现场施工的各项工序和各种原材料的分批取料自检工作,并对自检合格的工序或原材料及时取得监理工程师的签认,保障施工工序的正常衔接。

5. 严格按指定的原材料、配合比及其他施工参数和方案进行施工指导。

6. 参加有关工程质量检查和质量事故的调查分析。

7. 全面了解所属工程的试验检测要求,对于不能承担的试验检测项目提出委托建议。

8. 做好工程试验检测资料的编制、整理、分类、汇总、存档,参与项目工程交竣工资料的编制,参加工程交竣工验收工作。

9. 及时收集新标准、规范、规程、方法和新技术。

3.5.2 主要岗位人员职责

主要岗位人员职责有：工地试验室授权负责人；技术负责人；质量负责人；试验检测师；助理试验检测师；办公室负责人；资料管理员；样品保管员；仪器设备管理员；安全管理员及信息化管理员等岗位职责。

1. 工地试验室授权负责人岗位职责

（1）在母体试验检测机构和项目总工程师的领导下，根据项目施工组织设计和项目质量计划，编制项目试验检测工作计划。

（2）负责建立工地试验室，并向省级交通质监机构申报并获取工地试验室临时资质。

（3）负责贯彻执行新技术、新规范、标准及试验规程，并组织试验检测人员做好业务学习工作。

（4）负责建立健全质量保证体系、管理类台账，并检查、指导试验检测工作台账。

（5）全面负责本合同段的试验检测工作，并检查、指导试验检测人员的工作，做好试验检测报告签发工作。

（6）考评试验检测人员的工作质量，参与效益工资、奖金的考评工作。

（7）审查各种试验检测数据，指导试验检测人员，随时了解并解决试验检测过程中存在的问题。

（8）对本工地试验室不能进行的试验检测项目，经有关领导批准后，负责联系具备试验检测资质的检测机构进行试验，并及时提供试验检测报告。

（9）监督检查试验室各项管理制度的贯彻、执行情况。

（10）加强与监理、业主(建设单位)及质量监督机构等单位联系，搞好试验检测工作。

（11）完成领导交办的其他工作。

2. 技术负责人岗位职责

（1）在工地试验室授权负责人的领导下，全面负责试验室的技术工作；当授权负责人不在时，代行其职责。

（2）确定技术管理层的人员及其职责，确定各检测项目的负责人。

（3）主持制定并签发检测人员培训计划，并监督培训计划的实施。

（4）主持对检测质量有影响的产品供应方的评价，并签发合格供应方名单。

（5）主持检测结果不确定度的评定。

（6）主持检测信息及检测档案管理工作。

（7）主持收集使用标准的最新有效版本，组织检测方法的确认及检测资源的配置。

（8）按照技术管理层的分工，批准或授权有相应资格的人批准和审核相应的检测报告。

（9）熟悉有关标准和规范，批准作业指导书、检测方案等技术文件。

（10）批准检测设备的分类，批准检测设备的周期校准或周期检测计划并监督执行。

（11）批准实验比对计划和参加母体试验检测机构及其他外部机构组织的能力验证，并对其结果的有效性组织评价。

（12）深入各检测室，随时了解并解决试验检测过程中存在的技术问题，督促试验检测人员按规范和规程做好各自的试验检测工作，确保试验检测工作质量。

(13)检查和监督安全作业和环境保护工作。

(14)负责试验检测人员的考核、推荐,并参与试验检测晋级、评先进的工作。

(15)完成领导交办的其他工作。

3. 质量负责人岗位职责

(1)协助工地试验室授权负责人工作。全面负责试验室的质量体系管理,制定质量活动计划。

(2)主持《质量手册》和《程序文件》的编制、修订,并组织实施;开展《质量手册》的宣贯,保证管理体系正常有效地运行。

(3)对管理体系的运行进行全面监督,主持制定预防措施、纠正措施,对纠正措施执行情况组织跟踪验证,持续改进管理体系。

(4)主持对检测的申诉和投诉的处理,代表工地试验室参与检测争议的处理。

(5)负责检测人员培训计划的落实工作。

(6)对母体试验检测机构内部审核中发现的问题,监督纠正措施的执行,将结果及时报告工地试验室授权负责人。

(7)安排和落实各项试验检测工作,组织实施对试验检测工作的监督,负责试验原始记录和试验数据的复核。

(8)负责制定仪器设备的周期检定和维修计划,并负责实施。

(9)参加工程项目中新材料、新技术、新工艺的推广应用试验检测工作。

(10)主持检测质量事故的调查和处理,组织编写并签发事故调查报告。参与质量事故分析会,处理试验检测工作中发生的质量事故。

(11)完成领导交办的其他工作。

4. 试验检测师岗位职责

(1)贯彻执行国家、行业有关试验检测法规、标准、规范、规程和母体试验检测机构的管理体系文件,确保试验检测数据准确可靠。

(2)编制本检测项目作业指导书、检测方案等技术文件。

(3)负责本检测项目检测工作的具体实施,组织、指导、检查和监督本检测项目检测人员的工作。

(4)负责做好本检测项目环境设施、检测设备的维护、保养工作。

(5)负责本检测项目检测设备的校准或检测工作,负责确定本检测项目检测设备的计量特性、分类、校准或检测周期,并对校准结果进行适用性判定。

(6)熟悉各种检测设备的用途、操作性能、调试和维护方法,做好仪器设备的周期送检、自校及标识工作。

(7)组织编写本检测项目的检测报告,并对检测报告进行审核。

(8)负责本检测项目检测资料的收集、汇总及整理,并填报试验月度报表。

(9)参与管理体系有关控制程序的编写及修订工作,参加施工质量检查及事故分析,提出纠正和预防措施,并对执行情况进行跟踪和验证。

(10)制定和完善试验检测制度及管理办法。

(11)做好各种原材料、半成品、成品等的试验检验和状态标识管理工作。

(12)完成领导交办的其他任务。

5. 助理试验检测师岗位职责

(1) 完成试验室下达的试验检测任务，接受工地试验室授权负责人的领导，服从分配，服从试验室的统一安排，遵守试验室各项管理制度。

(2) 掌握所用仪器设备性能、维护知识和正确保管使用。

(3) 掌握所在检测项目的检测规程和操作程序。

(4) 按规定的检测方法进行检测，坚持检测程序。

(5) 作好试验检测原始记录。

(6) 对检测结果在检测报告上签字确认。

(7) 负责所用仪器、设备的日常保管及维护清洁工作。

(8) 负责所用仪器、设备使用登记台账。

(9) 负责检测项目工作区的环境卫生工作等。

(10) 不断更新专业知识，收集并学习本专业最新的国内外标准、规范。

(11) 完成领导交办的其他工作。

6. 办公室负责人岗位职责

(1) 在质量负责人领导下，负责管理体系文件的组织编写和管理，编制能力验证、内审等技术管理计划，安排监督检查活动，确保管理体系正常运行。

(2) 全面负责本部门职责范围内的工作和对外联系工作；负责试验检测方案、试验检测报告等的盖章、登记、发放和归档工作。

(3) 负责编制与本部门有关的管理体系文件和管理制度；负责编制人员培训计划，组织人员培训、技术交流、考核及人员档案管理；负责各部门及人员之间的工作协调。

(4) 负责工地试验室管理体系及与本部门相关要素的贯彻落实。

(5) 开展征求客户反馈意见活动，负责对顾客抱怨的受理及有关资料保存归档。

(6) 负责仪器设备的申购会签、验收、检定（校准）计划编制及实施监督、档案管理。

(7) 负责标准规范和技术管理文件的收集、登记、发放、保存，确保试验检测现场使用的文件为有效版本。

(8) 负责文秘、人事、后勤服务等日常工作管理。

(9) 负责工地试验室的公章管理。

(10) 负责工地试验室的安全生产和职业健康管理工作。

(11) 完成领导交办的其他工作。

7. 资料管理员岗位职责

(1) 指导、督促有关部门或人员作好检测资料的填写、收集、整理、保管，保质保量按期移交档案资料。

(2) 负责各项试验检测原始记录、检测报告及档案资料的收集、整理、立卷、编目、归档、借阅等工作。

(3) 负责收集保管技术标准、规范和操作规程；负责有效文件的发放和登记，并及时回收失效文件。

(4) 做好防火、防蛀、防盗工作；负责档案的保管工作，维护档案的完整与安全。

(5) 负责电子文件档案的内容应与纸质文件一致，一起归档。

(6) 严格遵守保密制度，不得随意复制、散发试验检测报告，不得泄露试验检测原始数据，不做损害本单位利益的事情。

(7) 应及时将各专业室提供的试验检测报告、仪器设备说明书、检定合格证书、设备档案、设备使用记录、试验检测原始记录等分类编号。

(8) 参与对已超过保管期限档案的鉴定，提出档案存毁建议；对过期档案的销毁应严格履行报批手续，并造册登记入档。

(9) 完成领导交办的其他工作。

8. 样品保管员岗位职责

(1) 负责样品的验收、登记、编号。

(2) 负责将来样分为留存样和检测样，两份样应具有同样质量，留存样应列架分类、妥善管理。

(3) 样品应按规定填写样品收、发管理表格，并有来样委托人或取样人、领样人和保管人签字。

(4) 负责检查样品制作外观质量的合格情况，对不符合要求的样品不得收样。

(5) 样品室内应清洁完好，不得存放与留存样无关的物品。

(6) 保护样品室的环境条件，不使留存样变质、发霉、降低或丧失性能。

(7) 样品的检毕后处理应按有关规定办理手续，经办人及主管人员应签名。

(8) 遵守职业道德，不得试用样品，不得把样品据为己有，样品的丢失按责任事故处理。

(9) 完成领导交办的其他工作。

9. 仪器设备管理员岗位职责

(1) 协助试验检测工程师确定检测设备计量特性、规格型号，参与检测设备的采购安装。

(2) 协助试验检测工程师对检测设备进行分类。

(3) 掌握检测设备的规格、构造、性能、工作原理及操作规程。

(4) 建立和维护检测设备管理台账和档案，做到一机一档。

(5) 对检测设备进行标识，对标识进行维护更新。

(6) 协助试验检测工程师确定检测设备的校准或检测周期，编制检测设备的周期校准或检测计划，做好检测设备的检定工作。确保检测设备在检定有效期内正常使用。

(7) 提出校准或检测单位，执行周期校准或检测计划。

(8) 定期对检测设备进行自校工作，并做好自校记录。

(9) 对设备的状况进行定期、不定期的检查，督促检测人员按操作规程操作，并做好日常维护和保养工作，保持检测设备的整洁。

(10) 指导、检查法定计量单位的使用。

(11) 完成领导交办的其他工作。

10. 安全管理员岗位职责

(1) 在工地试验室授权负责人的直接领导下，对本试验室生产安全负责。

(2) 定期检查本试验室的生产设备安全，检查防火安全设施并做好防盗工作，参与上级安全工作检查。

(3) 督促全体人员遵守安全生产规程，有权制止一切违章操作，有权越级反映重大不安全因素和情况。

（4）现场试验检测时，安全员负责试验检测生产安全，人身安全防护，携外检测器材设备安全工作。

（5）对试验室安全工作直接负责。

（6）完成领导交办的其他工作。

11. 信息化管理员岗位职责

（1）建立和健全计算机使用与管理的规章制度。

（2）建立和维护计算机本系统、局域网，作好网络设备、计算机系统软、硬件的维护管理。

（3）负责本系统、局域网与本地区信息管理系统控制中心连接的管理工作，确保网络正常连接，准确、及时地上传检测信息。

（4）负责监控设备的日常管理和保养，及时掌握监控检测的动态，确保视频信息上传。

（5）做好各种计算机设备说明资料的保管和使用登记等建档工作。

（6）指导相关人员正确使用计算机软硬件。

（7）作好检测数据的积累整理。

（8）作好检测信息统计及上报工作。

（9）完成领导交办的其他工作。

3.5.3 母体试验检测机构对工地试验室的监督管理制度

1. 严格执行国家的各项方针、政策、法规，严格执行母体试验检测机构的各项管理制度。

2. 工地试验室严格按照母体试验检测机构的质量管理体系运行，在母体试验检测机构的有效授权范围内开展试验检测工作，不得越权开展试验检测业务。

3. 坚持"按规范操作，用数据说话"的工作原则。

4. 认真学习技术规范、试验规程，熟悉掌握操作规程和技术要求，严格执行试验检测控制程序和数据收集程序，确保试验检测工作质量和试验成果的准确、可靠。

5. 工地试验室实行授权负责人责任制，授权负责人负责工地试验室的全面管理工作，建立人员的培训、考核等相关管理制度。

6. 母体试验检测机构对工地试验室进行定期或不定期的巡查、检查和评比，实行奖优罚劣制度，对工地试验室的检查和指导原则上每季度不少于1次。

7. 工地试验室通过相关单位验收合格后，由母体试验检测机构下达工地试验室成立文件和印章启用文件，工地试验室开始正式运行。

8. 工地试验室运行期间，根据工程情况和试验室情况，母体试验检测机构对工地试验室组织每年不少于1~2次全面的内部管理体系审核。内审主要依据为《检验检测机构资质认定评审准则》。

9. 工地试验室必须认真参加母体试验检测机构和其他外部机构组织的能力验证活动。

3.5.4 母体试验检测机构对工地试验室授权负责人的监督管理制度

1. 工地试验室实行授权负责人责任制。工地试验室授权负责人对工地试验室运行管理工作和试验检测活动全面负责，授权负责人必须是母体试验检测机构委派的正式聘用人员，且须持有人力资源社会保障部、交通运输部联合核发的试验检测师职业资格证书。

2. 授权负责人具有以下工作职责：

（1）审定和管理工地试验室资源配置，确保工地试验室人员、设备、环境等满足试验检测工作需要。签发工地试验室出具的试验检测报告，对试验检测数据及报告的真实性、准确性负责。对违规人员有权辞退。

（2）建立完善的工地试验室质量保证体系和管理制度，包括人员、设备、环境以及试验检测流程、样品管理、操作规程、不合格品处理等各项制度，监督各项制度的有效执行。

（3）严格按照国家和行业标准、规范、规程以及合同的约定独立开展试验检测工作。有权拒绝影响试验检测活动公正性、独立性的外部干扰和影响，保证试验检测数据客观、公正、准确。

（4）实行不合格品报告制度，对于签发的涉及结构安全的产品或试验检测项目不合格报告，工地试验室授权负责人应在2个工作日之内报送试验检测委托方，抄送项目质量监督机构，并建立不合格试验检测项目台账。

3. 工地试验室授权负责人变更，需由母体试验检测机构提出申请，经项目建设单位同意后报项目质监机构备案。擅自离岗或同时任职于两家及以上工地试验室，均视为违规行为，按照《公路水运工程试验检测信用评价办法》予以扣分。

4. 工地试验室授权负责人信用等级被省级交通质监机构评为信用较差的，2年内不能担任工地试验室授权负责人；信用等级被评为信用很差的，5年内不能担任工地试验室授权负责人。

5. 工地试验室授权负责人严格按《母体试验检测机构工地试验室管理办法》对试验室进行管理，发挥其应有的功能，实现试验检测"0"事故，杜绝不合格材料用于工程，确保工程质量，创造优良工程，争创国内一流，并体现社会效益。

3.5.5 工地试验室管理制度

1. 全面严格执行国家的各项方针、政策、法规，严格执行母体试验检测机构、项目经理部的各项管理制度。

2. 坚持"按规范操作，用数据说话"的工作原则。

3. 全体试验检测人员应坚持以文字为工作中的主要依据，确保各项工作有据可查，做到及时处理、及时汇报和及时出试验检测报告。

4. 认真学习技术规范、试验规程，悉掌握操作规程和技术要求，严格执行试验检测控制程序和数据收集程序，确保试验检测工作质量和试验成果的准确、可靠。

5. 试验室是进行检测、检定工作的场所，必须保持清洁、整齐、安静，禁止将与试验检测无关的物品带入试验室。

6. 办公室工作时间内禁止上网、闲聊。

7. 试验室应建立卫生值日制度，每天有人打扫卫生，每周彻底清扫1次，空调通风管每季度彻底清扫1次。

8. 仪器设备运转时，操作人员不得离开，下班后及节假日必须切断电源、水源、关好门窗,以保证试验室的安全。

9. 仪器设备的零部件要妥善保管,连接线、常用工具应排放整齐,说明书、操作手册、原始记录表、试验检测报告等应专柜保管。

10. 各种仪器设备应按规定的检定周期进行校验,对养护室等有规定要求的温、湿度应严格控制并进行记录。工作人员不得在恒温、恒湿室内喝水,禁止用湿布擦地,禁止开启门窗。

11. 试验室内设置消防设施和灭火器,灭火器应由专人定期检查,任何人不得私自挪动位置,不得挪做他用。

3.5.6 工地(总部)试验室对分部试验室的管理制度

1. 全面严格执行国家的各项方针、政策、法规,严格执行母体试验检测机构、项目经理部和工地(总部)试验室等的各项管理制度。
2. 坚持"按规范操作,用数据说话"的工作原则。
3. 由工地(总部)试验室派出1名试验检测师全面负责分部试验室的试验检测工作,分部试验检测人员均应配合、协助其完成工地(总部)试验室的部分试验检测工作。
4. 分部试验室的各种标准试验均须在工地(总部)试验室内完成。分部试验室的各种资料均须定期移交至工地(总部)试验室存档。
5. 分部试验室应定期向工地(总部)试验室汇报工作情况。
6. 工地(总部)试验室对分部试验检测人员须定期进行业务技能培训考核。
7. 工地(总部)试验室对分部试验室须进行定期或不定期的巡查、检查和评比,实行奖优罚劣制度,对分部试验室的检查和指导原则上每周不少于3次。

3.5.7 信息化管理制度

为了加强工地试验室信息化建设,提高工地试验室质量控制的信息化管理工作,特作如下规定。

1. 管理与维护

(1) 指定专职或兼职管理员对工程检测数据自动采集系统软件、拌合站数据采集管理系统软件、视频监控系统软件进行管理。

(2) 对工程检测数据自动采集系统、拌合站数据采集管理系统、视频监控系统的监看和管理员进行培训和监督管理。

(3) 工程检测数据自动采集系统软件功能应满足相关检测项目所涉及工程技术规范的要求,技术规范更新时,系统须及时升级更新。

(4) 工程检测数据自动采集系统、拌合站数据采集管理系统的数据管理采用数据库管理系统,确保数据存储与传输安全、可靠;并设置必要的数据接口,确保系统与检测设备或检测设备与有关信息网络系统的互联互通。

(5) 视频监控管理人员应当每周定期对视频监控系统的线路及前端设备、信号传输、网络传输线路和存储设备等运行情况进行检查,确保系统有效运行。

2. 存储备份与查阅

(1) 将工程检测数据自动采集检测信息、拌合站数据采集信息、视频监控信息保存于工地试验室硬盘（光盘）和网络服务器，以备母体试验检测机构、交通主管部门抽查。

（2）视频监控录像资料保存时间不得少于1个月，重要区域及场所的视频监控录像资料的保存期限应当延长。

（3）除信息化管理员、母体试验检测机构及交通主管部门检查人员可查阅或者调取有关工程检测数据自动采集系统、拌合站数据采集系统、视频监控系统的信息资料外，其他人员查阅、复制或者调取资料需经工地试验室主管领导审批。但在发生突发事件时，具有突发事件调查、处置权的行政主管部门可以查阅、复制或者调取有关工程检测数据自动采集系统、拌合站数据采集系统、视频监控系统的信息资料。

3. 其他规定

（1）任何人不得在办公计算机系统和终端中安装非法软件（包括盗版及共享软件）；正版软件要在协议许可的范围内进行复制、安装和使用。

禁止将本单位正版软件转借其他单位或个人复制、使用。

（2）任何单位和个人不得利用本单位网站和内部管理系统危害国家安全、泄漏国家秘密，不得侵犯国家的、社会的、集体的利益和公民的合法权益，不得从事违法犯罪活动。

（3）在使用过程中如出现不能自行解决的问题，使用人应通知信息化管理员，并与软件公司联系，请求软件公司帮助解决。

（4）任何单位和个人不得有下列行为：

1）擅自改变视频监控系统的用途或者摄像设备的位置、摄像头指向方位、镜头所及范围。

2）删改、破坏留存期限内的视频监控系统资料的原始记录。

3）其他影响视频监控系统正常运行的行为。

（5）任何单位和个人不得利用本单位网站和网上办公系统制作、复制、查阅和传播下列信息：

1）煽动抗拒、破坏宪法和法律、行政法规实施的；

2）煽动颠覆国家政权，推翻社会主义制度的；

3）煽动分裂国家、破坏国家统一的；

4）煽动民族仇恨、民族歧视，破坏民族团结的；

5）捏造或者歪曲事实，散布谣言，扰乱社会秩序的；

6）宣扬封建迷信、淫秽、色情、赌博、暴力、凶杀、恐怖，教唆犯罪的；

7）公然侮辱他人或者捏造事实诽谤他人的；

8）损害国家机关信誉的；

9）其他违反宪法和法律、行政法规的。

3.5.8 安全生产管理制度

1. 应经常开展安全检查，发现有不安全因素，应及时上报、整改。

2. 试验室内禁止吸烟，做好安全、防火工作，按照规定配备消防设施和灭火器材。所有消防设施和灭火器材应有固定的存放地点，由专人负责并保证使用性能。所有试验室人员都必须了解消防设施和灭火器材的使用方法。

3. 试验检测人员在操作仪器设备前，需先检查所用仪器设备是否完好，凡发现漏电的仪器设备均须经仪器设备检修人员或专职电工检修，排除故障后方可使用。

4. 精密贵重仪器设备，剧毒、易燃、易爆化学物品，放射性仪器，必须指定专人负责、保管，化学试验应严格按照试验规程进行操作。

5. 试验室的电器设备按规定安装，不得随意乱拉，乱接临时电线。

6. 使用试验机时，应注意试件碎片迸溅，机器旁边不允许无关人员旁站。

7. 禁止用试验容器代替茶杯或餐具；禁止用嘴、鼻鉴别试剂。

8. 做好用电、操作、防火、防盗等安全工作，试验完毕后应将电源关闭，下班时由专人负责关闭电源总闸，锁好门窗。

9. 搬动仪器设备或试块等重物时，注意稳拿稳放、以防砸伤。

10. 试验检测人员应遵守试验规则，注意现场试验检测的安全；上岗时，应精力集中，严格按照操作规程工作。仪器设备在使用过程中发现有不正常现象时，操作者应立即停机检查，排除故障，待正常后方可继续使用。

11. 试验检测人员应掌握常见的外伤急救措施。

12. 若试验室发生事故和案件，要保持好现场及时报告，并迅速采取措施，防止事态扩大。

3.5.9 工作环境管理制度

1. 建立卫生值日制度，各操作室清洁卫生落实到人，定期清扫试验室周边的环境卫生，疏通排水管道和排水沟。

2. 试验室是开展检测、检定工作的场所，必须保持清洁、整齐、安静。

3. 试验室内禁止随地吐痰，乱扔脏物，禁止将与试验检测无关的物品带入室内。

4. 各恒温室应随时保持清洁，无腐蚀性气味，并定期清理空调防尘罩。

5. 废弃的水泥混凝土、水泥砂浆以及试验检测后的各种原材料，应按要求倒入指定地点。

6. 试验用的各种化学试剂，应按要求进行稀释，达标后集中处理。

3.5.10 试验检测质量保证制度

1. 试验检测人员必须经国家职业资格考试合格取得上岗证后，才能在指定岗位上进行试验检测工作。

2. 试验检测人员严格按照新标准、操作规程、合同要求等进行试验检测工作，工作要精益求精，数据要真实可靠，对试验检测数据负责。

3. 试验检测工作必须使用符合试验规程要求的仪器设备和工具进行试验，凡规程未作明确指定的仪器设备，在试验检测报告中应注明所使用仪器设备的名称及大致工作原理。

4. 试验仪器设备有故障或过期未标定，不得投入试验检测工作中。

5. 试验检测前，必须保证试验环境满足检测要求。

6. 读取数据和记录数据必须按有关规定的检测方法与步骤进行；每次的检测数据，都要及时、如实准确、清晰的填写在试验原始记录中。

7. 试验数据计算必须准确无误，按规定保留有效数值，并对试验所得数据进行可靠性分析。

8. 检测结果，要履行审核手续，签字齐全后对外发出；发出时必须留一份存档备查。

9. 试验室负责人将定期或不定期的对试验检测人员进行技术考核，凡在试验工作中不按规程操作、弄虚作假的人员，将按有关规定追究责任，并按情节轻重，给予一定处罚，严重者要调离试验检测岗位。

3.5.11　学习考核制度

1. 认真学习国家的法律、法规、新标准、新规范及项目建设指挥部下发的有关文件，严格按要求开展试验检测工作。

2. 定期组织试验检测人员学习业务技能、实际操作等专业知识，并进行考核。

3. 不定期对试验检测人员进行新标准、新规范及项目建设指挥部下发的相关文件的学习。

4. 试验室每半年对试验检测人员进行 1 次综合考核，考核内容包括业务技能、实际操作和工作完成情况，考核以自评和试验室打分为主。

3.5.12　公章管理制度

1. 试验室印章由试验室主任或副主任保管和监印。

2. 试验室印章必须妥善保管，一般不得携章外出。

3. 凡以试验室名义发文，按公文处理办法，经试验室主任或副主任审查同意后，方可用章。

4. 建立健全用章制度，详细登记用印时间、事由、批准人、用印人、监印人。

5. 试验室切实加强印章管理，印章保管人员坚持原则，认真负责，按规定办事。如违反使用印章给试验室造成损失或带来不良影响，要追究当事人责任。

3.5.13　仪器设备管理制度

1. 本试验室仪器设备有两种管理形式：专管共用（通用仪器设备）；专管专用（专用仪器设备）。

2. 专管共用的仪器设备，由试验室主任指定专人负责管理，使用人在使用仪器设备前应征得保管人的同意，如遇异常情况，使用人和保管人应共同对仪器设备进行检查，确认技术状态后办理交接手续。专管专用仪器设备的使用人即是保管人，由保管人专用并负责保管。

3. 仪器设备的保管人员应参加新购设备的验收、安装、调试工作，填写并保管仪器设备档案，负责仪器设备的日常保养和维修、降级使用及报废申请等事宜。

4. 使用贵重、精密、大型仪器设备者，均应经培训考核合格，取得操作许可证。

5. 贵重、精密、大型仪器设备的位置不得随意变动，如需变动，事先应征得试验室主任同意，重新安装后，应对其安装位置，环境方式进行检查，并重新进行检定和校准。

6. 仪器设备保管人应负责所保管仪器设备的清洁、清洗、换油等工作，不用时，应罩上防护罩；长期不用的仪器，每隔 3 个月应通电检查 1 次；凡使用干电池的仪器设备入库时应取出电池，以免损坏。

7. 试验仪器设备不得挪作他用,不得从事与试验检测无关的其他工作。

8. 仪器设备管理员除对所有仪器设备按周期督促进行计量检定外,还应对它们进行不定期抽查,以确保所有仪器设备功能、性能完好,精度满足试验检测工作的要求。

9. 试验室的全部仪器设备,由专人进行台账登记,建立计算机管理系统和仪器设备数据库;仪器设备定期进行清产核资,并将清产情况书面报告主管领导。

10. 仪器设备的使用环境应满足说明书的要求,有温度、湿度要求者,应确保温湿方面的要求。

11. 仪器设备的借用

(1) 内部仪器的借用,由各试验组自行协调商定;

(2) 外单位来借用,应经试验室主任批准后,办理书面手续方可借用。

3.5.14 仪器设备、计量器具的检定/校准制度

1. 计量仪器设备须计量检定合格或自校合格,不使用未经检定或检定不合格的仪器设备。

2. 计量仪器设备检定周期按国家计量行政管理部门确定的周期安排。

3. 各种仪器设备的计量器具送检由仪器设备管理员负责,根据检定周期表送法定计量部门检定或自校,并根据检定结果分别贴上"合格、准用、停用"3种标志。

4. 对检定合格的仪器设备、计量器具其检定证书应保管并建立台账。

3.5.15 检测事故分析报告制度

1. 试验检测过程中发生下列情况之一者,按事故处理:

(1) 样品丢失或损坏;

(2) 技术资料、原始记录丢失,造成不良影响;

(3) 由于人员、仪器设备、试验条件不符合要求、试验方法错误或数据差错,而导致结论错误;

(4) 试验检测过程中发生人身伤亡;

(5) 试验检测过程中发生仪器设备的不正常损坏。

2. 凡违反本试验室的各项规定所造成的事故均为责任事故。

3. 事故发生后,在场人员均有责任立即采取有效措施,防止事态扩大,保护国家财产和人身安全,重大事故应保护现场,并及时通知有关人员处理事故。

4. 事故发生后主办人员应在2日之内如实填写事故报告,并向试验室主任报告。

5. 事故发生后5天内,由试验室主任主持召开事故分析会,查明原因后,对事故的直接责任者作出处理,对事故善后处理并制定相应的办法,以防类似事故发生,必要时上报主管部门和领导。

3.5.16 不合格品报告制度

1. 对于签发的涉及结构安全的产品或试验检测项目不合格报告,工地试验室授权负责人应在2个工作日之内报送试验检测委托方,抄送项目质量监督机构,并建立不合格试验检测项目台账,信息应准确、齐全。

2. 工地试验室应将检测结果不合格的材料通知项目经理部质检部门，并共同参与对该批材料进行复检或其他处理。

3. 在现场检测过程中，如检测结果不合格，工地试验室应及时通知相关部门进行相应处理。

4. 母体试验检测机构有要求的，工地试验室应每月将不合格检测情况向母体试验检测机构报告。

5. 对于不合格的试验检测数据，工地试验室应持实事求是的态度，不得随意进行调整。

3.5.17 异常数据当日报告制度

在检测过程中发生异常现象时，按本规定进行处理，以确保检测数据的准确。

1. 产品检测过程中发现下述可能影响检测数据准确性的现象为异常现象：
（1）样品丢失或受到人为损坏，检测工作无法继续进行；
（2）突然发生停电、停水；
（3）检测仪器设备受到意外损坏；
（4）检测人员发生伤亡事故或在工作中患有影响检测工作的疾病；
（5）检测数据离散性太大等情况。

2. 检测过程中发现样品丢失或受到人为损坏、使检验工作无法进行时，应立即报告试验室主任，经确认后再用备用样品（或采取其他补救措施）进行检测。

3. 检测过程中发生停水、停电或其他不可避免的自然事故，使检测工作中断或影响检测结果时，应立即切断设备的电源、水源，并关闭整个试验系统的仪器，停止检测，检测数据作废。待恢复正常后，再重新进行检测。样品损坏，可用备用样品，若备用样品不足，应向监理说明情况，重新取样检测。

4. 检测仪器设备发生意外损坏时，应立即停机，报告试验室主任，检测数据作废，并及时排除故障或更换损坏的仪器设备，必要时重新取样，合格后才能使用，对事故责任者按有关规定处理。

5. 检测过程中发生人身伤亡事故时，应立即组织抢救，该检测人员的检测数据无效，待事故调查分析工作结束，检测条件具备时，再重新安排检测。

6. 检测过程中环境条件（如温度、湿度）发生变化难以达到检测标准规定的要求时，应停止检测工作，原检测数据作废，待环境条件恢复正常后再重新安排检测。

7. 当检测数据有异常现象时，应检查仪器设备是否有异常及检测人员在检测时的操作是否符合操作规程的要求，如仪器设备异常则检修，使仪器设备恢复正常；如为人员操作不当应按规定重新进行检测，原检测数据作废；如仪器设备及人员操作无异常或不当，应按标准重新进行检测或由另1检测人员按标准进行操作，若2人的数据相同或在允差范围之内则数据有效；若2人数据不合应由第3人进行检测以重合者数据为准，并应查找数据差错原因防止以后再发生类似现象。

3.5.18 自检公示制度

1. 试验室自检的检测结果应及时准确地告知项目物资设备部及施工现场，坚决杜绝不合格材料用于现场。

2. 试验检测人员自检合格后,应及时将检测结果告知试验监理,监理进行抽检合格后及时通知相关人员进行下道工序的施工。

3. 试验检测人员自检不合格时,应及时将检测结果通知试验室主任及相关人员,停止使用该原材料或对本道工序进行返工处理,合格后方能进行下道工序的施工。

3.5.19 档案资料管理制度

1. 工地试验室授权负责人应指定专人负责档案资料管理工作。
2. 档案资料管理员负责档案的归档、立卷、登记编号、保管及其他日常管理工作。
3. 档案资料的归档范围:

(1) 由国家交通建设主管部门颁发的有关公路工程、建筑工程、建材及构配件等质量方面的文件、政策、法令、法规、规定;

(2) 国内、国外有关公路工程、建筑工程、建材及构配件的技术标准、规范、本试验室制定的检测方案;

(3) 本试验室的仪器设备明细表(台账)、仪器设备说明书、检定合格证、仪器设备的验收、使用、维修、报废记录及其他技术档案;

(4) 各种试验检测原始记录、试验检测报告等及相应的样品记录,试验检测报告发送登记表;

(5) 本试验室的收发文等文件档案;

(6) 工程设计与施工图纸;

(7) 其他有关资料。

4. 档案资料保管期限

短期保存的技术资料、法律法规、各类试验检测原始记录、试验检测报告、委托单位的反馈意见及处理结果、没有长期保存要求的技术资料及试验检测报告发送登记表等作短期保存,保存期至工程竣工验收,如需继续保存的档案资料应上交母体试验检测机构留存。

5. 档案资料管理

(1) 归档后的档案资料任何人不得涂改、增删,各类资料入库时应办理交接手续,填写技术资料交接单,经整理后统一编号并填写资料索引卡片。

(2) 本试验室人员因工作需要须借阅技术资料,应按规定经试验室主任同意后方可办理借阅手续,阅后按时归返;外单位人员原则上不准借阅试验检测报告和试验检测原始记录。

(3) 试验检测原始记录和报告需要复印,须经试验室主任同意。

(4) 档案资料管理员和试验检测人员都应严格为用户保守秘密,涉及需要保密的资料,存档要注明密级,妥善保管,不得外借。

(5) 未形成正式试验检测报告的技术资料,试验检测人员不得向外泄漏试验检测结果。

(6) 超过保存期的技术资料应分类别造册登记,经试验室主任批准后才能销毁。

3.5.20 文件、标准、规范及试验规程受控管理制度

1. 工地试验室的管理体系文件是依据母体试验检测机构的管理体系文件,结合工程

特点编制。由《质量手册》、《程序文件》、《作业指导书》(包括操作规程、实施细则、检验方法、自校规程和期间核查规程)、《记录》(包括质量记录和技术记录)组成。

2. 文件的编制与批准发布

(1)《质量手册》和《程序文件》由质量负责人组织编制；

(2) 其他管理性文件由技术负责人组织编制；

(3) 一般性技术文件、资料由形成文件的部门编制；

(4)《质量手册》和《程序文件》由质量负责人审核，工地试验室授权负责人批准发布；

(5)《作业指导书》和《记录》由相关部门编制，质量负责人审核，技术负责人批准发布；

(6) 其他管理性文件、一般技术性文件及资料由部门负责人审核，技术负责人批准发布。

3. 文件管理

(1) 文件编号和受控标识

1) 文件编号：按照母体试验检测机构的管理体系文件编号规定执行；

2) 受控标识：《质量手册》、《程序文件》、《作业指导书》、《记录》及标准规范应在其封面加盖"受控"印章，并注明唯一性受控编号，标准规范本身的受控标识按照有关规定进行。

(2) 受控文件应有受控标识，并按照规定的制度和范围进行发放，发放或回收时应填写《文件发放/回收记录表》；

(3) 在与管理体系有关的重要场合，必须使用现行有效的管理体系文件版本(包括《质量手册》、《程序文件》、《作业指导书》、《记录》等)；

(4) 文件保持清晰、易于识别，并按照母体试验检测机构的分类系统进行编号和管理，确定受控文件的目录清单；

(5) 根据需要而保留的已作废的文件，必须有"作废"和"仅供参考"的标识；

(6) 综合办公室负责外来文件的管理，对外来文件也要进行识别和登记，并控制其分发；

(7) 按照规定时间和要求将所有管理体系文件和技术文件分别汇集成册，并交办公室归档保存；

(8) 对保存在计算机中的文件应按照《保护数据完整性和安全性的程序》规定进行修改和加以控制；

(9) 质量负责人负责管理体系文件的控制和管理，包括外来的技术标准、技术法规、计量检定规程以及母体试验检测机构的《质量手册》、《程序文件》、《作业指导书》等文件的管理；各部门的专用文件及其资料由各部门自行控制保管；

(10) 所有文件、标准、规范和试验规程均由综合办公室负责建立台账，办理发放登记手续，以确保持有人能得到适用文件的有效版本。

(11) 文件持有人在《文件发放/回收记录》上签字后，领取标有分发登记号的受控文件，分发登记号由母体试验检测机构标识——工地试验室标识——颁布年号——顺序号组成。

(12) 文件、标准、规范和试验规程持有人的文件严重破损而影响使用时，应向综合办公室申请办理更换手续，交回原件，补发新件。

（13）作废文件、标准、规范和试验规程要及时从发放场所收回，确保文件现行有效。

（14）质量负责人组织对现有的文件、标准、规范和试验规程每年进行1次全面的内部审核。

3.5.21　试验检测原始记录管理制度

1. 原始记录是检测数据的如实记载，是反映试验检测活动环节的第一手资料，不许随意更改和删减。一般情况下，不允许外单位查阅原始记录。

2. 原始记录统一按要求的格式印制。表格内容应填写完整，不能用铅笔、圆珠笔填写，每份原始记录应有试验人员和复核人员的签名。

3. 复核人员在进行复核签名前认真核对试验检测数据，凡是可重复检测的项目，复核量不小于10%。

4. 原始记录如果确实需要更改，作废数据应划两条水平线，将正确数据填写其上方，并加盖更改人印章（无印章时应在其旁边签名）。

5. 原始记录登记本由试验操作人员妥善保管使用，一本用完后交资料保管人统一编号存档。

6. 原始记录保管人应遵守技术保密制度，不得向被检测单位或本试验室以外人员泄漏试验检测数据。

3.5.22　试验检测报告审核签发管理制度

1. 试验检测报告均采用交通运输行业标准《公路试验检测数据报告编制导则》JT/T 828—2012中统一制定的格式。表格内容应填写完善，签名齐全，文字简洁，字迹清晰，数据准确，结论正确。

2. 试验检测员按规程要求完成各项试验检测后，应及时按要求编写试验检测原始记录资料，并签名。试验检测员必须持有人力资源社会保障部、交通运输部联合核发的助理试验检测师职业资格证书。

3. 试验检测原始记录资料编写完成后，交由相关专业的试验检测师进行复核，签名后方可编制试验检测报告。复核内容包括：检测项目、检测依据是否正确；原始记录是否采用法定计量单位、原始记录及图表内容是否完整、字迹是否清晰、数据更改是否符合有关要求；所用仪器设备是否在检定有效期内等。

4. 试验检测报告经试验检测员、复核人员签名后交由技术负责人进行全面审核，并签名。审核内容包括：试验检测项目是否超出工地试验室授权许可范围；检测方法、程序是否符合有关标准规范、检测方案的要求；检测报告是否采用统一格式，填写内容是否完整，计量单位是否正确、不确定度表述是否符合要求；检测报告结论是否客观、规范、科学、准确、严谨，与原始记录信息是否一致等。

5. 试验检测报告审核完成后，经试验室主任审批签发，并经登记、编号、盖印后方可发送。试验检测报告统一由资料员进行保管，按要求进行归档和登记台账。

6. 归档的试验检测资料除试验室主任或技术负责人同意外，任何人不得外借资料。

7. 试验检测报告任何人不得更改。

3.5.23 外委试验管理制度

1. 外委试验室的选择

工地试验室由于未预料的原因（如工作量需要更多专业技术或暂不具备能力）或超出母体试验检测机构授权范围的试验检测项目和参数，需将试验检测工作外委时，可外委给具有"取得《公路水运工程试验检测机构等级证书》（含相应参数）、通过资质认定（含相应参数）且上年度信用等级为B级及以上"资格的试验检测机构。

工地试验室必须将接受外委试验的检测机构的《等级证书》和《资质认定证书》复印件（加盖检测单位公章）存档备查。

2. 外委工作的实施

试验检测工作外委前，试验室除调查外委试验室的检测资质外，还应组织内审员对外委试验室的质量体系和质量保证措施进行调查和审核，填写"工程试验委托调查审批表"确定外委试验室，并进行存档保留。

3. 外委试验检测报告的管理

由工地试验室授权负责人负责验收外委试验检测报告的有效性和正确性，由资料员负责分类保管有关报告。

3.5.24 抽样、见证取样及送检制度

1. 抽样过程包括确定抽样方案和现场抽样，抽样应确保科学、公正，所抽取的样品应真实且具有代表性，并保持完整。

2. 按照抽取的样品类别，分别选用各类样品的随机抽样方法；抽样方法应按技术标准规定的方法或国家质量监督部门、认证机构的有关规定执行。在没有规定方法时，也可以按有效合同自行确定或同被抽检单位商定抽样方案。

3. 现场抽样一般应遵循随机抽取的原则，使用适宜的抽样工具和盛样容器，所取样品应对总体具有充分代表性。

4. 现场抽样时，应认真做好抽样记录，抽样记录是检验和溯源的依据，记录内容应清晰、明确、完整。

5. 抽样结束后，应认真封样。由抽样人员填写样品登记表，登记表应包括以下内容：产品名称、型号；产品生产单位；样品中单件产品编号及封样的编号；抽样依据、样本大小、抽样基数；抽样地点；运输方式；抽样日期；抽样人姓名、封样人姓名等。抽样人员和被抽检单位的现场代表应签字确认。

6. 施工单位试验检测人员应及时通知监理到施工现场，并在监理旁站见证下由施工单位试验检测人员在施工现场进行原材料取样和试件制作，监理见证人员应作好见证记录。

7. 见证人员对试件进行监护，并和施工单位试验检测人员一起将试件送至检测机构或采取有效的封样措施送样。

8. 检测机构在接受委托任务时，需由送检单位填写委托单，见证人应在委托单上签名。

9. 见证取样应建立工作台账，真实反映施工全过程中质量检测情况，便于监督检验

部门的日常检查和质量事故的处理。

3.5.25　样品管理制度

1. 样品的接收

（1）由送样人填写"来样登记表"。

（2）接样人员根据"来样登记表"上的检验项目核对样品无误后，在"来样登记表"和待检样品的标签上分别填写唯一性的同一编号，样品在流转过程中，应始终保留其标识，以避免任何混淆。

（3）接收样品时，应检查和记录样品的状态和完整性，当发现样品的状态有可能影响检测结果、所提供样品与描述不一致或对要求检测项目描述不清楚时，应在工作开始前尽快与客户联系，以得到进一步的说明和证实，并记录确认的内容。

（4）接样人员对"来样登记表"的填写内容、试件的状况以及封样、标识等情况进行检查，确认无误后，在"来样登记表"上签收。

2. 样品的入库和保管

（1）接样人员负责样品和样品库的管理，样品的入库、领用、归还、处理及受检样品的领回均应有记录；样品接收按年度分类建立台账，样品流转使用盲样形式，也可使用条形码技术等。

（2）当样品保管有环境条件要求时，应保证样品在规定的环境条件下保管，并做好环境条件的记录。

（3）检测人员领取样品时，应确认样品的状态。在样品的制备、检验、流转过程中注意保护样品，避免非检验性损坏样品，并防止丢失。样品如遇意外损坏或丢失，应在原始记录中说明，并报告质量负责人。

（4）现场抽取的样品应及时编号并有妥善保管措施，防止样品的丢失、混淆和损坏。

3. 样品的检毕处置

（1）检测完毕的非破坏性检验样品，应及时归还样品库，样品一般保留3个月，超期未领走的，由样品保管人员负责处理，其他人员不得自行处理。

（2）根据《房屋建筑和市政基础设施工程质量检测技术管理规范》GB 50618—2011第3.0.10条的规定：检测按有关标准的规定留置已检试件。有关标准留置时间无明确要求的，留置时间不应少于72h。

（3）客户或供货单位需提前（在留样期内）领回样品时，应签署"对本检验报告无异议"后，即可向样品保管人员办理退样手续。

3.5.26　现场检测管理制度

1. 工地现场试验检测人员必须按照所划分区域对各自所管辖范围内的各项试验检测工作负责。

2. 根据现场实际购进材料和施工进度情况，安排各自现场试验检测计划，尽可能不与室内试验检测发生冲突。

3. 试验检测前首先要明确试验检测要求，查阅有关试验规范、规程和检验评定标准，对试验检测全过程应做到心中有数，并认真做好准备工作。

4. 应按时到达工地试验检测现场,严格按照规程和标准进行现场检测。

5. 检测时,当出现检测数据与预期结果相差很大时,应暂停试验,待查明原因后再继续试验。

6. 试验检测结束后,应认真检查试验检测过程是否正确,数据记录是否完整、有无异常现象。

7. 秉公办事,不受外界人为因素的干扰,现场检测应有必要的保护措施,以防止意外事故发生。

8. 试验检测完毕后,应及时出具试验检测报告,并做到准确、公正。如有修改原始检测数据现象,一经发现将严肃处理,情节严重者,将调离其试验岗位。

9. 试验检测工作管理

(1) 试验检测工作流程,见图 3.5.26-1 所示(注:本节的"工作流程图"仅供参

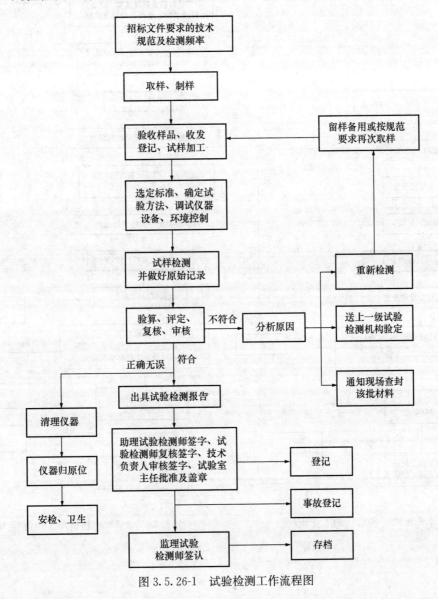

图 3.5.26-1 试验检测工作流程图

考）；

(2) 现场检测工作流程，见图3.5.26-2所示；

(3) 原材料检测工作流程，见图3.5.26-3所示；

(4) 原材料外委试验检测工作流程，见图3.5.26-4所示；

(5) 试验检测资料工作流程，见图3.5.26-5所示；

(6) 混凝土检测工作流程，见图3.5.26-6所示；

(7) 钢筋焊接检测工作流程，见图3.5.26-7所示；

(8) 路基、路面检测工作流程，见图3.5.26-8所示；

(9) 不合格材料处理工作流程，见图3.5.26-9所示。

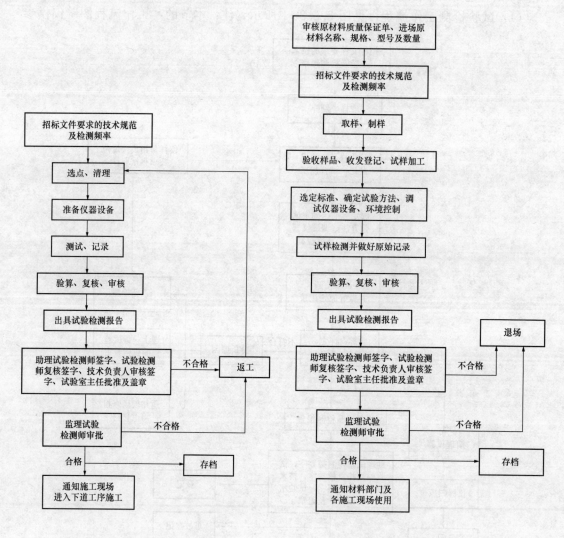

图3.5.26-2 现场检测工作流程图　　图3.5.26-3 原材料检测工作流程图

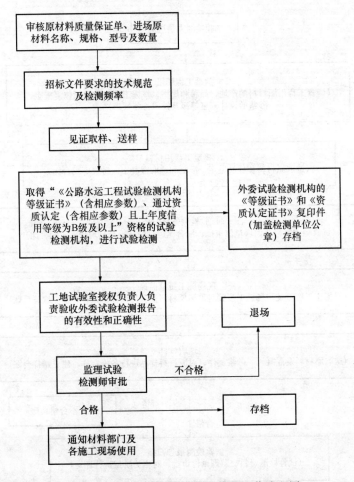

图 3.5.26-4 原材料外委试验检测工作流程图

3.5.27 化学药品管理制度

本制度列入管理的物品是指本试验室因业务工作所需的易燃、易爆、腐蚀性、剧毒、放射性等具有危险性物质。

1. 严格采购、存放、领用审批制度，经试验室主任批准签字认可后，方可生效。
2. 危险物品应具备专业知识的人员进行保管，不得随意转交或委托他人代管。
3. 危险物品、药品应按其理化性质和规定的存放环境保管，保管危险物品应有专门的库室和防盗措施。
4. 剧毒试剂柜必须上锁，由2人分别负责保管钥匙，并实行"双锁"管理；使用时必须经试验室主任批准签字认可后，方可使用。试验后剩余的剧毒试剂应及时退还给保管人员入库。

3.5.28 废弃物品管理制度

1. 试验中产生的废弃混凝土、水泥砂浆以及试验检测后的各种原材料，应按要求倒入指定地点。

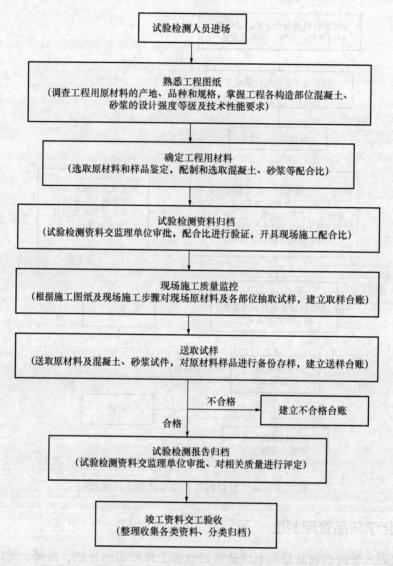

图 3.5.26-5 试验检测资料工作流程图

2. 试验过程中产生的有害废物及废液应倒入废液缸,并定期妥善处理。

3. 对于过期、失效药品和用后的残液、残余物质应按国家有关规定进行处理,不得任意弃置。

3.5.29 试验痕迹保留制度

1. 在试验过程中,试验检测人员认真填写原始检测记录及仪器设备使用台账并妥善保管。

2. 试验结束确认结果无误后,对留样时间有要求的样品应进行妥善的保管,到规定的留样时间后应及时处理并做好记录。

3. 对已检样品但无留样要求的,将已检样品存放在指定位置一定时间后,经试验室主任同意后将其统一处理,并做好处理登记。

3.5 制度建设条例

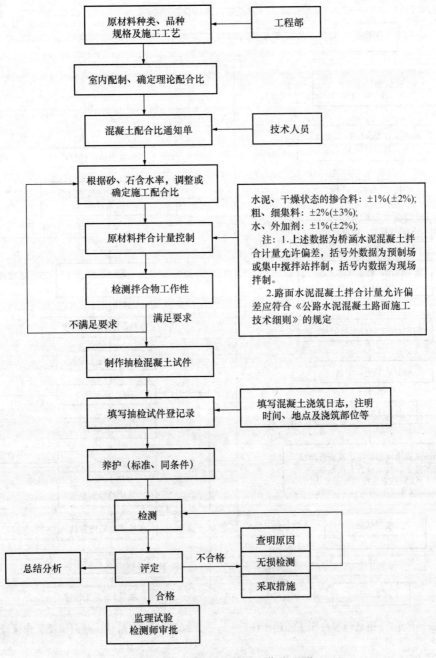

图 3.5.26-6 混凝土检测工作流程图

3.5.30 力学室工作制度

1. 每日上班前应对本室的仪器设备、工具箱、水、电等进行检查，如有异常情况应立即采取措施。

2. 试验检测人员应对所使用的仪器设备性能完全了解，包括配套的仪器设备及配件如何正确使用，试验机、万能机应尽可能在量程的 20%～80% 范围内操作。

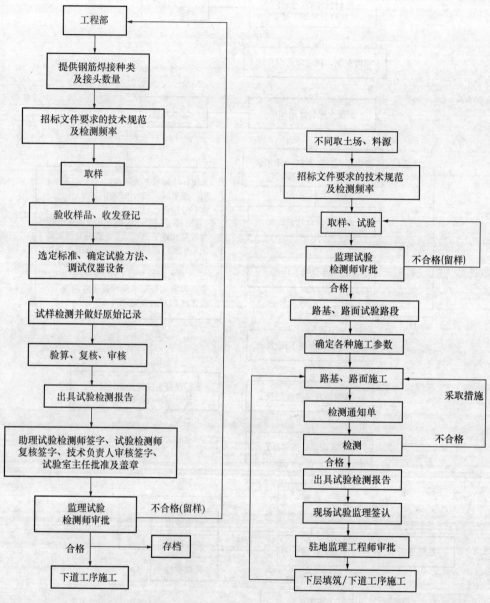

图 3.5.26-7 钢筋焊接检测工作流程图　　图 3.5.26-8 路基、路面检测工作流程图

3. 试验检测人员在试验前应熟悉每项试验的操作程序,避免在试验过程中查阅操作规程。

4. 在操作过程中应集中注意力,如发现仪器设备异常,应立即关机,切断电源,并查明原因。

5. 仪器设备使用完毕后,应做好使用记录,清理压板上的试验残留物,使机器恢复原状。

6. 仪器设备定期保养,压力机、万能机定期检定。

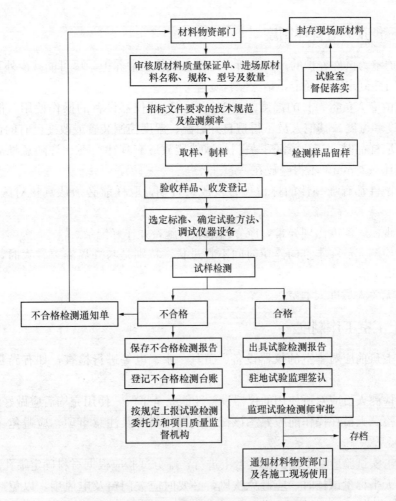

图 3.5.26-9 不合格材料处理工作流程图

7. 试验配件、工具等使用完毕后应擦干净后放回原处，无用的试验废料应于当日清理完毕。

3.5.31 混凝土室工作制度

1. 试验检测人员必须熟悉各种仪器设备的性能，使用完毕后应做好使用记录。
2. 试验检测人员在操作前应熟悉该试验的操作步骤及注意事项，做到有条不紊。
3. 使用拌合机前，应先用少量砂浆刷膛，并倒出刷膛砂浆。
4. 拌合机应经常检查拌合铲与边壁的空隙不能太大，以免拌合不均，加料应按顺序加入石子、砂、水泥，开动拌和机后，再徐徐加入规定数量的水。
5. 试模在使用前应检查试模是否发生变形，有无外观缺陷。
6. 在操作过程中，如发现异常声响，应立即切断电源，并查明原因。
7. 试件成型后，在脱模前不得搬动和碰撞。
8. 拌合机、振动台及其他工具，使用完毕后应立即清洗干净，试模需涂抹一薄层矿物油脂后放好。

3.5.32　标准养护室管理制度

标准养护室为试件养护的重要场所，为保证试件正常养护，尽可能减少外界因素对试件的影响，因此制定以下规定，请大家自觉遵守：

1. 本室由专人负责每日的温度、湿度记录，以及仪器设备的操作使用，保证室内符合规定的温度和湿度。其他人员不得擅自开启温、湿度控制装置或改变已有的设置。
2. 送、取样品时，应注意随手关门，试件摆放应有规律，不允许随意堆放，试件间距至少保持10~20mm，不得叠放在一起。
3. 每个试件都有唯一性的标识编号及成型日期，取样前必须认真核对编号、日期，避免出错。
4. 如发现温、湿度出现异常，应立即采取措施，并作好记录。
5. 试验检测人员在本室的停留时间不宜过长，特别是与外界温差较大时，易引起人体不适（尤其夏季）。
6. 谢绝无关人员进入本室。

3.5.33　土工室工作制度

1. 每日上班前应对本室的仪器设备、工具、水、电等进行检查，如有异常情况应立即采取措施。
2. 试验检测人员应对所使用的仪器设备性能完全了解，使用完毕后应做好使用记录。
3. 试验检测人员在操作前应熟悉该试验的操作步骤及注意事项，应避免一边试验一边查阅操作规程。
4. 土工击实试验应在专用的击实台上进行，筛分试验应根据材料确定筛孔尺寸。
5. 使用天平称量试样时，应避免吹风，必要时应关门窗及电风扇，以免造成称量不准确或细颗粒损失。
6. 在操作过程中，如发现仪器设备异常，应立即关机，并查明原因。
7. 试验完毕后，应将所有的仪器设备擦干净，配件放回原处，较精密的仪器应入柜内或套上防尘罩，试验废料当日清理。并及时做好试验原始记录。

3.5.34　集料室工作制度

1. 每日上班前应对本室的仪器设备、工具、水、电等进行检查，如有异常情况应立即采取措施。
2. 试验检测人员应对所使用的仪器设备性能完全了解，使用完毕后应做好使用记录。
3. 试验检测人员在操作前应熟悉该试验的操作步骤及注意事项，应避免一边试验一边查阅操作规程。
4. 集料试验应在专用的试验台上进行，筛分试验应根据材料确定筛孔尺寸。
5. 使用天平称量试样时，应避免吹风，必要时应关门窗及电风扇，以免造成称量不准确或细颗粒损失。
6. 在操作过程中，如发现仪器设备异常，应立即关机，并查明原因。

7. 试验完毕后，应将所有的仪器设备擦干净，配件放回原处，较精密的仪器应入柜内或套上防尘罩，试验废料当日清理。并及时做好试验原始记录。

3.5.35　水泥室工作制度

1. 每日上班前应对本室的仪器设备、工具、水、电等进行检查，如有异常情况应立即采取措施。

2. 试验检测人员应对所使用的仪器设备性能完全了解，使用完毕后应做好使用记录。

3. 试验检测人员在操作前应熟悉该试验的操作步骤及注意事项，避免在试验过程中查阅操作规程。

4. 试样、试模及水温度与室温相同。试验时应记录室温。试验室一般不宜通风。

5. 在操作过程中，如发现仪器设备异常，应立即关机，并查明原因。

6. 试验完毕后，应将所使用的仪器设备、配件擦洗干净，放回原处，无用的试验废料应于当日清理完毕。

7. 定期保养仪器设备，保持室内清洁，应注意所用仪器设备是否在检定有效期内。

8. 下班前，应检查门、窗、水、电，确保安全。

3.5.36　化学分析室管理制度

1. 每日上班前应对本室的仪器设备、试剂、水、电等进行检查，如有异常情况应立即采取措施。

2. 仪器设备、试剂要放置合理、有序，工作台面要清洁、整齐。

3. 试验检测人员在试验前后均应洗手，以免污染试剂或将有害物质带出试验室。

4. 熟悉每项试验操作程序，做到有条不紊。

5. 对有毒、易燃、腐蚀性药品应严格保管，小心使用，谢绝无关人员进入本室。

6. 凡装过强腐蚀性、易爆或有毒药品的容器，由操作者及时亲自洗净。

7. 严格遵守安全用电规程，电炉在使用时，必须有人看管。

8. 试验完毕后，应将工作台及时清理干净，使用过的仪器设备、药品、工具要放回原处，有害废物及废液应倒入废液缸，并定期妥善处理。

9. 下班前，关闭所有水、电、门、窗，确保安全。

3.6　工地试验室管理体系与运行控制

3.6.1　管理体系文件

工地试验室应依据母体检测机构的管理体系文件，结合工程特点，编制简洁、适用、针对性和操作性强的管理体系文件及各项管理制度。

工地试验室管理体系文件由《质量手册》、《程序文件》、《作业指导书》（包括操作规程、实施细则、检验方法、自校规程和期间核查规程）、《记录》（包括质量记录和技术记录）组成。

工地试验室管理体系文件的编制与批准发布：

(1)《质量手册》和《程序文件》由质量负责人组织编制;

(2) 其他管理性文件由技术负责人组织编制;

(3) 一般性技术文件、资料由形成文件的部门编制。

(4)《质量手册》和《程序文件》由质量负责人审核,工地试验室授权负责人批准发布;

(5)《作业指导书》和《记录》由相关部门编制,质量负责人审核,技术负责人批准发布;

(6) 其他管理性文件、一般技术性文件及资料由部门负责人审核,技术负责人批准发布。

1.《质量手册》

工地试验室《质量手册》是依据母体检测机构的《质量手册》并结合项目工程特点,阐明工地试验室的质量方针、质量目标,对管理体系要素进行描述,是管理体系中的最高层文件。

由概述、组织和管理、仪器设备、人员、设施和环境、检测工作质量控制、试验记录与数据处理、试验报告及管理制度9部分内容组成。其内容如下(仅供参考):

(1) 概述

1) 工地试验室概况;

2) 工地试验室基本任务;

3) 工地试验室质量方针、质量目标、质量承诺。由母体检测机构负责制定,正式公布,并组织贯彻实施。

(2) 组织和管理

1) 组织机构;

2) 部门与人员岗位职责

① 工地试验室工作职责;

② 部门岗位职责;

③ 主要岗位人员职责。

3) 关键岗位人员及代理人。

(3) 仪器设备

1) 仪器设备管理;

2) 主要仪器设备操作规程;

3) 仪器设备检定/校准及其证书。

(4) 人员

1) 各岗位人员的任职条件;

2) 各岗位人员必备的知识和技能;

3) 人员培训和考核;

4) 人员工作纪律。

(5) 设施和环境

1) 设施和环境条件要求;

2) 监控与维持;

3）内务管理；

4）检测工作安全。

(6) 检测工作质量控制

1）质量保证体系；

2）检测工作流程，包括室内、室外检测；

3）检测标准、规范、规程及方法；

4）化学药品等消耗材料的管理；

5）检测台账的管理。

(7) 试验记录与数据处理

1）试验记录；

2）数据处理。

(8) 试验报告

1）试验报告格式与内容；

2）试验报告的表观要求；

3）试验报告的审批程序与发放；

4）试验报告的修改更正；

5）试验报告的存储及保密。

(9) 管理制度等。

2.《程序文件》

工地试验室《程序文件》是对直接影响质量活动的要素予以控制所规定的方法以及实施管理体系所遵循的步骤和规则。

工地试验室常用程序文件，见表 3.6.1-1，供参考。

工地试验室常用程序文件 表 3.6.1-1

序号	文件名称	备注
1	人员管理程序	
2	人员培训程序	
3	内务管理程序	
4	检验检测设备和设施管理程序	
5	标准物质管理程序	
6	仪器设备溯源程序	
7	仪器设备期间核查程序	
8	检验检测公正、诚信程序	
9	保护客户秘密和所有权的程序	
10	文件管理控制程序	
11	选择和购买服务和供应品的程序	

续表

序号	文件名称	备注
12	服务客户程序	
13	处理投诉的程序	
14	不符合工作的处理程序	
15	纠正措施程序	
16	预防措施程序	
17	记录管理程序	
18	内部审核程序	
19	管理评审程序	
20	检验检测方法控制程序	
21	允许偏离程序	
22	应用评定测量不确定度的程序	
23	保护数据完整性和安全性的程序	
24	抽样控制程序	
25	样品管理程序	
26	质量控制程序	
27	能力验证程序	
28	检验检测报告或证书控制程序	
29	检验检测结果发布的程序	
30	化学试剂、药品管理程序	
31	现场检测管理程序	
32	工地试验室管理程序	

3.《作业指导书》

工地试验室《作业指导书》是工作人员实际操作的依据文件，它是程序文件的操作性文件。包括操作规程、实施细则、检验方法、自校规程和期间核查规程等。

4.《记录》

工地试验室《记录》是阐明所取得的结果或提供所完成活动的证据的文件。《记录》包括人员培训考核记录、环境条件控制、检验检测方法确认、设备管理、抽样记录、样品管理、质量监控、检验检测的原始记录、检验检测报告等。

3.6.2 质量保证体系

某工地试验室质量保证体系图，见图 3.6.2-1（仅供参考）（见网上下载）

3.6 工地试验室管理体系与运行控制

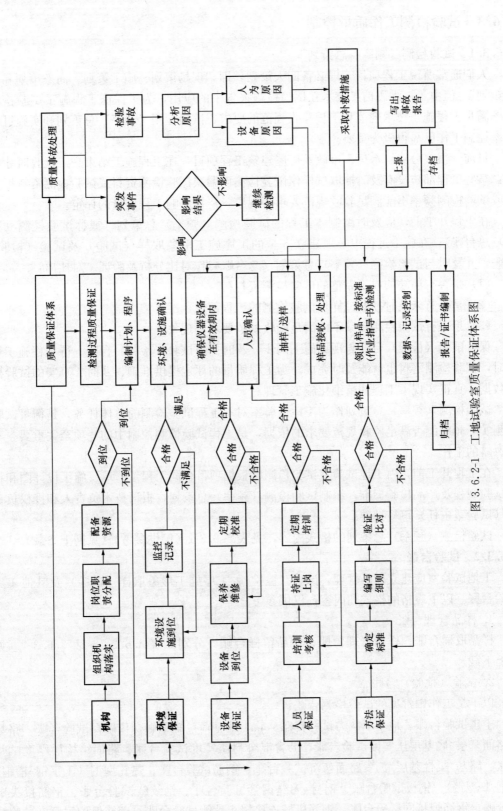

图 3.6.2-1 工地试验室质量保证体系图

3.6.3 试验检测工作质量控制

3.6.3.1 试验检测（频率）总策划

人们通常所说工程项目管理必备四大策划，即"现场策划、施工策划、商务策划和资金策划"，但由于二维码信息技术在试验检测报告中的应用，为了保证工程施工试验检测频率满足工程施工技术规范和工程验收规范的要求，试验检测（频率）总策划和实施过程频率控制工作已显得极为重要。

目前，很多公路、水运、市政及房屋建筑工程项目，在工程施工结束交工验收时才发现：某些工程部位没有及时抽取试样作试验检测而漏缺试验检测资料或试验检测资料不完整或试验检测频率不能满足验收规范要求等现象，严重影响工程质量的评定。

在工程开工前，应及时编制本工程的试验检测（频率）总策划（或称试验检测（频率）总台账）；在施工过程中必须建立齐全的工序施工形象取样（试验）及试验（检验）台账，并及时与试验检测（频率）总策划（总台账）作对比分析及验证。对比出：

(1) 是否有漏缺的或不完整的试验检测资料；
(2) 是否有未及时抽取试样作试验检测的工程部位；
(3) 是否有试验检测频率不能满足验收规范要求等现象。

保持试验（检验）台账与现场施工同步，及时更新试验（检验）台账。待工程施工结束时，试验检测资料也就能及时完成。为工程质量的评定提供准确、及时、真实的试验检测数据，真正实现了工程的精细化施工管理。

试验检测（频率）总策划作为工地试验室对本工程试验检测的总体任务，是衡量试验检测实际频率能否满足验收规范要求的依据，是工程试验检测控制中的一项至关重要、不可忽略的工作。

在工程开工前，由工地试验室试验检测师根据项目合同工程量清单、施工设计图和相关试验规程及产品检验标准，编制试验检测（频率）总策划，报请技术负责人和授权负责人（试验室主任）审核批准。

试验检测（频率）总策划的格式内容，见表 3.6.3-1（仅供参考）（见网上下载）。

3.6.3.2 试验台账

工地试验室应建立样品管理、试验（检验）、工序施工形象取样（试验）及其他 4 类试验台账。以下表格的格式和内容，仅供参考。

1. 样品管理台账

样品取样台账、样品管理台账、样品留样台账，分别见表 3.6.3-2～表 3.6.3-4（见网上下载）。

2. 试验（检验）台账

以下是工作中常见的试验检测台账：

土工试验台账、地基承载力试验台账、软土地基荷兰轻型触探仪触探试验台账、路基和路面基层/底基层压实度试验台账、沥青混合料压实度试验台账、路面结构层厚度试验台账、路基/柔性基层/沥青路面弯沉试验台账、钢筋试验台账、热轧型钢（工字钢/槽钢/角钢/L型钢）/钢板试验台账、钢材/无缝钢管试验台账、钢绞线试验台账、钢筋接头试验台账、钢筋焊接网试验台账、钢筋机械连接接头性能试验台账、钢筋保护层厚度试验台

3.6 工地试验室管理体系与运行控制

账、钢筋间距试验台账、水泥试验台账、细集料试验台账、粗集料试验台账、岩石试验台账、沥青混合料用矿粉试验台账、粉煤灰试验台账、石灰试验台账、水质化学分析试验台账、混凝土配合比试验台账、砂浆配合比试验台账、后张预应力孔道压浆浆液配合比试验台账、混凝土/喷射混凝土抗压强度试验台账、混凝土钻芯取样抗压强度试验台账、基层钻芯取样抗压强度试验台账、回弹法检测混凝土抗压强度试验台账、超声回弹综合法检测混凝土强度试验台账、混凝土抗渗试验台账、混凝土抗弯拉强度试验台账、砂浆抗压强度试验台账、后张预应力孔道压浆浆液强度试验台账、无机结合料稳定材料集料检验台账、无机结合料稳定材料组成设计试验台账、水泥或石灰稳定材料中水泥或石灰剂量测定试验台账、无机结合料稳定材料无侧限抗压强度试验台账、无机结合料稳定材料间接抗拉强度试验台账、无机结合料稳定材料弯拉强度试验台账、无机结合料稳定材料室内抗压回弹模量试验台账、道路石油沥青试验台账、聚合物改性沥青试验台账、道路用乳化沥青试验台账、沥青混合料配合比设计试验台账（目标配合比设计阶段）、沥青混合料配合比设计试验台账（生产配合比设计阶段）、沥青混合料配合比设计试验台账（生产配合比验证阶段）、热拌沥青混合料试验台账、路面摩擦系数试验台账、路面横向力系数试验台账、路面构造深度试验台账、路面渗水系数试验台账、平整度检测台账（3m直尺）、平整度检测台账（连续式平整度仪）、隧道喷射混凝土基面平整度检测台账（直尺法）、中空锚杆试验台账、锚杆拉拔力试验台账、工业硅酸钠试验台账、喷射混凝土用速凝剂性能试验台账、混凝土外加剂性能试验台账、水泥锚杆/锚固剂性能试验台账、混凝土防水剂性能试验台账、砂浆防水剂性能试验台账、混凝土膨胀剂性能试验台账、注浆浆液性能试验台账、高分子防水材料（均质片）试验台账、高分子防水材料（复合片）试验台账、高分子防水材料（点黏片）试验台账、高分子防水材料（止水带）试验台账、高分子防水材料（遇水膨胀橡胶）试验台账、石油沥青纸胎油毡试验台账、短纤针刺非织造土工布试验台账、预应力混凝土桥梁用塑料波纹管试验台账、埋地用聚乙烯（PE）双壁波纹管材试验台账、农田排水用塑料单壁波纹管试验台账、软式透水管试验台账、低压流体输送用焊接钢管试验台账、泥浆性能指标试验台账、后张预应力孔道压浆浆液性能指标试验台账、锚具/夹具试验台账、桥梁板式橡胶支座试验台账、桥梁盆式橡胶支座试验台账、桥梁球型橡胶支座试验台账、桥梁伸缩装置试验台账、桩身完整性检测台账、单桩承载力检测台账、桥梁荷载试验台账等，分别见表3.6.3-5～表3.6.3-93（见网上下载）。

3. 工序施工形象取样（试验）台账

工序施工形象取样（试验）台账包括有路基工程、路面工程、桥梁工程、互通立交工程、隧道工程、交通安全设施及机电工程等单位工程，其台账格式和内容，参考表3.8-1。

4. 其他台账

除有以上常见的试验检测台账外，还应有：混凝土回弹仪率定和使用台账、水泥细度负压筛标定台账、粉煤灰细度负压筛标定台账、水泥试验用雷氏夹标定台账、标准养护室温度/湿度记录台账、试验环境（温度/湿度）监控台账、仪器设备使用台账、混凝土试件管理台账、标准养护室混凝土/砂浆试件入库/出库台账、混凝土用原材料日消耗台账、后张预应力孔道压浆浆液用原材料日消耗台账、砂浆用原材料日消耗台账、钢筋/钢绞线/锚具（夹片）等用原材料日消耗台账、灌砂筒及标准砂标定台账、仪器设备修正信息或修正值使用台账、年月份材料试验统计表、材料试验汇总表、工程试验检测频率统计表、天气和气温记录台账、施工晴雨表等，分别见表 3.6.3-94～表 3.6.3-113（见网上下载）。

3.6.3.3 试验检测不合格台账和不合格报告单

试验检测不合格台账和不合格报告单的格式内容，见表 3.6.3-114～表 3.6.3-116（仅供参考）。

试验检测不合格台账　　　　　　　　　　　　　表 3.6.3-114

登记单位：　　　　　　　　　　　　　年度　　　　　　　　　　第　页共　页

序号	报告日期	检测报告编号	不合格内容及数量	工程名称及合同段及部位	委托单位名称	上报日期	登记人	备注

注：本表为等级试验检测机构使用。

试验检测不合格台账　　　　　　　　　　　　　表 3.6.3-115

项目名称：　　　　　　　　　　　　　　　　　　　　　　　合同段：
工地试验室名称：　　　　　　　　　　　　　　　　　　　编号：【　】字第　号

序号	登记日期	检测报告编号	不合格内容及数量	工程名称及部位	处理意见	上报日期	最终处理结果	备注	登记人

注：本表为工地试验室用。外委试验出现不合格情况时，工地试验室也应登记本台账，并在备注栏注明。

试验检测不合格报告单　　　　　　　表 3.6.3-116

编号：【　】字第　　号

检测机构名称 （报告单位）		联系 电话	
工程名称		合同段	
委托单位或 施工单位		委托 日期	年　月　日
试验检测 报告编号		报告 日期	年　月　日
不合格内容		不合格数量	

不合格情况详细描述：

意见建议：

经办人：　　　　　　　　检测机构负责人：　　　　　　日期：年　月　日（章）

注：本表由检测单位填写，并经检测机构负责人签字，盖章后报省级交通质监机构检测管理科。

3.6.3.4 检测方法

1. 检测方法的选择

（1）工地试验室应采取满足施工单位（委托单位）需要，并经认可的国家、行业、地方标准以及国际和国外先进标准提供的检测方法。

（2）当施工单位（委托单位）未指定方法时，应首先选择国家标准、行业标准或国际标准。当上述标准不能满足施工单位（委托单位）需要时，也可采用知名的技术组织公布的方法、科技文献或期刊公布的方法进行检测，还可使用母体试验检测机构自行制定并经过验证的检测方法。

（3）工地试验室所使用的检测标准规范、作业指导书和参考资料应保持现行有效并易于员工阅读；当标准方法或非标准方法不够详尽时，工地试验室应采用母体试验检测机构制定的检测实施细则。

（4）当施工单位（委托单位）提出使用已经过期的标准或不适用的检测方法时，应及时与施工单位（委托单位）沟通，如施工单位（委托单位）仍坚持其意见，应提出书面说明，在检测报告上应加以备注。

（5）工地试验室应确保所使用标准规范及规程的最新有效版本，所选的标准方法和非标准方法均应征得施工单位（委托单位）同意。

（6）工地试验室标准规范及规程有效版本目录

工地试验室所使用的标准规范及规程应与母体试验检测机构所使用的标准规范及规程一致，并保持其受控状态。工地试验室标准规范及规程有效版本目录的格式内容，见表 3.6.3-117（仅供参考）。

工地试验室标准规范及规程有效版本目录　　　　表 3.6.3-117

试验室名称：　　　　　　　　　　　　　　　　　　　　　　　　　　编号：

序号	授权试验检测项目及参数	采用的试验检测方法和标准（名称/编号）	所在书册及页码	受控状态	受控编号	数量	更新情况	备注

工地试验室技术负责人批准意见：

　　　　　　　　　　　　　　　　　　　　　签名：　　　　　　年　月　日

母体试验检测机构技术负责人批准意见：

　　　　　　　　　　　　　　　　　　　　　签名：　　　　　　年　月　日

注：本表存工地试验室综合办公室，并上报母体试验检测机构备案。

2. 新方法的采用

（1）工地试验室使用新标准、新方法进行检测，对所有的仪器设备、环境条件、人员技术等条件予以确认，并执行母体试验检测机构制定的《开展新检测项目的管理程序》，同时提供相应的证明材料，以证明工地试验室能够正确使用该标准进行检测。

（2）新标准只是代号变更，其检测方法、技术指标或参数没有变化的，工地试验室只需将标准名称和代号用文字说明上报母体试验检测机构，由母体试验检测机构向资质认定部门办理标准变更手续；如果是标准代号、检测方法、技术指标或参数发生了变化，工地试验室必须新配备相应的仪器设备才能满足标准要求，应由母体试验检测机构申请扩项评审，经评审确认后方可使用。

（3）标准更新

标准更新的实施，工地试验室应向母体试验检测机构填报标准更新实施审批表，由母体试验检测机构根据标准更新情况向资质认定部门办理标准变更手续或申请扩项评审。标准更新实施审批表的格式内容，见表 3.6.3-118（仅供参考）。

3. 非标准方法

（1）当检测工作需要使用非标准方法时，应经过母体试验检测机构（工地试验室）技术负责人确认，同时应事先征得施工单位（委托单位）的书面同意，必要时，母体试验检测机构技术负责人还可以组织有关人员研讨。

（2）当第一次使用该非标准方法时，应制定检测实施细则，内容至少包括：

1）方法的名称和代号；

2）使用范围；

3.6 工地试验室管理体系与运行控制

标准更新实施审批表　　　　　　　　　　　　　　　表3.6.3-118

试验室名称：　　　　　　　　　　　　　　　　　　　　　　　　编号：

检测部门			申请人	
新标准名称及代号			实施日期	
被替代标准名称、代号				
变更前后标准内容的变化情况说明	新增项目			
	检测方法			
	仪器设备			
	检测条件			
执行新标准存在问题及处理情况	是否需要修改检测细则	不需要□　　需要，未修改□　　需要，已修改（见附件）□		
	是否需要修改报告/记录格式	不需要□　　需要，未修改□　　需要，已修改（见附件）□		
	是否需要添置仪器设备	不需要□　　需要，未添置□　　需要，已添置（见附件）□		
	是否需要改造试验环境	不需要□　　需要，未改造□　　需要，已改造（见附件）□		
工地试验室检测部门意见： □ 标准更新项目无变化，可以实施。 □ 有关准备工作全部完成，新标准可以实施。 □ 有关＿＿＿＿准备工作完成后，可以实施。 □ 需要进一步组织专家评审。		工地试验室综合办公室意见：	工地试验室技术负责人意见：	母体试验检测机构技术负责人意见：
负责人： 　　年　月　日		审查人： 　　年　月　日	技术负责人： 　　年　月　日	技术负责人： 　　年　月　日
备注				

注：本表存工地试验室综合办公室，并上报母体试验检测机构进行标准更新。

3) 被检测样品的类型描述;

4) 被测参数或量值的范围;

5) 所需的参考标准和参考物质;

6) 检测设备及技术参数要求;

7) 环境条件要求;

8) 检测程序描述;

9) 需记录的数据以及分析表达方法;

10) 评定不确定度的要求;

11) 能接受的准则要求。

4. 检测方法的确认

(1) 母体试验检测机构技术负责人应组织有关人员对非标准方法、自行制定的方法、扩充或更新的标准方法、超出预先规定范围的方法等所获得的结果和使用的程序是否达到预期的目的予以确认,并加以记录。

(2) 母体试验检测机构对需要确认的方法应提供客观证据,通常采用的方法有:

1) 使用标准物质或参考标准进行校准;

2) 与其他方法所得结果进行比较;

3) 实验室间能力验证;

4) 对影响结果的因素作系统性评审;

5) 检测值和测量不确定度等技术指标分析。

(3) 当已经确认的检测方法需要修改时,应形成文件并经母体试验检测机构技术负责人批准。

(4) 检测方法确认

标准规范及规程中规定的试验检测方法,按工地试验室标准规范及规程有效版本目录表 3.6.3-117 进行确认。非标准方法和自制定方法,按表 3.6.3-119 进行试验检测方法确认。

5. 测量不确定度的评定

(1) 母体试验检测机构应建立《应用评定测量不确定度的程序》,必要时,应对检测工作和自校设备开展不确定度的评定。

(2) 进行不确定度评定时,应充分考虑产生不确定度的因素,如因检测或自校方法是产生不确定度的主要因素时,应对检测和自校方法进行适当的分析改进,并完善检测和自校方法,确保检测结果和自校结果能满足要求。

6. 数据的要求

(1) 母体试验检测机构应保持和维护计算机和自动采集系统必要的环境和运行条件,以确保数据的完整性和准确性。

(2) 校核人员对检测数据的计算和传送进行认真核查后签字,当数据有怀疑时,应做必要的验证。

(3) 当检测工作使用计算机采集处理系统和网络传输系统采集、处理、记录、存储、传输、检索时,应按照母体试验检测机构制定的《保护数据完整性和安全性的程序》执行,由母体试验检测机构自行制定的计算机软件应有足够的详细文件,并对其适用性进行适当验证。

检测方法确认表　　　　　　　　3.6.3-119

试验室名称：　　　　　　　　　　　　　　　　　　　　　　　　　编号：

检测部门		部门负责人	
检测方法名称		作业指导书编号	
检测方法类别	□非标准方法　□自制定方法	日　期	年　月　日
采用非标准方法、自制方法的依据			
采用非标准方法、自制方法的原理			
人员、环境、设备条件	□满足		□不满足
验证试验	□使用参考标准或标准物质（参考物质）进行校准。 □与其他方法所得的结果进行比较。 □实验室间比对。 □对影响结果的因素作系统性评价。 □对所得结果的不确定度进行评定。 结果：		
作业指导书编制情况			

专家验证意见：

工地试验室部门负责人审核意见：	工地试验室技术负责人批准意见：	母体试验检测机构技术负责人批准意见：
签名：　　　年　月　日	签名：　　　年　月　日	签名：　　　年　月　日

附：1. 检测方法出处资料；　　2. 验证报告；　　3. 作业指导书。

注：本表存工地试验室综合办公室。

3.6.3.5　试验检测标准规范及规程

公路工程试验检测常用的现行标准规范及规程，有：检测类、施工类、质量检验与验收类及综合类等。

其中检测类，包括：水泥；石灰；矿物掺合料（粉煤灰、硅灰、矿渣、钢纤维等）；钢材（含焊件）；钢绞线；砖、砌块；砂、石、矿粉及轻集料；外加剂；养护剂；锚固剂；阻锈剂；土；水；锚具、夹片和连接器；橡胶支座；管材；防水涂料/防水卷材；高分子防水材料（片材、止水带、遇水膨胀橡胶）；土工合成材料；粘结材料；沥青及沥青混合料；砂浆及混凝土；无机结合料；路基、路面；桥梁及混凝土主体结构；地基基础、桩基；工程物探检测（地质雷达检测）；隧道；钢结构；伸缩缝；交通安全设施及机电工程等。

施工类，包括：地基基础、桩基；路基、路面；土工合成材料；砂浆及混凝土；桥梁及混凝土主体结构；隧道工程；交通安全设施及机电工程等。

以下是公路工程施工中比较常用的试验检测标准规范及规程：

1. 检测类

(1) 水泥

1)《水泥取样方法》GB 12573—2008；

2)《水泥密度测定方法》GB/T 208—2014；

3)《水泥化学分析方法》GB/T 176—2008；

4)《铝酸盐水泥化学分析》GB/T 205—2008；

5)《水泥原料中氯离子的化学分析方法》JC/T 420—2006；

6)《水泥胶砂强度检验方法（ISO法）》GB/T 17671—1999；

7)《水泥细度检验方法（筛析法、80μm筛）》GB/T 1345—2005；

8)《水泥标准稠度用水量、凝结时间、安定性检验方法》GB/T 1346—2011；

9)《水泥胶砂流动度测定方法》GB/T 2419—2005；

10)《水泥比表面积测定方法 勃氏法》GB/T 8074—2008；

11)《水泥胶砂耐磨性试验方法》JC/T 421—2004；

12)《水泥胶砂干缩试验方法》JC/T 603—2004；

13)《水泥砂浆抗裂性能试验方法》JC/T 951—2005；

14)《抗硫酸盐硅酸盐水泥》GB 748—2005；

15)《白色硅酸盐水泥》GB/T 2015—2005；

16)《明矾石膨胀水泥》JC/T 311—2004；

17)《石灰石硅酸盐水泥》JC 600—2010；

18)《道路硅酸盐水泥》GB 13693—2005；

19)《通用硅酸盐水泥》国家标准第2号修改单 GB 175—2007/XG2—2015；

20)《公路工程 路面基层稳定用水泥》JT/T 994—2015等。

(2) 石灰

1)《石灰术语》JC/T 619—1996；

2)《石灰取样方法》JC/T 620—2009；

3)《建材用石灰石、生石灰和熟石灰化学分析方法》GB/T 5762—2012；

4)《石膏化学分析方法》GB/T 5484—2012；

5)《建筑石灰试验方法 第1部分：物理试验方法》JC/T 478.1—2013；

6)《建筑石灰试验方法 第2部分：化学分析方法》JC/T 478.2—2013；

7)《建筑生石灰》JC/T 479—2013；

8)《建筑消石灰》JC/T 481—2013等。

(3) 矿物掺合料（粉煤灰、硅灰、矿渣、钢纤维等）

1)《用于水泥和混凝土中的粉煤灰》GB/T 1596—2005；

2)《用于水泥和混凝土中的粒化高炉矿渣粉》GB/T 18046—2008；

3)《用于水泥中的火山灰质混合材料》GB/T 2847—2005；

4)《粉煤灰混凝土应用技术规范》GB/T 50146—2014；

5)《用于水泥混合材的工业废渣活性试验方法》GB/T 12957—2005；

6)《预应力高强混凝土管桩用硅砂粉》JC/T 950—2005；

7)《混凝土用钢纤维》YB/T 151—1999 等。

(4) 钢材（含焊件）

1)《钢铁及合金化学分析方法 二安替比林甲烷磷钼酸重量法测定磷量》GB/T 223.3—1988；

2)《钢铁及合金 锰含量的测定 电位滴定或可视滴定法》GB/T 223.4—2008；

3)《钢铁 酸溶硅和全硅含量的测定 还原型硅钼酸盐分光光度法》GB/T 223.5—2008；

4)《钢铁及合金化学分析方法 管式炉内燃烧后碘酸钾滴定法测定硫含量》GB/T 223.68—1997；

5)《钢铁及合金 碳含量的测定 管式炉内燃烧后气体容量法》GB/T 223.69—2008；

6)《金属材料 拉伸试验 第1部分：室温试验方法》GB/T 228.1—2010；

7)《金属材料 洛氏硬度试验 第1部分：试验方法（A、B、C、D、E、F、G、H、K、N、T标尺》GB/T 230.1—2009；

8)《金属材料 洛氏硬度试验 第2部分：硬度计（A、B、C、D、E、F、G、H、K、N、T标尺）的检验与校准》GB/T 230.2—2012；

9)《金属材料 洛氏硬度试验 第3部分：标准硬度块（A、B、C、D、E、F、G、H、K、N、T标尺）的标定》GB/T 230.3—2012；

10)《金属材料 弯曲试验方法》GB/T 232—2010；

11)《金属材料 薄板和薄带 反复弯曲试验方法》GB/T 235—2013；

12)《金属材料 线材 反复弯曲试验方法》GB/T 238—2013；

13)《金属材料 线材 第1部分：单向扭转试验方法》GB/T 239.1—2012；

14)《金属管 压扁试验方法》GB/T 246—2007；

15)《阴极铜》GB/T 467—2010；

16)《优质碳素结构钢》GB/T 699—2015；

17)《碳素结构钢》GB/T 700—2006；

18)《低碳钢热轧圆盘条》GB/T 701—2008；

19)《热轧钢棒尺寸、外形、重量及允许偏差》GB/T 702—2008；

20)《热轧型钢》GB/T 706—2008；

21)《冷轧钢板和钢带的尺寸、外形、重量及允许偏差》GB/T 708—2006；

22)《热轧钢板和钢带的尺寸、外形、重量及允许偏差》GB/T 709—2006；

23)《碳素结构钢和低合金结构钢热轧薄钢板和钢带》GB 912—2008；

24)《钢筋混凝土用钢 第1部分：热轧光圆钢筋》国家标准第1号修改单 GB 1499.1—2008/XG1—2012；

25)《钢筋混凝土用钢 第2部分：热轧带肋钢筋》国家标准第1号修改单 GB 1499.2—2007/XG1—2009

26)《钢筋混凝土用钢 第3部分：钢筋焊接网》GB/T 1499.3—2010；

27)《低合金高强度结构钢》GB/T 1591—2008；

28)《铜及铜合金带材》GB/T 2059—2008；

29)《型钢验收、包装、标志及质量证明书的一般规定》GB 2101—2008；

30)《钢丝验收、包装、标志及质量证明书的一般规定》GB/T 2103—2008;

31)《连续热镀锌钢板及钢带》GB/T 2518—2008;

32)《焊接接头拉伸试验方法》GB/T 2651—2008;

33)《焊缝及熔敷金属拉伸试验方法》GB/T 2652—2008;

34)《焊接接头弯曲试验方法》GB/T 2653—2008;

35)《焊接接头硬度试验方法》GB/T 2654—2008;

36)《钢及钢产品力学性能试验取样位置及试样制备》GB/T 2975—1998;

37)《铝及铝合金铆钉线与铆钉剪切试验方法及铆钉线铆接试验方法》GB/T 3250—2007;

38)《低压流体输送用焊接钢管》GB/T 3091—2015;

39)《焊接用钢盘条》GB/T 3429—2002;

40)《结构用冷弯空心型钢尺寸、外形、重量及允许偏差》GB/T 6728—2002;

41)《铝及铝合金拉(轧)制无缝管》GB/T 6893—2010;

42)《金属材料 室温压缩试验方法》GB/T 7314—2005;

43)《结构用无缝钢管》GB/T 8162—2008;

44)《输送流体用无缝钢管》GB/T 8163—2008;

45)《涂覆涂料前钢材表面处理 表面清洁度的目视评定 第1部分:未涂覆过的钢材表面和全面清除原有涂层后的钢材表面的锈蚀等级和处理等级》GB/T 8923.1—2011;

46)《涂覆涂料前钢材表面处理 表面清洁度的目视评定 第2部分:已涂覆过的钢材表面局部清除原有涂层后的处理等级》GB/T 8923.2—2008;

47)《涂覆涂料前钢材表面处理 表面清洁度的目视评定 第3部分:焊缝、边缘和其他区域的表面缺陷的处理等级》GB/T 8923.3—2009;

48)《碳素结构钢冷轧薄钢板及钢带》GB/T 11253—2007;

49)《热轧H型钢和剖分T型钢》GB/T 11263—2010;

50)《一般工程用铸造碳钢件》GB/T 11352—2009;

51)《钢筋混凝土用余热处理钢筋》GB 13014—2013;

52)《直缝电焊钢管》GB/T 13793—2008;

53)《冷轧带肋钢筋》GB 13788—2008;

54)《钢及钢产品交货一般技术要求》GB/T 17505—1998;

55)《基于标准焊接规程的工艺评定》GB/T 19868.3—2005;

56)《建筑结构用钢板》GB/T 19879—2005;

57)《预应力混凝土用螺纹钢筋》GB/T 20065—2006;

58)《钢和铁 化学成分测定用试样的取样和制样方法》GB/T 20066—2006;

59)《一般用途低碳钢丝》YB/T 5294—2009;

60)《钢筋焊接接头试验方法标准》JGJ/T 27—2014;

61)《钢筋机械连接技术规程》JGJ 107—2016;

62)《钢筋机械连接用套筒》JG/T 163—2013;

63)《环氧树脂涂层钢筋》JG 3042—1997;

64)《混凝土制品用冷拔低碳钢丝》JC/T 540—2006;

65)《公路工程 金属试验规程》JTJ 055—1983；

66)《混凝土灌注桩用钢薄壁声测管及使用要求》JT/T 705—2007 等。

(5) 钢绞线

1)《预应力混凝土用钢绞线》GB/T 5224—2014；

2)《钢丝绳 实际破断拉力测定方法》GB/T 8358—2014；

3)《金属材料 拉伸应力松弛试验方法》GB/T 10120—2013；

4)《桥梁缆索用热镀锌钢丝》GB/T 17101—2008；

5)《锌—5%铝—混合稀土合金镀层钢丝、钢绞线》GB/T 20492—2006；

6)《无粘结预应力钢绞线》JG 161—2004；

7)《公路悬索桥吊索》JT/T 449—2001；

8)《镀锌钢绞线》YB/T 5004—2012 等。

(6) 砖、砌块

1)《砌墙砖试验方法》GB/T 2542—2012；

2)《混凝土砌块和砖试验方法》GB/T 4111—2013；

3)《烧结普通砖》GB 5101—2003；

4)《普通混凝土小型砌块》GB/T 8239—2014；

5)《蒸压加气混凝土砌块》GB 11968—2006；

6)《蒸压加气混凝土性能试验方法》GB/T 11969—2008；

7)《烧结多孔砖和多孔砌块》GB 13544—2011；

8)《烧结空心砖和空心砌块》GB/T 13545—2014；

9)《轻集料混凝土小型空心砌块》GB/T 15229—2011；

10)《混凝土实心砖》GB/T 21144—2007；

11)《砌墙砖检验规则》JC 466—1996；

12)《混凝土路缘石》JC/T 899—2016 等。

(7) 砂、石、矿粉及轻集料

1)《建设用砂》GB/T 14684—2011；

2)《建设用卵石、碎石》GB/T 14685—2011；

3)《轻集料及其试验方法 第 1 部分：轻集料》GB/T 17431.1—2010；

4)《轻集料及其试验方法 第 2 部分：轻集料试验方法》GB/T 17431.2—2010；

5)《工程岩体试验方法标准》GB/T 50266—2013；

6)《普通混凝土用砂、石质量及检验方法标准》JGJ 52—2006；

7)《公路工程集料试验规程》JTG E42—2005；

8)《公路工程岩石试验规程》JTG E41—2005 等。

(8) 外加剂

1)《工业硅酸钠》GB/T 4209—2008；

2)《混凝土外加剂定义、分类、命名与术语》GB/T 8075—2005；

3)《混凝土外加剂》GB 8076—2008；

4)《混凝土外加剂匀质性试验方法》GB/T 8077—2012；

5)《水泥基渗透结晶型防水材料》GB 18445—2012；

6)《高强高性能混凝土用矿物外加剂》GB/T 18736—2002；
7)《混凝土膨胀剂》GB 23439—2009；
8)《混凝土界面处理剂》JC/T 907—2002；
9)《聚羧酸系高性能减水剂》JG/T 223—2007；
10)《砂浆、混凝土防水剂》JC 474—2008；
11)《混凝土防冻剂》JC 475—2004；
12)《喷射混凝土用速凝剂》JC 477—2005；
13)《水泥与减水剂相容性试验方法》JC/T 1083—2008；
14)《公路工程混凝土外加剂》JT/T 523—2004 等。

(9) 养护剂
1)《水泥混凝土养护剂》JC 901—2002；
2)《公路工程混凝土养护剂》JT/T 522—2004。

(10) 锚固剂
《水泥锚杆 锚固剂》MT 219—2002。

(11) 阻锈剂
《钢筋混凝土阻锈剂》JT/T 537—2004。

(12) 土
1)《土工试验方法标准》[2007 版] GB/T 50123—1999；
2)《岩土工程基本术语标准》GB/T 50279—2014；
3)《公路土工试验规程》JTG E40—2007 等。

(13) 水
1)《生活饮用水标准检验方法 总则》GB/T 5750.1—2006；
2)《分析实验室用水规格和试验方法》GB/T 6682—2008；
3)《混凝土用水标准》(附条文说明) JGJ 63—2006 等。

(14) 锚具、夹片和连接器
1)《预应力筋用锚具、夹具和连接器》GB/T 14370—2015；
2)《公路桥梁预应力钢绞线用锚具、夹具和连接器》JT/T 329—2010。

(15) 橡胶支座
1)《桥梁球型支座》GB/T 17955—2009；
2)《橡胶支座 第 2 部分：桥梁隔震橡胶支座》GB 20688.2—2006；
3)《橡胶支座 第 4 部分：普通橡胶支座》GB 20688.4—2007；
4)《公路桥梁板式橡胶支座》JT/T 4—2004；
5)《公路桥梁盆式支座》JT/T 391—2009；
6)《公路桥梁板式橡胶支座规格系列》JT/T 663—2006 等。

(16) 管材
1)《塑料 非泡沫塑料密度的测定 第 1 部分：浸渍法、液体比重瓶法和滴定法》GB/T 1033.1—2008；
2)《塑料 拉伸性能的测定 第 1 部分：总则》GB/T 1040.1—2006；
3)《塑料 拉伸性能的测定 第 2 部分：模塑和挤塑塑料的试验条件》GB/T

1040.2—2006；

4)《塑料 拉伸性能的测定 第3部分：薄膜和薄片的试验条件》GB/T 1040.3—2006；

5)《塑料 拉伸性能的测定 第4部分：各向同性和正交各向异性纤维增强复合材料的试验条件》GB/T 1040.4—2006；

6)《纤维增强塑料性能试验方法总则》GB/T 1446—2005；

7)《纤维增强塑料拉伸性能试验方法》GB/T 1447—2005；

8)《纤维增强塑料压缩性能试验方法》GB/T 1448—2005；

9)《纤维增强塑料弯曲性能试验方法》GB/T 1449—2005；

10)《纤维增强塑料简支梁式冲击韧性试验方法》GB/T 1451—2005；

11)《塑料试样状态调节和试验的标准环境》GB/T 2918—1998；

12)《橡胶或塑料增强软管和非增强软管 弯曲试验》GB/T 5565—2006；

13)《建筑排水用硬聚氯乙烯（PVC—U）管材》GB/T 5836.1—2006；

14)《流体输送用热塑性塑料管材耐内压试验方法》GB/T 6111—2003；

15)《热塑性塑料管材纵向回缩率的测定》GB/T 6671—2001；

16)《硬聚氯乙烯（PVC—U）管件坠落试验方法》GB/T 8801—2007；

17)《热塑性塑料管材、管件 维卡软化温度的测定》GB/T 8802—2001；

18)《热塑性塑料管材 拉伸性能测定 第1部分：试验方法总则》GB/T 8804.1—2003；

19)《热塑性塑料管材 拉伸性能测定 第2部分：硬聚氯乙烯（PVC—U）、氯化聚氯乙烯（PVC—C）和高抗冲聚氯乙烯（PVC—HI）管材》GB/T 8804.2—2003；

20)《热塑性塑料管材 拉伸性能测定 第3部分：聚烯烃管材》GB/T 8804.3—2003；

21)《塑料管道系统 塑料部件尺寸的测定》GB/T 8806—2008；

22)《塑料 弯曲性能的测定》GB/T 9341—2008；

23)《热塑性塑料管材 环刚度的测定》GB/T 9647—2015；

24)《混凝土和钢筋混凝土排水管》GB/T 11836—2009；

25)《热塑性塑料管材耐性外冲击性能 试验方法：时针旋转法》GB/T 14152—2001；

26)《混凝土和钢筋混凝土排水管试验方法》GB/T 16752—2006；

27)《热塑性塑料管材蠕变比率的试验方法》GB/T 18042—2000；

28)《埋地排水用 硬聚氯乙烯（PVC—U）结构壁管道系统 第1部分：双壁波纹管材》GB/T 18477.1—2007；

29)《埋地用聚乙烯（PE）结构壁管道系统 第1部分：聚乙烯双壁波纹管材》GB/T 19472.1—2004；

30)《农田排水用塑料单壁波纹管》GB/T 19647—2005；

31)《无压埋地排污、排水用硬聚氯乙烯（PVC—U）管材》GB/T 20221—2006；

32)《高密度聚乙烯硅芯管》GB/T 24456—2009；

33)《预应力混凝土用金属波纹管》JG 225—2007；

34)《软式透水管》JC 937—2004；

35)《建筑用硬聚氯乙烯（PVC—U）雨落水管材及管件》QB/T 2480—2000；

36)《硬质塑料弯曲度测量方法》QB/T 2803—2006；

37)《钢塑复合压力管》CJ/T 183—2008;
38)《埋地排水用钢带增强聚乙烯（PE）螺旋波纹管》CJ/T 225—2011;
39)《排水用硬聚氯乙烯（PVC—U）玻璃微珠复合管材》CJ/T 231—2006;
40)《地下通信管道用塑料管 第1部分：总则》YD/T 841.1—2016;
41)《地下通信管道用塑料管 第2部分：实壁管》YD/T 841.2—2016;
42)《地下通信管道用塑料管 第3部分：双壁波纹管》YD/T 841.3—2016;
43)《地下通信管道用塑料管 第5部分：梅花管》YD/T 841.5—2016;
44)《预应力混凝土桥梁用塑料波纹管》JT/T 529—2016;
45)《公路地下通信管道 高密度聚乙烯硅芯塑料管》JT/T 496—2004 等。

(17) 防水涂料/防水卷材

1)《石油沥青纸胎油毡》GB 326—2007;
2)《建筑防水卷材试验方法 第1部分：沥青和高分子防水卷材 抽样规则》GB/T 328.1—2007;
3)《建筑防水卷材试验方法 第2部分：沥青防水卷材 外观》GB/T 328.2—2007;
4)《建筑防水卷材试验方法 第3部分：高分子防水卷材 外观》GB/T 328.3—2007;
5)《建筑防水卷材试验方法 第4部分：沥青防水卷材 厚度、单位面积质量》GB/T 328.4—2007;
6)《建筑防水卷材试验方法 第5部分：高分子防水卷材 厚度、单位面积质量》GB/T 328.5—2007;
7)《建筑防水卷材试验方法 第6部分：沥青防水卷材 长度、宽度和平直度》GB/T 328.6—2007;
8)《建筑防水卷材试验方法 第7部分：高分子防水卷材 长度、宽度、平直度和平整度》GB/T 328.7—2007;
9)《建筑防水卷材试验方法 第8部分：沥青防水卷材 拉伸性能》GB/T 328.8—2007;
10)《建筑防水卷材试验方法 第9部分：高分子防水卷材 拉伸性能》GB/T 328.9—2007;
11)《建筑防水卷材试验方法 第10部分：沥青和高分子防水卷材 不透水性》GB/T 328.10—2007;
12)《建筑防水卷材试验方法 第11部分：沥青防水卷材 耐热性》GB/T 328.11—2007;
13)《建筑防水卷材试验方法 第12部分：沥青防水卷材 尺寸稳定性》GB/T 328.12—2007;
14)《建筑防水卷材试验方法 第13部分：高分子防水卷材 尺寸稳定性》GB/T 328.13—2007;
15)《建筑防水卷材试验方法 第14部分：沥青防水卷材 低温柔性》GB/T 328.14—2007;
16)《建筑防水卷材试验方法 第15部分：高分子防水卷材 低温弯折性》GB/T 328.15—2007;
17)《建筑防水卷材试验方法 第16部分：高分子防水卷材 耐化学液体(包括水)》GB/

T 328.16—2007;

18)《建筑防水卷材试验方法 第 17 部分：沥青防水卷材 矿物料黏附性》GB/T 328.17—2007；

19)《建筑防水卷材试验方法 第 18 部分：沥青防水卷材 撕裂性能（钉杆法）》GB/T 328.18—2007；

20)《建筑防水卷材试验方法 第 19 部分：高分子防水卷材 撕裂性能》GB/T 328.19—2007；

21)《建筑防水卷材试验方法 第 20 部分：沥青防水卷材 接缝剥离性能》GB/T 328.20—2007；

22)《建筑防水卷材试验方法 第 21 部分：高分子防水卷材 接缝剥离性能》GB/T 328.21—2007；

23)《建筑防水卷材试验方法 第 22 部分：沥青防水卷材 接缝剪切性能》GB/T 328.22—2007；

24)《建筑防水卷材试验方法 第 23 部分：高分子防水卷材 接缝剪切性能》GB/T 328.23—2007；

25)《建筑防水卷材试验方法 第 24 部分：沥青和高分子防水卷材抗冲击性能》GB/T 328.24—2007；

26)《建筑防水卷材试验方法 第 25 部分：沥青和高分子防水卷材 抗静态荷载》GB/T 328.25—2007；

27)《建筑防水卷材试验方法 第 26 部分：沥青防水卷材 可溶物含量（浸涂材料含量)》GB/T 328.26—2007；

28)《建筑防水卷材试验方法 第 27 部分：沥青和高分子防水卷材 吸水性》GB/T 328.27—2007；

29)《硫化橡胶 低温脆性的测定 单试样法》GB/T 1682—2014；

30)《合成树脂乳液外墙涂料》GB/T 9755—2014；

31)《聚氯乙烯（PVC）防水卷材》GB 12952—2011；

32)《氯化聚乙烯防水卷材》GB 12953—2003；

33)《石油沥青玻璃纤维胎防水卷材》GB/T 14686—2008；

34)《建筑防水涂料试验方法》GB/T 16777—2008；

35)《弹性体改性沥青防水卷材》GB 18242—2008；

36)《塑性体改性沥青防水卷材》GB 18243—2008；

37)《改性沥青聚乙烯胎防水卷材》GB 18967—2009；

38)《聚氨酯防水涂料》GB/T 19250—2013；

39)《聚合物水泥防水涂料》GB/T 23445—2009；

40)《石油沥青玻璃布胎油毡》JC/T 84—1996；

41)《水乳型沥青防水涂料》JC/T 408—2005；

42)《铝箔面石油沥青防水卷材》JC/T 504—2007；

43)《聚氯乙烯弹性防水涂料》JC/T 674—1997；

44)《氯化聚乙烯——橡胶共混防水卷材》JC/T 684—1997；

45)《沥青复合胎柔性防水卷材》JC/T 690—2008；

46)《溶剂型橡胶沥青防水涂料》JC/T 852—1999 等。

(18) 高分子防水材料（片材、止水带、遇水膨胀橡胶）

1)《硫化橡胶或热塑性橡胶 拉伸应力应变性能的测定》GB/T 528—2009；

2)《硫化橡胶或热塑性橡胶撕裂强度的测定》（裤形、直角形和新月形试样）GB/T 529—2008；

3)《硫化橡胶或热塑性橡胶 压入硬度试验方法 第1部分：邵氏硬度计法》（邵氏硬度）GB/T 531.1—2008；

4)《硫化橡胶或热塑性橡胶 密度的测定》GB/T 533—2008；

5)《硫化橡胶回弹性的测定》GB/T 1681—2009；

6)《硫化橡胶或热塑性橡胶 耐液体试验方法》GB/T 1690—2010；

7)《橡胶物理试验方法试样制备和调节通用程序》GB/T 2941—2006；

8)《硫化橡胶或热塑性橡胶 热空气加速老化和耐热试验》GB/T 3512—2014；

9)《硫化橡胶或热塑性橡胶 压缩永久变形的测定 第1部分：在常温及高温条件下》GB/T 7759.1—2015；

10)《硫化橡胶或热塑性橡胶 压缩永久变形的测定 第2部分：在低温条件下》GB/T 7759.2—2014；

11)《硫化橡胶或热塑性橡胶 耐臭氧龟裂 静态拉伸试验》GB/T 7762—2014；

12)《硫化橡胶或热塑性橡胶 低温脆性的测定（多试样法）》GB/T 15256—2014；

13)《高分子防水材料 第1部分：片材》GB 18173.1—2012；

14)《高分子防水材料 第2部分：止水带》GB 18173.2—2014；

15)《高分子防水材料 第3部分：遇水膨胀橡胶》GB 18173.3—2014；

16)《硬质橡胶 抗剪切强度的测定》HG/T 3848—2008 等。

(19) 土工合成材料

1)《土工合成材料 术语和定义》GB/T 13759—2009；

2)《土工合成材料 取样和试样准备》GB/T 13760—2009；

3)《土工合成材料 规定压力下厚度的测定 第1部分：单层产品厚度的测定方法》GB/T 13761.1—2009；

4)《土工合成材料 土工布及土工布有关产品单位面积质量的测定方法》GB/T 13762—2009；

5)《土工合成材料 梯形法撕破强力的测定》GB/T 13763—2010；

6)《土工布及其有关产品 有效孔径的测定 干筛法》GB/T 14799—2005；

7)《土工合成材料 静态顶破试验（CBR法）》GB/T 14800—2010；

8)《土工布及其有关产品 宽条拉伸试验》GB/T 15788—2005；

9)《土工布及其有关产品 无负荷时垂直渗透特性的测定》GB/T 15789—2005；

10)《土工合成材料 接头/接缝宽条拉伸试验方法》GB/T 16989—2013；

11)《土工布 多层产品中单层厚度的测定》GB/T 17598—1998；

12)《土工布及其有关产品 动态穿孔试验 落锥法》GB/T 17630—1998；

13)《土工布及其有关产品 抗氧化性能的试验方法》GB/T 17631—1998；

14)《土工合成材料 长丝纺粘针刺非织造土工布》GB/T 17639—2008；
15)《土工合成材料 非织造布复合土工膜》GB/T 17642—2008；
16)《土工合成材料 聚乙烯土工膜》GB/T 17643—2011；
17)《土工合成材料 塑料土工格栅》GB/T 17689—2008；
18)《土工合成材料 塑料扁丝编织土工布》GB/T 17690—1999；
19)《土工合成材料 塑料三维土工网垫》GB/T 18744—2002；
20)《土工合成材料 塑料土工格室》GB/T 19274—2003；
21)《土工合成材料 塑料土工网》GB/T 19470—2004；
22)《涂层织物 涂层剥离强力的测定》FZ/T 01010—2012；
23)《垃圾填埋场用高密度聚乙烯土工膜》CJ/T 234—2006；
24)《公路工程土工合成材料试验规程》JTG E50—2006；
25)《交通工程土工合成材料 土工格栅》JT/T 480—2002；
26)《公路工程土工合成材料 土工格室》JT/T 516—2004；
27)《公路工程土工合成材料 短纤针刺非织造土工布》JT/T 520—2004；
28)《公路工程土工合成材料 防水材料》JT/T 664—2006；
29)《公路工程土工合成材料 排水材料》JT/T 665—2006；
30)《公路工程土工合成材料 轻型硬质泡沫材料》JT/T 666—2006；
31)《公路工程土工合成材料 无纺土工织物》JT/T 667—2006；
32)《公路工程土工合成材料 保温隔热材料》JT/T 668—2006；
33)《公路工程土工合成材料 复合材料的分类、性能要求及试验方法》JT/T 669—2006 等。

(20) 粘结材料
1)《树脂浇铸体性能试验方法》GB/T 2567—2008；
2)《胶粘剂不挥发物含量的测定》GB/T 2793—1995；
3)《胶粘剂对接接头拉伸强度的测定》GB/T 6329—1996；
4)《胶粘剂 拉伸剪切强度的测定（刚性材料对刚性材料)》GB/T 7124—2008；
5)《聚乙烯（PE）树脂》GB/T 11115—2009；
6)《塑料 环氧树脂 黏度测定方法》GB/T 22314—2008 等。

(21) 沥青及沥青混合料
1)《建筑石油沥青》GB/T 494—2010；
2)《沥青软化点测定法 环球法》GB/T 4507—2014；
3)《沥青延度测定法》GB/T 4508—2010；
4)《沥青针入度测定法》GB/T 4509—2010；
5)《石油沥青蒸发损失测定法》GB 11964—2008；
6)《公路工程沥青及沥青混合料试验规程》JTG E20—2011 等。

(22) 砂浆及混凝土
1)《钻芯检测离心高强混凝土抗压强度试验方法》GB/T 19496—2004；
2)《普通混凝土拌合物性能试验方法标准》GB/T 50080—2002；
3)《普通混凝土力学性能试验方法标准》GB/T 50081—2002；

4)《普通混凝土长期性能和耐久性能试验方法标准》GB/T 50082—2009；
5)《砌筑砂浆配合比设计规程》JGJ/T 98—2010；
6)《普通混凝土配合比设计规程》JGJ 55—2011；
7)《建筑砂浆基本性能试验方法标准》JGJ/T 70—2009；
8)《公路工程水泥及水泥混凝土试验规程》JTG E30—2005 等。

(23) 无机结合料

《公路工程无机结合料稳定材料试验规程》JTG E51—2009。

(24) 路基、路面

《公路路基路面现场测试规程》JTG E60—2008。

(25) 桥梁及混凝土主体结构

1)《铝—锌—铟系合金牺牲阳极》GB/T 4948—2002；
2)《锌—铝—镉合金牺牲阳极》GB/T 4950—2002；
3)《镁合金牺牲阳极》GB/T 17731—2015；
4)《牺牲阳极电化学性能试验方法》GB/T 17848—1999；
5)《工程测量规范》（附条文说明）GB 50026—2007；
6)《混凝土结构试验方法标准》GB/T 50152—2012；
7)《建筑抗震试验规程》JGJ/T 101—2015 等。

(26) 地基基础、桩基

1)《岩土工程勘察规范》（2009 年版）GB 50021—2001；
2)《地基动力特性测试规范》GB/T 50269—2015；
3)《建筑变形测量规范》JGJ 8—2016；
4)《高层建筑岩土工程勘察规程》JGJ 72—2004；
5)《建筑基桩检测技术规范》JGJ 106—2014；
6)《岩土工程监测规范》YS 5229—1996；
7)《公路工程基桩动测技术规程》JTG/T F81—01—2004；
8)《基桩静载试验 自平衡法》JT/T 738—2009 等。

(27) 工程物探检测（地质雷达检测）

1)《铁路隧道衬砌质量无损检测规程》TB 10223—2004；
2)《水利水电工程物探规程》（附条文说明）SL 326—2005；
3)《公路工程物探规程》JTG/T C22—2009 等。

(28) 隧道

1)《环境空气质量标准》GB 3095—2012；
2)《声环境质量标准》GB 3096—2008；
3)《工作场所空气中有害物质监测的采样规范》GBZ 159—2004；
4)《放射性污染的物料解控和场址开放的基本要求》GBZ 167—2005 等。

(29) 钢结构

1)《紧固件 验收检查》GB/T 90.1—2002；
2)《平垫圈 A 级》GB/T 97.1—2002；
3)《钢结构用高强度大六角头螺栓》GB/T 1228—2006；

4)《钢结构用高强度大六角螺母》GB/T 1229—2006；
5)《钢结构用高强度垫圈》GB/T 1230—2006；
6)《钢结构用高强度大六角头螺栓、大六角螺母、垫圈技术条件》GB/T 1231—2006；
7)《紧固件机械性能 螺栓、螺钉和螺柱》GB/T 3098.1—2010；
8)《金属熔化焊焊接接头射线照相》GB/T 3323—2005；
9)《钢结构用扭剪型高强度螺栓连接副》GB/T 3632—2008；
10)《铸钢件射线照相检测》GB/T 5677—2007；
11)《六角头螺栓》GB/T 5782—2016；
12)《1 型六角螺母》GB/T 6170—2015；
13)《铸钢件磁粉检测》GB/T 9444—2007；
14)《电弧螺柱焊用圆柱头焊钉》GB/T 10433—2002；
15)《焊缝无损检测 超声检测 技术、检测等级和评定》GB/T 11345—2013；
16)《热喷涂金属件表面预处理通则》GB 11373—1989；
17)《承压设备无损检测 第 1 部分：通用要求》NB/T 47013.1—2015；
18)《承压设备无损检测 第 2 部分：射线检测》NB/T 47013.2—2015；
19)《承压设备无损检测 第 3 部分：超声检测》NB/T 47013.3—2015；
20)《承压设备无损检测 第 4 部分：磁粉检测》NB/T 47013.4—2015；
21)《承压设备无损检测 第 5 部分：渗透检测》NB/T 47013.5—2015；
22)《承压设备无损检测 第 6 部分：涡流检测》NB/T 47013.6—2015；
23)《焊接材料质量管理规程》JB/T 3223—1996；
24)《无损检测 焊缝磁粉检测》JB/T 6061—2007；
25)《钢结构高强度螺栓连接技术规程》JGJ 82—2011；
26)《钢结构超声波探伤及质量分级法》JG/T 203—2007 等。

(30) 伸缩缝
1)《公路桥梁伸缩装置》JT/T 327—2004；
2)《公路桥梁波形伸缩装置》JT/T 502—2004。

(31) 交通安全设施
1)《道路交通标志和标线 第 1 部分：总则》GB 5768.1—2009；
2)《道路交通标志和标线 第 2 部分：道路交通标志》GB 5768.2—2009；
3)《道路交通标志和标线 第 3 部分：道路交通标线》GB 5768.3—2009；
4)《奥林匹克专用车道标志和标线》GB 21253—2007；
5)《道路交通反光膜》GB/T 18833—2012；
6)《道路交通标志板及支撑件》GB/T 23827—2009；
7)《道路交通标线质量要求和检测方法》GB/T 16311—2009；
8)《突起路标》GB/T 24725—2009；
9)《太阳能突起路标》GB/T 19813—2005；
10)《路面标线用玻璃珠》GB/T 24722—2009；
11)《道路预成形标线带》GB/T 24717—2009；
12)《防眩板》GB/T 24718—2009；

13)《轮廓标》GB/T 24970—2010；

14)《交通锥》GB/T 24720—2009；

15)《行人反光标识夜间光度性能及测试方法》GB/T 21380—2008；

16)《光致发光（磷光）安全标记光学性能要求》GB/T 21382—2008；

17)《新划路面标线初始逆反射亮度系数及测试方法》GB/T 21383—2008；

18)《公路沿线设施塑料制品耐候性要求及测试方法》GB/T 22040—2008；

19)《标准照明体和几何条件》GB/T 3978—2008；

20)《物体色的测量方法》GB/T 3979—2008；

21)《人造气氛腐蚀试验 盐雾试验》GB/T 10125—2012；

22)《公路用玻璃纤维增强塑料产品 第1部分：通则》GB/T 24721.1—2009；

23)《公路用玻璃纤维增强塑料产品 第2部分：管箱》GB/T 24721.2—2009；

24)《公路用玻璃纤维增强塑料产品 第3部分：管道》GB/T 24721.3—2009；

25)《公路用玻璃纤维增强塑料产品 第4部分：非承压通信井盖》GB/T 24721.4—2009；

26)《公路用玻璃纤维增强塑料产品 第5部分：标志底板》GB/T 24721.5—2009；

27)《钢产品镀锌层质量试验方法》GB/T 1839—2008；

28)《液体油墨附着牢度检验方法》GB/T 13217.7—2009；

29)《漆膜附着力测定法》GB 1720—1979；

30)《涂料粘度测定法》GB/T 1723—1993；

31)《漆膜一般制备法》GB 1727—1992；

32)《漆膜柔韧性测定法》GB/T 1731—1993；

33)《漆膜耐冲击测定法》GB/T 1732—1993；

34)《漆膜耐水性测定法》GB/T 1733—1993；

35)《漆膜耐湿热测定法》GB/T 1740—2007；

36)《建筑涂料 涂层耐碱性的测定》GB/T 9265—2009；

37)《涂料黏度的测定 斯托默黏度计法》GB/T 9269—2009；

38)《色漆和清漆 弯曲试验（圆柱轴）》GB/T 6742—2007；

39)《色漆、清漆和塑料 不挥发物含量的测定》GB/T 1725—2007；

40)《色漆和清漆 涂层老化的评级方法》GB/T 1766—2008；

41)《色漆和清漆 耐磨性的测定 旋转橡胶砂轮法》GB/T 1768—2006；

42)《色漆和清漆 耐中性盐雾性能的测定》GB/T 1771—2007；

43)《色漆和清漆 试样的检查和制备》GB/T 20777—2006；

44)《色漆、清漆和色漆与清漆用原材料 取样》GB/T 3186—2006；

45)《色漆和清漆 密度的测定 比重瓶法》GB/T 6750—2007；

46)《色漆和清漆用漆基 软化点的测定 第1部分：环球法》GB/T 9284.1—2015；

47)《色漆和清漆 漆膜的划格试验》GB/T 9286—1998；

48)《色漆和清漆 不含金属颜料的色漆 漆膜的20°、60°和85°镜面光泽的测定》GB/T 9754—2007；

49)《塑料 耐液体化学试剂性能的测定》GB/T 11547—2008；

50)《塑料实验室光源暴露试验方法 第1部分：总则》GB/T 16422.1—2006；

51)《塑料实验室光源暴露试验方法 第2部分：氙弧灯》GB/T 16422.2—2014；

52)《塑料 聚乙烯环境应力开裂试验方法》GB/T 1842—2008；

53)《塑料和硬橡胶 使用硬度计测定压痕硬度（邵氏硬度）》GB/T 2411—2008；

54)《热塑性塑料维卡软化温度（VST）的测定》GB/T 1633—2000；

55)《塑料 负荷变形温度的测定 第2部分：塑料、硬橡胶和长纤维增强复合材料》GB/T 1634.2—2004；

56)《塑料 自然日光气候老化、玻璃过滤后日光气候老化和菲涅耳镜加速日光气候老化的暴露试验方法》GB/T 3681—2011；

57)《热塑性塑料熔体质量流动速率和熔体体积流动速率的测定》GB/T 3682—2000；

58)《磁性基体上非磁性覆盖层 覆盖层厚度测量 磁性法》GB/T 4956—2003；

59)《玻璃纤维增强塑料老化性能试验方法》GB/T 2573—2008；

60)《纤维缠绕增强塑料环形试样力学性能试验方法》GB/T 1458—2008；

61)《纤维增强塑料密度和相对密度试验方法》GB/T 1463—2005；

62)《玻璃纤维短切原丝毡和连续原丝毡》GB/T 17470—2007；

63)《玻璃纤维无捻粗纱》GB/T 18369—2008；

64)《玻璃纤维无捻粗纱布》GB/T 18370—2014；

65)《连续玻璃纤维纱》GB/T 18371—2008；

66)《纤维增强塑料巴氏（巴柯尔）硬度试验方法》GB/T 3854—2005；

67)《玻璃纤维增强热固性塑料耐化学介质性能试验方法》GB/T 3857—2005；

68)《纤维增强热固性塑料管平行板外载性能试验方法》GB/T 5352—2005；

69)《电气绝缘用树脂基反应复合物 第2部分：试验方法 电气用涂敷粉末方法》GB/T 6554—2003；

70)《纤维增强塑料用液体不饱和聚酯树脂》GB/T 8237—2005；

71)《纤维增强塑料燃烧性能试验方法 氧指数法》GB/T 8924—2005；

72)《化学试剂 硫酸》GB/T 625—2007；

73)《化学试剂 氢氧化钠》GB/T 629—1997；

74)《化学试剂 氯化钠》GB/T 1266—2006；

75)《重熔用铝锭》GB/T 1196—2008；

76)《涂料试样状态调节和试验的温湿度》GB/T 9278—2008；

77)《锌锭》GB/T 470—2008；

78)《逆反射测量仪》GB/T 26377—2010；

79)《隔离栅 第1部分：通则》GB/T 26941.1—2011；

80)《隔离栅 第2部分：立柱、斜撑和门》GB/T 26941.2—2011；

81)《隔离栅 第3部分：焊接网》GB/T 26941.3—2011；

82)《隔离栅 第4部分：刺钢丝网》GB/T 26941.4—2011；

83)《隔离栅 第5部分：编织网》GB/T 26941.5—2011；

84)《隔离栅 第6部分：钢板网》GB/T 26941.6—2011；

85)《公路临时性交通标志》GB/T 28651—2012；

86)《道路作业人员安全标志服》GB/T 25281—2010；

87)《公路防撞桶》GB/T 28650—2012;
88)《路面标线涂料》JT/T 280—2004;
89)《公路波形梁钢护栏》JT/T 281—2007;
90)《公路三波形梁钢护栏》JT/T 457—2007;
91)《公路用防腐蚀粉末涂料及涂层 第1部分：通则》JT/T 600.1—2004;
92)《公路用防腐蚀粉末涂料及涂层 第2部分：热塑性聚乙烯粉末涂料及涂层》JT/T 600.2—2004;
93)《公路用防腐蚀粉末涂料及涂层 第3部分：热塑性聚氯乙烯粉末涂料及涂层》JT/T 600.3—2004;
94)《公路用防腐蚀粉末涂料及涂层 第4部分：热固性聚酯粉末涂料及涂层》JT/T 600.4—2004;
95)《交通钢构件聚苯胺防腐涂料》JT/T 657—2006;
96)《玻璃珠选形器》JT/T 674—2007;
97)《道路交通标线涂层湿膜厚度梳规》JT/T 675—2007;
98)《突起路标耐冲击性能测试仪》JT/T 682—2007;
99)《通信管道静摩擦系数测量仪》JT/T 683—2009;
100)《钢构件镀锌层附着性能测定仪》JT/T 684—2007;
101)《反光膜附着性能测试仪》JT/T 685—2007;
102)《反光膜耐冲击性能测定仪》JT/T 686—2007;
103)《反光膜防粘纸可剥离性能测试仪》JT/T 687—2007;
104)《逆反射术语》JT/T 688—2007;
105)《逆反射系数测试方法 共平面几何法》JT/T 689—2007;
106)《逆反射体光度性能测试方法》JT/T 690—2007;
107)《水平涂层逆反射亮度系数测试方法》JT/T 691—2007;
108)《夜间条件下逆反射体色度性能测试方法》JT/T 692—2007;
109)《荧光反光膜和荧光反光标记材料昼间色度性能测试方法》JT/T.693—2007;
110)《路面防滑涂料》JT/T 712—2008;
111)《路面橡胶减速带》JT/T 713—2008 等。
(32) 机电工程
1)《随机数的产生及其在产品质量抽样检验中的应用程序》GB/T 10111—2008;
2)《工业通风机 现场性能试验》GB/T 10178—2006;
3)《低温试验箱技术条件》GB/T 10589—2008;
4)《高温试验箱技术条件》GB/T 11158—2008;
5)《双端荧光灯 性能要求》GB/T 10682—2010;
6)《信息技术 汉字字型要求和检测方法》GB/T 11460—2009;
7)《高压钠灯》GB/T 13259—2005;
8)《道路交通信号灯》GB 14887—2011;
9)《自动电话机技术条件》GB/T 15279—2002;
10)《标准电压》GB/T 156—2007;

11)《建筑用安全玻璃 第2部分：钢化玻璃》GB 15763.2—2005；

12)《可编程序控制器 第3部分：编程语言》GB/T 15969.3—2005；

13)《台式激光打印机通用规范》GB/T 17540—1998；

14)《软件工程 软件产品质量要求与评价(SQuaRE)SQuaRE指南》GB/T 25000.1—2010；

15)《电磁兼容 试验和测量技术 静电放电抗扰度试验》GB/T 17626.2—2006；

16)《电磁兼容 试验和测量技术 射频电磁场辐射抗扰度试验》GB/T 17626.3—2006；

17)《电磁兼容 试验和测量技术 电快速瞬变脉冲群抗扰度试验》GB/T 17626.4—2008；

18)《电磁兼容 试验和测量技术 浪涌（冲击）抗扰度试验》GB/T 17626.5—2008；

19)《电磁兼容 试验和测量技术 工频磁场抗扰度试验》GB/T 17626.8—2006；

20)《电磁兼容 试验和测量技术 脉冲磁场抗扰度试验》GB/T 17626.9—2011；

21)《电磁兼容 试验和测量技术 阻尼振荡磁场抗扰度试验》GB/T 17626.10—1998；

22)《电磁兼容 试验和测量技术 电压暂降、短时中断和电压变化的抗扰度试验》GB/T 17626.11—2008；

23)《公路收费制式》GB/T 18277—2000；

24)《公路收费方式》GB/T 18367—2001；

25)《高速公路隧道监控系统模式》GB/T 18567—2010；

26)《高速公路有线紧急电话系统技术要求》GB/T 19516—2004；

27)《产品几何量技术规范（GPS）形状和位置公差 检测规定》GB/T 1958—2004；

28)《交通信息采集 微波交通流检测器》GB/T 20609—2006；

29)《信息交换用汉字编码字符集 基本集》GB 2312—1980；

30)《高速公路LED可变信息标志》GB/T 23828—2009；

31)《塑料 用氧指数法测定燃烧行为 第1部分：导则》GB/T 2406.1—2008；

32)《塑料 用氧指数法测定燃烧行为 第2部分：室温试验》GB/T 2406.2—2009；

33)《电工电子产品环境试验 概述和指南》GB/T 2421.1—2008；

34)《电工电子产品环境试验 规范编制者用信息 试验概要》GB/T 2421.2—2008；

35)《电工电子产品环境试验 第2部分：试验方法 试验A：低温》GB/T 2423.1—2008；

36)《电工电子产品环境试验 第2部分：试验方法 试验B：高温》GB/T 2423.2—2008；

37)《电工电子产品环境试验 第2部分：试验方法 试验Cab：恒定湿热方法》GB/T 2423.3—2006；

38)《电工电子产品环境试验 第2部分：试验方法 试验Fc：振动（正弦）》GB/T 2423.10—2008；

39)《电工电子产品环境试验 第2部分：试验方法 试验Ka：盐雾》GB/T 2423.17—2008；

40)《环境试验 第2部分：试验方法v试验Kb：盐雾，交变（氯化钠溶液)》GB/T 2423.18—2012；

41)《环境试验 第2部分：试验方法 试验N：温度变化》GB/T2423.22—2012；

42)《电工电子产品环境试验 第2部分：试验方法 振动、冲击和类似动力学试验样品的安装》GB/T 2423.43—2008；

43)《公路收费亭》GB/T 24719—2009；

44)《公路收费用票据打印机》GB/T 24723—2009；

45)《收费专用键盘》GB/T 24724—2009；

46)《公路照明技术条件》GB/T 24969—2010；

47)《数据通信基本型控制规程》GB/T 3453—1994；

48)《数据终端设备（DTE）和数据电路终接设备（DCE）之间的接口电路定义表》GB/T 3454—2011；

49)《电子设备雷击试验方法》GB/T 3482—2008；

50)《电视视频通道测试方法》GB/T 3659—1983；

51)《外壳防护等级（IP代码）》GB 4208—2008；

52)《火灾报警控制器》GB 4717—2005；

53)《旋转电机整体结构的防护等级（IP代码）分级》GB/T 4942.1—2006；

54)《信息技术设备安全 第1部分：通用要求》GB 4943.1—2011；

55)《信息技术 汉字编码字符集（基本集）24点阵字型》GB 5007.1—2010；

56)《信息技术 汉字编码字符集（辅助集）24点阵字型 宋体》GB 5007.2—2008；

57)《可靠性试验 第1部分：试验条件和统计检验原理》GB/T 5080.1—2012；

58)《设备可靠性试验 恒定失效率假设下的失效率与平均无故障时间的验证试验方案》GB 5080.7—1986；

59)《火灾自动报警系统设计规范》GB 50116—2013；

60)《照明测量方法》GB/T 5700—2008；

61)《声学 声压法测定噪声源声功率级 消声室和半消声室精密法》GB/T6882—2008；

62)《灯具 第1部分：一般要求与试验》GB 7000.1—2007；

63)《灯具 第2—3部分：特殊要求 道路与街路照明灯具》GB 7000.203—2013；

64)《电子设备雷击试验方法》GB/T 3482—2008；

65)《照明光源颜色的测量方法》GB/T 7922—2008；

66)《灯光信号颜色》GB/T 8417—2003；

67)《音频、视频及类似电子设备 安全要求》GB 8898—2011；

68)《行式打印机通行技术条件》GB/T 9312—1988；

69)《电视广播接收机主观试验评价方法》GB/T 9379—1988；

70)《灯具分布光度测量的一般要求》GB/T 9468—2008；

71)《升降式高杆照明装置》GB/T 26943—2011；

72)《收费用电动栏杆》GB/T 24973—2010；

73)《收费用手动栏杆》GB/T 24974—2010；

74)《环形线圈车辆检测器》GB/T 26942—2011；

75)《公路监控系统地图板装置》GB/T 29800—2013；

76)《公路收费车道控制机》GB/T 24968—2010；

77)《隧道环境检测设备 第1部分：通则》GB/T 26944.1—2011；

78)《隧道环境检测设备 第2部分：一氧化碳检测器》GB/T 26944.2—2011；

79)《隧道环境检测设备 第3部分：能见度检测器》GB/T 26944.3—2011；

80)《隧道环境检测设备 第4部分：风速风向检测器》GB/T 26944.4—2011；

81)《公路收费用费额显示器》GB/T 27879—2011；

82)《一般电子产品运输包装基本试验方法 汽车运输试验》SJ 3213—1989；

83)《灯具油漆涂层》QB 1551—1992；

84)《灯具电镀、化学覆盖层》QB/T 3741—1999；

85)《有线电视系统测量方法》GY/T 121—1995；

86)《有线电视系统接收机变换器入网技术条件和测量方法》GY/T 125—1995；

87)《通信电源设备的防雷技术要求和测试方法》YD/T 944—2007；

88)《综合布线系统电气特性通用测试方法》YD/T 1013—2013；

89)《城市道路照明设计标准》CJJ 45—2015；

90)《公路收费非接触式 IC 卡 第 1 部分：物理特性》JT/T 452.1—2001；

91)《公路收费非接触式 IC 卡技术条件 第 2 部分：电气特性》JT/T 452.2—2004；

92)《高速公路监控系统交通数据库报表格式》JT/T 456—2001；

93)《LED 车道控制标志》JT/T 597—2004；

94)《公路收费非接触式 IC 卡收发卡机》JT/T 603—2004；

95)《汽车号牌视频自动识别系统》JT/T 604—2011；

96)《公路收费车道图像抓拍与数字化规程》JT/T 605—2004；

97)《高速公路监控设施通信规程 第 1 部分：通用规程》JT/T 606.1—2004；

98)《高速公路监控设施通信规程 第 2 部分：环形线圈车辆检测器》JT/T 606.2—2004；

99)《高速公路监控设施通信规程 第 3 部分：LED 可变信息标志》JT/T 606.3—2004；

100)《高速公路可变信息标志信息的显示和管理》JT/T 607—2004；

101)《隧道可编程控制器》JT/T 608—2004；

102)《公路隧道照明灯具》JT/T 609—2004；

103)《公路隧道火灾报警系统技术条件》JT/T 610—2004；

104)《道路交通气象环境 能见度检测器》JT/T 714—2008；

105)《道路交通气象环境 埋入式路面状况检测器》JT/T 715—2008；

106)《内部照明标志》JT/T 750—2009；

107)《翻版式可变标志》JT/T 751—2009；

108)《公路机电系统设备通用技术要求及检测方法》JT/T 817—2011 等。

2. 施工类

(1) 地基基础、桩基

1)《建筑边坡工程技术规范》GB 50330—2013；

2)《建筑地基处理技术规范》JGJ 79—2012；

3)《建筑桩基技术规范》JGJ 94—2008；

4)《建筑基坑支护技术规程》JGJ 120—2012；

5)《港口工程桩基规范》(附局部修订(桩的水平承载力设计))JTJ 254—1998；

6)《水下深层水泥搅拌法加固软土地基技术规程》(附条文说明) JTJ/T 259—2004 等。

(2) 路基、路面

1)《土方与爆破工程施工及验收规范》GB 50201—2012；

2)《公路路基施工技术规范》JTG F10—2006；

3)《公路路面基层施工技术细则》JTG/T F20—2015；

4)《公路水泥混凝土路面施工技术细则》JTG/T F30—2014；

5)《公路沥青路面施工技术规范》JTG F40—2004；

6)《公路沥青路面再生技术规范》JTG F41—2008；

7)《公路水泥混凝土路面养护技术规范》（附条文说明）JTJ 073.1—2001；

8)《公路沥青路面养护技术规范》（附条文说明）JTJ 073.2—2001等。

(3) 土工合成材料

《公路土工合成材料应用技术规范》JTG/T D32—2012。

(4) 砂浆及混凝土

1)《预拌混凝土》GB/T 14902—2012；

2)《混凝土外加剂应用技术规范》GB 50119—2013；

3)《砌体工程现场检测技术标准》GB/T 50315—2011；

4)《混凝土结构工程施工规范》GB 50666—2011；

5)《超声回弹综合法检测混凝土强度技术规程》（附条文说明）CECS 02—2005；

6)《钻芯法检测混凝土强度技术规程》（附条文说明）CECS 03—2007；

7)《超声法检测混凝土缺陷技术规程》CECS 21—2000；

8)《纤维混凝土结构技术规程》（附条文说明）CECS 38—2004；

9)《回弹法检测混凝土抗压强度技术规程》JGJ/T 23—2011；

10)《贯入法检测砌筑砂浆抗压强度技术规程》JGJ/T 136—2001；

11)《混凝土中钢筋检测技术规程》JGJ/T 152—2008；

12)《钢筋阻锈剂应用技术规程》JGJ/T 192—2009；

13)《预拌砂浆应用技术规程》JGJ/T 223—2010；

14)《回弹仪检定规程》JJG 817—2011等。

(5) 桥梁及混凝土主体结构

1)《先张法预应力混凝土管桩》国家标准第1号修改单 GB 13476—2009/XG1—2014；

2)《斜拉桥热挤聚乙烯高强钢丝拉索技术条件》GB/T 18365—2001；

3)《建筑结构检测技术标准》GB/T 50344—2004；

4)《钢结构焊接规范》GB 50661—2011；

5)《先张法预应力混凝土薄壁管桩》JC 888—2001；

6)《预应力筋用锚具、夹具和连接器应用技术规程》JGJ 85—2010；

7)《混凝土结构后锚固技术规程》JGJ 145—2013；

8)《公路桥梁钢结构防腐涂装技术条件》JT/T 722—2008；

9)《公路桥涵养护规范》JTG H11—2004；

10)《公路工程混凝土结构防腐蚀技术规范》JTG/T B07—01—2006；

11)《公路桥涵施工技术规范》JTG/T F50—2011；

12)《公路桥梁加固施工技术规范》JTG/T J23—2008等。

(6) 隧道工程
1)《岩土锚杆与喷射混凝土支护工程技术规范》GB 50086—2015；
2)《地下工程防水技术规范》GB 50108—2008；
3)《岩土锚杆（索）技术规程》（附条文说明）CECS 22—2005；
4)《中空锚杆技术条件》TB/T 3209—2008；
5)《吸水式锚固包技术条件》TB/T 2093—2002；
6)《公路隧道施工技术细则》JTG/T F60—2009；
7)《公路隧道施工技术规范》JTG F60—2009；
8)《公路工程施工安全技术规范》JTG F90—2015；
9)《公路隧道养护技术规范》JTG H12—2015 等。

(7) 交通安全设施及机电工程
1)《公路交通工程钢构件防腐技术条件》GB/T 18226—2015；
2)《公路沿线设施太阳能供电系统通用技术规范》GB/T 24716—2009；
3)《公路护栏安全性能评价标准》JTG B05—01—2013；
4)《公路交通安全设施施工技术规范》JTG F71—2006；
5)《埋地硬聚氯乙烯排水管道工程技术规程》（附条文说明）CECS 122—2001 等。

3. 质量检验与验收类
1)《沥青路面施工及验收规范》GB 50092—1996；
2)《混凝土强度检验评定标准》GB/T 50107—2010；
3)《给水排水构筑物工程施工及验收规范》GB 50141—2008；
4)《混凝土质量控制标准》GB 50164—2011；
5)《建筑地基基础工程施工质量验收规范》GB 50202—2002；
6)《砌体结构工程施工质量验收规范》GB 50203—2011；
7)《混凝土结构工程施工质量验收规范》GB 50204—2015；
8)《钢结构工程施工质量验收规范》GB 50205—2001；
9)《建筑装饰装修工程质量验收规范》GB 50210—2001；
10)《给水排水管道工程施工及验收规范》GB 50268—2008；
11)《水泥混凝土路面施工及验收规范》GBJ 97—1987；
12)《城镇道路工程施工与质量验收规范》CJJ 1—2008；
13)《城市桥梁工程施工与质量验收规范》CJJ 2—2008；
14)《铁路隧道工程施工质量验收标准》TB 10417—2003；
15)《钢筋焊接及验收规范》JGJ 18—2012；
16)《混凝土耐久性检验评定标准》JGJ/T 193—2009；
17)《公路工程质量检验评定标准 第一册（土建工程）》JTG F80/1—2004；
18)《公路工程质量检验评定标准 第二册（机电工程）》JTG F80/2—2004；
19)《公路交通安全设施质量检验抽样方法》JT/T 495—2014；
20)《公路桥梁承载能力检测评定规程》JTG/T J21—2011 等。

4. 综合类
《公路试验检测数据报告编制导则及释义手册》（两册）JT/T 828—2012。

3.6.3.6 试验检测记录表

以下是工作中常见的试验检测记录表，表格的格式与内容仅供参考：

1. 土工试验

含水率试验记录表；土的颗粒分析试验记录表（筛分/移液管法）；土的颗粒分析试验记录表（筛分/密度计法）；收缩试验记录表；自由膨胀率试验记录表；无荷载膨胀试验记录表；有荷载膨胀试验记录表；膨胀力试验记录表；膨胀量试验记录表；中溶盐试验记录表（质量法）；易溶盐总量试验记录表；碳酸盐试验记录表（气量法）；烧失量试验记录表；有机质含量试验记录表；有机质含量试验记录表（比色法）；氯根试验记录表；液限塑限联合试验记录表；天然稠度试验记录表；粗粒土/巨粒土最大干密度试验记录表（振动台法）；土的击实试验记录表（重型）；土的承载比试验记录表（CBR密度记录）；土的承载比（CBR）贯入试验记录表（一）；土的承载比（CBR）贯入试验记录表（二）；土的承载比试验记录表（CBR记录）（CBR与干密度关系图）；比重试验记录表（比重瓶法）；土的孔隙比/孔隙率试验记录表；土的室内回弹模量试验记录表（承载板法/强度仪法）等，详见表3.6.3-120～表3.6.6-146（见网上下载）。

2. 建设用砂/石试验

石料密度试验记录表；石料的毛体积密度/孔隙率试验记录表（蜡封法）；石料单轴抗压强度试验记录表；岩石含水率试验记录表；岩石抗冻性试验记录表；岩石吸水性试验记录表；粗集料及集料混合料筛分试验记录表（干筛法）；粗集料及集料混合料筛分试验记录表（水筛法）；粗集料合成级配计算记录表；矿质混合料合成级配试验记录表；粗集料针片状颗粒含量试验记录表（规准仪法）；粗集料针片状颗粒含量试验记录表（游标卡尺法）；粗集料含泥量/泥块含量试验记录表（筛洗法）；粗集料压碎值试验记录表；粗集料表观密度试验记录表（容量瓶法）；粗集料表观密度试验记录表（网篮法）；粗集料磨耗试验记录表（洛杉矶法）；集料坚固性试验记录表；粗集料的软弱颗粒试验记录表；粗集料堆积密度及空隙率试验记录表；集料含水率试验记录表；集料的钢渣活性及膨胀性试验记录表；集料磨光值试验记录表；细集料筛分试验记录表（干筛法）；细集料筛分试验记录表（水洗法）；细集料表观密度试验记录表（容量瓶法）；细集料含泥量（石粉含量）/泥块含量试验记录表（筛洗法）；细集料密度及吸水率试验记录表；细集料砂当量试验记录表；细集料棱角性试验记录表（间隙率法）；细集料堆积密度及紧装密度试验记录表；细集料压碎指标试验记录表；细集料坚固性试验记录表；细集料云母/有机质及三氧化硫含量试验记录表；细集料亚甲蓝试验记录表等，详见表3.6.3-147～表3.6.3-181（见网上下载）。

3. 水泥试验

水泥细度试验记录表；水泥比表面积测定记录表；水泥比表面积参数（手动勃氏仪标准时间）标定记录表；水泥比表面积参数（自动勃氏仪常数K值）标定记录表；水泥比表面积参数（圆筒试料层体积）标定记录表；水泥标准稠度用水量/凝结时间/安定性试验记录表；水泥胶砂强度试验记录表；水泥胶砂流动度试验记录表；水泥密度试验记录表等，详见表3.6.3-182～表3.6.3-190（见网上下载）。

4. 混凝土/砂浆拌合用水试验

水质化学分析试验记录表（一）、（二）、（三）等，详见表3.6.3-191～表3.6.3-193

（见网上下载）。

5. 混凝土矿物掺合料试验

粒化高炉矿渣粉密度试验记录表；粒化高炉矿渣粉比表面积试验记录表；粒化高炉矿渣粉活性指数试验记录表；粒化高炉矿渣粉流动度比试验记录表；粒化高炉矿渣粉含水率试验记录表；粒化高炉矿渣粉烧失量试验记录表；粒化高炉矿渣粉三氧化硫含量试验记录表；粉煤灰（用于水泥和混凝土）细度试验记录表（负压筛析仪法）；磨细粉煤灰比表面积试验记录表；粉煤灰（用于水泥和混凝土）烧失量试验记录表；粉煤灰（用于水泥和混凝土）需水量比试验记录表；粉煤灰（用于水泥和混凝土）含水率试验记录表；粉煤灰（用于水泥和混凝土）三氧化硫含量试验记录表；粉煤灰（用于水泥和混凝土）安定性试验记录表；硅灰比表面积试验记录表（气体吸附BET（氮气）法）；硅灰含水率试验记录表；硅灰烧失量试验记录表；硅灰需水量比试验记录表；硅灰活性指数试验记录表；硅灰二氧化硅含量试验记录表（氯化铵重量法（基准法））；硅灰氯离子含量试验记录表（硫氰酸铵容量法（基准法））等，详见表3.6.3-194～表3.6.3-214（见网上下载）。

6. 混凝土外加剂、混凝土膨胀剂、喷射混凝土用速凝剂、砂浆/混凝土防水剂、工业硅酸钠试验

混凝土外加剂减水率试验记录表；混凝土外加剂泌水率比试验记录表；混凝土外加剂凝结时间差试验记录表（一）、（二）；混凝土外加剂含气量及1h经时变化量试验记录表（一）、（二）；混凝土外加剂坍落度及1h经时变化量试验记录表（一）、（二）；混凝土外加剂抗压强度比试验记录表；混凝土外加剂收缩率比试验记录表；混凝土外加剂相对耐久性试验记录表；混凝土外加剂匀质性试验记录表（一）、（二）、（三）；混凝土膨胀剂细度试验记录表；混凝土膨胀剂净浆凝结时间试验记录表；混凝土膨胀剂限制膨胀率试验记录表；混凝土膨胀剂抗压强度试验记录表；喷射混凝土用速凝剂匀质性试验记录表（一）、（二）；喷射混凝土用速凝剂净浆凝结时间试验记录表；喷射混凝土用速凝剂砂浆抗压强度试验记录表；砂浆/混凝土防水剂匀质性试验记录表（一）、（二）；砂浆/混凝土防水剂净浆安定性试验记录表；砂浆/混凝土防水剂净浆凝结时间试验记录表；砂浆/混凝土防水剂砂浆抗压强度比试验记录表；砂浆/混凝土防水剂砂浆吸水量比（48h）试验记录表；砂浆/混凝土防水剂砂浆透水压力比试验记录表；砂浆/混凝土防水剂砂浆收缩率比（28d）试验记录表；砂浆/混凝土防水剂混凝土泌水率比试验记录表；砂浆/混凝土防水剂混凝土凝结时间差试验记录表（一）、（二）；砂浆/混凝土防水剂混凝土抗压强度比试验记录表；砂浆/混凝土防水剂混凝土渗透高度比试验记录表；砂浆/混凝土防水剂混凝土吸水量比（48h）试验记录表；砂浆/混凝土防水剂混凝土收缩率比（28d）试验记录表；工业液体硅酸钠试验记录表（一）、（二）；工业固体硅酸钠试验记录表（一）、（二）等，详见表3.6.3-215～表3.6.3-255（见网上下载）。

7. 建筑用金属试验

钢筋重量偏差/力学及弯曲性能检验记录表；钢筋焊接接头检验记录表；钢筋机械连接接头性能检验记录表；金属洛氏硬度试验记录表等，详见表3.6.3-256～表3.6.3-259（见网上下载）。

8. 混凝土/砂浆性能试验

水泥混凝土配合比试验记录表；水泥混凝土面层配合比试验记录表；水泥混凝土/砂浆配料通知单；混凝土试拌记录表；水泥混凝土拌合物坍落度/稠度试验记录表；混凝土电通量试验记录表；水泥混凝土抗压强度试验记录表；混凝土钻芯取样抗压强度试验记录表；基层钻芯取样抗压强度试验记录表；水泥混凝土抗弯拉强度试验记录表；水泥混凝土抗渗试验记录表；水泥混凝土早期抗裂试验记录表；水泥砂浆配合比试验记录表；砂浆保水率试验记录表；水泥砂浆抗压强度试验记录表；孔道压浆/水泥浆配合比试验记录表；水泥净浆泌水率/膨胀率/流动度试验记录表；孔道压浆/水泥浆强度试验记录表等，详见表 3.6.3-260～表 3.6.3-277（见网上下载）。

9. 无机结合料稳定材料试验

无机结合料稳定材料含水率试验记录表（烘干法）；石灰细度试验记录表；石灰未消化残渣含量测定记录表；石灰钙镁含量测定记录表；石灰/粉煤灰（用于基层）密度试验记录表；粉煤灰比表面积测定记录表（勃氏法）；粉煤灰比表面积参数（勃氏仪标准时间）标定记录表；粉煤灰比表面积参数（勃氏仪圆筒试料层体积）标定记录表；粉煤灰（用于基层）细度试验记录表；粉煤灰（用于基层）烧失量试验记录表；粉煤灰（用于基层）二氧化硅含量试验记录表（氯化铵质量法）；粉煤灰（用于基层）三氧化二铁/三氧化二铝含量试验记录表；水泥或石灰稳定材料中水泥或石灰剂量测定记录表（EDTA 滴定法）；石灰稳定材料中石灰剂量测定记录表（直读式测钙仪法）；无机结合料稳定材料击实试验记录表；无机结合料稳定材料无侧限抗压强度试验记录表；无机结合料稳定材料间接抗拉强度试验记录表（劈裂试验）；无机结合料稳定材料弯拉强度试验记录表；无机结合料稳定材料室内抗压回弹模量试验记录表（承载板法）；无机结合料稳定材料室内抗压回弹模量试验记录表（顶面法）等，详见表 3.6.3-278～表 3.6.3-297（见网上下载）。

10. 沥青混合料用矿粉

矿粉筛分试验记录表（水洗法）；矿粉密度/亲水系数及加热安定性试验记录表；矿粉塑性指数试验记录表；矿粉含水率试验记录表等，详见表 3.6.3-298～表 3.6.3-301（见网上下载）。

11. 沥青/沥青混合料试验

沥青针入度/延度/软化点试验记录表；沥青闪点/燃点试验记录表（克利夫兰开口杯法）；沥青（旋转）薄膜加热试验记录表；沥青与粗集料的黏附性试验记录表；沥青溶解度试验记录表；沥青密度与相对密度试验记录表；沥青旋转黏度试验记录表（布洛克菲尔德黏度计法）；沥青蜡含量试验记录表（蒸馏法）；沥青标准黏度试验记录表（道路沥青标准黏度计法）；沥青恩格拉黏度试验记录表（恩格拉黏度计法）；乳化沥青蒸发残留物含量试验记录表；乳化沥青筛上剩余量试验记录表；乳化沥青微粒离子电荷试验记录表；乳化沥青与粗集料的黏附性试验记录表；乳化沥青储存稳定性试验记录表；乳化沥青与水泥拌和试验记录表；乳化沥青破乳速度试验记录表；乳化沥青与矿料的拌和试验记录表；沥青黏韧性试验记录表；聚合物改性沥青离析试验记录表；沥青弹性恢复试验记录表；沥青抗剥落剂性能评价试验记录表；沥青混合料马歇尔稳定度试验记录表；沥青混合料冻融劈裂试验记录表；压实沥青混合料密度试验记录表（蜡封法）；压实沥青混合料密度试验记录表（表干法）；压实沥

青混合料密度试验记录表（水中重法）；压实沥青混合料密度试验记录表（体积法）；沥青路面芯样马歇尔试验记录表；沥青混合料理论最大相对密度试验记录表（真空法）；沥青混合料理论最大相对密度试验记录表（溶剂法）；沥青混合料车辙试验记录表；沥青混合料中沥青含量试验记录表（离心分离法）；沥青混合料中沥青含量试验记录表（射线法）；沥青混合料中沥青含量（标定）试验记录表（燃烧炉法）；沥青混合料中沥青含量试验记录表（燃烧炉法）；沥青混合料的矿料级配检验记录表；沥青混合料中沥青用量选定图；沥青混合料肯塔堡飞散试验记录表；沥青混合料谢伦堡沥青析漏试验记录表；沥青混合料渗水试验记录表；沥青混合料表面构造深度试验记录表；稀浆混合料湿轮磨耗试验记录表；稀浆混合料破乳时间试验记录表；稀浆混合料黏聚力试验记录表；稀浆混合料负荷轮粘砂试验记录表；稀浆混合料车辙变形试验记录表；稀浆混合料拌和试验记录表；稀浆混合料配伍性等级试验记录表等，详见表 3.6.3-302～表 3.6.3-350（见网上下载）。

12. 现场检测试验

泥浆性能指标试验记录表；地基承载力检验记录表；压实度检测记录表（环刀法）；压实度检测记录表（灌砂法）；压实度检测记录表（核子密度仪法）；压实度检测记录表（灌水法）；沥青面层压实度试验记录表（钻芯法）；路基路面回弹弯沉试验记录表（贝克曼梁法）；路面摩擦系数试验记录表（摆式仪法）；路面构造深度试验记录表（手工铺砂法）；路面构造深度试验记录表（电动铺砂仪法）；沥青路面渗水系数试验记录表；沥青路面车辙试验记录表；平整度试验记录表（3m 直尺）；平整度试验记录表（连续式平整度仪）；隧道喷射混凝土基面平整度试验记录表（直尺法）；宽度/中线偏位现场检测记录表；纵断面高程/横坡度现场检测记录表；厚度现场检测记录表；路基边坡现场检测记录表；混凝土抗压强度检测记录表（回弹仪法）；混凝土抗压强度检测记录表（超声回弹综合法）；锚杆拉拔力试验记录表；灌砂筒及标准砂标定记录表；钢筋保护层厚度检测记录表；钢筋间距检测记录表等，详见表 3.6.3-351～表 3.6.3-376（见网上下载）。

3.6.3.7 试验检测报告

以下是工作中常见的试验检测报告，表格的格式与内容仅供参考。

1. 土工试验

含水率试验检测报告；土工试验检测报告，详见表 3.6.3-377、表 3.6.3-378（见网上下载）。

2. 建设用砂/石试验

石料试验检测报告；粗集料试验检测报告；细集料试验检测报告等，详见表 3.6.3-379～表 3.6.3-381（见网上下载）。

3. 水泥试验

水泥试验检测报告，详见表 3.6.3-382（见网上下载）。

4. 混凝土/砂浆拌合用水试验

水质化学分析试验检测报告，详见表 3.6.3-383（见网上下载）。

5. 混凝土矿物掺合料试验

粒化高炉矿渣粉试验检测报告；粉煤灰（用于水泥和混凝土）试验检测报告；硅灰试验检测报告等，详见表 3.6.3-384～表 3.6.3-386（见网上下载）。

6. 混凝土外加剂、混凝土膨胀剂、喷射混凝土用速凝剂、砂浆/混凝土防水剂、工业硅酸钠试验

混凝土外加剂试验检测报告；混凝土膨胀剂试验检测报告；喷射混凝土用速凝剂试验检测报告；砂浆防水剂试验检测报告；混凝土防水剂试验检测报告；工业硅酸钠试验检测报告等，详见表3.6.3-387～表3.6.3-392（见网上下载）。

7. 建筑用金属试验

钢筋重量偏差/力学及弯曲性能检验报告；钢筋焊接接头试验检测报告；钢筋机械连接接头性能试验检测报告；金属洛氏硬度试验检测报告等，详见表3.6.3-393～表3.6.3-396（见网上下载）。

8. 混凝土/砂浆性能试验

水泥混凝土（面层）配合比试验检测报告；混凝土电通量试验检测报告；水泥混凝土抗压强度试验检测报告；混凝土钻芯取样抗压强度试验检测报告；基层钻芯取样抗压强度试验检测报告；水泥混凝土抗弯拉强度试验检测报告；水泥混凝土抗渗试验检测报告；水泥混凝土早期抗裂试验检测报告；水泥砂浆配合比试验检测报告；砂浆保水率试验检测报告；水泥砂浆抗压强度试验检测报告；孔道压浆/水泥浆配合比试验检测报告；水泥净浆泌水率/膨胀率/流动度试验检测报告；孔道压浆/水泥浆强度试验检测报告等，详见表3.6.3-397～表3.6.3-410（见网上下载）。

9. 无机结合料稳定材料试验

无机结合料稳定材料含水率试验检测报告；石灰试验检测报告；粉煤灰（用于基层）试验检测报告；水泥或石灰稳定材料中水泥或石灰剂量测定报告（EDTA滴定法）；石灰稳定材料中石灰剂量测定报告（直读式测钙仪法）；无机结合料稳定材料击实试验检测报告；无机结合料稳定材料无侧限抗压强度试验检测报告；无机结合料稳定材料间接抗拉强度试验检测报告（劈裂试验）；无机结合料稳定材料弯拉强度试验检测报告；无机结合料稳定材料室内抗压回弹模量试验检测报告（承载板法）；无机结合料稳定材料室内抗压回弹模量试验检测报告（顶面法）等，详见表3.6.3-411～表3.6.3-421（见网上下载）。

10. 沥青混合料用矿粉

沥青混合料用矿粉试验检测报告，详见表3.6.3-422（见网上下载）。

11. 沥青/沥青混合料试验

道路石油沥青试验检测报告；道路用乳化沥青试验检测报告；聚合物改性沥青试验检测报告；沥青抗剥落剂性能评价试验检测报告；沥青混合料马歇尔稳定度试验检测报告；沥青混合料冻融劈裂试验检测报告；压实沥青混合料密度试验检测报告（蜡封法）；压实沥青混合料密度试验检测报告（表干法）；压实沥青混合料密度试验检测报告（水中重法）；压实沥青混合料密度试验检测报告（体积法）；沥青路面芯样马歇尔试验检测报告；沥青混合料理论最大相对密度试验检测报告（真空法）；沥青混合料理论最大相对密度试验检测报告（溶剂法）；沥青混合料车辙试验检测报告；沥青混合料中沥青含量试验检测报告（离心分离法）；沥青混合料中沥青含量试验检测报告（射线法）；沥青混合料中沥青含量（标定）试验检测报告（燃烧炉法）；沥青混合料中沥青含量试验检测报告（燃烧炉法）；沥青混合料的矿料级配检验报告；沥青混合料中沥青用量选定图报告；沥青混合料

肯塔堡飞散试验检测报告；沥青混合料谢伦堡沥青析漏试验检测报告；沥青混合料渗水试验检测报告；沥青混合料表面构造深度试验检测报告；稀浆混合料湿轮磨耗试验检测报告；稀浆混合料破乳时间试验检测报告；稀浆混合料黏聚力试验检测报告；稀浆混合料负荷轮粘砂试验检测报告；稀浆混合料车辙变形试验检测报告；稀浆混合料拌和试验检测报告；稀浆混合料配伍性等级试验检测报告等，详见表3.6.3-423～表3.6.3-453（见网上下载）。

12. 现场检测试验

泥浆性能指标试验检测报告；地基承载力检验报告；压实度检测报告（环刀法）；压实度检测报告（灌砂法）；压实度检测报告（核子密度仪法）；压实度检测报告（灌水法）；沥青面层压实度试验检测报告（钻芯法）；路基路面回弹弯沉试验检测报告（贝克曼梁法）；路面摩擦系数试验检测报告（摆式仪法）；路面构造深度试验检测报告（手工铺砂法）；路面构造深度试验检测报告（电动铺砂仪法）；沥青路面渗水系数试验检测报告；沥青路面车辙试验检测报告；平整度检测报告（3m直尺）；平整度检测报告（连续式平整度仪）；隧道喷射混凝土基面平整度检测报告（直尺法）；宽度/中线偏位现场检测报告；纵断面高程/横坡度现场检测报告；厚度现场检测报告；路基边坡现场检测报告；混凝土抗压强度检测报告（回弹仪法）；混凝土抗压强度检测报告（超声回弹综合法）；锚杆拉拔力试验检测报告；灌砂筒及标准砂标定报告；钢筋保护层厚度检测报告；钢筋间距检测报告等，详见表3.6.3-454～表3.6.3-479（见网上下载）。

3.6.3.8 外委试验管理

工地试验室由于未预料的原因（如工作量需要更多专业技术或暂不具备能力）或超出母体试验检测机构授权范围的试验检测项目和参数，需将试验检测工作外委时，可外委给具有资格的试验检测机构。

项目施工单位、监理单位、建设项目中心试验室的母体试验检测机构应对其工地试验室所需开展的外委试验进行审查。经母体试验检测机构同意之后，应及时向项目建设单位报备。

1. 外委试验室的选择

（1）接受外委试验的检测机构应取得"《公路水运工程试验检测机构等级证书》（含相应参数）、通过计量认证（含相应参数）且上年度信用等级为B级及以上"资格的试验检测机构。

（2）试验检测机构具有下列行为之一，不得承揽外委试验：

1) 上年度信用等级为C级及以下的试验检测机构；

2) 相关参数未取得计量认证的试验检测机构；

3) 相关参数取得计量认证的试验检测机构不得超范围承揽业务。

（3）工程建设项目的同一合同段中的施工单位、监理单位和检测机构不得将外委试验委托给同一家检测机构。

2. 外委工作的实施

（1）试验检测工作外委前，试验室除调查外委试验室的检测资质外，还应组织内审员对外委试验室的质量体系和质量保证措施进行调查和审核，填写"工程试验委托调查审批表"（格式见表3.6.3-480，仅供参考），确定外委试验室，并进行存档保留。

工程试验委托调查审批表　　　　表 3.6.3-480

试验室名称：　　　　　　　　　　　　　　　　　　　　　　　　　　　编号：

工程名称			工程造价（元）		
建设单位			联系人		
			联系电话		
项目质量监督机构			联系人		
			联系电话		
监理单位			联系人		
			联系电话		
施工单位			联系人		
			联系电话		
工地试验室名称			联系人		
			联系电话		
母体试验检测机构名称			联系人		
			联系电话		
工地试验室拟外委试验检测项目及参数					
工地试验室授权开展的试验检测项目及参数					
母体试验检测机构授权开展的试验检测项目及参数					

外委试验检测机构	基本情况	机构名称		等级及编号	
				计量认证编号	
		法人代表		联系方式	
		行政负责人		联系方式	
		技术负责人		联系方式	
		质量负责人		联系方式	
	调查审核项目	资质	审核意见：	审核人：　　　年　月　日	
		计量认证	审核意见：	审核人：　　　年　月　日	
		质量体系	审核意见：	审核人：　　　年　月　日	
		质量保证措施	审核意见：	审核人：　　　年　月　日	
		上年度信用等级	审核意见：	审核人：　　　年　月　日	

工地试验室意见	授权负责人签字：　　　　　　年　月　日
母体试验检测机构意见	母体试验检测机构负责人签字：　　　　年　月　日
施工单位意见	施工单位项目负责人签字：　　　　年　月　日
监理单位意见	监理单位项目负责人签字：　　　　年　月　日
建设单位审批意见	建设单位项目负责人签字：　　　　年　月　日
项目质量监督机构审批意见	质量监督机构项目负责人签字： 　　　　　　　　　　　　年　月　日

（2）工地试验室必须将接受外委试验的检测机构的资质证书和计量认证证书复印件（加盖检测单位公章）存档备查。

（3）外委试验取样、送样过程应进行见证。

3. 外委试验检测报告的管理

（1）工地试验室必须建立健全的外委试验台账，由工地试验室授权负责人统一管理，并对此台账真实性负责。

（2）由工地试验室授权负责人负责验收外委试验检测报告的有效性和正确性，由资料员负责分类保管有关报告。

3.6.3.9 试验路段/工艺试验总结报告

试验路段也可称为"首件工程认可制"，简称"首件制"。对各分项、分部及单位工程的施工起到"样板引路"的作用。

首件制是"以工序保分项，以分项保分部，以分部保单位，以单位保总体"的质量创优保障原则。

实行首件制，是通过首件优良工程的示范作用，带动、推进和保障后续工程的质量，后续工程的质量不能低于首件工程标准。

实行试验路段/首件制的工程有：

路基工程、路面工程（底基层和基层、水泥混凝土路面、沥青路面）、钢筋连接工程（钢筋焊接连接、钢筋机械连接）、结构物工程等。

1. 路基工程

（1）在下列情况下，应进行试验路段施工：

1）二级及二级以上公路路堤；

2）填石路堤、土石路堤；

3）特殊地段路堤；

4）特殊填料路堤；

5）拟采用新技术、新工艺、新材料的路基。

（2）试验路段应选择在地质条件、断面形式等工程特点具有代表性的地段，路段长度不宜小于100m。

（3）路堤试验路段施工应包括以下内容：

1）填料试验检测报告等；

2）压实工艺主要参数：

① 土质路堤

机械组合；压实机械规格、松铺厚度、碾压遍数、碾压速度；最佳含水率及碾压时含水率允许偏差；沉降值等。

② 填石路堤

路堤施工前，应先修筑试验路段，确定满足填石路堤上、下路堤压实质量标准中孔隙率标准的松铺厚度、压实机械型号及组合、压实速度及压实遍数、沉降差等参数；路床施工前，应先修筑试验路段，确定能达到最大压实干密度的松铺厚度、压实机械型号及组合、压实速度及压实遍数、沉降差等参数。

③ 土石路堤

施工前，应根据土石混合材料的类别分别进行试验路段施工，确定能达到最大压实干密度的松铺厚度、压实机械型号及组合、压实速度及压实遍数、沉降差等参数。

④ 特殊填料路堤

机械组合；压实机械规格、松铺厚度、碾压遍数、碾压速度；最佳含水率及碾压时含水率允许偏差等。

⑤ 特殊地段路堤

机械组合；压实机械规格、松铺厚度、碾压遍数、碾压速度等。

3) 过程质量控制方法、指标；

4) 质量评价指标、标准；

5) 优化后的施工组织方案及工艺；

6) 原始记录、过程记录；

7) 对施工设计图的修改建议等。

2. 路面工程

(1) 底基层和基层

1) 在底基层和基层正式施工前，均应铺筑试验段；

2) 试验段应设置在生产路段上，长度宜为 200～300m；

3) 试验段开工前，应符合下列规定：

① 提交完整的目标配合比报告和生产配合比报告；

② 正常施工时所配备的施工机械完全进场，且调试完毕；

③ 全部施工人员到位。

4) 在试验段施工期间，应及时检测下列技术项目：

① 施工所用原材料的全部技术指标；

② 混合料拌合时的结合料剂量，应不少于 4 个样本；

③ 混合料拌合时的含水率，应不少于 4 个样本；

④ 混合料拌合时的级配，应不少于 4 个样本；

⑤ 不同松铺系数条件下的实际压实厚度，宜设定 2～3 个松铺系数；

⑥ 不同碾压工艺下的混合料压实度，宜设定 2～3 种压实工艺，每种压实工艺的压实度检测样本应不少于 4 个；

⑦ 混合料压实后的含水率，应不少于 6 个样本；

⑧ 混合料击实试验，测定干密度和含水率，应不少于 3 个样本；

⑨ 7d 龄期无侧限抗压强度试件成型，样本量应符合要求。

5) 养生 7d 后，无机结合料稳定材料的试验段应及时检测下列技术项目：

① 标准养生试件的 7d 无侧限抗压强度；

② 水泥稳定材料钻芯取样，评价芯样外观，取芯样本量应不少于 9 个；

③ 对完整芯样切割成标准试件，测定强度；

④ 按车道，每 10m 一点测定弯沉指标，并计算回弹弯沉值；

⑤ 按车道，每 50m 一点测定承载比。

6) 对非整体性材料结构层，试验段铺筑完成后应及时进行承载板试验，按车道，50m 一点。

7) 试验段铺筑阶段应对下列关键工序、工艺进行评价：
① 拌合设备各档材料的进料比例、速度及精度；
② 结合料的进料比例和精度；
③ 含水率的控制精度；
④ 松铺系数合理值；
⑤ 拌和、运输、摊铺和碾压机械的协调和配合；
⑥ 压实机械的选择和组合，压实的顺序、速度和遍数；
⑦ 对人工拌合工艺，应确定合适的拌合设备、方法、深度和遍数；
⑧ 对人工摊铺碾压工艺，应确定适宜的整平和整形机具和方法。
8) 试验段施工后，应及时总结，总结报告应包括下列内容：
① 试验段检测报告；
② 试验段总体效果评价；
③ 施工关键参数的推荐值，包括配合比、含水率、松铺系数、碾压工艺等；
④ 确定每一作业段的合适长度。
9) 试验段不满足技术要求时，应重新铺设试验段。试验段各项指标合格后，方可正式施工。

(2) 水泥混凝土路面

1) 二级及二级以上公路水泥混凝土面层施工前，应制订试验路段的施工方案和质量检测计划，并应铺筑试验路段；其他等级公路施工前宜铺筑试验路段。

试验路段长度不应短于100m，高速公路、一级公路宜在主线路面以外进行试铺。

2) 试验路段铺筑应达到下述目的：
① 确定拌合楼的拌合参数、实际生产能力和配料精度；
② 检验混凝土的施工性能、技术参数和实测强度；
③ 检验铺筑机械、工艺参数及与拌和能力匹配情况；
④ 检验施工组织方式、质量控制水平和人员配备。
3) 拌合楼应通过动、静态标定检验合格后方可试拌。试拌应确定下列内容：
① 每座拌合楼的生产能力、施工配合比的配料精度，以及全部拌合楼（机）的总产量；
② 计算机拌合程序及粗细集料含水率的反馈控制系统满足要求；
③ 合理投料顺序和时间、纯拌合与总拌合时间；
④ 拌合物坍落度、VC值、含气量等工艺参数；
⑤ 检验混凝土试件弯拉强度是否满足要求。
4) 用于试验段的拌和楼（机）试拌合格后，方可进行试验路段铺筑。
5) 试验路段铺筑时，应确定下列内容：
① 主要铺筑设备的工艺性能、质量指标和生产能力满足要求；辅助设备的配备合理、适用；模板架设固定方式或基准线设置方式能够保证高程和厚度控制要求；
② 实测试验路段的松铺系数、摊铺速度、振捣时间与频率、滚压遍数、碾压遍数、压实度、拉杆与传力杆置入精度、抗滑构造深度、摩擦系数、接缝顺直度等；
③ 验证施工各工艺环节操作要领，确定各关键岗位的作业指导书；

④ 检验施工组织形式和人员编制；

⑤ 通信联络、生产调度指挥及应急管理系统满足施工组织要求。

6）试验路段铺筑后，应按《公路水泥混凝土路面施工技术细则》JTG/T F30—2014 第 13 章的面层质量检验项目、技术要求和检查方法进行全面质量评定，并应符合下列规定：

① 应提交试验路段的检查结果总结报告，报告中应包括试铺路段所采用的工艺参数、检验结果、存在的问题及改进措施，对正式施工时拟采用的施工参数提出明确的指导书；

② 水泥混凝土路面试验路段应经过建设单位组织的对各项施工质量指标的复检和验收，合格后，经批准，方可投入正式铺筑施工；

③ 符合《公路水泥混凝土路面施工技术细则》JTG/T F30—2014 各项质量技术要求的施工工艺、流程和参数应固化为标准化的施工工艺模式，并贯穿施工全过程；

④ 试验路段质量检验评定不合格，或未能达到预期目标时，应重新铺筑试验路段。

(3) 沥青路面

1）高速公路和一级公路的沥青路面在施工前应铺筑试验段；其他等级公路在缺乏施工经验或初次使用重大设备时，也应铺筑试验段。当同一施工单位在材料、机械设备及施工方法与其他工程完全相同时，也可利用其他工程的结果，不再铺筑新的试验路段。

2）试验段的长度应根据试验目的确定，通常宜为 100~200m，宜选在正线上铺筑。

3）热拌热铺沥青混合料路面试验段铺筑分试拌及试铺两个阶段，应包括下列试验内容：

① 检验各种施工机械的类型、数量及组合方式是否匹配。

② 通过试拌确定拌和机的操作工艺，考察计算机打印装置的可信度。

③ 通过试铺确定透层油的喷洒方式和效果、摊铺、压实工艺，确定松铺系数等。

④ 验证沥青混合料生产配合比设计，提出生产用的标准配合比和最佳沥青用量。

⑤ 建立用钻孔法与核子密度仪无破损检测路面密度的对比关系。确定压实度的标准检测方法。核子仪等无破损检测在碾压成型后热态测定，取 13 个测点的平均值为 1 组数据，一个试验段的不得少于 3 组。钻孔法在第 2 天或第 3 天以后测定，钻孔数不少于 12 个。

⑥ 检测试验段的渗水系数。

4）试验段铺筑应由有关各方共同参加，及时商定有关事项，明确试验结论。铺筑结束后，施工单位应就各项试验内容提出完整的试验路施工、检测报告，取得业主或监理的批复。

3. 钢筋连接工程

(1) 钢筋焊接连接

在钢筋焊接正式施焊前，必须对不同钢筋生产厂家的进场钢筋（需作施焊的每种规格钢筋）进行钢筋焊接工艺试验，并编制钢筋焊接工艺试验报告，经获批准后方能指导钢筋焊接施工。

1）钢筋焊接工艺试验目的

工艺试验是为考查摸索工艺方法、工艺参数的可行性或材料的可加工性等而进行的试验。

其目的是根据工艺试验成果，总结出能够指导正式施工的作业指导书。

2）钢筋焊接的焊接方法、适用范围及规范要求

① 焊接方法：

电阻点焊、闪光对焊、箍筋闪光对焊、电弧焊（帮条焊、搭接焊、熔槽帮条焊、坡口焊、钢筋与钢板搭接焊、窄间隙焊、预埋件钢筋电弧焊）；电渣压力焊及气压焊等。

② 适用范围：

a. 电阻点焊：HPB300；HRB400、HRBF400；HRB500、HRBF500 钢筋直径（6～16mm）；CRB550 钢筋直径（4～12mm）；CDW550 钢筋直径（3～8mm）。

b. 闪光对焊：HPB300 钢筋直径（8～22mm）；HRB400、HRBF400；HRB500、HRBF500 钢筋直径（8～40mm）；RRB400W 钢筋直径（8～32mm）。

c. 箍筋闪光对焊：HPB300；HRB400、HRBF400；HRB500、HRBF500 钢筋直径（6～18mm）；RRB400W 钢筋直径（8～18mm）。

d. 电弧焊：

（a）帮条焊（双面焊、单面焊）、搭接焊（双面焊、单面焊）：HPB300 钢筋直径（10～22mm）；HRB400、HRBF400 钢筋直径（10～40mm）；HRB500、HRBF500 钢筋直径（10～32mm）；RRB400W 钢筋直径（10～25mm）。

（b）熔槽帮条焊：HPB300 钢筋直径（20～22mm）；HRB400、HRBF400 钢筋直径（20～40mm）；HRB500、HRBF500 钢筋直径（20～32mm）；RRB400W 钢筋直径（20～25mm）。

（c）坡口焊（平焊、立焊）：HPB300 钢筋直径（18～22mm）；HRB400、HRBF400 钢筋直径（18～40mm）；HRB500、HRBF500 钢筋直径（18～32mm）；RRB400W 钢筋直径（18～25mm）。

（d）钢筋与钢板搭接焊：HPB300 钢筋直径（8～22mm）；HRB400、HRBF400 钢筋直径（8～40mm）；HRB500、HRBF500 钢筋直径（8～32mm）；RRB400W 钢筋直径（8～25mm）。

（e）窄间隙焊：HPB300 钢筋直径（16～22mm）；HRB400、HRBF400 钢筋直径（16～40mm）；HRB500、HRBF500 钢筋直径（18～32mm）；RRB400W 钢筋直径（18～25mm）。

（f）预埋件钢筋：

a）角焊：HPB300 钢筋直径（6～22mm）；HRB400、HRBF400 钢筋直径（6～25mm）；HRB500、HRBF500 钢筋直径（10～20mm）；RRB400W 钢筋直径（10～20mm）。

b）穿孔塞焊：HPB300 钢筋直径（20～22mm）；HRB400、HRBF400 钢筋直径（20～32mm）；HRB500 钢筋直径（20～28mm）；RRB400W 钢筋直径（20～28mm）。

c）埋弧压力焊、埋弧螺柱焊：HPB300 钢筋直径（6～22mm）；HRB400、HRBF400 钢筋直径（6～28mm）。

e. 电渣压力焊：

HPB300 钢筋直径（12～22mm）；HRB400 钢筋直径（12～32mm）；HRB500 钢筋直径（12～32mm）。

f. 气压焊（固态、熔态）：

HPB300 钢筋直径（12～22mm）；HRB400 钢筋直径（12～40mm）；HRB500 钢筋直径（12～32mm）。

③ 规范要求：

a. 电阻点焊：

电阻点焊适用于混凝土结构中钢筋焊接骨架和钢筋焊接网，焊点的压入深度应为较小钢筋直径的 18%～25%。

b. 闪光对焊：

闪光对焊时，应按规定选择调伸长度、烧化留量、顶锻留量以及变压器级数等焊接参数。HRB500、HRBF500 钢筋焊接时，应采用预热闪光焊或闪光-预热闪光焊工艺。

c. 箍筋闪光对焊：

箍筋闪光对焊的焊点位置宜设在箍筋受力较小一边的中部。不等边的多边形柱箍筋对焊点位置宜设在两个边上的中部。

d. 电弧焊：

（a）帮条焊：

帮条焊时，宜采用双面焊；当不能进行双面焊时，可采用单面焊。

HPB300 双面焊帮条长度为 $\geqslant 4d$，单面焊帮条长度 $\geqslant 8d$；HRB400、HRBF400；HRB500、HRBF500；RRB400W 双面焊帮条长度为 $\geqslant 5d$，单面焊帮条长度 $\geqslant 10d$。

（b）搭接焊：

搭接焊时，宜采用双面焊；当不能进行双面焊时，可采用单面焊。

HPB300 双面焊搭接长度为 $\geqslant 4d$，单面焊搭接长度 $\geqslant 8d$；HRB400、HRBF400；HRB500、HRBF500；RRB400W 双面焊搭接长度为 $\geqslant 5d$，单面焊搭接长度 $\geqslant 10d$。

搭接焊时，焊接端钢筋宜预弯，并应使两根钢筋的轴线在同一直线上。

e. 电渣压力焊：

电渣压力焊应用于现浇钢筋混凝土结构中竖向或斜向（倾斜度不大于 10°）钢筋的连接。

f. 气压焊

气压焊可用于钢筋在垂直位置、水平位置或倾斜位置的对接焊接。

3）钢筋焊接的焊接参数

① 电阻点焊

电阻点焊的焊接参数应根据钢筋牌号、直径及焊机性能等具体情况，选择变压器级数、焊接通电时间和电极压力。

② 闪光对焊

闪光对焊的焊接参数应按规定选择调伸长度、烧化留量、顶锻留量以及变压器级数等。

钢筋闪光对焊的工艺方法：连续闪光焊、预热闪光焊或闪光—预热闪光焊 3 种。

连续闪光焊所能焊接的钢筋直径上限，应根据焊机容量、钢筋牌号等具体情况而定，并应符合连续闪光焊钢筋直径上限的规定。

③ 箍筋闪光对焊

箍筋闪光对焊的焊接参数应按规定选择调伸长度、烧化留量、顶锻留量以及变压器级数等。

④电弧焊

钢筋电弧焊应包括帮条焊、搭接焊、熔槽帮条焊、坡口焊和窄间隙焊5种接头形式。

钢筋电弧焊时，可采用焊条电弧焊或二氧化碳气体保护电弧焊2种工艺方法。

a. 焊条电弧焊的焊接参数：焊条直径、焊接电流、电弧电压、焊接速度、电源极性、焊接层数、热输入、预热温度、后热与焊后热处理；焊条直径是根据焊件厚度、焊接位置、接头形式、焊接层数等进行选择的。

b. 钢筋二氧化碳气体保护电弧焊时，应根据焊机性能、焊接接头形状、焊接位置等条件选用下列焊接参数：焊接电流、极性、电弧电压（弧长）、焊接速度、焊丝伸出长度（干伸长）、焊枪角度、焊接位置及焊丝直径等。

⑤气压焊

气压焊按加热温度和工艺方法的不同，可分为固态气压焊和熔态气压焊2种，施工单位应根据设备等情况选择采用。

⑥电渣压力焊

钢筋电渣压力焊时，可采用交流或直流焊接电源；焊机容量应根据所焊钢筋的直径选定。

电渣压力焊的焊接参数：焊接电流、焊接电压和焊接通电时间。

⑦预埋件钢筋埋弧压力焊

当钢筋直径为6mm时，可选用500型弧焊变压器作为焊接电源；当钢筋直径为8mm及以上时，应选用1000型弧焊变压器作为焊接电源。

埋弧压力焊的焊接参数：引弧提升高度、电弧电压、焊接电流和焊接通电时间。

⑧预埋件钢筋埋弧螺柱焊

预埋件钢筋埋弧螺柱焊设备应包括：埋弧螺柱焊机、焊枪、焊接电缆、控制电缆和钢筋夹头等。

选择合适的焊接参数：焊接电流和焊接通电时间，均在焊机上设定；钢筋伸出长度和钢筋提升高度，均在焊枪上设定。

4）钢筋焊接对所用焊条、焊丝的要求

钢筋焊条电弧焊所采用的焊条，应有产品合格证，并应符合现行国家标准《碳钢焊条》GB/T 5117或《低合金钢焊条》GB/T 5118的规定。

钢筋二氧化碳气体保护电弧焊所采用的焊丝，应符合现行国家标准《气体保护电弧焊用碳钢、低合金钢焊丝》GB/T 8110的规定。

其焊条型号和焊丝型号应根据设计确定；若设计无规定时，可按《钢筋焊接及验收规程》JGJ 18中表3.0.3钢筋电弧焊所采用焊条、焊丝推荐表选用。

5）钢筋焊接工艺试验报告内容包括：

焊接工艺试验报告、焊接工艺试验指导书、焊接工艺试验记录表、焊接工艺试验检验结果、焊接工艺作业指导书等。

焊接工艺试验指导书内容包括：

工程名称、钢筋母材（牌号、规格、供货状态、生产厂家）、焊接材料（（焊条、焊丝、焊剂或气体)、生产厂家、类型、烘干制度(℃×h))、焊接方法、焊接位置、焊接设备型号、电源及极性(交流、直流)、预热温度(℃)、层间温度(℃)、后热温度(℃)及时间(min)、焊后处理、接头尺寸图、焊接顺序图、焊接工艺参数(道次、焊接方法、焊接材料类型、保护气流量、电流及电压、焊接速度、热输入)、焊前清理、层间清理、接头处理及技术措施等。

(2) 钢筋机械连接

在钢筋机械连接工程开始前，应对不同钢筋生产厂家的进场钢筋进行接头工艺检验；施工过程中，更换钢筋生产厂家时，应补充进行工艺检验。并编制钢筋机械连接施工工艺报告，经获批准后方能指导钢筋机械连接施工。

1) 钢筋机械连接接头工艺试验目的

接头工艺检验的目的是检验接头技术提供单位所确定的工艺参数与本工程所进场钢筋是否相适应。

2) 钢筋机械连接施工工艺报告内容包括：工程概况、试验目的、编制依据、施工准备、适用范围、工艺原理、工艺流程及操作要点、质量要求、钢筋连接接头检验与结论、安全及环保措施等。

3) 工艺检验应符合下列规定：

①每种规格钢筋的接头试件不应少于3根；

②每根试件的抗拉强度和3根接头试件的残余变形的平均值均应符合《钢筋机械连接技术规程》JGJ 107 表3.0.5接头的抗拉强度和表3.0.7接头的变形性能的规定；

③接头试件在测量残余变形后可再进行抗拉强度试验，并宜按《钢筋机械连接技术规程》JGJ 107 附录A表A.1.3接头试件型式检验的加载制度中的单向拉伸加载制度进行试验；

④第一次工艺检验中1根试件抗拉强度或3根试件的残余变形平均值不合格时，允许再抽3根试件进行复检，复检仍不合格时判为工艺检验不合格。

4) 钢筋机械连接接头应符合下列规定：

①工程中应用钢筋机械接头时，应由该技术提供单位提交有效的型式检验报告。该报告可为复印件，但应有原件存放单位公章，保证原件的可追溯性。

②接头的现场检验应按验收批进行。同一施工条件下采用同一批材料的同等级、同型式、同规格接头，应以500个为一个验收批进行检验与验收，不足500个也应作为一个验收批。

③对接头的每一验收批，必须在工程结构中随机截取3个接头试件作抗拉强度试验，按设计要求的接头等级进行评定。

当3个接头试件的抗拉强度均符合《钢筋机械连接技术规程》JGJ 107 表3.0.5接头的抗拉强度中相应等级的强度要求时，该验收批应评为合格。

如有1个试件的抗拉强度不符合要求，应再取6个试件进行复检。复检中如仍有1个试件的抗拉强度不符合要求，则该验收批应评为不合格。

④现场检验应按《钢筋机械连接技术规程》JGJ 107进行接头的抗拉强度试验，加工和安装质量检验；对接头有特殊要求的结构，应在设计图纸中另行注明相应的检验项目。

⑤现场截取抽样试件后，原接头位置的钢筋可采用同等规格的钢筋进行搭接连接，或

采用焊接及机械连接方法补接。

5）钢筋机械连接接头的破坏形式

钢筋机械连接接头的破坏形式有：钢筋拉断、接头连接件破坏和钢筋从连接件中拔出3种。

对Ⅱ级和Ⅲ级接头，无论试件属哪种破坏形式，只要试件抗拉强度满足《钢筋机械连接技术规程》JGJ 107 表 3.0.5 接头的抗拉强度中Ⅱ级和Ⅲ级接头的强度要求即为合格；对Ⅰ级接头，当试件断于钢筋母材时，且满足条件 $f_{\mathrm{mst}}^{0} \geqslant f_{\mathrm{stk}}$，试件合格；当试件断于接头长度区段时，则应满足 $f_{\mathrm{mst}}^{0} \geqslant 1.10 f_{\mathrm{stk}}$ 才能判为合格。

4. 结构物工程

各分项（分部）工程实行"首件制"，各项指标验收合格后方能指导该分项（分部）工程施工。

例如：桥梁工程实行首件制的工程范围有：

桩基、承台及墩台身（帽）、斜拉桥塔柱节段、预制构件、上部结构现浇（预应力梁、板）、桥面铺装（试验段）、防撞护栏（单幅试验段）。

例如：隧道工程实行首件制的工程范围有：

洞口工程、洞身开挖、洞身衬砌（初期支护（喷射混凝土支护、锚杆支护、钢筋网支护及钢支撑）、混凝土衬砌及仰拱）、防排水（防水层）、隧道路面（试验段）、装修工程等。

在首件工程完成后7天内（混凝土工程指拆模后7天内），承包人应完成以下工作：对已完成项目的施工工艺进行书面总结，对该项目质量进行综合评价，提出自评意见，"追根溯源、穷追不舍"，提出相应质量改进措施。以《首件工程认可申请表》报监理认可。

首件工程施工总结应包括以下内容：

①首件工程概况；

②首件工程主要施工方法及施工工艺；

③首件工程施工情况；

④各工序检测试验数据及相关报告；

⑤首件工程质量评价；

⑥首件工程施工中存在的质量技术问题及针对性的改进；

⑦推广的意见和建议。

对首件工程的评价意见分为优良、合格和不合格3个等级，优良工程推广示范，合格工程予以接收，不合格工程责令返工。

3.6.4 仪器设备管理

经过技术负责人授权的人员，允许使用仪器设备；严禁未经过授权的人员使用仪器设备。被授权的操作人员离开工作岗位超过1年后重新返岗，需对其操作相应设备的能力进行确认。

1. 仪器设备台账及周期检定（校验）计划台账

（1）工地试验室是工程质量控制和评判工作的重要基础数据来源；是工程建设质量保

证体系的重要组成部分。而试验检测数据则是通过试验仪器设备操作途径而测试得出数据。试验仪器设备的精度、准确性、稳定性，乃成为试验检测数据准确与否的关键。加强试验仪器设备的管理是一件刻不容缓、也不可疏忽的工作。

（2）工地试验室设立时，应根据工程招标文件、工程合同文件的约定配置满足工程施工需要且数量足够的试验仪器设备。对进入工地试验室的试验仪器设备需建立《仪器设备一览表》、《仪器设备自校（验）计划表》、《仪器设备检定/校准（验证）、确认总体计划表》、《仪器设备周期检定（校验）计划表》，对试验仪器设备进行实时有效管理。

（3）《仪器设备一览表》、《仪器设备自校（验）计划表》、《仪器设备检定/校准（验证）、确认总体计划表》、《仪器设备周期检定（校验）计划表》的格式和内容，见表3.6.4-1、表2.7.4-2、表2.7.4-7、表2.7.4-8。

仪器设备一览表

表 3.6.4-1

试验室名称： 编号：

序号	仪器设备名称	仪器设备编号	型号规格	出厂编号	技术指标	生产厂家	购买时间	价格（元）	用途（可测参数）	技术资料	附件	保管人	存放科室	备注

编制： 审核： 批准： 日期： 年 月 日

2. 仪器设备检定/校准、自校及结果确认

为保证检测数据的准确可靠，所用仪器设备应进行量值溯源。常见的溯源方式有：检定、校准及验证3类。

（1）常见的溯源方式

1）检定

是指任何一个测量结果或计算标准的值，都能通过一条具有规定不确定度的比较链，与计量基准（国家基准或国际基准）联系起来，从而使准确性和一致性得到保证。

凡列入《中华人民共和国依法管理的计量器具目录》，直接用于贸易结算、安全防护、医疗卫生、环境检测方面的工作计量器具，必须定点、定期送检，如玻璃液体温度计、天平、流量计、压力表等实行强制检定，取得检定证书的设备均为合格设备。

2）校准

在规定条件下的一组操作，其第一步是确定由测量标准提供的量值与相应示值之间的关系，第二步则是用此信息确定由示值获得测量结果的关系，这里测量标准提供的量值与相应示值都具有测量不确定度。

对于未列入强检目录的仪器设备可以检定，也可校准。

3）验证

在VIM中，将"提供客观证据证明测量仪器满足规定的要求"定义为验证。仪器设备进行验证的基本条件是已知规定和使用要求，其次是获得是否满足要求的客观证据。在此基础上对所用仪器设备进行是否满足要求的认定。

可以通过验证方式进行溯源的仪器设备有以下几类：

①实验室使用未经定型的专用检测仪器设备，需要由相关技术单位提供客观证据进行验证；

②当实验室借用永久控制范围以外的仪器设备，实验室应当对该仪器设备是否符合规定要求进行验证；

③当检测所用仪器设备暂不能溯源到国家基准时，可以通过比对、能力验证等方式，对其是否满足规定要求进行验证；

④在试验检测中那些影响检测工作质量又不需要检定校准、作为工具使用不传输数据的仪器设备，应进行功能和性能的验证，检查其功能是否正常；

⑤对实验室所选用的计算机软件应对软件是否满足要求、数据处理要求、检测标准要求、使用要求进行验算。

这类验证包括变换方法进行计算、与已证实的进行比较、进行试验和演示、文件发布前进行评审。

4）特殊情况

①对于不能溯源的、非强检的仪器，评审机构可以进行自校准，但必须制定校验方法。

②对于没有国家或地方计量检定规程、尚不能溯源的仪器，可以采取实验室间仪器比对的方法。

(2) 检定和校准的区别

1）校准不具有法制性，是企业的自愿行为；检定具有法制性，属于计量管理范畴的执法行为。

2）校准主要确定测量器具的示值误差；检定是对测量器具的计量特性及技术要求的全面评定。

3）校准的依据是校准规范、校准方法，可作统一规定也可自行制定；检定的依据是检定规程。

4）校准不判定测量器具合格与否；检定要对所检测量器具做出合格与否的结论。

5）校准结果通常是发校准证书或校准报告；检定结果合格的发检定证书，不合格的发不合格通知书。

(3) 自校（验）

对暂无国家计量检定规程、标准、相关技术资料或法定计量检定机构暂时无法对整机系统进行检定或无法溯源到国家计量基准，而对检测结果的准确性或有效性有影响的仪器设备、标准物质，应按检测机构现行有效的仪器设备自校（验）规程进行自校（验）或比对。

1）仪器设备自校（验）规程

仪器设备自校（验）规程由检验人员根据产品说明书及有关技术资料负责编写，经检测室负责人审核，技术负责人批准后生效使用。检测室负责人负责检测设备的自校（验）工作，负责确定检测设备的计量特性、分类、自校（验）或自校周期，并对自校（验）结果进行适用性判定。

绘制量值传递图，保证能溯源到国家计量基准。

2) 仪器设备自校（验）规程的格式内容

仪器设备自校（验）规程的格式内容，包括：

适用范围、概述、技术要求、校验条件（环境条件、校验所用计量标准器具及相应设备、校验所用计量标准器具的有效性）、校验项目及校验方法、校验结果处理、校验周期及附录（校验记录表）等。

3) 自校（验）记录

仪器设备自校（验）的记录有：规程目录、计划表和记录表。

仪器设备自校（验）规程目录、仪器设备自校（验）计划表、仪器设备自校（验）记录表和搅拌站计量设备校验记录表，分别见表 2.7.4-1～表 2.7.4-4。

4) 工地试验室常用的仪器设备自校规程

以下是工地试验室常用的仪器设备自校规程，见表 3.6.4-2 和本手册附录 15，仅供参考。

工地试验室常用的仪器设备自校规程　　　　表 3.6.4-2

序号	仪器设备自校规程名称	备注
1	环刀校验方法	
2	李氏比重瓶校验方法	
3	液塑限联合测定仪校验方法	
4	相对密度仪校验方法	
5	击实仪校验方法	
6	灌砂筒及标准砂校验方法	
7	称量盒（铝盒）校验方法	
8	电热干燥箱校验方法	
9	针片状规准仪校验方法	
10	石料压碎值测定仪校验方法	
11	水泥净浆搅拌机校验方法	
12	水泥标准稠度和凝结时间测定仪校验方法	
13	水泥胶砂搅拌机校验方法	
14	水泥抗压夹具校验方法	
15	雷氏夹校验方法	
16	水泥试验筛校验方法	
17	水泥胶砂振实台校验方法	
18	沸煮箱校验方法	
19	水泥胶砂流动度测定仪校验方法	
20	水泥标准养护箱校验方法	
21	水泥胶砂试模校验方法	
22	混凝土、砂浆搅拌机校验方法	
23	混凝土坍落度筒及捣棒校验方法	
24	混凝土及砂浆试模校验方法	

3.6 工地试验室管理体系与运行控制

续表

序号	仪器设备自校规程名称	备注
25	气压式含气量测定仪校验方法	
26	集料试验筛校验方法	
27	容积升筒校验方法	
28	CBR 试模校验方法	
29	钢筋标距仪校验方法	
30	砂浆分层度测定仪校验方法	
31	无侧限抗压试模校验方法	
32	弯沉仪校验方法	
33	轻型触探仪（N10）校验方法	
34	手工铺砂仪校验方法	
35	泥浆相对密度计校验方法	
36	泥浆含砂率计校验方法	
37	泥浆黏度计校验方法	
38	细集料压碎指标测定仪校验方法	
39	水泥砂浆稠度仪校验方法	
40	雷氏夹膨胀测定仪校验方法	
41	3m 直尺校验方法	
42	钢筋弯曲机校验方法	
43	混凝土钻孔取芯机校验方法	
44	容量筒、容量瓶、广口瓶校验方法	
45	灌水测定仪校验方法	
46	路面渗水仪校验方法	
47	直读式测钙仪校验方法	
48	核子密度仪与灌砂法对比试验作业指导书	
49	砂浆捣棒校验方法	

（4）结果确认

对检定/校准机构或实验室出具的校准证书、测试报告，工地试验室应进行符合性确认评定。评定的内容包括：仪器设备的关键量或示值误差是否在该仪器设备允许的误差范围内；是否满足相关检测标准和/或客户的要求；被计量检定/校准的仪器设备是否可用于检测。

1）设备的校准报告必须由专业人员对其内容进行确认，并对能否使用、使用中的修正值或注意事项提出意见和要求。

工地试验室在进行设备校准之前及对校准后的报告确认应注意的事项有：

①根据规范、标准、使用需要等对仪器设备提出校准的参数及范围。

②校准后对照规范标准的要求对校准结果逐一确认,并提出试验时的注意事项或要求。

③当校准产生一组数据时,需要依据规范标准确认自变量与应变量是否关联,建立自变量与应变量回归方程和相应的曲线。

④检查校准报告中使用的依据,所用的计量标准含校准所用设备名称、测量范围、计量标准证书编号、测量不确定度等是否满足要求;尤其需要关注交通行业中专用设备的校准报告。

⑤校准结果的确认不能流于形式,要有确认结论。

2)结果确认表

检定/校准证书和测试报告确认表,见表 2.7.5-2 供参考。

3. 仪器设备(标准物质)期间核查

(1)期间核查的概念及目的

测量设备性能的准确性,直接影响实验室检定、校准、检测结果的准确性和可靠性。为保证测量设备性能满足预期的使用要求,保证其量值的溯源性,须定期对其进行校准或检定。然而,由于测量设备固有特性的变化或漂移,在每次检定或校准后并不能保证其量值始终得到维持,因此,在日常工作中需要经常对测量设备的性能进行核查,及时识别可能发生超出预期范围的情况,以便确认其性能是否得到有效维持或是否满足其使用要求,而不会使测量设备得到非预期的使用。

因此,期间核查的概念可以表述为:根据规定程序,为了确定计量标准、标准物质或其他测量仪器是否保持其原有状态而进行的操作。

(2)期间核查的对象

不同实验室的测量设备期间核查要求是不尽相同的。按照《检测和校准实验室能力认可准则》ISO/IEC 17025:2005 和《法定计量检定机构考核规范》JJF 1069—2012 的要求,校准实验室和法定计量检定机构必须对其计量标准和标准物质进行期间核查。

期间核查不是一般的功能检查,更不是缩短检定/校准周期,其目的是在 2 次检定/校准的间隔期间防止使用不符合技术规范要求的设备。

期间核查的重点测量设备(标准物质)有:

1)仪器设备性能不稳定,漂移率大的;

2)使用非常频繁的;

3)经常携带到现场检测的;

4)在恶劣环境下使用的仪器设备;

5)曾经过载或怀疑有质量问题的等。

不是所有的仪器设备都要进行期间核查,对无法寻找核查标准(物质)(如破坏性试验)的仪器设备就无法进行期间核查。

(3)在下列情况下应对仪器设备(标准物质)进行期间核查:

1)仪器设备经过运输、搬迁以及环境条件突然变化(如温度、湿度的突然变化)时,必须进行;

2)仪器设备导出数据异常;

3)长期脱离实验室控制的仪器设备在恢复使用前(如外界);

4）当仪器设备长时间不用，再重新使用之前，应进行；

5）仪器设备发生故障经维修、改装后或使用时间已较长，但还没有报废的仪器设备应经常进行检查；

6）对检定周期较长的仪器设备应增加检查次数；

7）按照年度核查次数进行；

8）使用在检测机构控制范围以外的仪器设备等。

（4）期间核查工作程序

检测机构应在期间核查程序中列出期间核查仪器设备（标准物质）的名称、方法、周期等内容，并制定仪器设备（标准物质）期间核查规程。

仪器设备（标准物质）期间核查规程的内容包括：

用途；技术要求；核查依据；核查所用标准物质；核查项目及方法；核查结果；核查周期及核查记录等内容。

检测人员负责编制期间核查规程和每年初编制期间核查计划，检测室负责人负责审核，技术负责人负责批准，核查工作一般由仪器设备管理员进行，并作好核查记录。

（5）期间核查的方法及其判定原则

期间核查的方法有多种，可根据实验室及其检定、校准、检测样品的特点，从测量设备的特性以及经济性、实用性、可靠性、可行性等方面综合考虑。

首先要有一个核查标准，用以对测量设备进行期间核查。核查标准的性能必须稳定，它可以是上一等级、下一等级或同等级计量标准、标准物质，也可以是准确度等级更高或较低的同类测量设备、实物样品等。

期间核查的方法基本上采用等精度核查方式进行，常用方法有：仪器间的比对（传递测量法、多台（套）设备比对法、两台（套）设备比对法）、标准物质法、留样再测法、实物样件检查法、自带标样核查法、直接测量法（实验室间比对法、方法比对法）等。

（6）核查结果处理及核查频次

实验室进行期间核查后，应对数据进行分析和评价，其判定原则如下：

1）当期间核查良好时，核查记录与仪器设备（标准物质）使用记录一起归入仪器设备档案。

2）当通过期间核查发现测量设备性能超出预期使用要求时，应停止仪器设备的使用，查找原因，按照《检验检测设备管理程序》处理。

首先，应立即停止使用并进行维修，在重新检定或校准表明其性能满足要求后，方可投入使用；其次，应立即采取适当的方法或措施，对上次核查后开展的检定、校准、检测工作进行追溯，以尽可能减少和降低由于仪器设备失准而造成的风险。

（7）期间核查记录

仪器设备（标准物质）期间核查的记录有：规程目录、计划表和记录表。《仪器设备（标准物质）期间核查规程目录》、《仪器设备（标准物质）期间核查计划表》和《仪器设备（标准物质）期间核查记录表》，分别见表2.7.7-1～表2.7.7-3，供参考。

（8）工地试验室常用仪器设备（标准物质）期间核查规程

以下是工地试验室常用仪器设备（标准物质）期间核查规程，见表3.6.4-3和本手册附录16，仅供参考。

工地试验室常用仪器设备（标准物质）期间核查规程　　　　表 3.6.4-3

序号	仪器设备（标准物质）期间核查规程名称	备注
1	仪器设备（标准物质）期间核查规定	
2	Ⅲ级电子天平核查方法	
3	Ⅱ级电子天平核查方法	
4	分析天平核查方法	
5	架盘天平核查方法	
6	案秤核查方法	
7	台秤核查方法	
8	水泥细度负压筛核查方法	
9	粉煤灰细度负压筛核查方法	
10	混凝土回弹仪核查方法	

4. 仪器设备管理和维护

为保证检测工作的正常运行，确保检测数据准确可靠，工地试验室应配置必备的仪器设备和标准物质，并制定《检验检测设备和设施管理程序》，对仪器设备的申购、验收、使用、维护、标识、租用、借出、降级、停用、报废等进行规定。

（1）申购、验收

1）申购

①申购仪器设备应遵循市场调查、知名品牌、不重复投资的原则；

②申购的计量器具，其厂家必须是已获得计量器具制造许可证及 CMC 标志，并已定型生产；

③申购仪器设备由使用部门人员填写《仪器设备（标准物质）申购单》见表 3.6.4-4，并附《供应商评价表》和《合格供应商登记表》（表 3.6.4-5、表 3.6.4-6），经使用部门负责人、仪器设备管理员、综合办公室负责人、技术负责人及工地试验室授权负责人会签后，上报母体试验检测机构技术负责人及机构负责人批准后方可购买。

④仪器设备供应商评价和选择应按照《选择和购买服务和供应品的程序》执行。

2）验收

①新购仪器设备到货后，由仪器设备使用部门的专业技术人员会同仪器设备管理员按照装箱单清点，检查仪器设备及附件是否缺损，如有缺损，立即向有关厂家反映，及时处理。

②开箱验收后，由使用部门会同有关技术人员按说明提供的方法进行仪器设备安装调试，检验仪器设备是否符合出厂技术条件并正常运行，若无异常，由使用人员做好初次运行的记录，并由仪器设备管理员填写《仪器设备（标准物质）验收单》见表 3.6.4-7，办理入库登记并建档。

③属于计量器具，则须送检或邀请国家法定计量部门上门检定。

④对仪器设备进行编号，并贴上标签，注明仪器设备编号、名称及保管人。若发现异常，及时与厂家协商处理。

（2）使用

1) 仪器设备（标准物质）的使用应由经过授权的人员操作。

2) 检测人员应熟悉仪器设备性能，严格按操作规程进行操作，并填写《仪器设备使用记录表》、《标准物质使用记录表》，分别见表2.7.4-5和表2.7.4-6，做好期间核查工作和记录。仪器设备使用的有关技术资料应便于有关人员取用。

3) 新仪器设备使用前，必须认真阅读《仪器设备使用说明书》，了解仪器设备性能，严格按操作规程进行操作。

4) 仪器设备开机前应做好各项准备工作。

5) 专业仪器设备必须由专业技术人员操作或在其指导下操作，未经许可，其他人员不得擅自开机，以免损坏。

6) 检测用的仪器设备不能挪作他用，不得用于与检测无关的其他工作。

7) 对一些重要设备的正常使用必须有安全保护措施，如计算机采集系统的断电保护；对一些可能影响人身安全的设备也要采取措施，保证人身安全。

8) 对于在现场检测使用的仪器设备，在运输中应确保仪器设备的安全，在使用前，应检查其是否处于正常状态；用于现场检测的仪器设备还应记录领用、归还情况，《仪器设备借用登记表》见表3.6.4-8。

9) 如果仪器设备校准时，产生了一系列的修正信息，则在仪器设备使用时，需要把修正信息全部加上，确保其备份（如计算机软件中的备份）得到及时正确更新。

10) 当检测设备出现下列情况之一时，应进行校准或检测：

①可能对检测结果有影响的改装、移动、修复和维修后；

②停用超过校准或检测有效期后再次投入使用；

③检测设备出现不正常工作情况；

④使用频繁或经常携带运输到现场的，以及在恶劣环境下使用的检测设备。

仪器设备使用部门负责人应对校准或检测结果进行适用性判定，合格后方可使用。

11) 由于仪器设备的缺陷对检测结果产生影响，必须对受影响的检验结果重新评价，必要时可通知委托方重新进行检验，作出纠正。

(3) 维护

1) 发现仪器设备损坏、出现故障、改装、修理等现象，应做好记录。

2) 仪器设备应制定维护保养计划，定期对仪器设备进行维护保养，并做好维护保养记录。《年度仪器设备维护保养计划和实施记录》、《年度仪器设备维修记录》，分别见表3.6.4-9和表3.6.4-10。

①维护

仪器设备有过载、或错误操作、或显示的结果可疑、或失灵应立即停止使用，并加以明显标识，及时组织力量进行修复，修复好的仪器设备必须经校准、检定或检验合格方可继续使用。使用者应及时记录故障现象及维修情况，并检查由于这种缺陷对过去进行的检验所造成的影响。

仪器设备维护的有关技术资料应便于有关人员取用。

②保养

a. 仪器设备存放地点应保持清洁、干燥，仪器设备排列整齐，周围不得堆放有碍操作和进行正常保养的其他物品；对仪器设备存放地点有环境要求的，应符合规定的要求。

b. 仪器设备应按有关规定进行日常清洁、维护、保养；

c. 仪器设备长期不使用时，每月（或每季度）通电一次，并检查仪器设备的完好状态，发现问题及时维修，若使用直流电，需将电池取出；

（4）标识

仪器设备检定/校准按《仪器设备溯源程序》执行。仪器设备经过法定计量部门检定、校准后，由仪器设备管理员对检定/校准结果进行确认，填写《仪器设备周期检定（校验）计划表》（见表2.7.4-8）相应内容，按照检定/校准结论实行状态标识管理，分别贴上由省级质量技术监督局印制的标识。状态标识分为"合格"、"准用"、"停用"3种，对应的颜色分别为"绿"、"黄"、"红"3色。

工地试验室所有仪器设备不论是送检还是自校准，均应有状态标识。除计量检定合格证以外，还应有仪器设备管理卡，一般为蓝色。仪器设备管理卡的格式内容，见表2.2.2-3（供参考）。

1）合格标志（绿色）

经计量检定或校准、验证合格，确认其符合检测/校准技术规范规定使用要求的；设备不必检定，经检查其功能正常者（如计算机）；设备无法检定，经对比或鉴定适用者。

2）准用标志（黄色）

仪器设备存在部分缺陷，但在限定范围内可以使用的，包括多功能检测设备其某些功能丧失，但检测所用功能正常，且校准/检定合格者；测试设备某一量程准确度不合格，但检测所用量程合格者，降等级后使用的仪器设备。

3）停用标志（红色）

仪器设备目前状态不能使用，但经检定/校准或修复后可以使用的；仪器设备损坏者；仪器设备经检定/校准不合格者；仪器设备性能无法确定者；仪器设备超过周期未检定/校准者；不符合检测/校准技术规范规定的使用要求者。

（5）租用、借出

1）原则上不允许租用、借出仪器设备，如因特殊情况需租用或借出外部仪器设备时，申请部门须填写《仪器设备租用、借出审批表》见表3.6.4-11，向综合办公室书面申请，经工地试验室技术负责人初审、工地试验室授权负责人审核后上报母体试验检测机构技术负责人审核及机构负责人批准，并签订《租借协议》。租用仪器设备部门须建立租借外部仪器设备台账，并保留租借仪器设备检定/校准证书复印件。租用、借出仪器设备的管理应符合《检验检测设备和设施管理程序》的要求。

2）租用外部仪器设备必须满足检测标准的要求和工地试验室管理体系的要求。

（6）降级、停用、报废

1）仪器设备因其技术性能降低或功能丧失、损坏时，根据损坏程序，填写《仪器设备降级、停用、报废申请单》见表3.6.4-12。

①申请降级使用、停用的仪器设备应由检测室负责人、综合办公室负责人和仪器设备管理员核查后，即可降级使用或停用，应及时贴上准用或停用标签，定期保养。

②申请报废的仪器设备应由检测室负责人、综合办公室负责人和仪器设备管理员核查后，经工地试验室技术负责人初审、工地试验室授权负责人审核后上报母体试验检测机构技术负责人审核及机构负责人批准。

2）当检测设备出现下列情况之一时，不得继续使用：
①当设备指示装置损坏、刻度不清或其他影响测量精度时；
②仪器设备性能不稳定、漂移率偏大时；
③当检测设备出现显示缺损或按键不灵敏等故障时；
④其他影响检测结果的情况。

5. 仪器设备档案管理

仪器设备档案的管理是十分重要的，它是检测机构管理体系的一个重要组成部分，档案内容为检测数据的准确、可靠提供相关的证据。

（1）仪器设备档案一般应按一台一档建立，对于同类型的多个小型仪器设备可集中建立一套档案，但每个仪器设备均应进行唯一性编号。

仪器设备档案包括：仪器设备管理卡、说明书、产品合格证、购置申请、验收单、检定（校准）证书、仪器设备使用记录、维护保养记录、期间核查记录、仪器设备的购置发票（复印件）、维修、改装记录等。

仪器设备档案目录的格式，可参考表2.2.2-2仪器设备档案目录清单。仪器设备管理卡，见表2.2.2-3；仪器设备验收清单，见表2.2.2-4，以供参考。

（2）仪器设备的说明书、合格证、装箱单及检定证书原件、仪器设备的损坏故障、改装或修理的历史记录等档案资料由综合办公室管理。

（3）由工地试验室仪器设备管理员编制工地试验室的《仪器设备一览表》见表3.6.4-1和《仪器设备周期检定（校验）计划表》见表2.7.4-8，每年更新一次，并下发到各部门实施。

（4）检测室需借用仪器设备档案资料时，由借阅人向综合办公室办理借阅手续，并填写《仪器设备档案资料借阅登记表》见表3.6.4-13。

6. 仪器设备使用中的注意事项

（1）根据测试参数和规范要求选择正确的仪器设备。

（2）选择正确的量程范围。按照检定/校准证书中检定/校准范围选用，尤其注意当使用小量程测试数据是否超出检定/校准范围。

（3）做到试验前、后均需查验仪器设备是否正常，尤其是带到工地现场使用的仪器设备。

7. 记录表格

（1）《仪器设备（标准物质）申购单》，见表3.6.4-4；
（2）《供应商评价表》，见表3.6.4-5；
（3）《合格供应商登记表》，见表3.6.4-6；
（4）《仪器设备（标准物质）验收单》，见表3.6.4-7；
（5）《仪器设备借用登记表》，见表3.6.4-8；
（6）《__年度仪器设备维护保养计划和实施记录》，见表3.6.4-9；
（7）《__年度仪器设备维修记录》，见表3.6.4-10；
（8）《仪器设备租用、借出审批表》，见表3.6.4-11；
（9）《仪器设备降级、停用、报废申请单》，见表3.6.4-12；
（10）《仪器设备档案资料借阅登记表》，见表3.6.4-13。

仪器设备（标准物质）申购单　　　　　　表 3.6.4-4

试验室名称：　　　　　　　　　　　　　　　　　　　　　编号：

序号	仪器设备（标准物质）	型号/规格	技术要求	数量	生产厂家	价格	用途	备注

工地试验室	申请人（经办人）		签名：　　年　月　日
	使用部门负责人意见		签名：　　年　月　日
	仪器设备管理员意见		签名：　　年　月　日
	综合办公室负责人意见		签名：　　年　月　日
	技术负责人意见		签名：　　年　月　日
	授权负责人意见		签名：　　年　月　日
母体试验检测机构	技术负责人意见		签名：　　年　月　日
	机构负责人批准		签名：　　年　月　日

3.6 工地试验室管理体系与运行控制

供应商评价表　　　　表 3.6.4-5

试验室名称：　　　　　　　　　　　　　　　　　　　　　　　编号：

所购物品名称		供应商名称	
地址		电话	
质量水平			
价格（元）		交货信誉	
服务质量			
技术与管理基础			
设备与设施			
质量保证能力			

工地试验室评价					母体试验检测机构评价
检测室负责人意见： 签名：	仪器设备管理员意见： 签名：	综合办公室负责人意见： 签名：	技术负责人意见： 签名：	授权负责人意见： 签名：	技术负责人批准： 签名：

合格供应商登记表　　　　表 3.6.4-6

试验室名称：　　　　　　　　　　　　　　　　　　　　　　　编号：

序号	供应商名称	供应物品名称	首次列入日期	评价表编号	备注

编制人		工地试验室授权负责人审核	
日 期		日 期	
工地试验室技术负责人审核		机构技术负责人批准	
日 期		日 期	

仪器设备（标准物质）验收单

表 3.6.4-7

试验室名称： 　　　　　　　　　　　　　　　　　　　　　　　　　　　编号：

名称		出厂编号		出厂日期	
型号规格		数　量		单价（元）	
生产厂家		购置时间		验收时状态	□全新 □用过
精度		放置地点		保管人	
主要技术数据及用途		资料及附件		验收日期	
开箱验收情况	\(1\) 外观有无损坏，包装是否完好。　　□是；□否 \(2\) 配件是否与装箱单一致。　　　　　□是；□否，缺： \(3\) 附件质量证明文件是否齐全。　　　□是；□否，缺：				
	使用部门人员		仪器设备管理员		
	综合办公室人员		开箱验收日期		
试运行情况	\(1\) 安装调试后，是否符合出厂技术条件。　□是；□否，不符合情况描述： \(2\) 运转是否正常。　　　　　　　　　　□是；□否，异常情况描述： \(3\) 仪器设备检定/校准结论是否满足要求。□是；□否				
	使用部门人员		仪器设备管理员		
	综合办公室人员		试运行日期		
综合验收结论					
申请人（经办人）		使用部门负责人		仪器设备管理员		综合办公室负责人	
备注					

仪器设备借用登记表

表 3.6.4-8

试验室名称： 　　　　　　　　　　　　　　　　　　　　　　　　　　　编号：

序号	仪器设备名称	仪器设备管理编号	型号/规格	档案资料名称	附件	借用前仪器完好状态	借用人	保管部门经办人	借用日期	归还日期	借用后仪器完好状态	保管部门经办人

3.6 工地试验室管理体系与运行控制

____年度仪器设备维护保养计划和实施记录　　　表 3.6.4-9

试验室名称：　　　　　　　　　　　　　　　　　　　　编号：

仪器设备名称			规格/型号	
仪器设备管理编号			仪器设备管理员	
出厂编号				
维护保养计划	计划时间	维护保养内容	计划实施人	备注
维护保养实施记录	实施日期	维护保养内容	实施人	备注

____年度仪器设备维修记录　　　表 3.6.4-10

试验室名称：　　　　　　　　　　　　　　　　　　　　编号：

仪器设备名称		规格/型号	
仪器设备管理编号		仪器设备管理员	
出厂编号			
故障情况	使用人：　年　月　日		
维修记录	维修人：　年　月　日		
验收记录	验收人：　年　月　日		

仪器设备租用、借出审批表

表 3.6.4-11

试验室名称：　　　　　　　　　　　　　　　　　　　　　　　　　编号：

性质	□租用	□借出	申请部门（单位）		设备保管部门（单位）		
仪器设备清单	序号	仪器设备名称	仪器设备编号	型号/规格	数量	生产厂家	技术指标	检测产品及参数
租用、借出原因								
租用、借出审批								
工地试验室	申请租用部门或设备保管部门负责人		综合办公室负责人		技术负责人		授权负责人	
母体试验检测机构	技术负责人审核				机构负责人批准			

仪器设备降级、停用、报废申请单

表 3.6.4-12

试验室名称：　　　　　　　　　　　　　　　　　　　　　　　　　编号：

	申请部门		类别	□降级	□停用	□报废	日期	
	序号	仪器设备名称		仪器设备管理编号	购买时间		原因	
工地试验室		申请人（经办人）				签名：	年　月　日	
		使用部门负责人意见				签名：	年　月　日	
		仪器设备管理员意见				签名：	年　月　日	
		综合办公室负责人意见				签名：	年　月　日	
		技术负责人意见				签名：	年　月　日	
		授权负责人意见				签名：	年　月　日	
母体试验检测机构		技术负责人意见				签名：	年　月　日	
		机构负责人批准				签名：	年　月　日	

仪器设备档案资料借阅登记表　　　　　　　表 3.6.4-13

试验室名称：　　　　　　　　　　　　　　　　　　　　　　　　　　编号：

序号	档案资料名称	份数	借阅时间	归还时间	借阅人	保管人	备注

3.6.5　试验检测结果质量控制

为了保证工地试验室各项试验检测结果的质量及可信度，监控试验检测结果的有效性，工地试验室应制定《质量控制程序》，对试验检测过程和结果的质量进行监控。

也就是说：工地试验室对试验检测结果的质量保证。

1. 质量保证体系

工地试验室应建立健全的质量保证体系。工地试验室质量保证体系图，见图 3.6.2-1 所示。

2. 母体试验检测机构对工地试验室的试验检测结果质量的控制应有监控计划，进行管理评审时应对监控措施的有效性进行评价。

3. 工地试验室应根据检测工作的类型和工作量的情况，除了工地试验室质量监督员对检测工作有效性监督，检测、审核和批准人员按规定对检测工作和报告形成的各个环节把关外，还应选用下列方法对试验检测结果的质量保证：

（1）采用统计技术分析，验证试验检测结果是否合理可靠；

（2）开展与省内外试验检测机构、母体试验检测机构、本工程其他合同段的工地试验室以及本工地试验室内部不同人员或不同设备之间的比对试验；

（3）定期使用标准物质（参考物质）进行内部质量控制；

（4）对存留的样品进行再检验检测；

（5）使用相同或不同方法进行重复检测和校准；

（6）分析一个样品不同特性检验结果的相关性；

（7）其他合适的方法。

4. 认真参加省级质量技术监督局和其他外部机构组织的能力验证活动。

5. 根据检测工作的类型不同，应制定相应的质量控制限，并在能力验证、比对试验结束后及时对其结果有效性进行分析，编写分析评价报告提交母体试验检测机构技术负责人。数据分析可采用如：控制图、排列分析、散点图等多种方法，在发现监控的质量控制数据超出预定的数据时，应采取有计划的措施来纠正出现的问题，按照《不符合工作的处理程序》和《预防措施程序》执行。

6. 母体试验检测机构技术负责人应在管理评审前进行汇总并写出分析报告，对工地试验室采取的监控方法、监控计划、监控结果以及比对验证结果的有效性进行评审。当质量控制数据超出预定的质量控制限时,应分析原因,出现不符合工作时,应按照《不符合工作的处理程序》和《预防措施程序》执行。

7. 监控计划的实施情况和实施结果应在每年的管理评审中体现,以利于试验检测工作质量的不断提高。

8. 质量监督员应选择合适的监控方法对试验检测项目实施监督,并填写《日常质量监督抽查记录》。

3.6.6 能力验证计划、实施、统计及评价

1. 能力验证概念

能力验证是指利用实验室间比对,按照预先制定的准则评价参加者的能力。

参加者是指接受能力验证物品并提交结果以供能力验证提供者评价的实验室、组织或个人。

注:在某些情况下,参加者可以是检查机构。

2. 能力验证计划

(1) 检测室根据检测工作的情况,每年年初提出本年度的《能力验证、比对试验计划》,报综合办公室。

(2) 综合办公室根据检测室的《能力验证、比对试验计划》,每年年初制定工地试验室的《能力验证、比对试验计划表》(见表 2.11.6-1,仅供参考),并报质量负责人审核、技术负责人批准。

(3) 工地试验室的年度能力验证、比对试验计划的内容包括:

能力验证检测项目、检测依据、拟采用的能力验证方法、时间安排、进度要求及人员安排。

(4) 除了按照省级质量技术监督局和有关部门组织参加的能力验证、比对试验以外,每年在主要的检测项目中抽取一定数量的项目,进行实验室间的比对,并安排不同人员、不同设备进行实验室内部的比对。

3. 能力验证实施

(1) 综合办公室于每年年初将已获批准的《能力验证、比对试验计划表》,以文件的形式下达到相关的检测部门。

(2) 检测室应根据《能力验证、比对试验计划表》的要求参加能力验证活动,安排比对试验,必要时对检测结果的不确定度进行分析评定。

(3) 检测室应根据检测工作的类型不同,制定相应能力验证检测项目的质量控制限。

(4) 检测室负责填写《年度能力验证、比对试验计划实施记录表》,见表 2.11.6-2 所示。

4. 能力验证统计及评价

(1) 在能力验证、比对试验结束后,应及时对《能力验证、比对试验》结果进行汇总、统计、分析及评价,编写分析评价报告提交母体试验检测机构技术负责人。

(2) 数据分析可采用如:控制图、排列分析、散点图等多种方法。

(3) 当质量控制数据超出预定的质量控制限时,应分析原因,出现不符合工作时,应按照《不符合工作的处理程序》和《预防措施程序》执行。

(4)《能力验证、比对试验分析报告》，见表 2.11.6-3 所示。

3.6.7 人员培训及资格考核

1. 培训目的

通过对新参加工作人员和已参加工作人员的培训，提高全员的质量意识、管理知识和工作技能，确保检测工作由合格人员担任。

2. 培训内容

（1）建筑工程及工程产品、工程材料的新标准、新规范和新检验方法。

（2）上岗前的岗位培训（包括：交通运输工程的试验检测人员（试验检测师、助理试验检测师）职业资格的考试取证）和网络继续教育培训。

（3）计量、质量、管理、《检验检测机构资质认定评审准则（2016年新版）》及《检验检测机构资质认定管理办法（总局令第163号）》等基本知识。

（4）有关建筑工程质量管理文件及有关法律法规。

（5）技术业务、计算机、外语等培训，母体试验检测机构的管理体系文件学习。

3. 培训形式

培训形式有：培训班（外派脱产培训）、内部研讨、专题讲座（内部师资、外请师资）、在职业余进修、网络继续教育、会议、换岗轮训及其他等。

4. 资格考核

（1）各类专业技术职称的资格考核按国家有关政策和规定执行。

（2）对规定持证上岗的岗位人员的资质管理的考核按有关规定执行。

（3）工地试验室技术负责人应对培训计划的组织实施以及实施效果进行监督评价，当发现问题时应及时向工地试验室授权负责人反映，保证培训工作的有效实施。

5. 记录表格（仅供参考）

（1）培训申请表，见表 3.6.7-1。

培训申请表　　　　　　　　　　　　　表 3.6.7-1

试验室名称：				编号：	
培训内容			时间及天数		
培训形式			培训地点		
主办单位			授课人		
经费预算			经费来源		
培训目的：					
培训对象及计划人数：					
工地试验室综合办公室意见： 签名：	工地试验室技术负责人意见： 签名：	工地试验室授权负责人意见： 签名：	母体试验检测机构技术负责人意见： 签名：	母体试验检测机构负责人批准： 签名：	

(2) 工地试验室____年度培训计划,见表3.6.7-2。
(3) 工地试验室____年度人员培训记录表,见表3.6.7-3。
(4) 培训签到表,见表3.6.7-4。
(5) 培训实施记录,见表3.6.7-5。
(6) 个人履历表,见表3.6.7-6。
(7) 人员岗位资格确认表,见表3.6.7-7。
(8) 工地试验室检测人员上岗报批表,见表3.6.7-8。

工地试验室____年度培训计划　　　　　表3.6.7-2

试验室名称:　　　　　　　　　　　　　　　　　　　　　　编号:

序号	培训内容	培训形式	时间安排												参加部门和人员	培训组织单位	培训地点	授课人	备注
			1月	2月	3月	4月	5月	6月	7月	8月	9月	10月	11月	12月					

工地试验室综合办公室意见: 签名:	工地试验室技术负责人意见: 签名:	工地试验室授权负责人意见: 签名:	母体试验检测机构技术负责人意见: 签名:	母体试验检测机构负责人批准: 签名:

工地试验室____年度人员培训记录表　　　　　表3.6.7-3

试验室名称:　　　　　　　　　　　　　　　　　　　　　　编号:

	姓名		性别		职务		职称		部门	
参加培训情况	序号	培训内容	培训形式	主办单位	培训时间	培训地点	授课人	考核情况	工地试验室技术负责人确认	

3.6 工地试验室管理体系与运行控制

培训签到表　　　　　　　　　　　表 3.6.7-4

试验室名称：　　　　　　　　　　　　　　　　　　　　　　　　编号：

培训内容				
时间			地点	
序号	姓名	部门	职务	签到时间

培训实施记录　　　　　　　　　　表 3.6.7-5

试验室名称：　　　　　　　　　　　　　　　　　　　　　　　　编号：

培训内容		
培训时间		培训地点	
培训方式	□内部师资讲座　　□外请师资讲座 □内部研讨　　　　□在职业余进修 □网络继续教育　　□外派脱产培训 □会议　　　　　　□换岗轮训 □其他	授课人	
		组织单位	
培训情况	（主要记录培训内容、学时）：		
考核情况			
参加人员签名			

个人履历表　　　　　　　　　　　表 3.6.7-6

试验室名称：　　　　　　　　　　　　　　　　　　　　　　　　编号：

人员编号		姓名		性别		籍贯		政治面貌		相片
出生年月		民族		身份证号码						
部门		职务		岗位			外语程度			
个人简历										

培训纪录

序号	培训内容	培训方式	主办单位	起止时间	培训地点	授课人	考核情况

第3章 工地试验室建设与管理

人员岗位资格确认表　　　　　　　　　　　　　　　　　表 3.6.7-7

试验室名称：　　　　　　　　　　　　　　　　　　　　　　编号：

姓名		岗位	
岗位条件及职责			
个人情况	学历		
	工作经历		
	培训经历		

岗位确认：

　　　　　　　　　　　　　　　　　　　　批准人：　　日期：　年　月　日

工地试验室检测人员上岗报批表　　　　　　　　　　　　表 3.6.7-8

试验室名称：　　　　　　　　　　　　　　　　　　　　　　编号：

姓名		性别		出生年月		文化程度	
工作部门				职称		从事检测工作年限	
申请业务范围							
工地试验室考核情况	法规、体系文件考核成绩		综合办公室负责人：　　　　年　月　日				
	检测标准规范、规程考核成绩		技术负责人：　　　　　　　年　月　日				
	工作技能考核成绩		部门负责人：　　　　　　　年　月　日				
工地试验室授权负责人意见			工地试验室授权负责人：　　年　月　日				
母体试验检测机构技术负责人意见			母体试验检测机构技术负责人：　年　月　日				
母体试验检测机构负责人审批意见			母体试验检测机构负责人：　　年　月　日				

3.6.8 工地试验室内部审核

1. 审核目的

通过内部管理体系审核，验证工地试验室的质量活动是否满足评审准则和管理体系的要求，及时发现管理体系运行中的问题，保证管理体系的持续有效运行，并为管理体系的改进提供依据。

2. 审核要素

《检验检测机构资质认定评审准则》（国认实〔2016〕33号）由总则、参考文件、术语和定义、评审要求4个部分组成。其中：评审要求有5个要求＋1个特殊要求（5+1），共6个方面50条款。其中：法人或者其他组织（5条款）；检验检测技术人员和管理人员（7条款）；工作场所和工作环境（4条款）；检验检测设备设施（6条款）；管理体系（27条款）；特殊要求（1条款）。

3. 工地试验室内部管理体系审核计划

母体试验检测机构综合办公室编制工地试验室年度内部管理体系审核计划，经机构质量负责人审核后，报机构负责人批准。

4. 工地试验室年度内部管理体系审核计划内容

工地试验室年度内部管理体系审核计划内容，包括：

审核的目的和范围；审核的阶段和频次；审核的时间和部门安排；审核涉及的要素。

工地试验室年度内部管理体系审核计划，格式和内容见表3.6.8-1，仅供参考。

工地试验室____年度内部管理体系审核计划　　　表3.6.8-1

试验室名称：　　　　　　　　　　　　　　　　　　　　编号：

受审部门		计划审核日期	
审核的目的			
审核的阶段和频次			
审核的范围		审核要素	

编制：　　　　　审核：　　　　　批准：　　　　　日期：　　年　月　日

5. 工地试验室内部管理体系审核频率

工地试验室运行期间，根据工程情况和试验室情况，母体试验检测机构对工地试验室应组织每年不少于1次全面的内部管理体系审核。内审主要依据为《检验检测机构资质认定评审准则》。

如遇到下列情况时，母体试验检测机构质量负责人可做出工地试验室内部管理体系审核的决定，并报告机构负责人：

（1）管理体系功能发生重大变化或程序文件重大修改时；

（2）发现严重申诉或投诉时；

（3）检测依据的技术文件质量依据中发现某些要素在执行过程中存在较大问题；

(4) 增加新的检测项目。

6. 工地试验室内部管理体系审核实施

(1) 首次会议

审核组组长召集审核组全体成员和受审核方（工地试验室）领导参加首次会议，审核组组长简单介绍审核的目的和方法，确认审核实施计划，并听取受审核方（工地试验室）的简要工作汇报。

(2) 现场审核

审核员按照分工，依据审核实施计划及"工地试验室内部管理体系审核检查表"，采取识别、抽样、查阅文件资料、现场观察等方式进行审核取证，并予记录。工地试验室内部管理体系审核检查表，其格式和内容见表 3.6.8-2，仅供参考。

工地试验室内部管理体系审核检查表　　　　表 3.6.8-2

试验室名称：　　　　　　　　　　　　　　　　　　　　　编号：

被审核部门/要素		审核日期	
体系要素	评审内容	审核方法	审核发现
内审员（签名）		日期	

审核组组长意见：

　　　　　　　　　　　　　　　　签名：　　　　日期：　　年　月　日

(3) 审核观察结果

审核组成员对现场审核观察的结果进行分析后，确定不符合项并编写"不符合项报告"，所有"不符合项报告"需经审核组组长批准，并经受审核方（工地试验室）领导确认。

(4) 末次会议

审核组组长召集审核组全体成员和受审核方（工地试验室）领导参加的末次会议，说明审核的总体情况，逐项宣读"不符合项报告"并向受审核方（工地试验室）提交书面报告，受审核方（工地试验室）领导签字确认不符合项的事实，审核组组长提出审核结论和改进的意见。

工地试验室内部管理体系审核实施流程图，见图 3.6.8-1 所示。

7. 工地试验室内部管理体系审核报告

(1) 审核组组长在纠正措施跟踪验证结束后编写"工地试验室内部管理体系审核报告"。

(2) "工地试验室内部管理体系审核报告"的内容：

审核的目的和范围；审核依据；审核的部门和日期；审核组成员名单；不符合项汇总及其原因分析；审核结论；审核报告分发范围。

附件：工地试验室内部管理体系审核实施计划；工地试验室内部管理体系审核检查表；不符合项报告。

3.6 工地试验室管理体系与运行控制

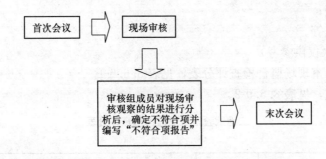

图 3.6.8-1　工地试验室内部管理体系审核实施流程

（3）末次会议结束 1 周内，审核组组长将"工地试验室内部管理体系审核报告"及所有审核记录资料，报母体试验检测机构质量负责人审核，母体试验检测机构负责人批准。

（4）末次会议结束 1 周内，母体试验检测机构综合办公室将批准的"工地试验室内部管理体系审核报告"分发到受审核方（工地试验室）领导、机构技术负责人、机构质量负责人、机构负责人。

8. 纠正错误

（1）受审核方（工地试验室）应针对审核中提出每一个不符合项，制定纠正措施计划，经审核组认可后，送母体试验检测机构综合办公室，交由母体试验检测机构质量负责人批准。

（2）受审核方（工地试验室）负责按规定期限实施纠正措施计划。

9. 跟踪验证

（1）审核员负责对纠正措施的实施情况进行跟踪验证，验证纠正措施实施效果，并将验证结果填入不符合项报告。

（2）如在工地试验室内部管理体系审核中发现检测结果的准确性和有效性存在问题时，按《检验检测结果发布的程序》的有关规定执行。

3.6.9　工地试验室监督检查

母体试验检测机构对工地试验室应进行定期或不定期的巡查、检查和评比，实行奖优罚劣制度，对工地试验室的检查和指导原则上每季度不少于 1 次。

1. 监督检查内容

工地试验室监督检查内容，包括：

（1）人员（持试验检测人员证书总人数、持试验检测师证书人数、相关专业持试验检测师证书人数、技术负责人、质量负责人、人员专业配置、人员档案）；

（2）人员培训；

（3）管理情况（试验检测持证人员变更、授权负责人变更、被授权的试验检测项目及参数变更、环境状况、管理体系运行有效性评价、试验记录及试验报告、仪器设备管理、样品管理、外委试验管理、不合格品报告制度）；

（4）水平测试（实际操作）；

（5）安全管理情况；

（6）能力验证或比对；

(7) 工作业绩；

(8) 奖罚情况等。

2. 记录表格（仅供参考）

(1) 工地试验室现场监督检查评分表，见表3.6.9-1。

(2) 水平测试，见表3.6.9-2。

工地试验室现场监督检查评分表　　　　　　　　　表3.6.9-1

试验室名称：　　　　　　　　　　　　　　　　　　　　　　　　　　　　编号：

类别	考核项目	规定分值	评分标准	得分
人员 (14分)	持试验检测人员证书总人数	2分	低于规定人数，按实有人数与规定人数比率与规定分相乘计算得分	
	持试验检测师证书人数	2分	低于规定人数，按实有人数与规定人数比率与规定分相乘计算得分	
	相关专业持试验检测师证书人数	2分	低于规定人数，按实有人数与规定人数比率与规定分相乘计算得分	
	技术负责人	2分	(1) 按能力等级标准第3项，不符合扣1分； (2) 熟悉质量管理体系及相关技术标准的要求，不符合扣1分	
	质量负责人	2分	(1) 按能力等级标准第3项，不符合扣1分； (2) 熟悉质量管理体系及相关技术标准的要求，不符合扣1分	
	人员专业配置	2分	人员专业配置（包括安全员、信息化管理员），不符合，每少1人扣0.5分	
	人员档案	2分	人员证书、合同、隶属关系证明齐全，不符合扣0.5~1分	
人员培训 (2分)	查阅档案	2分	(1) 及时参加新标准、新规范的宣贯培训；(2) 及时参加行业新办法的宣贯培训；(3) 积极参加行业管理部门或专业机构组织的业务知识培训、职业资格考试取证和网络继续教育培训；(4) 积极组织机构内部专业知识培训。每项不满足要求扣0.5分	
管理情况 (33分)	试验检测持证人员变更	2分	有效期内试验检测持证人员变更比例在40%以内，不扣分；否则，变更每增加10%扣1分	
	授权负责人变更	1分	授权负责人发生变更，未在规定期限内办理变更手续，扣1分	
	被授权的试验检测项目及参数变更	2分	被授权的试验检测项目及参数发生变更，未在规定期限内办理变更手续，扣2分	
	环境状况	2分	(1) 试验室布局合理；(2) 仪器设备摆放合理整齐；(3) 环境整洁干净；(4) 环境条件满足检测要求；(5) 环境监测记录完整。每处不达标扣0.5分	

3.6 工地试验室管理体系与运行控制

续表

类别	考核项目	规定分值	评分标准	得分
管理情况 (33分)	管理体系运行有效性评价	3分	(1) 管理体系健全,质量文件各要素齐全;(2) 各种体系运行记录完整,能有效运转;(3) 人员了解运行管理要求并按要求落实;每项不满足扣1分	
	试验记录、报告	6分	(1) 档案分类清晰、管理规范、查询方便;(2) 相关标准规范收集齐全,现行有效并受控;(3) 记录、报告格式规范一致;(4) 相关信息完整;(5) 更改规范,签字齐全;(6) 单位制使用正确;(7) 结论表述正确;(8) 签字齐全;(9) 依据标准正确;(10) 报告签字人具备资格;(11) 无其他错误。 每项不满足扣0.5分;发现弄虚作假行为的,扣6分	
	仪器设备管理	4分	(1) 有专人管理仪器设备,固定存放地点;(2) 使用记录齐全完整;(3) 仪器设备档案齐全完整;分类清晰、管理规范、查询方便;(4) 各种标识齐全、规范;(5) 设备按规定维护、保养;(6) 仪器设备按规定检定、校准;(7) 自校规程齐全并严格执行。 第6项每1台仪器未检定、校准扣0.5分,其余每项未达到扣0.5分	
	样品管理	2分	(1) 标识清晰,信息齐全;(2) 保管规范;(3) 流转有序;(4) 盲样管理规范。 每项不满足要求扣0.5分	
	外委试验管理	7分	(1) 选择外委试验检测机构前,应对其进行工程试验委托调查、审查,未进行扣1分;(2) 外委试验经母体试验检测机构同意之后,应及时向项目建设单位报备,未报备扣1分;(3) 外委试验检测机构资质应符合规定要求,不符合扣1分;(4) 接受外委试验的检测机构的有关证书复印件应存档,未存档扣1分;(5) 建立健全的外委试验台账,不符合扣1分;(6) 授权负责人对外委试验检测报告的有效性和正确性进行确认,不符合扣1分;(7) 外委试验取样、送样过程应进行见证,不符合扣1分	
	不合格品报告制度	4分	(1) 建立健全不合格试验检测项目台账,不齐全扣2分;(2) 在2个工作日之内上报不合格报告,每超过1天扣1分	

续表

类别	考核项目	规定分值	评分标准	得分
水平测试 （20分）	实际操作	20分	见表3.6.9-2水平测试	
安全管理情况 （12分）	查看现场、查阅档案	12分	（1）有审核、批准的《内务管理程序》文件；（2）有健全的安全生产管理制度；（3）试验区域、有毒有害气体存放处设置有禁止、指令标志；（4）消防设施存放处设置有提示标志，废旧物品存放区设置有明示标志；（5）灭火器、用电开关处设置有指示标志及操作规程牌；（6）试验室（含办公区域）内应配备数量足够的消防设施（灭火器、消防砂、消防桶、消防锹等）；（7）仪器设备与照明用电线路须单独分开布设，零线不能共用，仪器设备与照明用电须满足《施工现场临时用电安全技术规范》JGJ 46相关要求；（8）宿舍内严禁使用"热得快"、电炉、电饭煲、电炒锅、电取暖器等大功率电器；（9）试验室电路应设独立的专用线，在总闸及力学室、标准养护室等每台设备处应安装漏电保护器；电线、电缆的布设应符合有关技术标准，保证使用安全；（10）仪器设备的底座或裸露的金属表面均应与电力系统的接地点连接，零线与地线不得混用；（11）工地试验室驻地应备有专门的发电设备（功率≥15kW），能满足在停电情况下保证试验检测工作及办公生活正常、连续开展；（12）安全检查记录资料齐全、完整。每项不满足要求扣1分	
能力验证或比对 （7分）	查阅档案	7分	（1）参加部、省级交通主管部门检测机构和省、市级质量技术监督局组织能力验证结果为满意或基本满意；（2）机构内部定期组织或参加试验室间的比对试验活动及开展活动的有效性。 　　能力验证结果为不满意或不合格的，部级一次扣4分，省级一次扣3分，市级一次扣2分，机构内部一次扣1分；未组织或参加过试验室间的比对试验扣3分，参加过但有效性较差的扣2分	
工作业绩 （7分）	业绩	7分	（1）曾因试验检测失误造成损失或引发纠纷，每1起扣3分；（2）每1个强制性参数无业绩或模拟报告扣0.5分	
奖罚情况 （5分）	查阅档案	5分	在部、省级交通主管部门和项目建设单位督查过程中受到通报批评或停业整顿的，部级的每次扣5分，省级的每次扣3分，建设单位每次扣2分	
	合计	100分		得分

检查人员：　　　　　　　　　　　　　　　　　　　　　　　　　　　　　　　　　　　检查日期：

接受检查工地试验室授权负责人：

水 平 测 试　　　　　　　　表 3.6.9-2

试验室名称：　　　　　　　　　　　　　　　　　　　　　　　　　　编号：

类别	评分标准	规定分值	评分
水平测试 （20分）	（1）操作人员持证上岗，上岗不持证1人扣1分	2分	
	（2）环境条件应符合试验规程要求	1分	
	（3）在试验前后分别对所用的仪器设备进行了状态检查测试	2分	
	（4）能够按照标准、规范和规程所规定的方法和步骤完整、规范、熟练操作	2分	
	（5）能够熟练地使用仪器设备	2分	
	（6）所记录的原始记录应是对试验过程的实时记录，记录时有复颂、核对、检查	2分	
	（7）能够熟练正确地进行计算	1分	
	（8）试验报告应按照规定准确、清晰、客观的表述，信息齐全	2分	
	（9）试验的结论正确	2分	
	（10）检测人员签字齐全、有效	2分	
	（11）熟练掌握所承担检测领域的相关的技术要求和方法（根据现场对检测人员的提问评分）	2分	
评审专家		得分	

3.6.10　工地试验室绩效考核

母体试验检测机构对工地试验室应在每年年底进行一次工地试验室绩效考核，实行奖优罚劣制度。其考核结果将作为在年底参加母体试验检测机构组织的"部门和员工个人评优活动"的参评资格依据。

绩效考核：

考核得分≥90分，评为A级；85分≤考核得分＜90分，评为B级；75分≤考核得分＜85分，评为C级；考核得分＜75分，评为D级。

被考核评为A级的工地试验室，将在年底才具有参加母体试验检测机构组织的"部门和员工个人评优活动"的参评资格；被考核评为D级的工地试验室，将在年底除取消其参加母体试验检测机构组织的"部门和员工个人评优活动"的参评资格外，还将受到一定额度的经济罚款。

1. 绩效考核内容

工地试验室绩效考核的内容，包括：

（1）管理体系运行情况；

（2）信用评价（工地试验室、授权负责人、试验检测人员）；

（3）试验检测活动（授权试验检测项目及参数、试验检测工作类型和工作量、外委试验管理）；

（4）人员培训（包括：交通运输工程的试验检测人员（试验检测师、助理试验检测师）职业资格的考试取证）和网络继续教育培训；

(5) 管理情况（环境状况、试验记录及试验报告、仪器设备管理、样品管理、不合格品报告制度、水平测试）；

(6) 安全管理执行情况；

(7) 能力验证或比对；

(8) 工作业绩；

(9) 奖罚情况；

(10) 申诉和投诉处理及顾客满意度；

(11) 存在问题整改及回复情况；

(12) 科技创效、管理绩效等。

2. 记录表格

工地试验室绩效考核检查评分表，见表 3.6.10-1（仅供参考）。

工地试验室绩效考核检查评分表　　　　表 3.6.10-1

试验室名称：　　　　　　　　　　　　　　　　　　　　　　　　　　　编号：

序号	考核项目		规定分值	考核标准	得分
1	管理体系运行情况（3分）		3分	(1) 管理体系健全，质量文件各要素齐全；(2) 各种体系运行记录完整，能有效运转；(3) 人员了解运行管理要求并按要求落实；每项不满足扣1分	
2	信用评价（15分）	工地试验室	5分	工地试验室及现场检测项目在评价周期内：得分：60分＜信用评价得分≤70分，C级信用较差，扣2分；信用评价得分≤60分，D级信用很差，扣5分	
		授权负责人	5分	评价周期内：20分≤累计扣分分值＜40分的信用等级为信用较差时，扣2分；累计扣分分值≥40分的信用等级为信用很差时，扣5分	
		试验检测人员	5分	评价周期内：20分≤累计扣分分值＜40分的试验检测人员信用等级为信用较差时，扣1分，每增加1人扣1分；累计扣分分值≥40分的试验检测人员信用等级为信用很差时，扣2分，每增加1人扣2分	
3	试验检测活动（17分）	授权试验检测项目及参数	5分	开展的试验检测项目及参数超出母体试验检测机构的资格证书或授权的试验检测项目及参数范围，扣5分	
		试验检测工作类型和工作量	5分	(1) 所开展的试验检测项目及参数是否覆盖授权的所有试验检测项目及参数且不少于授权试验检测项目及参数的70%，70%以下扣0.5分/百分点；(2) 试验检测项目及参数的检测频率满足施工技术及验收规范要求，不符合要求扣2分/项	

3.6 工地试验室管理体系与运行控制

续表

序号	考核项目		规定分值	考核标准	得分
3	试验检测活动（17分）	外委试验管理	7分	（1）选择外委试验检测机构前，应对其进行工程试验委托调查、审查，未进行扣1分；（2）外委试验经母体试验检测机构同意之后，应及时向项目建设单位报备，未报备扣1分；（3）外委试验检测机构资质应符合规定要求，不符合扣1分；（4）接受外委试验的检测机构的有关证书复印件应存档，未存档扣1分；（5）建立健全的外委试验台账，不符合扣1分；（6）授权负责人对外委试验检测报告的有效性和正确性进行确认，不符合扣1分；（7）外委试验取样、送样过程应进行见证，不符合扣1分	
4	人员培训（2分）		2分	（1）及时参加新标准、新规范的宣贯培训；（2）及时参加行业新办法的宣贯培训；（3）积极参加行业管理部门或专业机构组织的业务知识培训、职业资格考试取证和网络继续教育培训；（4）积极组织机构内部专业知识培训。每项不满足要求扣0.5分	
5	管理情况（29分）	环境状况	3分	（1）试验室布局合理；（2）仪器设备摆放合理整齐；（3）环境整洁干净；（4）环境条件满足检测要求；（5）环境监测记录完整。每处不达标扣0.5分	
		试验记录、报告	6分	（1）档案分类清晰、管理规范、查询方便；（2）相关标准规范收集齐全，现行有效并受控；（3）记录、报告格式规范一致；（4）相关信息完整；（5）更改规范，签字齐全；（6）单位制使用正确；（7）结论表述正确；（8）签字齐全；（9）依据标准正确；（10）报告签字人具备资格；（11）无其他错误。每项不满足扣0.5分；发现弄虚作假行为的，扣6分	
		仪器设备管理	4分	（1）有专人管理仪器设备，固定存放地点；（2）使用记录齐全完整；（3）仪器设备档案齐全完整；分类清晰、管理规范、查询方便；（4）各种标识齐全、规范；（5）设备按规定维护、保养；（6）仪器设备按规定检定、校准；（7）自校规程齐全并严格执行 第6项每1台仪器未检定、校准扣0.5分，其余每项未达到扣0.5分	

续表

序号	考核项目		规定分值	考核标准	得分
5	管理情况（29分）	样品管理	2分	（1）标识清晰，信息齐全；（2）保管规范；（3）流转有序；（4）盲样管理规范。每项不满足要求扣0.5分	
		不合格品报告制度	4分	（1）建立健全不合格试验检测项目台账，不齐全扣2分；（2）在2个工作日之内上报不合格报告，每超过1天扣1分	
		水平测试	10分	见表3.6.9-2水平测试。水平测试满分20分，按水平测试实际得分与规定满分比率与规定分相乘计算得分	
6	安全管理执行情况（9分）		9分	（1）考评期内出现安全重大投诉造成较大社会不良影响扣2分/次；（2）发生较大机械事故、重大火灾事故、重大环境事故扣1～5分/次；（3）考评期内发生死亡事故扣1～5分，发生重伤事故扣2分/人次，相关事故未按规定及时报告或未按规定处理扣1～2分/次	
7	能力验证或比对（5分）		5分	（1）参加部、省级交通主管部门检测机构和省、市级质量技术监督局组织能力验证结果为满意或基本满意；（2）机构内部定期组织或参加试验室间的比对试验活动及开展活动的有效性。 　　能力验证结果为不满意或不合格的，部级一次扣4分，省级一次扣3分，市级一次扣2分，机构内部一次扣1分；未组织或参加过试验室间的比对试验扣3分，参加过但有效性较差的扣2分	
8	工作业绩（5分）		5分	（1）曾因试验检测失误造成损失或引发纠纷，每1起扣3分；（2）每1个强制性参数无业绩或模拟报告扣0.5分	
9	奖罚情况（5分）		5分	在部、省级交通主管部门和项目建设单位督查过程中受到通报批评或停业整顿的，部级的每次扣5分，省级的每次扣3分，建设单位每次扣2分	
10	申诉和投诉处理及顾客满意度（5分）		5分	（1）申诉和投诉处理不及时，每超过规定时间1天扣0.5分；（2）未进行顾客满意度调查，扣2分；（3）顾客满意度调查为不满意，扣2分	

续表

序号	考核项目	规定分值	考核标准	得分
11	存在问题整改及回复情况（5分）	5分	（1）对建设单位、监理单位、施工单位、省部级质监站等部门检查提出的问题回复处理不及时扣2分/处，无复查结果扣2分/处；（2）同一不合格项多次重复发生而未确定改进措施，或已制定措施但实施效果差扣2分/项	
12	科技创效、管理绩效	10分	试验检测课题研发。一个课题计2分，最高计10分	
		10分	发表技术论文，加2分/项；发表研究报告，加3分/项；发表试验检测工法，加3分/项；发表指南草案，加5分/项；出版专业著作，加5分/项，最高10分	
		10分	实用新型专利一个加2分，发明专利一个加5分。最高加10分	
		10分	工地试验室及现场检测项目在评价周期内：85＜信用评价得分≤95分，A级信用较好，加5分；信用评价得分＞95分，AA级信用好，加10分	
			需提供相关证明支撑资料	
考核结论				得分

考评人员：　　　　　　　　　　　　　　　　　　　　考评日期：

接受考评工地试验室授权负责人：

注：信用评价表格采用本手册附录3：公路水运工程试验检测信用评价办法（试行）中的表格。

3.7 工地试验室资质管理与信用评价

3.7.1 资质管理

1. 设立工地试验室的母体试验检测机构试验资质的选择

（1）施工单位、监理单位应根据工程质量安全管理需要或合同约定，在工程现场可自行设立工地试验室，也可委托第三方试验检测机构设立工地试验室，设立工地试验室的母体试验检测机构均应具有相应的《公路水运试验检测机构等级证书》（以下简称等级证书）。

建设单位也可通过招标等方式直接委托具有等级证书和《资质认定证书》（以下简称资质认定证书）的第三方试验检测机构设立工地试验室，承担工程建设项目监理的全部或部分试验检测工作。

任何单位不得干预工地试验室独立、客观地开展试验检测活动。

(2) 设立工地试验室的母体试验检测机构,应当在其等级证书核定的业务范围内,根据工程现场管理需要或合同约定,对工地试验室进行授权。上年度信用评价等级在C级及以下的试验检测机构不宜作为授权设立工地试验室的母体试验检测机构。

授权内容包括:

1) 工地试验室可开展的试验检测项目及参数;

2) 授权负责人;

3) 授权工地试验室的公章;

4) 授权期限等。

"公路水运工程工地试验室设立授权书"(见本手册附录5附件Ⅰ)应加盖母体试验检测机构公章及等级专用标识章。

(3) 高速公路、一级公路工地试验室的母体试验检测机构试验资质必须为公路乙级或公路甲级,而公路丙级只能承接二级、三级及以下等级公路的试验检测任务。公路甲级一般为各省交通工程质量检测中心。

因此,在选择工地试验室的母体试验检测机构试验资质时须要引起谨慎的考虑。

2. 工地试验室资质备案登记

工地试验室按照规定到项目质监机构登记备案后,方可开展试验检测工作。

(1) 工地试验室备案程序

1) 工地试验室备案设立实行登记备案制。按照母体试验检测机构授权→工地试验室填写"公路水运工程工地试验室备案登记表"→建设单位初审→质监机构登记备案→通过时出具"公路水运工程工地试验室备案通知书"的流程。

2) 工地试验室被授权的试验检测项目及参数或试验检测持证人员进行变更的,应当由母体试验检测机构提出申请,报经建设单位同意后,向项目质监机构备案。

3) 工地试验室授权负责人变更,需由母体试验检测机构提出申请,经项目建设单位同意后报项目质监机构备案。

(2) 工地试验室备案材料

工地试验室的备案材料,包括:公路水运工程工地试验室设立授权书、公路水运工程工地试验室备案通知书、公路水运工程工地试验室备案登记表及相关资料等。

其中相关材料还包括:工地试验室设立授权书;工地试验室在岗人员学历、职称、检测证书复印件;工地试验室授权负责人的聘用证明;如委托第三方检测机构组建工地试验室的,应提供委托合同书复印件;母体检测机构《等级证书》及《资质认定证书》复印件(如有)。

(3) 表格

工地试验室备案材料表格,详见本手册附录5附件Ⅰ~附件Ⅲ所示。

3.7.2 信用评价

1. 信用评价办法

(1) 信用评价是指交通运输主管部门对持有公路水运试验检测师或助理试验检测师的

试验检测从业人员和取得公路水运工程试验检测等级证书并承担公路水运工程质量鉴定、验收、评定（检验）、监测及第三方试验检测业务的试验检测机构的从业承诺履行状况等诚信行为的综合评价。

（2）交通运输部负责公路水运工程试验检测机构和人员信用评价工作的统一管理。负责试验检测师和取得公路水运甲级及专项等级证书并承担高速公路、独立特大桥、长大隧道及大型水运工程质量鉴定、验收、评定（检验）、监测及第三方试验检测业务试验检测机构的信用评价和信用评价结果的发布。

交通运输部所属的质量监督机构（以下简称部质监机构）负责信用评价的具体组织实施工作。

（3）在本省注册，属交通运输部发布范围的试验检测机构和试验检测师信用评价结果经省级交通运输主管部门审核后报部质监机构。

（4）在本省注册的助理试验检测师和取得公路水运乙级、丙级等级证书并承担工程质量鉴定、验收、评定（检验）、监测及第三方试验检测业务的试验检测机构，及根据本省实际确定的其它范围的试验检测机构的信用评价结果，由省级交通运输主管部门审定后发布。

2. 信用评价周期

信用评价周期为1年，评价的时间段从1月1日至12月31日。评价结果定期公示、公布，对被直接评为信用很差的试验检测机构和人员应当及时公布。

3. 试验检测机构信用评价

试验检测机构的信用评价实行综合评分制。

试验检测机构设立的工地试验室及单独签订合同承担的工程质量鉴定、验收、评定（检验）及监测等现场试验检测项目（以下简称现场检测项目）的信用评价，作为试验检测机构信用评价的组成部分。

试验检测机构、工地试验室及现场检测项目的信用评价基准分为100分。按本手册附录3《公路水运工程试验检测信用评价办法（试行）》附件Ⅳ的公式计算。

试验检测机构信用评价分为AA、A、B、C、D五个等级，评分对应的信用等级分别为：

AA级：信用评分>95分，信用好；

A级：85分<信用评分≤95分，信用较好；

B级：70分<信用评分≤85分，信用一般；

C级：60分<信用评分≤70分，信用较差；

D级：信用评分≤60分，信用很差。

被评为D级的试验检测机构直接列入黑名单，并按12号令予以处罚。

4. 试验检测人员信用评价

试验检测人员信用评价实行随机检查累计扣分制，工地试验室授权负责人实行定期检查累计扣分制，评价标准见《公路水运工程试验检测人员信用评价标准》（本手册附录3附件Ⅲ）。

（1）信用评价扣分依据：

1）项目业主掌握的不良信用信息；

2) 质监机构监督检查中发现的违规行为、投诉举报查实的违规行为;

3) 交通运输主管部门通报中的违规行为等。

(2) 评价周期内累计扣分分值大于等于 20 分,小于 40 分的试验检测人员信用等级为信用较差;扣分分值大于等于 40 分的试验检测人员信用等级为信用很差。

连续 2 年信用等级被评为信用较差的试验检测人员,其信用等级直接降为信用很差。

被确定为信用很差或伪造证书上岗的试验检测人员列入黑名单,并按 12 号令予以处罚。

(3) 在评价周期内,试验检测人员在不同项目和不同工作阶段发生的违规行为实行累计扣分。一个具体行为涉及两项以上违规行为的,以扣分标准高者为准。

(4) 各省级质监机构负责对在本省从业的试验检测人员进行信用评价。

1) 试验检测师的信用评价结果及相关资料经省级交通运输主管部门审核后于次年 2 月 25 日前报送部质监机构。

2) 跨省从业的助理试验检测师的信用评价结果及相关资料经省级交通运输主管部门审核后于 2 月 10 日前转送其注册地省级质监机构。

3) 在本省注册的助理试验检测师的信用评价结果,由省级交通运输主管部门审定后于 4 月底前完成公示、公布。

4) 部质监机构对试验检测师在全国范围内的扣分进行累加。信用评价结果于 4 月底前完成公示、公布。

5. 信用评价程序及时间

试验检测机构及检测人员信用评价程序及时间,详见本手册附录 4《试验检测机构及人员信用评价程序及时间》所示。

3.8 常见疑难问题解析

1. 公路水运工程建设项目,受施工单位、监理单位和建设单位委托在工程现场设立的工地试验室,均隶属于母体试验检测机构;其各项管理制度及管理体系文件均为母体试验检测机构管理体系的受控文件;工地试验室的所有文件及制度牌的落款单位名称均为母体试验检测机构名称,而不是施工单位、监理单位及建设单位的名称,除施工单位自行设立的工地试验室外。

2. 公路水运工程检测机构等级管理

《公路水运工程试验检测管理办法》(修正)第 6 条规定:检测机构等级是依据检测机构的公路水运工程试验检测水平、主要试验检测仪器设备及检测人员的配备情况、试验检测环境等基本条件对检测机构进行的能力划分。

3. 公路水运工程检测机构等级设置。

《公路水运工程试验检测管理办法》(修正)第 6 条规定:

试验检测机构等级分为公路工程和水运工程专业。

公路工程专业分为综合类和专项类。公路工程综合类设甲、乙、丙 3 个等级,公路工程专项类分为交通工程和桥梁隧道工程。

水运工程专业分为材料类和结构类。水运工程材料类设甲、乙、丙3个等级，水运工程结构类设甲、乙2个等级。

根据等级的高低，覆盖的检测参数范围也从大到小不同。

公路甲级几乎涵盖了现行《公路工程质量检验评定标准》所规定的所有试验检测参数，体现了检测机构的综合实力，公路乙级列入的参数能满足高速公路的日常检测需要，丙级的要求符合道路等级划分中低等级公路对检测的需要。

检测机构等级的差异只反映检测参数的多少，并不代表其检测水平的高低。无论等级高低，其提供的检测数据都应准确、可靠，对相同的检测参数其检测结论应一致。

4. 试验检测机构的基本试验检测能力实行强制性和非强制性的试验检测参数和设备管理。强制性的试验检测参数和设备属于必须满足的条件，不得缺少；而非强制性的试验检测参数和设备可根据地域差异，结合实际的需要选择性配置，但不得少于非强制性试验检测参数和设备总量的80%。

试验检测机构应取得计量认证证书，且证书的参数范围应涵盖其基本试验检测能力"。

5. 2006年、2007年、2009年至2014年原试验检测人员证书的效用性。

（1）根据人力资源社会保障部和交通运输部联合颁布《公路水运工程试验检测专业技术人员职业资格制度规定》和《公路水运工程试验检测专业技术人员职业资格考试实施办法》（2015年6月23日人力资源社会保障部交通运输部（人社部发〔2015〕59号））文件第五章附则第二十四条规定："本规定施行前，依据《公路水运工程试验检测管理办法》（交通部令2005年第12号）及相应试验检测人员考试办法要求，取得的试验检测员、试验检测工程师证书效用不变"。

（2）为了做好试验检测人员制度实施和衔接工作，交通运输部办公厅于2015年9月18日出台了《关于公路水运工程试验检测人员职业资格有关事项的通知》交办安监【2015】143号文件，对原试验检测人员证书的效用性作了进一步的规定："原试验检测工程师、试验检测员证书的效用不变；持有原试验检测工程师、试验检测员证书的人员，仍按照有关规定参加继续教育，待新规定颁布后从其规定"。

6. 《公路水运工程试验检测信用评价办法（试行）》第5条规定："信用评价周期为1年，评价的时间段从1月1日至12月31日。评价结果定期公示、公布，对被直接评为信用很差的试验检测机构和人员应当及时公布"。

7. 《公路水运工程试验检测机构信用评价标准》中的JJC 201009 报告签字人不具备资格。

报告签字人包括试验人员、审核人、签发人。资格应为取得交通运输部职业资格中心颁发人力资源社会保障部、交通运输部监制的试验检测师和助理试验检测师职业资格证书。并在其证书的专业范围内，否则视为不具备资格。

报告签发人未经授权视为不具备资格。

8. 《公路水运工程工地试验室及现场检测项目信用评价标准》中的JJC 202004 未经母体机构有效授权。

本项只对工地试验室适用，工地试验室必须有母体试验检测机构的规范授权书，其授权书上应盖有机构公章、检测资质等级专用标识章，其报告签发人必须经母体试验检测机构正式授权，并明确授权范围、时间等。

9. 《公路水运工程工地试验室及现场检测项目信用评价标准》中的 JJC 202005 授权负责人不是母体机构派出人员的。

本项只对工地试验室适用，工地试验室授权负责人是抓好工地试验室工作的关键人，要求必须是母体试验检测机构的成员，涉及人事关系的有关事项均应在母体机构中有明确证据。

10. 《公路水运工程工地试验室及现场检测项目信用评价标准》中的 JJC 202006 超授权范围开展业务。

本项只对工地试验室适用，母体试验检测机构应在其等级证书项目参数范围内向工地试验室授权，工地试验室应在授权范围内开展业务。

11. 《公路水运工程工地试验室及现场检测项目信用评价标准》中的 JJC 202014 未经备案审核开展检测业务的。

本项只对工地试验室适用，要求工地试验室经监督部门审核备案后，方可开展检测业务。

12. 《公路水运工程试验检测人员信用评价标准》中的 JJC 203004 同时受聘于两个或两个以上试验检测机构的。

《公路水运工程试验检测管理办法》（修正）第 41 条规定：检测人员不得同时受聘于两家以上检测机构，不得借工作之便推销建设材料、构配件和设备。

这里的两个（含）以上单位，同时也包含在一个母体试验检测机构同一时间段内在两个及以上的工地试验室内任职。

13. 《公路水运工程试验检测人员信用评价标准》中的 JJC 203011 超出资格证书中规定项目范围进行试验检测活动的。

持有公路水运工程试验检测（助理试验检测师和试验检测师）专业技术人员职业资格证书人员，应在其专业范围内从事试验检测活动。

14. 工地试验室必须由取得《等级证书》的试验检测机构设立。这不是仅仅用母体试验检测机构的牌子，而是工地试验室的试验检测人员应是母体试验检测机构的人员，授权人必须是母体试验检测机构的正式人员，并且工地试验室所从事的检测业务范围也必须是《等级证书》核定的检测业务范围，不能超范围开展检测工作。

凡是查出工地试验室有问题的，按照《公路水运工程试验检测信用评价办法（试行）》对其母体试验检测机构进行处理；凡是工地试验室的母体试验检测机构不具备《等级证书》的，其所出的数据将不作为公路水运工程质量控制、质量评定和工程验收的依据，质监机构将不予认可。

15. 《公路水运工程试验检测管理办法》（修正）第 36 条规定：检测机构在同一公路水运工程项目标段中不得同时接受业主、监理、施工等多方的试验检测委托。第 37 条规定：检测机构依据合同承担公路水运工程试验检测业务，不得转包、违规分包。

16. 满足工地试验室授权负责人的基本条件：

（1）必须是母体试验检测机构委派的正式聘用人员；（2）需从事试验检测工作 3 年以上，且须持有人力资源社会保障部、交通运输部联合核发的试验检测师职业资格证书；（3）授权人应考虑被授权人的证书专业领域是否涵盖工程现场授权的参数范围，避免超领域签发报告。

17. 工地试验室被授权的试验检测项目及参数，或试验检测持证人员进行变更的，应当由母体试验检测机构提出申请，报经建设单位同意后，向项目质监机构备案。

18. 工地试验室的资料管理。

母体试验检测机构应加强对授权工地试验室的管理和指导，根据工程现场管理需要或合同约定，合理配备工地试验室试验检测人员和仪器设备，并对工地试验室试验检测结果的真实性和准确性负责。

（1）工地试验室是由母体试验检测机构派出，代表母体试验检测机构在工程现场从事检测工作，工地试验室的工作质量和管理水平直接反映母体试验检测机构的水平，尤其是施工单位的母体试验检测机构更多履行的是管理职能，其检测业绩大多是通过工地试验检测报告反映，需要将工地试验室的相关资料如：授权书、备案通知书、设备的使用记录、检测的原始记录、检测台账等在工程完工后移交母体试验检测机构。

（2）工地试验室应按照母体试验检测机构质量管理体系的要求，建立完整的试验检测人员档案、仪器设备管理档案和试验检测业务档案，严格按照试验检测规程操作，并做到试验检测台账、仪器设备使用记录、试验检测原始记录、试验检测报告相互对应。试验检测报告签字人必须是持有交通运输部职业资格中心颁发人力资源社会保障部、交通运输部监制的职业资格证书的试验检测人员。

（3）工地试验室试验检测环境（包括所设立的养护室、样品室、留样室、水泥室等）应满足试验检测规程要求和试验检测工作需要。

（4）工地试验室出具的试验检测报告应加盖工地试验室印章，印章包含的基本信息有："母体试验检测机构名称＋建设项目标段名称＋工地试验室"。

19. 工地试验室的授权期限为授权之日起至工程交工验收日止（一般为工程合同工期时间＋1年半左右的工期延长时间（仅供参考））。主要是考虑工程的工期延长和收尾阶段的试验检测工作。

20. 工地试验室授权负责人的管理。

（1）母体试验检测机构应制订工地试验室授权负责人管理制度，对其工作进行监督管理。

（2）质监机构应建立工地试验室授权负责人专用信息库，加强监督检查。按照《公路水运工程试验检测信用评价办法（试行）》对其从业情况进行全面的信用评价。

（3）工地试验室授权负责人变更，需由母体试验检测机构提出申请，经项目建设单位同意后报项目质监机构备案。擅自离岗或同时任职于两个及以上工地试验室，均视为违规行为，按照《公路水运工程试验检测信用评价办法（试行）》予以扣分。

（4）工地试验室授权负责人信用等级被评为信用较差的，2年内不能担任工地试验室授权负责人。信用等级被评为信用很差的，5年内不能担任工地试验室授权负责人。

（5）工地试验室信用评价结果小于等于70分的，其授权负责人2年内不能担任工地试验室授权负责人。

21. 公路水运工程试验检测专业技术人员职业资格专业和级别。

按照现行《公路水运工程试验检测专业技术人员职业资格制度规定》第一章总则第四条规定："公路水运工程试验检测专业技术人员职业资格包括道路工程、桥梁隧道工程、交通工程、水运结构与地基、水运材料5个专业，分为助理试验检测师和试验检测师2个级别。助理试验检测师和试验检测师职业资格实行考试的评价方式"。

22. 公路水运工程试验检测专业技术人员职业资格考试科目。

按照现行《公路水运工程试验检测专业技术人员职业资格考试实施办法》第三条规定："公路水运工程助理试验检测师、试验检测师均设公共基础科目和专业科目，专业科目为《道路工程》、《桥梁隧道工程》、《交通工程》、《水运结构与地基》和《水运材料》。公共基础科目考试时间为120min，专业科目考试时间为150min"。

23. 取得公路水运工程试验检测专业技术人员职业资格证书的合格标准？

按照现行《公路水运工程试验检测专业技术人员职业资格考试实施办法》第四条规定："公路水运工程助理试验检测师、试验检测师考试成绩均实行2年为一个周期的滚动管理。在连续2个考试年度内，参加公共基础科目和任一专业科目的考试并合格，可取得相应专业和级别的公路水运工程试验检测专业技术人员职业资格证书"。

24. 公路水运工程试验检测专业技术人员职业资格考试规定

按照现行《公路水运工程试验检测专业技术人员职业资格制度规定》第二章考试第七条规定："公路水运工程助理试验检测师和试验检测师职业资格考试，统一大纲、统一命题、统一组织。原则上每年举行一次考试"。

25. 公路水运工程助理试验检测师职业资格考试报名条件

按照现行《公路水运工程试验检测专业技术人员职业资格制度规定》第二章考试第十一条规定：" 符合下列条件之一者，可报考公路水运工程助理试验检测师职业资格考试：

（1）取得中专或高中学历，累计从事公路水运工程试验检测专业工作满4年；

（2）取得工学、理学、管理学学科门类专业大专学历，累计从事公路水运工程试验检测专业工作满2年；或者取得其他学科门类专业大专学历，累计从事公路水运工程试验检测专业工作满3年；

（3）取得工学、理学、管理学学科门类专业大学本科及以上学历或学位；或者取得其他学科门类专业大学本科学历，从事公路水运工程试验检测专业工作满1年"。

26. 公路水运工程试验检测师职业资格考试报名条件

按照现行《公路水运工程试验检测专业技术人员职业资格制度规定》第二章考试第十二条规定：" 符合下列条件之一者，可报考公路水运工程试验检测师职业资格考试：

（1）取得中专或高中学历，并取得公路水运工程助理试验检测师证书后，从事公路水运工程试验检测专业工作满6年；

（2）取得工学、理学、管理学学科门类专业大专学历，累计从事公路水运工程试验检测专业工作满6年；

（3）取得工学、理学、管理学学科门类专业大学本科学历或者学位，累计从事公路水运工程试验检测专业工作满4年；

（4）取得含工学、理学、管理学学科门类专业在内的双学士学位或者工学、理学、管理学学科门类专业研究生班毕业，累计从事公路水运工程试验检测专业工作满2年；

（5）取得工学、理学、管理学学科门类专业硕士学位，累计从事公路水运工程试验检测专业工作满1年；

（6）取得工学、理学、管理学学科门类专业博士学位；

（7）取得其他学科门类专业的上述学历或者学位人员，累计从事公路水运工程试验检测专业工作年限相应增加 1 年"。

27. 公路水运工程试验检测专业技术人员职业资格考试违规处理规定

按照现行《公路水运工程试验检测专业技术人员职业资格考试实施办法》第十条规定:"对违反考试工作纪律和有关规定的人员,按照国家专业技术人员资格考试违纪违规行为处理规定处理"。

28. 力学室、标准养护室、混凝土配合比室的房间合理布局

试验检测机构或工地试验室的力学室、标准养护室、混凝土配合比室的房间布局,标准养护室位于力学室和混凝土配合比室的中间,有利于在混凝土(或砂浆)试件养护和试验时,减少搬运混凝土(或砂浆)试件的距离(仅供参考)。

29. 为了倡导工程绿色施工,减少环境污染,工地试验室的标准养护室使用即取即用、随时随地回收、可重复、循环利用,且不易产生建筑垃圾的《可移动式混凝土试块和/或砂浆试块养护室》,可通过吊装设备吊装移动,从而在建设工程施工中,可省略由于搭设固定养护室而花费的时间和人力成本(仅供参考)。

30. 工地试验室人员岗位应按下列要求进行设置:

(1) 试验室设置授权负责人 1 名,技术负责人 1 名,质量负责人 1 名;

(2) 根据具体工作需要,配置试验检测师、助理试验检测师、辅助人员岗位若干;

(3) 试验室应根据人员专业范围、技术特长划分人员具体岗位。

31. 为了保证工程施工使用的原材料试验检测频率能满足工程施工技术规范和质量检验评定的要求,工地试验室必须建立健全除有常见的试验检测台账外,还应有:混凝土(砂浆)用原材料日消耗台账、后张预应力孔道压浆浆液用原材料日消耗台账和钢筋(钢绞线、锚具、夹片等)原材料日消耗台账等。

32. 如果仪器设备校准时,产生了一系列的修正信息或修正值,则在仪器设备使用时,需要把修正信息或修正值全部加上。确保其备份(如计算机软件中的备份)得到及时正确更新,需建立仪器设备修正因子或修正值使用台账。

比如:量力环校正系数、水泥(粉煤灰)细度负压筛的修正系数等。

33. 经过技术负责人授权的人员,允许使用仪器设备;严禁未经过授权的人员使用仪器设备。被授权的操作人员离开工作岗位超过 1 年后重新返岗,需对其操作相应设备的能力进行确认。

34. 仪器设备经法定计量检定机构检定/校准/测试后,必须对检定/校准机构或实验室出具的校准证书、测试报告进行符合性确认评定。

评定的内容包括:仪器设备的关键量或示值误差是否在该仪器设备允许的误差范围内;是否满足相关检测标准和/或客户的要求;被计量检定/校准的仪器设备是否可用于检测。

(1) 设备的校准报告必须由专业人员对其内容进行确认,并对能否使用、使用中的修正值或注意事项提出意见和要求。

(2) 在进行设备校准之前及对校准后的报告确认应注意的事项有:

1) 根据规范、标准、使用需要等对仪器设备提出校准的参数及范围。

2) 校准后对照规范标准的要求对校准结果逐一确认,并提出试验时的注意事项或要求。

3) 当校准产生一组数据时，需要依据规范标准确认自变量与应变量是否关联，建立自变量与应变量回归方程和相应的曲线。

4) 检查校准报告中使用的依据，所用的计量标准含校准所用设备名称、测量范围、计量标准证书编号、测量不确定度等是否满足要求；尤其需要关注交通行业中专用设备的校准报告。

5) 校准结果的确认不能流于形式，要有确认结论。

35. 工地试验室试验台账分为试验检测（频率）总策划（或称试验检测（频率）总台账）、样品管理、试验检测、工序施工形象取样（试验）和其他5类台账。

工序施工形象取样（试验）台账是指将某个单位工程分解成若干分部工程，再将分部工程分解成若干分项工程，再将分项工程细分解成若干工序，建立工序施工形象取样（试验）明细计划台账。在施工过程中将逐个工序的施工和取样（试验）时间进行详细登记。

建立工序施工形象取样（试验）台账的目的是让人们对某个单位工程的施工和取样（试验）情况做到一目了然。

例如：某桥梁工程的工序施工形象混凝土试件取样（试验）台账，其格式和内容，见表3.8-1。

桥梁工程工序施工形象混凝土试件取样（试验）台账　　　　表3.8-1

里程桩号	桥梁名称	孔数-孔径（孔-m）	分部工程名称	分项工程名称	工序名称	施工日期	混凝土试件取样情况		试验日期	取样人	试件保管人	备注
							取样日期	组数				

填表人：　　　　　　　　　　　　　　　　　　　　　　　　　　　　　　　　　填表时间：

36. 材料日消耗台账

工程施工所使用的材料（如：水泥、砂、石子、外加剂、掺合料、钢筋、钢绞线、锚具（夹片）等），应建立混凝土、砂浆、钢筋、钢绞线、锚具（夹片）、后张预应力孔道压浆浆液等用原材料日消耗台账。

其目的是对原材料的进场或使用情况进行实时跟踪，确保原材料试验检测频率满足施工技术规范要求，也确保每批进场的原材料质量处于合格受控状态。

37. 压力试验机、量力环的量程选择

(1) 压力试验机除应符合《液压式压力试验机》GB/T 3722及《试验机通用技术要求》GB/T 2611中技术要求外，应具有有效期内的计量检定证书，其测量精度为±1%，试件破坏荷载应大于压力机全量程的20%且小于压力机全量程的80%。

(2) 土的承载比（CBR）试验使用的量力环通常有5～7.5kN和20～30kN等类型。为了使绘制单位压力（p）—贯入量（l）关系曲线和试验检测结果更准确，量力环应具有有效期内的计量检定证书，检定结论为2级。

量力环的量程选择：细粒土采用 5~7.5kN；粗粒土采用 20~30kN；巨粒土如需要作承载比（CRB）试验时，选择量程大的量力环为宜。

38. 审核试验检测原始记录资料要点

审核要点有：检测桩号及工程部位是否正确；原始记录是否采用法定计量单位、原始记录及图表内容是否完整、字迹是否清晰、数据更改是否符合有关要求；所用仪器设备是否在检定有效期内；检测项目是否超出母体试验检测机构授权范围；检测方法、程序是否符合有关标准规范、检测方案的要求；检测数据计算是否正确；检测数据的有效位数及修约是否正确；检测数据平行试验间的误差值是否超过试验规程的技术要求；检测记录是否采用统一格式，填写内容是否完整，计量单位是否正确、不确定度表述是否符合要求；检测结论是否客观、规范、科学、准确、严谨；试验检测原始记录的签字是否具有合法性。

39. 工地试验室应根据公路工程招标文件、施工技术规范及建设单位的相关文件要求，并结合工程项目的实际情况，确保各施工现场的工程质量，可制定《工程质量要求指令》和《试验室工作要求指令》管理规定，其表格格式和内容见表 3.8-2 和表 3.8-3。

工程质量要求指令 表 3.8-2

试验室名称：		编号：	
施工单位名称			
工程名称及部位			
工程质量要求：			
工地试验室拟办负责人：			年 月 日
工地试验室授权负责人意见：		施工单位签收人：	
年 月 日 时签发		年 月 日 时签收	
抄报（送）：工地试验室综合办公室、技术负责人、质量负责人、项目主管试验检测师			

试验室工作要求指令 表 3.8-3

试验室名称：		编号：	
施工单位名称			
工程名称及部位			
段落桩号			
存在问题描述：			
整改要求及建议：			
工作要求指令接收方			
接收人：	（签名）	日期：	年 月 日
工地试验室：	（签名）	日期：	年 月 日
报送部门：工地试验室综合办公室、技术负责人、质量负责人、项目主管试验检测师			

40. 工程施工试验日志，内容包括有：日期、星期、气候、气温、施工部位、施工内容、施工负责人、试验检测方案、试验检测技术交底、取样情况、送检情况、试验检测情况、检测人员数量与持证情况、出现问题、解决措施、其他、试验员（取样员）及审核人等。

41. 混凝土回弹仪、勃氏法比表面积测定仪、水泥试验用雷氏夹、天平及地质雷达探测仪等仪器设备，在试验检测前均须进行标定试验。

水泥细度负压筛每使用 100 次后、粉煤灰细度负压筛筛析 150 个样品后均须进行筛网的校正。

42. 检定、检查、检验之间关系：

检定 = 检查＋加标记和/或出具检定证书；

检验 = 查明计量器具法制状态和工作状态的检查；

检查 = 确定计量器具是否符合法定要求的具体操作。

43. 在工程开工前，由工地试验室试验检测师根据项目合同工程量清单、施工设计图和相关试验规程及产品检验标准，编制本项目的工程试验检测（频率）总策划，报技术负责人和授权负责人（试验室主任）审核批准。

44. 检验检测机构监督与内审的区别

（1）目的不同：内审从改善内部管理出发，通过对发现的问题采取相应纠正措施、预防措施，推动质量改进；监督是通过对人员的监督来确保检验检测结果与评价的正确性。

（2）执行者不同：内审由经过专门培训，具备资格（一般认为是培训合格后获证并经过试验室授权）的内审员执行，内审只要资源允许，审核人员应独立于被审核的活动；监督则一般由本部门的人员执行，实行内部监督。监督由监督员（有资格）执行，监督员不一定要经过专门的培训。

（3）程序不同：内审作为一项体系审核工作，已有相应国际标准，并已转化为国家标准，形成了一套规范的做法；监督工作大多是每个检验检测机构自行作出规定。

（4）对象不同：内审的对象是覆盖管理体系相关的各个部门或各要素（过程）、活动、场所的运行情况；监督的对象则是检验检测人员执行的检验检测工作的全过程的能力。

（5）时机不同：内审是按计划进行、不连续的；监督则是连续进行的。

45. 期间核查与校准、检定的区别

（1）目的：期间核查解决仪器设备稳不稳定；校准解决仪器设备准不准确；检定解决仪器设备合格或不合格。

（2）主体：期间核查检验检测机构自身；校准有资格的校准机构；检定经授权的法定计量部门。

（3）方法：期间核查使用参考标准，与相同等级的另一个设备或几个被测件的量值再次测定，也可用高等级仪器设备进行核查；校准是采用经溯源的计量标准，根据校准规范进行校准；检定是采用经溯源的计量标准，根据检定规程进行检定。

（4）对象：需要时进行，包括某些环境条件恶劣等仪器设备。凡是对检测、校准和有效性有显著影响的所有设备，包括辅助测量设备；有检定规程的仪器设备。

（5）周期：期间核查在两次校准的间隔内自行确定；校准规范规定的时间；检定规范规定的时间。

(6) 范围：期间核查检验检测机构自己规定（一般选择经常用的一个点）；校准规范规定的或用客户要求的各个点；检定规程规定的各个点。

46. 纠正、纠正措施、预防措施的区别

(1) 纠正：为消除已发现的不合格所采取的措施。纠正可连同纠正措施一起实施。

(2) 纠正措施：为消除已发现的不合格或其他不期望情况的原因所采取的措施。一个不合格可以有多个原因采取纠正措施是为了防止再发生（"亡羊补牢"）。

(3) 预防措施：是事先主动识别改进机会的过程，为消除潜在不合格或其他潜在的不期望情况的原因所采取的措施（"未雨绸缪"）。

纠正措施的目的在于防止问题的再发生；纠正措施应与不合格影响程度相适应。

第4章 工程施工质量与试验检测控制方法

4.1 材料试验

4.1.1 路基工程

1. 土样的试验检测项目、检测方法和频率

(1) 路基基底土样

1) 一般路基土：

①路基填土高度小于路面和路床总厚度时，土的试验项目有：天然含水率、液塑限、天然稠度、标准击实试验、颗粒分析、自由膨胀率及CBR试验等，按《公路土工试验规程》JTG E40 中有关试验方法，每个填方自然段不同土质施工前至少取样做1次试验。

②路基填土高度大于路面和路床总厚度时，土的试验项目有：天然含水率；液、塑限；天然稠度；标准击实试验及颗粒分析等，按《公路土工试验规程》JTG E40 中有关试验方法，每个填方自然段不同土质施工前至少取样做1次试验。

2) 湿黏土、软土的试验项目有：天然含水率、密度、液塑限、天然稠度、孔隙比、相对密度、荷兰触探仪触探、路基基底承载力及有机质含量等，按《公路土工试验规程》JTG E40 中有关试验方法，每处或施工路段施工前至少取样做1次试验。

(2) 路基填料

1) 一般路基土的试验项目，有：天然含水量、天然稠度、液塑限、标准击实试验、颗粒分析、自由膨胀率及CBR试验等，按《公路土工试验规程》JTG E40 中的有关试验方法，每个挖方自然段不同土质施工前至少取样做1次试验或使用中每5000m^3取样重做以上试验；必要时应做：相对密度、有机质含量、易溶盐含量及冻胀等试验。

2) 特殊材料填料土，也应按相关标准和频率做相应试验，必要时还应进行环境影响评估。

2. 石料或隧道洞内石渣的试验检测项目、检测方法和频率

石料或隧道洞内石渣的试验项目，有：岩石饱水抗压强度、表观密度、有机质含量、坚固性、压碎值、硫化物及硫酸盐、针片状含量、含泥量、筛分、含水率、湿（干）密度及孔隙率等，按《公路工程岩石试验规程》JTG E41 和《公路工程集料试验规程》JTG E42 中的有关规定和试验方法。

3. 混凝土及砂浆工程的试验检测项目、检测方法和频率

(1) 水泥详见4.1.3 中1桥梁、涵洞工程中水泥的相关内容。

(2) 细集料详见4.1.3 中2桥梁、涵洞工程中细集料的相关内容。

(3) 粗集料详见4.1.3 中3桥梁、涵洞工程中粗集料的相关内容。

(4) 拌合水详见4.1.3 中5桥梁、涵洞工程中混凝土及砂浆拌合水的相关内容。

(5) 水泥混凝土拌合物及水泥混凝土试件详见 4.3.3 中 5（1）桥梁、涵洞工程中水泥混凝土拌合物及水泥混凝土试件的相关内容。

(6) 水泥砂浆拌合物及水泥砂浆试件详见 4.3.3 中 5（2）桥梁、涵洞工程中水泥砂浆拌合物及水泥砂浆试件的相关内容。

(7) 掺合料详见 4.1.3 中 6 桥梁、涵洞工程中掺合料的相关内容。

(8) 外加剂详见 4.1.3 中 7 桥梁、涵洞工程中外加剂的相关内容。

4. 其他材料的试验检测项目、检测方法和频率

(1) 钢筋详见 4.1.3 中 8 桥梁、涵洞工程中钢筋的相关内容。

(2) 土工合成材料的试验检测项目有：单位面积质量、厚度、孔径、几何尺寸、垂直渗透系数、水平渗透系数、有效孔径、淤堵、耐静水压、拉伸强度、CBR 顶破、刺破、节点/焊点强度、拉拔摩擦及直接剪切摩擦等；工地试验检测项目有：单位面积质量、厚度、孔径、几何尺寸及拉伸强度等。试验检测应采用《公路土工合成材料应用技术规范》JTG/T D32、《公路工程土工合成材料试验规程》JTG E50 的规定方法。

取样频率：1) 可根据工程规模、所用材料数量由设计单位或监理单位确定。当材料数量不足 10000m^2 时，取样频率亦一次；2) 工地试验频率按所购材料的批次进行，如每批次大于 5000m^2，为一批。

(3) 塑料排水板的试验检测项目有：外观质量、尺寸测量、等效孔径、复合体抗拉强度与延伸率、滤膜抗拉强度与延伸率、纵向通水量、滤膜渗透系数等，按《公路工程土工合成材料 塑料排水板（带）》JT/T 521 有关规定频率和试验方法。

(4) 石灰详见 4.1.2 中 3（1）路面工程基层和底基层中石灰的相关内容。

(5) 粉煤灰详见 4.1.2 中 3（1）路面工程基层和底基层中粉煤灰的相关内容。

(6) EPS 块体详见 4.3.1 中 7 路基工程轻质填料路堤中的相关内容。

4.1.2 路面工程

1. 水泥混凝土面层

(1) 原材料的试验检测项目、检测方法和频率

水泥混凝土原材料的检测项目和频率，见表 4.1.2-1。

水泥混凝土原材料的检测项目和频率　　　　表 4.1.2-1

材料	检查项目	检查频率		试验方法
		高速公路、一级公路	其他公路	
水泥	抗折强度、抗压强度、安定性	机铺 1500t 一批	机铺 1500t、小型机具 500t 一批	GB 175 GB 13693
	凝结时间、标稠用水量、细度	机铺 2000t 一批	机铺 3000t、小型机具 500t 一批	
	f-CaO、MgO、SO_3 含量，铝酸三钙、铁铝酸四钙含量，干缩率、耐磨性、碱度，混合材料种类及数量	每合同段不少于 3 次，进场前必测	每合同段不少于 3 次，进场前必测	
	温度	冬、夏季施工随时检测	冬、夏季施工随时检测	温度计

续表

材料	检查项目	检查频率		试验方法
		高速公路、一级公路	其他公路	
掺合料	活性指数、细度、烧失量	机铺 1500t 一批	机铺 1500t、小型机具 500t 一批	GB/T 18736 GB/T 1596
	需水量比、SO_3 含量	每合同段不少于 3 次，进场前必测	每合同段不少于 3 次，进场前必测	
粗集料	级配、针片状、超径颗粒含量，表观密度，堆积密度，空隙率	机铺 2500m^3 一批	机铺 5000m^3、小型机具 1500m^3 一批	JTG E42 T0302、T0312、T0308、T0309
	含泥量、泥块含量	机铺 1000m^3 一批	机铺 2000m^3、小型机具 1000m^3 一批	JTG E42 T0310
	压碎值、岩石抗压强度	每种粗集料每合同段不少于 2 次	每种粗集料每合同段不少于 2 次	JTG E42 T0316/JTG E41 T0221
	碱集料反应	怀疑有碱活性集料进场前测	怀疑有碱活性集料进场前测	JTG E42 T0325
	含水率	降雨或湿度变化随时测，且每日不少于 2 次	降雨或湿度变化随时测，且每日不少于 2 次	JTG E42 T0307
砂	细度模数、表观密度、堆积密度、空隙率、级配	机铺 2000m^3 一批	机铺 4000m^3、小型机具 1500m^3 一批	JTG E42 T0331、T0328
	含泥量、泥块、石粉含量	机铺 1000m^3 一批	机铺 2000m^3、小型机具 500m^3 一批	JTG E42 T0333、T0335
	坚固性	每种砂每合同段不少于 3 次	每种砂每合同段不少于 3 次	JTG E42 T0340
	云母含量，轻物质与有机物含量	目测有云母或杂质时测	目测有云母或杂质时测	JTG E42 T0337
	硫化物及硫酸盐、海砂中氯离子含量	必要时测，淡化海砂每合同段 3 次	必要时测，淡化海砂每合同段 2 次	JTG E42 T0341 JGJ 206
	含水率	降雨或湿度变化随时测，且每日不少于 4 次	降雨或湿度变化随时测，且每日不少于 4 次	JTG E42 T0330
外加剂	减水率、缓凝时间，液体外加剂含固量和相对密度，粉状外加剂的不溶物含量	机铺 5t 一批	机铺 5t、小型机具 3t 一批	GB 8076
	引气剂含气量、气泡细密程度和稳定性	机铺 2t 一批	机铺 3t、小型机具 1t 一批	

4.1 材料试验

续表

材料	检查项目	检查频率		试验方法
		高速公路、一级公路	其他公路	
纤维	抗拉强度、弯折性能或延伸率、长度、长径比、形状	开工前或有变化时，每合同段3次	开工前或有变化时，每合同段3次	GB/T 228 JT/T 776.1 GB/T 21120
	杂质、质量及其偏差	机铺50t一批	机铺50t、小型机具30t一批	
养护材料	有效保水率、抗压强度比、耐磨性、耐热性、膜水溶性、含固量、成膜时间、薄膜或成膜连续不透气性	开工前或有变化时，每合同段不少于3次，每5t一批	开工前或有变化时，每合同段不少于3次，每5t一批	JT/T 522 JG/T 188
水	pH值、含盐量、硫酸根及杂质含量	开工前和水源有变化时	开工前和水源有变化时	JGJ 63

注：1. 当原材料规格、品种、生产厂、来源变化时或开工前，所有原材料项目均应检验；
    2. 机铺指滑模、三辊轴机组和碾压混凝土摊铺，数量不足一批时，按一批检验。

（2）水泥混凝土拌合物

水泥混凝土拌合物的检测项目和频率，见表4.1.2-2。

水泥混凝土拌合物的检测项目和频率 表4.1.2-2

检查项目	检查频率		试验方法
	高速公路、一级公路	其他公路	
水灰比及其稳定性	每5000m³抽检1次，有变化随时测	每5000m³抽检1次，有变化随时测	JTG E30 T0529
坍落度及其损失率	每工班测3次，有变化随时测	每工班测3次，有变化随时测	JTG E30 T0522
振动黏度系数	试拌、原材料和配合比有变化时测	试拌、原材料和配合比有变化时测	JTG/T F30 附录A
纤维体积率	每工班测2次，有变化随时测	每工班测1次，有变化随时测	JTG/T F30 附录D
含气量	每工班测2次，有抗冻要求不少于3次	每工班测1次，有抗冻要求不少于3次	JTG E30 T0526
泌水率	每工班测2次	每工班测2次	JTG E30 T0528
表观密度	每工班测1次	每工班测1次	JTG E30 T0525
温度、凝结时间、水化发热量	冬、夏季施工，气温最高、最低时，每工班至少测1～2次	冬、夏季施工，气温最高、最低时，每工班至少测1次	JTG E30 T0527

续表

检查项目	检查频率		试验方法
	高速公路、一级公路	其他公路	
改进 VC 值	每工班测 3 次，有变化随时测	每工班测 3 次，有变化随时测	JTG E30 T0524
离析	随时观察	随时观察	—
压实度、松铺系数	每工班测 3 次，有变化随时测	每工班测 3 次，有变化随时测	JTG E30 T0525

2. 沥青混凝土面层

（1）沥青混合料原材料的试验检测项目与频率，见表 4.1.2-3。

沥青混合料原材料的检测项目与频率　　表 4.1.2-3

材料	检查项目	检查频率		试验规程规定的平行试验次数或一次试验的试样数
		高速公路、一级公路	其他等级公路	
粗集料	外观（石料品种、含泥量等）	随时	随时	—
	针片状颗粒含量	随时	随时	2~3
	颗粒组成（筛分）	随时	必要时	2
	压碎值	必要时	必要时	2
	磨光值	必要时	必要时	4
	洛杉矶磨耗值	必要时	必要时	2
	含水量	必要时	必要时	2
细集料	颗粒组成（筛分）	随时	随时	2
	砂当量	必要时	必要时	2
	含水量	必要时	必要时	2
	松方单位重	必要时	必要时	2
矿粉	外观	随时	随时	—
	<0.075mm 含量	必要时	必要时	2
	含水量	必要时	必要时	2
石油沥青	针入度	每 2~3 天 1 次	每周 1 次	3
	软化点	每 2~3 天 1 次	每周 1 次	2
	延度	每 2~3 天 1 次	每周 1 次	3
	含蜡量	必要时	必要时	2~3
改性沥青	针入度	每天 1 次	每天 1 次	3
	软化点	每天 1 次	每天 1 次	2
	离析试验（对成品改性沥青）	每周 1 次	每周 1 次	2
	低温延度	必要时	必要时	3
	弹性恢复	必要时	必要时	3
	显微镜观察（对现场改性沥青）	随时	随时	—

4.1 材料试验

续表

材料	检查项目	检查频率		试验规程规定的平行试验次数或一次试验的试样数
		高速公路、一级公路	其他等级公路	
乳化沥青	蒸发残留物含量	每2~3天1次	每周1次	2
	蒸发残留物针入度	每2~3天1次	每周1次	2
改性乳化沥青	蒸发残留物含量	每2~3天1次	每周1次	2
	蒸发残留物针入度	每2~3天1次	每周1次	3
	蒸发残留物软化点	每2~3天1次	每周1次	2
	蒸发残留物的延度	必要时	必要时	3

注：1. 表列内容是在材料进场时已按"批"进行了全面检查的基础上，日常施工过程中质量检查的项目与要求。

2. "随时"是指需要经常检查的项目，其检查频率可根据材料来源及质量波动情况由业主及监理确定；"必要时"是指施工各方任何一个部门对其质量发生怀疑，提出需要检查时，或是根据需要商定的检查频率。

(2) 热拌沥青混合料的检测项目、方法和频率，应符合以下规定：

1) 混合料外观：采用目测法，随时；

2) 拌合温度：

①沥青、集料的加热温度：采用传感器自动检测、显示并打印，逐盘检测；

②混合料出厂温度：(a) 采用传感器自动检测、显示并打印，出厂时逐车按T0981人工检测，逐车检测；(b) 采用传感器自动检测、显示并打印，逐盘测量记录，每天取平均值；

3) 矿料级配：

①采用计算机采集数据计算，逐盘在线检测；

②按沥青路面质量过程控制及总量检验方法总量检验，逐盘检查，每天汇总1次取平均值；

③采用T0725抽提筛分与标准级配比较的差，每台拌合机每天1~2次，以2个试样的平均值；

4) 沥青用量（油石比）：

①采用计算机采集数据计算，逐盘在线监测；

②按沥青路面质量过程控制及总量检验方法总量检验，逐盘检查，每天汇总1次取平均值；

③采用抽提T0722、T0721，每台拌合机每天1~2次，以2个试样的平均值；

5) 马歇尔试验（空隙率、稳定度、流值）：采用T0702、T0709、《公路沥青路面施工技术规范》JTG F40—2004附录B、附录C，每台拌合机每天1~2次，以4~6个试件的平均值；

6) 浸水马歇尔试验：采用T0702、T0709，必要时（试件数同马歇尔试验）；

7) 车辙试验：采用T0719，必要时（以3个试件的平均值）。

3. 基层和底基层

(1) 原材料的检测项目、方法和频率，见表4.1.2-4。

原材料的检测项目、方法和频率 表 4.1.2-4

材料	检查项目	频率	试验方法
土	含水率	每天使用前测 2 个样品	烘干法、酒精法
	液限、塑限	每种土使用前测 2 个样品，使用过程中每 2000m³ 测 2 个样品	液限和塑限联合测定法
	颗粒分析		筛分法
	有机质含量	对土有怀疑时做此试验	有机质含量试验
	硫酸盐含量		易溶盐总量的测定-质量法
碎石、砾石等粗集料	含水率	每天使用前测 2 个样品	烘干法、酒精法
	级配	每档碎石使用前测 2 个样品，使用过程中每 2000m³ 测 2 个样品	含土粗集料筛分试验
	液限、塑限	每种材料使用前测 2 个样品，使用过程中每 2000m³ 测 2 个样品	液限和塑限联合测定法
	毛体积相对密度、吸水率	使用前测 2 个样品，砾石使用过程中每 2000m³ 测 2 个样品，碎石种类变化重做 2 个样品	粗集料密度及吸水率试验（网篮法或容量瓶法）
	压碎值		粗集料压碎值试验
	粉尘含量		粗集料含泥量及泥块含量试验
	针片状颗粒含量		粗集料针片状颗粒含量试验（游标卡尺法）
	软石含量		粗集料软弱颗粒试验
细集料	含水率	每天使用前测 2 个样品	烘干法、酒精法
	级配	每档材料使用前测 2 个样品，使用过程中每 2000m³ 测 2 个样品	细集料筛分试验
	液限、塑限	每种细集料使用前测 2 个样品，使用过程中每 2000m³ 测 2 个样品	液限和塑限联合测定法
	毛体积相对密度、吸水率	使用前测 2 个样品，使用过程中每 2000m³ 测 2 个样品	细集料表观密度试验（容量瓶法）/矿粉密度试验
	有机质含量	有怀疑时做此试验	细集料有机质含量试验
	硫酸盐含量		细集料三氧化硫含量试验
石灰	含水率	每天使用前测 2 个样品	烘干法、酒精法
	有效钙、镁含量	做材料组成设计和生产使用时分别测 2 个样品，以后每月测 2 个样品	石灰有效氧化钙测定方法、石灰氧化镁测定方法、石灰有效氧化钙和氧化镁简易测定方法
	残渣含量		石灰未消化残渣含量测定方法
粉煤灰	含水率	每天使用前测 2 个样品	烘干法、酒精法
	细度	做材料组成设计前测 2 个样品	粉煤灰细度试验方法
	烧失量		粉煤灰烧失量测定方法
	二氧化硅等氧化物含量	每天使用前测 2 个样品	粉煤灰二氧化硅、氧化铁和氧化铝含量测定方法

续表

材料	检查项目	频率	试验方法
水泥	细度	做材料组成设计时测1个样品，料源或强度等级变化时重测	水泥细度检验方法（筛析法）
	凝结时间		水泥标准稠度用水量、凝结时间、安定性检验方法
	强度		水泥胶砂强度检验方法（ISO法）
	线膨胀率		膨胀水泥膨胀率试验方法
	安定性		水泥标准稠度用水量、凝结时间、安定性检验方法

注：表中水泥检查项目及试验方法按照《公路工程路面基层稳定用水泥》JT/T 994—2015标准中的规定。

（2）混合料（包括非整体性材料）的试验检测项目、方法和频率，见表4.1.2-5。

混合料试验检测项目、方法和频率　　表4.1.2-5

材料	检查项目	频率	试验方法
混合料（包括非整体性材料）	重型击实试验	材料发生变化时	无机结合料稳定材料击实试验方法
	承载比（CBR）	材料发生变化时	承载比（CBR）试验
	抗压强度	每次配合比试验	无机结合料稳定材料无侧限抗压强度试验方法
	延迟时间	水泥品种变化时	
	绘制EDTA标准曲线	水泥、石灰品种变化时	水泥或石灰稳定材料中水泥或石灰剂量测定方法

4.1.3 桥梁、涵洞工程

1. 水泥的试验检测项目有：细度、相对密度、比表面积、标准稠度用水量、凝结时间、安定性、流动度、抗折强度、抗压强度、游离CaO含量、碱含量、熟料中的C_3A含量及氯离子含量等。

其试验检测方法和频率：采用《水泥标准稠度用水量、凝结时间、安定性检验方法》GB/T 1346、《水泥胶砂强度检验方法（ISO法）》GB/T 17671、《水泥细度检验方法（筛析法、80μm筛）》GB/T 1345、《水泥比表面积测定方法 勃氏法》GB/T 8074、《水泥胶砂流动度测定方法》GB/T 2419及《公路工程水泥及水泥混凝土试验规程》JTG E30的规定方法；应按批次对同一生产厂、同一品种、同一强度等级及同一出厂日期的水泥进行检验，散装水泥应以每500t为一批，袋装水泥应以每200t为一批，不足500t或200t时，亦按一批计。当对水泥质量有怀疑或受潮或存放时间超过3个月时，应重新取样复验。

2. 细集料的试验检测项目有：外观、筛分、细度模数、表观密度、堆积（紧装）密度、空隙率、含水率、含泥量、泥块含量、人工砂的石粉含量、有机质含量、云母含量、轻物质含量、硫化物及硫酸盐含量、氯化物、膨胀率、坚固性、抗冻融、砂当量、棱角性、压碎指标及碱集料反应等。

其试验检测方法和频率：采用《公路工程集料试验规程》JTG E42的规定方法；应

按同产地、同规格、连续进场数量不超过 400m³ 或 600t 为一验收批，小批量进场的宜以不超过 200m³ 或 300t 为一验收批进行检验；当质量稳定且进料量较大时，可以 1000t 为一验收批等进行检验。

3. 粗集料的试验检测项目有：外观、筛分、含水率、吸水率、表观密度、堆积（振实）密度、空隙率、含泥量、泥块含量、针片状颗粒含量、有机质含量、硫化物及硫酸盐含量、氯化物、坚固性、抗冻融、压碎指标、磨耗值、软弱颗粒含量、磨光值、冲击值及碱集料反应等。

其试验检测方法和频率：采用《公路工程集料试验规程》JTG E42 的规定方法；以应按同产地、同规格、连续进场数量不超过 400m³ 或 600t 为一验收批，小批量进场的宜以不超过 200m³ 或 300t 为一验收批进行检验；当质量稳定且进料量较大时，可以 1000t 为一验收批等进行检验。

4. 石料的试验检测项目有：力学性能试验（单轴抗压强度、单轴压缩变形）和抗冻性。

其试验检测方法和频率：采用《公路工程岩石试验规程》JTG E41 的规定方法；应按不同料源、不同岩质分别取样或对石料质量有怀疑时进行检验。

5. 混凝土及砂浆拌合水的试验检测项目有：pH 值、不溶物、可溶物、氯化物、硫酸盐、硫化物及碱含量等。

其试验检测方法和频率：采用《混凝土用水标准》JGJ 63 的规定方法；应按不同水源或对水质有疑问时，应进行检验。

6. 掺合料的种类主要有：粉煤灰、磨细矿渣及硅灰 3 种。

（1）粉煤灰的试验检测项目有：细度、比表面积、烧失量、需水量比、含水率、CaO 含量、游离 CaO、SO_3 含量、氯离子含量、安定性、均匀性及总碱量等。

其试验检测方法和频率：采用《用于水泥和混凝土中的粉煤灰》GB/T 1596、《水泥化学分析方法》GB/T 176、《水泥原料中氯离子的化学分析方法》JC/T 420 及《水泥标准稠度用水量、凝结时间、安定性检验方法》GB/T 1346 等的规定方法；应按不同料源或对粉煤灰质量有疑问时，应进行检验。

（2）磨细矿渣的试验检测项目有：密度、比表面积、活性指数（7d、28d）、流动度比、需水量比、含水率、SO_3 含量、氯离子含量、MgO 含量、烧失量、玻璃体含量及放射性等。

其试验检测方法和频率：采用《水泥比表面积测定方法 勃氏法》GB/T 8074、《高强高性能混凝土用矿物外加剂》GB/T 18736、《用于水泥和混凝土中的粒化高炉矿渣粉》GB/T 18046、《水泥化学分析方法》GB/T 176 及《水泥原料中氯离子的化学分析方法》JC/T 420 等的规定方法；应按不同料源或对磨细矿渣质量有疑问时，应进行检验。

（3）硅灰的试验检测项目有：比表面积、烧失量、含水率、氯离子含量、SiO_2 含量、混合砂浆性能（需水量比、28d 活性指数）及总碱量等。

其试验检测方法和频率：采用《高强高性能混凝土用矿物外加剂》GB/T 18736、《水泥化学分析方法》GB/T 176 及《水泥原料中氯离子的化学分析方法》JC/T 420 等的规定方法；应按不同料源或对硅灰质量有疑问时，应进行检验。

7. 外加剂的试验检测项目有：水泥净浆流动度、硫酸钠含量、氯离子含量、碱含量、减水率、含气量、坍落度保留值、常压泌水率比、压力泌水率比、抗压强度比（3d、7d、28d）、对钢筋锈蚀作用、收缩率比及相对耐久性指标等。

其试验检测方法和频率：采用《混凝土外加剂匀质性试验方法》GB/T 8077、《混凝土外加剂》GB 8076 及《混凝土泵送剂》JC 473 等的规定方法；应按不同料源、不同类别外加剂的规定取样频率或对外加剂质量有疑问时，应进行检验。

8. 钢筋的试验检测项目有：重量偏差、屈服强度、抗拉强度、延伸率、冷弯性能及反复弯曲等。

其试验检测方法和频率：采用《金属材料 拉伸试验 第 1 部分：室温试验方法》GB/T 228.1、《金属材料（线材）反复弯曲试验方法》GB/T 238 及《金属材料 弯曲试验方法》GB/T 232 等的规定方法；应按分批进行检验，可由同一牌号、同一炉罐号、同一尺寸的钢筋进行组批，每批的质量不宜大于 60t，超过 60t 的部分，每增加 40t（或不足 40t 的余数）应增加一个拉伸和一个弯曲试验试样；钢筋的进场检验亦可由同一牌号、同一冶炼方法、同一浇筑方法的不同炉罐号组成混合批进行，但各炉罐号的含碳量之差应不大于 0.02%，含锰量之差应不大于 0.15%。

9. 预应力筋的种类主要有：钢丝、钢绞线及螺纹钢筋 3 种。除预应力筋的松弛率、孔道摩阻测试及张拉控制应力（伸长值）等试验检测项目外，尚应有以下试验检测项目：

（1）钢丝的试验检测项目有：表面质量、抗拉强度、弹性模量、弯曲及伸长率等。

其试验检测方法和频率：采用《预应力混凝土用钢丝》GB/T 5223 的规定及相关试验检测方法；分批检验时每批质量应不大于 60t。

（2）钢绞线的试验检测项目有：表面质量、直径偏差、弹性模量、规定非比例延伸力测试及力学性能试验等。

其试验检测方法和频率：采用《预应力混凝土用钢绞线》GB/T 5224 的规定及相关试验检测方法；分批检验时每批质量应不大于 60t。

（3）螺纹钢筋的试验检测项目有：表面质量、拉伸试验及弹性模量等。

其试验检测方法和频率：采用《预应力混凝土用螺纹钢筋》GB/T 20065 的规定及相关试验检测方法；分批检验时每批质量应不大于 100t。

10. 锚具、夹具和连接器的试验检测项目有：常规检测（外观检查、硬度检验、静载锚固性能试验）、疲劳试验、周期荷载试验及辅助性试验（锚具内缩量、锚具摩阻损失、张拉锚固工艺）等。

其试验检测方法和频率：采用《预应力筋用锚具、夹具和连接器》GB/T 14370 的规定及相关试验检测方法；进场检验时，同种材料、同一生产工艺条件下、同批进场的产品可视为同一验收批。锚具的每个验收批不宜超过 2000 套；夹具、连接器的每个验收批不宜超过 500 套；获得第三方独立认证的产品其验收批可扩大 1 倍。

11. 管道（金属波纹管、塑料波纹管）的试验检测项目有：外观、尺寸、集中荷载下径向刚度、荷载作用后抗渗漏及抗弯曲渗漏等。

其试验检测方法和频率：采用《预应力混凝土用金属波纹管》JG 225 和《预应力混凝土桥梁用塑料波纹管》JT/T 529 的规定及相关试验检测方法；管道应按批进行检验。金属波纹管每批应由同一钢带生产厂生产的同一批钢带所制造的产品组成，累计半年或 50000m 生产量为一批，不足半年产量或 50000m 也作为一批的，则取产量最多的规格；

塑料波纹管每批应由同一配方、同一生产工艺、同设备稳定连续生产的产品组成，每批数量应不超过10000m。

12. 桥梁支座的种类主要有：板式橡胶支座、盆式橡胶支座及球形橡胶支座3种。

（1）板式橡胶支座的试验检测项目有：外形尺寸、外观质量、力学性能（抗压弹性模量、抗剪弹性模量、抗剪黏结性能试验、抗剪老化试验、摩擦系数、转角试验、极限抗压强度）等。

其试验检测方法和频率：采用《公路桥梁板式橡胶支座》JT/T 4 的规定及相关试验检测方法；试样应随机抽取实样，每种规格试样数量为三对，各种试验试样通用。

（2）盆式橡胶支座的试验检测项目有：外形尺寸、外观质量、力学性能（竖向承载力、水平承载力、转角、摩擦系数）等。

其试验检测方法和频率：采用《公路桥梁盆式橡胶支座》JT/T 391 的规定及相关试验检测方法；试样数量应满足试验所需的要求。

（3）球形橡胶支座的试验检测项目有：外形尺寸、外观质量、力学性能（竖向承载力、水平承载力、摩擦系数、转动性能）等。

其试验检测方法和频率：采用《桥梁球形支座》GB/T 17955 的规定及相关试验检测方法；试样数量应满足试验所需的要求。

13. 桥梁伸缩装置的种类主要有：模数式伸缩装置、梳齿板式伸缩装置、橡胶伸缩装置及异型钢单缝伸缩装置4种。

（1）模数式伸缩装置的试验检测项目有：尺寸、外观质量、拉伸、压缩、（纵向、竖向、横向）错位试验、水平摩阻力、变位均匀性、振动冲击及橡胶密封带防水等。

（2）梳齿板式伸缩装置的试验检测项目有：尺寸、外观质量、拉伸、压缩、水平摩阻力及变位均匀性等。

（3）橡胶伸缩装置的试验检测项目有：尺寸、外观质量、内在质量（解剖检测）、拉伸、压缩、水平摩阻力及垂直变形等。

（4）异型钢单缝伸缩装置的试验检测项目有：尺寸、外观质量及橡胶密封带防水等。

其试验检测方法和频率：采用《公路桥梁伸缩装置》JT/T 327 的规定及相关试验检测方法；试样数量和长度应满足试验所需的要求。橡胶板式伸缩装置解剖检验应每100块取1块。

4.1.4 隧道工程

1. 通用材料的试验检测项目、检测方法和频率

通用材料包括：水泥、细集料、粗集料、石料、混凝土及砂浆拌合水、掺合料、外加剂、钢筋、钢筋焊接接头及钢筋焊接网等。

（1）水泥详见4.1.3中1桥梁、涵洞工程中水泥的相关内容。

（2）细集料详见4.1.3中2桥梁、涵洞工程中细集料的相关内容。

（3）粗集料详见4.1.3中3桥梁、涵洞工程中粗集料的相关内容。

（4）石料详见4.1.3中4桥梁、涵洞工程中石料的相关内容。

（5）混凝土及砂浆拌合水详见4.1.3中5桥梁、涵洞工程中混凝土及砂浆拌合水的相关内容。

(6) 掺合料详见 4.1.3 中 6 桥梁、涵洞工程中掺合料的相关内容。

(7) 外加剂主要包括：高效减水剂（缓凝型）、速凝剂、锚固剂及防水剂等。

1) 高效减水剂（缓凝型）的试验检测项目有：减水率、泌水率比、含气量、凝结时间差（初凝、终凝）、1h 经时变化量（坍落度、含气量）、抗压强度比（1d、3d、7d、28d）及收缩率比等。

其检测方法：采用《混凝土外加剂》GB 8076 的规定方法；取样频率：①以进场的同批号产品数量为一检验批，不同批号产品应分别取样；②产品批号划分：根据生产厂家产量和生产设备条件，将产品分批编号，掺量大于 1%（含 1%）同品种的外加剂每一编号为 100t，掺量小于 1% 的外加剂每一编号为 50t，不足 100t 或 50t 的也可按一个批量计，同一批号的产品必须混合均匀；③或对减水剂质量有疑问时，应进行检验。

2) 速凝剂的试验检测项目有：密度、氯离子含量、总碱量、pH 值、含固量、细度、含水率、净浆（初凝时间、终凝时间）及砂浆（1d 抗压强度、28d 抗压强度比）等。

其检测方法和频率：采用《喷射混凝土用速凝剂》JC 477 的规定方法；每批次进场检验一次，每 20t 为一批，不足 20t 也按一批计，或对速凝剂质量有疑问时，应进行检验。

3) 锚固剂的试验检测项目有：凝结时间（初凝、终凝）、抗压强度（0.5h、1h、24h）、锚固力（0.5h、24h）及膨胀率（0.5h、28d）等。

其检测方法和频率：采用《水泥锚杆 卷式锚固剂》MT 219 的规定方法；每批次进场检验一次，每检验批代表数量不超过 500 卷，或对锚固剂质量有疑问时，应进行检验。

4) 防水剂的试验检测项目有：净浆安定性、泌水率比、凝结时间差（初凝、终凝）、抗压强度比（3d、7d、28d）、渗透高度比、48h 吸水量比及 28d 收缩率比等。

其检测方法和频率：采用《砂浆、混凝土防水剂》JC 474 的规定方法；根据生产厂家产量和生产设备条件，将产品分批编号。年产不小于 500t 的每 50t 为一批；年产 500t 以下的每 30t 为一批；不足 50t 或者 30t 的，也按照一个批量计，同一批号的产品必须混合均匀；或对防水剂质量有疑问时，应进行检验。

(8) 钢筋详见 4.1.3 中 8 桥梁、涵洞工程中钢筋的相关内容。

(9) 钢筋焊接接头详见 4.3.3 中 1 桥梁、涵洞工程钢筋接头中的相关内容。

(10) 钢筋焊接网详见 4.3.3 中 1 桥梁、涵洞工程钢筋接头中的相关内容。

2. 支护材料的试验检测项目、检测方法和频率

支护材料主要包括：锚杆、喷射混凝土及钢构件等。

(1) 锚杆主要包括：钢管（小导管）、中空锚杆及砂浆锚杆等。

1) 钢管（小导管）的试验检测项目有：外观尺寸、化学成分、拉伸试验、冲击试验、压扁试验、扩口试验、弯曲试验、液压试验、超声波探伤检验、涡流探伤检验、漏磁探伤检验等。

其检测方法和频率：采用《输送流体用无缝钢管》GB/T 8163 的规定方法；钢管按批进行检查和验收；若钢管在切成单根后不再进行热处理，则从一根管坯轧制的钢管截取的所有管段都应视为一根；每批应由同一牌号、同一炉号、同一规格和同一热处理制度（炉次）的钢管组成。每批钢管的数量应不超过如下规定：

①外径不大于 76mm，并且壁厚不大于 3mm：400 根；

②外径大于 351mm：50 根；

③其他尺寸：200 根。

需方如无特殊要求时，10 号钢、20 号钢可以不同炉号的同一牌号、同一规格的钢管组成一批；剩余钢管的根数，如不少于上述规定的 50% 时则单独列为一批，少于上述规定的 50% 时可并入同一牌号、同一炉号和同一规格的相邻一批中。

2) 中空锚杆的试验检测项目有：外观尺寸、锚杆杆体极限拉力值、杆体伸长率及弯曲试验等。

其检测方法和频率：采用《金属材料 拉伸试验 第 1 部分：室温试验方法》GB/T 228.1 的规定方法；每批次进场检验一次，每检验批代表数量不超过 300 根。

3) 砂浆锚杆详见 4.1.3 中 8 桥梁、涵洞工程中钢筋的相关内容。

(2) 喷射混凝土的试验检测项目有：原材料（水泥、细集料、粗集料、混凝土拌合水、速凝剂）、配合比（设计配合比、施工配合比）及强度（抗压强度、抗拉强度、抗剪强度、疲劳强度、粘结强度）等。

其检测方法和频率：见《公路隧道施工技术规范》JTG F60 附录 C 喷锚支护的试验和测定方法中的规定。

(3) 钢构件主要包括：型钢、钢筋网（钢格栅）及钢管等。

1) 型钢的试验检测项目有：屈服强度、抗拉强度、伸长率、冷弯及冲击试验等。其检测方法和频率：采用《碳素结构钢》GB/T 700 和《热轧型钢》GB/T 706 的规定方法；应按成批验收，每批由同一牌号、同一炉号、同一质量等级、同一品种、同一尺寸、同一交货状态的钢材组成。每批重量应不大于 60t。

2) 钢筋网（钢格栅）详见上款（10）钢筋焊接网（上款（8）钢筋）中的相关内容。

3) 钢管详见本款（1）项 1) 钢管（小导管）中的相关内容。

3. 隧道防排水材料的试验检测项目、检测方法和频率

防排水材料主要包括：注浆材料、高分子合成卷材、石油沥青纸胎油毡、防水涂料、土工布、排水管及防水混凝土等。

(1) 注浆材料主要包括：工业硅酸钠（水玻璃）、水泥等。

1) 工业硅酸钠（水玻璃）的试验检测项目有：铁、水不溶物、密度、氧化钠、二氧化硅、可溶固体、氧化铝及模数等。其检测方法和频率：采用《工业硅酸钠》GB/T 4209 的规定方法；按以生产企业用相同材料，基本相同的生产条件，连续生产或同一班组生产的同一级别的产品为一批，液体硅酸钠每批产品不超过 500t，固体硅酸钠每批产品不超过 400t。

2) 水泥详见 4.1.3 中 1 桥梁、涵洞工程中水泥的相关内容。

3) 注浆浆液的试验检测项目有：黏度、渗透能力、凝胶时间、渗透系数及抗压强度等。其检测方法和频率：采用《隧道工程试验检测技术》（陈建勋、马建秦主编，人民交通出版社（2004 版））的相关测定方法。

(2) 高分子合成卷材主要包括：片材、止水带及止水条（遇水膨胀橡胶）等。

1) 片材的试验检测项目有：外观质量、尺寸偏差、单位面积质量、断裂拉伸强度、扯断伸长率、撕裂强度、不透水性、低温弯折温度、加热伸缩量、热空气老化、耐碱性、臭氧老化、人工气候老化、粘结剥离强度、粘结点及复合强度等。

其检测方法和频率：采用《高分子防水材料　第1部分：片材》GB 18173.1的规定方法；以同品种、同规格的5000m²片材（如日产量超过8000m²则以8000m²）为一批，随机抽取三卷进行规格尺寸和外观质量检验，并在上述检验合格的样品中再随机抽取足够的试样，进行物理性能检验。

2）止水带的试验检测项目有：外观质量、尺寸偏差、硬度、拉伸强度、扯断伸长率、压缩永久变形、撕裂强度、脆性温度、热空气老化、臭氧老化及橡胶与金属粘合等。

其检测方法和频率：采用《高分子防水材料　第2部分：止水带》GB 18173.2的规定方法；以每月同标记的止水带产量为一批，逐一进行规格尺寸和外观质量检验，并在上述检验合格的样品中随机抽取足够的试样，进行物理性能检验。

3）止水条（遇水膨胀橡胶）的试验检测项目有：外观质量、尺寸偏差、硬度、拉伸强度、扯断伸长率、体积膨胀倍率、反复浸水试验、低温弯折、高温流淌性及低温试验等。

其检测方法和频率：采用《高分子防水材料　第3部分：遇水膨胀橡胶》GB/T 18173.3的规定方法；以每月同标记的膨胀橡胶产量为一批，每批抽取两根进行外观质量检验，并在每根产品的任意1m处随机取三点进行规格尺寸检验（腻子型除外）；并在上述检验合格的样品中随机抽取足够的试样，进行物理性能检验。

（3）石油沥青纸胎油毡的试验检测项目有：外观质量、卷重、单位面积浸涂材料总量、不透水性、吸水率、耐热度、拉力（纵向）及柔度等。

其检测方法和频率：采用《石油沥青纸胎油毡》GB 326的规定方法；以同一类型的1500卷卷材为一批，不足1000卷也可作为一批；在该批产品中随机抽取5卷进行卷重、面积和外观检查。

（4）防水涂料的试验检测项目有：拉伸性能（强度/拉力）、伸长率（延伸率）、撕裂强度、低温柔性（弯折性）、不透水性、粘结强度、耐热性（度）、固体含量及干燥时间等。

1）检测方法

采用《聚氨酯防水涂料》GB/T 19250、《聚氯乙烯弹性防水涂料》JC/T 674、《聚合物水泥防水涂料》GB/T 23445、《水乳型沥青防水涂料》JC/T 408及《溶剂型橡胶沥青防水涂料》JC/T 852的规定方法。

2）取样频率

①《聚氨酯防水涂料》GB/T 19250中规定，以同一类型、同一规格15t为一批，不足15t亦作为一批（多组分产品按组分配套组批）；在每批产品中按GB/T 3186规定取样，总共取3kg样品（多组分产品按配比取）。

②《聚氯乙烯弹性防水涂料》JC/T 674中规定，以同一类型、同一型号20t产品为一批，不足20t也作一批进行出厂检验；型式检验按《输送流体用无缝钢管》GB/T 3186规定的数量，在批中随机抽取整桶（袋）产品，然后按《输送流体用无缝钢管》GB/T 3186有关规定，取混合样品2kg进行物理力学性能的检验。

③《聚合物水泥防水涂料》GB/T 23445中规定，以同一类型的10t产品为一批，不足10t也作为一批；产品的液体组分抽样按《运输流体用无缝钢管》GB/T 3186的规定进行，配套固体组分的抽样按《水泥取样方法》GB/T 12573－2008中袋装水泥的规定进

行，两组分共取 5kg 样品。

④《水乳型沥青防水涂料》JC/T 408 中规定，以同一类型、同一规格 5t 为一批，不足 5t 亦作为一批；在每批产品中按《运输流体用无缝钢管》GB/T 3186 规定取样，总共取 2kg 样品。

⑤《溶剂型橡胶沥青防水涂料》JC/T 852 中规定，以 5t 产品为一批，不足 5t 也作一批进行出厂检验；型式检验按《运输流体用无缝钢管》GB/T 3186 规定的数量，在每批中随机抽取整桶（袋）产品，然后按《运输流体用无缝钢管》GB/T 3186 有关规定，取混合样品 2kg 进行性能检验。

(5) 土工布的试验检测项目有：单位面积质量偏差、厚度偏差、宽度偏差、断裂强度、断裂伸长率、CBR 顶破强度、等效孔径 O_{90}（O_{95}）、垂直渗透系数及撕破强度等。

其检测方法：采用《公路土工合成材料应用技术规范》JTG/T D32、《公路工程土工合成材料试验规程》JTG E50 的规定方法；

取样频率：1）亦可根据工程规模、所用材料数量由设计单位或监理单位确定。当材料数量不足 10000m^2 时，取样频率亦一次；2）工地试验频率按所购材料的批次进行，如每批次大于 5000m^2，为一批。

(6) 排水管主要包括：波纹管、软式透水管及预制混凝土管等。

1) 波纹管的试验检测项目有：外观质量、外形尺寸、环刚度、烘箱试验、蠕变比率、系统的适用性、环柔性、冲击性能、扁平试验、进水孔面积及落锤冲击性能等。

其检测方法：采用《农田排水用塑料单壁波纹管》GB/T 19647、《热塑性塑料管材环刚度的测定》GB/T 9647、《热塑性塑料管材耐外冲击性能试验方法：时针旋转法》GB/T 14152、《埋地用聚乙烯（PE）结构壁管道系统 第 1 部分：聚乙烯双壁波纹管材》GB/T 19472.1 的规定方法。

取样频率：《农田排水用塑料单壁波纹管》GB/T 19647 规定，同一批原料、同一配方和工艺情况下生产的同一规格管材为一批，每批数量不超过 30km；《埋地用聚乙烯（PE）结构壁管道系统 第 1 部分：聚乙烯双壁波纹管材》GB/T 19472.1 规定，同一批原料、同一配方和工艺情况下生产的同一规格管材为一批，管材内径≤500mm 时，每批数量不超过 60t，如生产数量少，生产期 7 天尚不足 60t，则以 7 天产量为一批；管材内径＞500mm 时，每批数量不超过 300t，如生产数量少，生产期 30 天尚不足 300t，则以 30 天产量为一批。

2) 软式透水管的试验检测项目有：外观质量、外径尺寸偏差、构造要求（直径、间距、保护层厚度）、滤布性能（向抗拉强度（纵、横）、伸长率（纵、横向）、圆球顶破强度、CBR 顶破强力、渗透系数、等效孔径）及耐压扁平率等。

其检测方法和频率：采用《软式透水管》JC 937 的规定方法；按以出厂检验样品同一规格 10000m 为一批量，不足 10000m 的也按一批量计。

3) 预制混凝土管的试验检测项目有：外观检查、原材料（水泥、细集料、粗集料、石料、混凝土拌合水、钢筋）、配合比（设计配合比、施工配合比）及强度等。

预制混凝土管：

①水泥详见 4.1.3 中 1 桥梁、涵洞工程中水泥的相关内容。

②细集料详见 4.1.3 中 2 桥梁、涵洞工程中细集料的相关内容。

③粗集料详见4.1.3中3桥梁、涵洞工程中粗集料的相关内容。

④石料详见4.1.3中4桥梁、涵洞工程中石料的相关内容。

⑤混凝土拌合水详见4.1.3中5桥梁、涵洞工程中混凝土及砂浆拌合水的相关内容。

⑥钢筋详见4.1.3中8桥梁、涵洞工程中钢筋的相关内容。

⑦配合比（设计配合比、施工配合比）：采用《普通混凝土配合比设计规程》JGJ 55的规定方法；不同强度等级应至少设计1次配合比，施工配合比应根据每天细集料、粗集料的含水率进行调整。

⑧强度：采用《公路工程水泥及水泥混凝土试验规程》JTG E30的规定方法；取样频率应按《公路工程质量检验评定标准　第一册　土建工程》JTG F80/1附录D水泥混凝土抗压强度评定的规定频率制取试件组数。

（7）防水混凝土的试验检测项目有：原材料（水泥、细集料、粗集料、石料、混凝土拌合水、防水剂）、配合比（设计配合比、施工配合比）、抗压强度及抗渗等级等。

防水混凝土：

1) 水泥详见4.1.3中1桥梁、涵洞工程中水泥的相关内容。

2) 细集料详见4.1.3中2桥梁、涵洞工程中细集料的相关内容。

3) 粗集料详见4.1.3中3桥梁、涵洞工程中粗集料的相关内容。

4) 石料详见4.1.3中4桥梁、涵洞工程中石料的相关内容。

5) 混凝土拌合水详见4.1.3中5桥梁、涵洞工程中混凝土及砂浆拌合水的相关内容。

6) 防水剂详见4.1.4中1（7）隧道工程中外加剂的相关内容。

7) 配合比（设计配合比、施工配合比）：采用《普通混凝土配合比设计规程》JGJ 55的规定方法；不同强度等级应至少设计1次配合比，施工配合比应根据每天细集料、粗集料的含水率进行调整。

8) 抗压强度：采用《公路工程水泥及水泥混凝土试验规程》JTG E30的规定方法；试件取样频率详见附录8的规定。

9) 抗渗等级：采用《公路工程水泥及水泥混凝土试验规程》JTG E30《普通混凝土长期性能和耐久性试验方法标准》GB/T 50082的规定方法；试件取样频率为每200m衬砌做一组（6个）试件。

4. 其他材料的试验检测项目、检测方法和频率

（1）镀锌焊接钢管的试验检测项目有：表面质量、尺寸偏差（外径、壁厚）、力学性能（屈服强度、抗拉强度、伸长率）、工艺性能（弯曲试验、压扁试验、导向弯曲试验）、液压试验及镀锌层（重量、均匀性、附着力检验）等。

其检测方法和频率：采用《低压流体输送用焊接钢管》GB/T 3091的规定方法；钢管应按批进行检查和验收，每批由同一炉号、同一牌号、同一规格、同一焊接工艺、同一热处理制度（如适用）和同一镀锌层（如适用）的钢管组成。每批钢管的数量应不超过如下规定：

1) $D \leqslant 33.7mm$：1000根；

2) $D > 33.7 \sim 60.3mm$：750根；

3) $D > 60.3 \sim 168.3mm$：500根；

4) $D>168.3\sim323.9mm$：200 根；

5) $D>323.9$：100 根。

(2) 槽钢的试验检测项目有：外观尺寸、屈服强度、抗拉强度、伸长率及冷弯试验等。其检测方法和频率：采用《碳素结构钢》GB/T 700 的规定方法；应按成批验收，每批由同一牌号、同一炉号、同一质量等级、同一品种、同一尺寸、同一交货状态的钢材组成。每批重量应不大于 60t。

(3) 角钢的试验检测项目有：外观尺寸、屈服强度、抗拉强度、伸长率及冷弯试验等。其检测方法和频率：采用《碳素结构钢》GB/T 700 的规定方法；应按成批验收，每批由同一牌号、同一炉号、同一质量等级、同一品种、同一尺寸、同一交货状态的钢材组成。每批重量应不大于 60t。

(4) 钢板的试验检测项目有：屈服强度、抗拉强度、伸长率及冷弯试验等。其检测方法和频率：采用《碳素结构钢》GB/T 700 的规定方法；应按成批验收，每批由同一牌号、同一炉号、同一质量等级、同一品种、同一尺寸、同一交货状态的钢材组成。每批重量应不大于 60t。

4.1.5　交通安全设施工程

公路交通安全设施质量检测分为实验室检测（送样检测）和工程现场检测（抽样检测）2 部分。

1. 实验室检测（送样检测）

(1) 道路交通标志产品的试验检测项目有：结构尺寸、外观质量、钢构件防腐层质量、材料力学性能、标志板面色度性能、反光型标志板面光度性能、标志板抗冲击性能、耐盐雾腐蚀性能、标志板耐高低温性能、标志板耐候性能、标志板面与标志底板的附着性能及标志板面油墨与反光膜的附着性能等。

(2) 反光膜产品的试验检测项目有：外观质量、光度性能、色度性能、抗冲击性能、耐弯曲性能、附着性能、收缩性能、防粘纸可剥离性能、抗拉荷载、耐溶剂性能、耐盐雾腐蚀性能、耐高低温性能、耐候性能等。

(3) 路面标线涂料的试验检测项目：

1) 溶剂型、双组分、水性路面标线涂料：容器中状态、黏度、密度、施工性能与涂膜制备、热稳定性、涂膜外观、不粘胎干燥时间、遮盖率、色度性能、耐磨性、耐水性、耐碱性、附着性、柔韧性、固体含量、冻融稳定性、早期耐水性等。

2) 热熔型路面标线涂料：热熔状态、密度、软化点、涂膜外观、不粘胎干燥时间、色度性能、抗压强度、耐磨性、耐水性、耐碱性、玻璃珠含量、流动度、涂层低温抗裂性、加热稳定性及人工加速耐候性等。

(4) 路面标线用玻璃珠的试验检测项目有：外观检查、粒径分布、成圆率、密度、折射率、耐水性、磁性颗粒含量及防水涂层要求等。

(5) 波形梁护栏产品的试验检测项目有：基材的化学成分及机械性能、外形尺寸、外观质量及防腐层质量等。

(6) 混凝土护栏产品的试验检测项目有：外观质量、模板质量、基层质量等。

(7) 缆索护栏产品的试验检测项目有：外形结构、材料性能及金属构件防腐层质量等。

（8）隔离栅产品的试验检测项目有：一般要求、结构尺寸、原材料力学性能、焊点抗拉力、钢板网弯曲性能及防腐层质量等。

（9）防眩板产品的试验检测项目有：外观质量、结构尺寸、整体力学性能、耐溶剂性能、耐水性能、环境适应性能、玻璃钢防眩板理化性能、钢质金属基材防眩板理化性能等。

（10）凸起路标产品的试验检测项目有：外观质量、结构尺寸、色度性能、逆反射性能、整体抗冲击性能、逆反射器抗冲击性能、抗压荷载、纵向弯曲强度、耐磨损性能、耐温度循环、碎裂后状态、金属反光膜附着性能、耐盐雾腐蚀性能及耐候性能等。

（11）太阳能凸起路标产品的试验检测项目有：一般要求和外观质量、外形尺寸、太阳电池和储能元件的匹配性能、循环使用寿命、主动发光单元工作时的发光强度和色品坐标、逆反射器的发光强度系数和色品坐标、闪烁频率、夜间视认距离、耐溶剂性能、密封性能、耐磨损性能、抗压性能、耐低温、高温、湿热、温度交变、机械振动等性能、耐循环盐雾性能及耐候性能等。

（12）轮廓标产品的试验检测项目有：外观质量、外形尺寸、色度性能、光度性能、耐候性能、盐雾腐蚀、高低温、密封性能、弯曲性能及黑色标记的剥离等。

（13）高密度聚乙烯硅芯塑料管（硅芯管）的试验检测项目有：外观检验、尺寸测量、理化性能等。

（14）双壁波纹管的试验检测项目有：颜色及外观检查、结构尺寸及长度、承口尺寸、弯曲度、落锤冲击、扁平、环刚度、复原率、坠落、纵向回缩率、连接密封性、维卡软化温度、静摩擦系数及蠕变比率等。

（15）公路用玻璃纤维增强塑料管道的试验检测项目有：外观质量、结构尺寸、通用物理力学性能、氧指数、耐水性能、耐化学介质性能及环境适应性能等。

（16）公路用玻璃纤维增强塑料管箱的试验检测项目有：外观质量、结构尺寸、通用物理力学性能、氧指数（阻燃性能）、耐水性能、耐化学介质性能、环境适应性能等。

（17）防腐粉末涂料产品的试验检测项目有：粉体、涂层（外观质量、涂层厚度、涂层附着性、涂层耐冲击性、涂层抗弯曲性、涂层耐化学腐蚀性、涂层耐盐雾性能、涂层耐湿热性能、涂层耐低温脆化性、耐候性能、挥发物含量、粒度分布（筛余物）、表观密度、熔融指数、光泽度、拉伸强度、断裂延伸率、涂层硬度、维卡软化点及耐环境应力开裂）等。

2. 试验检测方法和频率

以上（1）～（17）项产品的检测方法，采用《交通安全设施及机电工程》（韩文元、包左军主编，人民交通出版社（2014版））的相关测定方法。

4.1.6 机电工程

公路机电工程质量检测分为实验室检测（送样检测）和工程现场检测（抽样检测）2部分。

1. 实验室检测（送样检测）

（1）监控设施

监控设施产品主要包括有：环形线圈车辆检测器；能见度检测器；埋入式路面状况检测器；LED可变信息标志；LED信号灯及地图板等。

1）环形线圈车辆检测器产品的试验检测项目有：结构要求、外观质量、功能试验、性能试验、电器安全性能、电磁兼容性能试验、环境适应能力及软件要求等。

2）能见度检测器产品的试验检测项目有：功能检测、技术指标测试、环境试验、电磁兼容、杂光兼容性、安全性及可靠性和维修性等。

3）埋入式路面状况检测器产品的试验检测项目有：电源测试、传感器各项技术指标测试。

4）LED可变信息标志产品的试验检测项目有：除一般要求和通用试验外，还有外观检验、材料检验、结构尺寸、产品结构稳定性试验、色度性能、视认性能、电气安全性能、通信接口与规程、环境适应性能、可靠性试验及功能测试等。

5）LED信号灯产品的试验检测项目有：通用要求检查、光学性能试验、幻像试验、色度试验、功率及功率因数试验、电源适配器试验、启动瞬间电流试验、电源适应性试验、启动/关闭响应时间试验、夜间降光功能测试、发光二极管（LED）失效检测功能试验、盲人过街声响提示装置功能试验、外壳防护等级试验、太阳能供电信号灯的性能试验、绝缘电阻测量、介电强度试验、泄漏电流测量、防触电保护检查、内部接线检查、壳体安全性检查、高温试验、低温试验、湿热试验、盐雾试验、振动试验、强度试验、风压试验及人工气候加速老化试验等。

6）地图板产品的试验检测项目有：外观检查、屏架尺寸测量、屏面尺寸测量、阻燃试验及功能试验等。

（2）收费设施

收费设施产品主要包括有：入口车道设备（公路收费车道控制机、电动栏杆、手动栏杆、收费键盘、LED车道控制标志）；出口车道设备（汽车号牌视频自动识别系统、费额显示器、票据打印机）；IC卡发卡编码系统（公路收费非接触式IC卡收发卡机）等。

1）公路收费车道控制机产品的试验检测项目有：外观质量、材料检验、功能要求、配置检验、电气安全性及环境适应性能等。

2）电动栏杆产品的试验检测项目有：外观质量、外形尺寸、材料试验、电气安全要求、功能要求及技术指标试验、噪声试验、电磁兼容性能及环境适应性能等。

3）手动栏杆产品的试验检测项目有：外观质量、外形尺寸、材料试验、耐盐雾腐蚀性能及耐候性能等。

4）收费键盘产品的试验检测项目有：一般要求、外观质量和按键组成、按键使用寿命、防水与防尘、电磁兼容性能、环境适应性能及可靠性试验等。

5）LED车道控制标志产品的试验检测项目同LED可变信息标志的试验检测项目。

6）汽车号牌视频自动识别系统产品的试验检测项目有：外观和结构、功能试验、性能试验、电气安全性能、电磁兼容性能、环境适应性能及可靠性等。

7）费额显示器产品的试验检测项目有：外观质量、材料试验、安全及功能、物理性能、电气安全性能、通信接口与规程、环境适应性能及电磁兼容性能等。

8）票据打印机产品的试验检测项目有：外观和结构要求、功能试验、性能试验、电气安全性能、电磁兼容性能、环境适应性能及可靠性等。

9) 公路收费非接触式 IC 卡收发卡机产品的试验检测项目有：外观结构检查、功能试验、性能试验、电源适应性能、亭外形卡机机箱外壳防护性能、电气安全性能、电磁兼容性能、环境适应性能及运输试验等。

(3) 隧道机电设施

隧道机电设施产品主要包括有：环境检测设备；隧道报警与诱导设施（可变信息标志、可变限速标志、车道指示器（LED 车道控制标志））；公路隧道照明灯具；公路隧道火灾报警系统及本地控制器等。

1) 环境检测设备产品的试验检测项目有：材料和外观、功能要求、供电要求与安全试验及环境适应性能等。

2) 隧道报警与诱导设施的试验检测项目，详见 4.1.6 中 1 (1)、(2) 机电工程监控设施和收费设施中的相关内容。

3) 公路隧道照明灯具产品的试验检测项目有：结构试验和性能试验。

4) 公路隧道火灾报警系统的试验检测项目有：性能试验。

5) 本地控制器产品的试验检测项目有：功能测试、防护性能试验、结构稳定性试验、机械强度试验、布线和端接测试、电气安全试验、电源性能试验、电磁兼容性能试验、环境适应性试验、通信规程测试及平均故障时间（MTBF）测试等。

2. 试验检测方法和频率

以上（1）～（3）项设施产品的检测方法，采用《交通安全设施及机电工程》（韩文元、包左军主编，人民交通出版社（2014 版））的相关测定方法。

4.2 试验路段

试验路段也可称为"首件工程认可制"，简称"首件制"。对各分项、分部及单位工程的施工起到"样板引路"的作用。

首件制是"以工序保分项，以分项保分部，以分部保单位，以单位保总体"的质量创优保障原则。

实行首件制，是通过首件优良工程的示范作用，带动、推进和保障后续工程的质量，后续工程的质量不能低于首件工程标准。

实行试验路段/首件制的工程有：

路基工程、路面工程（底基层和基层、水泥混凝土路面、沥青路面）、钢筋连接工程（钢筋焊接连接、钢筋机械连接）、结构物工程等。

具体详见"3.6.3 中 9 试验路段/工艺试验总结报告"中的相关内容。

4.3 施工质量检测

4.3.1 路基工程

1. 土质路堤的实测项目、检查方法和频率，见表 4.3.1-1 的规定。

土质路堤实测项目、检查方法和频率　　　　表 4.3.1-1

检查项目			规定值或允许偏差			检查方法和频率
			高速公路一级公路	其他公路		
				二级公路	三、四级公路	
△压实度（%）	零填及挖方（m）	0～0.30	—	—	94	按 JTG F80/1 附录 B 路基、路面压实度评定检查 密度法：每 200m 每压实层测 4 处
		0～0.80	≥96	≥95	—	
	填方（m）	0～0.80	≥96	≥95	≥94	
		0.80～1.50	≥94	≥94	≥93	
		>1.50	≥93	≥92	≥90	
△弯沉（0.01mm）			不大于设计要求值			按 JTG F80/1 附录 I 路基、柔性基层、沥青路面弯沉值评定检查
纵断面高程（mm）			+10，-15	+10，-20		水准仪：每 200m 测 4 断面
中线偏位（mm）			50	100		经纬仪：每 200m 测 4 点，弯道加 HY、YH 两点
宽度（mm）			符合设计要求			米尺：每 200m 测 4 处
平整度（mm）			15	20		3m 直尺：每 200m 测 2 处×10 尺
横坡（%）			±0.3	±0.5		水准仪：每 200m 测 4 个断面
边坡			符合设计要求			尺量：每 200m 测 4 处

注：1. 表列压实度以重型击实试验法为准，评定路段内的压实度平均值下置信界限不得小于规定标准，单个测定值不得小于极值（表列规定值减 5 个百分点）。按不小于表列规定值减 2 个百分点的测点数量占总检查点数的百分率计算合格率。
2. 采用核子仪检验压实度时应进行标定试验，确认其可靠性。
3. 特殊干旱、特殊潮湿地区或过湿土路基，可按交通运输部颁发的路基设计、施工规范所规定的压实度标准进行评定。
4. 三、四级公路铺筑沥青混凝土或水泥混凝土路面时，其路基压实度应采用二级公路标准。

2. 填石路堤的实测项目、检查方法和频率，见表 4.3.1-2 的规定。

填石路堤实测项目、检查方法和频率　　　　表 4.3.1-2

检查项目	规定值或允许偏差		检查方法和频率
	高速公路一级公路	其他等级公路	
压实度	符合试验路确定的施工工艺		施工记录
	沉降差≤试验路确定的沉降差		水准仪：每 40m 检测一个断面，每个断面检测 5～9 点
纵断面高程（mm）	+10，-20	+10，-30	水准仪：每 200m 测 4 断面

续表

检查项目		规定值或允许偏差		检查方法和频率
		高速公路一级公路	其他等级公路	
弯沉		不大于设计值		—
中线偏位（mm）		50	100	经纬仪：每200m测4点 弯道加 HY、YH 两点
宽度		不小于设计值		米尺：每200m测4处
平整度（mm）		20	30	3m直尺：每200m测4点×10尺
横坡（%）		±0.3	±0.5	水准仪：每200m测4个断面
边坡	坡度	不陡于设计值		每200m抽查4处
	平顺度	符合设计要求		

3. 土石路堤的实测项目、检查方法和频率

（1）中硬、硬质石料土石路堤，除压实度或固体体积率可根据实际可能进行检验外，其他检测项目、检查方法和频率与填石路堤的实测项目、检查方法和频率相同。

（2）软质石料填筑的土石路堤实测项目、检查方法和频率，与土质路堤的实测项目、检查方法和频率相同。

4. 高填方路堤的实测项目、检查方法和频率

应根据路基填料类型不同，分别按相应类型路基的实测项目、检查方法和频率。

5. 桥、涵及结构物的回填实测项目、检查方法和频率，见表 4.3.1-3 的规定。

桥、涵及结构物的回填实测项目、检查方法和频率　　表 4.3.1-3

检查项目	规定值或允许偏差	检查方法和频率
压实度（%）	96	密度法，每50m²检验1点，不足50m²时至少检验1点
厚度（mm）	不大于设计值	挖验：每50m²检验1点，不足50m²时至少检验1点

6. 半填半挖路基、路堤与路堑过渡段的实测项目、检查方法和频率

应根据路基填料类型不同，分别按相应类型路基的实测项目、检查方法和频率。

7. 轻质填料路堤的实测项目、检查方法和频率

（1）粉煤灰路堤参考土质路堤的实测项目、检查方法和频率。

（2）EPS路堤实测项目、检查方法和频率，见表 4.3.1-4 的规定。

EPS路堤实测项目、检查方法和频率　　表 4.3.1-4

检查项目		允许偏差	检查方法和频率
EPS块体尺寸	长度（mm）	±10	卷尺丈量，抽样频率：EPS施工用量$V<2000m^3$时抽检2块，$2000m^3 \leqslant V < 5000m^3$时抽检3块，$5000m^3 \leqslant V < 10000m^3$时抽检4块，$V>10000m^3$时，每$2000m^3$抽检1块
	宽度（mm）	±8	
	厚度（mm）	±3	

续表

检查项目	允许偏差	检查方法和频率
EPS块体密度	不低于设计值	天平，抽样频率同EPS块体尺寸
EPS块体强度	符合设计要求	抗压试验，抽样频率同EPS块体尺寸
基底压实度（%）	≥90	环刀法或灌砂法，每1000m^2检测3点
垫层平整度（mm）	10	3m直尺，每20m检查3点
EPS块体之间的平整度（mm）	5	3m直尺，每20m检查3点
EPS块体之间缝隙（mm）	20	卷尺丈量，每20m检查1点
EPS块体之间错台（mm）	10	卷尺丈量，每20m检查1点
基底横坡（%）	±0.5	水准仪，每20m检查6点
护坡宽度	不小于设计值	卷尺丈量，每40m检查1点
钢筋混凝土板厚度（mm）	+10，-5	卷尺丈量板边，每块2点（钻孔，视需要）
钢筋混凝土板宽度（mm）	±20	卷尺丈量，每100m检查2点
钢筋混凝土板强度	符合设计要求	抗压试验，每工作台班留2组试件
钢筋网间距（mm）	±10	卷尺丈量

注：路线曲线部分的EPS块体缝隙不得大于50mm。

8. 路基排水的实测项目、检查方法和频率

（1）土质边沟、截水沟、排水沟，见表4.3.1-5的规定。

土质边沟、截水沟、排水沟实测项目、检查方法和频率　　表4.3.1-5

检查项目	规定值或允许偏差	检查方法和频率
沟底纵坡	符合设计要求	水准仪：每200m测8点
沟底高程（mm）	+0，-30	水准仪：每200m测8处
断面尺寸	不小于设计要求	尺量：每200m测8处
边坡坡度	不陡于设计要求	每50m测2处
边棱顺直度（mm）	50	尺量：20m拉线，每200m测4处

（2）浆砌排水沟、截水沟、边沟，见表4.3.1-6的规定。

浆砌排水沟、截水沟、边沟实测项目、检查方法和频率　　表4.3.1-6

检查项目	规定值或允许偏差	检查方法和频率
砂浆强度	符合设计要求	同一配合比，每台班2组
轴线偏位（mm）	50	经纬仪：每200m测8处
墙面直顺度（mm）或坡度	30 符合设计要求	20m拉线 坡度尺：每200m测4处
断面尺寸（mm）	±30	尺量：每200m 4处
铺砌厚度	不小于设计值	尺量：每200m 4处
基础垫层宽、厚度	不小于设计值	尺量：每200m 4处
沟底高程（mm）	±15	水准仪：每200m 8点

4.3 施工质量检测

（3）混凝土排水管，见表4.3.1-7的规定。

混凝土排水管实测项目、检查方法和频率　　　　表4.3.1-7

检查项目		规定值或允许偏差	检查方法和频率
混凝土强度		符合设计要求	同一配合比，每台班2组
管轴线偏位（mm）		15	经纬仪或拉线：每两井间测5处
管内底高程（mm）		±10	水准仪：每两井间测4处
基础厚度		不小于设计值	尺量：每两井间测5处
管座	肩宽（mm）	+10，-5	尺量、挂边线：每两井间测4处
管座	肩高（mm）	±10	尺量、挂边线：每两井间测4处
抹带	宽度	不小于设计	尺量：按20%抽查
抹带	厚度	不小于设计	尺量：按20%抽查
进出口、管节接缝处理		有防水处理	每处检查

（4）排水渗沟，见表4.3.1-8的规定。

排水渗沟实测项目、检查方法和频率　　　　表4.3.1-8

检查项目	规定值或允许偏差	检查方法和频率
沟底高程（mm）	±15	水准仪：每20m测4处
断面尺寸	不小于设计	尺量：每20m测2处

（5）隔离工程土工合成材料，见表4.3.1-9的规定。

隔离工程土工合成材料实测项目、检查方法和频率　　　　表4.3.1-9

检查项目	规定值或允许偏差	检查方法和频率
下承层平整度、拱度	符合设计要求	每200m检查4处
搭接宽度（mm）	+50，0	抽查2%
搭接缝错开距离（mm）	符合设计要求	抽查2%
表面保护层厚度	符合设计要求	抽查2%

（6）过滤排水工程土工合成材料，见表4.3.1-10的规定。

过滤排水工程土工合成材料实测项目、检查方法和频率　　　　表4.3.1-10

检查项目	规定值或允许偏差	检查方法和频率
下承层平整度、拱度	符合设计要求	每200m检查4处
搭接宽度（mm）	+50，0	抽查2%
搭接缝错开距离（mm）	符合设计要求	抽查2%

(7) 检查井、雨水井,见表 4.3.1-11 的规定。

检查井、雨水井实测项目、检查方法和频率　　　　表 4.3.1-11

检查项目	规定值或允许偏差		检查方法和频率
砂浆强度	符合设计要求		同一配比,每台班 2 组
轴线偏位 (mm)	50		经纬仪:每个检查井检查
圆井直径或方井长、宽 (mm)	±20		尺量:每个检查井检查
井底高程 (mm)	±15		水准仪:每个检查井检查
井盖与相邻路面高差 (mm)	检查井	+4,0	水准仪:每个检查井检查
	雨水井	0,−4	

(8) 排水泵站,见表 4.3.1-12 的规定。

排水泵站实测项目、检查方法和频率　　　　表 4.3.1-12

检查项目	规定值或允许偏差	检查方法和频率
混凝土强度	符合设计要求	同一配比,每工作台班 2 组
轴线平面偏位	1‰井深	经纬仪:纵、横向各 3 处
垂直度	1‰井深	吊垂线:纵、横向各 2 处
底板高程 (mm)	±50	水准仪:检查 6 处

9. 特殊路基的实测项目、检查方法和频率

(1) 湿黏土路基、红黏土地区路基、膨胀土地区路基、黄土地区路基、盐渍土地区路基、风积沙及沙漠地区路基、季节性冻土地区路基、多年冻土地区路基、涎流冰地段路基、雪害地段路基、滑坡地段路基、崩塌与岩堆地段路基、泥石流地区路基、岩溶地区路基、采空区路基、沿河及沿溪地区路基、水库地区路基、滨海地区路基等类型路基,应根据路基填料类型不同,分别按相应类型路基的实测项目、检查方法和频率。

(2) 软土地区路基

软土地区路基除软土地基处治层外,应根据路基填料类型不同,分别按相应类型路基的实测项目、检查方法和频率。

软土地基处治层:

1) 砂(砾)垫层,见表 4.3.1-13 的规定。

砂(砾)垫层实测项目、检查方法和频率　　　　表 4.3.1-13

检查项目	规定值或允许偏差	检查方法和频率
砂垫层厚度	不小于设计	每 200m 检查 4 处
砂垫层宽度	不小于设计	每 200m 检查 4 处
反滤层设置	符合设计要求	每 200m 检查 4 处
压实度 (%)	90	每 200m 检查 4 处

2) 加筋工程土工合成材料,见表 4.3.1-14 的规定。

加筋工程土工合成材料实测项目、检查方法和频率　　　表 4.3.1-14

检查项目	规定值或允许偏差	检查方法和频率
下承层平整度、拱度	符合设计要求	每200m检查4处
搭接宽度（mm）	+50, 0	抽查2%
搭接缝错开距离（mm）	符合设计要求	抽查2%
锚固（回折）长度	符合设计要求	抽查2%
铺设层数	符合设计要求	每200m检查4处
铺设层间距（mm）	±50	每200m检查4处
筋材连接处强度	符合设计要求	每200m检查4处

3) 隔离工程土工合成材料,见表 4.3.1-9 的规定。
4) 过滤排水工程土工合成材料,见表 4.3.1-10 的规定。
5) 防裂工程土工合成材料,见表 4.3.1-15 的规定。

防裂工程土工合成材料实测项目、检查方法和频率　　　表 4.3.1-15

检查项目	规定值或允许偏差	检查方法和频率
下承层平整度、拱度	符合设计要求	每200m检查4处
搭接宽度（mm）	≥50（横向） ≥150（纵向）	抽查2%
粘结力（N）	≥20	抽查2%

6) 袋装砂井,见表 4.3.1-16 的规定。

袋装砂井实测项目、检查方法和频率　　　表 4.3.1-16

检查项目	规定值或允许偏差	检查方法和频率
井距（mm）	±150	抽查3%
井长	不小于设计值	查施工记录
井径（mm）	+10, 0	挖验3%
竖直度（%）	1.5	查施工记录
灌砂率（%）	−5	查施工记录

7) 塑料排水板,见表 4.3.1-17 的规定。

塑料排水板实测项目、检查方法和频率　　　表 4.3.1-17

检查项目	规定值或允许偏差	检查方法和频率
板距（mm）	±150	抽查3%
板长	不小于设计值	抽查3%
竖直度（%）	1.5	查施工记录

8) 砂桩,见表 4.3.1-18 的规定。

砂桩实测项目、检查方法和频率 表 4.3.1-18

检查项目	规定值或允许偏差	检查方法和频率
桩距（mm）	±150	抽查 3%
桩长	不小于设计值	查施工记录
桩径	不小于设计值	抽查 3%
竖直度（%）	1.5	查施工记录
灌砂量	不小于设计值	查施工记录

9) 碎石桩,见表 4.3.1-19 的规定。

碎石桩实测项目、检查方法和频率 表 4.3.1-19

检查项目	规定值或允许偏差	检查方法和频率
桩距（mm）	±150	抽查 3%
桩长	不小于设计值	查施工记录
桩径	不小于设计值	抽查 3%
竖直度（%）	1.5	查施工记录
灌碎石量	不小于设计值	查施工记录

10) 加固土桩,见表 4.3.1-20 的规定。

加固土桩实测项目、检查方法和频率 表 4.3.1-20

检查项目	规定值或允许偏差	检查方法和频率
桩距（mm）	±100	抽查桩数 3%
桩长	不小于设计值	抽查桩数 3%
桩径	不小于设计值	喷粉（浆）前检查钻杆长度,成桩 28d 后钻孔取芯 3%
竖直度（%）	1.5	抽查桩数 3%
单桩每延米喷粉（浆）量（%）	不小于设计值	查施工记录
桩体无侧限抗压强度	不小于设计值	成桩 28d 后钻孔取芯,桩体三等分段各取芯样一个,成桩数 3%
单桩或复合地基承载力	不小于设计值	成桩数的 0.2%,并不少于 3 根

11) 水泥粉煤灰碎石桩,见表 4.3.1-21 的规定。

水泥粉煤灰碎石桩实测项目、检查方法和频率 表 4.3.1-21

检查项目	规定值或允许偏差	检查方法和频率
桩距（mm）	±100	抽查桩数 3%
桩长	不小于设计值	抽查桩数 3%
桩径	不小于设计值	查施工记录
竖直度（%）	1	抽查桩数 3%
桩体强度	不小于设计值	取芯法,总桩数的 5%
单桩或复合地基承载力	不小于设计值	成桩数的 0.2%,并不少于 3 根

12) Y型沉管灌注桩，见表4.3.1-22的规定。

Y型沉管灌注桩实测项目、检查方法和频率　　　　表4.3.1-22

检查项目	规定值或允许偏差	检查方法和频率
桩距（mm）	±100	尺量，桩数5%
沉桩深度	不小于设计值	尺量，桩数20%
桩横截面积	不小于设计值	尺量，桩数5%
竖直度（%）	1	查沉孔记录
混凝土抗压强度	在合格标准内	每根桩2组，每台班至少2组
单桩承载力	不小于设计值	总桩数的0.2%，并不少于3根
桩身完整性	无明显缺陷	低应变测试，桩数10%

13) 薄壁筒型沉管灌注桩，见表4.3.1-23的规定。

薄壁筒型沉管灌注桩实测项目、检查方法和频率　　　　表4.3.1-23

检查项目	规定值或允许偏差	检查方法和频率
桩距（mm）	±100	尺量，桩数5%
桩外径	不小于设计值	尺量，桩数5%
沉桩深度	不小于设计值	尺量，桩数20%
筒壁厚度	不小于设计值	尺量，桩数5%
竖直度（%）	1	查沉孔记录
混凝土抗压强度	在合格标准内	每工作台班留2组试件，每根桩至少1组试件
单桩承载力	不小于设计值	总桩数的0.2%，并不少于3根
桩身完整性	无明显缺陷	低应变测试，桩数10%

14) 静压管桩，见表4.3.1-24的规定。

静压管桩实测项目、检查方法和频率　　　　表4.3.1-24

检查项目	规定值或允许偏差	检查方法和频率
桩距（mm）	±100	5%
桩长	不小于设计	吊绳量测，5%
竖直度（%）	1	5%
单桩承载力	不小于设计	总桩数的0.2%，并不少于3根
托板高度（mm）	+20，−10	钢尺量测，5%
托板长度和高度（mm）	+30，−20	钢尺量测，5%
托板位置（mm）	50	钢尺量测，5%

10. 路基防护与支挡的实测项目、检查方法和频率

(1) 干砌片石，见表4.3.1-25的规定。

干砌片石实测项目、检查方法和频率　　　表 4.3.1-25

检查项目	规定值或允许偏差	检查方法和频率
厚度（mm）	±50	每 100m² 抽查 8 点
顶面高程（mm）	±30	水准仪：每 20m 抽查 5 点
外形尺寸（mm）	±100	每 20m 或自然段，长宽各测 5 点
表面平整度（mm）	50	2m 直尺：每 20m 测 5 点

（2）浆砌砌体，见表 4.3.1-26 的规定。

浆砌砌体实测项目、检查方法和频率　　　表 4.3.1-26

检查项目	规定值或允许偏差		检查方法和频率
砂浆强度	不小于设计强度		每 1 工作台班 2 组试件
顶面高程（mm）	料、块石	±15	水准仪：每 20m 抽查 5 点
	片石	±20	
底面高程（mm）	−20		
坡度或垂直度（%）	料、块石	0.3	吊垂线：每 20m 检查 5 点
	片石	0.5	
断面尺寸（mm）	料石、混凝土块	±20	尺量：每 20m 检查 5 点
	块石	±30	
	片石	±50	
墙面距路基中线（mm）	±50		尺量：每 20m 检查 5 点
表面平整度（mm）	料石、混凝土块	10	2m 直尺：每 20m 检查 5 处
	块石	20	
	片石	30	

（3）封面、捶面防护，见表 4.3.1-27 的规定。

封面、捶面防护实测项目、检查方法和频率　　　表 4.3.1-27

检查项目	规定值或允许偏差	检查方法和频率
厚度	+20%、−10%	每 10m 检查 1 个断面，每 3m 检查 2 个点

（4）石笼防护，见表 4.3.1-28 的规定。

石笼防护实测项目、检查方法和频率　　　表 4.3.1-28

检查项目	规定值或允许偏差	检查方法和频率
平面位置（mm）	符合设计要求	经纬仪：按设计图控制坐标检查
长度（mm）	不小于设计长度−300	尺量：每个（段）检查
宽度（mm）	不小于设计宽度−200	尺量：每个（段）量 8 处
高度（mm）	不小于设计	水准仪或尺量：每个（段）检查 8 处
底面高程（mm）	不高于设计	水准仪：每个（段）检查 8 点

4.3 施工质量检测

(5) 丁坝、顺坝，见表 4.3.1-29 的规定。

丁坝、顺坝实测项目、检查方法和频率　　　　表 4.3.1-29

检查项目		规定值或允许偏差	检查方法和频率
砂浆强度（MPa）		不小于设计强度	每 1 工作台班 2 组试件
平面位置（mm）		30	经纬仪：按设计图控制坐标检查
长度（mm）		不小于设计长度－100	尺量：每个检查
断面尺寸		不小于设计	尺量：检查 8 处
高程（mm）	基底	不大于设计	水准仪：检查 8 点

(6) 砌体挡土墙，见表 4.3.1-30 的规定。

砌体挡土墙实测项目、检查方法和频率　　　　表 4.3.1-30

检查项目		规定值或允许偏差	检查方法和频率
砂浆强度（MPa）		不小于设计强度	每 1 工作台班 2 组试件
平面位置（mm）		50	经纬仪：每 20m 检查墙顶外边线 5 点
顶面高程（mm）		±20	水准仪：每 20m 检查 2 点
垂直度或坡度（%）		0.5	吊垂线：每 20m 检查 4 点
断面尺寸		不小于设计	尺量：每 20m 量 4 个断面
底面高程（mm）		±50	水准仪：每 20m 检查 2 点
表面平整度（mm）	混凝土块、料石	10	2m 直尺：每 20m 检查 5 处，每处检查竖直和墙长两个方向
	块石	20	
	片石	30	

(7) 干砌挡土墙，见表 4.3.1-31 的规定。

干砌挡土墙实测项目、检查方法和频率　　　　表 4.3.1-31

检查项目	规定值或允许偏差	检查方法和频率
平面位置（mm）	50	经纬仪：每 20m 检查 5 点
顶面高程（mm）	±30	水准仪：每 20m 检查 5 点
垂直度或坡度（%）	0.5	吊垂线：每 20m 检查 4 点
断面尺寸	不小于设计	尺量：每 20m 量 4 个断面
底面高程（mm）	±50	水准仪：每 20m 检查 2 点
表面平整度（mm）	50	2m 直尺：每 20m 检查 5 处，每处检查竖直和墙长两个方向

(8) 现浇悬臂式和扶壁式挡土墙，见表 4.3.1-32 的规定。

现浇悬臂式和扶壁式挡土墙实测项目、检查方法和频率　　　　表 4.3.1-32

检查项目	规定值或允许偏差	检查方法和频率
砂浆强度（MPa）	不小于设计强度	每 1 工作台班 2 组试件
平面位置（mm）	30	经纬仪：每 20m 检查 5 点

续表

检查项目	规定值或允许偏差	检查方法和频率
顶面高程（mm）	±20	水准仪：每20m检查2点
垂直度或坡度（％）	0.3	吊垂线：每20m检查4点
断面尺寸（mm）	不小于设计	尺量：每20m量4个断面，抽查扶臂4个
底面高程（mm）	±30	水准仪：每20m检查2点
表面平整度（mm）	5	2m直尺：每20m检查3处，每处检查竖直和墙长两个方向

（9）筋带，见表4.3.1-33的规定。

筋带实测项目、检查方法和频率 表4.3.1-33

检查项目	规定值或允许偏差	检查方法和频率
筋带长度	不小于设计	尺量：每20m检查5根（束）
筋带与面板连接	符合设计要求	目测：每20m检查5处
筋带与筋带连接	符合设计要求	目测：每20m检查5处
筋带铺设	符合设计要求	目测：每20m检查5处

（10）锚杆、拉杆，见表4.3.1-34的规定。

锚杆、拉杆实测项目、检查方法和频率 表4.3.1-34

检查项目	规定值或允许偏差	检查方法和频率
锚杆、拉杆长度	符合设计要求	尺量：每20m检查5根
锚杆、拉杆间距（mm）	±20	尺量：每20m检查5根
锚杆、拉杆与面板连接	符合设计要求	目测：每20m检查5处
锚杆、拉杆防护	符合设计要求	目测：每20m检查10处
锚杆抗拔力	抗拔力平均值≥设计值，最小抗拔力≥0.9设计值	抗拔力试验：锚杆数量的1%，并不少于3根

（11）面板预制、安装，见表4.3.1-35的规定。

面板预制、安装实测项目、检查方法和频率 表4.3.1-35

检查项目	规定值或允许偏差	检查方法和频率
混凝土强度（MPa）	不小于设计强度	每台班2组试件
边长（mm）	±5 或 0.5％边长	尺量：长宽各量1次，每批抽查20％
两对角线差（mm）	10 或 0.7％最大对角线长	尺量：每批抽查20％
厚度（mm）	+5，-3	尺量：检查4处，每批抽查20％
表面平整度（mm）	4 或 0.3％边长	2m直尺：长、宽方向各测1次，每批抽查20％
预埋件位置（mm）	5	尺量：检查每件，每批抽查20％
每层面板顶高程（mm）	±10	水准仪：每20m抽查5组板
轴线偏位（mm）	10	挂线、尺量：每20m量5处
面板竖直度或坡度	0，-0.5％	吊垂线或坡度板：每20m量5处
相邻面板错台（mm）	5	尺量：每20m面板交界处检查5处

注：面板安装以同层相邻两板为一组

(12) 锚杆、锚定板、加筋土挡土墙总体，见表 4.3.1-36 的规定。

锚杆、锚定板、加筋土挡土墙总体实测项目、检查方法和频率　　表 4.3.1-36

检查项目		规定值或允许偏差	检查方法和频率
墙顶和肋柱平面位置（mm）	路堤式	+50，-100	经纬仪：每20m 检查5处
	路肩式	±50	
墙顶和柱顶高程（mm）	路堤式	±50	水准仪：每20m 测5点
	路肩式	±30	
肋柱间距（mm）		±15	尺量：每柱间
墙面倾斜度（mm）		+0.5%H 且不大于+50，-1%H 且不小于-100，见注	吊垂线或坡度板：每20m 测4处
面板缝宽（mm）		10	尺量：每20m 至少检查5条
墙面平整度（mm）		15	2m 直尺：每20m 测5处，每处检查竖直和墙长两个方向
墙背填土：距面板1m 范围内的压实度（%）		90	每100m 每压实层测2处，并不得少于2处

注：平面位置和倾斜度"+"指向外，"-"指向内，H 为墙高。

(13) 边坡锚固防护，见表 4.3.1-37 的规定。

边坡锚固防护实测项目、检查方法和频率　　表 4.3.1-37

检查项目	规定值或允许偏差	检查方法和频率
混凝土强度（MPa）	不小于设计强度	每台班2组试件
注浆强度（MPa）	不小于设计强度	每台班2组试件
钻孔位置（mm）	100	钢尺：逐孔检查
钻孔倾角、水平方向角	与设计锚固轴线的倾角、水平方向角偏差为±1°	地质罗盘仪：逐孔检查
锚孔深度（mm）	不小于设计	尺量：抽查20%
锚杆（索）间距（mm）	±100	尺量：抽查20%
锚杆拔力（kN）	拔力平均值≥设计值，最小拔力≥0.9设计值	拔力试验：锚杆数1%，且不少于3根
喷层厚度（mm）	平均厚≥设计厚，60%检查点的厚度≥设计厚，最小厚度≥0.5设计厚，且不小于设计规定	尺量（凿孔）或雷达断面仪：每10m 检查2个断面，每3m 检查2点
锚索张拉应力（MPa）	符合设计要求	油压表：每索由读数反算
张拉伸长率（%）	符合设计要求；设计未规定时采用±6	尺量：每索
断丝、滑丝数	每束1根，且每断面不超过钢线总数的1%	目测：逐根（束）检查

(14) 土钉支护，见表 4.3.1-38 的规定。

土钉支护实测项目、检查方法和频率　　　　表 4.3.1-38

检查项目	规定值或允许偏差	检查方法和频率
水泥（砂）浆强度	满足设计要求	每工作班 1 组试件
喷射混凝土强度	满足设计要求	每 100m³ 取 1 组抗压试件，不足 100m³ 留 1 组抗压试件
水泥混凝土强度	满足设计要求	每工作台班 2 组试件
钢筋网网格	±10mm	抽检
钢筋网连接	绑接长度应不小于一个网格间距或 200mm，搭焊焊缝长不小于网筋直径的 10 倍	抽检
土钉抗拔力	平均值不小于设计值，低于设计值的土钉数 <20%，最低抗拔力不小于设计值的 90%	见表注
土钉间距、倾角、孔深	孔位不大于 150mm，钻孔倾角不大于 2°，孔径：+20mm、−5mm，孔深：+200mm、−50mm	工作土钉的 3%，钢尺、测钎和地质罗盘仪量测
喷射混凝土面层厚度	允许偏差 −10mm	每 10m 长检查一个断面，每 3m 长检查一个点。钻孔取芯或激光断面仪测量
网格梁、地梁、边梁	外观平整，无蜂窝麻面，尺寸允许偏差 +10mm、−5mm	每 100m² 检查一个点，钢尺量测

注：土钉抗拔力检测按工作土钉总数量的 1% 进行抽检，且不得少于 3 根；抽检不合格的土钉数量超过检测数量的 20% 时，将抽检的土钉数增大到 3%；如仍有 20% 以上的土钉不合格，则该土钉支护工程为不合格工程，应采取处理措施。

(15) 抗滑桩，见表 4.3.1-39 的规定。

抗滑桩实测项目、检查方法和频率　　　　表 4.3.1-39

检查项目		规定值或允许偏差	检查方法和频率
混凝土强度		满足设计要求	每工作台班 2 组试件
桩长		不小于设计	测绳量：每桩测量
孔径或断面尺寸		不小于设计	探孔器：每桩测量
桩位（mm）		+100	经纬仪：每桩测量桩检查
竖直度（mm）	钻孔桩	1%桩长，且不大于 500	测壁仪或吊垂线：每桩检查
	挖孔桩	0.5%桩长，且不大于 200	吊垂线：每桩检查
钢筋骨架底面高程（mm）		±50	水准仪：测每桩骨架顶面高程后反算

4.3.2 路面工程

1. 水泥混凝土面层

《公路水泥混凝土路面施工技术细则》JTG/T F30—2014 的规定：

(1) 水泥混凝土路面铺筑质量标准及检测项目、方法和频率，应符合表 4.3.2-1 的规定。

4.3 施工质量检测

水泥混凝土路面铺筑质量标准及检测项目、方法和频率 表 4.3.2-1

检查项目		质量标准		检查频率		检查方法
		高速公路、一级公路	其他公路	高速公路、一级公路	其他公路	
弯拉强度	标准小梁弯拉强度（MPa）	按《公路水泥混凝土路面施工技术细则》JTG/T F30—2014 附录 H 评定		每班留 2～4 组试件，日进度<500m 留 2 组；≥500m 留 3 组；≥1000m 留 4 组，测算 f_{cs}、f_{min}、c_v	每班留 1～3 组试件，日进度<500m 留 1 组；≥500m 留 2 组；≥1000m 留 3 组，测算 f_{cs}、f_{min}、c_v	JTG E30 T0552 T0558
	路面钻芯劈裂强度换算弯拉强度（MPa）			每车道每 3km 钻取 1 个芯样，单独施工硬路肩为 1 个车道，测算 f_{cs}、f_{min}、c_v	每车道每 2km 钻取 1 个芯样，单独施工硬路肩为 1 个车道，测算 f_{cs}、f_{min}、c_v	JTG E30 T0552 T0561
板厚度（mm）		平均值≥−5；极限值≥−15，c_v 值符合设计规定		路面摊铺宽度内每 100m 左右各 2 处，连接摊铺每 100m 单边 1 处	路面摊铺宽度内每 100m 左右各 1 处，连接摊铺每 100m 单边 1 处	板边与岩芯尺测，岩芯最终判定
纵向平整度	σ（mm）	≤1.32	≤2.00	所有车道连续检测		车载平整度检测仪
	1RI（m/km）	≤2.20	≤3.30			
	3m 直尺最大间隙 Δh（mm）（合格率应≥90%）	≤3	≤5	每半幅车道 100m 测 2 处，每处 10 尺	每半幅车道 200m 测 2 处，每处 10 尺	3m 直尺
抗滑构造深度 TD（mm）	一般路段	0.70～1.10	0.50～0.90	每车道及硬路肩每 200m 测 2 处	每车道每 200m 测 1 处	铺砂法
	特殊路段	0.80～1.20	0.60～1.00			
摩擦系数 SFC	一般路段	≥50	—	行车道、超车道全长连续检测，每车道每 20m 连续检测 1 个测点	一般路段免检，仅检查特殊路段，每车道每 20m 连续检测 1 个测点，不足 20m 测 1 个测点	JTG E60 T0965
	特殊路段	≥55	≥50			
取芯法测定抗冻等级	严寒地区	≥250	≥200	每车道每 3km 钻取 1 个芯样	每车道每 5km 钻取 1 个芯样	JTG E30 T0552
	寒冷地区	≥200	≥150			

注：1. 标准小梁弯拉强度用于评定施工配合比；钻芯劈裂强度用于评价实际面层施工密实度及弯拉强度；
2. f_{cs} 为平均弯拉强度；f_{min} 为最小弯拉强度；c_v 为统计变异系数；
3. 动态平整度 σ 与 1RI 可选测一项；
4. 高速公路、一级公路特殊路段指立交匝道、平交口、弯道、变速车道、组合坡度不小于 3%、桥面、隧道路面及收费站广场等处；其他公路系指设超高路段、加宽弯道段、组合坡度大于或等于 4% 坡段、交叉口路段、桥面及其上下坡段、隧道路面及集镇附近路段等处；
5. 取芯法测定抗冻性仅在有抗冰冻要求的地区必检；
6. 严寒地区指当地最冷月平均气温低于−8℃ 的地区；寒冷地区指当地最冷月平均气温在−8 ～ −3℃ 的地区。

(2) 水泥混凝土面层铺筑几何尺寸质量标准及检测项目、方法和频率，应符合表4.3.2-2的规定。

水泥混凝土面层铺筑几何尺寸质量标准及检测项目、方法和频率　　表 4.3.2-2

检查项目		质量标准		检查频率		检查方法
		高速公路、一级公路	其他公路	高速公路、一级公路	其他公路	
相邻板高差（mm）≤		2	3	每200m纵横缝2条，每条3处	每200m纵横缝2条，每条2处	尺测
连接摊铺纵缝高差（mm）≤	平均值	3	5	每200m纵向工作缝，每条3处，每处间隔2m测3尺，共9尺	每200m纵向工作缝，每条2处，每处间隔2m测3尺，共6尺	尺测
	极值	5	7			
接缝顺直度（mm）≤		10		每200m测6条	每200m测4条	20m拉线测
中线平面偏位（mm）≤		20		每200m测6点	每200m测4点	经纬仪测
路面宽度（mm）≤		±20		每200m测6处	每200m测4处	尺测
纵断高程（mm）		平均值±5；极值±10	平均值±10；极值±15	每200m测6点	每200m测4点	水准仪测
横坡度（%）		±0.15	±0.25	每200m测6个断面	每200m测4个断面	水准仪测
路缘石顺直度和高度（mm）≤		20	20	每200m测4处	每200m测2处	20m拉线测
灌缝饱满度（mm）≤		2	3	每200m接缝测6处	每200m接缝测4处	测针加尺测
最浅切缝深度（mm）≥	缝中有拉杆、传力杆	80	80	每200m测6处	每200m测4处	尺测
	缝中无拉杆、传力杆	60	60			

（3）水泥混凝土面层铺筑的质量缺陷检测项目、标准、方法和频率，应符合表4.3.2-3的规定。

水泥混凝土面层铺筑的质量缺陷检测项目、标准、方法和频率　　表 4.3.2-3

检查项目	检查标准		检查频率		检查方法
	高速公路、一级公路	其他公路	高速公路、一级公路	其他公路	
断板率（%）≤	0.2	0.4	数断板面板块数占总块数比例	数断板面板块数占总块数比例	数断板
断角率（%）≤	0.1	0.2	数断角板块数占总块数比例	数断角板块数占总块数比例	数断角
破损率（%）≤	0.2	0.3	计算破损面积与板块面积百分率	计算破损面积与板块面积百分率	尺测面积

4.3 施工质量检测

续表

检查项目	检查标准 高速公路、一级公路	检查标准 其他公路	检查频率 高速公路、一级公路	检查频率 其他公路	检查方法
路表面和接缝缺陷	不应有	不应有	每块面板坑穴、鼓包和每条接缝啃边、掉角及填缝料缺失、开裂	每块面板坑穴、鼓包和每条接缝啃边、掉角及填缝料缺失、开裂	眼睛观察
胀缝板倾斜（mm）≤	20	25	每块胀缝板两侧	每块胀缝板两侧	垂线加尺测
胀缝板弯曲和位移（mm）≤	10	15	每块胀缝板3处	每块胀缝板3处	拉线加尺测
胀缝板连浆（mm）	不允许	不允许	每块胀缝板	每块胀缝板	安装前检查
传力杆偏斜（mm）≤	10	13	每车道每公里测4条缩缝每条测1根	测设传力杆缩缝1条，每条测3根	钢筋保护层仪

注：1. 断板率中包含断角率，应统计行车道与超车道面板，不计硬路肩板，不计入修复后的面板；
2. 破损率指水泥混凝土面层施工期发生的脱皮、印痕、露石、缺边、掉角、微裂纹等缺陷实测面积与总面积之比的百分率。

（4）除抗压强度外，水泥混凝土桥面铺装层质量标准及检测项目、方法和频率，应符合表4.3.2-4的规定。

水泥混凝土桥面铺装层质量标准及检测项目、方法和频率   表4.3.2-4

检查项目		质量标准 高速公路、一级公路	质量标准 其他公路	检查频率	检查方法
平均厚度值（mm）		+20, −5		每10m两边各测1处，计入钻芯	尺测
纵向平整度	σ（mm）	≤1.50	≤2.50	所有桥面车道连续检测，每100m测1次	车载平整度检测仪
纵向平整度	1RI（m/km）	≤2.50	≤4.20	所有桥面车道连续检测，每100m测1次	车载平整度检测仪
纵向平整度	3m直尺最大间隙 Δh（mm）（合格率应≥90%）	≤3	≤5	每车道100m测2处，每处10尺	3m直尺
抗滑构造深度（mm）		0.80~1.20	0.60~1.00	每车道桥面50m测1处，不足50m应测1处	铺砂法
摩擦系数 SFC		≥55	≥50	每车道桥面20m测1处，不足20m应测1处	JTG E60 T0965
抗冻等级	严寒地区	≥250	≥200	每座桥面预留1组抗冻试样	JTG E30 T0565
抗冻等级	寒冷地区	≥200	≥150	每座桥面预留1组抗冻试样	JTG E30 T0565
伸缩缝与桥面、路面高差（mm）		≤2	≤3	跨每条伸缩缝测5尺	直尺测量

续表

检查项目	质量标准		检查频率	检查方法
	高速公路、一级公路	其他公路		
桥面表面及各种接缝	不得有坑洞、缺边、掉角等破损现象		每块桥面板与每条接缝	眼睛观测
横坡度（%）	±0.15		每100m单幅桥面	拉线尺测

注：1. 小桥涵铺装桥面者，应符合本表规定；小桥涵顶面有基层者，应符合路面的规定；
　　2. 动态平整度σ与IRI可选测一项；
　　3. 抗冻等级仅在有抗冰冻要求的地区必检。

（5）碾压混凝土面层除应符合表4.3.2-1、表4.3.2-2和表4.3.2-3中其他公路的各项质量标准要求外，尚应符合表4.3.2-5补充质量标准及检测项目、方法和频率的规定。

碾压混凝土面层的补充质量标准及检测项目、方法和频率　　表4.3.2-5

检查项目	质量标准		检查频率	检查方法
	高速公路、一级公路	其他公路		
压实度平均值（%） 最小值（%）	≥97.0 ≥95.0		每台班检测3次	钻芯检测
纵向平整度最大间隙平均值（mm）	≤4.0 合格率应≥85%	≤5.0 合格率应≥85%	每车道200m，2处10尺	3m直尺
横向平整度平均值（mm）	≤5.0 合格率应≥85%	≤6.0 合格率应≥85%	每车道200m，2处5尺	3m直尺
接缝缺边掉角（mm²/m）	≤20		每200m随机测4m接缝	尺测

2. 沥青混凝土面层

《公路工程质量检验评定标准　第一册　土建工程》JTG F80/1—2004的规定：

（1）沥青混凝土面层和沥青碎（砾）石面层的检测项目、方法和频率，见表4.3.2-6的规定。

沥青混凝土面层和沥青碎（砾）石面层检测项目、方法和频率　　表4.3.2-6

检查项目		规定值或允许偏差		检查方法和频率
		高速公路、一级公路	其他公路	
压实度（%）		实验室标准密度的96%（*98%）；最大理论密度的92%（*94%）；试验段密度的98%（*99%）		按JTG F80/1附录B路基、路面压实度评定检查，每200m测1处
平整度	σ（mm）	1.2	2.5	平整度仪：全线每车道连续按每100m计算IRI或σ
	IRI（m/km）	2.0	4.2	
	最大间隙h（mm）	—	5	3m直尺：每200m测2处×10尺

4.3 施工质量检测

续表

检查项目		规定值或允许偏差		检查方法和频率
		高速公路、一级公路	其他公路	
弯沉值（0.01mm）		符合设计要求		按JTG F80/1附录I路基、柔性基层、沥青路面弯沉值评定检查
渗水系数		SMA路面200mL/min；其他沥青混凝土路面300mL/min	—	渗水试验仪：每200m测1处
抗滑	摩擦系数	符合设计要求	—	摆式仪：每200m测1处；横向力系数测定车：全线连续，按JTG F80/1附录K路面横向力系数评定
	构造深度			铺砂法：每200m测1处
厚度（mm）	代表值	总厚度：−5%H 上面层：−10%h	−8%H	按JTG F80/1附录H路面结构层厚度评定检查，双车道每200m测1处
	合格值	总厚度：−10%H 上面层：−20%h	−15%H	
中线平面偏位（mm）		20	30	经纬仪：每200m测4点
纵断高程（mm）		±15	±20	水准仪：每200m测4断面
宽度（mm）	有侧石	±20	±30	尺量：每200m测4断面
	无侧石	不小于设计		
横坡（%）		±0.3	±0.5	水准仪：每200m测4处

注：1. 表内压实度可选用其中的1个或2个标准，选用两个标准时，以合格率低的作为评定结果。带*号者是指SMA路面，其他为普通沥青混凝土路面。
2. 表列厚度仅规定负允许偏差。H为沥青层设计总厚度（mm），h为沥青上面层设计厚度（mm）。

（2）沥青贯入式面层的检测项目、方法和频率，见表4.3.2-7的规定。

沥青贯入式面层检测项目、方法和频率 表4.3.2-7

检查项目		规定值或允许偏差	检查方法和频率
平整度	σ（mm）	3.5	平整度仪：全线每车道连续按每100m计算IRI或σ
	IRI（m/km）	5.8	
	最大间隙h（mm）	8	3m直尺：每200m测2处×10尺
弯沉值（0.01mm）		符合设计要求	按JTG F80/1附录I路基、柔性基层、沥青路面弯沉值评定检查
厚度（mm）	代表值	−8%H 或 −5mm	按JTG F80/1附录H路面结构层厚度评定检查，每200m每车道1点
	合格值	−15%H 或 −10mm	
沥青用量（kg/m²）		±0.5%	每工作日每层洒布1次
中线平面偏位（mm）		30	经纬仪：每200m测4点
纵断高程（mm）		±20	水准仪：每200m测4断面

续表

检查项目		规定值或允许偏差	检查方法和频率
宽度 (mm)	有侧石	±30	尺量：每200m测4处
	无侧石	不小于设计	
横坡（%）		±0.5	水准仪：每200m测4断面

注：1. 当设计厚度≥60mm时，按厚度百分率控制；当设计厚度<60mm时，按厚度不足的毫米数控制。H为厚度（mm）。
　　2. 沥青用量按《公路路基路面现场测试规程》JTG E60中T0892的方法，每工作日每层洒布沥青检查一次，并计算同一路段的单位面积的总沥青用量。

（3）沥青表面处治面层的检测项目、方法和频率，见表4.3.2-8的规定。

沥青表面处治面层的检测项目、方法和频率　　表4.3.2-8

检 查 项 目		规定值或允许偏差	检查方法和频率
平整度	σ（mm）	4.5	平整度仪：全线每车道连续按每100m计算IRI或σ
	IRI（m/km）	7.5	
	最大间隙h（mm）	10	3m直尺：每200m测2处×10尺
弯沉值（0.01mm）		符合设计要求	按JTG F80/1附录I路基、柔性基层、沥青路面弯沉值评定检查
厚度 (mm)	代表值	−5	按JTG F80/1附录H路面结构层厚度评定检查，每200m每车道1点
	合格值	−10	
沥青用量（kg/m²）		±0.5%	每工作日每层洒布查1次
中线平面偏位（mm）		30	经纬仪：每200m测4点
纵断高程（mm）		±20	水准仪：每200m测4断面
宽度 (mm)	有侧石	±30	尺量：每200m测4处
	无侧石	不小于设计	
横坡（%）		±0.5	水准仪：每200m测4断面

注：沥青用量按《公路路基路面现场测试规程》JTG E60中T0892的方法，每工作日每层洒布沥青检查一次，并计算同一路段的单位面积的总沥青用量。

3. 基层和底基层

《公路路面基层施工技术细则》JTG/T F20—2015的规定：

（1）无机结合料稳定材料的基层、底基层压实标准，应符合表4.3.2-9和表4.3.2-10的规定。

基层材料压实标准（%）　　表4.3.2-9

公路等级		水泥稳定材料	石灰粉煤灰稳定材料	水泥粉煤灰稳定材料	石灰稳定材料
高速公路和一级公路		≥98	≥98	≥98	—
二级及二级以下公路	稳定中、粗粒材料	≥97	≥97	≥97	≥97
	稳定细粒材料	≥95	≥95	≥95	≥95

4.3 施工质量检测

底基层材料压实标准（%） 表4.3.2-10

公路等级		水泥稳定材料	石灰粉煤灰稳定材料	水泥粉煤灰稳定材料	石灰稳定材料
高速公路和一级公路	稳定中、粗粒材料	≥97	≥97	≥97	≥97
	稳定细粒材料	≥95	≥95	≥95	≥95
二级及二级以下公路	稳定中、粗粒材料	≥95	≥95	≥95	≥95
	稳定细粒材料	≥93	≥93	≥93	≥93

（2）水泥稳定材料、石灰粉煤灰稳定材料、水泥粉煤灰稳定材料和石灰稳定材料的7d龄期无侧限抗压强度，应满足表4.3.2-11~表4.3.2-14中规定的强度标准。

水泥稳定材料的7d龄期无侧限抗压强度标准R_d（MPa） 表4.3.2-11

结构层	公路等级	极重、特重交通	重交通	中、轻交通
基层	高速公路和一级公路	5.0~7.0	4.0~6.0	3.0~5.0
	二级及二级以下公路	4.0~6.0	3.0~5.0	2.0~4.0
底基层	高速公路和一级公路	3.0~5.0	2.5~4.5	2.0~4.0
	二级及二级以下公路	2.5~4.5	2.0~4.0	1.0~3.0

注：1. 公路等级高或交通荷载等级高或结构安全性要求高时，推荐取上限强度标准；
2. 表中强度标准指的是7d龄期无侧限抗压强度的代表值。

石灰粉煤灰稳定材料的7d龄期无侧限抗压强度标准R_d（MPa） 表4.3.2-12

结构层	公路等级	极重、特重交通	重交通	中、轻交通
基层	高速公路和一级公路	≥1.1	≥1.0	≥0.9
	二级及二级以下公路	≥0.9	≥0.8	≥0.7
底基层	高速公路和一级公路	≥0.8	≥0.7	≥0.6
	二级及二级以下公路	≥0.7	≥0.6	≥0.5

注：石灰粉煤灰稳定材料强度不满足表4.3.2-12的要求时，可外加混合料质量1%~2%的水泥。

水泥粉煤灰稳定材料的7d龄期无侧限抗压强度标准R_d（MPa） 表4.3.2-13

结构层	公路等级	极重、特重交通	重交通	中、轻交通
基层	高速公路和一级公路	4.0~5.0	3.5~4.5	3.0~4.0
	二级及二级以下公路	3.5~4.5	3.0~4.0	2.5~3.5
底基层	高速公路和一级公路	2.5~3.5	2.0~3.0	1.5~2.5
	二级及二级以下公路	2.0~3.0	1.5~2.5	1.0~2.0

石灰稳定材料的7d龄期无侧限抗压强度标准R_d（MPa） 表4.3.2-14

结构层	高速公路和一级公路	二级及二级以下公路
基层	—	≥0.8①
底基层	≥0.8	0.5~0.7②

注：1. 石灰土强度达不到表4.3.2-14中规定的抗压强度标准时，可添加部分水泥，或改用另一种土。塑性指数过小的土，不宜用石灰稳定，宜改用水泥稳定。
2. ①在低塑性材料（塑性指数小于7）地区，石灰稳定砾石土和碎石土的7d龄期无侧限抗压强度应大于0.5MPa（100g平衡锥测液限）。
②低限用于塑性指数小于7的黏性土，且低限值宜仅用于二级以下公路；高限用于塑性指数大于7的黏性土。

(3) 用于不同公路等级、交通荷载等级和结构层位的级配碎石，CBR 强度标准应满足表 4.3.2-15 的要求。

级配碎石材料的 CBR 强度标准　　　　表 4.3.2-15

结构层	公路等级	极重、特重交通	重交通	中、轻交通
基层	高速公路和一级公路	≥200	≥180	≥160
基层	二级及二级以下公路	≥160	≥140	≥120
底基层	高速公路和一级公路	≥120	≥100	≥80
底基层	二级及二级以下公路	≥100	≥80	≥60

(4) 外形尺寸质量标准、检查项目、频率和检查方法，应符合表 4.3.2-16 的规定。

外形尺寸质量标准、检查项目、频率和检查方法　　　　表 4.3.2-16

工程类别	项目		质量标准		检查频率	检查方法
			高速公路和一级公路	二级及二级以下公路		
基层	纵断高程（mm）		+5，-10	+5，-15	二级及二级以下公路每 20m 测 1 点；高速公路和一级公路每 20m 测 1 个断面，每个断面测 3～5 点	水准仪
基层	厚度（mm）	均值	≥-8	≥-10	每 1500～2000m² 测 6 点	挖验或钻取芯样
基层	厚度（mm）	单个值	≥-10	≥-20	每 1500～2000m² 测 6 点	挖验或钻取芯样
基层	宽度（mm）		>0	>0	每 40m 测 1 处	尺量
基层	横坡度（%）		±0.3	±0.5	每 100m 测 3 处	水准仪
基层	平整度（mm）	最大间隙 h	≤8	≤12	每 200m 测 2 处，每处连续测 10 尺	3m 直尺
基层	平整度（mm）	σ	≤3.0	—	连续式平整度仪的标准差	车载平整度检测仪
底基层	纵断高程（mm）		+5，-15	+5，-20	二级及二级以下公路每 20m 测 1 点；高速公路和一级公路每 20m 测 1 个断面，每个断面测 3～5 点	水准仪
底基层	厚度（mm）	均值	≥-10	≥-12	每 1500～2000m² 测 6 点	挖验或钻取芯样
底基层	厚度（mm）	单个值	≥-25	≥-30	每 1500～2000m² 测 6 点	挖验或钻取芯样
底基层	宽度（mm）		>0	>0	每 40m 测 1 处	尺量
底基层	横坡度（%）		±0.3	±0.5	每 100m 测 3 处	水准仪
底基层	平整度（mm）	最大间隙 h	≤12	≤15	每 200m 测 2 处，每处连续测 10 尺	3m 直尺

(5) 工程完工后的各项技术指标质量标准、检查项目、频率和检查方法，应符合表 4.3.2-17 的规定。

各项技术指标质量标准、检查项目、频率和检查方法　　　　表 4.3.2-17

工程类别	检查项目	标准值	极限低值	检查频率	检查方法
无结合料底基层	压实度	96%	92%	6～10 处	灌砂法
	弯沉值	按 JTG/T F20 附录 C 所得的弯沉标准值	—	每车道 40～50 个测点	贝克曼梁或自动弯沉仪
级配碎石（或砾石）	压实度	基层 98%	94%	6～10 处	灌砂法
		底基层 96%	92%		
	颗粒组成	规定级配范围		2～3	含土粗集料筛分试验
	弯沉值	按 JTG/T F20 附录 C 所得的弯沉标准值	—	每车道 40～50 个测点	贝克曼梁或自动弯沉仪
填隙碎石	压实度（固体体积率）	基层 98%	82%	6～10 处	灌砂法
		底基层 96%	80%		
	弯沉值	按 JTG/T F20 附录 C 所得的弯沉标准值	—	每车道 40～50 个测点	贝克曼梁或自动弯沉仪
水泥土、石灰土、石灰粉煤灰土、水泥粉煤灰土	压实度	93%（95%）	89%（91%）	6～10 处	灌砂法
	水泥或石灰剂量（%）	设计值	水泥 1.0% 石灰 2.0%	3～6 处	水泥或石灰稳定材料中水泥或石灰剂量测定方法
水泥稳定材料、石灰稳定材料、石灰粉煤灰稳定材料、水泥粉煤灰稳定材料	压实度	基层 98%（97%）	94%（93%）	6～10 处	灌砂法
		底基层 96%（95%）	92%（91%）		
	颗粒组成	规定级配范围		2～3	含土粗集料筛分试验/细集料筛分试验
	水泥或石灰剂量（%）	设计值	设计值 −1.0%	3～6 处	水泥或石灰稳定材料中水泥或石灰剂量测定方法

注：1. 表中弯沉值按 JTG/T F20 附录 A 计算得到的弯沉值即是极限高值；
　　2. 表中检查数量以每天完成段落为评定单位时，检查数量可取低值；以 1km 为评定单位时，检查数量应取高值。

4.3.3 桥梁、涵洞工程

1. 钢筋接头

（1）钢筋焊接接头，主要有：钢筋闪光对焊接头、电弧焊接头、电渣压力焊接头及气压焊接头 4 种。其试验检测项目、试验检测方法和频率：

1）电弧焊接头、电渣压力焊接头的试验检测项目有：外观检查和拉伸试验。

2）闪光对焊接头、气压焊接头的试验检测项目有：外观检查、拉伸试验及弯曲试验等。

其试验检测方法：采用《钢筋焊接接头试验方法标准》JGJ/T 27 的规定方法，频率为如下：

1）闪光对焊接头：在同一台班内，由同一焊工完成的 300 个同牌号、同直径钢筋焊接接头应作为一批；当同一台班内焊接的接头数量较少时，可在一周之内累计计算；累计仍不足 300 个接头时，应按一批计算；应从每批接头中随机切取 6 个接头，其中 3 个做拉伸试验，3 个做弯曲试验。

2）电弧焊接头：应以 300 个同牌号钢筋、同形式接头作为一批，不足 300 个时仍应作为一批，每批应随机切取 3 个接头做拉伸试验。

3）电渣压力焊接头：应以 300 个同牌号钢筋接头作为一批；当不足 300 个接头时，仍应作为一批。每批应随机切取 3 个接头做拉伸试验。

4）气压焊接头：应以 300 个同牌号钢筋接头作为一批；当不足 300 个接头时，仍应作为一批。并应从每批接头中随机切取 3 个接头做拉伸试验；在梁、板的水平钢筋连接中，应另切取 3 个接头做弯曲试验。

（2）钢筋焊接网的试验检测项目有：网片尺寸、网片表面、重量偏差、拉伸试验、弯曲试验及抗剪力试验等。

其试验检测方法和频率：采用《钢筋混凝土用钢 第 3 部分：钢筋焊接网》GB/T 1499.3 的规定方法；凡钢筋牌号、直径及尺寸相同的焊接网应视为同一类型制品，且每 300 件应作为一批，一周内不足 300 件的亦应按一批计算。外观检查应按同一类型制品分批检查，每批抽查 5%，且不得少于 5 件。

（3）钢筋机械连接接头的试验检测项目有：抗拉强度、单项拉伸（强度、残余变形、极限变形）、高应力反复拉压（强度、残余变形）、大变形反复拉压（强度、残余变形）及抗疲劳性能等。

其试验检测方法和频率：采用《金属材料 拉伸试验 第 1 部分：室温试验方法》GB/T 228.1 和《钢筋机械连接通用技术规程》JGJ 107 的规定方法；同一施工条件下采用同一批材料的同等级、同形式、同规格接头，以 500 个为一个验收批进行检验，不足 500 个时亦作为一个验收批。

2. 泥浆性能指标

泥浆性能指标的试验检测项目有：相对密度、黏度、静切力、含砂率、胶体率、失水率、泥皮厚及酸碱度等。

其试验检测方法和频率：采用《公路桥涵施工技术规范》JTG/T F 50—2011 附录 D 泥浆各种性能指标的测定方法；每根桩基测定：钻孔时和清孔后各不少于 1 次。

3. 后张预应力孔道压浆浆液

后张预应力孔道压浆浆液的试验检测项目有：凝结时间、流动度、泌水率、压力泌水率、自由膨胀率、充盈度、抗压强度、抗折强度及对钢筋的锈蚀作用等。

其试验检测方法和频率：采用《公路桥涵施工技术规范》JTG/T F50—2011 附录 C3～C7（后张预应力孔道压浆浆液流动度试验、压浆浆液自由泌水率和自由膨胀率试验、钢丝间泌水率试验、压力泌水率试验、充盈度试验）、《水泥标准稠度用水量、凝结时间、安定性检验方法》GB/T 1346、《水泥胶砂强度检验方法（ISO 法）》GB/T 17671 及《混凝土外加剂》GB 8076 等试验方法；每一工作班检测不少于 1 次。

4. 预应力损失测试

预应力损失测试项目有：锚圈口摩阻损失和孔道摩阻损失的测试，其测试方法：采用《公路桥涵施工技术规范》JTG/T F50—2011 附录 C2 预应力损失的测试方法。

5. 水泥混凝土及水泥砂浆工程

（1）水泥混凝土拌合物及水泥混凝土试件的试验检测项目有：水泥混凝土配合比设计、稠度、表观密度、含气量、凝结时间、泌水、力学性能试验（抗压强度、抗压弹性模量、抗弯拉强度、抗弯拉弹性模量、劈裂抗拉强度、动弹性模量）、抗冻性、干缩性、耐磨性、抗渗性及渗水高度等。

其试验检测方法和频率：采用《公路工程水泥及水泥混凝土试验规程》JTG E30 的规定方法；应按《公路工程质量检验评定标准 第一册 土建工程》JTG F80/1—2004 附录 D 水泥混凝土抗压强度评定的规定频率制取试件组数。

（2）水泥砂浆拌合物及水泥砂浆试件的试验检测项目有：水泥砂浆配合比设计、稠度、表观密度、分层度、保水性、凝结时间、抗压强度、拉伸粘结强度、抗冻性、收缩、含气量、吸水率、抗渗性能、静力受压弹性模量等。

其试验检测方法和频率：采用《建筑砂浆基本性能试验方法标准》JGJ/T 70 和《公路工程水泥及水泥混凝土试验规程》JTG E30 的规定方法；应按《公路工程质量检验评定标准 第一册 土建工程》JTG F80/1—2004 附录 F 水泥砂浆强度评定的规定频率制取试件组数。

6. 高性能混凝土的试验检测项目，除对混凝土进行常规检验外，尚应对其耐久性质量进行检验，有：抗渗、抗冻、电通量、含气量、钢筋保护层厚度、密实性、渗透性、气泡间距系数、抗冻等级、耐久性指数 DF、氯离子扩散系数等。其试验检测方法：

（1）抗渗、抗冻检验：采用《公路工程水泥及水泥混凝土试验规程》JTG E30 的规定。

（2）电通量检验：采用《公路桥涵施工技术规范》JTG/T F50—2011 附录 B3 的规定。

（3）高性能混凝土保护层厚度：采用专用的钢筋保护层厚度检测仪进行无损检测。

（4）保护层混凝土的密实性：采用标准预埋件的拔出试验或回弹仪试验，通过测定表层混凝土的强度并间接估计其质量。采用回弹仪测定时应在试验室内通过标定对比试验确定。

（5）高性能混凝土的渗透性检验：采用混凝土渗透性测试仪，测定结构物表层混凝土的抗渗性。

7. 桩基础及扩大基础

桩基础及扩大基础的实测项目：桩身的完整性、单桩承载力及地基的容许承载力。

（1）桩身完整性的试验检测方法，采用：钻芯检验法、振动检验法（敲击法和锤击法、稳态激振机械阻抗法、瞬态激振机械阻抗法、水电效应法）、超声脉冲检验法及射线法等方法。

（2）基桩承载力的试验检测方法，采用：静荷载试验（慢速维持荷载法、快速维持荷载法、等贯入速率法、循环加卸载法）和动测法。

（3）地基容许承载力的试验检测方法，采用：规范法、荷载板试验及标准贯入试验等方法。

8. 桥梁荷载试验

桥梁的荷载试验，主要为静载试验和动载试验2种。

9. 桥梁（基础及下部构造、上部构造预制和安装、上部构造现场浇筑、总体、桥面系和附属工程、防护工程及引道工程等）和涵洞工程的检查项目、检查方法和频率，详见《公路桥涵施工技术规范》JTG/T F50—2011标准中的相关内容。

4.3.4 隧道工程

1. 施工检测

（1）施工质量检测

1）洞门端墙、翼墙和挡土墙基坑开挖的实测项目、检查方法和频率，见表4.3.4-1的规定。

洞门端墙、翼墙和挡土墙基坑开挖实测项目、检查方法和频率　　表4.3.4-1

检查项目	规定值或允许偏差（mm）	检查方法和频率
基坑中心线到路线中心线距离	+50，0	尺量：每边不少于5处
基坑长度、宽度	+100，0	尺量：每边不少于5处
基坑高程	0，-100	水准仪测量：每边不少于5处

2）洞门端墙、翼墙、挡土墙模板安装的实测项目、检查方法和频率，见表4.3.4-2的规定。

洞门端墙、翼墙、挡土墙模板安装实测项目、检查方法和频率　　表4.3.4-2

检查项目	规定值或允许偏差（mm）	检查方法和频率
基础边缘位置	+15，0	测量：每边不少于4处
基础顶面高程	±10	
边墙边缘位置	±10	
边墙拱墙、端翼墙面顶面高程	±10	
模板表面平整度	5	2m靠尺测量：不少于4处
模板表面错台	2	尺量
预留孔洞	+10，0	尺量

3）洞门混凝土端墙、翼墙和挡土墙的实测项目、检查方法和频率，见表4.3.4-3的规定。

洞门混凝土端墙、翼墙和挡土墙实测项目、检查方法和频率　　表4.3.4-3

检查项目	规定值或允许偏差（mm）	检查方法和频率
强度	在合格标准内	按JTG F60附录A水泥混凝土抗压强度评定检验
平面位置	50	仪器测量：每边不少于4处
断面尺寸	不小于设计	
顶面高程	±20	
底面高程	±50	
表面平整度	5	2m靠尺测量：拱部不少于2处，墙身不少于4处
竖直度或坡度（%）	0.5	吊垂线：每边不少于4处

4) 洞门砌体端墙、翼墙和挡土墙的实测项目、检查方法和频率，见表 4.3.4-4 的规定。

洞门砌体端墙、翼墙和挡土墙实测项目、检查方法和频率　　　表 4.3.4-4

检查项目		规定值或允许偏差（mm）	检查方法和频率
砂浆强度		在合格标准内	按 JTG F60 附录 B 水泥砂浆强度评定检验
平面位置		50	仪器测量：每边不少于 4 处；2m 靠尺测量：拱部不少于 2 处，墙身不少于 4 处
断面尺寸		不小于设计	
顶面高程		±20	
底面高程		±50	
表面平整度	块石	20	2m 靠尺测量：拱部不少于 2 处，墙身不少于 4 处
	料石	30	
	混凝土块料石	10	
竖直度或坡度（%）		0.5	吊垂线：每边不少于 4 处

5) 明洞回填及防水层的实测项目、检查方法和频率，见表 4.3.4-5 的规定。

明洞回填及防水层实测项目、检查方法和频率　　　表 4.3.4-5

检查项目	规定值或允许偏差（mm）	检查方法和频率
卷材搭接长度	≥100	尺量：每环测 3 处
卷材向隧道延伸长度	≥500	尺量：检查 5 处
卷材在基底的横向长度	≥500	尺量：检查 5 处
沥青防水层每层厚度	2	尺量：检查 10 点
回填层厚	≤300	尺量：每层检查，每侧至少 5 点
两侧回填高差	≤500	水准仪：检查 5 处
坡度	不大于设计	尺量：检查 3 处
回填压实	压实质量符合设计要求	厚度及碾压遍数符合要求

6) 超前锚杆的实测项目、检查方法和频率，见表 4.3.4-6 的规定。

超前锚杆实测项目、检查方法和频率　　　表 4.3.4-6

检查项目	规定值或允许偏差	检查方法和频率
长度	不小于设计	尺量
孔位（mm）	±50	尺量
钻孔深度（mm）	±50	尺量
孔径	符合设计要求	尺量

7) 超前小导管注浆的实测项目、检查方法和频率，见表4.3.4-7的规定。

超前小导管注浆实测项目、检查方法和频率　　　　　表4.3.4-7

检查项目	规定值或允许偏差	检查方法和频率
长度	不小于设计	尺量：检查10%
孔位（mm）	±50	尺量：检查10%
钻孔深度（mm）	±50	尺量：检查10%
孔径	符合设计要求	尺量：检查10%
注浆压力	符合设计要求	压力表：全部检查

8) 喷射混凝土支护的实测项目、检查方法和频率，见表4.3.4-8的规定。

喷射混凝土支护实测项目、检查方法和频率　　　　　表4.3.4-8

检查项目	规定值或允许偏差	检查方法和频率
喷射混凝土强度	在合格标准内	按JTG F60附录C喷锚支护的试验和测定方法检验
喷射厚度	平均厚度≥设计厚度；检查点的90%≥设计厚度；最小厚度≥0.5倍设计厚度，且≥50mm	凿空法或雷达探测仪：每10m检查一个断面，每个断面从拱顶中线起每3m检查1点
空洞检测	无空洞、无杂物	凿空法或雷达探测仪：每10m检查一个断面，每个断面从拱顶中线起每3m检查1点

9) 锚杆支护的实测项目、检查方法和频率，见表4.3.4-9的规定。

锚杆支护实测项目、检查方法和频率　　　　　表4.3.4-9

检查项目	规定值或允许偏差	检查方法和频率
锚杆数量	不少于设计	现场逐根清点
锚拔力	拔力平均值≥设计值，最小拔力≥90%设计值	按锚杆数1%且不少于3根做拔力试验
孔位（mm）	±50	尺量
钻孔深度（mm）	±50	尺量
钻孔直径	满足设计要求	尺量
锚杆长度	满足设计要求	按锚杆数的3%，或不少于3根

10) 钢筋网支护的实测项目、检查方法和频率，见表4.3.4-10的规定。

钢筋网支护实测项目、检查方法和频率　　　　　表4.3.4-10

检查项目	规定值或允许偏差	检查方法和频率
网格尺寸（mm）	±10	尺量
钢筋保护层厚度	满足设计要求	凿孔检查：每10m检查5点
与受锚岩面的间隙（mm）	≤30	尺量：每10m检查10点
网的长、宽（mm）	±10	尺量

11) 钢架支护的实测项目、检查方法和频率，见表4.3.4-11的规定。

钢架支护实测项目、检查方法和频率　　　　表4.3.4-11

检查项目		规定值或允许偏差	检查方法和频率
安装间距（mm）		50	尺量：每榀检查
净保护层厚度		满足设计要求	凿孔检查：每榀自拱顶每3m检查1点
倾斜度（°）		±2	仪器测量：每榀检查
安装偏差（mm）	横向	±50	尺量：每榀检查
	竖向	不低于设计高程	
拼装偏差（mm）		±3	尺量：每榀检查

12) 模板安装的实测项目、检查方法和频率，见表4.3.4-12的规定。

模板安装实测项目、检查方法和频率　　　　表4.3.4-12

检查项目	规定值或允许偏差	检查方法和频率
平面位置及高程（mm）	±15	尺量：全部
起拱线高程（mm）	±10	水准仪测量：全部
拱顶高程（mm）	+10，0	水准仪测量：全部
模板平整度（mm）	5	2m靠尺和塞尺：每3m测5点
相邻浇筑段表面错台（mm）	±10	尺量：全部

13) 混凝土衬砌的实测项目、检查方法和频率，见表4.3.4-13的规定。

混凝土衬砌实测项目、检查方法和频率　　　　表4.3.4-13

检查项目	规定值或允许偏差	检查方法和频率
混凝土强度	在合格标准内	试件强度试验报告
边墙平面位置（mm）	±10	尺量：全部
拱部高程（mm）	+30，0	水准仪测量（按桩号）
衬砌厚度	不小于设计值	激光断面仪或地质雷达随机检查
边墙、拱部表面平整度（mm）	15	2m直尺、塞尺：每侧检查5处；或断面仪测量

14) 仰拱及底板的实测项目、检查方法和频率，见表4.3.4-14的规定。

仰拱及底板实测项目、检查方法和频率　　　　表4.3.4-14

检查项目	规定值或允许偏差	检查方法和频率
混凝土强度	在合格标准内	试件强度试验报告
仰拱（底板）厚度	不小于设计	水准仪：每10m检查一个断面，每个断面检查5点
钢筋保护层厚度（mm）	≥50	凿孔检查：每10m检查一个断面，每个断面检查3点
顶面高程（mm）	±15	水准仪：每一浇筑段检查一个断面

15) 衬砌钢筋的实测项目、检查方法和频率，见表4.3.4-15的规定。

衬砌钢筋实测项目、检查方法和频率　　　　表 4.3.4-15

检查项目			规定值或允许偏差	检查方法和频率
主筋间距（mm）			±10	尺量：连续 3 处以上
两层钢筋间距（mm）			±5	尺量：两端、中间各 1 处以上
箍筋间距（mm）			±20	尺量：连续 3 处以上
绑扎搭接长度	受拉	HPB级钢	30d	尺量：每 20m 检查 3 个接头
		HRB级钢	35d	
	受压	HPB级钢	20d	
		HRB级钢	25d	
钢筋加工长度（mm）			−10，+5	尺量：每 20m 检查 2 根
钢筋保护层厚度（mm）			+10，−5	尺量：两端、中间各 1 处

注：d—钢筋直径。

16）洞口排水沟的实测项目、检查方法和频率，见表 4.3.4-16 的规定。

洞口排水沟实测项目、检查方法和频率　　　　表 4.3.4-16

检查项目	规定值或允许偏差	检验方法和频率
轴线偏位（mm）	±50	仪器测量：每条排水沟不少于 5 处
沟底高程（mm）	±15	
排水沟纵坡（%）	±0.5，不积水	
排水沟宽度（mm）	+30，0	尺量：每条排水沟不少于 4 处
排水沟侧墙高度（mm）	−10	
壁厚（mm）	−10	

17）洞内排水沟断面尺寸的实测项目、检查方法和频率，见表 4.3.4-17 的规定。

洞内排水沟断面尺寸实测项目、检查方法和频率　　　　表 4.3.4-17

检查项目	规定值或允许偏差	检验方法和频率
断面尺寸（mm）	±10	尺量：每 100m 随机检查 5 处
壁厚（mm）	±5	
高度（mm）	0，−20	
沟底高程（mm）	±20	水准仪：每 20m 测高程

18）防水混凝土的实测项目、检查方法和频率，见表 4.3.4-18 的规定。

防水混凝土实测项目、检查方法和频率　　　　表 4.3.4-18

检查项目	规定值或允许偏差	检验方法和频率
抗压强度	在合格标准内	按 JTG F60 附录 A 水泥混凝土抗压强度评定检验
抗渗等级	符合设计	每 200m 衬砌做一组（6 个）试件

19）防寒泄水洞的实测项目、检查方法和频率，见表 4.3.4-19 的规定。

4.3 施工质量检测

防寒泄水洞实测项目、检查方法和频率 表 4.3.4-19

检查项目	规定值或允许偏差	检验方法和频率
断面尺寸（mm）	±50	尺量：每10m量1次
高程（mm）	±20	仪器测量：每10m测量高程及位置
平面位置（mm）	±50	

20）检查井的实测项目、检查方法和频率，见表 4.3.4-20 的规定。

检查井实测项目、检查方法和频率 表 4.3.4-20

检查项目	规定值或允许偏差（mm）	检查方法和频率
轴线偏位	±50	经纬仪：逐个检查
断面尺寸	±20	尺量：逐个检查
井底高程	±20	水准仪：逐个检查
井盖与相邻路面高差	0，+4	水准仪、水平尺：逐个检查

21）防水板的实测项目、检查方法和频率，见表 4.3.4-21 的规定。

防水板实测项目、检查方法和频率 表 4.3.4-21

检查项目		规定值或允许偏差	检查方法和频率
搭接宽度（mm）		≥100	尺量：全部搭接均要检查，每个搭接检查3处
缝宽（mm）	焊接	两侧焊缝宽≥25	尺量：每个搭接检查5处
	粘接	粘缝宽≥50	
固定点间距（mm）	拱部	符合设计要求	尺量：检查总数的10%
	侧墙	符合设计要求	
接缝与施工缝错开距离（mm）		≥500	尺量：每个接缝检查5处

22）止水带的实测项目、检查方法和频率，见表 4.3.4-22 的规定。

止水带实测项目、检查方法和频率 表 4.3.4-22

检查项目	规定值或允许偏差	检查方法和频率
纵向偏离（mm）	±50	尺量：每环至少3处
偏离衬砌中心线（mm）	≤30	尺量：每环至少3处

23）隧道路面的实测项目、检查方法和频率，见水泥混凝土面层表 4.3.2-1～表 4.3.2-3 和沥青混凝土面层和沥青碎（砾）石面层表 4.3.2-6 中的实测项目、检查方法和频率。

24）隧道总体检验的实测项目、检查方法和频率，见表 4.3.4-23 的规定。

隧道总体检验实测项目、检查方法和频率 表 4.3.4-23

检查项目	规定值或允许偏差	检验方法和频率
车行道宽（mm）	±10	尺量：每20m（曲线）或50m（直线）检查一处
隧道净总宽	不小于设计	尺量：每20m（曲线）或50m（直线）检查一处

续表

检查项目	规定值或允许偏差	检验方法和频率
隧道净高	不小于设计	水准仪：每20m（曲线）或50m（直线）测一断面，每个断面测拱顶和拱腰3个点
隧道偏位（mm）	20	全站仪：每20m（曲线）或50m（直线）检查一处
引道中心线与隧道中心线的衔接（mm）	20	分别将引道中心线和隧道中心线延长至两侧洞口，比较其平面位置
边坡、仰坡的坡度	不大于设计	坡度板：检查10处

(2) 施工监控量测

1) 隧道现场监控量测必测项目，见表 4.3.4-24 的规定。

隧道现场监控量测必测项目　　表 4.3.4-24

项目名称	方法及工具	布置	测试精度	量测间隔时间			
				1~15d	16d~1个月	1~3个月	大于3个月
洞内、外观察	现场观测、地质罗盘等	开挖及初期支护后进行	—			—	
周边位移	各种类型收敛计	每5~50m一个断面，每断面2~3对测点	0.1mm	1~2次/d	1次/2d	1~2次/周	1~3次/月
拱顶下沉	水准测量的方法，水准仪、钢尺等	每5~50m一个断面	0.1mm	1~2次/d	1次/2d	1~2次/周	1~3次/月
地表下沉	水准测量的方法，水准仪、铟钢尺等	洞口段、浅埋段（$h_0 \leq 2b$）	0.5mm	开挖面距量测断面前后<2b时，1~2次/d；开挖面距量测断面前后<5b时，1次/2~3d；开挖面距量测断面前后>5b时，1次/3~7d			

注：b—隧道开挖宽度；h_0—隧道埋深。

2) 隧道现场监控量测选测项目，见表 4.3.4-25 的规定。

隧道现场监控量测选测项目　　表 4.3.4-25

项目名称	方法及工具	布置	测试精度	量测间隔时间			
				1~15d	16d~1个月	1~3个月	大于3个月
钢架内力及外力	支柱压力计或其他测力计	每代表性地段1~2个断面，每断面钢支撑内力3~7个测点，或外力1对测力计	0.1MPa	1~2次/d	1次/2d	1~2次/周	1~3次/月
围岩体内位移（洞内设点）	洞内钻孔中安设单点、多点杆式或钢丝式位移计	每代表性地段1~2个断面，每断面3~7个钻孔	0.1mm	1~2次/d	1次/2d	1~2次/周	1~3次/月

续表

项目名称	方法及工具	布置	测试精度	量测间隔时间			
				1～15d	16d～1个月	1～3个月	大于3个月
围岩体内位移（地表设点）	地面钻孔中安设各类位移计	每代表性地段1～2个断面，每断面3～5个钻孔	0.1mm	同地表下沉要求			
围岩压力	各种类型岩土压力盒	每代表性地段1～2个断面，每断面3～7个测点	0.01MPa	1～2次/d	1次/2d	1～2次/周	1～3次/月
两层支护间压力	压力盒	每代表性地段1～2个断面，每断面3～7个测点	0.01MPa	1～2次/d	1次/2d	1～2次/周	1～3次/月
锚杆轴力	钢筋计、锚杆测力计	每代表性地段1～2个断面，每断面3～7锚杆（索），每根锚杆2～4个测点	0.01MPa	1～2次/d	1次/2d	1～2次/周	1～3次/月
支护、衬砌内应力	各类混凝土内应变计及表面应力解除法	每代表性地段1～2断面，每断面3～7个测点	0.01MPa	1～2次/d	1次/2d	1～2次/周	1～3次/月
围岩弹性波速度	各种声波仪及配套探头	在有代表性地段设置	—				
爆破震动	测振及配套传感器	临近建（构）筑物	—	随爆破进行			
渗水压力、水流量	渗压计、流量计	—	0.01MPa	—			
地表下沉	水准测量的方法，水准仪、铟钢尺等	洞口段、浅埋段 ($h_0>2b$)	0.5mm	开挖面距量测断面前后<$2b$时，1～2次/d；开挖面距量测断面前后<$5b$时，1次/(2～3d)；开挖面距量测断面前后>$5b$时，1次/(3～7d)			

注：b—隧道开挖宽度；h_0—隧道埋深。

3）中岩墙现场监控量测项目，见表 4.3.4-26 的规定。

中岩墙现场监控量测项目及方法　　　　　表 4.3.4-26

项目名称	方法、工具	布置	间隔时间		
			1～30d	1～3个月	大于3个月
中岩墙土压力	钢弦式压力盒	每10～30m一个断面，每个断面3个压力盒			
围岩内位移	多点位移计及千分表	每10～30m一个断面，每个断面2个测点	1～2次/d	1次/2d	1次/周
围岩压力	钢弦式压力盒	每10～30m一个断面，每个断面1个压力盒			

2. 环境检测

（1）施工环境检测

施工环境检测主要包括，粉尘、有害气体等。

1）粉尘检测的主要项目有：白云石粉尘、沉淀 SiO_2（白炭黑）、大理石粉尘、电焊烟尘、沸石粉尘、硅灰石粉尘、硅藻土粉尘、滑石粉尘、煤尘、膨润土粉尘、石膏粉尘、石灰石粉尘、石墨粉尘、水泥粉尘、炭黑粉尘、矽尘、稀土粉尘、萤石混合性粉尘、云母粉尘、珍珠岩粉尘、蛭石粉尘、重晶石粉尘及其他粉尘等。

2）有害气体检测的主要项目有：二氧化氮、二氧化硫、二氧化碳、一氧化氮、一氧化碳及甲烷（CH_4）等。

（2）运营环境检测

运营环境检测主要包括：通风、照明、噪声等。

1）通风检测的主要项目有：粉尘浓度测定、瓦斯（CH_4）检测、一氧化碳检测、烟雾浓度检测及隧道内风压测定、流速测定等。

2）照明检测的主要项目有：实验室检测（对单个灯具的特性或质量）和现场检测（路面照度、亮度、眩光）等。

3）噪声检测的主要项目有：噪声。

4.3.5 交通安全设施工程

交通安全设施工程现场检测（抽样检测），按《公路工程质量检验评定标准 第一册 土建工程》JTG F80/1—2004 的规定：

1. 交通标志的检测项目、检查方法和频率，见表 4.3.5-1 的规定。

交通标志检测项目、检查方法和频率　　　表 4.3.5-1

检查项目	规定值或允许偏差	检查方法和频率
标志板外形尺寸（mm）	±5。当边长尺寸大于1.2m时允许偏差为边长的±0.5%；三角形内角应为60°±5°	钢卷尺、万能角尺、卡尺：检查100%
标志底板厚度（mm）	不小于设计	
标志汉字、数字、拉丁字的字体及尺寸（mm）	应符合规定字体，基本字高不小于设计	字体与标准字体对照，字高用钢卷尺：检查10%
标志面反光膜等级及逆反射系数（$cd.1x^{-1} \cdot m^{-2}$）	反光膜等级符合设计。逆反射系数值不低于《公路交通标志板技术条件》（JT/T 279）规定	反光膜等级用目测初定。便携式测定仪：检查100%
标志板下缘至路面净空高度及标志板内缘路边缘距离（mm）	+100，0	用直尺、水平尺或经纬仪：检查100%
立柱竖直度（mm/m）	±3	垂线、直尺：检查100%
标志金属构件镀层厚度（μm）	标志柱、横梁≥78，紧固件≥50	测厚仪：检查100%
标志基础尺寸（mm）	−50，+100	钢尺、直尺：检查100%
基础混凝土强度	在合格标准内	基础施工同时做试件每处1组（3件）；检查100%

4.3 施工质量检测

2. 路面标线的检测项目、检查方法和频率，见表 4.3.5-2 的规定。

路面标线检测项目、检查方法和频率   表 4.3.5-2

检查项目		规定值或允许偏差	检查方法和频率
标线线段长度 (mm)	6000	±50	钢卷尺：抽检 10%
	4000	±40	
	3000	±30	
	1000~2000	±20	
标线宽度 (mm)	400~450	+15, 0	钢尺：抽检 10%
	150~200	+8, 0	
	100	+5, 0	
标线厚度 (mm)	常温型 (0.12~0.2)	−0.03, +0.10	湿膜厚度计，干膜用水平尺、塞尺或用卡尺抽检 10%
	加热型 (0.20~0.4)	−0.05, +0.15	
	热熔型 (1.0~4.50)	−0.10, +0.50	
标线横向偏位 (mm)		±30	钢卷尺：抽检 10%
标线纵向间距 (mm)	9000	±45	钢卷尺：抽检 10%
	6000	±30	
	4000	±20	
	3000	±15	
标线剥落面积		检查总面积的 0~3%	4 倍放大镜：目测检查
反光标线逆反射系数 ($cd \cdot lx^{-1} \cdot m^{-2}$)		白色标线≥150 黄色标线≥100	反光标线逆反射系数测量仪：抽检 10%

3. 波形梁钢护栏的检测项目、检查方法和频率，见表 4.3.5-3 的规定。

波形梁钢护栏检测项目、检查方法和频率   表 4.3.5-3

检查项目	规定值或允许偏差	检查方法和频率
波形梁板基底金属厚度 (mm)	±0.16	板厚千分尺：抽检 5%
立柱壁厚 (mm)	4.5±0.25	测厚仪、千分尺：抽检 5%
镀（涂）层厚度 (μm)	符合设计	测厚仪：抽检 10%
拼接螺栓（45 号钢）抗拉强度 (MPa)	≥600	抽样做拉力试验，每批 3 组
立柱埋入深度	符合设计规定	过程检查，直尺：抽检 10%
立柱外边缘距路肩边线距离 (mm)	±20	直尺：抽检 10%
立柱中距 (mm)	±50	钢卷尺：抽检 10%
立柱竖直度 (mm/m)	±10	垂线、直尺：抽检 10%
横梁中心高度 (mm)	±20	直尺：抽检 10%
护栏顺直度 (mm/m)	±5	拉线、直尺：抽检 10%

4. 混凝土护栏的检测项目、检查方法和频率，见表 4.3.5-4 的规定。

混凝土护栏检测项目、检查方法和频率　　表 4.3.5-4

检查项目		规定值或允许偏差	检查方法和频率
护栏混凝土强度（MPa）		在合格标准内	按 JTG F80/1 附录 D 水泥混凝土抗压强度评定检查
地基压实度（%）		符合设计要求	现场检查
护栏断面尺寸（mm）	高度	±10	直尺、钢卷尺：抽检 10%
	顶宽	±5	
	底宽	±5	
基础平整度（mm）		10	水平尺：检查 100%
轴向横向偏位（mm）		±20 或符合设计要求	直尺、钢卷尺：抽检 10%
基础厚度（mm）		±10%H	过程检查，直尺：检查 100%

5. 缆索护栏的检测项目、检查方法和频率，见表 4.3.5-5 的规定。

缆索护栏检测项目、检查方法和频率　　表 4.3.5-5

检查项目	规定值或允许偏差	检查方法和频率
缆索直径（mm）	18±0.5	卡尺：抽检 10%
单丝直径（mm）	2.86＋0.10，－0.02	
初张力（kN）	±5%	过程检查，张拉计：抽检 10%
最下一根缆索的高度（mm）	±20	直尺：抽检 10%
立柱壁厚（mm）	±0.10	千分尺：抽检 10%
立柱埋入深度	符合设计要求	过程检查，抽检 10%
立柱竖直度（mm/m）	±10	垂线、直尺：抽检 10%
立柱中距（mm）	±50	直尺：抽检 10%
镀锌层厚度（μm）	立柱≥85	测厚仪：抽检 10%
	索端锚具≥50	
	紧固件≥50	
	镀锌钢丝≥33	
混凝土基础尺寸	符合设计规定	过程检查，直尺：检查 100%
混凝土强度	在合格标准内	基础施工同时做试件，每个工作班 1 组（3 件），检查试件的强度，抽检 100%

6. 突起路标的检测项目、检查方法和频率，见表 4.3.5-6 的规定。

突起路标检测项目、检查方法和频率　　表 4.3.5-6

检查项目	规定值或允许偏差	检查方法和频率
安装角度（°）	±5	角尺：抽检 10%
纵向间距（mm）	±50	钢卷尺：抽检 10%
损坏及脱落个数	<0.5%	检查损坏及脱落个数：抽检 30%
横向偏位（mm）	±50	钢卷尺：抽检 10%
承受压力（kN）	≥160	检查测试记录
光度性能	在规定范围内	检查测试报告

7. 轮廓标的检测项目、检查方法和频率，见表 4.3.5-7 的规定。

轮廓标检测项目、检查方法和频率　　　　表 4.3.5-7

检查项目	规定值或允许偏差	检查方法和频率
柱式轮廓标尺寸（mm）	三角形断面：底边允许偏差为±5，三角形高允许偏差为±5；柱式轮廓标总长允许偏差为±10	钢尺：抽检 10%
安装角度（°）	0～5	花杆、十字架、卷尺、万能角尺：抽检 10%
反射器中心高度（mm）	±20	直尺：抽检 10%
反射器外形尺寸（mm）	±5	卡尺、直尺：抽检 10%
光度性能	在合格标准内	检查检测报告

8. 防眩设施的检测项目、检查方法和频率，见表 4.3.5-8 的规定。

防眩设施检测项目、检查方法和频率　　　　表 4.3.5-8

检查项目	规定值或允许偏差	检查方法和频率
安装高度（mm）	±10	钢卷尺：抽检 5%
镀（涂）层厚度	符合设计	涂层测厚仪：抽检 5%
防眩板宽度（mm）	±5	直尺：抽检 5%
防眩板设置间距（mm）	±10	钢卷尺：抽检 10%
竖直度（mm/m）	±5	垂线、直尺：抽检 10%
顺直度（mm/m）	±8	拉线、直尺：抽检 10%

9. 隔离栅和防落网的检测项目、检查方法和频率，见表 4.3.5-9 的规定。

隔离栅和防落网检测项目、检查方法和频率　　　　表 4.3.5-9

检查项目	规定值或允许偏差	检查方法和频率
高度（mm）	±15	钢卷尺：每 100 根测 2 根
镀（涂）层厚度（μm）	符合设计	测厚仪：抽检 5%
网面平整度（mm/m）	±2	直尺、塞尺：抽检 5%
立柱埋深	符合设计	过程检查，直尺：抽检，10%
立柱中距（mm）	±30	钢卷尺：每 100 根测 2 根
混凝土强度（MPa）	在合格标准内	基础施工同时做试件每工作班作 1 组（3 件），检查试件的强度，抽检 10%
立柱竖直度（mm/m）	±8	直尺、垂线：每 100 根测 2 根

4.3.6 机电工程

机电工程现场检测（抽样检测），按《公路工程质量检验评定标准 第二册 机电工程》JTG F80/2—2004 的规定。（本节内容表中标注有"Δ"的检查项目为关键检查项目）

1. 监控设施的检测项目、检查方法
(1) 车辆检测器，见表 4.3.6-1 的规定。

车辆检测器检测项目、检查方法 表4.3.6-1

检查项目	技术要求	检查方法
△交通量计数精度	允许误差：±2%	人工计数与交通数据采集仪结果比较
平均车速精度	允许误差：±5%（km/h）	雷达测速仪实测值与交通数据采集仪结果比较
△传输性能	24h观察时间内失步现象不大于1次或BER$\leqslant 10^{-8}$	查日志和用数据传输测试仪
△绝缘电阻	强电端子对机壳$\geqslant 50M\Omega$	500V兆欧表测量
△安全接地电阻	$\leqslant 4\Omega$	接地电阻测量仪
△自检功能	自动检测线圈（探头）的开路、短路和损坏情况	模拟故障状态实测
逻辑识别线路功能	一辆车作用于两个车道的两个线圈，处理器逻辑正常，输出的检测信息正确	模拟状态实测
△复原功能	加电后硬件恢复和重新设置时，原存储数据保持不变	实际操作
本地操作与维护功能	能够接便携机进行维护和测试	实际操作
控制功能	具有设计文件要求的控制功能	实际操作
基础尺寸	符合设计要求	长、宽用量具测量，埋深查隐蔽工程验收记录或实测
机箱和地脚防腐涂层质量	符合设计要求	用量具或涂层测厚仪测量

（2）气象检测器，见表4.3.6-2的规定。

气象检测器检测项目、检查方法 表4.3.6-2

检查项目	技术要求	检查方法
立柱竖直度	$\leqslant 5mm/m$	铅锤、直尺或全站仪
立柱、法兰和地脚几何尺寸	符合设计要求	超声波测厚仪测量立柱壁厚，用量具测量其他尺寸
基础尺寸	符合设计要求	长、宽用量具测量，埋深查隐蔽工程验收记录或实测
机箱、立柱、法兰和地脚的防腐涂层厚度	符合设计要求	用量具或涂层测厚仪测量
△绝缘电阻	强电端子对机壳$\geqslant 50M\Omega$	500V兆欧表测量
△安全接地电阻	$\leqslant 4\Omega$	接地电阻测量仪
△防雷接地电阻	$\leqslant 10\Omega$	接地电阻测量仪
△温度误差	±1.0℃	温度计实地测量比对
湿度误差	±5%R.H	湿度计实地测量比对
△能见度误差	±10%或符合合同要求	模拟、目测或标准能见仪实地测量比对
风速误差	±5%或符合合同要求	风速仪实地测量比对
△数据传输性能	24h观察时间内失步现象不大于1次或BER$\leqslant 10^{-8}$	查日志或用数据传输测试仪
功能验证	能检测到降水天气	模拟降雨实测

(3) 闭路电视监视系统，见表 4.3.6-3 的规定。

闭路电视监视系统检测项目、检查方法　　　　表 4.3.6-3

检查项目		技术要求	检查方法
立柱竖直度		≤5mm/m	铅锤、直尺或全站仪
△立柱、避雷针（接闪器）、法兰和地脚几何尺寸		符合设计要求	超声波测厚仪测量立柱壁厚，用全站仪测量立柱和避雷针高度，用量具测量其他尺寸
基础尺寸		符合设计要求	长、宽用量具测量，埋深查隐蔽工程验收记录或实测
△机箱、立柱、法兰和地脚的防腐涂层厚度		符合设计要求	用量具或涂层测厚仪测量
△强电端子对机壳绝缘电阻		≥50MΩ	500V 兆欧表测量
△安全接地电阻		≤4Ω	接地电阻测量仪
△防雷接地电阻		≤10Ω	接地电阻测量仪
传输通道指标	△视频电平	700±30mV	电视信号发生器发送 75% 彩条信号，用视频测试仪检测
	△同步脉冲幅度	300±20mV	电视信号发生器发送 75% 彩条信号，用视频测试仪检测
	△回波 E	<7%kF	电视信号发生器发送 2T 信号，用视频测试仪检测
	亮度非线性	≤5%	电视信号发生器发送 2T 信号，用视频测试仪检测
	色度/亮度增益差	±5%	电视信号发生器发送 2T 信号，用视频测试仪检测
	色度/亮度时延差	≤100ns	电视信号发生器发送 2T 信号，用视频测试仪检测
	微分增益	≤10%	电视信号发生器发送调制的五阶梯测试信号，用视频测试仪检测
	微分相位	≤10°	电视信号发生器发送调制的五阶梯测试信号，用视频测试仪检测
	△幅频特性	5.8MHz 带宽内±2dB	电视信号发生器发送 sinx/x 信号，用视频测试仪检测
	△视频信杂比	≥56dB（加权）	电视信号发生器发送多波群信号，用视频测试仪检测
监视器画面指标	△随机信噪比（雪花干扰）	黑白：≥37dB，彩色：≥36dB	
	△单频干扰（网纹）	黑白：≥40dB，彩色：≥37dB	仪器测量，也可人工（5人以上）主观评分，不小于 4 分为合格
	△电源干扰（黑白滚道）	黑白：≥40dB，彩色：≥37dB	
	△脉冲干扰（跳动）	黑白：≥37dB，彩色：≥31dB	

续表

检查项目	技术要求	检查方法
△云台水平转动角	水平：≥350°	实际操作
△云台垂直转动角	上仰：≥15°，下俯：≥90°	实际操作
△监视范围	符合设计要求	实际操作
△外场摄像机安装稳定性	受大风影响或接受变焦、转动等控制时，动作平滑、无抖动	实际操作
自动光圈调节	自动调节	实际操作
调焦功能	快速自动聚焦	实际操作
变倍功能	可变倍	实际操作
雨刷功能	工作正常	实际操作
△切换功能	监控中心可切换任意摄像机	实际操作
录像功能	可录像，且录像回放清晰	实际操作
硬拷贝功能	拷贝图像清楚	实际操作
报警功能	监控中心可检测外场摄像机的工作状态并在故障时报警	模拟

注：主观评分可采用五级损伤制评定：
(1) 图像上不觉察有损伤或干扰存在：5分；
(2) 图像上稍有可觉察的损伤或干扰存在：4分；
(3) 图像上有明显的损伤或干扰存在：3分；
(4) 图像上损伤或干扰较严重：2分；
(5) 图像上损伤或干扰极严重：1分。

(4) 可变标志，见表 4.3.6-4 的规定。

可变标志检测项目、检查方法　　　　表 4.3.6-4

检查项目	技术要求	检查方法
立柱竖直度	≤5mm/m	铅锤、直尺或全站仪
△立柱、避雷针（接闪器）、法兰和地脚几何尺寸	符合设计要求	超声波测厚仪测量立柱壁厚，用全站仪测量立柱和避雷针高度，用量具测量其他尺寸
△基础尺寸	符合设计要求	长、宽用量具测量，埋深查隐蔽工程验收记录或实测
△机箱、立柱、法兰和地脚的防腐涂层厚度	符合设计要求	用量具或涂层测厚仪测量
△强电端子对机壳绝缘电阻	≥50MΩ	500V 兆欧表测量
安全接地电阻	≤4Ω	接地电阻测量仪
防雷接地电阻	≤10Ω	接地电阻测量仪
△视认距离	120km/h，≥250m	按 GB/T 23828

4.3 施工质量检测

续表

检查项目	技术要求	检查方法
发光单元色度坐标 (x, y)	(1) 可变信息标志按 GB/T 23828 测量红、绿、蓝、白 4 种颜色； (2) 可变限速标志按 GB/T 23826 测量红、黄 2 种颜色； (3) 其他标志按 GB 14887 测量红、绿 2 种颜色	按 GB/T 23828、GB/T 23826、GB 14887
显示屏平均亮度	最大亮度和最小亮度符合设计要求。无规定时，应不小于 8000cd/m²	用亮度计实测
△数据传输性能	24h 观察时间内失步现象不大于 1 次或 BER 小于 10^{-8}	查日志和用数据传输测试仪
自检功能	能够向中心计算机提供显示内容的确认信息及本机工作状态自检信息	实际操作
△显示内容	及时、正确地显示中心计算机发送的内容	实际操作
亮度调节功能	能自动根据环境照度自动调节显示屏的亮度	实际操作

(5) 地图板，见表 4.3.6-5 的规定。

地图板检测项目、检查方法 表 4.3.6-5

检查项目	技术要求	检查方法
整板尺寸	允许偏差：1‰	卷尺
垂直度	≤2mm/m	铅锤、直尺
平整度	任意相邻两块不平度≤1.0mm	游标卡尺或靠尺、塞尺
△电源导线对机壳绝缘电阻	≥50MΩ	查验随工验收记录或用 500V 兆欧表测量
静态显示	显示的内容符合设计要求	目测
动态交通状态显示	绿、黄、红表示交通正常、拥挤、阻塞状态	模拟
△设备工作状态显示	绿、红表示外场设备的正常、故障状态	目测
△可变标志内容显示	符合设计	实际操作
△紧急电话呼入显示	亮灯表示 ET 通话状态	模拟
△交通量、气象参数、时间、日期等显示	显示正确	目测

(6) 大屏幕投影系统，见表 4.3.6-6 的规定。

第4章 工程施工质量与试验检测控制方法

大屏幕投影系统检测项目、检查方法　　　表4.3.6-6

检查项目	技术要求	检查方法
拼接缝	不大于2mm或合同要求的尺寸	长度尺实测
△亮度	达到白色平衡时的亮度不小于150cd/m²	亮度计实测
亮度不均匀度	不大于10%	亮度计实测
图像显示	正确显示监控中心CCTV监视器的切换图像及图形计算机输出信息	实际操作
△窗口缩放	可对所选择的窗口随意缩放控制	实际操作
△多视窗显示	同时显示多个监视断面的窗口	实际操作

（7）监控中心设备安装及系统调测，见表4.3.6-7的规定。

监控中心设备安装及系统调测检测项目、检查方法　　　表4.3.6-7

检查项目	技术要求	检查方法
监控室内温度	18～28℃	用温湿度计实测10个测点
监控室内相对湿度	30%～70%	用温湿度计实测10个测点
监控室内新风系统功能	要求有通风换气装置且工作正常	感官目测、查验新风装置工作状态
监控室内防尘措施	B级（一周内，设备上应无明显尘土）	目测
监控室内噪声	<70dB（A）	用声级计实测
监控室内操作照度	5～200lx可调	用照度计实测
△电源导线对机壳接地绝缘电阻	≥50MΩ	查验随工验收记录或用500V兆欧表抽测3台设备
△监控中心联合接地电阻	≤1Ω	接地电阻测量仪测量
工作接地电阻	≤4Ω	接地电阻测量仪测量
安全接地电阻	≤4Ω	接地电阻测量仪测量
防雷接地电阻	≤10Ω	接地电阻测量仪测量
与外场设备的通信轮询周期	30～60s可调	实测10min
△与下端设备交换数据的实时性和可靠性	按设定的系统轮询周期，及时准确地与车辆检测器、气象检测器、可变标志等交换数据	对于检测器，在外场进行人工测试统计，然后与上端系统按时间段逐一对比，时间不少于30min。对于可变标志用通信设备在外场与上端比对信息的正确性和实时性
△图像监视功能	能够监视全程或重点路段的运行状态	实际操作
与收费系统交换数据功能	正确接收收费数据、收费系统抓拍图像	实际操作
△系统工作状况监视功能	系统外场设备的工作状态在计算机和投影仪上正确显示	实际操作
事故阻塞告警	符合设计要求	模拟阻塞测试
恶劣气候告警	天气异常时，自动报警	模拟低能见度测试
紧急情况告警	能识别交警、消防、急救等特殊电话并在地图板、大屏幕上提示	实际操作

4.3 施工质量检测

续表

检查项目	技术要求	检查方法
△信息提供功能	指令信息通过系统正确地传送到可变标志、交通信号灯、车道控制器以及消防、救援部门	实际操作
统计、查询、打印报表功能	迅速、正确地统计、查询、打印命令指示、设备状况、系统故障、交通参数等数据	实际操作,查询历史数据报表
数据备份、存档功能	每日数据备份,并带时间记录	实际操作,查询历史数据报表
加电自诊断功能	可循环检测所有监控中心内、外场设备运行状况,正确及时显示故障位置、类型	目测

(8) 监控系统计算机网络,见表 4.3.6-8 的规定。

监控系统计算机网络检测项目、检查方法　　表 4.3.6-8

检查项目	技术要求	检查方法	备注
△网线接线图	EIA/TIA 568	通信行业标准:YD/T 1013—1999	双绞线缆
布线长度	符合设计要求	通信行业标准:YD/T 1013—1999	双绞线缆
△衰减	EIA/TIA 568	通信行业标准:YD/T 1013—1999	双绞线缆
△近端串扰	EIA/TIA 568	通信行业标准:YD/T 1013—1999	双绞线缆
环路阻抗	EIA/TIA 568	通信行业标准:YD/T 1013—1999	双绞线缆
远方近端串扰衰耗	EIA/TIA 568	通信行业标准:YD/T 1013—1999	5e、6类双绞线缆
相邻线对综合串扰	EIA/TIA 568	通信行业标准:YD/T 1013—1999	5e、6类双绞线缆
远端串扰与衰减比	EIA/TIA 568	通信行业标准:YD/T 1013—1999	5e、6类双绞线缆
近端串扰与衰减比	EIA/TIA 568	通信行业标准:YD/T 1013—1999	5e、6类双绞线缆
综合远端串扰比	EIA/TIA 568	通信行业标准:YD/T 1013—1999	5e、6类双绞线缆
△回波衰耗	EIA/TIA 568	通信行业标准:YD/T 1013—1999	5e、6类双绞线缆
传输时延	EIA/TIA 568	通信行业标准:YD/T 1013—1999	5e、6类双绞线缆
线对间传输时延差	EIA/TIA 568	通信行业标准:YD/T 1013—1999	5e、6类双绞线缆
△同轴电缆特性阻抗	50Ω 或 75Ω	通信行业标准:YD/T 1013—1999	同轴缆
光纤接头衰耗	0.2dB	光时域反射计	光缆
光纤接头回损	按设计文件	光时域反射计	光缆
光纤衰耗	按设计文件	光时域反射计	光缆
△网络维护性测试	符合设计要求	网络测试仪	网络
网络健康测试	符合设计要求	网络测试仪	网络

(9) 光、电缆线路,见表 4.3.6-9 的规定。

光、电缆线路检测项目、检查方法　　　　表 4.3.6-9

检查项目	技术要求	检查方法
光纤护层绝缘电阻	≥1000MΩ·km	1000V 兆欧表测量(仅对直埋光纤)
△单模光纤接头损耗平均值	≤0.1dB	光万用表或光时域反射计测量
△多模光纤接头损耗平均值	≤0.2dB	光万用表或光时域反射计测量
△低速误码率	BER≤10^{-8}	将线对一端短接,另一端接数据传输测试仪以 64kb 速率测量
同轴电缆衰耗	符合设计要求	衰耗测试仪
同轴电缆内外导体绝缘电阻	≥500MΩ	用兆欧表 500V 档,在连接器的芯线和外导体之间测量
△电力电缆绝缘电阻	≥2MΩ	用 1000V 兆欧表在配电箱和用电设备两点间测量
光电缆埋深	符合设计要求	查隐蔽工程记录,必要时挖开实测

2. 通信设施的检测项目、检查方法
(1) 通信管道与光、电缆线路,见表 4.3.6-10 的规定。

通信管道与光、电缆线路检测项目、检查方法　　　　表 4.3.6-10

检查项目	技术要求	检查方法
管道地基	符合设计要求	查隐蔽工程验收记录,必要时剖开复测
管道铺设	符合设计要求	查隐蔽工程验收记录,必要时剖开复测
回土夯实	符合设计要求	查隐蔽工程验收记录,必要时剖开复测
人(手)孔、管道掩埋	符合设计要求	查隐蔽工程验收记录,必要时剖开复测
人(手)孔的位置	符合设计要求	用量具实测
分歧形式及内部尺寸	符合设计要求	用量具实测
通信管道的横向位置	符合设计要求	用量具实测
△主管道管孔试通试验	畅通	查随工验收记录或按附录 21 实测
△硅芯塑料管孔试通试验	畅通	查随工验收记录或气吹法实测
人手孔接地电阻	符合设计要求	接地电阻测量仪实测
光纤护层绝缘电阻	≥1000MΩ·km	查随工验收记录或用高阻兆欧表测量(仅对直埋光纤)
△单模光纤接头损耗平均值	≤0.1dB	光万用表或光时域反射计在中继段两端测量
多模光纤接头损耗平均值	≤0.2dB	光万用表或光时域反射计在传输段两端测量
△中继段单模光纤总衰耗	符合设计要求	光万用表或光源、光功率计在中继段两端测量
△中继段多模光纤总衰耗	符合设计要求	光万用表或光源、光功率计在传输段两端测量
同轴电缆衰耗	符合设计要求	衰耗测试仪
同轴电缆内外导体绝缘电阻	≥500MΩ	用兆欧表 500V 挡,在连接器的芯线和外导体之间测量
△声频电缆绝缘电阻	≥1000MΩ·km	用高阻兆欧表在线对之间测量
声频电缆直流环阻	符合设计要求	用电桥或电缆分析仪测量
声频电缆串音衰减	符合设计要求	用电缆分析仪或串忧分析仪测量
△信号电缆绝缘电阻	≥500MΩ·km	用 1000V 兆欧表在线对之间测量
信号电缆直流电阻	≤23.5Ω/km	用电桥或电缆分析仪测量
△声频电缆传输误码率	BER≤10^{-8}	将线对一端短接,另一端接数据传输测试仪以 64kb 速率测量

(2) 光纤数字传输系统，见表 4.3.6-11 的规定。

光纤数字传输系统检测项目、检查方法　　　　表 4.3.6-11

检查项目	技术要求	检查方法
△系统设备安装联接的可靠性	系统设备安装联接应可靠，经振动试验后系统无告警、无误码	橡皮锤轻轻敲击设备基架和网管计算机主机的配线背板 15min
接地连接的可靠性	工作地、安全地、防雷地按规范要求分别连接到汇流排上	用万用表测量，目测检查
△系统接收光功率	$P_1 \geqslant P_R + M_C + M_e$①	用光功率计，每站 1 个光口
△平均发送光功率	符合设计要求和出厂检验的要求	光功率计，每站每个传送级别各 1 个光口（STM1、STM4、STM16）
△光接收灵敏度	符合设计要求和出厂检验的要求	光功率计和误码仪，每站每个传送级别各 1 个光口（STM1、STM4、STM16）
△误码指标（2M 电口）	$BER = 1 \times 10^{-11}$ $ESR = 1.1 \times 10^{-5}$ $SESR = 5.5 \times 10^{-7}$ $BBER = 5.5 \times 10^{-8}$	用误码仪，每块 2M 电路板抽测 3 条 2M 支路。1 个支路测试时间 24h，其他支路 15min。允许将多条支路串接起来测试
电接口允许比特容差	YD/T 5095—2000	PDH/SDH 通信性能分析仪
输入抖动容限	YD/T 5095—2000	PDH/SDH 通信性能分析仪
输出抖动	YD/T 5095—2000	PDH/SDH 通信性能分析仪
2M 支路口漂移指标	$MTIE \leqslant 18\mu s$（24h） 40h 滑动不应大于 1 次	在传输链路最长或定期链路经过网元最多、通过不同步边界的 2M 链路上测试
音频电路和低速数据电路测试	通路电平、衰减频率失真、增益变化、信道噪声、总失真、路基串话等指标符合设计要求	用 PCM 话路特性仪测试
△安全管理功能	未经授权不能进入网管系统，并对试图接入的申请进行监控	实际操作
△自动保护倒换功能	工作环路故障或大误码时，自动倒换到备用线路	实际操作，测一个环路
△远端接入功能	能通过网管将远端模块添加或删除	实际操作
配置功能	能对网元部件进行增加或删除配置，并以图形方式显示当前配置	实际操作
公务电话功能	系统应配置公务电话，声音清楚	实际操作
网络性能监视功能	能实时采集分析网络误码等性能参数	实际操作
△激光器自动关断功能	无光输入信号时应能自动关断	测试备用板的发光口
故障定位功能	模拟系统故障	实际操作

续表

检查项目	技术要求	检查方法
△信号丢失告警	产生告警	实际操作
△电源中断告警	产生告警	实际操作
△帧失步告警	产生告警	实际操作
△AIS 告警	产生告警	实际操作
64kb/s 输入信号消失告警	产生告警	实际操作
参考时钟丢失告警	产生告警	实际操作
指针丢失告警	产生告警	实际操作
远端接收失效 FERF 告警	产生告警	实际操作
远端接收误码 FEBE	产生告警	实际操作
电接口复帧丢失（LOM）	产生告警	实际操作
信号劣化（BER>1×10^{-6}）	产生告警	实际操作
信号大误码（BER>1×10^{-3}）	产生告警	实际操作
环境检测告警	产生告警	实际操作
机盘失效告警	能自动倒换，产生告警	实际操作

注：1. P_1—接收端实测系统接收光功率；P_R—接收器的接收灵敏度；M_C—光缆富余度；M_e—设备富余度。

（3）数字程控交换系统，见表 4.3.6-12 的规定。

数字程控交换系统检测项目、检查方法　　　　表 4.3.6-12

检查项目	技术要求	检查方法
△工作电压	$-57\sim-40V$	用万用表实测
系统再启动功能	系统紧急关机后启动或作系统倒换后，系统应能恢复正常运行	实际操作
△修改用户号码功能	用软件修改后不影响原话机的连接通信功能	实际操作
△修改单个用户的号码属性	用软件修改后不影响原话机的连接通信功能	实际操作
修改用户数限	主要对用户的长途呼叫进行限制	实际操作
计费功能	能修改费率，并打印显示费额和通话记录	实际操作
话务管理	自动记录话务信息	实际操作
△故障诊断、告警	故障告警	模拟故障
系统交换功能	本局呼叫、出入局呼叫、新业务等功能	实际操作
△指令电话功能	使用数字程控交换机特殊功能，建立一点对多点的快速通话功能	实际操作
局内障碍率	$\leqslant 3.4\times10^{-4}$	模拟呼叫器
接通率	$>99.96\%$	模拟呼叫器
处理能力	系统达到 BHCA 值时，对人机命令的响应 90%均应在 3s 以内	模拟呼叫器

（4）紧急电话系统，见表 4.3.6-13 的规定。

4.3 施工质量检测

紧急电话系统检测项目、检查方法　　　　表 4.3.6-13

检查项目	技术要求	检查方法
△音量	＞90dB（A）	在扬声器正前方 400mm 处，用声级计
分机安装竖直度	≤10mm/m	铅锤、直尺
△防雷接地电阻	≤10Ω	接地电阻测量仪
MIC 距基础平台的高度	1450±20mm	卷尺
喇叭高度	1600±20mm	卷尺
△控制台绝缘电阻	＞50MΩ	500V 兆欧表
△话音传输衰耗	≤30dB，3000Hz	话音传输分析仪
△话音质量	话音要求清晰，音量适中，无噪音，无断字等缺陷	感官
△呼叫功能	响应灵敏	实际操作
按键提示	按键提示简明易懂	目测
噪声抑制	话机在通话过程及静态时，要求无嗡嗡、沙沙声及自激、哨声等杂声	感官
△通话呼叫功能	按下按钮，可呼叫监控中心控制台	实际操作
呼叫排队功能	同时呼叫或通话时的呼叫，可按优先级处理	实际操作
△地址码显示功能	控制台显示呼叫位置	实际操作
△振铃响应	呼叫在控制台有振铃响应	实际操作
语音提示功能	呼叫后，话机有等待信号或提示音	实际操作
录音功能	控制台有自动录音功能	实际操作
故障报告功能	中心可自动立即显示故障信息	实际操作
取消呼叫功能	控制台可取消呼叫	实际操作
打印报告功能	值班记录、事件、故障等文件可打印	实际操作
△定时自检功能	能检测到线路连接、电池、传输故障等情况	故障模拟
手动自检功能	能检测到线路连接、电池、传输故障等情况	实际操作
加电自恢复功能	加电后，控制台应自动恢复到工作状态	实际操作，测一次

（5）无线移动通信系统，见表 4.3.6-14 的规定。

无线移动通信系统检测项目、检查方法　　　　表 4.3.6-14

检查项目	技术要求	检查方法
铁塔基础尺寸	符合设计要求	实测和随工记录结合
铁塔所用材料规格	符合设计要求	用量具测量必要时取样检测
铁塔和地脚防腐层质量	符合 GB/T 18226 要求	涂层测量仪实测
地脚规格尺寸	符合设计要求	用量具测量必要时取样检测
防雷接地系统用材料规格	符合设计要求	用量具测量和核查隐蔽工程记录相结合
防雷接地电阻	≤10Ω	接地电阻测量仪测量
基地台发射功率	符合设计要求	接 YD/T 1009

续表

检查项目	技术要求	检查方法
中转台发射功率	符合设计要求	按 YD/T 1009
车载台发射功率	符合设计要求	按 YD/T 1009
手持台发射功率	符合设计要求	按 YD/T 1009
基地台接收灵敏度	符合设计要求	按 YD/T 1009
中转台接收灵敏度	符合设计要求	按 YD/T 1009
车载台接收灵敏度	符合设计要求	按 YD/T 1009
手持台接收灵敏度	符合设计要求	按 YD/T 1009
△电波覆盖范围	≥90%	基站监测，实地测量
△基地台与车载台通话功能	建立、释放响应灵敏、通话清楚	实际操作
△基地台与手持台通话功能	建立、释放响应灵敏、通话清楚	实际操作
△基地台与手持台通话功能	建立、释放响应灵敏、通话清楚	实际操作
△手持台与车载台通话功能	建立、释放响应灵敏、通话清楚	实际操作
手持台与业务电话通话功能	建立、释放响应灵敏、通话清楚	实际操作
车载台与业务电话通话功能	建立、释放响应灵敏、通话清楚	实际操作
用户之间群呼、组呼、选呼功能	建立、释放响应灵敏、通话清楚	实际操作

(6) 通信电源，见表 4.3.6-15 的规定。

通信电源检测项目、检查方法 表 4.3.6-15

检查项目		技术要求	检查方法
设备、列架的绝缘电阻	交流配电屏	符合设计要求，无要求时应≥2MΩ	用 500V 兆欧表在设备内布线和地之间测量
	直流配电屏		
	开关电源		
	不中断电源		
△开关电源的主输出电压		−40～−57V	万用表实测
开关电源输出杂音	电话衡重杂声	≤2 mV	杂波表实测
	峰值杂声（0～300Hz）	≤100mV	
	宽频杂声（3.4～150kHz）	≤100mV	
	宽频杂声（0.15～30MHz）	≤30mV	
电池组供电特性		放电、浮冲及免维护等符合要求	电池性能测试仪实测或核查随工验收记录
△电源系统报警功能		机房内可视、可听报警显示不正常状态	模拟实测
△远端维护管理功能		可实现远端的遥测、遥控和通信的集中管理	实际操作
不间断电源		断开主供电线路时，UPS 能正常启动，系统不掉电，不影响系统的工作	实际操作
通信电源系统防雷		符合 YD 5078—1998	YD/T 944—2007

4.3 施工质量检测

续表

检查项目	技术要求	检查方法
通信电源的接地	符合设计要求	接地电阻测量仪测量
设备安装的水平度	≤2mm/m	量具实测
设备安装的垂直度	≤3mm	用吊锤和量具实测

3. 收费设施的检测项目、检查方法

(1) 入口车道设备，见表 4.3.6-16 的规定。

入口车道设备检测项目、检查方法　　　　表 4.3.6-16

检查项目		技术要求	检查方法
设备机壳防腐涂层及厚度		符合设计要求，无要求时按 GB/T 18226	用涂层测厚仪实测
△设备强电端子对机壳绝缘电阻		≥50MΩ	500V 兆欧表测量
△车道控制器安全接地电阻		≤4Ω	接地电阻测量仪测量
△电动栏杆机安全接地电阻		≤4Ω	接地电阻测量仪测量
收费亭防雷接地电阻		≤10Ω	接地电阻测量仪测量
收费天棚信号灯色度和亮度	红色	符合 GB 14887	色度/亮度计实测
	绿色	符合 GB 14887	
收费车道内通行信号灯色度和亮度	红色	符合 GB 14887	色度/亮度计实测
	绿色	符合 GB 14887	
△车道信号灯动作		按规定的触发状态正常工作	实际操作
电动栏杆起落总时间		≤4.0s 或符合设计要求	秒表，测 10 次，取平均值
△电动栏杆动作响应		按规定操作流程动作，具有防砸车和水平回转功能	实际操作
△车道车辆检测器计数精度偏差		≤0.1%	人工记数核对，要大于 1000 辆。或借助录像带核对历史记录
环形线圈电感量		符合设计要求	用电感测量仪器实测
摄像机清晰度		符合设计要求	用测试卡和视频测试仪实测
读写卡设备响应时间及对异常卡的处理		符合设计要求	实测 40 次
△闪光报警器		按规定的触发状态正常工作	实际操作
专用键盘		标记清楚、牢固，键位划分合理，操作灵活，响应准确、可靠	实际操作
手动栏杆与天棚信号灯的 互锁功能		只有手动栏杆打开时天棚信号灯才由红色变为绿色	实际操作
△初始状态动作		车道控制标志显示车道关闭，车道栏杆处于水平关闭状态，收费员显示器显示内容齐全正确	实际操作

续表

检查项目	技术要求	检查方法
△车道打开动作	按"交班"键,识别操作员身份,登录成功后,可打开车道,处于正常工作状态,并具有防止恶意登录功能	输入身份卡正确、错误各一次
△入口正常处理流程	符合规定的操作流程	实际操作
公务车处理流程	符合规定的操作流程	实际操作
军车处理流程	符合规定的操作流程	实际操作
车队处理流程	符合规定的操作流程	实际操作
其他紧急车处理流程	符合规定的操作流程	实际操作
△违章车报警流程	符合规定的操作流程	实际操作
修改功能流程	有车型判别错误时,可按规定的流程修改	实际操作
车道维修和复位操作流程	维护菜单允许维护员进行车道维护和复位操作等	实际操作
△车道关闭操作流程	按"交班"键,识别操作员身份,可关闭车道,处于关闭状态	实际操作
对车道控制设备状态监测功能	运行过程中,车道控制器(车道计算机)可对车道设备进行监测,故障时应给出报警信号,提醒收费员和站内监控人员	实际操作
△断电数据完整性测试	任意流程时关闭车道控制器(车道计算机)电源,车道工作状态正常、加电后数据无丢失	实际操作
△断网测试	断开车道控制器(车道计算机)与收费站的通信链路,车道工作状态正常、加电后数据无丢失	实际操作
图像抓拍	车道关闭时,抓拍检测器处于启动状态,车辆进入入口车道,图像抓拍检测器侦获"来车"信号,触发图像抓拍,抓拍信息符合要求,能按规定格式存储转发	实际操作
每辆小客车平均处理时间	≤8s或符合设计要求	秒表,5位熟练收费员,一人操作三次,取平均值

(2) 出口车道设备,见表 4.3.6-17 的规定。

出口车道设备检测项目、检查方法　　　　　表 4.3.6-17

检查项目	技术要求	检查方法
设备机壳防腐涂层及厚度	符合设计要求,无要求时按 GB/T 18226	用涂层测厚仪实测
△设备强电端子对机壳绝缘电阻	≥50MΩ	500V 兆欧表测量
△车道控制器安全接地电阻	≤4Ω	接地电阻测量仪测量
△电动栏杆机安全接地电阻	≤4Ω	接地电阻测量仪测量

4.3 施工质量检测

续表

检查项目	技术要求		检查方法
△收费亭防雷接地电阻	≤10Ω		接地电阻测量仪测量
收费天棚信号灯色度和亮度	红色	符合 GB 14887	色度/亮度计实测
	绿色	符合 GB 14887	
收费车道内通行信号灯色度和亮度	红色	符合 GB 14887	色度/亮度计实测
	绿色	符合 GB 14887	
△车道信号灯动作响应	按规定的触发状态正常工作		实际操作
电动栏杆起落总时间	≤4.0s 或符合设计要求		秒表测 10 次取平均值
△电动栏杆动作响应	按规定操作流程动作,具有防砸车和水平回转功能		实际操作
△车道车辆检测器计数精度偏差	≤0.1%		人工记数核对,要大于1000辆。或借助录像带核对历史记录
环形线圈电感量	符合设计要求		用电感测量仪器实测
摄像机清晰度	符合设计要求		用测试卡和视频测试仪实测
读写卡设备响应时间及对异常卡的处理	符合设计要求		实测 40 次
专用键盘	标记清楚、牢固,键位划分合理,操作灵活,响应准确、可靠		实际操作
△费额显示器	通行卡处理后,通行费显示于费额显示器		实际操作 + 目测
△收据打印机	迅速正确打印收据		实际操作
△脚踏报警	工作正常		实际操作
△闪光报警器	按规定的触发状态正常工作		实际操作
手动栏杆与天棚信号灯的互锁功能	只有手动栏杆打开时天棚信号灯才由红色变为绿色		实际操作
△车道初始状态	车道信号灯显示车道关闭,车道栏杆处于水平关闭状态,收费员显示器显示内容齐全正确,并具有防止恶意登录功能		实际操作
△车道打开状态	按"交班"键,识别操作员身份,登录成功后,可打开车道,处于正常工作状态		输入身份卡正确、错误各一次
△出口正常处理流程	符合出口基本作业流程		实际操作
△换卡车处理流程	符合中途换卡车处理规定		实际操作
△入出口车型不符 处理流程	自动报警,站处理		实际操作
△无支付或不足支付 处理流程	符合出口"未付车"监督处理流程		实际操作
△丢卡、坏卡处理流程	符合卡丢失、卡故障处理流程		实际操作
△军警车处理流程	记录特殊事件		实际操作
△公务车处理流程	符合公务车处理流程		实际操作

续表

检查项目	技术要求	检查方法
△车队处理流程	符合出口"车队"处理流程	实际操作
△"拖车"处理流程	符合"拖车"处理流程	实际操作
△闯关车处理流程	符合"闯关车"处理流程	实际操作
车道维修和复位操作处理流程	维护菜单允许授权维护员进行车道维护和复位操作	实际操作
△车道关闭操作处理流程	按"交班"键，识别操作员身份，可关闭车道，处于关闭状态	实际操作
车道控制设备状态监测	运行过程中，车道控制器（车道计算机）可对车道设备进行监测，故障时给出报警信号	实际操作
△断网测试	断开车道控制器与光纤的连接，车道工作状态正常、数据无丢失	实际操作
△断电数据完整性测试	任意流程时关闭车道控制器（车道计算机）电源，车道工作状态正常，加电后数据无丢失	实际操作
△断网测试	断开车道控制器（车道计算机）与收费站的通信链路，车道工作状态正常、数据无丢失	实际操作
图像抓拍	车道关闭时，抓拍检测器处于启动状态，车辆进入入口车道时，图像抓拍检测器侦获"来车"信号，触发图像抓拍，抓拍信息符合要求，按规定格式存储转发	实际操作
每辆小客车平均处理时间	≤14s 或符合设计要求	秒表，5 位熟练收费员，一人操作三次，取平均值

(3) 收费站设备及软件，见表 4.3.6-18 的规定。

收费站设备及软件检测项目、检查方法　　　　表 4.3.6-18

检查项目	技术要求	检查方法
△强电端子对机壳绝缘电阻	≥50MΩ	500V 兆欧表测量
△收费站联合接地电阻	≤4Ω	接地电阻测量仪测量
△对车道的实时监控功能	收费站管理计算机可查看车道后一辆车处理信息及车道状态、操作员信息，监视计算机可监视、显示车道设备及操作情况	实际操作
查原始数据功能	通过专用服务器和收费管理计算机可查询、统计原始数据	实际操作
△图像稽查功能	可稽查所有出入口车道"有问题"车辆图像	实际操作
打印报表功能	值班员可通过收费站管理计算机打印各种报表	实际操作
查看费率表功能	可通过收费管理计算机查看费率表	实际操作
与车道数据通信功能	专用服务器在不同模式下可和车道控制机交换规定的信息，数据传输准确	实际操作

续表

检查项目	技术要求	检查方法
△数据备份功能	车道控制器、收费站专用服务器、管理计算机数据保护安全、可靠	实际操作
字符叠加功能	在监视器上可观察到信息	实际操作
与收费中心的通信功能	可以和收费中心交换规定的数据,数据传输准确	实际操作后比对
查断网试验的数据上传	与收费中心计算机通信故障时,数据可存贮在移动存储器上并可在收费中心计算机上恢复	实际操作
△报警录像功能	用于报警时显示报警图像的显示器具有报警显示功能,值班员通过键盘控制切换控制器切换该路报警视频信号进行录像,或自动进行切换	实际操作
△主监视器切换显示各车道及收费亭摄像机功能	监视计算机可切换显示各车道及收费录像机	实际操作
查看事件报表打印功能	可查看入口、出口车道特殊处理明细表并打印	实际操作
数据完整性测试	系统崩溃或电源故障,重新启动时,系统能自动引导至正常工作状态,不丢失任何历史数据	模拟操作或查历史记录

(4) 收费中心设备及软件,见表 4.3.6-19 的规定。

收费中心设备及软件检测项目、检查方法　　　　表 4.3.6-19

检查项目	技术要求	检查方法
△强对端子对机壳绝缘电阻	≥50MΩ	500V 兆欧表测量
△收费中心联合接地电阻	≤4Ω	接地电阻测量仪测量
△与收费站的数据传输功能	定时或实时轮询各收费站的数据	实际操作
△费率表、车型分类参数的设置与变更	可设置、变更费率表、车型分类参数,并下传到收费站	实际操作
△系统时间设定功能	对收费站计算机的时钟进行统一校准	实际操作
△图像稽查功能	可稽查所有出入口车道"有问题"车辆图像	实际操作
△报表统计管理及打印功能	收费中心计算机系统可打印规定的各种报表	实际操作
△对各站及车道 CCTV 图像切换及控制功能	可切换、可控制	实际操作
与监控中心计算机通信功能	与监控中心传输规定的数据,传输准确	实际操作
双机热备份功能	当主机宕机时,从机能够自动接管,保证业务的连续性和正确性,切换时间符合要求	模拟操作
通行卡管理功能	通过授权正确制作通行卡、公务卡、身份卡,并能记录、统计、查询本中心发行卡的信息	实际操作
数据完整性测试	系统崩溃或电源故障,重新启动时,系统能自动引导至正常工作状态,不丢失任何历史数据	模拟操作或查历史记录
通行费拆分	能按设置的逻辑日自动或手动完成通行费的正确拆分	模拟操作

(5) IC 卡发卡编码系统，见表 4.3.6-20 的规定。

IC 卡发卡编码系统检测项目、检查方法　　　　　表 4.3.6-20

检查项目	技术要求	检查方法
发卡设备安全性测试	在交流 220V 侧进行绝缘和耐压测试	兆欧表和耐压测试仪实测
发卡设备可靠性测试	连续读写 500 张测试卡，读发卡设备无卡滞，用计算机软件核对应无错误	实际操作
兼容性测试	能适应符合标准的多家生产企业的卡	实际操作
卡处理时间（完成一次读写）	典型应答处理时间≤300ms	实际操作
发放身份 IC 卡	可制作不同类型的身份卡	实际操作
发放公务 IC 卡	可制作公务卡	实际操作
发放预付 IC 卡	可制作预付卡	实际操作
预付卡业务查询、统计与打印	路段分中心可为持卡人开设系列查询业务，可打印对账单等	实际操作
发放通行 IC 卡	可制作通行卡	实际操作
△防冲突	同时识别两张卡，识别正确	实际操作

(6) 内部有线对讲及紧急报警系统，见表 4.3.6-21 的规定。

内部有线对讲及紧急报警系统检测项目、检查方法　　　　　表 4.3.6-21

检查项目	技术要求	检查方法
△主机全呼分机	按下主控台全呼键，站值班员可向所有车道收费员广播	实际操作
△主机单呼某个分机	主机可呼叫某个分机	实际操作
△分机呼叫主机	分机可呼叫主机	实际操作
△分机之间的串音	分机之间不能相互通信	主管评定
主机对分机的侦听功能	能侦听分机试图呼叫分机的操作	实际操作
扬声器音量调节	可调	实际操作
话音质量	话音清晰，音量适中，无噪声，无断字等缺陷	实际操作
按钮状态指示灯	主机上有可视信号显示呼叫的分机号	实际操作＋目测
△手动/脚踏报警功能	按动报警开关可驱动报警	实际操作
报警器故障监测功能	信号电缆出现断路故障时报警	断开信号电缆线
报警器向 CCTV 系统提供报警输出信号	报警器可向闭路电视系统提供报警输出信号	实际操作
报警器自检功能	报警器具有自检功能	实际操作

(7) 闭路电视监视系统，见表 4.3.6-22 的规定。

闭路电视监视系统检测项目、检查方法　　　表 4.3.6-22

检查项目		技术要求	检查方法
立柱竖直度		≤5mm/m	铅锤、直尺或全站仪
△立柱、避雷针（接闪器）、法兰和地脚几何尺寸		符合设计要求	超声波测厚仪测量立柱壁厚，用全站仪测量立柱和避雷针高度，用量具测量其他尺寸
基础尺寸		符合设计要求	长、宽用量具测量，埋深查隐蔽工程验收记录或实测
△机箱、立柱、法兰和地脚的防腐涂层厚度		符合设计要求	用量具或涂层测厚仪测量
△强电端子对机壳绝缘电阻		≥50MΩ	500V 兆欧表测量
△安全保护接地电阻		≤4Ω	接地电阻测量仪
△防雷接地电阻		≤10Ω	接地电阻测量仪
传输通道指标	△视频电平	700±30mV	电视信号发生器发送 75% 彩条信号，用视频测试仪检测。
	△同步脉冲幅度	300±20mV	电视信号发生器发送 75% 彩条信号，用视频测试仪检测。
	△回波 E（%KF）	<7	电视信号发生器发送 2T 信号，用视频测试仪检测
	亮度非线性（%）	≤5	电视信号发生器发送 2T 信号，用视频测试仪检测
	色度/亮度增益差	±5%	电视信号发生器发送 2T 信号，用视频测试仪检测
	色度/亮度时延差	≤100	电视信号发生器发送 2T 信号，用视频测试仪检测
	微分增益（%）	≤10	电视信号发生器发送调制的五阶梯测试信号，用视频测试仪检测
	微分相位（度）	≤10	电视信号发生器发送调制的五阶梯测试信号，用视频测试仪检测
	△幅频特性	5.8MHz 带宽内±2dB	电视信号发生器发送 sinx/x 信号，用视频测试仪检测
	△视频信杂比	≥56dB（加权）	电视信号发生器发送多波群信号，用视频测试仪检测

续表

检查项目		技术要求	检查方法
收费中心监视器画面指标	△随机信噪比（雪花干扰）(dB)	黑白：≥37，彩色：≥36	仪器测量，也可人工（5人以上）主观评分，≥4分合格
	△单频干扰（网纹）(dB)	黑白：≥40，彩色：≥37	
	△电源干扰（黑白滚道）(dB)	黑白：≥40，彩色：≥37	
	△脉冲干扰（跳动）(dB)	黑白：≥37，彩色：≥31	
△监视范围		监控室能清楚识别车型、车牌、收费额等信息	实际操作
△外场摄像机安装稳定性		受大风影响或接受变焦、转动等控制时，动作平滑、无抖动	实际操作
△切换功能		可切换到任一车道	实际操作
△录像功能		可录像，且录像回放效果清晰	实际操作
△信息叠加功能		能将时间、车道号、车型、收费额等信息叠加到图像上，且显示清楚	实际操作
硬拷贝功能		拷贝图像清楚	实际操作
报警功能		故障报警	模拟
云台水平转动角		水平：≥350°	实际操作
云台垂直转动角		上仰：≥15°，下俯：≥90°	实际操作
自动光圈调节		自动调节	实际操作
调焦功能		快速自动聚焦	实际操作
变倍功能		可变倍	实际操作
雨刷功能		工作正常	实际操作

注：1. 主观评分可采用五级损伤制评定：
(1) 图像上不觉察有损伤或干扰存在：5分；
(2) 图像上稍有可觉察的损伤或干扰存在：4分；
(3) 图像上有明显的损伤或干扰存在：3分；
(4) 图像上损伤或干扰较严重：2分；
(5) 图像上损伤或干扰极严重：1分。
2. 云台水平转动角、云台垂直转动角、自动光圈调节、调焦功能、变倍功能、雨刷功能等6项不适用于车道收费亭的定焦距摄像机。

(8) 收费站内光、电缆及塑料管道，见表4.3.6-23的规定。

收费站内光、电缆及塑料管道检测项目、检查方法 表4.3.6-23

检查项目	技术要求	检查方法
光纤护层绝缘电阻	≥1000MΩ·km	1000V兆欧表测量（仅对直埋光纤）

续表

检查项目	技术要求	检查方法
△单模光纤接头损耗	≤0.1dB	光万用表或光时域反射计测量
△多模光纤接头损耗	≤0.2dB	光万用表或光时域反射计测量
△低速误码率	BER≤10^{-8}	数据传输测试仪
同轴电缆衰耗	符合设计要求	衰耗测试仪
同轴电缆内外导体绝缘电阻	≥500MΩ	用兆欧表500V档,在连接器的芯线和外导体之间测量
△电力电缆绝缘电阻	≥2MΩ	用500V兆欧表在配电箱和用电设备两点间测量
光电缆埋深	符合设计要求	查隐蔽工程记录,必要时挖开实测

(9) 收费系统计算机网络参照监控系统计算机网络表4.3.6-8的规定。

4. 低压配电设施的检测项目、检查方法

(1) 中心（站）内低压配电设备，见表4.3.6-24的规定。

中心（站）内低压配电设备检测项目、检查方法　　表4.3.6-24

检查项目		技术要求	检查方法
室内设备、列架的绝缘电阻	交流配电箱（柜）	符合设计要求,无要求时应≥2MΩ（设备安装后）	用500V兆欧表在设备内布线和地之间测量
	直流配电箱（柜）		
	交流稳压器		
	不中断电源		
△安全接地电阻		≤4Ω	接地电阻测量仪
△联合接地电阻		≤1Ω	接地电阻测量仪
设备安装的水平度		≤2mm/m	量具实测
设备安装的垂直度		≤3mm/m	用铅锤和量具实测
发电机组控制柜接地电阻		≤4Ω	接地电阻测量仪
发电机组控制柜绝缘电阻		≥2MΩ（设备安装后）	≥2MΩ（设备安装后）
发电机组启动及启动时间		符合要求	实际操作
发电机组容量测试		符合设计要求	查出厂测试报告
发电机组相序		与机组输出标志一致	相序指示器测试
发电机组输出电压稳定性		符合设计要求	查出厂测试报告和实际测量
自动发电机组自启动转换功能测试		市电掉电后,机组能自动启动,稳定后送入规定的线路上,可手动优先切换	实际操作或查有效的历史记录
△机组供电切换对机电系统的影响		机电系统所有设备不因受到机组电源切换,而工作出现异常	实际操作或查有效的历史记录
△电源室接地装置施工质量检查		接地体的材质和尺寸、安装位置及埋深；接地体引入线与接地体的连接以及防腐处理等符合设计要求	查隐蔽工程验收记录和施工记录

(2) 外场设备电力电缆线路，见表4.3.6-25的规定。

外场设备电力电缆线路检测项目、检查方法　　　表 4.3.6-25

检查项目	技术要求	检查方法
△配电箱基础尺寸及高程	符合设计要求	用量具测量
配电箱涂层厚度	符合设计要求，无要求时按 GB/T 18226	用涂层测厚仪实测
电缆埋深	符合设计要求	查验隐蔽工程记录或实测
△电源箱、配电箱、分线箱安全接地电阻	≤4Ω	用接地电阻测量仪实测
△配线架对配电箱绝缘电阻	≥10MΩ	用兆欧表实测
△相线对绝缘护套的绝缘电阻	≥2MΩ（全程）	用兆欧表实测

5. 照明设施的检测项目、检查方法，见表 4.3.6-26 的规定。

照明设施检测项目、检查方法　　　表 4.3.6-26

检查项目	技术要求	检查方法
△灯杆基础尺寸	符合设计要求	长、宽用量具测量，埋深查隐蔽工程验收记录或实测
△灯杆壁厚	符合设计要求	金属灯杆用超声波测厚仪测量，混凝土灯杆查隐蔽工程验收记录
△灯杆、避雷针（接闪器）高度、法兰和地脚几何尺寸	符合设计要求	用全站仪测量灯杆和避雷针高度，用量具测量其他尺寸
△金属灯杆防腐涂层壁厚	镀锌：≥85μm，其他涂层符合设计要求	涂层测厚仪测量
灯杆垂直度	≤5mm/m	经纬仪
灯杆横纵向偏差	符合设计要求	经纬仪
△照明设备控制装置的接地电阻	≤4Ω	接地电阻测试仪
△灯杆接地电阻	≤10Ω	接地电阻测试仪
高杆灯灯盘升降功能测试	符合设计要求	实际操作
路段直线段照度及均匀度	符合设计要求	照度计
路段弯道段照度及均匀度	符合设计要求	照度计
大桥桥梁段照度及均匀度	符合设计要求	照度计
立交桥面段照度及均匀度	符合设计要求	照度计
收费广场照度及均匀度	符合设计要求	照度计
收费天棚照度及均匀度	符合设计要求	照度计
自动、手动两种方式控制全部或部分照明器的开闭	可控	实地操作
亮度传感器与照明器的联动功能	可控	模拟遮挡光探头
定时控制功能	可控	设定时间，观察

6. 隧道机电设施的检测项目、检查方法

(1) 车辆检测器参照监控设施车辆检测器表 4.3.6-1 的规定。
(2) 气象检测器参照监控设施气象检测器表 4.3.6-2 的规定。
(3) 闭路电视监视系统参照监控设施闭路电视监视系统表 4.3.6-3 的规定。
(4) 紧急电话系统参照通信设施紧急电话系统表 4.3.6-13 的规定。
(5) 环境检测设备，见表 4.3.6-27 的规定。

环境检测设备检测项目、检查方法　　　　　表 4.3.6-27

检查项目	技术要求	检查方法
△传感器安装位置偏差	符合设计要求	用经纬仪或量尺测量
△绝缘电阻	强电端子对机壳≥50MΩ	500V 兆欧表测量
△安全保护接地电阻	≤4Ω	接地电阻测量仪
防雷接地电阻	≤10Ω	接地电阻测量仪
△数据传输性能	24h 观察时间失步现象不大于 1 次或 BER 小于 10^{-8}	数据传输测试仪
CO 传感器灵敏度	符合要求或出厂检验指标	用相应仪器比对
△烟雾传感器灵敏度	符合要求或出厂检验指标	用相应仪器比对
△照度传感器灵敏度	符合要求或出厂检验指标	用相应仪器比对
风速传感器灵敏度	符合要求或出厂检验指标	用相应仪器比对
CO 传感器精度偏差	符合要求或出厂检验指标	用相应仪器比对
烟雾传感器精度偏差	符合要求或出厂检验指标	用相应仪器比对
照度传感器精度偏差	符合要求或出厂检验指标	用相应仪器比对
风速传感器精度偏差	符合要求或出厂检验指标	用相应仪器比对
风向传感器精度偏差	符合要求或出厂检验指标	用相应仪器比对
△数据采样周期	符合设计要求	实际操作
信号输出方式	符合设计要求	用示波器和数据传输分析仪
与风机、照明、消防、报警、诱导、可变标志、控制计算机的联动功能	符合设计要求	模拟或实际操作

(6) 报警与诱导设施，见表 4.3.6-28 的规定。

报警与诱导设施检测项目、检查方法　　　　　表 4.3.6-28

检查项目	技术要求	检查方法
报警按钮的位置和高度偏差	符合设计要求	用经纬仪或量尺测量
警报器的位置和高度偏差	符合设计要求	用经纬仪或量尺测量
诱导设施的位置和高度偏差	符合设计要求	用经纬仪或量尺测量
△绝缘电阻	强电端子对机壳≥50MΩ	500V 兆欧表测量
△安全保护接地电阻	≤4Ω	接地电阻测量仪
防雷接地电阻	≤10Ω	接地电阻测量仪
△数据传输性能	24h 观察时间内失步现象不大于 1 次或 BER≤10^{-8}	数据传输测试仪

续表

检查项目	技术要求	检查方法
△警报器音量	96~120dB（A）或设计要求	声级计
诱导设施的色度	符合 GB 14887 要求	用色度/亮度计实测
诱导设施的亮度	符合 GB 14887 要求	用色度/亮度计实测
报警信号输出	能将报警器位置、类型等信息传送到中心控制室计算机或本地控制器	实际操作
△报警按钮与警报器的联动功能	警报器可靠接受报警信号的控制	实际操作

（7）可变标志参照监控设施可变标志表 4.3.6-4 的规定。

（8）通风设施，见表 4.3.6-29 的规定。

通风设施检测项目、检查方法　　　　表 4.3.6-29

检查项目	技术要求	检查方法
安装误差	符合设计要求	用经纬仪或量尺测量
△净空高度	符合设计要求	用经纬仪或量尺测量
△绝缘电阻	强电端子对机壳≥50MΩ	500V 兆欧表测量
△控制柜安全保护接地电阻	≤4Ω	接地电阻测量仪
△防雷接地电阻	≤10Ω	接地电阻测量仪
△风机运转时隧道断面平均风速	符合设计要求	风速仪实测
风机全速运转时隧道噪声	符合设计要求	声级计实测
响应时间	发送控制命令后至风机启动带动叶轮转动时的时间≤5s，或符合设计要求	实际操作
方向可控性	接收手动、自动控制信号改变通风方向	实际操作
风速可控性	接收手动、自动控制信号调节通风量	实际操作
运行方式	风机具有手动、自动两种运行方式以控制风机的启动、停止、方向和风量	实际操作
本地控制模式	自动运行方式下，可以接收多路检测器的控制，控制风机启动、停止与方向、风量	实际操作
远程控制模式	自动运行方式下，通过标准串口，接收本地控制器或计算机控制系统的控制，控制风机启动、停止与方向、风量	实际操作

（9）照明设施，见表 4.3.6-30 的规定。

照明设施检测项目、检查方法　　　　表 4.3.6-30

检查项目	技术要求	检查方法
灯具的安装偏差	符合设计要求。无要求时：纵向≤30mm，横向≤20mm，高度≤10mm	用经纬仪或量尺测量
△绝缘电阻	强电端子对机壳≥50MΩ	500V 兆欧表测量
△控制柜安全保护接地电阻	≤4Ω	接地电阻测量仪

4.3 施工质量检测

续表

检查项目	技术要求	检查方法
△防雷接地电阻	≤10Ω	接地电阻测量仪
灯具启动时间的可调性	照明回路组的启动时间间隔可调、可控	实际操作
△启动、停止方式	可自动、手动两种方式控制全部或部分照明器的启动、停止	实际操作
△照度（入口段、过渡段、中间段）	符合设计要求	照度计
照度总均匀度、纵向均匀度	符合设计要求	照度计
紧急照明	双路供电照明系统，主供电路停电时，应自动切换到备用供电线路上	模拟操作

(10) 消防设施，见表 4.3.6-31 的规定。

消防设施检测项目、检查方法　　　　表 4.3.6-31

检查项目	技术要求	检查方法
火灾探测器安装位置	符合设计要求	用经纬仪或量尺测量
消防控制器安装位置	符合设计要求	用经纬仪或量尺测量
火灾报警器、消火栓安装位置	符合设计要求	用经纬仪或量尺测量
灭火器安装位置	符合设计要求	用经纬仪或量尺测量
消防控制器安装位置	符合设计要求	用经纬仪或量尺测量
加压设施气压	符合设计要求	利用设施上的气压表目测
供水设施水压	符合设计要求	利用设施上的水压表目测
绝缘电阻	强电端子对机壳≥50MΩ	500V兆欧表测量
△控制器安全保护接地电阻	≤4Ω	接地电阻测量仪
△防雷接地电阻	≤10Ω	接地电阻测量仪
△火灾探测器灵敏度	可靠探测火灾，不漏报、不误报，并将探测数据传送到火灾控制器和上端计算机	模拟测试
△火灾报警器灵敏度	按下报警器时，触发警报器，并把信号传送到火灾控制器和上端计算机	模拟测试
△消火栓的功能	打开阀门后在规定的时间内达到规定的射程	模拟测试1次
其他灭火器材的功能	按使用说明书	抽测1个
火灾探测器与自动灭火设施的联合测试	符合设计要求	模拟测试1次，或查施工记录、历史记录

(11) 本地控制器，见表 4.3.6-32 的规定。

本地控制器检测项目、检查方法　　　　表 4.3.6-32

检查项目	技术要求	检查方法
基础尺寸	符合设计要求	用量尺测量
安装水平度、竖直度	水平：≤3mm/m 垂直：≤5mm/m	铅锤、直尺或全站仪
△机箱、锚具和地脚的防腐涂层厚度	符合设计要求	用量具或涂层测厚仪测量
△强电端子对机壳绝缘电阻	≥50MΩ	500V兆欧表测量
△安全保护接地电阻	≤4Ω	接地电阻测量仪
△防雷接地电阻	≤10Ω	接地电阻测量仪
△数据传输性能	48h观察时间内失步现象不大于 1 次或 24h BER≤10^{-8}	数据传输测试仪
△与计算机通信功能	按设计周期与中心计算机通信	实际操作
△对所辖区域内下端设备控制功能	按设计周期或中心控制采集、处理、计算各下端设备的数据	实际操作
△本地控制功能	中心计算机或通信链路故障时，具有独立控制功能	实际操作
断电时恢复功能	加电或系统重启动后可自动运行原预设控制方案	实际操作

(12) 隧道监控中心设备及软件，见表 4.3.6-33 的规定。

隧道监控中心设备及软件检测项目、检查方法　　　　表 4.3.6-33

检查项目	技术要求	检查方法
△系统设备安装联接的可靠性	系统设备安装联接应可靠，经振动试验后系统无告警、错误动作	橡皮锤轻轻敲击设备基架和服务器主机的配线背板 15min
接地连接的可靠性	工作地、安全地、防雷地按规范要求分别连接到汇流排上	用万用表测量，目测检查
△联合接地电阻	≤4Ω	接地电阻测量仪测量
强电端子对机壳绝缘电阻	≥50MΩ	500V兆欧表抽测人易触摸到的带电金属壳体设备
与本地控制器的通信功能	定时或实时轮询各本地控制器的数据，收集信息或发送执行命令	实际操作
与监控中心计算机通信功能	与监控中心传输规定的数据，传输准确	实际操作
服务器功能	主要完成网管、数据备份、资源共享。其他设计规定的内容	实际操作
中央管理计算机功能	协调和管理其他计算机。其他设计规定的内容	实际操作
交通控制计算机功能	接收下端车辆检测器传来的信息，作出执行控制方案。其他设计规定的内容	实际操作或模拟操作
通风照明计算机功能	接收下端环境检测器传来的信息，作出执行控制方案。其他设计规定的内容。	实际操作或模拟操作
火灾报警控制计算机功能	接收下端火灾报警控制器传来的信息，作出执行控制方案。其他设计规定的内容。	实际操作或模拟操作

续表

检查项目	技术要求	检查方法
图像控制计算机的功能	对各 CCTV 图像切换、控制，在大屏幕上显示。其他设计规定的内容	实际操作
紧急电话控制台功能	完成对下端分机呼叫的应答。其他设计规定的内容	实际操作
大屏幕的安装质量和功能	符合设计要求	目测和实际操作
地图板的安装质量和功能	符合设计要求	目测和实际操作
△报表统计管理及打印功能	中心计算机系统可打印规定的各种报表	实际操作
双机热备份功能	当主机宕机时，从机能够自动接管，保证业务的连续性和正确性，切换时间符合要求	模拟操作
数据完整性测试	系统崩溃或电源故障，重新启动时，系统能自动引导至正常工作状态，并执行原控制方案，不丢失历史数据	模拟操作或查历史记录

（13）隧道监控中心计算机网络参照监控系统计算机网络表 4.3.6-8 的规定。

（14）低压供配电参照低压配电设施表 4.3.6-24 和表 4.3.6-25 的规定。

4.4 交（竣）工验收检测

4.4.1 概述

1.《公路工程竣（交）工验收办法》（交通部令 2004 年第 3 号）由总则、交工验收、竣工验收、罚则和附则等组成。详见 2.1.5 中 1 公路工程竣（交）工验收办法。

2.《公路工程竣（交）工验收办法实施细则》（交公路发〔2010〕65 号）由总则、交工验收、竣工验收和附则等组成。详见 2.1.5 中 2 公路工程竣（交）工验收办法实施细则。

3. 公路工程验收分为交工验收和竣工验收两个阶段

交工验收阶段，其主要工作是：检查施工合同的执行情况，评价工程质量，对各参建单位工作进行初步评价。

竣工验收阶段，其主要工作是：对工程质量、参建单位和建设项目进行综合评价，并对工程建设项目作出整体性综合评价。

4. 公路工程竣（交）工验收的依据

（1）批准的项目建议书、工程可行性研究报告；

（2）批准的工程初步设计、施工图设计及设计变更文件；

（3）施工许可；

（4）招标文件及合同文本；

（5）行政主管部门的有关批复、批示文件；

（6）公路工程技术标准、规范、规程及国家有关部门的相关规定。

4.4.2 交（竣）工验收

交（竣）工验收，详见2.1.5中2公路工程竣（交）工验收办法实施细则。

4.4.3 公路工程质量鉴定办法

1. 质量鉴定要求

（1）总体要求

路基整体稳定；路面无严重缺陷；桥梁、隧道等构造物结构安全稳定，混凝土强度、桩基检测、预应力构件的张拉应力、桥梁承载力等均符合设计要求；工程质量经施工自检和监理评定均合格，并经项目法人确认。不满足上述要求的工程质量鉴定不予通过。

（2）工程质量等级划分

工程质量等级应按分部工程、单位工程、合同段、建设项目逐级进行评定，分部工程质量等级分为合格、不合格2个等级；单位工程、合同段、建设项目工程质量等级分为优良、合格、不合格3个等级。

分部工程得分大于或等于75分，则分部工程质量为合格，否则为不合格。

单位工程所含各分部工程均合格，且单位工程得分大于或等于90分，质量等级为优良；所含各分部工程均合格且得分大于或等于75分，小于90分，质量等级为合格；否则为不合格。

合同段（建设项目）所含单位工程（合同段）均合格，且工程质量鉴定得分大于或等于90分，工程质量鉴定等级为优良；所含单位工程均合格，且得分大于或等于75分、小于90分，工程质量鉴定等级为合格；否则为不合格。

不合格分部工程经整修、加固、补强或返工后可重新进行鉴定，直至合格。

2. 工程实体检测

（1）抽查频率

1）路基工程压实度、边坡每公里抽查不少于1处，每个合同段路基压实度检查点数不少于10个；

路基弯沉检测：高速、一级公路以每半幅每公里为评定单元，其他等级公路以每公里为评定单元。

2）排水工程的断面尺寸每公里抽查2～3处，铺砌厚度按合同段抽查不少于3处。

3）小桥抽查不少于总数的20%且每种类型抽查不少于1座。

4）涵洞抽查不少于总数的10%且每种类型抽查不少于1道。

5）支挡工程抽查不少于总数的10%且每种类型抽查不少于1处。

6）路面工程的弯沉、平整度检测，高速、一级公路以每半幅每公里为评定单元，其他等级公路以每公里为评定单元。其他抽查项目每公里不少于1处。

7）特大桥、大桥逐座检查；中桥抽查不少于总数的30%且每种桥型抽查不少于1座。

桥梁下部工程抽查不少于墩台总数的20%且不少于5个，墩台数量少于5个时全部检测。每种结构抽查不少于1个。

桥梁上部工程抽查不少于总孔数的20%且不少于5个，孔数少于5个时全部检测。

每种结构抽查不少于1个。

8) 隧道逐座检查。

9) 交通安全设施中防护栏、标线每公里抽查不少于1处；标志抽查不少于总数的10%。

10) 机电工程各类设施抽查不少于10%，每类设施少于3个时全部检测。

11) 房屋建筑工程逐处检查。

(2) 抽查项目（表4.4.3-1）

公路工程质量鉴定抽查项目　　　　表4.4.3-1

单位工程	分部工程类别	抽查项目	权值	备注	权值
路基工程	路基土石方	压实度	3	每处每车道不少于1点	3
		弯沉	3	每评定单元检测不少于40点，各车道交替检测	
		边坡	1	每处两侧各测不少于两个坡面	
	排水工程	断面尺寸	1	每处抽不少于两个断面	1
		铺砌厚度	3	每处开挖检查不少于1个断面	
	小桥	混凝土强度	3	每座用回弹仪或超声波测上、下部结构各不少于10个测区	2
		主要结构尺寸	1	每座抽10~20个	
	涵洞	混凝土强度	3	每处用回弹仪或超声波测不少于10个测区	1
		结构尺寸	2	每道5~10个	
	支挡工程	混凝土强度	3	每处用回弹仪或超声波测不少于10个测区	2
		断面尺寸	3	每处开挖检查不少于1个断面	
路面工程	路面面层	沥青路面压实度	3	每处不少于1点	1
		沥青路面弯沉*	3	每评定单元检测不少于40点，各车道交替检测	
		沥青路面车辙*	1	允许偏差：≤10mm；每处每车道至少测1个断面	
		沥青路面渗水系数	2	每处不少于1点	
		混凝土路面强度	3	每处不少于1点	
		混凝土路面相邻板高差*	1	每处测膨胀缝位置相邻板高差不少于3点	
		平整度*	2	高速、一级公路连续检测	
		抗滑*	2	高速、一级公路检测摩擦系数、构造深度	
		厚度	3	每处不少于1点	
		横坡	1	每处1~2个断面	
桥梁(不含小桥)工程	下部	墩台混凝土强度	3	每墩台用回弹仪或超声波测不少于2个测区，测区总数不少于10个	2
		主要结构尺寸	1	每个墩台测不少于2点	
		钢筋保护层厚度	1	每墩台测2~4处	
		墩台垂直度	1	每个墩台两个方向	

续表

单位工程	分部工程类别	抽查项目	权值	备注	权值
桥梁（不含小桥）工程	上部	混凝土强度	3	抽查主要承重构件，每孔用回弹仪或超声波测不少于10个测区	3
		主要结构尺寸	2	每座桥测10～20点	
		钢筋保护层厚度	1	每孔测2～4处	
	桥面系	伸缩缝与桥面高差*	1	逐条缝检测	2
		桥面铺装平整度*	1	每联大于100m时用连续式平整度仪分车道检测；不足100m时每联用3m直尺测3处，每处3尺，最大间隙h：高速、一级公路允许偏差3mm，其他公路允许偏差5mm	
		横坡	1	每100m测不少于3个断面	
		桥面抗滑*	2	每200m测不少于3处	
隧道工程	衬砌	衬砌强度	3	用回弹仪或超声波每座中、短隧道测不少于10个测区，特长、长隧道测不少于20个测区	3
		衬砌厚度	3	用高频地质雷达连续检测拱顶、拱腰三条线或钻孔检查	
		大面平整度	1	衬砌平整度实测每座中、短隧道测5～10处，长隧道测10～20处，特长隧道测20处以上	
	总体	宽度	1	每座中、短隧道测5～10点，长隧道测10～20点，特长隧道测不少于20点	1
		净空	2	每座中、短隧道测5～10点，长隧道测10～20点，特长隧道测不少于20点	
	隧道路面	面层		按照路面要求	2
交通安全设施	标志	立柱竖直度	1	每柱测两个方向	1
		标志板净空	2	取不利点	
		标志板厚度	1	每块测不少于2点	
		标志面反光膜等级及逆射光系数	2	每块测不少于2点	
	标线	反光标线逆反射系数	2	每处测不少于5点	1
		标线厚度	2	每处测不少于5点	
	防护栏	波形梁板基底金属厚度	2	每处不少于5点	2
		波形梁钢护栏立柱壁厚	2	每处不少于5点	
		波形梁钢护栏立柱埋入深度	2	每处不少于1根	
		波形梁钢护栏横梁中心高度	1	每处不少于5点	
		混凝土护栏强度	2	用回弹仪或超声波每处不少于2个测区，测区总数不少于10个	
		混凝土护栏断面尺寸	2	每处不少于5点	

4.4 交(竣)工验收检测

续表

单位工程	分部工程类别	抽查项目	权值	备注	权值
机电工程	监控系统	闭路电视监视系统传输通道指标	1	测点数不少于3个,少于3个时全部检测	1
		可变标志显示屏平均亮度	1	测点数不少于3个,少于3个时全部检测	
		计算机网健康测试	1	测点数不少于3个,少于3个时全部检测	
		接地电阻、绝缘电阻	1	测点数不少于3个,少于3个时全部检测	
	通信系统	光纤接头损耗平均值	1	测点数不少于3个,少于3个时全部检测	1
		光纤数字传输误码指标	1	测点数不少于3个,少于3个时全部检测	
		数字程控交换接通率	1	测点数不少于3个,少于3个时全部检测	
	收费系统	车道设备各车种处理流程	1	测点数不少于3个,少于3个时全部检测	
		接地电阻、绝缘电阻	1	测点数不少于3个,少于3个时全部检测	
房屋建筑工程		(按其专业工程质量检验评定标准评定)			

注:表中"支挡工程"是指挡土墙、抗滑桩、铺砌式坡面防护、喷锚等防护工程。

(3) 抽查要求

1)《公路工程竣(交)工验收办法》规定的抽查项目均应在合同段交工验收前完成检测。竣工验收前,应对带"*"的抽查项目进行复测,复测结果和其他抽查项目在交工验收时的检测结果,作为竣工验收质量评定的依据。沥青路面弯沉、平整度、抗滑等复测指标的质量评定标准根据相关规范及当地实际情况确定。

2)《公路工程竣(交)工验收办法》未列出的检查项目、竣工验收复测项目以及技术复杂的悬索桥、斜拉桥等工程,质量监督机构均可根据工程实际情况增加检测、复测项目。

3)《公路工程竣(交)工验收办法》未明确规定抽查项目的规定值或允许偏差的,按照《公路工程质量检验评定标准》JTG F 80执行。

4)对弯沉、路面厚度、平整度、摩擦系数、隧道衬砌混凝土强度及厚度等抽查项目优先采用自动化检测(或无损检测)设备进行检测,也可采用常规方法进行检测。采用无测试规程的自动化检测(或无损检测)结果有争议时,由交通运输主管部门组织有关专家确定。

5)竣工验收前复测的沥青路面弯沉值评定方法:采用数理统计方法评定,以每评定单元计算实测弯沉代表值,可采用3倍标准差方法对特异数据进行一次性舍弃;若计算实测弯沉代表值满足设计要求该评定单元为合格,否则为不合格;以合同段内合格的评定单元数与总的评定单元数比值为该合同段内竣工验收复测路面弯沉合格率。对于大于3倍标准差的舍弃点及不合格单元要加强观察。

3. 外观检查

(1) 基本要求

1)由该项目工程质量鉴定的质量监督机构或其委托的有资质的检测单位负责在交工

验收前和竣工验收前对工程外观进行全面检查。

2) 工程外观存在严重缺陷、安全隐患或已降低服务水平的建设项目不予验收,经整修达到设计要求后方可组织验收。

3) 项目交工验收前应对桥梁、隧道、重点支挡工程、高边坡等涉及安全运营的重要工程部位进行详细检查。

(2) 检查内容及扣分标准(表4.4.3-2)。

公路工程质量鉴定外观检查　　　　表4.4.3-2

单位工程	分部工程类别	检查内容及扣分标准	备注
路基工程	路基土石方	(1) 路基边坡坡面平顺、稳定,曲线圆滑,不得亏坡,不符合要求时,单向累计长度每50m扣1~2分。 (2) 路基沉陷、开裂,每处扣2~5分	按每公里累计扣分的平均值扣分
	排水工程	(1) 排水沟内侧及沟底应平顺,无阻水现象,外侧无脱空,不符合要求时,每处扣1~2分。 (2) 砌体坚实、勾缝牢固,不符合要求时,每5m扣1分	按每公里累计扣分的平均值扣分
	小桥	(1) 混凝土表面粗糙,模板接缝处不平顺,有漏浆现象,扣1~3分。 (2) 梁板及接缝渗、漏水,每处缝扣1分。 (3) 混凝土表面蜂窝麻面面积不得超过该部位面积的0.5%,不符合要求时,每超过0.5%扣3分。 (4) 桥梁的内外轮廓线条应顺滑清晰,栏杆、护栏应牢固、直顺、美观,不符合要求时扣1~3分。 (5) 桥头路面平顺,无跳车现象,不符合要求时扣2~4分。 (6) 桥下施工弃料应清理干净,不符合要求时扣1~3分	按每座累计扣分的平均值扣分
	涵洞	(1) 涵洞进出口不顺适,洞身不直顺,帽石、八字墙、一字墙不平直,存在翘曲现象,洞内有杂物、淤泥、阻水现象时,每种病害扣1~3分。 (2) 台身、涵底铺砌、拱圈、盖板有裂缝时,每道裂缝扣1~3分。 (3) 涵洞处路面平顺,无跳车现象,不符合要求时扣2~4分	按每道累计扣分的平均值扣分
	支挡工程	(1) 砌体表面平整,砌缝完好、无开裂现象,勾缝平顺、无脱落现象,不符合要求时扣1~3分。 (2) 沉降缝垂直、整齐,上下贯通,不符合要求时,扣1~3分。 (3) 泄水孔坡度向外,无堵塞现象,不符合要求时,扣1~3分。 (4) 混凝土表面的蜂窝麻面不得超过该部位面积的0.5%,不符合要求时,每超过0.5%扣3分。 (5) 墙身裂缝,局部破损,每处扣3分	按每处累计扣分值的平均值扣分

4.4 交(竣)工验收检测

续表

单位工程	分部工程类别	检查内容及扣分标准	备注
路面工程	面层	水泥混凝土路面： (1) 混凝土板的断裂块数，高速公路和一级公路不得超过0.2%；其他公路不得超过0.4%，每超过0.1%扣2分。 (2) 混凝土板表面的脱皮、印痕、裂纹、石子外露和缺边掉角等病害现象，高速公路和一级公路不得超过受检面积的0.2%；其他公路不得超过0.3%，不符合要求时，每超过0.1%扣2分。对于连续配筋的混凝土路面和钢筋混凝土路面，因干缩、温缩产生的裂缝，可不扣分。 (3) 路面侧石应直顺、曲线圆滑，越位20mm以上者，每处扣1~2分。 (4) 接缝填筑应饱满密实，不污染路面。不符合要求时，累计长度每100m扣2分。 (5) 胀缝有明显缺陷时，每条扣1~2分。 沥青混凝土面层、沥青碎石面层： (1) 面层有修补现象，每处扣1~3分； (2) 表面应平整密实，不应有泛油、松散、裂缝和明显离析等现象，对于高速公路和一级公路，有上述缺陷的面积（凡属单条的裂缝，则按其实际长度乘以0.2m宽度，折算成面积）之和不得超过受检面积的0.03%，其他公路不得超过0.05%。不符合要求时每超过0.03%或0.05%扣2分；半刚性基层的反射裂缝可不计作施工缺陷，但应及时进行灌缝处理。 (3) 搭接处应紧密、平顺，烫缝不应枯焦。不符合要求时，累计每10m长扣1分。 (4) 面层与路缘石及其他构筑物应密贴接顺，不得有积水或漏水现象，不符合要求时，每扣1~2分。 沥青表面处治： (1) 表面应平整密实，不应有松散、油包、波浪、泛油、封面料明显散失等现象，有上述缺陷的面积之和不得超过受检面积的0.2%，不符合要求时每超过0.2%扣2分。 (2) 无明显碾压轮迹。不符合要求时，每处扣1分。 (3) 面层与路缘石及其他构筑物应密贴接顺，不得有积水现象。不符合要求时，每处扣1~2分	按每公里累计扣分的平均值扣分
桥梁工程（不含小桥）	下部工程、上部工程及桥面系	基本要求： (1) 混凝土表面平滑，模板接缝处平顺，无漏浆现象，不符合要求时扣1~3分。 (2) 混凝土表面蜂窝麻面面积不得超过该部位面积的0.5%，不符合要求时，每超过0.5%扣3分。 (3) 混凝土表面出现非受力裂缝，减1~3分；结构出现受力裂缝宽度超过设计规定或设计未规定时，超过0.15mm，每条扣2~3分，项目法人应对其是否影响结构承载力组织分析论证。 (4) 混凝土结构有空洞或钢筋外露，每处扣2~5分，并应进行处理。 (5) 施工临时预埋件、设施及建筑垃圾、杂物等未清除处理时扣1~2分。 下部结构要求： (1) 支座位置应准确，不得有偏歪、不均匀受力、脱空及非正常变形现象，不符合要求时每个扣1分。 (2) 锥、护坡按路基工程的支挡工程标准检查扣分，若沉陷，每处扣1~3分，并进行处理。 上部结构要求： (1) 预制构件安装应平整，不符合要求时每处扣1分。 (2) 悬臂浇筑的各梁段之间应接缝平顺，色泽一致，无明显错台，不符合要求时每处扣2~5分。 (3) 主体钢结构外露部分的涂装和钢缆的防护防蚀层必须保护完好，不符合要求时扣1~2分，并应及时处理。 (4) 拱桥主拱圈线形圆滑无局部凹凸，不符合要求时扣2~5分，拱圈无裂缝，不符合要求时扣2~5分，并对其是否影响结构承载力进行分析论证。 (5) 梁板及接缝渗、漏水，每处扣1分	基本要求同时适用于下部结构、上部结构和桥面系

续表

单位工程	分部工程类别	检查内容及扣分标准	备注
桥梁工程（不含小桥）	下部工程、上部工程及桥面系	桥面系要求： (1) 桥梁的内外轮廓线应顺滑清晰，不符合要求时，扣1~3分。 (2) 栏杆、护栏应牢固、直顺、美观，不符合要求时，扣1~2分。 (3) 桥面铺装沥青混凝土表面应平整密实，不应有泛油、松散、裂缝、明显离析等现象，有上述缺陷的面积（凡属单条的裂缝，则按其实际长度乘以0.2m宽度，折算成面积）之和不得超过受检面积的0.03%，不符合要求时每超过0.03%扣1分。 (4) 伸缩缝无阻塞、变形、开裂现象，不符合要求时减1~3分；桥头有跳车现象，每处扣2~4分。 (5) 泄水管安装不阻水，桥面无低凹，排水良好，不符合要求时扣3~5分。	基本要求同时适用于下部结构、上部结构和桥面系
隧道工程	衬砌	(1) 混凝土衬砌表面密实，任一延米的隧道面积中，蜂窝麻面和气泡面积不超过0.5%，不符合要求时，每超过0.5%扣0.5~1分；蜂窝麻面深度超过5mm时不论面积大小，每处扣1分。 (2) 施工缝平顺无错台，不符合要求时每处扣1~2分。 (3) 隧道衬砌混凝土表面出现裂缝，每条裂缝扣0.5~2分；出现受力裂缝时，钢筋混凝土结构裂缝宽度大于0.2mm的或混凝土结构裂缝宽度大于0.4mm的，每条扣2~5分，项目法人应对其是否影响结构安全组织分析论证	
	总体	(1) 洞内没有渗漏水现象，不符合要求时，高速公路、一级公路扣5~10分，其他公路隧道扣1~5分。冻融地区存在渗漏现象时扣分取高限。 (2) 洞内排水系统应畅通、无阻塞，不符合要求时扣2~5分，并应查明原因进行处理。 (3) 隧道洞门按支挡工程的要求检查扣分	
	隧道路面	按路面工程的扣分标准检查扣分	
交通安全设施	标志	(1) 金属构件镀锌面不得有划痕、擦伤等损伤，不符合要求时，每一构件扣2分。 (2) 标志板面不得有划痕、较大气泡和颜色不均匀等表面缺陷，不符合要求时，每块板扣2分	标志按每块累计扣分的平均值扣分
	标线	(1) 标线施工污染路面应及时清理，每处污染面积不超过10cm²，不符合要求时，每处减1分。 (2) 标线线形应流畅，与道路线形相协调，曲线圆滑，不允许出现折线，不符合要求时，每处扣2分。 (3) 反光标线玻璃珠应撒布均匀，附着牢固，反光均匀，不符合要求时，扣2分。 (4) 标线表面不应出现网状裂缝、断裂裂缝、起泡现象，不符合要求时，扣1分	按每公里累计扣分的平均值扣分
	防护栏	(1) 波形梁线形顺适，色泽一致，不符合要求时，每处扣1~2分。 (2) 立柱顶部应无明显塌边、变形、开裂等现象，不符合要求时，每处扣2分。 (3) 混凝土护栏预制块不得有断裂现象，不符合要求时每处扣1分；掉边、掉角长度每处不得超过2cm，否则每块混凝土构件扣1分；混凝土表面蜂窝、麻面、裂缝、脱皮等缺陷面积不超过该构件面积的0.5%，不符合要求时，每超过0.5%扣2分	按每公里累计扣分的平均值扣分

续表

单位工程	分部工程类别	检查内容及扣分标准	备注
机电工程	监控、通信、收费系统	(1) 各系统基本功能齐全、运行稳定，满足设计和管理要求，每一个系统不符合要求时扣 2~4 分； (2) 机电设施布置安装合理，方便操作、维护；各设备表面光泽一致，保护措施得当，无明显划伤、剥落、锈蚀、积水现象；部件排列整齐、有序，牢固可靠，标识正确、清楚；不符合要求时每处扣 0.5~1 分	按每系统累计扣分
房屋建筑工程		（按其专业工程质量检验评定标准扣分）	

4. 内业资料审查

(1) 质量保证资料

1) 所用原材料、半成品和成品质量检验结果；

2) 材料配比、拌合加工控制检验和试验数据；

3) 地基处理、隐蔽工程施工记录和大桥、隧道施工监控资料；

4) 各项质量控制指标的试验记录和质量检验汇总图表；

5) 施工过程中遇到的非正常情况记录及其对工程质量影响分析；

6) 施工过程中如发生质量事故，经处理补救后，达到设计要求的认可证明文件；

7) 中间交工验收资料；

8) 施工过程各方指出较大质量问题、交工验收遗留问题及试运营期出现的质量问题处理情况资料。

(2) 试验内业资料

1) 查验工地试验室临时资质的备案批准文件（是指省级交通质监机构批准文件）；

2) 抽查各种试验检测记录、试验检测报告中的签字人（包括试验人员、审核人、签发人）与工地试验室临时资质的备案批准的人员是否一致；

3) 抽查试验检测报告与取样台账、试验台账以及仪器设备使用情况台账之间是否一一对应，核查试验检测报告的溯源性和真实性；

4) 查看仪器设备一览表台账、仪器设备周期检定计划台账及仪器设备的检定（校准）证书，必要时抽查看仪器设备的自校记录；

5) 核验试验检测频率，包括外委试验的检测频率；

6) 抽查外委试验检测报告和上网核查外委检测机构的资质情况；

7) 抽查各种试验评定报告中的签字人和评定结论是否符合要求；

8) 抽查试验检测报告与工程质量保证资料、施工日志是否相对应，主要核查施工时间与试验取样日期的一致性；

9) 抽查各种试验检测记录及试验检测报告的完整性、正确性，确认试验检测数据的真实性。

(3) 内业资料要求及扣分标准如下：

1) 质量保证资料及最基本的数据、资料齐全后方可组织鉴定。

2) 资料应真实、可靠，应有施工过程中的原始记录、原始资料（原件），不应有涂改现象，有欠缺时扣 2~4 分。

3) 资料应齐全、完整，有欠缺时扣 1~3 分。

4) 资料应系统、客观，反映出检查项目、频率、质量指标满足有关标准、规范要求，有欠缺时扣 1~3 分。

5) 资料记录应字迹清晰、内容详细、计算准确，整理应分类编排、装订整齐，有欠缺时扣 1~2 分。

6) 基本数据（原材料、标准试验、工艺试验等）、检验评定数据有严重不真实或伪造现象的，在合同段扣 5 分。

5. 工程质量检测意见、项目检测报告、质量鉴定报告内容

质量监督机构的检测意见、项目检测报告、质量鉴定报告应在对检测结果分析的基础上提出。

工程质量检测意见主要包括：检测工作是否完成，指出工程质量存在的缺陷，交工验收前需完善的问题，主要意见。

项目检测报告主要包括：检测结果及工程质量的基本评价，工程质量存在的主要问题和缺陷，工程质量是否具备试运营条件。

质量鉴定报告主要包括：鉴定工作依据，抽查项目检测数据、外观检查、内业资料审查及复测部分指标情况，交工验收提出的质量问题、质量监督机构指出的问题及试运营期间出现的质量缺陷等的处理情况，鉴定评分及质量等级。

4.5 工程完工后的试验管理工作

4.5.1 试验竣工资料编制

1. 试验检验评定

试验检验评定的内容包括有：路基、路面压实度评定；弯沉值评定；水泥混凝土抗压强度评定；水泥砂浆强度评定；喷射混凝土抗压强度评定；混凝土弯拉强度评定；路面结构层厚度评定；半刚性基层和底基层材料强度评定；沥青层压实度评定；路面横向力系数评定及通信管道试通的检验与评定等内容。

（1）路基、路面压实度评定

1) 路基和路面基层、底基层的压实度以重型击实标准为准。沥青层压实度以《公路沥青路面施工技术规范》JTG F 40 的规定为准。

对于特殊干旱、潮湿地区或过湿土，以路基设计施工规范规定的压实度标准进行评定。

2) 标准密度应作平行试验，求其平均值作为现场检验的标准值。对于均匀性差的路基土质和路面结构层材料，应根据实际情况增补标准密度试验，求得相应的标准值，以控制和检验施工质量。

3) 路基、路面压实度以 1~3km 长的路段为检验评定单元，按本标准各有关章节要求的检测频率进行现场压实度抽样检查，求算每一测点的压实度 K_i。细粒土现场压实度

检查可以采用灌砂法或环刀法；粗粒土及路面结构层压实度检查可以采用灌砂法、水袋法或钻孔取样蜡封法。应用核子密度仪时，须经对比试验检验，确认其可靠性。

检验评定段的压实度代表值 K（算术平均值的下置信界限）为：

$$K = \overline{K} - t_\alpha/\sqrt{n} \times s \geqslant K_0 \tag{4.5.1-1}$$

式中 $\overline{K}$——检验评定段内各测点压实度的平均值；

t_α——t 分布表中随测点数和保证率（或置信度 α）而变的系数；t_α 见表 4.5.1-1。

采用的保证率：高速公路、一级公路：基层、底基层为 99%，路基、路面面层为 95%；其他公路：基层、底基层为 95%，路基、路面面层为 90%；

s——检测值的标准差；

n——检测点数；

K_0——压实度标准值。

路基、基层和底基层：$K \geqslant K_0$，且单点压实度 K_i 全部大于等于规定值减 2 个百分点时，评定路段的压实度合格率为 100%；当 $K \geqslant K_0$，且单点压实度全部大于等于规定极值时，按测定值不低于规定值减 2 个百分点的测点数计算合格率。

$K < K_0$ 或某一单点压实度 K_i 小于规定极值时，该评定路段压实度为不合格，相应分项工程评为不合格。

路堤施工段较短时，分层压实度应点点符合要求，且样本数不少于 6 个。

沥青面层：当 $K \geqslant K_0$ 且全部测点大于等于规定值减 1 个百分点时，评定路段的压实度合格率为 100%；当 $K \geqslant K_0$ 时，按测定值不低于规定值减 1 个百分点的测点数计算合格率。

$K < K_0$ 时，评定路段的压实度为不合格，相应分项工程评为不合格。

$t_\alpha/\sqrt{n}$ 值 表 4.5.1-1

n	保证率 99%	95%	90%	n	保证率 99%	95%	90%
2	22.501	4.465	2.176	21	0.552	0.376	0.289
3	4.021	1.686	1.089	22	0.537	0.367	0.282
4	2.270	1.177	0.819	23	0.523	0.358	0.275
5	1.676	0.953	0.686	24	0.510	0.350	0.269
6	1.374	0.823	0.603	25	0.498	0.342	0.264
7	1.188	0.734	0.544	26	0.487	0.335	0.258
8	1.060	0.670	0.500	27	0.477	0.328	0.253
9	0.966	0.620	0.466	28	0.467	0.322	0.248
10	0.892	0.580	0.437	29	0.458	0.316	0.244
11	0.833	0.546	0.414	30	0.449	0.310	0.239
12	0.785	0.518	0.393	40	0.383	0.266	0.206
13	0.744	0.494	0.376	50	0.340	0.237	0.184
14	0.708	0.473	0.361	60	0.308	0.216	0.167
15	0.678	0.455	0.347	70	0.285	0.199	0.155
16	0.651	0.438	0.335	80	0.266	0.186	0.145
17	0.626	0.423	0.324	90	0.249	0.175	0.136
18	0.605	0.410	0.314	100	0.236	0.166	0.129
19	0.586	0.398	0.305	>100	$\dfrac{2.3265}{\sqrt{n}}$	$\dfrac{1.6449}{\sqrt{n}}$	$\dfrac{1.2815}{\sqrt{n}}$
20	0.568	0.387	0.297				

4) 检验评定报告（略）。

(2) 弯沉值评定

1) 采用《公路工程质量检验评定标准 第一册 土建工程》JTG F80/1—2004 标准进行评定时，应符合下列规定：

① 弯沉值用贝克曼梁或自动弯沉仪测量。每一双车道评定路段（不超过 1km）检查 80～100 个点，多车道公路必须按车道数与双车道之比，相应增加测点。

② 弯沉代表值为弯沉测量值的上波动界限，用式（4.5.1-2）计算：

$$l_r = \bar{l} + Z_\alpha s \tag{4.5.1-2}$$

式中　l_r——弯沉代表值（0.01mm）；
　　　$\bar{l}$——实测弯沉的平均值（0.01mm）；
　　　s——标准差；
　　　Z_α——与要求保证率有关的系数，见表 4.5.1-2。

Z_α 值　　　　表 4.5.1-2

层位	Z_α	
	高速公路、一级公路	二、三级公路
沥青面层	1.645	1.5
路基、柔性基层	2.0	1.645

③ 当路基和柔性基层、底基层的弯沉代表值不符合要求时，可将超出 $\bar{l} \pm (2\sim3)s$ 的弯沉特异值舍弃，重新计算平均值和标准差。对舍弃的弯沉值大于 $\bar{l} + (2\sim3)s$ 的点，应找出其周围界限，进行局部处理。

用两台弯沉仪同时进行左右轮弯沉值测定时，应按两个独立测点计，不能采用左右两点的平均值。

④ 弯沉代表值大于设计要求的弯沉值时相应分项工程为不合格。

⑤ 测定时的路表温度对沥青面层的弯沉值有明显影响，应进行温度修正。当沥青层厚度小于或等于 50mm 时，或路表温度在 20±2℃ 范围内，可不进行温度修正。

若在非不利季节测定时，应考虑季节影响系数。

2) 采用《公路路面基层施工技术细则》JTG/T F20—2015 标准进行评定时，应符合下列规定：

① 弯沉检查时，应考虑一定保证率的测量值上波动界限，并按式（4.5.1-3）计算。

$$l_r = \bar{l} + Z_\alpha s \tag{4.5.1-3}$$

式中　l_r——测量值的上波动界限，即代表弯沉值；
　　　$\bar{l}$——标准车测得的弯沉平均值；
　　　Z_α——与要求保证率有关的系数，高速公路、一级公路可取 $Z_\alpha=2.0$，二级公路取 $Z_\alpha=1.645$，二级以下公路取 $Z_\alpha=1.5$。

② 计算弯沉的平均值和标准差时，可将超出 $\bar{l} \pm 3s$ 的弯沉异常值舍弃。舍弃后，计算的代表弯沉值应不大于相关技术要求。对舍弃的弯沉值过大点，应找出其周围界限，并局部处理。

3) 检验评定报告（略）。

(3) 水泥混凝土抗压强度评定

1) 采用《公路工程质量检验评定标准 第一册 土建工程》JTG F80/1—2004 标准进行评定时，应符合下列规定：

① 评定水泥混凝土的抗压强度，应以标准养护 28d 龄期的试件、在标准试验条件下测得的极限抗压强度为准。试件为边长 150mm 的立方体。试件 3 个为 1 组，制取组数应符合下列规定：

  a. 不同强度等级及不同配合比的混凝土应在浇筑地点或拌合地点分别随机制取试件。
  b. 浇筑一般体积的结构物（如基础、墩台等）时，每一单元结构物应制取 2 组。
  c. 连续浇筑大体积结构时，每 80～200m³ 或每一工作班应制取 2 组。
  d. 上部结构，主要构件长 16m 以下应制取 1 组，16～30m 制取 2 组，31～50m 制取 3 组，50m 以上者不少于 5 组。小型构件每批或每工作班至少应制取 2 组。
  e. 每根钻孔桩至少应制取 2 组；桩长 20m 以上者不少于 3 组；桩径大、浇筑时间很长时，不少于 4 组。如换工作班时，每工作班应制取 2 组。
  f. 构筑物（小桥涵、挡土墙）每座、每处或每工作班制取不少于 2 组。当原材料和配合比相同、并由同一拌合站拌制时，可几座或几处合并制取 2 组。
  g. 应根据施工需要，另制取几组与结构物同条件养护的试件，作为拆模、吊装、张拉预应力、承受荷载等施工阶段的强度依据。

② 水泥混凝土抗压强度的合格标准

  a. 试件≥10 组时，应以数理统计方法按下述条件评定：

$$R_n - K_1 S_n \geqslant 0.9R \tag{4.5.1-4}$$

$$R_{min} \geqslant K_2 R \tag{4.5.1-5}$$

$$S_n = \sqrt{\frac{\sum R_i^2 - nR_n^2}{n-1}} \tag{4.5.1-6}$$

式中 n——同批混凝土试件组数；
  R_n——同批 n 组试件强度的平均值（MPa）；
  S_n——同批 n 组试件强度的标准差（MPa），当 $S_n<0.06R$ 时，取 $S_n=0.06R$；
  R——混凝土设计强度等级（MPa）；
  R_i——第 i 组混凝土的抗压强度（MPa）；
  R_{min}——n 组试件中强度最低一组的值（MPa）；
  K_1、K_2——合格判定系数，见表 4.5.1-3。

K_1、K_2 的值 表 4.5.1-3

n	10～14	15～24	≥25
K_1	1.70	1.65	1.60
K_2	0.9	0.85	

  b. 试件<10 组时，可用非统计方法按下述条件进行评定：

$$R_n \geqslant 1.15R \tag{4.5.1-7}$$

$$R_{min} \geqslant 0.95R \tag{4.5.1-8}$$

③ 实测项目中，水泥混凝土抗压强度评为不合格时相应分项工程为不合格。

2) 采用《混凝土强度检验评定标准》GB/T 50107—2010 标准进行评定时，应符合下列规定：

① 混凝土的强度等级应按立方体抗压强度标准值划分。混凝土强度等级应采用符号 C 与立方体抗压强度标准值（以 N/mm²）表示。立方体抗压强度标准值应为按标准方法制作和养护的边长为 150mm 的立方体试件，用标准试验方法在 28d 龄期测得的混凝土抗压强度总体分布中的一个值，强度低于该值的概率应为 5%。

② 混凝土强度应分批进行检验评定。一个检验批的混凝土应由强度等级相同、试验龄期相同、生产工艺条件和配合比基本相同的混凝土组成。

③ 对大批量、连续生产混凝土的强度应按本标准规定的统计方法评定。对小批量或零星生产混凝土的强度应按本标准规定的非统计方法评定。

④ 混凝土的取样，宜根据本标准规定的检验评定方法要求制定检验批的划分方案和相应的取样计划。混凝土强度试样应在混凝土的浇筑地点随机抽取。每次取样应至少制作一组标准养护试件。每组 3 个试件应由同一盘或同一车的混凝土中取样制作。

⑤ 试件的取样频率和数量应符合下列规定：

a. 每 100 盘，但不超过 100m³ 的同配合比混凝土，取样次数不应少于一次；

b. 每一工作班拌制的同配合比混凝土，不足 100 盘和 100m³ 时其取样次数不应少于一次；

c. 当一次连续浇筑的同配合比混凝土超过 1000m³ 时，每 200m³ 取样不应少于一次；

d. 对房屋建筑，每一楼层、同一配合比的混凝土，取样不应少于一次。

⑥ 每批混凝土试样应制作的试件总组数，除满足本标准规定的混凝土强度评定所必需的组数外，还应留置为检验结构或构件施工阶段混凝土强度所必需的试件。

⑦ 混凝土强度的检验评定

a. 统计方法评定

（a）采用统计方法评定时，应按下列规定进行：

a）当连续生产的混凝土，生产条件在较长时间内保持一致，且同一品种、同一强度等级混凝土的强度变异性保持稳定时，应按本款 a.（b）样本容量为连续的 3 组试件时的规定进行评定。

b）其他情况应按本款 a.（c）样本容量不少于 10 组试件时的规定进行评定。

（b）一个检验批的样本容量应为连续的 3 组试件，其强度应同时符合下列规定：

$$m_{fcu} \geqslant f_{cu,k} + 0.7\sigma_0 \tag{4.5.1-9}$$

$$f_{cu,min} \geqslant f_{cu,k} - 0.7\sigma_0 \tag{4.5.1-10}$$

检验批混凝土立方体抗压强度的标准差应按下式计算：

$$\sigma_0 = \sqrt{\frac{\sum_{i=1}^{n} f_{cu,i}^2 - nm_{f_{cu}}^2}{n-1}} \tag{4.5.1-11}$$

当混凝土强度等级不高于 C20 时，其强度的最小值尚应满足下式要求：

$$f_{cu,min} \geqslant 0.85 f_{cu,k} \tag{4.5.1-12}$$

当混凝土强度等级高于 C20 时，其强度的最小值尚应满足下式要求：

$$f_{cu,min} \geqslant 0.90 f_{cu,k} \tag{4.5.1-13}$$

式中 $m_{f_{cu}}$——同一检验批混凝土立方体抗压强度的平均值（N/mm²），精确到 0.1（N/mm²）；

$f_{cu,k}$——混凝土立方体抗压强度标准值（N/mm²），精确到 0.1（N/mm²）；

σ_0——检验批混凝土立方体抗压强度的标准差（N/mm²），精确到 0.01（N/mm²）；当检验批混凝土强度标准差 σ_0 计算值小于 2.5N/mm² 时，应取 2.5N/mm²；

$f_{cu,i}$——前一个检验期内同一品种、同一强度等级的第 i 组混凝土试件的立方体抗压强度代表值（N/mm²），精确到 0.1（N/mm²）；该检验期不应少于 60d，也不得大于 90d；

n——前一检验期内的样本容量，在该期间内样本容量不应少于 45；

$f_{cu,min}$——同一检验批混凝土立方体抗压强度的最小值（N/mm²），精确到 0.1（N/mm²）。

(c) 当样本容量不少于 10 组时，其强度应同时满足下列要求：

$$m_{f_{cu}} \geqslant f_{cu,k} + \lambda_1 S_{f_{cu}} \tag{4.5.1-14}$$

$$f_{cu,min} \geqslant \lambda_2 f_{cu,k} \tag{4.5.1-15}$$

同一检验批混凝土立方体抗压强度的标准差应按下式计算：

$$S_{f_{cu}} = \sqrt{\frac{\sum_{i=1}^{n} f_{cu,i}^2 - n m_{f_{cu}}^2}{n-1}} \tag{4.5.1-16}$$

式中 $S_{f_{cu}}$——同一检验批混凝土立方体抗压强度的标准差（N/mm²），精确到 0.01（N/mm²）；当检验批混凝土强度标准差 $S_{f_{cu}}$ 计算值小于 2.5N/mm² 时，应取 2.5N/mm²；

λ_1，λ_2——合格评定系数，按表 4.5.1-4 取用；

n——本检验期内的样本容量。

混凝土强度的合格评定系数　　　　　　　表 4.5.1-4

试件组数	10～14	15～19	≥20
λ_1	1.15	1.05	0.95
λ_2	0.90	0.85	

b. 非统计方法评定

(a) 当用于评定的样本容量小于 10 组时，应采用非统计方法评定混凝土强度。

(b) 按非统计方法评定混凝土强度时，其强度应同时符合下列规定：

$$m_{f_{cu}} \geqslant \lambda_3 f_{cu,k} \tag{4.5.1-17}$$

$$f_{cu,min} \geqslant \lambda_4 f_{cu,k} \tag{4.5.1-18}$$

式中 λ_3，λ_4——合格评定系数，按表 4.5.1-5 取用；

混凝土强度的非统计方法合格评定系数　　　　　　　表 4.5.1-5

混凝土强度等级	<C60	≥C60
λ_3	1.15	1.10
λ_4	0.95	

c. 混凝土强度的合格性评定

（a）当检验结果满足本款 a.（b）或本款 a.（c）或本款 b.（b）的规定时，则该批混凝土强度应评定为合格；当不能满足上述规定时，该批混凝土强度应评定为不合格。

（b）对评定为不合格批的混凝土，可按国家现行的有关标准进行处理。

3）检验评定报告（略）。

（4）水泥砂浆强度评定

1）评定水泥砂浆的强度，应以标准养护 28d 的试件为准。试件为边长 70.7mm 的立方体。试件 6 个为 1 组，制取组数应符合下列规定：

① 不同强度等级及不同配合比的水泥砂浆应分别制取试件，试件应随机制取，不得挑选。

② 重要及主体砌筑物，每工作班制取 2 组。

③ 一般及次要砌筑物，每工作班可制取 1 组。

④ 拱圈砂浆应同时制取与砌体同条件养护试件，以检查各施工阶段强度。

2）水泥砂浆强度的合格标准

① 同强度等级试件的平均强度不低于设计强度等级。

② 任意一组试件的强度最低值不低于设计强度等级的 75%。

3）实测项目中，水泥砂浆强度评为不合格时相应分项工程为不合格。

4）检验评定报告（略）。

（5）喷射混凝土抗压强度评定

1）喷射混凝土抗压强度系指在喷射混凝土板件上，切割制取边长为 100mm 的立方体试件，在标准养护条件下养护 28d，用标准试验方法测得的极限抗压强度，乘以 0.95 的系数。

2）双车道隧道每 10 延米，至少在拱脚部和边墙各取 1 组（3 个）试件。

其他工程，每喷射 50～100m^3 混合料或小于 50m^3 混合料的独立工程，不得少于 1 组。材料或配合比变更时需重新制取试件。

3）喷射混凝土强度的合格标准

① 同批试件组数 $n \geqslant 10$ 时

试件抗压强度平均值不低于设计值；

任一组试件抗压强度不低于 0.85 设计值。

② 同批试件组数 $n < 10$ 时

试件抗压强度平均值不低于 1.05 设计值；

任一组试件抗压强度不低于 0.90 设计值。

4）实测项目中，喷射混凝土抗压强度评为不合格时相应分项工程为不合格。

5）检验评定报告（略）。

（6）混凝土弯拉强度评定

采用《公路水泥混凝土路面施工技术细则》JTG/T F30—2014 标准进行评定时，应符合下列规定：

1）混凝土弯拉强度试验方法应使用标准小梁法或钻芯劈裂法，试件使用标准方法制作，标准养生时间 28d，路面钻芯劈裂时间宜控制在 28～56d 以内，不掺粉煤灰宜用 28d，掺粉煤灰宜用28～56d。各等级公路面层混凝土弯拉强度应按表4.3.2-1水泥混凝土路面铺筑质量标准及检测项目、方法和频率中所列检查频率取样，每组3个试件平均值为一个统计数据。

2) 混凝土弯拉强度的合格标准应符合下列规定：

① 当试件组数大于10组时，平均弯拉强度合格判断式为：

$$f_{cs} \geqslant f_r + K\sigma \tag{4.5.1-19}$$

$$\sigma = C_V \overline{f_c} \tag{4.5.1-20}$$

式中 f_{cs}——合格判定平均弯拉强度（MPa）；

f_r——设计弯拉强度标准值（MPa）；

K——合格评定系数，按试件组数查表4.5.1-6；

σ——弯拉强度统计均方差，可按式（4.5.1-20）计算；

C_V——实测弯拉强度统计变异系数；

$\overline{f_c}$——实测弯拉强度统计平均值（MPa）。

合格评定系数　　　　　　　　　　　　　　　　表4.5.1-6

试件组数 n	11～14	15～19	≥20
K	0.75	0.70	0.65

当试件组数为11～19组时，允许有1组最小弯拉强度 f_{min} 小于 $0.85f_r$，但不得小于 $0.80f_r$；当试件组数大于或等于20组时，高速公路和一级公路最小弯拉强度 f_{min} 不得小于 $0.85f_r$，其他公路允许有1组最小弯拉强度 f_{min} 小于 $0.85f_r$，但不得小于 $0.80f_r$。

实测弯拉强度统计变异系数 C_V 值不应超出表4.5.1-7规定的范围。

变异系数 C_V 的范围　　　　　　　　　　　　表4.5.1-7

弯拉强度变异水平等级	低	中	高
弯拉强度变异系数 C_V 的范围	$0.05 \leqslant C_V \leqslant 0.10$	$0.10 \leqslant C_V \leqslant 0.15$	$0.15 \leqslant C_V \leqslant 0.20$

② 当试件组数小于或等于10组时，可用非统计方法评定。此时，弯拉强度应符合下列规定：

弯拉强度平均值

$$f_{cs} \geqslant 1.15 f_r \tag{4.5.1-21}$$

弯拉强度最小值

$$f_{min} \geqslant 0.85 f_r \tag{4.5.1-22}$$

实测弯拉强度统计变异系数 C_V 值应符合设计要求。

3) 当标准小梁合格判定平均弯拉强度 f_{cs}、最小弯拉强度 f_{min} 和统计变异系数 C_V 中有1个数据不符合上述要求时，应在不合格路段每车道每公里钻取3个以上 $\phi150mm$ 的钻芯，实测劈裂强度，通过各自工程的经验统计公式换算弯拉强度，其合格判定平均弯拉强度 f_{cs} 和最小值 f_{min} 必须合格。

4) 实测项目中，混凝土弯拉强度评为不合格时相应分项工程评为不合格。

5) 检验评定报告（略）。

(7) 路面结构层厚度评定

1）采用《公路工程质量检验评定标准 第一册 土建工程》JTG F80/1—2004 标准进行评定时，应符合下列规定：

① 评定路段内路面结构层厚度按代表值和单个合格值的允许偏差进行评定。

② 按规定频率，采用挖验或钻取芯样测定厚度。

③ 厚度代表值为厚度的算术平均值的下置信界限值，即：

$$X_L = \overline{X} - t_\alpha / \sqrt{n} \times S \tag{4.5.1-23}$$

式中 X_L——厚度代表值（算术平均值的下置信界限）；

$\overline{X}$——厚度平均值；

S——标准差；

n——检测点数；

t_α——t 分布表中随测点数和保证率（或置信度 α）而变的系数，可查表 4.5.1-1。

采用的保证率：

高速、一级公路：基层、底基层为 99%；面层为 95%。

其他公路：基层、底基层为 95%；面层为 90%。

④ 当厚度代表值大于或等于设计厚度减去代表值允许偏差时，则按单个检查值的偏差不超过单点合格值来计算合格率；当厚度代表值小于设计厚度减去代表值允许偏差时，相应分项工程评为不合格。

代表值和单点合格值的允许偏差，见《公路工程质量检验评定标准 第一册 土建工程》JTG F80/1—2004 标准第 7 章各节实测项目表。

⑤沥青面层一般按沥青铺筑层总厚度进行评定，高速公路和一级公路分 2~3 层铺筑时，还应进行上面层厚度检查和评定。

2）采用《公路路面基层施工技术细则》JTG/T F20—2015 标准进行评定时，应符合下列规定：

厚度检查时，厚度平均值的下置信限 $\overline{X}_L$ 应不小于设计厚度减去均值允许误差。厚度平均值的下置信限应按式（4.5.1-24）计算。

$$\overline{X}_L = \overline{X} - t_\alpha \frac{S}{\sqrt{n}} \tag{4.5.1-24}$$

式中 $\overline{X}$——厚度平均值；

S——厚度标准差；

n——样本数量；

t_α——t 分布表中随自由度和保证率（或置信度 α）而变的系数，对高速公路和一级公路应取保证率 99%，对二级及二级以下公路可取保证率 95%。

3）检验评定报告（略）。

(8) 半刚性基层和底基层材料强度评定

1）采用《公路工程质量检验评定标准 第一册 土建工程》JTG F80/1—2004 标准进行评定时，应符合下列规定：

① 半刚性基层和底基层材料强度，以规定温度下保湿养护 6d、浸水 1d 后的 7d 无侧限抗压强度为准。

② 在现场按规定频率取样，按工地预定达到的压实度制备试件。每 2000m² 或每工作

班制备 1 组试件；不论稳定细粒土、中粒土或粗粒土，当多次偏差系数 $C_V \leqslant 10\%$ 时，可为 6 个试件；$C_V=10\%\sim15\%$ 时，可为 9 个试件；$C_V>15\%$ 时，则需 13 个试件。

③ 试件的平均强度 $\overline{R}$ 应满足下式（4.5.1-25）要求：

$$\overline{R} \geqslant R_d/(1-Z_a C_V) \tag{4.5.1-25}$$

式中　R_d——设计抗压强度（MPa）；

　　　C_V——试验结果的偏差系数（以小数计）；

　　　Z_a——标准正态分布表中随保证率而变的系数：

　　　　高速公路、一级公路：保证率 95%，$Z_a=1.645$；

　　　　其他公路：保证率 90%，$Z_a=1.282$。

④ 评定路段内半刚性材料强度评为不合格时相应分项工程为不合格。

2）采用《公路路面基层施工技术细则》JTG/T F20—2015 标准进行评定时，应符合下列规定：

① 强度代表值 R_d^0 应按式（4.5.1-26）计算。

$$R_d^0 = \overline{R} \times (1-Z_a C_V) \tag{4.5.1-26}$$

式中　$\overline{R}$——一组试验的强度平均值（MPa）；

　　　C_V——一组试验的强度变异系数（以小数计）；

　　　Z_a——标准正态分布表中随保证率或置信度 α 而变的系数，高速公路和一级公路应取保证率 95%，即 $Z_a=1.645$；二级及二级以下公路应取保证率 90%，即 $Z_a=1.282$。

② 强度数据处理时，宜按 3 倍标准差的标准剔除异常数值，且同一组试验样本异常值剔除应不多于 2 个。

③ 强度代表值 R_d^0 应不小于强度标准值 R_d，见式（4.5.1-27）。当 $R_d^0<R_d$ 时，应重新进行配合比试验。

$$R_d^0 \geqslant R_d \tag{4.5.1-27}$$

3）检验评定报告（略）。

（9）沥青层压实度评定

1）沥青路面的压实度采取重点进行碾压工艺的过程控制，适度钻孔抽检压实度校核的方法。钻孔取样应在路面完全冷却后进行，对普通沥青路面通常在第 2 天取样，对改性沥青及 SMA 路面宜在第 3 天以后取样。沥青面层的压实度按式（4.5.1-28）计算：

$$K = \frac{D}{D_0} \times 100 \tag{4.5.1-28}$$

式中　K——沥青层某一测定部位的压实度（%）；

　　　D——由试验测定的压实沥青混合料试件实际密度（g/cm^3）；

　　　D_0——沥青混合料的标准密度（g/cm^3）。

2）施工及验收过程中的压实度检验不得采用配合比设计时的标准密度，应按如下方法逐日检测确定：

① 以实验室密度作为标准密度，即沥青拌合厂每天取样 1~2 次实测的马歇尔试件密

度，取平均值作为该批混合料铺筑路段压实度的标准密度。其试件成型温度与路面复压温度一致。当采用配合比设计时，也可采用其他相同的成型方法的实验室密度作为标准密度。

② 以每天实测的最大理论密度作为标准密度。对普通沥青混合料，沥青拌合厂在取样进行马歇尔试验的同时以真空法实测最大理论密度，平行试验的试样数不少于 2 个，以平均值作为该批混合料铺筑路段压实度的标准密度；但对改性沥青混合料、SMA 混合料以每天总量检验的结果及油石比平均值计算的最大理论密度为准，也可采用抽提筛分的结果及油石比计算最大理论密度，计算法确定最大理论密度的方法按热拌沥青混合料配合比设计方法的规定进行。

③ 以试验路密度作为标准密度。用核子密度仪定点检查密度不再变化为止，然后取不少于 15 个的钻孔试件的平均密度为计算压实度的标准密度。

④ 可根据需要选用实验室标准密度、最大理论密度、试验路密度中的 1～2 种作为钻孔法检验评定的标准密度。

⑤ 施工中采用核子密度仪等无破损检测设备进行压实度控制时，宜以试验路密度作为标准密度，核子密度仪的测点数不宜少于 39 个，取平均值，但核子密度仪需经标定认可。

3) 压实度钻孔频率、合格率评定方法等按《公路沥青路面施工技术规范》JTG F40—2004 中的施工质量管理与检查验收的要求执行。

4) 在交工验收阶段，一个评定路段的压实度以代表值和极值评定压实度是否合格。

① 一个评定路段的平均压实度 K_0、标准差 S、变异系数 C_V，按式（4.5.1-29）～式（4.5.1-31）计算：

$$K_0 = \frac{K_1 + K_2 + \cdots + K_n}{N} \tag{4.5.1-29}$$

$$S = \sqrt{\frac{(K_1 - K_0)^2 + (K_2 - K_0)^2 + \cdots + (K_n - K_0)^2}{N-1}} \tag{4.5.1-30}$$

$$C_V = \frac{S}{K_0} \tag{4.5.1-31}$$

式中　　K_0——该评定路段的平均压实度（%）；

S——一个评定路段的压实度测定值的标准差（%）；

C_V——一个评定路段的压实度测定值的变异系数（%）；

K_1，K_2，…，K_n——该评定路段内各测定点的压实度（%）；

N——该评定路段内各测定点的总数，其自由度为 $N-1$。

② 一个评定路段的压实度代表值按式（4.5.1-32）计算：

$$K' = K_0 - \frac{t_\alpha S}{\sqrt{N}} \tag{4.5.1-32}$$

式中　K'——一个评定路段的压实度代表值，（%）；

t_α——t 分布表中随自由度和保证率而变化的系数见表 4.5.1-8。当测点数大于 100 时，高速公路的 t_α 可取 1.6449，对其他等级公路 t_α 可取 1.2815。

$t_\alpha/\sqrt{n}$ 的值   表 4.5.1-8

测点数 N	高速公路、一级公路	其他等级公路	测点数 N	高速公路、一级公路	其他等级公路
2	4.465	2.176	20	0.387	0.297
3	1.686	1.089	21	0.376	0.289
4	1.177	0.819	22	0.367	0.282
5	0.953	0.686	23	0.358	0.275
6	0.823	0.603	24	0.350	0.269
7	0.734	0.544	25	0.342	0.264
8	0.670	0.500	26	0.335	0.258
9	0.620	0.466	27	0.328	0.253
10	0.580	0.437	28	0.322	0.248
11	0.546	0.414	29	0.316	0.244
12	0.518	0.393	30	0.310	0.239
13	0.494	0.376	40	0.266	0.206
14	0.473	0.361	50	0.237	0.184
15	0.455	0.347	60	0.216	0.167
16	0.438	0.335	70	0.199	0.155
17	0.423	0.324	80	0.186	0.145
18	0.410	0.314	90	0.175	0.136
19	0.398	0.305	100	0.166	0.129

注：本表适用于压实度、厚度等单边检验要求的情况。对高速公路、一级公路，保证率为95%；对其他等级公路，保证率为90%。

5）检验评定报告（略）。

(10) 路面横向力系数评定

1）评定路段内的路面横向力系数按 SFC 的设计或验收标准值进行评定。

2）SFC 代表值为 SFC 算数平均值的下置信界限值，即：

$$SFC_r = \overline{SFC} - t_\alpha/\sqrt{n} \times S \quad (4.5.1-33)$$

式中　SFC_r——SFC 代表值；

　　　$\overline{SFC}$——SFC 平均值；

　　　S——标准差；

　　　n——检测点数；

　　　t_α——t 分布表中随测点数和保证率（或置信度 α）而变的系数，可查表 4.5.1-1。采用的保证率：高速公路、一级公路为95%；其他公路为90%。

3）当 SFC 代表值不小于设计或验收标准时，按单个 SFC 值计算合格率；当 SFC 代表值小于设计或标准值时，相应分项工程评为不合格。

4）检验评定报告（略）。

(11) 通信管道试通的检验与评定

1) 通信管道工程试通管孔，是通信管道工程质量评定具有否决权的关键项目，应符合以下规定：

① 直线管道管孔试通应用比被试管孔标称直径小 5mm、长 900mm 的拉棒进行；钢材等单孔组群的通信管道，每 5 孔抽试 1 孔；5 孔以下抽试 1/2；2 孔抽试 1 孔；1 孔则全试。

② 管道在曲率半径大于 36m 时，应用比被试管孔标称直径小 6mm、长 900mm 的拉棒进行；试通管孔数同上。

③ 有包封的管道管孔试通，同上处理。

2) 通信管道工程管孔试通的评定标准，应按下列规定执行。

① 管孔试通全部通过第 1 款的规定或在试通总数（孔段）的 5% 以下标准拉棒不能通过，但能通过比标准拉棒直径小 1mm 的，为"合格"。

② 其他为不合格，应由施工单位返修至合格后，再进行验收。

3) 检验评定报告（略）。

2. 试验汇总表

以下是工作中常见的试验汇总表，表格的格式与内容，仅供参考。

路基土石方击实试验报告（重型击实）汇总表；原材料试验结果汇总表（细集料）；原材料试验结果汇总表（粗集料）；原材料试验结果汇总表（水泥）；原材料试验结果汇总表（钢筋）；原材料试验结果汇总表（底基层、基层用集料）；原材料试验结果汇总表（矿粉）；原材料试验结果汇总表（沥青面层用集料）；原材料试验结果汇总表（沥青）；原材料试验结果汇总表（石灰）；原材料试验结果汇总表（路面用细集料）；原材料试验结果汇总表（路面用粗集料）；水泥物理性能试验汇总表；沥青混合料稳定度试验结果汇总表；水泥混凝土标准配合比试验汇总表；砂浆标准配合比试验汇总表；水泥稳定结合料标准配合比试验汇总表；沥青混凝土标准配合比试验汇总表；路基、路面压实度试验结果汇总表；路基、柔性路面弯沉值汇总表；路基平整度检测汇总表；路基路面宽度及横坡度汇总一览表；混凝土（喷射混凝土）及砂浆抗压强度试验汇总表；锚杆拉拔试验汇总表；钢筋焊接接头强度试验汇总表；路面结构层厚度检测汇总表；无机结合料基层无侧限抗压强度汇总表；EDTA 滴定试验结果汇总表；水泥混凝土路面抗压及抗折试验汇总表；水泥混凝土路面（贫混凝土基层）强度检测汇总表；防水混凝土抗压强度及抗渗性试验汇总表；油石比检测结果汇总表；马歇尔稳定度、油石比试验汇总表；沥青混凝土面层平整度检测汇总表；沥青混凝土面层渗水系数评定汇总表；路面摩擦系数评定汇总表（横向力系数测定车）；路面构造深度汇总表（铺砂法）；钻孔桩无破损检测汇总表；桩基检测（声测）成果汇总表；预应力张拉记录报告汇总表；电器产品材料检查或试验汇总表；天气情况汇总表；年月份材料试验统计表；材料试验汇总表；核子密度仪对比试验汇总表等，详见表 4.5.1-9～表 4.5.1-53（见网上下载）。

3. 试验资料

竣工文件试验资料如下：

（1）工程检测设备和材料标定资料；

（2）原材料试验检测报告及试验记录表；

（3）原材料进场报验单及出厂合格证；

（4）工程外购材料外委试验检验报告；

(5) 配合比试验审批报告及试验记录表；

(6) 其他试验资料记录表。

4.5.2 试验总结

工程施工结束后，试验总结是试验检测工作中不可缺少的重要内容，往往以前试验检测人员都忽略这项工作。一个工程项目施工完毕后，不对试验管理与检测进行认真的总结，到新工程项目时却一无所知，不知从何处开始开展试验工作。

试验总结包括试验管理与检测、个人总结两部分。（以下内容仅供参考）

1. 试验管理与检测总结

工程项目试验管理与检测总结的内容包括有：

(1) 工程地理位置。

(2) 工程概况。

(3) 工程试验管理

1) 试验准备情况（试验检测（频率）总策划、工地试验室的选址与建设、工地试验室母体试验检测机构的选择、工地试验室资质备案、人员配置、人员上岗持证情况、试验仪器设备配置与标定（调试）、试验标准规范配置、试验检测环境、工地试验室检测能力验收情况等）。

2) 试验检测组织与实施

① 路基工程；

② 路面工程；

③ 桥梁工程；

④ 互通立交工程；

⑤ 隧道工程；

⑥ 环保工程；

⑦ 交通安全设施；

⑧ 机电工程；

⑨ 房屋建筑工程等。

3) 试验检测质量管理与控制（包括标准试验、工艺试验与试验路总结）。

4) 试验检测活动开展情况（工作类型和工作量）。

5) 试验检测合同管理等。

(4) 交工验收前，试验检测自检情况。

(5) 试验检测经验总结。

(6) 试验资料遗留问题等。

2. 个人总结

试验检测人员个人总结的内容包括有：

(1) 工程开工前，自身的业务知识和技术水平评价；

(2) 期望学习和掌握的业务知识和技术水平；

(3) 采用的学习、工作方式及方法；

(4) 自我综合总结和评价；

(5) 今后工作的发展方向、目标和积极性的建议等。

4.6 常见疑难问题解析

1. 编制试验竣工资料时，试验检测原始记录和试验检测报告中的内容必须填写完整，空白处须划斜杠，不能留空白，签字和盖章也必须齐全。

2. 审核土样土工试验报告的几点注意要点：

(1) 土样的最佳含水率一定小于塑限 W_p。

(2) 一般土样的天然含水率都大于最佳含水率，但除特殊土样外。

(3) 特别注意土样颗粒分析与液限和塑限联合测定试验完成时间的先后顺序，土样颗粒分析试验完成时间必须超前土样液限和塑限联合测定试验时间。由于土样的塑限是根据土样的颗粒分析试验结果来判断土样是否为砂类土或细粒土，再按这两种土分别采用相应的 $h_p - W_L$ 关系曲线来确定 h_p 值。

(4) 土样名称及代号的确定步骤：首先要弄清楚土样粒组（巨粒组、粗粒组和细粒组）划分的界限；其次根据土样的颗粒分析试验结果判定土样粒组的类型（如：巨粒土、粗粒土和细粒土）；再根据土样 2mm 和 0.075mm 的筛分试验结果、液限和塑限联合测定试验结果及塑性图等来确定土样的名称及代号。按照《公路土工试验规程》JTG E40—2007 标准第 3 章的相关内容进行土样名称及代号的确定。

(5) 土样自由膨胀率试验资料审核时，注意干土试样质量的两次质量差值不得大于 0.1g 和认为膨胀稳定的条件（当两次读数差值不大于 0.2mL 时）。

(6) 土样承载比（CBR）试验资料审核时。

1) 试件每层击数分别为 30 次或小于 30 次（如 10 次、20 次）、50 次和 98 次，确保试件的干密度从低于 90% 到等于 100% 的最大干密度都能有承载比（CBR）值；

2) 量力环的量程选择，细粒土采用 5~7.5kN；粗粒土采用 20~30kN；巨粒土如需要作承载比（CRB）试验时，选择量程大的量力环为宜；

3) 一般采用贯入量为 2.5mm 时的 CBR 值作为土样的承载比（CBR），同时计算贯入量为 5mm 时的承载比；如贯入量为 5mm 时的承载比大于 2.5mm 时的承载比，则试验应重做；如结果仍然如此，则采用 5mm 时的承载比；

4) 如根据 3 个平行试验结果计算的承载比变异系数 C_V 大于 12%，则去掉一个偏离大的值，取其余两个结果的平均值。

如 C_V 小于 12%，且 3 个平行试验结果计算的干密度偏差小于 0.03g/cm³，则取 3 个结果的平均值；如 3 个试验结果计算的干密度偏差超过 0.03g/cm³，则去掉一个偏离大的值，取其余两个结果的平均值。

3. 压实度检测资料真伪的简单判断方法

核查压实度检测资料时，首先要根据土样击实试验的含水率 w-干密度 ρ_d 的关系曲线图，查出压实度标准值（如 93%）对应的含水率。

当土样天然含水率大于压实度标准值（如 93%）对应的含水率时（实际上压实度检测值达不到压实度的标准值（如 93%））而压实度检测资料中的压实度检测值却大于压实度标准值（如 93%），则此份压实度检测资料为不真实的资料。

如果压实度检测值能达到压实度标准值（如93%），造成的原因：

(1) 土样颗粒组成发生变化，应重新取样做击实试验；

(2) 压实度检测过程有作假或编写假试验检测数据的嫌疑。

注：上述仅指土样天然含水率大于该土样最佳含水率情况；当土样天然含水率小于该土样最佳含水率时，也可采用同样方法进行判断。

4. 数值修约规则中"奇升偶舍"法与常用的"四舍五入"法的区别

用"四舍五入"法对数值进行修约，从很多修约后的数值中得到的均值偏大；而用"奇升偶舍"法对数值进行修约，进舍的状况和进舍误差都具有平衡性，若干数值经过这种修约后，修约值之和变大的可能性与变小的可能性是一样的。

5. 土样颗粒大小分析试验中，小于0.075mm颗粒质量的确定方法

将大于2mm颗粒及2~0.075mm的颗粒质量从原称量的总质量中减去，即为小于0.075mm颗粒质量。

6. 软土的判别方法

(1) 采用荷兰轻型触探仪时，以贯入20cm所需的锤击数进行判别。

当贯入20cm的锤击数≤12锤时，判定为软土地基；当贯入20cm的锤击数>12锤时，可以停止试验。

(2) 采用轻型触探仪时，以贯入30cm所需的锤击数换算成基坑承载力进行判别。

当路堤高度小于10m时，地基承载力不宜低于150kPa；路堤高度为10~20m，地基承载力不宜低于200kPa；路堤高度大于20m时，路基宜填筑在岩石地基上。

(3) 天然孔隙比大于或等于1.0，且天然含水率大于液限的细粒土应判定为软土，包括淤泥、淤泥质土、泥炭、泥炭质土等。

软土的试验检测项目有：天然含水率、天然稠度、液限、塑性指数、孔隙比、相对密度及干密度等。

7. 砂在水泥混凝土和面层水泥混凝土使用过程中，大于9.5mm筛孔尺寸的含量超过多少界限时，砂必须要过筛后才能使用？该如何调整配合比？

笔者认为：

(1) 经查阅技术规范没有明确的规定，只要求在作砂子筛分试验时要记录大于9.5mm筛孔尺寸的含量。在作混凝土配合比设计时，砂子试验中的三个参数必须齐全：大于9.5mm筛孔尺寸的含量；细度模数；颗粒级配情况。

(2) 大于9.5mm筛孔尺寸的含量超过10%时（铁路上的经验值），砂必须要过筛后才能使用。

(3) 如果砂子在使用过程中大于9.5mm筛孔尺寸的含量与在配合比设计中大于9.5mm筛孔尺寸含量差值超过1%时，有二种处理方案：一种是要过9.5mm筛孔尺寸筛后使用；二种是重新作配合比设计。

(4) 如果砂在使用过程中的细度模数与在配合比设计中的细度模数差值超过0.3，可以认为砂发生了变化，需要重新作配合比设计。

8. 根据岩石的分类，石灰岩属于火成岩、水成岩还是变质岩？其在水泥混凝土和路面水泥混凝土中的抗压强度要求？

岩石分为岩浆岩（或称火成岩）、沉积岩（又称为水成岩）和变质岩3种。

石灰岩属于水成岩，其在水泥混凝土和面层水泥混凝土中的岩石抗压强度大于30MPa；岩石的抗压强度与混凝土强度等级之比应不小于1.5倍。

9. 岩石试件的强制饱和方法：

(1) 用煮沸法饱和试件：将称量后的试件放入水槽，注水至试件高度的一半，静置2h。再加水使试件浸没，煮沸6h以上，并保持水的深度不变。煮沸停止后静置水槽，待其冷却，取出试件，用湿纱布擦去表面水分，立即称其质量。

(2) 用真空抽气法饱和试件：将称量后的试件置于真空干燥器中，注入洁净水，水面高出试件顶面20mm，开动抽气机，抽气时真空压力需达100kPa，保持此真空状态直至无气泡发生时为止（不少于4h）。经真空抽气的试件应放置在原容器中，在大气压力下静置4h，取出试件，用湿纱布擦去表面水分，立即称其质量。

10. 公路系统中，桥梁工程、路面工程、建筑地基所用岩石的单轴抗压强度试验，试件尺寸的标准和数量规定如下：

桥梁工程所用岩石的单轴抗压强度试验，采用立方体试件作为标准试件，边长为70±2mm，每组试件共6个；路面工程所用岩石的单轴抗压强度试验，采用立方体试件或圆柱体试件作为标准试件，其边长或者直径和高均为50±2mm，每组试件共6个；建筑地基所用岩石的单轴抗压强度试验，采用圆柱体试件作为标准试件，直径为50±2mm、高径比为2：1，每组试件共6个。

11. 粗细集料筛分试验中，底盘是没有通过率，故在整理粗细集料筛分试验资料时，底盘"通过率"栏不能有数据，应划"横线"处理。

12. 粗集料压碎值试验，在《建设用卵石、碎石》GB/T 14685—2011标准7.11中和《公路工程集料试验规程》JTG E42—2005标准T 0316之间的不同之处：

(1) 压碎指标值测定仪不同。前者加压头直径为150mm，圆模内径为152mm；后者加压头直径为149±0.2mm，圆模内径为150±0.3mm。

(2) 试样的粒径规格不同。前者试样的粒径规格为9.5～19.0mm；后者试样的粒径规格为9.5～13.2mm。

(3) 试样制样和数量不同。前者试样经过去除针、片状颗粒，分成大致相等的三份备用，试验时试样数量明确规定为3000g或当圆模装不下3000g试样时，以装至距圆模上口10mm为准；后者试样不要经过去除针、片状颗粒处理的试样3组各3000g，供试验用，试验时试样数量明确规定为按规定夯击后石料在试筒内的深度为100mm。

(4) 试验加压方式不同。前者开动压力试验机，按1kN/s速度均匀加荷至200kN并稳荷5s，然后卸荷；后者开动压力试验机均匀地施加荷载，在10min左右的时间内达到总荷载400kN并稳压5s，然后卸荷。

(5) 压碎值试验结果不同。

同一种粗集料经压碎值试验后，前者试验结果偏小；后者试验结果偏大。

《公路水泥混凝土路面施工技术细则》JTG/T F30—2014标准，明确规定了粗集料压碎值试验方法为《公路工程集料试验规程》JTG E42—2005 T0316。

13. 用勃氏法测定水泥比表面积试验中的试验室条件是相对湿度不大于50%；在作水泥标准稠度用水量、凝结时间、安定性检验时的试验室条件是相对湿度应不低于50%。

若上述2项试验同时进行检测时，则不能同在一间检测室内进行操作，应分2间检测室单独操作；若上述 2 项试验同在一间检测室内进行检测时，则不能同在一个时间段内、同时进行 2 项试验操作。

14. 在水泥的合格检验中，抗折强度和抗压强度试验结果的确定方法

(1) 抗折强度是以一组三个棱柱体抗折结果的平均值作为试验结果。

当三个强度值中有超出平均值±10%时，应剔除后再取平均值作为抗折强度试验结果。

(2) 抗压强度是以一组三个棱柱体上得到的六个抗压强度测定值的算术平均值作为试验结果。

如 6 个测定值中有一个超出 6 个平均值的±10%，就应剔除这个结果，而以剩下 5 个的平均数为结果。如果 5 个测定值中再有超过它们平均数±10%的，则此组结果作废。

15. 隧道工程所用工字钢焊接采用什么型号焊条？

隧道工程所用工字钢焊接采用的焊条。隧道工程所使用工字钢的材料为焊接性良好的 Q235 碳素结构钢。一般结构采用 E4303 焊条；重要结构采用 E4315 或 E5015 焊条焊接。

16. 对于呈现明显屈服（不连续屈服）现象的钢材，应按照其相关产品标准规定测定上屈服强度 R_{eH} 或下屈服强度 R_{eL} 或两者。如未作具体规定，应测定上屈服强度 R_{eH} 和下屈服强度 R_{eL}，或下屈服强度 R_{eL}。

屈服强度检测常用的测定方法有：图解、指针及自动分析（自动装置或自动测试系统）3 种方法。

钢筋混凝土用钢：热轧光圆钢筋、热轧带肋钢筋产品标准中规定以下屈服强度 R_{eL} 作为钢筋的屈服强度。

对于没有明显屈服强度的钢，屈服强度特征值 R_{eL} 应采用规定非比例延伸强度 $R_{p0.2}$。

17. 钢筋混凝土用钢：热轧光圆钢筋、热轧带肋钢筋做拉伸试验时，原始标距的取值是 5 倍钢筋直径；而对有较高要求的抗震结构带有"E"标志的热轧带肋钢筋做拉伸试验时，原始标距的取值是 100mm。

18. 对有较高要求的抗震结构带有"E"标志的热轧带肋钢筋的检测项目，除有屈服强度 R_{eL}、抗拉强度 R_m、断后伸长率 A、最大力总伸长率 A_{gt} 及弯曲性能等外，还应有钢筋实测抗拉强度与实测屈服强度之比（R_m^0/R_{eL}^0）、钢筋实测屈服强度与屈服强度特征值之比（R_{eL}^0/R_{eL}）的检测结果。

断后伸长率 A 的原始标距的取值是 5 倍钢筋直径，最大力总伸长率 A_{gt} 的原始标距的取值是 100mm。

19.《金属材料 拉伸试验 第 1 部分：室温试验方法》GB/T 228.1—2010 标准中试验结果数值的修约规定：试验测定的性能结果数值应按照相关产品标准的要求进行修约。如未规定具体要求，应按照如下要求进行修约：

(1) 强度性能值修约至 1MPa；

(2) 屈服点延伸率修约至 0.1%，其他延伸率和断后伸长率修约至 0.5%；

(3) 断面收缩率修约至 1%。

自《金属材料 拉伸试验 第 1 部分：室温试验方法》GB/T 228.1—2010 实施后，对于《钢筋混凝土用钢：热轧光圆钢筋》GB 1499.1—2008 和《钢筋混凝土用钢：热轧带肋钢筋》GB 1499.2—2007 标准中钢筋强度的修约仍按 5MPa 执行。

20.《钢筋混凝土用钢：热轧光圆钢筋》GB 1499.1—2008 和《钢筋混凝土用钢：热

轧带肋钢筋》GB 1499.2—2007 标准中，钢筋检验结果的数值修约与判定应符合《冶金技术标准的数值修约与检测数值的判定原则》YB/T 081 的规定。

21. 钢筋焊接接头作拉伸试验时进行复验的条件：

（1）2个试件断于钢筋母材，呈延性断裂，其抗拉强度大于或等于钢筋母材抗拉强度标准值；另一试件断于焊缝，或热影响区，呈脆性断裂，其抗拉强度小于钢筋母材抗拉强度标准值的1.0倍。

（2）1个试件断于钢筋母材，呈延性断裂，其抗拉强度大于或等于钢筋母材抗拉强度标准值；另2个试件断于焊缝或热影响区，呈脆性断裂。

（3）3个试件均断于焊缝，呈脆性断裂，其抗拉强度均大于或等于钢筋母材抗拉强度标准值的1.0倍。

22. 钢筋焊接接头作拉伸试验时，若有一个试件断于钢筋母材，且呈脆性断裂；或有一个试件断于钢筋母材，其抗拉强度又小于钢筋母材抗拉强度标准值，应视该项试验为无效，并检验钢筋母材的化学成分和力学性能。

23. 钢筋焊接接头一般由焊缝、熔合区、热影响区、母材四部分组成。钢筋焊接接头热影响区宽度主要决定于焊接方法；其次为焊接热输入。

当采用较大热输入时，对不同焊接接头进行测定，其热影响区宽度如下，仅供参考：

（1）钢筋电阻点焊焊点：$0.5d$；
（2）钢筋闪光对焊接头：$0.7d$；
（3）钢筋电弧焊接头：6～10mm；
（4）钢筋电渣压力焊接头：$0.8d$；
（5）钢筋气压焊接头：$1.0d$；
（6）预埋件钢筋埋弧压力焊接头和埋弧螺柱焊接头：$0.8d$；

注：d 为钢筋直径（mm）。

24. 在工程施工中，如何处理不同直径钢筋的连接？

两根同牌号、不同直径的钢筋可进行闪光对焊、电渣压力焊或气压焊。闪光对焊时钢筋直径差不得超过4mm，电渣压力焊或气压焊时，钢筋直径差不得超过7mm。焊接工艺参数可在大、小直径钢筋焊接工艺参数之间偏大选用，两根钢筋的轴线应在同一直线上，轴线偏移的允许值应按较小直径钢筋计算；对接头强度的要求，应按较小直径钢筋计算。

两根同直径、不同牌号的钢筋可进行闪光对焊、电弧焊、电渣压力焊或气压焊，其钢筋牌号应在《钢筋焊接及验收规程》JGJ 18—2012 表4.1.1规定的范围内。焊条、焊丝和焊接工艺参数应按较高牌号钢筋选用，对接头强度的要求，应按较低牌号钢筋强度计算。

25. 桥梁工程冷轧带肋钢筋焊接网的产品质量证明书，包括有冷轧带肋钢筋焊接网产品质量证明书和加工前所用钢筋原材料的产品质量证明书2部分。如：冷轧带肋钢筋焊接网规格型号为$\phi^R 10$（D10；CBR550×CBR550），加工前所用钢筋原材料规格型号为$\phi 12$的热轧光圆钢筋。在加工前应对原材料进行试验检测，合格后方能进行冷轧带肋钢筋焊接网加工。

冷轧带肋钢筋焊接网检测计算时，横截面积以加工后$\phi 10$的横截面积$78.54mm^2$来进行计算，标距以$\phi 10$的标距100mm进行试验检测。

26. 假如6.0%水泥稳定级配碎石混合料的最大干密度为$2.35g/cm^3$，最佳含水率为

5.5%（最大干密度和最佳含水率是通过重型击实试验得来的）。试计算 $1m^3$ 水泥稳定级配碎石混合料中水、水泥及级配碎石材料掺配比例的实际用量？

首先，水泥稳定材料是以水泥为结合料，通过加水与被稳定材料共同拌和形成的混合料，包括水泥稳定级配碎石、水泥稳定级配砾石、水泥稳定石屑等；水泥稳定材料的水泥剂量是以水泥质量占全部干燥被稳定材料质量的百分率表示。

计算：在 $1m^3$ 水泥稳定级配碎石混合料中：

湿混合料质量 $=1m^3 \times$ 混合料的最大干密度 $=1 \times 2.35 = 2350kg$；

干燥混合料质量（包括水泥和石子）＝湿混合料质量/（1＋最佳含水率）
$$=2350/(1+0.055)=2227.5kg；$$

干燥级配碎石质量＝干燥混合料质量/（1＋水泥剂量）
$$=2227.5/1.06=2101.4kg；$$

水泥质量＝干燥混合料质量－干燥级配碎石质量
$$=2227.5-2101.4=126.1kg；$$

水质量＝湿混合料质量－干燥混合料质量＝2350－2227.5＝122.5kg。

验证：水泥剂量＝水泥质量/干燥级配碎石质量＝126.1/2101.4＝6.0%；

含水率 ＝水质量/干燥混合料质量＝122.5/2227.5＝5.5%。

计算公式详见：《公路工程无机结合料稳定材料试验规程》JTG E51—2009 标准中 P16 页。

通过以上过程的计算，可以消除人们总认为"6.0%是指水泥质量占水泥稳定级配碎石混合料总质量的6%"的误区，其实是指水泥质量占干燥级配碎石质量的百分率（不包括水泥和水的质量）。

27. 公路工程路面基层稳定用水泥的技术要求：

公路工程路面基层稳定用水泥的初凝时间应大于3h，终凝时间宜大于6h，且应小于10h。水泥的其他技术要求均应符合《公路工程路面基层稳定用水泥》JT/T 994—2015 的相关规定。

28. 水泥或石灰稳定材料中水泥或石灰剂量测定试验中，配制的氯化铵溶液最好当天用完，不要放置过久，以免影响试验的精度。

29. 水泥或石灰剂量的测定时间：水泥剂量测定不宜超过终凝；石灰剂量测定不宜超过火山灰反应开始时间，一般为7d。

30. 无机结合料稳定材料的养护方法及温度、湿度、养护龄期要求

养护方法有：标准养护和快速养护两种方法。

(1) **标准养护方法**

1) **温度、湿度**：标准养护的温度为 $20\pm2℃$，标准养护的湿度为 $\geqslant 95\%$；

2) **养护龄期**：对无侧限抗压强度试验的标准养护龄期为7d，最后一天浸水；对弯拉强度、间接抗拉强度，水泥稳定材料类的标准养护龄期为90d（3个月）；石灰稳定材料类的标准养护龄期为180d（6个月）。

(2) **快速养护方法**

1) **温度、湿度**：高温养护的温度为 $60\pm1℃$，高温养护的湿度为 $\geqslant 95\%$；

2) **养护龄期**：7d、14d、21d、28d等。

31. 在满足强度标准的前提下，水泥稳定材料拌合后至碾压成型之前所容许的最大时间间隔，称之为水泥稳定材料的容许延迟时间。在混合料组成设计生产配合比设计阶段，必须确定的技术内容。

32. 无机结合料稳定材料组成设计，包括原材料检验、混合料的目标配合比设计、混合料的生产配合比设计和施工参数确定 4 部分。

33. 无机结合料稳定材料混合料的容许延迟时间的确定方法：

混合料在选定的级配、水泥剂量和最佳含水率的条件下拌合好以后，分别按立刻压实、闷料 1h 再压实、闷料 2h 再压实、闷料 3h 再压实等条件，成型标准试件，且每组的样本数量不少于规定的要求。

经过标准养护后，测量混合料的 7d 无侧限抗压强度，从而得到不同延迟时间条件下，混合料强度代表值的变化曲线。

根据这条曲线，得到混合料满足设计强度要求的容许延迟时间。

34. 沥青混合料中的油石比与沥青含量的关系：

沥青用量采用沥青含量或油石比两种方式来表达。沥青含量是指沥青占沥青混合料的百分数；油石比是指沥青与矿料质量比的百分数。在配合比设计过程中采用油石比更为方便一些。

(1) 沥青含量＝(油石比/(1＋油石比))×100(油石比以小数点表示)。

例如：在沥青混合料中，假设油石比为 3.9%，那么沥青含量为多少？

沥青含量＝(0.039/(1＋0.039))×100＝3.75%＝3.8%；

(2) 油石比＝(沥青含量/(1－沥青含量))×100(沥青含量以小数点表示)。

例如：在沥青混合料中，假设沥青含量为 4.9%，那么油石比为多少？

油石比＝(0.049/(1－0.049))×100＝5.15%＝5.2%。

35. 涵洞、通道的洞口工程也需要进行基坑承载力检验，若设计没有承载力规定时，参照洞身基础的基坑承载力设计值。

36. 软土地基、涵洞或通道、桥台基坑及台（桥）背回填时，压实度的检测方法应根据回填材料种类而确定，是采用灌砂法还是灌水法？软土地基、涵洞或通道、桥台基坑及台（桥）背回填等，分部、分项工程的划分方法：

(1) 当回填砂砾石、级配碎石时，宜采用灌水法检测压实度；当回填土质填料时，采用灌砂法检测压实度。

(2) 软土地基、涵洞或通道、桥台基坑及台（桥）背回填等分部、分项工程划分时，软土地基回填属于路基土石方工程分部工程的软土地基分项工程；涵洞或通道台背回填属于涵洞、通道分部工程的填土分项工程；桥台基坑及桥背回填属于桥梁工程基础及下部构造分部工程的台背填土分项工程。

37. 水泥混凝土配合比的两种表示方法。

水泥混凝土配合比采用单位用量（重量比）和相对用量（质量比）两种表示方法。

38. 混凝土进行配合比设计时所使用的原材料一定要与施工时所使用的原材料相同。否则，混凝土配合比设计就具有毫无指导施工的作用。

39. 在混凝土配合比设计时，最终确定混凝土配合比设计的两种方法：

(1) 根据 A 组（水胶比增加 0.05、砂率增加 1%）、B 组（基准配合比）、C 组（水胶比减少 0.05、砂率减少 1%）三个配合比，选择既能满足混凝土拌合物的工作性能和配制强度要求，又经济合理的配合比作为最终混凝土配合比设计。

（2）根据 A 组（水胶比增加 0.05、砂率增加 1%）、B 组（基准配合比）、C 组（水胶比减少 0.05、砂率减少 1%）三个配合比的 28d 抗压强度试验结果，绘制强度-胶水比的关系图或插值法，确定略大于配制强度对应的胶水比，再根据混凝土拌合物表观密度实测值与计算值的绝对差值误差和配合比校正系数进行换算成最终混凝土配合比设计。

40. 在同一混凝土结构构件中，不宜使用由不同材料组成且设计强度等级相同的混凝土进行混合浇筑施工。否则，容易造成混凝土表面呈现"花脸"现象。如：同一混凝土结构构件中使用了不同牌子的水泥。

同一混凝土结构构件中，宜使用同品牌水泥，通过工艺试验选择最佳配合比。

对于颜色不均匀的混凝土表面，首先考虑使用稀释的酸性溶液进行清洗，然后再将处理后的表面用水彻底冲洗。

当情况确实无法产生显效时，再考虑使用表面涂层处理。

41. 影响混凝土工作性的因素：

能影响到混凝土拌合物工作性的因素有内因和外因两大类。外因主要是指施工环境条件，包括外界环境的气温、湿度、风力大小以及时间等；内因是在构成混凝土组成材料的特点及其配合比例，其中包括原材料特性（水泥品种和细度、粗集料的颗粒形状和表面特征）、单位用水量、水胶比及砂率等。

42. 混凝土拌合物工作性的调整方法：

混凝土拌合物的工作性指标，包括：坍落度（或维勃稠度）、棍度、含砂情况、黏聚性及保水性等。通过具体的坍落度（或维勃稠度）试验，混凝土的工作性检测结果会有以下几种可能：

（1）坍落度（或维勃稠度）达到设计要求，且混凝土的黏聚性和保水性亦好，则原有初步配合比无需调整，得到的基准配合比与初步配合比一致。

（2）混凝土的坍落度（或维勃稠度）不能满足设计要求，但黏聚性和保水性却较好时，此时应在保持原有水灰比和砂石总量维持不变的条件下，调整水和水泥用量，直到通过试验证实工作性满足要求。

（3）坍落度（或维勃稠度）达到设计要求，但黏聚性和保水性却不好，此时保持原有水泥和水的用量，在维持砂石总量不变的条件下，适当调整砂率改善混凝土的黏聚性和保水性，直至坍落度、黏聚性和保水性均满足要求。

（4）混凝土的坍落度（或维勃稠度）不能满足设计要求，且黏聚性和保水性也不好，则应在水灰比和砂石总量维持不变的条件下，改变用水量和砂率，直至符合设计要求为止。此时提出的基准配合比与初步配合比完全不同。

43. 混凝土试件的取样地点、成型方法及标识方法？

（1）取样地点

混凝土强度试件应在混凝土浇筑地点或拌合地点分别随机制取试件，但在试件标识时要分别标注"拌合站或现场浇筑地点"等字样信息，千万不能使混凝土试件发生混淆。

在进行水泥混凝土抗压强度评定时，应以浇筑地点随机制取、标准养护 28d 龄期的试件、在标准试验条件下测得的极限抗压强度为准。

(2) 成型方法

根据混凝土拌合物的坍落度情况,确定混凝土的成型方法。

当坍落度小于 25mm 时的混凝土,采用 ϕ25mm 的插入式振动棒成型;当坍落度大于 25mm 且小于 70mm 时的混凝土,采用标准振动台成型;当坍落度大于 70mm 时的混凝土,采用人工成型。

检验现浇或预制构件的混凝土,试件成型方法宜与实际采用的方法相同。

(3) 标识方法

在混凝土试件最后一次抹面后,用铁钉在其表面刻划出:工程名称、桩号、构造物名称(可用字母代号)、构件部位、设计强度等级、制作日期及试件类型(标养或同养)等内容字样。

今后,混凝土试件的取样及标识方法发展趋势实行(RFID)芯片信息化管理。

44. 混凝土强度离散性分析

混凝土强度出厂检验合格,施工现场交货检验强度不合格,经回弹法或钻取芯样复检,强度合格。造成混凝土强度离散性大的原因,分析如下:

(1) 混凝土拌合站或商品混凝土生产厂家,只是依据施工现场或施工工地提供的混凝土强度等级,往往忽略查阅设计图纸,导致粗骨料取值与构件截面尺寸、钢筋净距不相适应;

(2) 混凝土拌合站或商品混凝土生产厂家,往往混淆混凝土的强度等级;

(3) 施工现场材料的变异性大,粗细集料的含水率不准确,仍按设计的配合比用水量加水;

(4) 粗细集料含泥量超出标准要求;

(5) 计量设备故障或计量器具不准确,计量差异大,过磅人员称量不严格,随意性强,坍落度失控,混凝土强度离散性大;

(6) 制作混凝土试件不规范。施工现场取样,未在搅拌运输车卸料过程中的 1/4~3/4 之间抽(制)取,或在不同的搅拌运输车中分别抽(制)取混凝土试件。

(7) 混凝土试件的成型方式和插捣密实情况不尽相同;

(8) 混凝土试件脱模时间过长,未及时进行养护,延误养护时间;

(9) 混凝土试件养护不良,炎热夏季试件脱水,冬期养护温度过低;

(10) 施工现场不同强度等级的混凝土试件混淆在同一组试件中。

45. 喷射混凝土大板试件 450mm×350mm×120mm(可制成 6 块)或 450mm×200mm×120mm(可制成 3 块)加工成 100mm×100mm×100mm 的标准试件时的注意要点?

(1) 在施工的同时,将混凝土喷射在 450mm×350mm×120mm(可制成 6 块)或 450mm×200mm×120mm(可制成 3 块)的模型内,当混凝土达到一定强度后,加工成 100mm×100mm×100mm 的立方体试块,在标准条件养护至 28d 进行试验。

(2) 喷射混凝土大板试件在切割加工时,应特别注意试件的底面、侧面和顶面,并及时在混凝土试件上作好底面、侧面和顶面的标记,以免在试验时发生混凝土强度离散性大的现象。

46. 混凝土结构中必须抽(制)取混凝土同条件养护试件的工序部位、养护位置、养护条件及养护龄期等的几点要求：

（1）当下道工序对本道工序有混凝土强度要求时，必须抽（制）取混凝土同条件养护试件，如：模板底模拆模、预应力钢绞线张拉、混凝土结构物台背回填等工序部位；

（2）混凝土同条件养护试件的养护位置，应放置在施工现场同一工程结构部位处，并采取保护措施，保证在施工现场的混凝土同条件养护试件不发生丢失现象；

（3）混凝土同条件养护试件的养护条件应与同一工程结构部位的养护温度和湿度相同；

（4）养护龄期应根据施工技术规范或设计施工图的规定龄期执行。

47. 混凝土抗水渗透试验中，采用逐级加压法与渗水高度法的不同加压方式。

（1）采用逐级加压法试验时，水压应从 0.1MPa 开始，以后应每隔 8h 增加 0.1MPa 水压，并应随时观察试件端面渗水情况。当 6 个试件中有 3 个试件表面出现渗水时，或加至规定压力（设计抗渗等级）在 8h 内 6 个试件中表面渗水试件少于 3 个时，可停止试验，并记下此时的水压力。

在试验过程中，当发现水从试件周边渗出时，应按规定要求重新进行密封。

（2）采用渗水高度法试验时，水压在 24h 内恒定控制在（1.2±0.05）MPa，且加压过程不应大于 5min，应以达到稳定压力的时间作为试验记录起始时间（精确至 1min）。在稳压过程中随时观察试件端面的渗水情况，当有某一个试件端面出现渗水时，应停止该试件的试验并应记录时间，并以试件的高度作为该试件的渗水高度。

对于试件端面未出现渗水的情况，应在试验 24h 后停止试验，并及时取出试件。

在试验过程中，当发现水从试件周边渗出时，应按规定要求重新进行密封。

48. 采用逐级加压法进行混凝土抗水渗透试验时，混凝土的抗渗等级应以每组 6 个试件中有 4 个试件未出现渗水时的最大水压力乘以 10 来确定。

49. 高强度混凝土配合比设计时，假定重力密度一般选择为 2420kg/m³。

50. 混凝土外加剂是水泥混凝土组合中除水泥、砂、石、混合材料、水以外的第 6 种组成部分。混凝土外加剂是一种复合型化学建材。

大量的工程实践证明，在混凝土中掺入适量的外加剂，可以改善混凝土的性能，提高混凝土强度、节省水泥和能源，改善工艺和劳动条件，提高施工速度和工程质量，保护环境，具有显著的经济效益和社会效益。

外加剂品种包括：高性能减水剂、高效减水剂、普通减水剂、引气减水剂、泵送剂、早强剂、缓凝剂及引气剂等。

51. 混凝土进行拌合时，外加剂的掺入方法：

（1）水剂外加剂：

1）电子计量自动加入法，计量秤在使用时必须进行静态和动态标定；

2）混凝土拌合时，单独使用计量器具称量后，人工直接加入。

注意要点：水剂外加剂中水分应计量在混凝土单位用水量中，在混凝土配合比设计时应充分考虑；水剂外加剂的浓度和均匀性检查，特别施工阶段的外加剂浓度和均匀性是否跟混凝土设计配合比时的浓度和均匀性是否一致。

（2）粉剂外加剂：

1）混凝土开盘前，根据当天混凝土施工数量和设计配合比，事先分小袋称量好外加剂，混凝土拌合时，人工直接加入；

2）混凝土拌合时，单独使用计量器具称量后，人工直接加入。

注意要点：混凝土搅拌时间必须延长；混凝土的均匀性检测。

（3）混凝土拌合，外加剂为粉状时，将水泥、砂、石、外加剂一次投入搅拌机，干拌均匀，再加入拌合水，一起搅拌2min；外加剂为液体时，将水泥、砂、石一次投入搅拌机，干拌均匀，再加入掺有外加剂的拌合水，一起搅拌2min。

52. 外加剂在混凝土中的运用，其品种和类型应根据混凝土的特殊性能要求合理选择。

53. 混凝土拌合物在运输途中，若和易性不满足施工技术规范要求时，是否可以往搅拌罐车里直接加水？正确的调整方法是什么？

混凝土拌合物从预拌（商品）混凝土公司或拌合站搅拌机卸出至施工现场接收的时间间隔控制在90min之内。

混凝土拌合物在运输途中，若和易性不满足施工技术规范要求时，严禁往搅拌罐车运输车里直接加水。

混凝土拌合物和易性不满足施工技术规范要求时的正确调整方法：

（1）因运距过远、交通或现场等问题造成坍落度损失较大而卸料困难时，可采用在混凝土拌合物中掺入适量减水剂并快速旋转搅拌罐的措施，减水剂掺量应有经试验确定的预案。

（2）若混凝土拌合物和易性不满足施工技术规范要求时，应进行第二次搅拌，二次搅拌时不宜任意加水，确有必要时，可同时加水、相应的胶凝材料和外加剂，并保持其原水胶比不变；二次搅拌仍不符合要求时，则不得使用。

54. 桥梁工程预制梁后张孔道压浆，采用真空压浆工艺施工时的流动度应为30～50s，抗压强度设计为40.0MPa，试配强度为46.0MPa。

55. 水泥-水玻璃双浆液配合比设计时，水泥浆按质量（重量）比进行试配，水泥浆与水玻璃双浆液按体积比进行试配。

56. 胶凝材料的定义，具体包括哪些材料？

胶凝材料是指能将其他材料胶结成整体，并具有一定强度的材料。其他材料包括粉状材料（石粉等）、纤维材料（钢纤维、矿棉、玻纤、聚酯纤维等）、散粒材料（砂子、石子等）、块状材料（砖、砌块等）、板材（石膏板、水泥板等）等。

胶凝材料通常分为有机胶凝材料和无机胶凝材料2大类。

无机胶凝材料按其硬化条件的不同又可分为气硬性和水硬性两类。只能在空气中硬化，也只能在空气中保持和发展其强度的称气硬性胶凝材料，如石灰、石膏和水玻璃等；既能在空气中，还能更好地在水中硬化、保持和继续发展其强度的称水硬性胶凝材料，如各种水泥。气硬性胶凝材料一般只适用于干燥环境中，而不宜用于潮湿环境，更不可用于水中。

在水泥混凝土工程中，胶凝材料是指用于配制混凝土的水泥与矿物掺合料（粉煤灰、磨细矿渣粉和硅灰等）的总称。

57. 混凝土矿物掺合料与沥青混合料中的矿质填料（矿粉）的区别：

混凝土矿物掺合料是指以硅、铝、钙等一种或多种氧化物为主要成分，具有规定细度，掺入混凝土中能改善混凝土性能的粉体材料。

当前广泛使用的矿物掺合料有：粉煤灰、粒化高炉矿渣粉、硅灰、石灰石粉、钢渣粉、磷渣粉、沸石粉及复合矿物掺合料等。

沥青混合料由沥青、粗集料、细集料及填料组成。矿质填料通常是指矿粉。矿粉应采用碱性石料磨制的石粉，如石灰石、白云石等。

58. 用灌水法检测填石路堤石料孔隙率的控制要点有：石料的表观（视）密度、座板部分的体积、试坑体积、含水率（石料、细粒料、整体）、试样湿密度及试样干密度等。

59. 填石路堤的填料要求

填石路堤的石料强度（饱和单轴抗压强度）要求大于15MPa（较软岩），风化程度应符合规定，最大粒径应不大于500mm且不宜超过层厚的2/3。

在高速公路及一级公路填石路堤路床底面以下400mm范围内，填料粒径不得大于100mm；其他等级公路填石路堤路床底面以下300mm范围内，填料粒径不得大于150mm。

路床填料粒径应小于100mm。

60. 测力环校正系数的计算方法？

测力环校正系数的计算，应建立测力环显示值与力值的回归方程。

需要注意：在试验过程中百分表的显示值为自变量值，通过百分表显示值计算应变量力值；与校准时自变量为试验力、应变量为百分表显示值恰恰相反。

61. 水泥的保质期为多久？强度随储存期的变化情况？

水泥的有效期一般是3个月（即出厂超过3个月（快硬硅酸盐水泥超过1个月）的水泥一般视为过期水泥）。过期水泥必须复查试验，并按试验测定强度等级使用。水泥强度随其储存期的延长而降低。

62. 水泥的竣工资料附件有哪些？

水泥的竣工资料附件，必须有水泥出厂时的产品合格证和水泥质量检验报告（28天强度报告单）。

同一项目合同段可以有同一生产厂家、同一等级、同一品种、同一批号且连续进场（袋装不超过200t为一批次，散装不超过500t为一批次）的水泥和多张不同数量、不同进场日期且为同一批号的水泥出厂合格证，但却只能有1份同一批号的水泥出厂质量检验报告（28天强度报告单）。

63. 水泥进场验收要点：

（1）水泥进场前必须有生产厂家的产品合格证，作为对水泥质量、性能保证的依据。一般情况下，生产厂家发出的出厂强度检验报告都是3天或7天强度（根据不同品种水泥而定）。但在32天内生产厂家必须补发28天出厂强度检验报告。

出厂强度检验报告的信息内容应包括：水泥的品种、出厂日期、出厂编号、安定性、抗压强度、抗折强度、试验编号、性能指标、生产厂家质量监督部门印记及生产厂家地址、邮编、电话、传真等。

（2）产品合格证的信息内容应包括：生产厂家、商标名称、生产许可证标志（QS）及编号、品种名称、代号、强度等级、出厂编号、出厂日期、填报人、生产厂家质量监督部门印记及生产厂家地址、邮编等。

（3）产品合格证中的信息内容与出厂强度检验报告中的信息内容必须一致；否则，视为失效。两者证明文件全部为原件。

（4）重量核查：

1）散装水泥的重量采用地磅称重法进行核查；

2) 按《通用硅酸盐水泥》GB 175 的规定：袋装水泥每袋净含量为 50kg，且应不少于标志质量的 99%；随机抽取 20 袋总质量（含包装袋）应不少于 1000kg。

(5) 见证取样送检：交货时水泥的质量验收以抽取实物试样的检验结果为验收依据，买卖双方应在发货前或交货地共同取样和签封。

应提前 12 小时通知监理工程师（员）约定具体的取样时间，由监理见证，现场试验人员和水泥厂家共同取样，作水泥物理性能检验，检验合格后方可使用。

(6) 验收时注意事项：

1) 产品合格证和材料进货单，两者必须齐全。材料进货单的信息内容应包括：水泥品种、代号、强度等级、进货数量、进场时间等；

2) 核查进场水泥包装袋上的标志信息：生产厂家名称、生产许可证标志（QS）及编号、水泥品种、代号、强度等级、产品执行标准、出厂编号、出厂日期、包装日期、净含量等，是否与"产品合格证、材料进货单"中的信息一致；

3) 核查进场水泥包装袋上的水泥品种、代号、强度等级是否符合国家现行产品标准要求，是否符合施工技术规范要求；

4) 核查进场水泥包装袋、产品合格证中的产品执行标准是否为国家现行的产品标准；

5) 核查进场水泥包装袋上的出厂日期，是否为过期水泥。（水泥出厂超过 3 个月（快硬硅酸盐水泥超过 1 个月）的水泥一般视为过期水泥）；

6) 核查进场水泥是否均为同一厂家、同一商标、同一品种、同一强度等级、同一出厂编号及同一出厂日期的水泥；

7) 核查进场水泥是否有受潮、结块的现象；

8) 核查进场水泥是否为罐装水泥，主要查看水泥包装袋封口处和产地，是否有生产基地，没有的即为罐装水泥；

9) 核查进场水泥是否为原产地水泥，主要查看品牌生产基地是否正确；

10) 核查进场水泥是否为冬储水泥。主要查看水泥包装袋上的生产日期是否跨越冬季。冬储水泥如防护措施不当，会将导致水泥凝结时间延长，强度降低，质量下降。

64. 钢筋进场验收要点：

(1) 钢筋进场前必须有生产厂家的产品质量证明书，如为复印件，应加盖原件存放单位的公章，注明原件存放处，并有经办人签字和时间。

(2) 产品质量证明书的信息内容应包括：生产厂家名称、商标名称、需方名称、生产许可证标志（QS）及编号、产品名称、产品执行标准、质证书号、运输方式、交货状态、加工用途、发货单号、车号、发货日期、总重量、总件数及支数、炉（批）号、规格、牌号、件数（捆号）、定尺长度（M）、化学成分（%）、力学性能、冷弯、反弯、尺寸、重量偏差、说明、审核人、填发人、填发日期、生产厂家质量监督部门印记及生产厂家地址、邮编、电话、传真等。

(3) 钢筋实物铁牌上的标志信息与产品质量证明书中的信息内容必须一致；否则，视为失效。

(4) 钢筋进场验收的内容包括：

1) 外观检查：钢筋进场时，应平直、无损伤，表面不得有裂纹、油污、颗粒状或片状老锈；

2) 规格尺寸：对钢筋规格尺寸进行实测，规格必须符合国家《钢筋混凝土用钢》GB 1499 规定；

3) 见证取样送检：钢筋进场时，应进行外观、规格尺寸检查。合格后，应提前 12h 通知监理工程师（员）约定具体的取样时间，由监理见证，现场试验人员和钢筋厂家共同取样，作力学性能、重量偏差检验，检验合格后方可使用。

（5）验收时注意事项：

1) 产品质量证明书、钢筋实物铁牌和材料进货单，三者必须齐全。材料进货单的信息内容应包括：产品名称、炉（批）号、规格、牌号、进货数量、进场时间等；

2) 核查进场钢筋实物铁牌上的标志信息：生产厂家名称、生产许可证标志（QS）及编号、产品名称、产品执行标准、商标名称、牌号、炉（批）号、规格、定尺（M）、重量、捆号（支数）、日期、检验员、生产厂家地址、邮编、电话及传真等，是否与"产品质量证明书、材料进货单"中的信息一致；

3) 核查进场钢筋实物铁牌上的"牌号、规格"是否符合国家现行产品标准要求，是否符合施工技术规范要求；

4) 核查进场钢筋实物铁牌、产品质量证明书中的产品执行标准是否为国家现行的产品标准；

5) 核查进场钢筋是否均为同一厂家、同一商标、同一牌号、同一规格、同一炉（批）号及同一生产日期的钢筋；

6) 核查进场钢筋是否为原产地钢筋，主要查看：

① 带肋钢筋表面上轧有"钢筋牌号、厂名（或商标）、公称直径毫米数字"标志是否与产品质量证明书中信息一致；

② 公称直径不大于 10mm 的钢筋，查看钢筋实物铁牌信息是否与产品质量证明书中信息一致。

7) 逐一核查进场每捆钢筋实物铁牌中的"炉（批）号、捆号（件数）、重量"等信息是否在产品质量证明书中"炉（批）号、总捆号（总件数）、总重量"范围内；

8) 逐一核查进场每捆钢筋是否均有实物铁制标牌；

9) 核查进场钢筋质量证明书中的该批炉（批）号的总数量是否大于进场的数量，否则应不予进场，从而杜绝假冒钢筋进场用于工程；

10) 核查进场钢筋是否为场外加工的钢筋，如果是则责令退场；

11) 核查进场钢筋是否有明显的去锈和拉直现象，如果有则要检查钢筋的直径是否符合规范要求。

这条款在验收中很重要，因为很多工地钢筋进场都有掺杂的现象。

65. 预拌混凝土进场验收要点：

（1）预拌混凝土进入施工现场前必须有预拌混凝土公司提供预拌混凝土配合比设计试验报告、预拌混凝土配合比配料单、预拌混凝土送货单，三者必须齐全且为原件。

（2）预拌混凝土拌合物各项性能指标必须满足工程施工技术规范要求。

（3）预拌混凝土送货单的信息内容应包括：预拌混凝土公司名称、商标名称、客户名称、工程名称、工程部位、交货地址、生产日期、强度等级、合同编号、装载量（m^3）、本次订货量（m^3）、已供应量（m^3）、坍落度（mm）、水泥品种、碎石规格、发货时间、到达工地时间、完成卸料时间、生产线编号、车号、运输距离、操作员签名、司机签名、收货人签名、泵送设备、泵送人员签名、坍落度是否合格、送货单编号、预拌混凝土公司地址、订货电话、调度电话及传真等。

(4) 预拌混凝土拌合物进场验收的内容包括：

1) 验收混凝土配合比配料单；

2) 验收混凝土方量，采用地磅称重法进行核查；

3) 在供需双方共同见证下进行混凝土拌合物的表观密度实测，根据实测表观密度将混凝土重量换算成混凝土方量；

4) 混凝土拌合物的和易性（坍落度）实测，检验其是否满足施工技术规范要求；否则要求退货，杜绝使用；

5) 混凝土拌合物的含气量实测，如有需要时；

6) 抽查混凝土拌合物的粗、细集料级配。采用水洗-烘干-筛分法；

7) 根据工程质量检验的要求，在工程施工现场浇筑地点由供需双方、监理见证下抽取足够数量的混凝土强度试件、混凝土抗渗试件、混凝土弹性模量试件和耐久性试件等，做相关试验检测。

(5) 预拌混凝土质量保证资料验收的内容包括：

1) 预拌混凝土公司的营业执照、资质证书、安全生产许可证等资料；

2) 预拌混凝土公司试验室的资质；

3) 预拌混凝土配合比设计试验报告；

4) 预拌混凝土所用原材料检验报告；

5) 每盘混凝土配合比配料单（施工配合比）；

6) 预拌混凝土的出厂合格证；

7) 预拌混凝土公司试验室对客户方相应工程部位的混凝土强度、混凝土抗渗、混凝土弹性模量和耐久性等试验报告。

66. 隧道衬砌中所有通风设备安装支架的预埋件，均要做抗拔力试验。

67. 隧道初期支护中的锚杆抗拔力试验的试验时间、试验频率和试验结果判定？

隧道初期支护中的中空锚杆和水泥砂浆锚杆施作完成后，都要做锚杆抗拔力试验。如果注浆材料为水泥砂浆药包时，锚杆抗拔力试验应在锚杆施作完成 3 天后完成；如果为普通水泥砂浆，锚杆抗拔力试验应在锚杆施作完成 28 天后完成。

试验频率：按锚杆数 1％且不少于 3 根做拔力试验，3 根为 1 组。

试验结果判定：同组锚杆抗拔力平均值≥设计值，同组单根锚杆最小拔力≥90％设计值。

68. 用两台弯沉仪同时进行左右轮弯沉值测定时，应按两个独立测点计，不能采用左右两点的平均值。

69. 弯沉检测进行评定时，弯沉异常值的舍弃方法：

(1) 采用《公路路面基层施工技术细则》JTG/T F20—2015 标准，进行计算弯沉的平均值和标准差时，可将超出 $\bar{l}\pm3s$ 的弯沉异常值舍弃。舍弃后，计算的代表弯沉值应不大于相关技术要求。

对舍弃的弯沉值过大点，应找出其周围界限，并局部处理。

(2) 采用《公路工程质量检验评定标准 第一册 土建工程》JTG F80/1—2004 标

准进行弯沉值评定时，当路基和柔性基层、底基层的弯沉代表值不符合要求时，可将超出 $\bar{l} \pm (2 \sim 3)s$ 的弯沉特异值舍弃，重新计算平均值和标准差。

对舍弃的弯沉值大于 $\bar{l} + (2 \sim 3)s$ 的点，应找出其周围界限，进行局部处理。

70. 在路基路面施工现场检测时，压实度、弯沉、纵断高程、宽度、中线偏位、横坡、边坡及平整度等检测位置的确定均属于现场随机抽样。

71. 几种常用试验（检验）项目在试验（检验）时所具备的试验室条件。

下面是几种常用试验（检验）项目在试验（检验）时所具备的试验室条件，见表4.6-1，仅供参考。

几种常用试验（检验）项目在试验（检验）时所具备的试验室条件　　　表 4.6-1

序号	材料名称	试验项目	试验规范、规程	试验室条件		备注
				温度	相对湿度	
1	水泥	水泥胶砂试体成型	《水泥胶砂强度检验方法（ISO法）》GB/T 17671—1999	20±2℃	不低于50%	
		水泥标准稠度用水量、凝结时间、安定性	《水泥标准稠度用水量、凝结时间、安定性检验方法》GB/T 1346—2011	20±2℃	不低于50%	
		胶砂流动度	《水泥胶砂流动度测定方法》GB/T 2419—2005	20±2℃	不低于50%	
		比表面积	《水泥比表面积测定方法 勃氏法》GB/T 8074—2008	—	不大于50%	
2	钢筋	拉伸试验	《金属材料 拉伸试验 第1部分：室温试验方法》GB/T 228.1—2010	一般：10~35℃；对温度有严格要求：23±5℃	—	
		弯曲试验	《金属材料 弯曲试验方法》GB/T 232—2010	一般：10~35℃；对温度有严格要求：23±5℃	—	
3	混凝土	混凝土拌合物制备	《普通混凝土拌合物性能试验方法标准》GB/T 50080—2002	20±5℃	—	要求有模拟施工条件下所用的混凝土时，温度与施工现场保持一致
		混凝土拌合物凝结时间试验	《公路工程水泥及水泥混凝土试验规程》JTG E30—2005	20±2℃	—	
		混凝土拌合物泌水试验	《公路工程水泥及水泥混凝土试验规程》JTG E30—2005	20±2℃	—	
		混凝土试件抗压、弯拉、抗渗等试验	《公路工程水泥及水泥混凝土试验规程》JTG E30—2005	常温环境	—	
		混凝土干缩性试验	《公路工程水泥及水泥混凝土试验规程》JTG E30—2005	20±2℃	60±5%	

续表

序号	材料名称	试验项目	试验规范、规程	试验室条件 温度	试验室条件 相对湿度	备注
4	砂浆	砂浆制备	《建筑砂浆基本性能试验方法标准》JGJ/T 70—2009	20±5℃	—	要求有模拟施工条件下所用的砂浆时，温度与施工现场保持一致
		砂浆拌合物稠度、表观密度、分层度试验、保水性等试验	《建筑砂浆基本性能试验方法标准》JGJ/T 70—2009	20±5℃		
		砂浆拌合物凝结时间试验	《建筑砂浆基本性能试验方法标准》JGJ/T 70—2009	20±2℃		
		砂浆拉伸粘结强度试验	《建筑砂浆基本性能试验方法标准》JGJ/T 70—2009	20±5℃	45%～75%	
		砂浆收缩试验	《建筑砂浆基本性能试验方法标准》JGJ/T 70—2009	20±2℃	60±5%	
		砂浆试件抗压、抗渗等试验	《建筑砂浆基本性能试验方法标准》JGJ/T 70—2009	常温环境	—	
5	砂	常规检验	《建设用砂》GB/T 14684—2011	20±5℃	—	
6	碎石、卵石	常规检验	《建设用卵石、碎石》GB/T 14685—2011	20±5℃	—	
7	外加剂	混凝土搅拌	《混凝土外加剂》GB 8076—2008	20±3℃	—	
8	土样	颗粒分析、液限和塑限联合测定、击实、承载比(CBR)等试验	《公路土工试验规程》JTG E40—2007	常温环境		
9	岩石	密度、吸水性试验	《公路工程岩石试验规程》JTG E41—2005	20±2℃		
		单轴抗压强度试验	《公路工程岩石试验规程》JTG E41—2005	常温环境		
10	混凝土回弹仪	率定试验	《公路路基路面现场测试规程》JTG E60—2008	20±5℃	—	
			《回弹法检测混凝土抗压强度技术规程》JGJ/T 23—2011	5～35℃		

72. 几种常用试验的试样养护条件、养护龄期

下面是几种常用试验的试样养护条件、养护龄期，见表4.6-2，仅供参考。

几种常用试验的试样养护条件、养护龄期　　　　表 4.6-2

序号	材料名称	试样名称	试验规范、规程	养护条件 温度	养护条件 相对湿度	养护龄期	备注
1	水泥	水泥胶砂试体养护池水	《水泥胶砂强度检验方法（ISO法）》GB/T 17671—1999	20±1℃	—	72h±45min；28d±8h	
		水泥胶砂试体带模		20±1℃	不低于90%	24h	
2	混凝土	混凝土试件成型带模	《公路工程水泥及水泥混凝土试验规程》JTG E30—2005	20±5℃	大于50%	1~2d	
		混凝土试件标准养护	《公路工程水泥及水泥混凝土试验规程》JTG E30—2005	20±2℃	95%以上	28d	
3	砂浆	砂浆试件成型带模	《建筑砂浆基本性能试验方法标准》JGJ/T 70—2009	20±5℃	—	1~2d	
		水泥混合砂浆试件标准养护	《公路工程水泥及水泥混凝土试验规程》JTG E30—2005	20±2℃	60%~80%	28d	
		水泥砂浆试件标准养护	《公路工程水泥及水泥混凝土试验规程》JTG E30—2005	20±2℃	90%以上	28d	
4	无机结合料	无侧限抗压强度试件标准养护	《公路工程无机结合料稳定材料试验规程》JTG E51—2009	20±2℃	95%以上	7d	最后1d浸水
		弯拉强度试件标准养护	《公路工程无机结合料稳定材料试验规程》JTG E51—2009	20±2℃	95%以上	90d	水泥稳定材料类
						180d	石灰稳定材料类
		间接抗拉强度试件标准养护	《公路工程无机结合料稳定材料试验规程》JTG E51—2009	20±2℃	95%以上	90d	水泥稳定材料类
						180d	石灰稳定材料类

73. 试验（检验）报告评定时，如何确定评定单元？（仅供参考）

公路工程试验（检验）报告评定，涉及有：路基工程、路面工程、桥梁工程、互通立交工程、隧道工程等单位工程。

（1）路基工程

路基工程包括：路基土石方工程；排水工程；小桥及符合小桥标准的通道；涵洞、通道；砌筑防护工程；大型挡土墙或组合式挡土墙等。

1）路基土石方工程

① 路基压实度评定，填方（距离路床顶）>1.50m 和 0.80~1.50m 时，分别以填方自然段为评定单元；零填及挖方（距离路床顶）0~0.30m、0~0.80m 和填方 0~0.80m 时，以 1km 路段为评定单元；按不同的压实度分别进行评定。

② 路基路床顶弯沉值评定，以 1km 路段为评定单元进行评定。

2）排水工程

水泥砂浆（混凝土）抗压强度评定，以 1km 路段内的边沟、排水沟、急流槽等为评定单元，分类别进行评定。

3）小桥及符合小桥标准的通道

水泥砂浆（混凝土）抗压强度评定，以每座、每台（墩）为评定单元，按基础及下部构造（基础、台（墩）身、台帽（盖梁）、耳（背）墙、支座垫石和挡块）；上部构造预制、安装或浇筑；桥面；栏杆及人行道等分类进行评定。

4）涵洞、通道

水泥砂浆（混凝土）抗压强度评定，以每座、每台为评定单元，按基础及下部构造（基础、墙身、台帽）；主要构件（盖板）预制、安装或浇筑；帽石、洞口工程等分类进行评定；填土压实度评定，以每台为评定单元进行评定。

5）砌筑防护工程

水泥砂浆抗压强度评定，以每处为评定单元进行评定。

6）大型挡土墙或组合式挡土墙

水泥砂浆（混凝土）抗压强度评定，以每处为评定单元进行评定。

(2) 路面工程

路面工程包括：底基层；基层；面层；路缘石；人行道；路肩等。

1）底基层

① 压实度评定，以 1km 路段为评定单元进行评定。

② 弯沉值评定，以 1km 路段为评定单元进行评定。

③ 厚度评定，以 1km 路段为评定单元进行评定。

2）基层

① 压实度评定，以 1km 路段为评定单元进行评定。

② 弯沉值评定，以 1km 路段为评定单元进行评定。

③ 半刚性材料强度评定，以 1km 路段为评定单元进行评定。

④ 厚度评定，以 1km 路段为评定单元进行评定。

3）面层

① 压实度评定，以 1km 路段为评定单元进行评定。

② 弯沉值评定，以 1km 路段为评定单元进行评定。

③ 水泥混凝土弯拉强度评定，以 1km 路段为评定单元进行评定。

④ 水泥混凝土抗压强度评定，以 1km 路段为评定单元进行评定。

⑤ 厚度评定，以 1km 路段为评定单元进行评定。

(3) 桥梁工程

桥梁工程包括：基础及下部构造、上部构造预制、上部构造现场浇筑、桥面系等。

1）基础及下部构造

① 水泥混凝土抗压强度评定，以每座、每台（墩）为评定单元，按扩大基础（桩基）、承台、桩系梁、柱系梁、台（墩）身、台帽（盖梁）、耳（背）墙、支座垫石和挡块等进行评定；桩基、墩柱按单桩基、单墩柱为评定单元进行评定。

② 台背填土

压实度评定，以每桥台为评定单元进行评定。

2) 上部构造预制或上部构造现场浇筑

① 主要构件（梁）预制的水泥混凝土抗压强度评定，以每单片/（或每座）（预制梁）构件为评定单元进行评定。

② 主要构件浇筑的水泥混凝土抗压强度评定，以每座为评定单元进行评定。

③ 后张预应力梁孔道压浆浆液的抗折/抗压强度评定，以每座为评定单元进行评定。

④ 后张预应力梁封端的水泥混凝土抗压强度评定，以每座为评定单元进行评定。

3) 桥面系

① 后张预应力梁间绞缝的水泥混凝土抗压强度评定，以每座为评定单元进行评定。

② 后张预应力梁间湿接缝的水泥混凝土抗压强度评定，以每座为评定单元进行评定。

③ 混凝土护栏（防撞墙）的水泥混凝土抗压强度评定，以每座为评定单元进行评定。

④ 桥面铺装的水泥混凝土抗压强度评定，以每座为评定单元进行评定。

⑤ 搭板的水泥混凝土抗压强度评定，以每桥台为评定单元进行评定。

（4）互通立交工程

互通立交工程包括：桥梁工程、主线路基路面工程、匝道工程。

1) 桥梁工程，按桥梁工程的评定单元进行评定。

2) 主线路基路面工程，按路基工程和路面工程的评定单元进行评定。

3) 匝道工程按每条匝道为评定单元进行评定。

（5）隧道工程

隧道工程包括：明洞、洞口工程、洞身衬砌、防排水、电缆沟、隧道路面等。

1) 明洞

① 明洞浇筑的水泥混凝土抗压强度评定，以每处进、出口为评定单元进行评定。

② 明洞回填压实度评定，以每处进、出口为评定单元进行评定。

2) 洞口工程

① 洞口边仰坡防护的喷射混凝土抗压强度评定，以每处进、出口为评定单元进行评定。

② 洞门和翼墙的浇（砌）筑的水泥混凝土（砂浆）抗压强度评定，以每处进、出口为评定单元进行评定。

③ 洞口截水沟的水泥混凝土（砂浆）抗压强度评定，以每处进、出口为评定单元进行评定。

④ 洞口排水沟水泥混凝土（砂浆）抗压强度评定，以每处进、出口为评定单元进行评定。

3) 洞身衬砌

① 喷射混凝土支护的喷射混凝土抗压强度评定，以围岩类别和衬砌类型每100m、紧急停车带为评定单元进行评定。

② 仰拱的水泥混凝土抗压强度评定，以围岩类别和衬砌类型每100m、紧急停车带为评定单元进行评定。

③ 混凝土衬砌的水泥混凝土抗压强度评定，以围岩类别和衬砌类型每100m、紧急停

车带为评定单元进行评定。

4) 防排水

排水沟的水泥混凝土（砂浆）抗压强度评定，以每座隧道为评定单元进行评定。

5) 电缆沟

电缆沟的水泥混凝土（砂浆）抗压强度评定，以每座隧道为评定单元进行评定。

6) 隧道路面包括：基层、面层。

① 水泥混凝土抗压强度评定，以每座隧道为评定单元进行评定。

② 水泥混凝土弯拉强度评定，以每座隧道为评定单元进行评定。

74. 造成混凝土试件 28d 强度比 7d 强度低的原因分析及处理方法：

根据混凝土强度随时间的变化曲线，从理论角度上分析，是不可能有混凝土试件 28d 强度比 7d 强度低的情况。如果真的出现这种情况，分析有以下几种可能：

(1) 试件制取时，混凝土拌合物中粗、细集料的级配不良；

(2) 不同强度等级、不同施工日期、不同水泥及不同外加剂的混凝土试件发生混淆；

(3) 与外加剂的种类和性能有关；

(4) 与水泥的安定性有关；

(5) 与水泥用量过多有关；

(6) 人为错误，比如：拿错试件；

(7) 混凝土试件被破坏或试验设备故障；

(8) 现场养护条件不同，没有按标准执行等。

处理方法：

若混凝土试件出现 28d 强度比 7d 强度低的情况，现场需先采用回弹仪检测方法对混凝土构件或部位作强度检测；若强度还是不符合设计规定时，则必须采用钻芯取样法作强度检测。

经上述方法检测后，若强度仍然不符合设计规定时，则该部位或构件的混凝土必须按规定要求作加固、补强或返工处理。

75. 混凝土终凝时间超过 24h 的原因分析：

当混凝土终凝时间超过 24h 时，应从混凝土施工时的气温（冬期施工时不应低于 5℃）和混凝土组成材料的化学成分分析考虑，如：水泥的品种、外加剂、掺合料等。

76. 桥梁工程灌注桩施工中，造成导管堵塞的原因分析及处理方法：

桥梁桩基断桩形成的原因较多，但最主要和最常见的是在水下混凝土浇灌时堵塞导管造成混凝土浇筑中断形成断桩。

实践经验证明，造成堵管的原因主要有：

(1) 导管法兰盘漏水（渗水）。导管内混凝土中间被水层隔离，导管内混凝土不能流动，造成导管被堵塞。

(2) 导管内混凝土中间被气泡隔离。同样出现导管内混凝土不能流动，造成导管被堵塞。

(3) 导管裂缝。导管如出现裂缝，由于孔内水压较大，水势必渗入导管将管内混凝土稀释、离析，从而使混凝土失去流动性而增加混凝土对导管壁的摩擦力，最终出现堵塞问题。

(4) 混凝土施工所用的砂、石等原材料级配不合格或水胶比不正确而出现混凝土离析，使石料与砂沉积在导管底端，水泥浆上浮；还有在施工中配合比控制不好，更使得沉淀离析速度加快。

(5) 混凝土灌注过程不连续，间断时间过长，使已灌注的水下混凝土凝固，也会出现导管堵塞。

(6) 初灌时，隔水栓堵塞导管。

发生堵管的原因有多种，施工现场需要及时分析造成堵管的原因，并迅速采取相应措施加以处理，否则，就会造成"断桩"的严重后果。

常规的处理方法：

当发生导管堵塞时，一般的处理方法是拔插抖动。要根据实际情况分析原因，有针对性地找出合理的解决方法。

(1) 避免导管法兰盘处渗漏水：

主要从导管的制作质量（焊缝质量）、对接螺栓（规格、数量）、导管连接处密封性等方面进行严格控制。在施工前，不论是新导管还是旧导管都必须进行水密、承压、抗拉等试验。

(2) 避免在导管内产生气泡：

首盘混凝土把水压出导管以后，应当连续不断地灌注混凝土，要求混凝土的运输及供应速度必须及时、现场工人的操作程度应非常熟练。

(3) 避免导管的管壁上出现裂缝：

导管管壁出现裂缝的主要原因是导管壁用料太薄，其次是导管使用时间太久和次数太多将导管壁磨薄了或者是受到外力因素的影响。使用次数较多的旧导管时，要进行钻孔检查，若管壁过薄或有薄弱部位应马上处理或及时更换新导管。

(4) 混凝土施工所用水泥、细集料、粗集料、外加剂等原材料、混凝土配合比设计及施工配合比控制，应符合下列要求：

1) 水泥：可采用火山灰质硅酸盐水泥、粉煤灰硅酸盐水泥、普通硅酸盐水泥或硅酸盐水泥，采用矿渣硅酸盐水泥时应采取防离析的措施。

2) 细集料：宜采用级配良好的中砂。

3) 粗集料：粗集料的最大粒径不应大于导管内径的1/6～1/8和钢筋最小净距的1/4，同时不应大于37.5mm。粗集料的级配应为连续级配，如采购连续级配粗集料比较困难时，可采用单粒级配进行2级配或3级配法所获得。

4) 外加剂：混凝土的初凝时间应根据气温、运距及灌注时间长短等因素确定，混凝土可经试验掺配适量缓凝剂。外加剂应经过具备相关资质的检测机构检验并附有检验合格证明的产品，且其质量应符合现行国家标准《混凝土外加剂》GB 8076的规定。

外加剂宜以稀释溶液加入，其稀释用水和原液中的水量，应从拌合加水量中扣除。当外加剂采用粉剂直接加入时，混凝土搅拌时间应比采用水剂加入的混凝土搅拌时间适当延长（30s），使混凝土拌合物搅拌均匀，颜色一致，不得有离析和泌水现象。

混凝土应采用机械拌制时，搅拌时间为自全部材料装入搅拌筒开始搅拌至开始出料的最短搅拌时间，应按照搅拌机产品说明书的要求并经试验确定。

5) 混凝土配合比设计，可在保证水下混凝土顺利灌注的条件下，按《普通混凝土配合比设计规程》JGJ 55 的规定进行计算,并应通过试配确定。粗集料宜选用卵石,如采用碎石宜适当增加混凝土配合比中的含砂率(经验参考值 45%～50%范围);掺用外加剂、粉煤灰等材料时,其技术条件及掺用量亦应符合其相关技术规定。混凝土的初凝时间应根据气温、运距及灌注时间长短等因素确定,混凝土可经试验掺配适量缓凝剂。

6)施工配合比控制

① 混凝土应采用机械拌制。混凝土的配料宜采用自动计量装置,各种衡器的精度应符合要求,计量应准确。计量器具应定期进行静态和动态标定,迁移后应重新进行标定。拌制混凝土所用的各项材料应按质量投料,配料数量允许质量偏差应符合表 4.6-3 的规定。

配料数量允许质量偏差　　　　　　　表 4.6-3

材料类别	允许偏差(%)	
	现场拌制	预制场或集中搅拌站拌制
水泥、干燥状态的掺合料	±2	±1
粗、细集料	±3	±2
水、外加剂	±2	±1

② 混凝土拌合物应搅拌均匀,颜色一致,不得有离析和泌水现象。水下混凝土拌合物应具有良好的和易性,灌注时应能保持足够的流动性,其坍落度当桩径直径 $D<1.5m$ 时,宜为 180～220mm;$D\geqslant 1.5m$ 时,宜为 160～220mm,且应充分考虑气温、运距及施工时间的影响导致的坍落度经时损失。

除对混凝土拌合物坍落度及经时损失值、均匀性、强度取样进行检测外,尚应对工作性能、凝结时间、泌水率及含气量等其他指标进行检测。

③ 在施工期间,经常定期或不定期对混凝土拌合机自动计量装置配料秤进行动态监测分析,判定其是否符合表 4.6-3 中允许偏差要求。

具体方法:在混凝土拌合机电脑控制系统中设定混凝土理论施工配合比所用各种材料的预定值,经各种材料下完料后,储存并采集混凝土实际施工配合比所用各种材料的数值,利用各种材料的实际数值与预定值进行对比,计算其误差。

④ 在施工期间,经常定期或不定期对混凝土拌合物中粗集料级配进行检验。

具体方法:直接抽取有代表性混凝土拌合物过 4.75mm 方孔筛,将筛上部分混凝土拌合物经过清洁水清洗干净烘干后进行粗集料筛分试验。

⑤ 在施工期间,经常定期或不定期对外加剂(水剂)进行含固量、密度等匀质性指标检验。是否与混凝土配合比设计时的外加剂匀质性一致。

⑥ 混凝土运输车在盛装首盘混凝土拌合物之前,必须排尽混凝土运输车内残留的积水。否则,将造成混凝土水胶比的不正确而出现混凝土离析,使石料与砂沉积。

⑦ 外加剂的掺量超过最佳掺量,会造成混凝土离析和泌水现象。

(5)灌注水下混凝土应符合下列规定:

1)水下混凝土的灌注时间不得超过首批混凝土的初凝时间;

2)混凝土运至灌注地点时,应检查其均匀性和坍落度等,不符合要求时不得使用;

3)首批灌注混凝土的数量应能满足导管首次埋置深度 1.0m 以上的需要;

4) 首批混凝土入孔后,混凝土应连续灌注,不得中断。

(6) 初灌时,避免隔水栓堵塞导管。

77. 混凝土 28d 强度不足的表现及原因分析?

(1) 混凝土 28d 强度不足的表现:

混凝土 28d 强度不足,必将伴随有抗渗能力降低、耐久性降低,更重要的会影响结构的承载能力。

主要表现为 3 方面:①降低结构强度、刚直下降;②抗裂性差、产生大量宽裂缝;③构件变形,变形大到影响正常使用。

(2) 混凝土强度不足的原因:

1) 原材料质量差:

① 水泥质量不良:水泥实际活性低、水泥安定性不合格。

② 骨料(砂、石)质量不良:石子强度低(如岩石的饱水状态单轴抗压强度偏低、压碎值指标偏大超出施工技术规范规定值);石子体积稳定性差;石子形状与表面状态不良(针片状含量偏大);砂、石中有机质含量高、粉尘含量高(山砂和机制砂含泥量偏大),砂中云母含量高。

③ 拌合水质量不合格。

④ 外加剂质量不合格或组成配比不当。

2) 混凝土配合比不当:

混凝土配合比是决定强度的重要因素之一,其中水胶比的大小直接影响混凝土强度,其他如:用水量、砂率、骨灰比等也影响混凝土的各种性能,从而造成强度不足事故。

① 用水量加大:较常见的有搅拌机上加水装置计量不准;不扣除砂、石中的含水率;甚至在浇筑地点任意加水等。

② 随意套用配合比。

③ 外加剂掺量不准。

④ 外加剂使用不当。

⑤ 砂、石计量不准和水泥用量不足。

3) 施工工艺不正确:

① 搅拌不佳,时间过短造成混凝土拌合物不均匀。

② 浇筑时水泥浆漏失严重;混凝土假凝、初凝;振捣不实。

③ 养护不当:如早期缺水干燥,受冻等。

4) 试块未经标准养护或未按规定制作。

对于混凝土 28d 强度不足的补救和处理一般采用回弹仪检测方法和钻芯取样法测定混凝土的实际强度,利用后期强度,减少结构荷载,结构加固、分析验算,至拆除重建等。

78. 造成钢筋混凝土 T 梁出现裂缝的原因分析:

钢筋混凝土 T 梁出现裂缝的原因很复杂,甚至多种因素相互影响,主要有设计和施工两个方面的原因:

(1) 设计方面

如钢筋混凝土 T 梁的截面不够、梁的跨度过大、高度偏小,或者由于计算错误,受力钢筋截面偏小、配筋位置不当、节点不合理等,都会导致混凝土梁出现结构裂缝。

(2) 施工方面

原材料的质量、施工配合比控制不严格，导致混凝土强度低，在受到外界荷载下而产生裂缝；混凝土未达到养护期，强度未达到设计强度时受力而产生裂缝；由于施工不当、模板支撑下沉，或过早拆除底模和支撑等形成的裂缝；施工控制不严，在梁上超载堆荷，而导致出现裂缝；施工过程中，对混凝土钢筋保护层控制不准确也是开裂的原因之一。

(3) 养护方面

混凝土尚处于未完全硬化状态时，如干燥过快，则产生收缩裂缝，通常发生在表面上，裂缝不规则，宽度小；水泥水化硬化时的裂缝，水泥在水化及硬化过程中散发大量热量，使混凝土内外部产生温差，超过一定值时，因混凝土的收缩不一致而产生裂缝。

(4) 温度裂缝

水泥在硬化期间，混凝土表面与内部温差较大，导致混凝土表面急剧的温度变化而产生较大的降温收缩，受到内部混凝土的约束，而出现裂缝。

(5) 使用方面

改变原来使用功能出现裂缝，如增大梁上荷载。

79. 造成隧道二次衬砌混凝土裂缝的原因分析、预防和控制及处理方法：

(1) 产生二次衬砌混凝土裂缝的原因分析：

1) 受力条件不利因素的影响

① 拱顶不均匀下沉，隧道仰拱地基不均匀沉降，以及设计依据的围岩类型与实际围岩不符，以致造成衬砌断面不适应受力的需要。

② 光面爆破不够完善，局部欠挖，衬砌厚度不均匀，以致断面局部应力过大。

③ 隧道偏压，受力不均匀，造成局部开裂。

④ 混凝土强度还未形成，就去掉支撑或拆模板，使衬砌混凝土过早受力，造成衬砌开裂。

隧道衬砌出现裂缝段拆模时混凝土龄期均≤12h，经试验类比实测，拆模时混凝土强度只有1.1MPa，小于《公路隧道施工技术规范》JTG F60—2009要求的："不承受外荷载的拱、墙混凝土强度应达到5.0MPa；承受围岩压力的拱、墙以及封顶和封口的混凝土强度应满足设计要求"。难以达到混凝土自身抗拉要求，致使隧道二次衬砌拱部和边墙混凝土受自重作用而产生水平向的弯拉裂缝。拱顶弯矩比拱脚大，故拱顶裂缝多于拱脚。同时，由于模板的拆除，使得衬砌内侧变成临空面，衬砌边墙由原来的部分受压结构变成同时承受弯压双重作用结构，最终边墙亦产生水平裂缝。

⑤ 施工中拱部超挖太多，灌注的衬砌混凝土与围岩不密贴，加之拱部岩土坍落导致拱部混凝土损坏。

2) 混凝土自收缩、温度、选材、配合比等因素的影响

① 混凝土的收缩危害

混凝土收缩引起混凝土开裂，并导致地下结构渗水。混凝土收缩分为自收缩和干收缩。

② 温度影响的增加

温度的影响主要分为两部分：一部分是环境温度影响；另一部分是混凝土内水泥水化热引起温度的影响。

环境温度的影响：地下结构受气候影响较小，一般不考虑温度影响，也不设温度伸缩缝，但气温对于短隧道和中长隧道的洞口衬砌混凝土影响较大，特别是夏季施工混凝土，温度较高，冬季时混凝土冷收缩达到最大，再加上其他因素则可能造成衬砌开裂。

水化热的影响：随着大流动性的泵送混凝土在隧道结构中的广泛应用，以及混凝土强度等级的提高，和习惯认为"强度等级越高安全度越大，就高不就低"，均导致混凝土中水泥用量增加，使水化热提高，散热集中。

对于隧道衬砌厚度在50cm以上的情况，必须考虑水化热对混凝土衬砌的影响。

③ 选材、配合比的影响

在选材时一般考虑以"就地取材、降低成本"的原则，而水泥品种及细度、骨料品种均对混凝土收缩产生较大影响；外加剂及强度指标一般只有强度指标，缺乏对水化热、收缩徐变影响的相关资料说明，某些外加剂使散热率集中，大大增加混凝土收缩变形，提高内部拉应力导致开裂。

在混凝土配合比方面，为了使混凝土拌合物在流动性提高的同时减少泌水、不分层离析，一般减少粗骨料最大颗粒，增加水泥用量，加大砂率，而未考虑对混凝土收缩的影响，这就在很大程度上加大混凝土衬砌开裂的可能性。

④ 碱-骨料反应的影响

混凝土加水拌合后，水泥中的碱不断溶解，这种碱液与活性骨料中的活性氧化硅起化学反应，析出胶状的"碱-硅胶"，从周围介质中吸水膨胀，其体积可增加到3倍，而使混凝土胀裂，其特点是裂缝中有白色沉淀的胶体，呈杂乱的"地图"状。

⑤ 荷载作用引起的裂缝

构件承受不同性质的荷载作用，会出现形状不同的裂缝。构件在均布荷载或集中荷载作用下产生内力弯矩，当拉应力超过了混凝土的抗拉强度时，即出现垂直于构件纵轴的裂缝。当构件在荷载作用下产生较大的剪应力时，在与纵轴成45°夹角方向主拉应力值最大，易产生斜向裂缝，并发展延伸。

仰拱和边墙基础的虚碴未清理干净，混凝土浇筑后，基底产生不均匀沉降；模板台车或堵头板没有固定牢固，以及过早脱模，或脱模时混凝土受到较大的外力撞击等都容易产生变形裂缝。

(2) 预防和控制方法：

1) 严格控制混凝土的拌合质量，主要是混凝土配合比和混凝土的和易性的控制。

2) 混凝土配合比胶凝材料需添加除水泥以外的其他材料，控制好混凝土的配合比及水胶比。

3) 严格执行监控量测程序。

4) 及时进行断面检测，确保开挖轮廓符合设计，杜绝侵入衬砌现象的发生。

5) 对混凝土及时进行养护，并安排专人进行混凝土的养护工作。

6) 隧道衬砌厚度在50cm以上的混凝土，必须考虑采用衬砌体内循环冷却水以降低水化热。

7) 认真清理基底浮碴，并用清水冲洗干净。对于有仰供填充的衬砌，严格控制和确保仰拱尺寸、厚度，拱墙衬砌时一定要对与仰拱接触面进行凿毛清理。

8) 对于地质变化处和设计沉降位置不符的一定要及时通知设计单位现场核实将衬砌

参数进行合理的调整。

（3）处理方法：

1）对表面裂缝，可以采用涂两遍环氧胶泥或贴环氧玻璃布，以及抹喷水泥砂浆等方法进行表面封闭处理。

2）对有整体性防水、防渗要求的结构，缝宽大于 0.1m 的深进或贯穿性裂缝，应根据裂缝可灌程度，采用灌水泥浆或化学浆液方法进行修补。

3）对于宽度小于 0.3mm，深度未达到钢筋表面的发丝裂缝、不漏水的裂缝、不伸缩的裂缝以及不再活动的裂缝可采用表面喷涂法处理。

（4）对于深度较深的裂缝可采用低压注浆法修补。

附录 1

公路水运工程试验检测管理办法

(修正)

(交通运输部令 2016 年第 80 号)

(2005 年 10 月 19 日交通部发布 根据 2016 年 12 月 10 日交通运输部
《关于修改〈公路水运工程试验检测管理办法〉的决定》修正)

第一章 总 则

第一条 为规范公路水运工程试验检测活动，保证公路水运工程质量及人民生命和财产安全，根据《建设工程质量管理条例》，制定本办法。

第二条 从事公路水运工程试验检测活动，应当遵守本办法。

第三条 本办法所称公路水运工程试验检测，是指根据国家有关法律、法规的规定，依据工程建设技术标准、规范、规程，对公路水运工程所用材料、构件、工程制品、工程实体的质量和技术指标等进行的试验检测活动。

本办法所称公路水运工程试验检测机构（以下简称检测机构），是指承担公路水运工程试验检测业务并对试验检测结果承担责任的机构。

本办法所称公路水运工程试验检测人员（以下简称检测人员），是指具备相应公路水运工程试验检测知识、能力，并承担相应公路水运工程试验检测业务的专业技术人员。

第四条 公路水运工程试验检测活动应当遵循科学、客观、严谨、公正的原则。

第五条 交通运输部负责公路水运工程试验检测活动的统一监督管理。交通运输部工程质量监督机构（以下简称部质量监督机构）具体实施公路水运工程试验检测活动的监督管理。

省级人民政府交通运输主管部门负责本行政区域内公路水运工程试验检测活动的监督管理。省级交通质量监督机构（以下简称省级交通质监机构）具体实施本行政区域内公路水运工程试验检测活动的监督管理。

部质量监督机构和省级交通质监机构以下称质监机构。

第二章 检测机构等级评定

第六条 检测机构等级，是依据检测机构的公路水运工程试验检测水平、主要试验检测仪器设备及检测人员的配备情况、试验检测环境等基本条件对检测机构进行的能力划分。

检测机构等级，分为公路工程和水运工程专业。

公路工程专业分为综合类和专项类。公路工程综合类设甲、乙、丙3个等级。公路工程专项类分为交通工程和桥梁隧道工程。

水运工程专业分为材料类和结构类。水运工程材料类设甲、乙、丙3个等级。水运工程结构类设甲、乙2个等级。

检测机构等级标准由部质量监督机构另行制定。

第七条 部质量监督机构负责公路工程综合类甲级、公路工程专项类和水运工程材料类及结构类甲级的等级评定工作。

省级交通质监机构负责公路工程综合类乙、丙级和水运工程材料类乙、丙级、水运工程结构类乙级的等级评定工作。

第八条 检测机构可以同时申请不同专业、不同类别的等级。

检测机构被评为丙级、乙级后须满1年且具有相应的试验检测业绩方可申报上一等级的评定。

第九条 申请公路水运工程试验检测机构等级评定，应向所在地省级交通质监机构提交以下材料：

（一）《公路水运工程试验检测机构等级评定申请书》；
（二）申请人法人证书原件及复印件；
（三）通过计量认证的，应当提交计量认证证书副本的原件及复印件；
（四）检测人员证书和聘（任）用关系证明文件原件及复印件；
（五）所申报试验检测项目的典型报告（包括模拟报告）及业绩证明；
（六）质量保证体系文件。

第十条 公路水运工程试验检测机构等级评定工作分为受理、初审、现场评审3个阶段。

第十一条 省级交通质监机构认为所提交的申请材料齐备、规范、符合规定要求的，应当予以受理；材料不符合规定要求的，应当及时退还申请人，并说明理由。

所申请的等级属于部质量监督机构评定范围的，省级交通质监机构核查后出具核查意见并转送部质量监督机构。

第十二条 初审主要包括以下内容：

（一）试验检测水平、人员及检测环境等条件是否与所申请的等级标准相符；
（二）申报的试验检测项目范围及设备配备与所申请的等级是否相符；
（三）采用的试验检测标准、规范和规程是否合法有效；
（四）检定和校准是否按规定进行；
（五）质量保证体系是否具有可操作性；
（六）是否具有良好的试验检测业绩。

第十三条 初审合格的进入现场评审阶段；初审认为有需要补正的，质监机构应当通知申请人予以补正直至合格；初审不合格的，质监机构应当及时退还申请材料，并说明理由。

第十四条 现场评审是通过对申请人完成试验检测项目的实际能力、检测机构申报材料与实际状况的符合性、质量保证体系和运转等情况的全面核查。

现场评审所抽查的试验检测项目，原则上应当覆盖申请人所申请的试验检测各大项目。抽取的具体参数应当通过抽签方式确定。

第十五条 现场评审由专家评审组进行。

专家评审组由质监机构组建，3人以上单数组成（含3人）。评审专家从质监机构建立的试验检测专家库中选取，与申请人有利害关系的不得进入专家评审组。

专家评审组应当独立、公正地开展评审工作。专家评审组成员应当客观、公正地履行职责，遵守职业道德，并对所提出的评审意见承担个人责任。

第十六条 专家评审组应当向质监机构出具《现场评审报告》，主要内容包括：

（一）现场考核评审意见；

（二）公路水运工程试验检测机构等级评分表；

（三）现场操作考核项目一览表；

（四）两份典型试验检测报告。

第十七条 质监机构依据《现场评审报告》及检测机构等级标准对申请人进行等级评定。

质监机构的评定结果，应当通过交通运输主管部门指定的报刊、信息网络等媒体向社会公示，公示期不得少于7天。

公示期内，任何单位和个人有权就评定结果向质监机构提出异议，质监机构应当及时受理、核实和处理。

公示期满无异议或者经核实异议不成立的，由质监机构根据评定结果向申请人颁发《公路水运工程试验检测机构等级证书》（以下简称《等级证书》）；经核实异议成立的，应当书面通知申请人，并说明理由，同时应当为异议人保密。

省级交通质监机构颁发证书的同时应当报部质量监督机构备案。

第十八条 《公路水运工程试验检测机构等级评定申请书》和《等级证书》由部质量监督机构统一规定格式。

《等级证书》应当注明检测机构从事公路水运工程试验检测的专业、类别、等级和项目范围。

第十九条 《等级证书》有效期为5年。

《等级证书》期满后拟继续开展公路水运工程试验检测业务的，检测机构应提前3个月向原发证机构提出换证申请。

第二十条 换证的申请、复核程序按照本办法规定的等级评定程序进行，并可以适当简化。在申请等级评定时已经提交过且未发生变化的材料可以不再重复提交。

第二十一条 换证复核以书面审查为主。必要时，可以组织专家进行现场评审。

换证复核的重点是核查检测机构人员、仪器设备、试验检测项目、场所的变动情况，试验检测工作的开展情况，质量保证体系文件的执行情况，违规与投诉情况等。

第二十二条 换证复核合格的，予以换发新的《等级证书》。不合格的，质监机构应当责令其在6个月内进行整改，整改期内不得承担质量评定和工程验收的试验检测业务。整改期满仍不能达到规定条件的，质监机构根据实际达到的试验检测能力条件重新作出评定，或者注销《等级证书》。

换证复核结果应当向社会公布。

第二十三条 检测机构名称、地址、法定代表人或者机构负责人、技术负责人等发生变更的,应当自变更之日起 30 日内到原发证质监机构办理变更登记手续。

第二十四条 检测机构停业时,应当自停业之日起 15 日内向原发证质监机构办理《等级证书》注销手续。

第二十五条 等级评定不得收费,有关具体事务性工作可以通过政府购买服务等方式实施。

第二十六条 《等级证书》遗失或者污损的,可以向原发证质监机构申请补发。

第二十七条 任何单位和个人不得伪造、涂改、转让、租借《等级证书》。

第三章 试验检测活动

第二十八条 取得《等级证书》,同时按照《计量法》的要求经过计量行政部门考核合格,通过计量认证的检测机构,可向社会提供试验检测服务。

取得《等级证书》的检测机构在《等级证书》注明的项目范围内出具的试验检测报告,可以作为公路水运工程质量评定和工程验收的依据。

第二十九条 公路水运工程质量事故鉴定、大型水运工程项目和高速公路项目验收的质量鉴定检测,质监机构应当委托通过计量认证并具有甲级或者相应专项能力等级的检测机构承担。

第三十条 取得《等级证书》的检测机构,可设立工地临时试验室,承担相应公路水运工程的试验检测业务,并对其试验检测结果承担责任。

工程所在地省级交通质监机构应当对工地临时试验室进行监督。

第三十一条 检测机构应当严格按照现行有效的国家和行业标准、规范和规程独立开展检测工作,不受任何干扰和影响,保证试验检测数据客观、公正、准确。

第三十二条 检测机构应当建立严密、完善、运行有效的质量保证体系。应当按照有关规定对仪器设备进行正常维护,定期检定与校准。

第三十三条 检测机构应当建立样品管理制度,提倡盲样管理。

第三十四条 检测机构应当重视科技进步,及时更新试验检测仪器设备,不断提高业务水平。

第三十五条 检测机构应当建立健全档案制度,保证档案齐备,原始记录和试验检测报告内容必须清晰、完整、规范。

第三十六条 检测机构在同一公路水运工程项目标段中不得同时接受业主、监理、施工等多方的试验检测委托。

第三十七条 检测机构依据合同承担公路水运工程试验检测业务,不得转包、违规分包。

第三十八条 检测人员分为试验检测师和助理试验检测师。

检测机构的技术负责人应当由试验检测师担任。

试验检测报告应当由试验检测师审核、签发。

第三十九条 检测人员应当重视知识更新,不断提高试验检测业务水平。

第四十条 检测人员应当严守职业道德和工作程序,独立开展检测工作,保证试验检测数据科学、客观、公正,并对试验检测结果承担法律责任。

第四十一条 检测人员不得同时受聘于两家以上检测机构，不得借工作之便推销建设材料、构配件和设备。

第四章 监督检查

第四十二条 质监机构应当建立健全公路水运工程试验检测活动监督检查制度，对检测机构进行定期或不定期的监督检查，及时纠正、查处违反本规定的行为。

第四十三条 公路水运工程试验检测监督检查，主要包括下列内容：

（一）《等级证书》使用的规范性，有无转包、违规分包、超范围承揽业务和涂改、租借《等级证书》的行为；

（二）检测机构能力变化与评定的能力等级的符合性；

（三）原始记录、试验检测报告的真实性、规范性和完整性；

（四）采用的技术标准、规范和规程是否合法有效，样品的管理是否符合要求；

（五）仪器设备的运行、检定和校准情况；

（六）质量保证体系运行的有效性；

（七）检测机构和检测人员试验检测活动的规范性、合法性和真实性；

（八）依据职责应当监督检查的其他内容。

第四十四条 质监机构实施监督检查时，有权采取以下措施：

（一）查阅、记录、录音、录像、照相和复制与检查相关的事项和资料；

（二）进入检测机构的工作场地（包括施工现场）进行抽查；

（三）发现有不符合国家有关标准、规范、规程和本办法规定的试验检测行为时，责令即时改正或限期整改。

第四十五条 质监机构应当组织比对试验，验证检测机构的能力。

部质量监督机构不定期开展全国检测机构的比对试验。各省级交通质监机构每年年初应当制定本行政区域检测机构年度比对试验计划，报部质量监督机构备案，并于年末将比对试验的实施情况报部质量监督机构。

检测机构应当予以配合，如实说明情况和提供相关资料。

第四十六条 任何单位和个人都有权向质监机构投诉或举报违法违规的试验检测行为。

质监机构的监督检查活动，应当接受交通运输主管部门和社会公众的监督。

第四十七条 质监机构在监督检查中发现检测机构有违反本规定行为的，应当予以警告、限期整改，情节严重的列入违规记录并予以公示，质监机构不再委托其承担检测业务。

实际能力已达不到《等级证书》能力等级的检测机构，质监机构应当给予整改期限。整改期满仍达不到规定条件的，质监机构应当视情况注销《等级证书》或者重新评定检测机构等级。重新评定的等级低于原来评定等级的，检测机构1年内不得申报升级。被注销等级的检测机构，2年内不得再次申报。

质监机构应当及时向社会公布监督检查的结果。

第四十八条 质监机构在监督检查中发现检测人员违反本办法的规定，出具虚假试验检测数据或报告的，应当给予警告，情节严重的列入违规记录并予以公示。

第四十九条 质监机构工作人员在试验检测管理活动中，玩忽职守、徇私舞弊、滥用职权的，应当依法给予行政处分。

第五章 附 则

第五十条 本办法施行前检测机构通过的资质评审，期满复核时应当按照本办法的规定进行《等级证书》的评定。

第五十一条 本办法自 2005 年 12 月 1 日起施行。交通部 1997 年 12 月 10 日公布的《水运工程试验检测暂行规定》（交基发〔1997〕803 号）和 2002 年 6 月 26 日公布的《交通部水运工程试验检测机构资质管理办法》（交通部令 2002 年第 4 号）同时废止。

附录 2

关于公布《公路水运工程试验检测机构等级标准》及《公路水运工程试验检测机构等级评定程序》的通知

(交质监发 [2008] 274 号)

为适应公路水运工程建设的发展和技术进步，提高检测工作质量，进一步规范试验检测机构等级评定工作，我部对《公路水运工程试验检测管理办法》（交通部令 2005 第 12 号）中的《公路水运工程试验检测机构等级标准》及《公路水运工程试验检测机构等级评定程序》进行了修订。将修订后的《公路水运工程试验检测机构等级标准》及《公路水运工程试验检测机构等级评定程序》予以公布，自 2008 年 11 月 1 日起执行。原《公路水运工程试验检测机构等级标准》及《公路水运工程试验检测机构等级评定程序》同时废止。在此之前申报的试验检测机构仍按原标准和程序进行评定。

2008 年 8 月 21 日

1. 公路水运工程试验检测机构等级标准

(1) 公路工程试验检测机构等级标准

公路工程试验检测人员配备,见附表 2-1,公路工程试验检测能力基本要求及主要仪器设备,见附表 2-2,公路工程试验检测环境见附表 2-3。

公路工程试验检测人员配备   附表 2-1

项目	综合甲级	综合乙级	综合丙级	交通工程专项	桥梁隧道工程专项
持试验检测人员证书总人数	≥32人	≥16人	≥7人	≥22人	≥25人
持试验检测工程师证书人数	≥12人	≥6人	≥3人	≥10人	≥12人
持证工程师专业配置	材料、公路专业分别≥3人,桥梁、隧道、交安专业分别≥2人	材料专业≥3人,公路专业≥2人,桥梁专业≥1人	材料、公路、桥梁专业分别≥1人	机电工程专业≥6人,安全设施专业≥4人	材料专业≥2人,桥梁、隧道专业分别≥5人
相关专业高级职称人数	≥6人	≥1人	—	≥4人	≥6人
技术负责人	(1) 相关专业高级职称;(2) 持试验检测工程师证书;(3) 8年以上试验检测工作经历	(1) 相关专业高级职称;(2) 持试验检测工程师证书;(3) 5年以上试验检测工作经历	(1) 相关专业中级职称;(2) 持试验检测工程师证书;(3) 5年以上试验检测工作经历	(1) 相关专业高级职称;(2) 持试验检测工程师证书;(3) 8年以上试验检测工作经历	(1) 相关专业高级职称;(2) 持试验检测工程师证书;(3) 8年以上试验检测工作经历
质量负责人	(1) 相关专业高级职称;(2) 持试验检测工程师证书;(3) 8年以上试验检测工作经历	(1) 相关专业中级职称;(2) 持试验检测工程师证书;(3) 5年以上试验检测工作经历	(1) 相关专业中级职称;(2) 持试验检测工程师证书;(3) 5年以上试验检测工作经历	(1) 相关专业高级职称;(2) 持试验检测工程师证书;(3) 8年以上试验检测工作经历	(1) 相关专业高级职称;(2) 持试验检测工程师证书;(3) 8年以上试验检测工作经历

注:表中黑体字为强制性要求,一项不满足视为不通过。

附录2 关于公布《公路水运工程试验检测机构等级标准》及《公路水运工程试验检测机构等级评定程序》的通知

公路工程试验检测能力基本要求及主要仪器设备　　　　　附表 2-2

等级	序号	项目	主要试验检测参数	设备配置
综合甲级	1	土	颗粒级配，界限含水率，最大干密度，最佳含水率，CBR，比重，天然稠度，回弹模量，粗粒土最大干密度，凝聚力，内摩擦角，自由膨胀率，烧失量，有机质含量	标准筛，摇筛机，密度计，电子天平，烘箱，光电液塑限联合测定仪，自动击实仪，脱模器，CBR试验装置（路面材料强度仪或其他加荷装置），比重瓶，杠杆压力仪，承载板及测力装置，表面振动压实仪，三轴仪，自由膨胀率测定装置、高温炉，分析天平
	2	集料	颗粒级配，针片状颗粒含量，压碎值，磨耗值，磨光值，细集料含泥量，砂当量，吸水率，密度，坚固性，碱活性，软弱颗粒含量，细集料棱角性，含水率，泥块含量，有机质含量，亚甲蓝值MBV，矿粉亲水系数	标准筛（砂、石筛），摇筛机，烘箱，电子天平，规准仪，游标卡尺，压碎值试验仪，压力机，洛杉矶磨耗机，加速磨光机，摆式摩擦系数测定仪，砂当量仪，李氏比重瓶，细集料棱角性测定仪，叶轮搅拌机，测长仪及配件，应力环及测试装置
	3	岩石	单轴抗压强度，抗冻性，含水率，密度，毛体积密度，吸水率	压力机，电动切石机，游标卡尺，砂轮磨平机，低温试验箱，电子天平，烘箱，抽气设备
	4	水泥	密度，比表面积，标准稠度用水量，凝结时间，安定性，胶砂强度，胶砂流动度，烧失量，SO_3含量，MgO含量	电子天平，Blaine透气仪，透气比表面积仪，水泥净浆搅拌机，标准法维卡仪，沸煮箱，雷氏夹，胶砂搅拌机，振实台，标准恒温恒湿养护箱，电动抗折试验机，恒应力压力机，凝结时间测定仪，水泥胶砂流动度测试仪，高温炉，滴定装置
	5	水泥混凝土、砂浆	抗压强度，抗折强度，抗压弹性模量，配合比设计，坍落度，含气量，混凝土凝结时间，抗渗性，表观密度，泌水率，劈裂抗拉强度，抗折弹性模量，抗冻性，耐磨性，砂浆稠度，分层度，干缩率	标准养护室，水泥混凝土搅拌机，振动台，压力机（材料试验机），抗折试验夹具，千分表，坍落度筒，含气量测定仪，混凝土贯入阻力仪，混凝土渗透仪，容量筒，劈裂试验夹具，冻融试验机，混凝土动弹性模量测定仪，混凝土磨耗试验机，水泥砂浆搅拌机，水泥砂浆稠度仪，水泥砂浆分层度仪，干缩养护箱，比长仪
	6	水、外加剂	pH值，氯离子含量，减水率，泌水率比，抗压强度比，不溶物含量，可溶物含量，硫酸盐及硫化物含量，含气量，凝结时间差，外加剂的钢筋锈蚀，匀质性	酸度计，分析天平，滴定设备，烘箱，压力机，混凝土贯入阻力仪，含气量测定仪，阳极极化仪或钢筋锈蚀测量仪
	7	无机结合料稳定材料	最大干密度，最佳含水量，无侧限抗压强度，水泥或石灰剂量，石灰有效钙镁含量，粉煤灰细度，粉煤灰烧失量，粉煤灰比表面积，SiO_2、Al_2O_3、Fe_3O_4含量	自动击实仪，压力机，路面材料强度仪，脱模器，标准养护室，滴定设备，电子天平，负压筛析仪，烘箱，电炉，分析天平，高温炉，Blaine透气仪

附录 2　关于公布《公路水运工程试验检测机构等级标准》及《公路水运工程试验检测机构等级评定程序》的通知

续表

等级	序号	项目	主要试验检测参数	设备配置
综合甲级	8	沥青	密度，针入度，针入度指数，延度，软化点，薄膜加热试验，旋转薄膜加热试验，闪点，蜡含量，粘附性，动力黏度，布氏旋转黏度，改性沥青弹性恢复率，改性沥青的离析性，沥青化学组分，运动黏度，恩格拉黏度，黏韧性，乳化沥青蒸发残留物含量，乳化沥青筛上残留物含量，乳化沥青微粒粒子电荷，乳化沥青储存稳定性，乳化沥青破乳速度	比重瓶，分析天平，自动针入度仪，恒温水槽，烘箱，低温延度仪，软化点仪，闪点仪，薄膜烘箱，电子天平，旋转薄膜烘箱，蜡含量测定仪，真空减压毛细管黏度计，秒表，布氏旋转黏度仪，毛细管黏度计，真空泵，恩格拉黏度计，黏韧性试验仪，滤筛（1.18mm），电极板，沥青乳液稳定性试验管，标准筛，电炉，冰箱
	9	沥青混合料	配合比设计，密度，马歇尔稳定度，空隙率，矿料间隙率，流值，最大理论密度，动稳定度，沥青用量，矿料级配，抗弯拉强度，冻融劈裂强度比，沥青析漏损失，飞散损失	沥青混合料拌合机，浸水天平，电子天平，烘箱，马歇尔自动击实仪，马歇尔稳定度仪，恒温水槽，脱模器，真空负压装置，轮碾成型机，车辙试验机，沥青抽提仪（或燃烧炉），标准筛，摇筛机，路面材料强度仪，恒温冰箱
	10	钢筋（含接头）	抗拉强度，屈服强度，伸长率，冷弯	万能材料试验机，弯曲装置，游标卡尺，标距打点机
	11	锚具、钢绞线	最大力，规定非比例延伸力，最大力总伸长率，锚固效率系数，总应变，洛氏硬度，弹性模量，松弛率，组装件疲劳试验，周期荷载试验，辅助性试验	大行程万能试验机，引伸仪，锚具试验系统，洛氏硬度计，松弛试验机，疲劳试验机
	12	板式橡胶支座	抗压弹性模量，抗剪弹性模量，极限抗压强度，抗剪粘结性能，抗剪老化	压力机（≥5000kN），剪切侧向加载系统，老化箱，游标卡尺，变形测量装置
	13	土工合成材料	拉伸强度，延伸率，梯形撕裂强度，顶破强度，厚度，单位面积质量，垂直渗透系数	材料试验机，各种专用夹具，厚度测定仪，电子天平，钢尺，渗透系数测定仪
	14	路基路面	厚度，压实度，平整度，土基回弹模量，弯沉，构造深度，摩擦系数，渗水系数，车辙、几何尺寸	路面雷达测试系统，环刀，灌砂筒，天平，取芯机，激光平整度仪，承载板，贝克曼梁，自动弯沉仪（落锤或连续式），激光构造深度测试仪，摩擦系数测试设备（横向力或制动力式），摆式仪，路面渗水仪，车辙自动测定仪，全站仪（或经纬仪、测距仪），水准仪，钢尺，核子密度仪或无核密度仪
	15	地基基础、基桩	地基承载力，地表沉降，基桩完整性，基桩承载力，深层水平位移，成孔质量	承载板及测试装置，水准仪，基桩动测仪，超声波检测仪，千斤顶加载装置，位移测试装置，静力触探仪，动力触探仪，测斜仪，百米钻机（配标准贯入设备，泥浆泵，岩芯管钻头，取样器等），成孔质量检测装置

附录2 关于公布《公路水运工程试验检测机构等级标准》及《公路水运工程试验检测机构等级评定程序》的通知

续表

等级	序号	项目	主要试验检测参数	设备配置
综合甲级	16	结构混凝土	强度，混凝土碳化深度，钢筋位置及保护层厚度，表观及内部缺陷，钢筋锈蚀电位，氯离子含量，混凝土电阻率	回弹仪，取芯机，压力机，非金属超声波检测仪，碳化深度测量装置，钢筋保护层测定仪，裂缝测量装置，钢筋锈蚀测量仪，氯离子含量测定仪或化学滴定装置，混凝土电阻率测量仪
	17	桥梁结构、构件	静态、动态应变（应力），变形（位移），模态参数（频率、振型、阻尼比），承载能力	静态应变测量与采集设备（至少两种原理设备，测点总数不少于100），动态应变测量、采集与分析设备（不少于16通道），全站仪，变形测量装置，精密水准仪，测振传感器，裂缝测量装置，钢筋锈蚀测量仪，氯离子含量测定仪或化学滴定装置，桥梁检查车（平台）
	18	隧道	断面尺寸，锚杆拉拔力，支护（衬砌）背后的空洞，衬砌厚度，地质观察，周边位移，拱顶下沉，CO浓度，烟雾浓度，照度，噪声	激光断面仪，锚杆拉拔仪，地质雷达，收敛计，精密水准仪，CO浓度检测仪，光透过率仪，照度计，精密声级计
	19	交通安全设施（标志，标线，护栏，隔离栅等）	外观及几何尺寸，反光标志逆反射系数，反光标线逆反射系数，标线涂层厚度，标线抗滑性能，突起路标发光强度系数，色度性能（表面色），金属构件防腐层性能，立柱（支撑）竖直度，拼接螺栓抗拉荷载，反光膜抗拉荷载，反光膜附着性能，玻璃珠含量，涂料抗压强度，涂料耐磨耗性能，突起路标抗压荷载，突起路标抗冲击性能	几何测量量（刃）具，反光标志逆反射系数测试仪，反光标线逆反射系数测试仪，标线涂层厚度测试仪，摆式摩擦系数测定仪，突起路标发光强度系数测试仪，色彩色差仪（表面色），磁性涂层测厚仪，超声波测厚仪，电涡流涂层测厚仪，分析天平，电子天平，气流式盐雾腐蚀试验箱，1.0级电子万能材料试验机（量程不小于200kN），0.5级电子万能材料试验机，反光膜附着性能测定仪，玻璃珠筛分器，恒温恒湿环境试验箱（均匀性不超过±1℃），漆膜磨耗仪，突起路标抗冲击试验装置或落球冲击试验机
综合乙级	1	土	颗粒级配，界限含水率，最大干密度，最佳含水率，CBR，天然稠度，相对密度，回弹模量，有机质含量，烧失量	标准筛，摇筛机，密度计，电子天平，烘箱，光电液塑限联合测定仪，自动击实仪，脱模器，CBR试验装置（路面材料强度试验仪或其他荷载装置），比重瓶，杠杆压力仪，承载板及测力装置，分析天平，高温炉
	2	集料	颗粒级配，针片状颗粒含量，压碎值，磨耗值，细集料含泥量，砂当量，坚固性，密度，吸水率，软弱颗粒含量，细集料棱角性，含水率，泥块含量，有机质含量，亚甲蓝值MBV，矿粉亲水系数	标准筛（砂、石筛），摇筛机，烘箱，电子天平，规准仪，游标卡尺，压碎值试验仪，压力机，洛杉矶磨耗机，加速磨光机，摆式摩擦系数测定仪，砂当量仪，李氏比重瓶，细集料棱角性测定仪，叶轮搅拌机，测长仪及配件，应力环及测试装置

附录2 关于公布《公路水运工程试验检测机构等级标准》及《公路水运工程试验检测机构等级评定程序》的通知

续表

等级	序号	项目	主要试验检测参数	设备配置
综合乙级	3	岩石	**单轴抗压强度**，抗冻性，含水率，密度，毛体积密度，吸水率	压力机，游标卡尺，电动切石机，砂轮磨平机，低温试验箱，电子天平，烘箱，抽气设备
	4	水泥	**密度，比表面积，凝结时间，安定性，胶砂强度**，标准稠度用水量，烧失量，胶砂流动度	电子天平，透气比表面积仪，水泥净浆搅拌机，标准法维卡仪，雷氏夹，沸煮箱，胶砂搅拌机，振实台，标准恒温恒湿养护箱，电动抗折试验机，恒应力压力机，凝结时间测定仪，水泥胶砂流动度测试仪，高温炉
	5	水泥混凝土、砂浆	**抗压强度，抗折强度，配合比设计，坍落度，含气量**，混凝土凝结时间，抗渗性，表观密度，抗压弹性模量，泌水率，劈裂抗拉强度，抗折弹性模量，砂浆稠度，分层度，干缩率	标准养护室，水泥混凝土搅拌机，振动台，材料试验机，抗折试验夹具，千分表，坍落度筒，含气量测定仪，混凝土贯入阻力仪，混凝土渗透仪，容量筒，劈裂试验夹具，水泥砂浆搅拌机，水泥砂浆稠度仪，水泥砂浆分层度仪，干缩养护箱，比长仪
	6	水，外加剂	**pH值，氯离子含量，减水率，抗压强度比**，泌水率比，不溶含量，可溶物含量，硫酸盐及硫化物含量，含气量，凝结时间差，外加剂的钢筋锈蚀试验	酸度计，分析天平，滴定设备，烘箱，压力机，混凝土贯入阻力仪，含气量测定仪，阳极极化仪或钢筋锈蚀测量仪
	7	无机结合料稳定材料	**最大干密度，最佳含水量，无侧限抗压强度**，水泥或石灰剂量，石灰有效钙镁含量，粉煤灰细度，粉煤灰烧失量，粉煤灰比表面积	自动击实仪，压力机，路面材料强度仪，脱模器，标准养护室，滴定设备，电子天平，烘箱，电炉，分析天平，负压筛析仪，高温炉，Blaine透气仪
	8	沥青	**针入度，延度，软化点，闪点，粘附性，薄膜加热试验**，密度，动力黏度，改性沥青弹性恢复率，改性沥青的离析性，乳化沥青贮存稳定性，乳化沥青破乳速度，乳化沥青微粒粒子电荷，乳化沥青筛上残留物含量	自动针入度仪，烘箱，恒温水槽，低温延度仪，软化点仪，闪点仪，薄膜烘箱，电子天平，比重瓶，分析天平，真空减压毛细管黏度计，滤筛（1.18mm），沥青乳液稳定性试验管，电极板，标准筛，电炉，冰箱
	9	沥青混合料	**马歇尔稳定度，流值，空隙率，矿料间隙率，沥青用量，矿料级配**，动稳定度，最大理论密度	沥青混合料拌合机，马歇尔自动击实仪，马歇尔稳定度仪，烘箱，恒温水槽，脱模器，沥青抽提仪（或燃烧炉），电子天平，标准筛，摇筛机，轮碾成型机，车辙试验机，最大理论密度测定仪，真空负压装置，路面材料强度测试仪
	10	钢筋（含接头）	**抗拉强度，屈服强度，伸长率，冷弯**	万能材料试验机，弯曲装置，游标卡尺，标距打点机

附录2 关于公布《公路水运工程试验检测机构等级标准》及《公路水运工程试验检测机构等级评定程序》的通知

续表

等级	序号	项目	主要试验检测参数	设备配置
综合乙级	11	路基路面	厚度,压实度,平整度,弯沉,构造深度,摩擦系数,渗水系数,几何尺寸,土基回弹模量	环刀,灌砂筒,天平,取芯机,弯沉测试设备,平整度测试设备,摩擦系数测试设备,构造深度测试仪,路面渗水仪,全站仪（或经纬仪,测距仪）,水准仪,钢尺,承载板
	12	地基基础、基桩	地基承载力,地表沉降,基桩完整性	承载板及测试装置,水准仪,静力触探仪,动力触探仪,压力机,基桩动测仪,超声波检测仪
	13	结构混凝土	强度,混凝土碳化深度,钢筋位置及保护层厚度,表观及内部缺陷	回弹仪,取芯机,压力机,碳化深度测量装置,钢筋位置及保护层测定仪,非金属超声波检测仪,裂缝测量装置
综合丙级	1	土	颗粒级配,界限含水率,最大干密度,最佳含水率,天然稠度,有机质含量,比重	标准筛,摇筛机,密度计,电子天平,烘箱,光电液塑限联合测定仪,自动击实仪,脱模器,杠杆压力仪,承载板及测力装置,分析天平,比重瓶
	2	集料	颗粒级配,压碎值,针片状颗粒含量,密度,含水率,泥块含量,矿粉亲水系数	标准筛,摇筛机,压碎值测定仪,压力机,针片状规准仪,游标卡尺,李氏比重瓶
	3	水泥	凝结时间,安定性,胶砂强度,标准稠度用水量	水泥净浆搅拌机,标准法维卡仪,雷氏夹,沸煮箱,胶砂搅拌机,振实台,标准恒温恒湿养护箱,电动抗折试验机,恒应力压力机,凝结时间测定仪
	4	水泥混凝土、砂浆	抗压强度,抗折强度,配合比设计,坍落度,含气量,砂浆稠度,分层度	标准养护室,水泥混凝土搅拌机,标准振动台,材料试验机,抗折试验夹具,坍落度筒,水泥砂浆搅拌机,水泥砂浆稠度仪,水泥砂浆分层度仪
	5	外加剂	减水率,抗压强度比,泌水率比,凝结时间差,含气量,外加剂的钢筋锈蚀试验	压力机,混凝土贯入阻力仪,含气量测定仪、钢筋锈蚀测量仪
	6	无机结合料稳定材料	最大干密度,最佳含水量,无侧限抗压强度,水泥或石灰剂量,石灰有效钙镁含量	标准电动击实仪,压力机,路面材料强度试验仪,烘箱,恒温恒湿养护室（箱）,脱模器,电子天平,滴定设备,分析天平
	7	沥青	针入度,延度,软化点,粘附性,沥青密度	针入度仪,恒温水槽,烘箱,低温延度仪,软化点仪,电炉,比重瓶,分析天平
	8	沥青混合料	马歇尔稳定度,流值,空隙率,矿料间隙率,沥青用量,矿料级配	沥青混合料拌和机,马歇尔自动击实仪,烘箱,马歇尔稳定度仪,恒温水槽,脱模器,沥青抽提仪（或燃烧炉）,电子天平,标准筛
	9	钢筋（含接头）	抗拉强度,屈服强度,伸长率,冷弯	万能材料试验机,弯曲装置,游标卡尺,标距打点机

附录2 关于公布《公路水运工程试验检测机构等级标准》及《公路水运工程试验检测机构等级评定程序》的通知

续表

等级	序号	项目	主要试验检测参数	设备配置
综合丙级	10	路基路面	厚度，压实度，弯沉，平整度，摩擦系数，构造深度	环刀，灌砂筒，天平，取芯机，贝克曼梁，3m直尺，摆式摩擦系数测定仪，人工铺砂仪
综合丙级	11	结构混凝土	强度，表观缺陷，混凝土碳化深度	回弹仪，取芯机，压力机，碳化深度测量装置，裂缝观测装置
交通工程专项	1	例行试验	环境温度试验，环境湿度试验，一般盐雾试验，耐化学溶剂腐蚀试验，振动试验，冲击试验，循环盐雾腐蚀试验，人工加速耐候性试验	步入式环境试验箱（不小于12m³），气流式盐雾腐蚀试验箱，化学试验器皿，分析天平（感量0.1毫克），架盘天平，电子天平（感量0.01克），电磁震动试验台（不小于3t推力），循环盐雾腐蚀试验箱，6500W水冷氙弧灯老化试验箱，紫外光老化试验箱
交通工程专项	2	电性能检测	电压，电流，电阻，接地电阻，视频传输性能，数据传输性能，电气绝缘强度，IP防护等级	数字万用表，钳形电流表，接地电阻表，视频信号发生器，视频测量仪，低速数据测试仪（50bit/s～10M），通信性能综合分析仪（速率不小于2.5G），兆欧表，耐电压测试仪，密封防尘试验箱（不小于8m³），喷林试验装置
交通工程专项	3	光学量检测	发光强度，照度，亮度，表面色，逆反射色，绝对法测发光强度系数，绝对法测逆反射系数	光强计，照度计，非接触型亮度色度计，色彩色差仪，标准A光源，暗室（箱）（有效空间不小于20×2×2m³），标准逆反射测试系统（30.48m）
交通工程专项	4	原材料性能	耐环境应力开裂性能，非金属材料硬度，金属材料力学性能，非金属材料力学性能，耐热应力开裂，维卡软化点，热变形温度，氧指数，熔体流动速率，粉末涂层光泽度，高分子材料官能团分析，金属材料化学成分分析，循环盐雾腐蚀试验，人工加速耐候性试验	耐环境应力开裂试验装置，邵式硬度计，巴氏硬度计，1.0级电子万能材料试验机（量程不小于200kN），0.5级电子万能材料试验机（分辨力1N），耐热应力开裂试验装置，维卡软化点测定仪，热变形温度测量仪，氧指数测定仪，熔体流动速率测定仪，光泽度仪，红外光谱分析仪，光谱直读分析仪，循环盐雾腐蚀试验箱，6500W水冷氙弧灯老化试验箱，紫外光老化试验箱
交通工程专项	5	防腐层质量	金属涂层对金属基底的附着性能，附着量，平均厚度，均匀性，高分子涂层附着性能，抗弯曲性能，耐冲击性能，耐湿热性能，耐盐雾腐蚀性能，耐化学溶剂腐蚀性能，耐低温脆化性能，循环盐雾腐蚀试验，人工加速耐候性试验	涂层附着力测定锤，化学试验器皿，分析天平（感量0.1mg），架盘天平，电子天平（感量0.01g），游标卡尺，板厚千分尺，磁性涂层测厚仪，超声波测厚仪，漆膜弯曲试验装置，漆膜耐冲击测定器，小型恒温恒湿环境试验箱（均匀性不超过±1℃），电热恒温干燥箱，气流式盐雾腐蚀试验箱，化学试验器皿，脆化温度试验箱，电涡流涂层测厚仪，循环盐雾腐蚀试验箱，6500W水冷氙弧灯老化试验箱，紫外光老化试验箱

附录2 关于公布《公路水运工程试验检测机构等级标准》及《公路水运工程试验检测机构等级评定程序》的通知

续表

等级	序号	项目	主要试验检测参数	设备配置
交通工程专项	6	交通安全设施	波形梁钢护栏安装质量及性能测试，反光膜性能测试，交通标志板安装质量及性能测试，热熔型路面标线涂料性能测试，道路交通标线施工质量及性能测试，路面标线用玻璃微珠性能测试，突起路标安装质量及性能测试，轮廓标安装质量及性能测试，隔离设施安装质量及性能测试，防眩设施安装质量及性能测试，混凝土护栏安装质量及性能测试，缆索安装质量及性能测试，金属材料化学成份分析，耐候性，热熔型路面标线涂料密度、不粘胎干燥时间、耐水性、耐碱性、加热残留份、流动度，路面标线用玻璃微珠折射率、密度、耐水性	几何测量量具刃具，反光标志逆反射系数测试仪，反光膜附着性能测定装置，反光膜抗冲击性能测试仪，恒温恒湿环境试验箱，反光标线逆反射系数测试仪，漆膜磨耗仪，标线涂层厚度测试装置，摆式摩擦系数测试仪，玻璃珠筛分器，标准筛，放大镜（不小于100倍）加标准液，凸起路标发光强度系数测试仪，凸起路标抗冲击试验装置或落球冲击试验机，轮廓标发光强度系数测试仪（或标准反射测试系统），轮廓标耐密封测量装置，压力机（不小于600kN）、测力计，光谱直读分析仪，6500W水冷氙弧灯老化试验箱，紫外光老化试验箱，不粘胎时间测定仪，流动度测定杯
	7	通信管道与基础	外观质量，外形尺寸，材料力学性能，塑料通信管内壁摩擦系数，塑料管道耐压爆破性能，管道密封性能，耐落锤冲击性能，塑料管弯曲半径，管道基础压实度，人（手）孔防水，高程	几何测量（刃）具，1.0级电子万能材料试验机（量程不小于100kN），0.5级电子万能材料试验机（含引伸计），分析天平，电子天平，化学器皿，塑料通信管内壁摩擦系数测定仪，微机控制管材耐压爆破试验机，落锤式冲击仪，弯曲半径试验装置，灌砂筒，全站仪或水准仪
	8	监控设施	车辆检测器安装质量及性能测试，气象检测器安装质量及性能测试，闭路电视监视系统安装质量及性能测试，可变标志安装质量及性能测试，监控（分）中心设备安装及软件调测，大屏幕投影系统性能，计算机监控软件与网络性能测试，光电缆线路安装质量及性能测试，地图板安装质量及性能测试	几何测量（刃）具，测速雷达，低速数据测试仪，兆欧表，耐电压测试仪，全站仪，风速风向计，视频信号发生器，视频测量仪，亮度计，数字式万用表，接地电阻测试仪，温湿度计，照度计，数字存储示波器（不小于500MHz），网络线缆认证测试仪，网络性能分析仪，网络协议分析仪，目测及功能现场测试，OTDR，光源，光功率计，电缆故障综合测试仪
	9	通信设施	通信管道（含双壁波纹管，高密度聚乙烯硅芯管，玻璃纤维增强塑料管道及电缆管箱）与光电缆线路的技术参数及安装质量，光纤数字传输设备安装质量及系统测试，数字程控交换设备安装质量及系统测试，紧急电话设备安装质量及系统测试，通信电源性能，无线移动通信系统测试	几何测量（刃）具，OTDR，电缆故障综合测试仪，话缆串扰测试仪，通信性能综合分析仪（速率不小于2.5G），光源，光功率计，可变光衰减器，时基钟，市话模拟呼叫器，声级计，通用信号发生器，数字式万用表，钳形电流表，接地电阻测试仪，兆欧表，耐电压测试仪，数字存储示波器，杂波表，话路传输分析仪，场强计，功率计，频谱分析仪，高压测试系统

续表

等级	序号	项目	主要试验检测参数	设备配置
交通工程专项	10	收费设施	入口车道设备性能及安装质量，出口车道设备性能及安装质量，收费站设备性能及软件测试，IC卡及发卡编码系统测试，内部有线对讲及紧急报警系统测试，收费系统计算机网络性能测试，收费中心设备及软件测试，收费站内光电缆及塑料管道参数及安装质量	亮度计，照度计，数字式万用表，接地电阻测量仪，兆欧表，耐电压测试仪，数字存储示波器（不小于500MHz），视频信号发生器，视频测量仪，网络线缆认证测试仪，电缆故障综合测试仪，目测及功能现场测试，几何测量量具，OTDR，光源，光功率计，电缆故障综合测试仪
	11	低压配电设施	中心（站）内低压配电设备性能及安装质量，外场设备电力电缆线路参数及安装质量	数字式万用表，接地电阻测试仪，兆欧表，耐电压测试仪，电力谐波表，相位表，电缆故障综合测试仪，高压测试系统
	12	照明设施	照度及均匀度，灯杆基础尺寸，法兰和地脚几何尺寸，灯杆壁厚，灯杆垂直度，灯杆横纵向偏差，金属灯杆防腐涂层厚度，避雷针或接闪器高度	几何测量量（刃）具，照度计，亮度计，超声波测厚仪，全站仪（或测距仪加经纬仪），磁性涂层测厚仪，超声波测厚仪，电涡流涂层测厚仪
	13	隧道机电设施	环境检测设备性能及安装质量，报警与诱导设施性能及安装质量，通风设施性能及安装质量，照明设施性能及安装质量，本地控制器性能及安装质量，隧道监控中心计算机控制系统测试，消防设施性能及安装质量，隧道监控中心计算机网络测试	CO测试仪，烟雾传感器，能见度仪，几何测量量（刃）具，全站仪，风速风向计，测速雷达，低速数据测试仪，兆欧表，耐电压测试仪，视频信号发生器，视频测量仪，亮度计，数字式万用表，接地电阻测试仪，温湿度计，照度计，数字存储示波器（不小于500MHz），网络线缆认证测试仪，网络性能分析仪，网络协议分析仪，电缆故障综合测试仪，OTDR，光源，光功率计，电力谐波表，相位表，高压测试系统
桥梁隧道工程专项	1	结构混凝土	强度，混凝土碳化深度，钢筋位置及保护层厚度，表观及内部缺陷，钢筋锈蚀电位，氯离子含量，混凝土电阻率	回弹仪，取芯机，压力机，碳化深度测量装置，钢筋位置及保护层测定仪，非金属超声波检测仪，裂缝测量装置，钢筋锈蚀测量仪，混凝土电阻率测量仪，氯离子含量测定仪或化学滴定装置
	2	桥梁结构检测与监测	静态、动态应变（应力），变形，位移，模态参数（频率，振型，阻尼比），索力，承载能力，桥梁线形，温度，加速度，速度，风速	静态应变测量与采集设备（至少要有两种原理设备，测点总数不少于200点），动态应变测量，采集与分析设备（测点数不少于16通道），全站仪，变形测量装置，水准仪，测振传感器，温度测量装置，索力测量装置，GPS测量系统，风速仪，桥梁检查车（平台）

附录2 关于公布《公路水运工程试验检测机构等级标准》及《公路水运工程试验检测机构等级评定程序》的通知

续表

等级	序号	项目	主要试验检测参数	设备配置
桥梁隧道工程专项	3	地基基础、基桩	地基承载力,地表沉降,深层水平位移,基桩完整性,基桩承载力,特殊地基处理性能,成孔质量	承载板及测试装置,水准仪,测斜仪,静力触探仪、动力触探仪,压力机,超声波检测仪,低应变仪,承载力测试装置,千斤顶加载装置,位移测试装置,高应变仪,百米钻机(配标准贯入设备、泥浆泵、岩芯管钻头、取样器等),成孔质量检测装置
	4	钢筋（含接头）	抗拉强度,屈服强度,伸长率,冷弯	万能材料试验机,游标卡尺,标距打点机
	5	锚具、钢绞线	最大力,规定非比例延伸力,最大力总伸长率,弹性模量,松弛率,静载锚固性能（锚固效率系数,总应变）,洛氏硬度,周期荷载试验,组装件疲劳试验,辅助性试验	大行程万能试验机,松弛试验机,引伸仪,锚具试验系统,洛氏硬度计,疲劳试验机
	6	桥梁支座	外观及内在质量,竖向压缩变形,抗压弹性模量,抗剪弹性模量,极限抗压强度,抗剪粘结性能,抗剪老化,盆环径向变形,支座摩擦系数,支座转动力矩	压力机（≥5000kN）,剪切侧向加载系统,老化箱,游标卡尺,厚度塞尺
	7	伸缩缝	外形尺寸,外观质量,组装质量,防水性能,拉伸压缩最大水平摩阻力,拉伸压缩时变位均匀性	钢直尺,游标卡尺,厚度塞尺,力学性能试验装置
	8	波纹管	外观质量,外形尺寸,环刚度,局部横向载荷,柔韧性,抗冲击性	钢直尺,游标卡尺,小型电子万能试验机（带加载工装）,柔韧性专用工装,落锤冲击试验机,低温装置
	9	钢结构	几何尺寸,防护涂装,高强螺栓扭矩,钢材及焊缝无损探伤	全站仪（或经纬仪和测距仪）,水准仪,钢尺,涂层厚度仪,扭力扳手,金属超声波探伤仪,射线探伤仪,磁粉探伤仪,超声测力计
	10	隧道结构	断面尺寸,锚杆拉拔力,支护（衬砌）背后的空洞,衬砌厚度	隧道激光断面仪,锚杆拉拔仪,地质雷达,电钻或地质雷达
	11	隧道围岩稳定性及支护监控量测	周边位移,拱顶下沉,锚杆轴力,地表下沉,围岩内部位移,围岩压力及两层支护间压力,钢支撑内力	收敛计,精密水准仪,钢筋应力计及测量装置,多点位移计及测量装置,压力盒,表面应变计

续表

等级	序号	项目	主要试验检测参数	设备配置
桥梁隧道工程专项	12	隧道环境检测	照度，噪声，一氧化碳浓度，风速，烟雾浓度	照度计，精密声级计，CO浓度检测仪，风速计，光透过率仪
	13	隧道施工超前地质预报	前方地质的变化情况，灾害体的分布及性质	超前地质预报仪（地震探测仪或地质雷达探测仪）

注1. 所列设备功能、准确度均应符合所测参数现行规范的要求。
2. 表中黑体字标注的参数和仪器为强制性要求，少一项视为不通过。
3. 申请交通工程专项中6增项的应同时增加第3、第4、第5三项。
4. 申请交通工程专项8～13增项的应同时增加第1、第2两项，申请第9项的还应增加第7项。
5. 交通工程专项中第6项交通安全设施部分强制性测试项目中含有的非强制性参数列于该项后面。

公路工程试验检测环境　　　　　　　　　　附表 2-3

项目	综合甲级	综合乙级	综合丙级	交通工程专项	桥梁隧道工程专项
试验检测用房使用面积（不含办公面积）(m²)	≥1000	≥600	≥300	≥600	≥800
	检测试验环境应满足所开展的检测项目要求，且布局合理、干净整洁				

注：此表为强制性要求。

（2）水运工程试验检测机构等级标准

水运工程试验检测人员配备，见附表2-4，水运工程试验检测能力基本要求及主要仪器设备，见附表2-5，水运工程试验检测环境见附表2-6。

水运工程试验检测人员配备　　　　　　　　　　附表 2-4

项目	材料甲级	材料乙级	材料丙级	结构甲级	结构乙级
持试验检测人员证书总人数	≥20人	≥8人	≥5人	≥20人	≥8人
持试验检测工程师证书人数	≥8人	≥3人	≥1人	≥8人	≥3人
持工程师专业配置	水运材料专业≥8人	水运材料专业≥3人	水运材料专业≥1人	水运结构专业≥5，水运地基与基础专业≥3人	水运结构专业≥2，水运地基与基础专业≥1人
相关专业高级职称人数	≥4人	≥1人	—	≥4人	≥1人
技术负责人	(1) 相关专业高级职称；(2) 试验检测工程师；(3) 8年以上试验检测工作经历	(1) 相关专业高级职称；(2) 试验检测工程师；(3) 5年以上试验检测工作经历	(1) 相关专业中级职称；(2) 试验检测工程师；(3) 5年以上试验检测工作经历	(1) 相关专业高级职称；(2) 试验检测工程师；(3) 8年以上试验检测工作经历	(1) 相关专业高级职称；(2) 试验检测工程师；(3) 5年以上试验检测工作经历

附录2 关于公布《公路水运工程试验检测机构等级标准》及《公路水运工程试验检测机构等级评定程序》的通知

续表

项目	材料甲级	材料乙级	材料丙级	结构甲级	结构乙级
质量负责人	(1)相关专业高级职称； (2)**试验检测工程师**； (3)8年以上试验检测工作经历	(1)相关专业中级职称； (2)**试验检测工程师**； (3)5年以上试验检测工作经历	(1)相关专业中级职称； (2)试验检测工程师； (3)5年以上试验检测工作经历	(1)相关专业高级职称； (2)**试验检测工程师**； (3)8年以上试验检测工作经历	(1)相关专业中级职称； (2)试验检测工程师； (3)5年以上试验检测工作经历

注：表中黑体字为强制性要求，一项不满足视为不通过。

水运工程试验检测能力基本要求及主要仪器设备 附表2-5

等级	序号	项目	主要试验检测参数	设备配置
材料甲级	1	水泥	胶砂强度、安定性、细度、凝结时间、标准稠度用水量、比表面积、化学分析、胶砂流动度、强度快速测定、水化热、密度、氯离子含量	水泥胶砂搅拌机、水泥胶砂振实台、水泥净浆搅拌机、电子天平、分析天平、烘箱、标准恒温恒湿养护箱、维卡仪、雷氏夹膨胀值测定仪、沸煮箱、负压筛析仪、压力机、电动抗折试验机、高温炉、比表面积测定仪、火焰光度计(原子吸收分光光度计)、秒表、比重瓶、水泥水化热测定设备、胶砂流动度测定仪、水泥蒸压设备、量水器
	2	粗、细集料	颗粒级配、含泥量、泥块含量、氯离子含量(细)、针片状含量(粗)、岩石抗压强度(粗)、压碎指标(粗)、表观密度、堆积密度、碱集料反应、坚固性、云母含量(细)、石粉含量(粗)、吸水率、硫酸盐及硫化物含量、轻物质及有机物含量	砂筛全套、石筛全套、摇筛机、台称、电子天平、分析天平、容量筒、烘箱、滴定设备、比长仪、压力机、针片状规准仪、压碎指标值测定仪、浸水天平、干燥器
	3	水、外加剂	**pH值、氯离子含量**、细度、氯离子含量、水泥净浆流动度、水泥砂浆工作性、减水率、凝结时间差、抗压强度比、泌水率比、含气量、收缩率、钢筋锈蚀试验、固体含量(含水量)、密度、碱含量测定、不溶含量、可溶物含量、硫酸盐及硫化物含量	酸度计、分析天平、滴定设备、比重计、试验筛、含气量测定仪、贯入阻力仪、比长仪、胶砂流动度测定仪、电位测定仪、电极、酸度计、压力机、烘箱、阳极极化仪、试剂、滴定设备
	4	掺合料	细度、烧失量、需水量比、三氧化硫、含水量、比表面积、流动度比、活性指数	负压筛析仪、烘箱、高温炉、电子天平、分析天平、水泥胶砂试验设备、胶砂流动度测定仪、压力机、比表面积测定仪
	5	砖	外观质量、尺寸偏差、抗压强度、抗折强度、含水率、吸水率	压力机、抗折夹具、烘箱、卡尺、沸煮箱、台称
	6	土工合成材料	**塑料排水板纵向通水量、塑料排水板滤膜渗透系数、塑料排水板滤膜等效孔径、塑料排水板滤膜抗拉强度、塑料排水板复合体抗拉强度、单位面积质量、厚度、拉伸强度、延伸率、塑料排水板外形尺寸、梯形撕裂强度、顶破强度、刺破强度、动态穿刺强度、孔径、垂直渗透系数、老化性能试验**	电子拉力机、渗透仪、纵向通水量试验仪、标准筛、电子天平、无侧限测厚仪、拉力机、专用电子拉力机、垂直渗透仪、落锤穿透仪、标准筛、老化试验箱

附录2 关于公布《公路水运工程试验检测机构等级标准》及《公路水运工程试验检测机构等级评定程序》的通知

续表

等级	序号	项目	主要试验检测参数	设备配置
材料甲级	7	砂浆	配合比设计、稠度、分层度、密度、含气量、泌水率、立方体抗压强度、劈裂抗拉强度、含气量（北方地区）	砂浆稠度仪、砂浆分层度测定仪、容量筒、砂浆搅拌机、振动台、电子天平、压力机
	8	水泥混凝土	配合比设计、稠度、密度、泌水率、含气量、凝结时间、立方体抗压强度、抗折强度、轴心抗压强度、混凝土与钢筋握裹力、静力弹性模量、收缩率、抗渗性、钢筋在新拌（硬化）砂浆中阳极极化性能、混凝土中砂浆氯离子总含量、游离氯离子含量、电通量、氯离子扩散系数、抗冻性及动弹性模量（北方地区）、劈裂抗拉强度、混凝土防腐（耐碱性试验、粘接力试验）	混凝土搅拌机、标准振动台、标准养护室、维勃稠度仪、贯入阻力仪、坍落度筒、含气量测定仪、容量筒、压力机、比长仪、千分表、混凝土与钢筋握裹力测定仪、抗渗仪、冷冻设备（北方地区）、阳极极化仪、甘汞电极、烘箱、分析天平、滴定设备、动弹性模量测定仪（北方地区）、电通量测定仪、氯离子扩散系数测定仪
	9	无机结合料稳定材料	无侧限抗压强度、水泥或石灰剂量、石灰有效钙镁含量、粉煤灰细度、粉煤灰烧失量、粉煤灰比表面积	压力机、直读式测钙仪、分析天平、滴定设备、负压筛析仪、高温炉、电子天平、透气比表面积仪
	10	钢筋（含接头）	屈服强度、抗拉强度、伸长率、弯曲、化学分析、硬度、反向弯曲	万能材料试验机、冷弯冲头、分析天平、游标卡尺、钢化设备、电动反向弯曲机、洛式硬度计
	11	钢绞线	抗拉强度、伸长率、松驰、弹性模量	万能材料试验机、松驰试验机、引伸仪
	12	沥青	软化点、延度、针入度	软化点仪、延度仪、针入度仪
	13	粘结材料	抗压强度、抗拉强度、砂浆粘结抗拉强度、混凝土粘接劈裂抗拉强度、抗折强度、冲击强度、粘结面层热相容性、混凝土粘结抗剪强度、黏度、有效收缩性	万能材料试验机、压力机、恒温箱、黏度计、冲击试验机、冷冻箱
	14	土	含水率、密度、击实试验、颗粒级配、无侧限抗压强度、界限含水率、相对密度、渗透系数、压缩系数、固结系数、承载比、三轴试验、直剪试验	环刀、灌砂筒、烘箱、电子天平、台称、标准筛、液塑限联合测定仪、击实仪、压力机、无侧限抗压强度测定仪、渗透仪、固结仪、三轴仪、直剪仪、比重计
	15	结构混凝土	强度（回弹法、超声回弹法、取芯法）、混凝土缺陷（超声法）、钢筋位置和保护层厚度、钢筋锈蚀状况	回弹仪、非金属超声波检测仪、取芯机、钢筋保护层测定仪、钢筋锈蚀仪
	16	钢结构防腐	自然腐蚀电位、保护电位、涂层厚度、钢材厚度、表面粗糙度、涂膜附着力	参比电极、电压表、磁性测厚仪、超声波测厚仪、粗糙度仪、涂膜附着力测试仪
材料乙级	1	水泥	胶砂强度、安定性、细度、凝结时间、标准稠度用水量、比表面积、化学分析、胶砂流动度、强度快速测定、水化热、密度、氯离子含量	水泥胶砂搅拌机、水泥胶砂振实台、水泥净浆搅拌机、电子天平、分析天平、烘箱、标准恒温恒湿养护箱、维卡仪、雷氏夹膨胀值测定仪、沸煮箱、负压筛析仪、压力机、电动抗折试验机、高温炉、胶砂流动度测定仪、比表面积测定仪、秒表、比重瓶、水泥水化热测定设备

附录2 关于公布《公路水运工程试验检测机构等级标准》及《公路水运工程试验检测机构等级评定程序》的通知

续表

等级	序号	项目	主要试验检测参数	设备配置
材料乙级	2	粗、细集料	颗粒级配、含泥量、泥块含量、表观密度、堆积密度、氯离子含量（细）、针片状含量（粗）、压碎指标（粗）、坚固性、云母含量（细）、岩石抗压强度（粗）、石粉含量（粗）、吸水率、碱集料反应、硫酸盐及硫化物含量、轻物质及有机物含量	砂筛全套、石筛全套、摇筛机、台称、电子天平、分析天平、容量筒、滴定设备、烘箱、压力机、针片状规准仪、压碎指标值测定仪、浸水天平、干燥器、比长仪
	3	水	pH值、氯离子含量、不溶物含量、硫酸盐及硫化物含量	酸度计、分析天平、试剂、滴定设备
	4	掺和料	细度、烧失量、需水量比、含水量、流动度比、活性指数、三氧化硫	负压筛析仪、烘箱、高温炉、电子天平、分析天平、水泥胶砂试验设备、胶砂流动度测定仪、压力机
	5	砖	外观质量、尺寸偏差、抗压强度、抗折强度、含水率、吸水率	压力机、抗折夹具、烘箱、卡尺、沸煮箱、台称
	6	砂浆	配合比设计、稠度、泌水率、立方体抗压强度、密度、劈裂抗拉强度	砂浆稠度仪、砂浆搅拌机、振动台、电子天平、压力机、容量筒
	7	水泥混凝土	配合比设计、稠度、密度、泌水率、含气量、凝结时间、立方体抗压强度、抗折强度、抗渗性、轴心抗压强度、抗冻性及动弹性模量（北方地区）、劈裂抗拉强度、静力弹性模量、混凝土与钢筋握裹力	混凝土搅拌机、标准振动台、标准养护室、维勃稠度仪、贯入阻力仪、坍落度筒、含气量测定仪、容量筒、压力机、抗渗仪、千分表、混凝土与钢筋握裹力测定仪、冷冻设备、动弹性模量测定仪
	8	无机结合料稳定材料	无侧限抗压强度、粉煤灰细度、水泥或石灰剂量、石灰有效钙镁含量、粉煤灰烧失量	压力机、负压筛析仪、电子天平、直读式测钙仪
	9	钢筋（含接头）	屈服强度、抗拉强度、伸长率、曲弯、反向弯曲	万能材料试验机、冷弯冲头、游标卡尺、电动反向弯曲机
	10	土	含水率、密度、击实试验、颗粒级配、界限含水率、无侧限抗压强度、比重	环刀、灌砂筒、烘箱、电子天平、台称、标准筛、击实仪、烘箱、压力机、液塑限联合测定仪、比重计
	11	结构混凝土	强度（回弹法、超声回弹法、取芯法）、质量（超声法）、钢筋位置和保护层厚度	回弹仪、非金属超声波检测仪、取芯机、钢筋保护层测定仪
材料丙级	1	水泥	胶砂强度、安定性、细度、凝结时间、标准稠度用水量、比表面积、胶砂流动度、密度	水泥胶砂搅拌机、水泥胶砂振实台、水泥净浆搅拌机、电子天平、标准恒温恒湿养护箱、维卡仪、雷氏夹膨胀值测定仪、沸煮箱、负压筛析仪、压力机、电动抗折试验机、比表面积测定仪、秒表、比重瓶、胶砂流动度测定
	2	粗、细集料	颗粒级配、含泥量、泥块含量、表观密度、堆积密度、针片状含量（粗）、压碎指标（粗）、氯离子含量（细）、坚固性	砂筛全套、石筛全套、摇筛机、台称、电子天平、烘箱、针片状规准仪、压碎指标值测定仪、浸水天平、容量筒、分析天平、滴定设备

附录2 关于公布《公路水运工程试验检测机构等级标准》及《公路水运工程试验检测机构等级评定程序》的通知

续表

等级	序号	项目	主要试验检测参数	设备配置
材料丙级	3	砂浆	稠度、立方体抗压强度、配合比设计、密度、泌水率、劈裂抗拉强度	砂浆稠度仪、电子天平、压力机、砂浆搅拌机、振动台、容量筒
	4	水泥混凝土	稠度、立方体抗压强度、配合比设计、密度、泌水率、抗折强度	混凝土搅拌机、标准振动台、标准养护室、维勃稠度仪、坍落度筒、压力机、台称、容量筒
	5	土	含水率、密度、击实试验、颗粒分析、界限含水率、无侧限抗压强度	环刀、灌砂筒、烘箱、电子天平、台称、标准筛、击实仪、烘箱、比重计、压力机、液塑限联合测定仪
	6	结构混凝土	强度（回弹法）	回弹仪
结构甲级	1	结构混凝土	强度（回弹法、超声回弹法、取芯法）、混凝土缺陷（超声法）、钢筋位置和保护层厚度、钢筋锈蚀状况	回弹仪、非金属超声波检测仪、取芯机、压力机、塞尺或裂缝宽度测试仪、钢筋保护层测定仪、钢筋锈蚀仪
	2	钢结构防腐	自然腐蚀电位、保护电位、涂层厚度、钢材厚度、表面粗糙度、涂膜附着力	参比电极、电压表、磁性测厚仪、超声波测厚仪、粗糙度仪、涂膜附着力测试仪
	3	结构及构件	承载能力、静应力（应变）、静位移、静挠度、动应力（应变）、动位移、动挠度、振动频率、振型、振幅、大体积混凝土温度	千斤顶、反力架、油泵、千分表、百分表、静（动）态电阻应变仪、激光挠度仪、位移计、传感器、经纬仪、水准仪、测温仪
	4	基桩	基桩承载力（抗压-静载，高应变，抗拔与水平-静载，桩身内力-应力应变）、无侧限抗压强度（钻芯法）、基桩完整性（低应变反射波法、声波透射法、钻芯法）、钻孔灌注桩成孔质量（超声波法、电阻率法）、地下连续墙成槽质量（超声波法）	千斤顶、反力架、油泵、位移计、千分表、百分表、静态试验仪、静态电阻应变仪、基桩高应变仪、基桩低应变仪、非金属超声波检测仪、力传感器、加速度传感器、钻机、压力机、井径仪（孔壁垂直度测定仪）
	5	地基	地基承载力（静载试验、标准贯入、静力触探、动力触探）、表层及深层水平位移、表层及分层沉降、孔隙水压力、水位、土压力、不排水抗剪强度（十字板剪切试验）、桩身无侧限抗压强度与桩身完整性（钻芯法或动测法）	承载板、反力架、千斤顶、油泵、位移计、百分表、千分表、水准仪、经纬仪、测斜仪、孔隙水压力计、土压力计、弦式接收仪、分层沉降仪、水位计、标准贯入仪、钻机、压力机、十字板剪切仪、静动力触探仪
结构乙级	1	结构混凝土	强度（回弹法、超声回弹法、取芯法）、混凝土缺陷（超声法）、钢筋位置和保护层厚度、钢筋锈蚀状况	回弹仪、非金属超声波检测仪、取芯机、钢筋保护层测定仪、钢筋锈蚀仪
	2	钢结构防腐	自然腐蚀电位、保护电位、涂层厚度、钢材厚度、表面粗糙度、涂膜附着力	参比电极、电压表、磁性测厚仪、超声波测厚仪、粗糙度仪、涂膜附着力测试仪
	3	结构及构件	承载能力、静应力（应变）、静位移、静挠度、动应力（应变）、动位移、动挠度	千斤顶、反力架、油泵、千分表、百分表、静态电阻应变仪、激光挠度仪、位移计、传感器、经纬仪、水准仪、动态电阻应变仪

续表

等级	序号	项目	主要试验检测参数	设备配置
结构乙级	4	基桩	**基桩完整性（低应变反射波法）**、钻孔灌注桩成孔质量（超声波法、电阻率法）、地下连续墙成槽质量（超声波法）	基桩低应变仪、非金属超声波检测仪、井径仪或孔壁垂直度测定仪
结构乙级	5	地基	**地基承载力（静载试验、动力触探）**、桩身无侧限抗压强度与桩身完整性（钻芯法或动测法）	承载板、反力架、千斤顶、油泵、百分表、千分表、钻机、压力机、动力触探仪

注1：所列设备功能、准确度均应符合所测参数现行规范的要求。

2：表中黑体字标注的参数和仪器为强制性要求，少一项视为不通过。

水运工程试验检测环境   附表2-6

项目	材料甲级	材料乙级	材料丙级	结构甲级	结构乙级
试验检测用房使用面积（不含办公面积）（m²）	≥800	≥400	≥200	≥400	≥200
	检测试验环境应满足所开展的检测项目要求，且布局合理、干净整洁				

注：此表为强制性要求。

2. 公路水运工程试验检测机构等级评定程序

第一章 受理和初审

一、公路水运工程试验检测机构申请公路水运工程试验检测机构等级评定，应填报《公路水运工程试验检测机构等级评定申请书》（附件Ⅰ），并按《公路水运工程试验检测管理办法》（交通部令2005第12号）（以下简称《办法》）第九条规定，向省级交通质量监督机构（以下简称省质监机构）提交申请材料1份。

二、省质监机构收到申请材料后，应按照《办法》第十一条要求进行认真核查，及时作出书面受理或不受理的决定。

所申请的等级属于部质监总站负责评定范围的，省质监机构应在10个工作日内完成核查工作。对于受理的，退回申请材料中相关材料的原件，出具核查意见，并将申请材料转报部质监总站。

三、部质监总站或省质监机构（以下简称质监机构）对受理的申请材料应按照《办法》第十二条要求进行初审。初审发现问题需要澄清的，质监机构应当通知申请人予以澄清，并出具"公路水运工程试验检测机构等级评定申请补正通知书"（附件Ⅱ-1）；初审不合格的，质监机构应当及时书面说明理由；初审合格的进入现场评审阶段。

四、增项申请

（一）增项申请应填报《公路水运工程试验检测机构等级评定申请书》中增项相关内容。

（二）增项申请必须以检测项目为单位，不得申请单个或多个参数的增项。

（三）增项原则上应是试验检测机构等级标准范围内的检测项目，特殊情况下可对试验检测机构等级标准范围外但在现行交通行业标准、规范内规定的检测项目申请增项。

（四）增项数量应不超过本等级检测项目数量的50%，增项检测项目对人员、环境等对应条件的要求应在申报材料中体现。

五、同一检测机构申请多项等级

（一）同一人所持的多个专业检测资格证书，可在不同的检测等级申报中使用，但不得超过2次。

（二）除行政、技术、质量负责人外，其他持单一专业检测资格证书的人员不得重复使用。

（三）不同等级的专业重叠部分检测用房可共用，不重叠部分检测用房必须独立分别满足要求，以保证试验检测工作的正常开展。

（四）不同等级专业重叠部分的仪器设备可交叉使用，但对用量大的仪器设备应有数量规模要求，省质监机构初审时可视具体情况掌握。

第二章 现 场 评 审

第一节 现场评审准备

一、现场评审时间一般为2天，现场评审专家组人数一般为3~5人。如申请人申请多个资质或申请1个资质另加增项检测项目，评审组人数可适当增加。现场评审专家组设组长1名，负责主持现场评审工作。现场评审过程中，质监机构可派员进行过程监督。

二、现场评审5个工作日前质监机构应向申请人发出"公路水运工程试验检测机构等级评定现场评审通知书"（附件Ⅱ-2），属于部质监总站评定范围的增项申请，由部质监总站向申请单位所在的省质监机构发出"试验检测项目评审任务书"（附件Ⅱ-6）。

三、现场评审专家组由质监机构在其所建的公路水运工程试验检测专家库中随机抽取。被选专家与被评定的检测机构有利害关系的，在现场评审前应主动向部质监总站提出回避。

第二节 现场评审程序及内容

一、预备会议

在首次会议前，评审组长应组织预备会议，明确现场评审计划及专家分工，提请专家现场评审应注意的有关事项。

参加人员：评审组、监督人员

二、首次会议

（一）介绍评审任务和依据。

任务：按照《公路水运工程试验检测等级评定现场评审通知书》或《试验检测项目评审任务书》，对被评审检测机构做出公平、公正、公开、科学的现场评审，提出现场评审意见。

依据：《办法》和《公路水运工程工程试验检测等级标准》。

（二）介绍评审组成员组成，宣布现场评审计划考核内容和人员分工。

（三）对检测机构提出评审工作要求。

（四）检测机构随机抽取现场操作项目，并随机指定操作人员。

（五）检测机构负责人介绍机构总体情况。

参加人员：评审组、监督人员、被评审检测机构主要人员。

评审组需填写完成《现场评审会议签到表》（附件Ⅲ-1）和《现场试验项目委托单》（由机构准备）。

三、现场总体考察

现场总体考察的目的是从宏观上评价检测机构总体状况，评审组可按试验检测工作流程，重点考察：

（一）试验室面积、总体布局、环境、设备管理状况等情况。

（二）可能存在的薄弱环节。

（三）对环境、安全防护等有特殊要求的项目。

四、分组专项考核

按现场评审计划及分工，评审组成员分档案材料组、硬件环境组和技术考核组分别进行专项考核。3个小组在现场评审过程中既有分工又有合作，应相互协调、配合，对发现的问题及时沟通，确保现场评审客观、全面、准确。

（一）档案材料组。

通过对档案和内业资料的查阅考核申请人的业绩、检测能力、管理的规范性和人员资格等情况。内容包括：

1. 查验试验检测人员的职称证书、检测资格证书是否真实有效，检查技术负责人和质量负责人的资格以及试验检测人员的专业配置是否满足要求，试验检测报告的审核、签发人是否具备试验检测工程师资格。

2. 检测机构是否为所有持证试验检测人员签订劳动合同且办理三险。

3. 所有强制性试验检测项目的原始记录和试验检测报告或模拟检测报告是否齐全，抽查不少于10%的强制性项目和5%的非强制性项目检测报告的正确性、科学性、规范性。对于有模拟报告而无业绩的项目，检测机构应提交比对试验报告，或由现场评审专家组织比对试验进行确认。

4. 试验检测项目适用的标准、规范和规程是否齐全且现行有效。

5. 质量保证体系文件是否齐全、合理，运转有效。

6. 收样、留样和盲样运转记录是否齐全、合理。

评审组需填写完成《检测机构主要人员审查表》（附件Ⅲ-3）、《检测机构检测报告核查缺陷表》（附件Ⅲ-5）。

（二）硬件环境组。

通过现场符合性检查，考核检测机构硬件实际状况是否与所申请材料的内容一致，是否满足等级标准的要求。检查的主要内容：

1. 试验检测场地的面积是否满足要求，检查被评审检测机构用房的产权，若是租赁，租赁合同是否长期有效（租期≥5年为长期）。

2. 逐项核查仪器设备的数量和运行使用状况，与申请材料是否符合。强制性设备不得缺少；非强制性设备配置率应不低于80%，低于此比例的按每缺1台（套）扣0.5分。

3. 仪器设备管理状况，逐一核查仪器设备的使用记录、维修记录、检定/校准证书。重点核查有疑问仪器设备的购货凭证（购货发票和合同原件）。所有仪器设备必须具有所有权，不得租赁。

4. 试验检测场所是否便于集中有效管理；试验环境是否满足要求。

5. 样品的管理条件是否符合要求。

评审组需填写完成《试验检测仪器设备现场检查表》(附件Ⅲ-4)。

(三) 技术考核组。

通过现场操作考核,检查试验检测人员能否完整、规范、熟练地完成试验检测项目,从而评定申请人所具有的实际试验检测能力。

现场操作考核工作要点:

1. 提问考核技术负责人和质量负责人的业务和质量管理的相关知识。
2. 检查操作人员的检测证书,确定是否为所申报的人员,避免替换。
3. 观察检测人员的实际操作过程,是否完整、规范、熟练。
4. 通过提问或问卷,随机抽查试验检测人员相关试验检测知识。
5. 审查提交的现场操作项目报告的规范性、完整性。选2份作为《现场评审报告》附件。其余封存,留检测机构备查。
6. 对涉及结构安全的检测项目,如基桩等应对所有操作人员加强现场操作考核,并在证书上确认。

评审组需填写完成《现场考核技术人员评价记录表》(附件Ⅲ-6)和《现场考核试验情况记录表》(附件Ⅲ-7)。

五、评审组内部沟通会议

档案材料组、硬件环境组和技术考核组将评审情况进行汇总,确定总体评价,提出存在的问题和整改要求,整理完善各评审工作表,并在沟通情况的基础上,各专家独立打分,填写《公路水运工程试验检测机构现场评分表》(附件Ⅲ-2),由组长汇总计算平均分。

六、末次会议

末次会议是现场评审的最终会议,由评审组长主持,参加人员与首次会议相同,目的是通报评审总体情况,指出存在的问题并要求检测机构按《现场评审专家反馈意见表》内容落实整改。

评审组需填写完成《现场评审会议签到表》(附件Ⅲ-1)和《现场评审专家反馈意见表》(附件Ⅲ-8)。

七、提交现场评审材料

现场评审结束后,评审组组长负责将《公路水运工程试验检测机构能力等级现场评审报告》(附件Ⅳ)及《公路水运工程试验检测机构等级评定现场工作用表》(附件Ⅲ)等材料整理齐备,连同电子稿及选取的2份现场操作项目试验检测报告一并在现场评审后5个工作日内上报质监机构。

八、现场评审结果

(一) 得分<80分,不予通过,评定结束满6个月后可重新申报。

(二) 80分≤得分<85分,不予通过,评定结束后满3个月方可申请现场整改复核评定。

(三) 得分≥85分,予以通过,需整改的方面,应报送书面整改。

第三章 等 级 评 定

质监机构依据《办法》及《现场评审报告》召开专题会议,对申请人进行公路水运工程试验检测机构等级评定。并将评定结果予以公示。公示期为7个工作日。

（一）对于评定通过，且公示期间无异议或经核实异议不成立的试验检测机构，质监机构发出"公路水运工程试验检测机构等级评定决定书"（附件Ⅱ-3），并核发《等级证书》及"公路水运试验检测机构"专用标识用章。

（二）对于公示期间有异议、且经核实异议成立的，应当书面通知申请人。并视情节轻重，作出相应处理。

（三）对于需要整改后复核的试验检测机构，质监机构发出"公路水运工程试验检测机构等级评定整改通知书"（附件Ⅱ-4）。

（四）对于评定不通过的试验检测机构，质监机构发出"公路水运工程试验检测机构等级评定不予通过决定书"（附件Ⅱ-5）。

（五）对于甲级或专项增项通过的试验检测机构，质监总站向省质监机构发出"试验检测项目评定决定书"（附件Ⅱ-7）。

（六）为提高公路、水运等级检测机构出具试验检测报告的权威性，增强检测机构责任意识，所有等级试验检测机构，在其业务范围内出具的试验检测报告，应在报告封面加盖"公路水运试验检测机构"专用标识。

附件：
Ⅰ 公路水运工程试验检测机构等级评定申请书；
Ⅱ 公路水运工程试验检测机构等级评定表；
Ⅱ-1 公路水运工程试验检测机构等级评定申请补正通知书；
Ⅱ-2 公路水运工程试验检测机构等级评定现场评审通知书；
Ⅱ-3 公路水运工程试验检测机构等级评定决定书；
Ⅱ-4 公路水运工程试验检测机构等级评定整改通知书；
Ⅱ-5 公路水运工程试验检测机构等级评定不予通过决定书；
Ⅱ-6 试验检测项目评审任务书；
Ⅱ-7 试验检测项目评定决定书；
Ⅲ 公路水运工程试验检测机构等级评定现场工作用表；
Ⅲ-1 现场评审会议签到表；
Ⅲ-2-1 公路水运工程试验检测机构现场评分表；
Ⅲ-2-2 公路水运工程试验检测机构水平测试现场评分细化表；
Ⅲ-3 检测机构主要人员审查表；
Ⅲ-4 试验检测仪器设备现场检查表；
Ⅲ-5 检测机构检测报告核查缺陷表；
Ⅲ-6 现场考核技术人员评价记录表；
Ⅲ-7 现场考核试验情况记录表；
Ⅲ-8 现场评审专家反馈意见表；
Ⅳ 公路水运工程试验检测机构能力等级现场评审报告。

附件Ⅰ 公路水运工程试验检测机构等级评定申请书（附表Ⅰ-1～附表Ⅰ-6、附图Ⅰ-1）。

公路水运工程试验检测机构等级评定

申 请 书

申请机构名称：_____（章）

申请等级/换证/增项：_____

申请日期：_____年_____月_____日

交通部基本建设质量监督总站制

填 表 须 知

（1）本表统一采用 A4 尺寸纸张，内容必须打印，检测机构对填表内容的真实、可靠性负责。

（2）本表可复印，填写的内容受表格限制时，可按本表格格式增加附页，但须连同正页编第　页，共　页。

（3）"所属法人机构"指的是检测机构不是独立法人其所属的法人机构。若为独立法人的此项不填。

（4）本《申请书》所选"□"内打"√"。

（5）检测机构主要负责人简历栏：分别填写检测机构行政、技术和质量负责人简历。

（6）本《申请书》适用等级评定、换证、增项的申请。

附录2 关于公布《公路水运工程试验检测机构等级标准》及《公路水运工程试验检测机构等级评定程序》的通知

试验检测机构综合情况　　　　　　　　　　　　　　　　附表Ⅰ-1

机构名称							
机构性质		□社团法人		□事业法人		□企业法人	□其他
联系地址						邮编	
联系电话			传真			E-mail	
所属法人机构名称及法人代表							
所属法人机构性质		□社团法人		□事业法人		□企业法人	□其他
联系地址						邮编	
联系电话			传真			E-mail	
法定代表人或机构行政负责人			电话			手机	
营业执照					开户银行账号		

人员情况	持试验检测人员证书总人数			持试验检测工程师证书人数			
	相关专业高级职称人数			试验检测用房总面积（m²）			
	行政、技术和质量负责人						
	姓名	性别	出生日期	职务	职称	专业	从事试验检测年限	检测人员证书编号

申请类型	□评定　　□换证　　□增项
已有等级类型	
新申报等级类型	
认证/认可情况（认证/认可部门/时间/证号）	

申请试验检测业务范围表

附表Ⅰ-2

第__页 共___页

序号	试验检测参数	采用的试验检测方法和标准（名称/编号）	所用主要仪器设备名称	设备编号	主要操作人员	备注

注：1. 填写时应按公路水运工程试验检测机构等级标准中所列试验检测项目及参数顺序填写。
　　2. 增项申报只填写增加部分。

附录2　关于公布《公路水运工程试验检测机构等级标准》及《公路水运工程试验检测机构等级评定程序》的通知

组织机构框图　　　　　　　　　　　附图Ⅰ-1

注：
1. 独立法人的画出本试验检测机构内、外（行政或业务指导）部关系；
2. 非独立法人的画出本试验检测机构在母体法人中所处位置、所有（人事、财务、后勤保障）二级机构及内、外部关系；
3. 直接关系用实线连接，间接关系用虚线连接。

附录2 关于公布《公路水运工程试验检测机构等级标准》及《公路水运工程试验检测机构等级评定程序》的通知

试验检测机构主要负责人简历　　　　　　　　　附表Ⅰ-3

姓名		性别		出生日期		照片
学历		职称		从事试验检测工作年限		
毕业院校、专业、时间						
职务				检测人员证书编号		
业务专长						
本人主要工作经历和试验检测业绩						

本人签名：

注：主要负责人指机构负责人、技术负责人、质量负责人。

在岗人员一览表

附表Ⅰ-4

第__页 共___页

序号	姓名	性别	出生年月	岗位职务、任职部门	学历和专业	职称	检测人员证书编号	从事试验检测年限

附录 2 关于公布《公路水运工程试验检测机构等级标准》及《公路水运工程试验检测机构等级评定程序》的通知

试验检测仪器设备一览表 附表Ⅰ-5

第__页 共___页

序号	设备编号	设备名称	型号规格	生产厂家	购置日期	单价(元)	量程或规格	准确度	检定/校准周期	检定/校准单位	最近检定/校准日期	保管人	备注

注：1. 填写时应按公路水运工程试验检测机构等级标准中所列仪器设备顺序填写。
　　2. 增项申报只填写增加部分。

核 查 意 见 附表Ⅰ-6

主管单位意见：	
	（公章） 年　月　日
所在地省级质监机构核查意见：	
	（公章） 年　月　日
评定结果：	
	（公章） 年　月　日
备注：	

附录2 关于公布《公路水运工程试验检测机构等级标准》及《公路水运工程试验检测机构等级评定程序》的通知

附件Ⅱ 公路水运工程试验检测机构等级评定表

附件Ⅱ-1

公路水运工程试验检测机构等级评定申请补正通知书

编号：

_____：

你单位于   年   月   日提出_____申请。

根据《公路水运工程试验检测管理办法》，请对申请材料在20天内作出补正，逾期视为撤销申请。补正内容如下：_____

_____。

特此通知。

（印章）

年   月   日

附录2　关于公布《公路水运工程试验检测机构等级标准》及《公路水运工程试验检测机构等级评定程序》的通知

附件Ⅱ-2

公路水运工程试验检测机构等级评定现场评审通知书

编号：

_____：

　　你单位提出_____申请。

　　经初审合格，根据《公路水运工程试验检测管理办法》，决定于　年　月　日至　年　月　日进行现场评审。请提前做好现场评审准备工作，配合现场专家评审组做好现场评审工作。

　　特此通知。

（印章）

年　月　日

附件 Ⅱ-3

公路水运工程试验检测机构
等级评定决定书

编号：

_____：

你单位于　　年　　月　　日提出_____申请。经审查，符合《公路水运工程试验检测管理办法》规定的条件、标准，被评定为：_____等级，准予按照《等级证书》核定的业务和从业范围从事公路水运工程试验检测活动。

（印章）

年　　月　　日

附录2 关于公布《公路水运工程试验检测机构等级标准》及《公路水运工程试验检测机构等级评定程序》的通知

附件Ⅱ-4

公路水运工程试验检测机构
等级评定整改通知书

编号：

_____：

你单位于　　年　　月　　日提出_____申请。经审查，存在如下问题：_____

_____。

请针对以上问题进行整改，在现场评定结束满3个月后提交书面整改报告，申请复核评定。

（印章）

年　　月　　日

附件Ⅱ-5

公路水运工程试验检测机构
等级评定不予通过决定书

编号：

_____：

你单位于　　年　　月　　日提出_____申请。经审查，存在如下问题：_____

_____。

根据《公路水运工程试验检测管理办法》，决定对你单位提出的申请不予通过。

（印章）

年　　月　　日

附件Ⅱ-6

试验检测项目评审任务书

编号：

_____省工程质量监督站：

你站于　　年　　月　　日提出的_____单位_____试验检测项目申请。经审查，同意对该项目进行评审。

评审时间：　　年　　月　　日至　　年　　月　　日

评审专家：_____

请你站通知被评审检测机构提前做好评审准备，并配合评审专家做好对该项目的评审工作。

（印章）

年　　月　　日

附录2 关于公布《公路水运工程试验检测机构等级标准》及《公路水运工程试验检测机构等级评定程序》的通知

附件Ⅱ-7

试验检测项目评定决定书

编号：

_____省工程质量监督站：

你站于　　年　月　　日提出的_____单位_____试验检测增项申请，经组织专家进行现场评审，认为其符合《公路水运工程试验检测管理办法》规定的条件、标准，现准予通过。（增项范围见附表）

（印章）

年　月　日

附件Ⅲ 公路水运工程试验检测机构等级评定现场工作用表

附件Ⅲ-1 现场评审会议签到表（附表Ⅲ-1）

现场评审会议签到表　　　　　　　　　　　　　　　附表Ⅲ-1

被评审机构名称	
申请等级	□公路工程综合甲级　□桥梁隧道专项　□交通工程专项 □水运工程材料甲级　□水运工程结构甲级
评审性质	□初次评审　□换证评审　□增项评审
会议名称	□首次会　□末次会　□座谈会
会议日期	会议地点

参 加 会 议 人 员 签 名

	姓 名	职 务（职称）	单 位
评审组			
被评审机构			
监督人员			
特邀人员			

附录2 关于公布《公路水运工程试验检测机构等级标准》及《公路水运工程试验检测机构等级评定程序》的通知

附件Ⅲ-2-1 公路水运工程试验检测机构现场评分表（附表Ⅲ-2）

公路水运工程试验检测机构现场评分表　　　　　　　　　附表Ⅲ-2

类别	考核项目	规定分值	评分标准	评分
人员 12分	相关专业高级职称人数	2分	低于规定人数，按实有人数与规定人数比率与规定分相乘计算得分	
	技术负责人*	2分	（1）按能力等级标准第3项，不符合扣1分； （2）熟悉质量管理体系及相关技术标准的要求，不符合扣1分	
	质量负责人*	2分	（1）按能力等级标准第3项，不符合扣1分； （2）熟悉质量管理体系及相关技术标准的要求，不符合扣1分	
	人员专业配置*	3分	人员专业配置不符合，每少1人扣1分	
	人员档案	3分	人员证书、合同、隶属关系证明齐全，不符合扣1~3分	
试验检测设备及环境条件 12分	仪器设备	8分	非强制性仪器设备配置率不低于80%，低于此比例按每缺1台（套）扣0.5分处理	
	环境状况	4分	（1）试验室布局合理；（2）仪器设备摆放合理整齐；（3）环境整洁干净；（4）环境条件满足检测要求。 1处不达标扣0.5分	
管理情况 30分	管理体系运行有效性评价*	6分	依照试验室管理认证准则，建立管理体系。（1）管理体系健全，质量文件各要素齐全；（2）各种体系运行记录完整，能有效运转；（3）人员了解运行管理要求并按要求落实； 每项不满足扣1~2分	
	试验记录、报告*	10分	（1）档案分类清晰、管理规范、查询方便；（2）相关标准规范收集齐全，现行有效并受控；（3）记录、报告格式规范一致；（4）相关信息完整；（5）更改规范；（6）单位制使用正确；（7）结论表述正确；（8）签字齐全；（9）依据标准正确。（10）无其他错误 每1项不满足要求扣1分。 发现伪造报告，取消参评资格	
	仪器设备管理	10分	（1）有专人管理仪器设备，固定存放地点；（2）使用记录齐全完整；（3）仪器设备档案齐全完整；分类清晰、管理规范、查询方便（4分）（4）各种标识齐全、规范；（5）设备按规定维护、保养；（6）仪器设备按规定检定、校准；（7）自校规程齐全并严格执行。 第6项每1台仪器未检定、校准扣1分，其余每1项未达到扣1分。	
	样品管理	4分	（1）标识清晰，信息齐全；（2）保管规范；（3）流转有序；（4）盲样管理规范。 每1项不满足要求扣1分	
水平测试 38分	实际操作	38分	见"现场评分细化表"	
工作业绩 8分	业绩*	8分	（1）曾因试验检测失误造成损失或引发纠纷，每1起扣3分；（2）每1个强制性参数无业绩或模拟报告0.5分	
	合计	100分		

注：1. 在评审中若发现检测机构未能满足等级评定标准强制性能力要求，即视为不通过，不再填写此表。
2. 本表适用于各能力等级的现场评分。
3. 评分时，对任一考核项目的扣分不超过该项目规定分值。
4. 标"*"项得零分视为现场考核不通过。
5. 专家评审组评分≥85分，予以通过；80分≤评分<85分，需限期整改；评分<80分，不予通过。

附录2 关于公布《公路水运工程试验检测机构等级标准》及《公路水运工程试验检测机构等级评定程序》的通知

附件Ⅲ-2-2 公路水运工程试验检测机构水平测试现场评分细化表（附表Ⅲ-3）

公路水运工程试验检测机构水平测试现场评分细化表　　附表Ⅲ-3

类别	评 分 标 准	规定分值	评分
水平测试 38分	(1) 操作人员持证上岗，上岗不持证1人扣1分	3分	
	(2) 环境条件应符合试验规程要求	1分	
	(3) 在试验前后分别对所用的仪器设备进行了状态检查测试	2分	
	(4) 能够按照标准、规范和规程所规定的方法和步骤完整、规范、熟练操作	6分	
	(5) 能够熟练地使用仪器设备	2分	
	(6) 所记录的原始记录应是对试验过程的实时记录，记录时有复颂、核对、检查	3分	
	(7) 能够熟练正确地进行计算	2分	
	(8) 试验报告应按照规定准确、清晰、客观的表述，信息齐全	6分	
	(9) 试验的结论正确	3分	
	(10) 检测人员签字齐全、有效	2分	
	(11) 熟练掌握所承担检测领域的相关的技术要求和方法（根据现场对检测人员的提问评分）	8分	
评分		评审专家	

附件Ⅲ-3 检测机构主要人员审查表(附表Ⅲ-4)

检测机构主要人员审查表 附表Ⅲ-4

序号	姓名	性别	出生年月	岗位职务任职部门	学历和专业	职称	检测人员证书编号	劳动合同（年限）	聘用合同（年限）	社会保险（保险种类）	从事试验检测年限

附件Ⅲ-4 试验检测仪器设备现场检查表（附表Ⅲ-5）

试验检测仪器设备现场检查表　　　　　　　　　　附表Ⅲ-5

属性	设备编号	设备名称	型号规格	购买日期	检定/校准周期	检定/校准单位	最近检定/校准日期	仪器设备核查情况	存在的问题
强制性									
非强制性									
缺少的仪器设备	—	—	—	—	—	—	—	—	—
	—	—	—	—	—	—	—	—	—
	—	—	—	—	—	—	—	—	—
试验检测办公用房面积（m²）			试验检测用房面积（m²）				总面积（m²）		备注

注：1. 设备名称填写时应按申请书试验检测仪器设备一览表所列仪器设备顺序填写。
　　2. "仪器设备的核查情况"栏由专家核准填写，"设备满足要求"打"√"，"设备不满足要求"打"×"。
　　3. "存在的问题"栏由专家根据发现的问题填写。

附件Ⅲ-5 检测机构检测报告核查缺陷表（附表Ⅲ-6）

检测机构检测报告核查缺陷表　　　　　　　　　　附表Ⅲ-6

序号	项目	检测报告编号（或模拟检测报告编号）	存在缺陷

附件Ⅲ-6 现场考核技术人员评价记录表(附表Ⅲ-7)

现场考核技术人员评价记录表　　　　　　附表Ⅲ-7

第　页共　页

考核的主要内容:
(1)具备相应的工作经历;(2)具备相应的职责;(3)熟悉或掌握检测技术及质量管理体系及程序;(4)熟悉或掌握所承担检测领域的相应技术标准方法;(5)对检测结果做出相应评价的判断能力

序号	被考核人姓名	职务及职称	检测人员证书编号	评价意见

主考专家签名:

　　　　　　　　　　　　　　　　　　　　　　　　　　　　年　月　日

附件Ⅲ-7 现场考核试验情况记录表（附表Ⅲ-8）

现场考核试验情况记录表　　　　　　　　　　　　　　附表Ⅲ-8

检测机构名称：　　　　　　　　　　　　　　　　　　　　第　页　共　页

序号	检测项目名称	样品名称	样品编号	依据的标准、检测方法	所用仪器名称型号/编号	检测人员	实际操作评价			缺陷和错误内容摘要
							操作规范性	操作程序完整性	检测原始记录和报告规范性	
备注	主考专家签名：				评审组长签名：					

附件Ⅲ-8 现场评审专家反馈意见表（附表Ⅲ-9）

现场评审专家反馈意见表　　　　　　　　　　　　附Ⅲ-9

总体评价			评价意见
			存在问题
	1	人员	
	2	试验检测设备及环境条件	
	3	管理情况	
	4	水平测试	
	5	工作业绩	
评审组长		评审专家	

附件Ⅳ 公路水运工程试验检测机构能力等级现场评审报告（附表Ⅳ-1～附表Ⅳ-5）

公路水运工程试验检测机构能力等级

现场评审报告

机构名称：_____

报告编号：_____

评审组长：_____

评审时间：_____

交通部基本建设质量监督总站制

附录2 关于公布《公路水运工程试验检测机构等级标准》及《公路水运工程试验检测机构等级评定程序》的通知

填 表 须 知

（1）本表统一采用 A4 尺寸纸张，内容必须打印，专家评审组对填表内容的真实、可靠性负责。

（2）本表可复印，填写的内容受表格限制时，可按本表格格式增加附页，但须连同正页编第　　页，共　　页。

（3）本《现场评审报告》适用等级评定和换证。

附录 2 关于公布《公路水运工程试验检测机构等级标准》及《公路水运工程试验检测机构等级评定程序》的通知

公路水运工程试验检测机构现场考核评审意见　　　　　　　　附表 Ⅳ-1

检测机构名称		
现场评审意见	总体评价	
	评审发现的问题及需改进之处	
	结论及建议	鉴于以上评审意见，评审组认为该机构［符合□基本符合□不符合□］《公路水运工程试验检测管理办法》相关条件和要求，评审组建议： (1) 通过评审。□ (2) 该机构根据专家提出的问题认真整改，并在 1 个月内将整改报告经评审组长确认后，予以通过。□ (3) 该机构根据专家提出的问题认真整改，满 3 个月后提交整改报告，经专家现场复核确认后，予以通过。□ (4) 不予通过□
评审组长		评审日期	
评审组成员		

附录2 关于公布《公路水运工程试验检测机构等级标准》及《公路水运工程试验检测机构等级评定程序》的通知

公路水运工程试验检测机构现场评分表

附表 Ⅳ-2

类别	考核项目	规定分值	评分标准	评分
人员 12分	相关专业高级职称人数	2分	低于规定人数,按实有人数与规定人数比率与规定分相乘计算得分	
	技术负责人*	2分	(1)按能力等级标准第3项,不符合扣1分; (2)熟悉质量管理体系及相关技术标准的要求,不符合扣1分	
	质量负责人*	2分	(1)按能力等级标准第3项,不符合扣1分; (2)熟悉质量管理体系及相关技术标准的要求,不符合扣1分	
	人员专业配置*	3分	人员专业配置不符合,每少1人扣1分	
	人员档案	3分	人员证书、合同、隶属关系证明齐全,不符合扣1~3分	
试验检测设备及环境条件 12分	仪器设备	8分	非强制性仪器设备配置率不低于80%,低于此比例按每缺1台(套)扣0.5分处理	
	环境状况	4分	(1)试验室布局合理;(2)仪器设备摆放合理整齐;(3)环境整洁干净;(4)环境条件满足检测要求。 1处不达标扣0.5分	
管理情况 30分	管理体系运行有效性评价*	6分	依照试验室管理认证准则,建立管理体系。(1)管理体系健全,质量文件各要素齐全;(2)各种体系运行记录完整,能有效运转;(3)人员了解运行管理要求并按要求落实; 每项不满足扣1~2分	
	试验记录、报告*	10分	(1)档案分类清晰、管理规范、查询方便;(2)相关标准规范收集齐全,现行有效并受控;(3)记录、报告格式规范一致;(4)相关信息完整;(5)更改规范;(6)单位制使用正确;(7)结论表述正确;(8)签字齐全;(9)依据标准正确;(10)无其他错误 每1项不满足要求扣1分。 发现伪造报告,取消参评资格	
	仪器设备管理	10分	(1)有专人管理仪器设备,固定存放地点;(2)使用记录齐全完整;(3)仪器设备档案齐全完整;分类清晰、管理规范、查询方便(4分);(4)各种标识齐全、规范;(5)设备按规定维护、保养;(6)仪器设备按规定检定、校准;(7)自校规程齐全并严格执行 第6项每1台仪器未检定、校准扣1分,其余每1项未达到扣1分	
	样品管理	4分	(1)标识清晰,信息齐全;(2)保管规范;(3)流转有序;(4)盲样管理规范。 每1项不满足要求扣1分	
水平测试 38分	实际操作	38分	见"现场评分细化表"	
工作业绩 8分	业绩*	8分	(1)曾因试验检测失误造成损失或引发纠纷,每1起扣3分; (2)每1个强制性参数无业绩或模拟报告扣0.5分	
合计		100分		

注:1. 在评审中若发现检测机构未能满足等级评定标准强制性能力要求,即视为不通过,不再填写此表。
2. 本表适用于各能力等级的现场评分。
3. 评分时,对任一考核项目的扣分不超过该项目规定分值。
4. 标"*"项得零分视为现场考核不通过。
5. 专家评审组评分≥85分,予以通过;80分≤评分<85分,需限期整改;评分<80分,不予通过。

附录2 关于公布《公路水运工程试验检测机构等级标准》及《公路水运工程试验检测机构等级评定程序》的通知

现场试验项目一览表

附表Ⅳ-3

序号	现场试验报告		标准、规范、规程	缺陷事实摘要	备注
	编号	名称	名称及代号		

	本次试验室现场试验包含___项检测标准，共计___项参数。现场试验共出具报告___份。其中存在问题如下：
综合评价意见	

评审组长：_____ 评审员：_____ 日期：　　　年　　月　　日

附录2 关于公布《公路水运工程试验检测机构等级标准》及《公路水运工程试验检测机构等级评定程序》的通知

试验检测能力确认表　　　　　　　附表Ⅳ-4

序号	试验检测项目	强制性参数	非强制性参数

评定专家组签名：

附录2 关于公布《公路水运工程试验检测机构等级标准》及《公路水运工程试验检测机构等级评定程序》的通知

评审组人员签字及联系方式　　　　　　　　　　　　　　附表Ⅳ-5

姓 名	单位名称	职称/职务	评审内容	联系方式	签字

附录 3

公路水运工程试验检测信用评价办法（试行）

（2009 年 6 月 25 日 交通运输部（交质监发［2009］318 号））

第一章 总 则

第一条 为加强公路水运试验检测管理和诚信体系建设，增强试验检测机构和人员诚信意识，促进试验检测市场健康有序发展，依据《建设工程质量管理条例》、《公路建设市场管理办法》（交通部令 2004 年 14 号）和《公路水运工程试验检测管理办法》（交通部令 2005 年 12 号，以下简称 12 号令），制定本办法。

第二条 本办法所称信用评价是指交通运输主管部门对持有公路水运试验检测工程师或试验检测员证书的试验检测从业人员和取得公路水运工程试验检测等级证书并承担公路水运工程质量鉴定、验收、评定（检验）、监测及第三方试验检测业务的试验检测机构的从业承诺履行状况等诚信行为的综合评价。

第三条 信用评价应遵循公开、客观、公正、科学的原则。

第四条 交通运输部负责公路水运工程试验检测机构和人员信用评价工作的统一管理。负责试验检测工程师和取得公路水运甲级及专项等级证书并承担高速公路、独立特大桥、长大隧道及大型水运工程质量鉴定、验收、评定（检验）、监测及第三方试验检测业务试验检测机构的信用评价和信用评价结果的发布。交通运输部所属的质量监督机构（以下简称部质监机构）负责信用评价的具体组织实施工作。

省级交通运输主管部门负责在本行政区域内从事公路水运工程试验检测业务的试验检测人员和相关试验检测机构信用评价工作的管理。省级交通运输主管部门所属的质量监督机构（以下简称省级质监机构）负责信用评价的具体组织实施工作。

在本省注册，属交通运输部发布范围的试验检测机构和试验检测工程师信用评价结果经省级交通运输主管部门审核后报部质监机构。

在本省注册的试验检测员和取得公路水运乙级、丙级等级证书并承担工程质量鉴定、验收、评定（检验）、监测及第三方试验检测业务的试验检测机构，及根据本省实际确定的其它范围的试验检测机构的信用评价结果，由省级交通运输主管部门审定后发布。

第五条 信用评价周期为 1 年，评价的时间段从 1 月 1 日至 12 月 31 日。评价结果定期公示、公布，对被直接评为信用很差的试验检测机构和人员应当及时公布。

第二章 试验检测机构信用评价

第六条 试验检测机构的信用评价实行综合评分制。试验检测机构设立的工地试验室及单独签订合同承担的工程质量鉴定、验收、评定（检验）及监测等现场试验检测项目（以下简称现场检测项目）的信用评价，作为其信用评价的组成部分。

综合评分的具体扣分标准见《公路水运工程试验检测机构信用评价标准》（附件Ⅰ）和《公路水运工程工地试验室及现场检测项目信用评价标准》（附件Ⅱ）。

第七条 试验检测机构、工地试验室及现场检测项目的信用评价基准分为 100 分。按附件Ⅳ的公式计算。

第八条 试验检测机构信用评价分为 AA、A、B、C、D 五个等级，评分对应的信用等级分别为：

AA 级：信用评分＞95 分，信用好；

A 级：85 ＜信用评分≤95 分，信用较好；

B 级：70＜信用评分≤85 分，信用一般；

C 级：60 ＜信用评分≤70 分，信用较差；

D 级：信用评分≤60 分，信用很差。

被评为 D 级的试验检测机构直接列入黑名单，并按 12 号令予以处罚。

第九条 试验检测机构信用评价程序

（一）试验检测机构应于次年 1 月 20 日前完成信用评价自评，并将自评表（附件Ⅴ）报其注册地的省级质监机构。

（二）工地试验室及现场检测项目应于当年 12 月 31 日前，或工程建设项目（含现场检测项目）结束时完成信用评价自评，并将自评表（附件Ⅵ）报项目业主；项目业主根据项目管理过程中所掌握的情况提出评价意见，于次年 1 月 15 日前将工地试验室及现场检测项目的评价意见及扣分依据材料报负责该项目监督的质监机构，项目业主应对评价意见的客观性负责；质监机构根据业主评价意见结合日常监督情况进行评价，评价结果于 1 月 30 日前报省级质监机构。

（三）省级质监机构对工地试验室及现场检测项目信用评价结果进行复核评价。工地试验室及现场检测项目的母体试验检测机构为外省区注册的，信用评价结果经省级交通运输主管部门审核后于 2 月 10 日前转送其注册地省级质监机构。

省级质监机构对在本省注册的试验检测机构信用进行综合评分。属交通运输部发布范围的试验检测机构信用评价结果及相关资料，经省级交通运输主管部门审核后于 2 月 25 日前报送部质监机构。属本省发布范围的试验检测机构的信用评价结果，由省级交通运输主管部门审定后于 4 月底前完成公示、公布。

（四）属交通运输部发布范围的试验检测机构信用评价结果，由部质监机构在汇总各省信用评价结果的基础上，结合掌握的相关信用信息进行复核评价，于 4 月底前在交通运输部信用评价系统中统一公示、公布。

第十条 质监机构用于复核评价的不良信用信息采集每年至少 1 次且要覆盖到评价标准的所有项。

各级质监机构开展的监督检查中发现的违规行为、投诉举报查实的违规行为、交通运输主管部门通报批评中的违规行为均作为对试验检测机构、工地试验室及现场检测项目信用的评价依据。

信用检查结果应有检查人员的签字确认，多次发现的问题可累计扣分。上一级质监机构应当对下一级质监机构所负责评价的试验检测机构、工地试验室及现场检测项目进行随机抽查复核。

第三章 试验检测人员信用评价

第十一条 试验检测人员信用评价实行随机检查累计扣分制，工地试验室授权负责人实行定期检查累计扣分制，评价标准见《公路水运工程试验检测人员信用评价标准》（附件Ⅲ）。

信用评价扣分依据为项目业主掌握的不良信用信息，质监机构监督检查中发现的违规行为、投诉举报查实的违规行为、交通运输主管部门通报中的违规行为等。

第十二条 评价周期内累计扣分分值大于等于20分，小于40分的试验检测人员信用等级为信用较差；扣分分值大于等于40分的试验检测人员信用等级为信用很差。

连续2年信用等级被评为信用较差的试验检测人员，其信用等级直接降为信用很差。

被确定为信用很差或伪造证书上岗的试验检测人员列入黑名单，并按12号令予以处罚。

第十三条 在评价周期内，试验检测人员在不同项目和不同工作阶段发生的违规行为实行累计扣分。一个具体行为涉及两项以上违规行为的，以扣分标准高者为准。

第十四条 各省级质监机构负责对在本省从业的试验检测人员进行信用评价。

试验检测工程师的信用评价结果及相关资料经省级交通运输主管部门审核后于次年2月25日前报送部质监机构。

跨省从业的试验检测员的信用评价结果及相关资料经省级交通运输主管部门审核后于2月10日前转送其注册地省级质监机构。

在本省注册的试验检测员的信用评价结果，由省级交通运输主管部门审定后于4月底前完成公示、公布。

部质监机构对试验检测工程师在全国范围内的扣分进行累加。信用评价结果于4月底前完成公示、公布。

第四章 信用评价管理

第十五条 信用评价结果公布前应予以公示，公示期为10个工作日，最终确定的信用评价结果自正式公布之日起5年内，向社会提供公开查询。

第十六条 质监机构应指定专人负责试验检测机构和试验检测人员信用评价工作，及时完成相关信用信息的整理、资料归档、数据录入等工作。

第十七条 信用评价实行评价人员及评价机构负责人签认负责制，做出信用评价的机构及人员对评价结果负责，并接受上级部门及社会各界的监督。发现评价结果不符合实际情况的应予以纠正；发现在评价工作中徇私舞弊、打击报复、谋取私利的，按有关规定追究相关人员的责任。

第五章 附 则

第十八条 省级交通运输主管部门可根据本省实际情况,参照本办法制定实施细则。实施细则报交通运输部备案。

第十九条 本办法自印发之日起施行。

第二十条 本办法由交通运输部负责解释。

附件：

Ⅰ.公路水运工程试验检测机构信用评价标准

Ⅱ.公路水运工程工地试验室及现场检测项目信用评价标准

Ⅲ.公路水运工程试验检测人员信用评价标准

Ⅳ.试验检测机构信用评价综合得分计算公式

Ⅴ.＿＿＿年度试验检测机构信用评价表

Ⅵ.＿＿＿年度工地试验室及现场检测项目信用评价表

Ⅶ.试验检测人员信用评价表

附录3　公路水运工程试验检测信用评价办法（试行）

附件Ⅰ　公路水运工程试验检测机构信用评价标准（附表Ⅰ-1）

公路水运工程试验检测机构信用评价标准　　　　附表Ⅰ-1

序号	行为代码	失信行为	扣分标准	备注
1	JJC201001	出借或借用试验检测等级证书承揽试验检测业务的	直接确定为D级	
2	JJC201002	以弄虚作假或其他违法形式骗取等级证书或承接业务的	直接确定为D级	
3	JJC201003	出具虚假数据报告并造成质量标准降低的	直接确定为D级	
4	JJC201004	所设立的工地试验室及现场检测项目有得分为0分的	直接确定为D级	
5	JJC201005	存在虚假数据报告及其他虚假资料	扣10分/份、单次扣分不超过30分	★
6	JJC201006	超等级能力范围承揽业务的	扣5分/参数	
7	JJC201007	未对设立的工地试验室及现场检测项目有效监管的	扣10分/个	
8	JJC201008	聘用信用很差或无证试验检测人员从事试验检测工作的，或所聘用的试验检测人员被评为信用很差的	扣10分/人	
9	JJC201009	报告签字人不具备资格	扣2分/份、单次扣分不超过10分	★
10	JJC201010	试验检测机构的重要变更（指机构行政负责人、技术、质量负责人、地址等的变更）未在规定期限内办理变更手续。	扣5分/次	
11	JJC201011	评价期内，持证人员数量达不到相应等级要求	扣5分/试验检测工程师、扣3分/试验检测员	
12	JJC201012	评价期内，试验检测机构技术负责人、质量负责人上岗资格达不到相应等级要求	扣10分/人	
13	JJC201013	评价期内，强制性试验检测设备配备不满足等级标准要求	扣10分/台	
14	JJC201014	试验检测设备未按规定检定校准的	扣2分/台，单次扣分不超过20分	★
15	JJC201015	试验检测环境达不到技术标准规定要求的	扣2分/处，单次扣分不超过10分	★
16	JJC201016	试验检测原始记录信息及数据记录不全，结论不准确，试验检测报告不完整（含漏签、漏盖章）	扣3分/类	
17	JJC201017	无故不参加质监机构组织的比对试验的	扣10分/次	

★：单次扣分达到标准上限的，应在3个月内再次进行监督复查，若仍存在同样问题应再次扣分。

附件 Ⅱ 公路水运工程工地试验室及现场检测项目信用评价标准（附表Ⅱ-1）

公路水运工程工地试验室及现场检测项目信用评价标准　　　　附表Ⅱ-1

序号	行为代码	失信行为	扣分标准	备注
1	JJC202001	出虚假数据报告并造成质量标准降低的	扣100分	
2	JJC202002	存在虚假数据和报告及其他虚假资料	扣10分/份，单次扣分不超过30分	★
3	JJC202003	聘用信用很差或无证试验检测人员从事试验检测工作的，或所聘用的试验检测人员被评为信用很差的	扣10分/人	
4	JJC202004	未经母体机构有效授权	扣20分/项	▲
5	JJC202005	授权负责人不是母体机构派出人员的	扣10分	▲
6	JJC202006	超授权范围开展业务	扣5分/参数	▲
7	JJC202007	未按规定或合同配备相应条件的试验检测人员或擅自变更试验检测人员	扣5分/试验检测工程师·次、3分/试验检测员·次	
8	JJC202008	未按规定或合同配备满足要求的仪器设备、设备未按规定检定校准的	扣2分/台，单次扣分不超过20分	★
9	JJC202009	试验检测环境达不到技术标准规定要求的	扣2分/处，单次扣分不超过10分	★
10	JJC202010	报告签字人不具备资格	扣2分/份，单次扣分不超过10分	★
11	JJC202011	试验检测原始记录信息及数据记录不全，结论不准确，试验检测报告不完整（含漏签、漏盖章），试验检测频率不满足规范或合同要求	扣3分/类	
12	JJC202012	未按规定上报发现的试验检测不合格事项以及不合格报告	未上报扣5分/次	
13	JJC202013	对各级监督部门提出的检查意见整改不闭合的	扣20分/项	
14	JJC202014	未经备案审核开展检测业务的	扣20分	▲
15	JJC202015	严重违反试验检测技术规程操作的	扣10分/项	

★：单次扣分达到标准上限的，应在3个月内再次进行监督复查，若仍存在同样问题应再次扣分。
▲：仅适用于工地试验室

附件Ⅲ 公路水运工程试验检测人员信用评价标准（附表Ⅲ-1）

公路水运工程试验检测人员信用评价标准　　　　附表Ⅲ-1

序号	行为代码	失信行为	扣分标准	备注
1	JJC203001	在试验检测活动中被司法部门认定构成犯罪的	扣40分	
2	JJC203002	出具虚假数据报告造成质量标准降低的	扣40分	
3	JJC203003	出现JJC201001、JJC201002、JJC201003、JJC201004项行为对相应负责人的处理	1001、1002行为扣40分，1003、1004行为扣20分	
4	JJC203004	同时受聘于两个或两个以上试验检测机构的	扣20分	
5	JJC203005	出借试验检测人员资格证书的	扣40分/次	
6	JJC203006	在试验检测工作中，有徇私舞弊、吃拿卡要行为	扣20分/次	
7	JJC203007	利用工作之便推销建筑材料、构配件和设备的	扣20分/次	
8	JJC203008	玩忽职守造成质量安全隐患或事故的	扣20分/次	
9	JJC203009	出现JJC201007、JJC201011、JJC201013项行为的对技术或质量负责人的处理，出现JJC201008、JJC201010、JJC201012、JJC201017、JJC202005项行为的对机构负责人的处理	扣3分/项	
10	JJC203010	未按相关标准、规范、试验规程等要求开展试验检测工作，试验检测数据失真的	扣5分/次	
11	JJC203011	超出资格证书中规定项目范围进行试验检测活动的	扣5分/项	
12	JJC203012	出具虚假数据和报告的	扣10分/份	
13	JJC203013	越权签发、代签、漏签试验检测报告的	扣5分/类	
14	JJC203014	工地试验室信用评价得分＜70分时对其授权负责人的处理	20分	●
15	JJC203015	工地试验室有JJC202002-3、JJC202006、JJC202012、JJC202015项行为时对其授权负责人的处理	2002-3行为扣5分/项，2006、12、15行为扣3分/项	●

●：仅适用于工地试验室授权负责人。

附件Ⅳ 试验检测机构信用评价综合得分计算公式

试验检测机构信用评价综合得分计算公式：

$$W = W'(1-\gamma) + \frac{\gamma}{n} \cdot \sum_{i=1}^{n} W''_i$$

式中 W——试验检测机构信用评价综合得分；

W'——母体机构得分；

W''——工地试验室及现场检测项目得分；

n——工地试验室及现场检测项目数；

γ——权重；

$n=0$ 时，$\gamma=0$；

$n=1\sim5$ 时，$\gamma=0.4$；

$n=6\sim10$ 时，$\gamma=0.08\times n$；

$n>10$ 时，$\gamma=0.8$。

附录3 公路水运工程试验检测信用评价办法（试行）

附件Ⅴ ____年度试验检测机构信用评价表（附表Ⅴ-1）

____年度试验检测机构信用评价表　　　　　附表Ⅴ-1

机构名称				（盖章）
机构资质	（1）资质等级：　　　　　　（2）工地试验室及现场检测项目设立数量： （3）证书号：　　　　　　　（4）向社会提供试验检测服务合同额（万元）： （5）联系电话：			
获证日期		试验检测工程师（人）	试验检测员（人）	
行政负责人	姓名	职称	持证证书号	
技术负责人	姓名	职称	持证证书号	
质量负责人	姓名	职称	持证证书号	

机构评价情况

序号	行为代码	失信行为	扣分标准	自评扣分	省级质监机构评价扣分	质监总站复核扣分	备注
1	JJC201001	出借或借用试验检测等级证书承揽试验检测业务的	直接确定为D级				
2	JJC201002	以弄虚作假或其他违法形式骗取等级证书或承接业务的	直接确定为D级				
3	JJC201003	出具虚假数据报告并造成质量标准降低的	直接确定为D级				
4	JJC201004	所设立的工地试验室及现场检测项目有得分为0分的	直接确定为D级				
5	JJC201005	存在虚假数据报告及其他虚假资料	扣10分/份、单次扣分不超过30分				★
6	JJC201006	超等级能力范围承揽业务的	扣5分/参数				
7	JJC201007	未对设立的工地试验室及现场检测项目有效监管的	扣10分/个				
8	JJC201008	聘用信用很差或无证试验检测人员从事试验检测工作的，或所聘用的试验检测人员被评为信用很差的	扣10分/人				
9	JJC201009	报告签字人不具备资格	扣2分/份，单次扣分不超过10分				★
10	JJC201010	试验检测机构的重要变更（指机构行政负责人、技术、质量负责人、地址等的变更）未在规定期限内办理变更手续	扣5分/次				
11	JJC201011	评价期内，试验检测人员持证数量达不到相应等级要求	扣5分/试验检测工程师、扣3分/试验检测员				

续表

序号	行为代码	失信行为	扣分标准	自评扣分	省级质监机构评价扣分	质监总站复核扣分	备注
12	JJC201012	评价期内,试验检测机构技术负责人、质量负责人上岗资格达不到相应等级要求	扣10分/人				
13	JJC201013	评价期内,强制性试验检测设备配备不满足等级标准要求	扣10分/台、				
14	JJC201014	试验检测设备未按规定检定校准的	扣2分/台,单次扣分不超过10分				★
15	JJC201015	试验检测环境达不到技术标准规定要求的	扣2分/处,单次扣分不超过20分				★
16	JJC201016	试验检测原始记录信息及数据记录不全,结论不准确,试验检测报告不完整(含漏签、漏盖章)	扣3分/类				
17	JJC201017	无故不参加质监机构组织的比对试验	扣10分/次				
		合计					
		得分	100-扣分值				最低0分

★:单次扣分达到标准上限的,应在3个月内再次进行监督复查,若仍存在同样问题应再次扣分。

自评人: 省级质监机构:(盖章) 质监总站:(盖章)
负责人: 评价人: 复核人:
日　期: 负责人:　　　　日期 负责人:　　　　日期

附件Ⅵ ＿＿＿年度工地试验室及现场检测项目信用评价表（附表Ⅵ-1）

＿＿＿年度工地试验室及现场检测项目信用评价表　　　　　附表Ⅵ-1

工地试验室名称或现场检测项目							（盖章）
授权机构							
授权机构资质	（1）资质等级：			（2）证书号：			
工地试验室设立日期		试验检测工程师（人）				试验检测员（人）	
工地试验室或现场检测项目授权负责人	（1）姓名： （3）职称：			（2）持证书号： （4）联系电话：			
工地试验室或现场检测项目评价情况							
序号	行为代码	失信行为	扣分标准	自评扣分	业主意见	市级质监机构评价扣分	省级质监机构复核扣分	备注
---	---	---	---	---	---	---	---	---
1	JJC202001	出虚假数据报告并造成质量标准降低的	扣100分					
2	JJC202002	存在虚假数据和报告及其他虚假资料	扣10分/份、单次扣分不超过30分					★
3	JJC202003	聘用信用很差或无证试验检测人员从事试验检测工作的，或所聘用的试验检测人员被评为信用很差的	扣10分/人					
4	JJC202004	未经母体机构有效授权	扣20分/项					▲
5	JJC202005	授权负责人不是母体机构派出人员的	扣10分					▲
6	JJC202006	超授权范围开展业务	扣5分/参数					▲
7	JJC202007	未按规定或合同配备相应条件的试验检测人员或擅自变更试验检测人员	扣5分/试验检测工程师·次；3分/试验检测员·次					
8	JJC202008	未按规定或合同配备满足要求的仪器设备、设备未检定校准的	扣2分/台，单次扣分不超过20分					★
9	JJC202009	试验检测环境达不到技术标准规定要求的	扣5分/处，单次扣分不超过10分					★
10	JJC202010	报告签字人不具备资格	扣2分/份，单次扣分不超过10分					★

续表

序号	行为代码	失信行为	扣分标准	自评扣分	业主意见	市级质监机构评价扣分	省级质监机构复核扣分	备注
11	JJC202011	试验检测原始记录信息及数据记录不全，结论不准确，试验检测报告不完整（含漏签、漏盖章），试验检测频率不满足规范或合同要求	扣3分/类					
12	JJC202012	未按规定上报发现的试验检测不合格事项以及不合格报告	未上报扣5分/次，					
13	JJC202013	对各级监督部门提出的检查意见整改不闭合的	扣20分/项					
14	JJC202014	未经备案审核开展检测业务的	扣20分					▲
15	JJC202015	严重违反试验检测技术规程操作的	扣10分/项					
		合　计						
		得分	100—扣分值					最低0分

★：单次扣分达到标准上限的，应在3个月内再次进行监督复查，若仍存在同样问题应再次扣分。
▲：仅适用于工地试验室。

自评人：　　　　　　　　　　　　　　业主单位（盖章）
授权负责人：　　　　日　期：　　　　负责人：　　　　　　日　期：
市级质监机构：（盖章）　　　　　　　省级质监机构：（盖章）
评价人：　　　　　　　　　　　　　　复核人：
负责人：　　　　日　期：　　　　　　负责人：　　　　　　日　期：

附件Ⅶ 试验检测人员信用评价表（附表Ⅶ-1）

试验检测人员信用评价表　　　　　　附表Ⅶ-1

姓名		年龄		身份证号	
职称		资质证书号			
注册试验检测机构					
工作岗位及职务					
失信行为代码	具体失信行为		扣分标准		扣分值
信用等级			合计扣分		

被评价人签名：　　　　　　　　　　　　　　　年 月 日

评价意见：

评价单位：
评价人：　　　　　　　　　　　　　　　　　年 月 日

质监机构审核意见：

质监机构：
审核人：　　　　　　　　　　　　　　　　　年 月 日

附录 4

试验检测机构及人员信用评价程序及时间

评价具体程序及时间要求，如附图 4-1 所示。

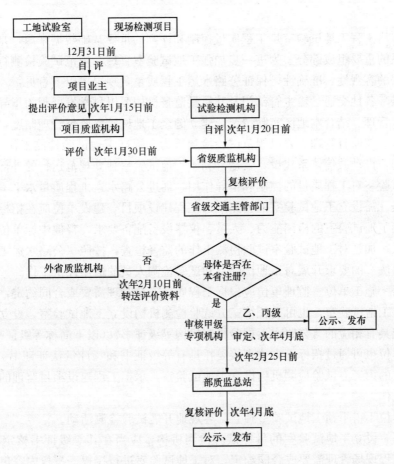

附图 4-1　评价具体程序及时间要求

附录 5

关于进一步加强公路水运工程工地试验室管理工作的意见

(2009 年 8 月 10 日 交通运输部办公厅（厅质监字 [2009] 183 号）)

公路水运工程工地试验室是工程质量控制和评判的重要基础数据来源，是工程建设质量保证体系的重要组成部分。为进一步加强工地试验室管理，规范试验检测行为，提高试验检测数据的客观性、准确性，保证公路水运工程质量，现提出以下意见：

第一条 各地交通运输主管部门及其质量监督机构要以科学发展观为指导，高度重视工地试验室管理。结合本地区实际情况，建立健全工地试验室监督管理制度，加强对工地试验室的指导与监督管理。要以规范试验检测行为和提高工地试验检测工作水平为主线，落实责任制，推动诚信体系建设，营造有利于工地试验室独立规范运行的外部环境，有效发挥工地试验室对工程质量的控制和指导作用，促进公路水运工程质量水平不断提高。

第二条 需设立工地试验室的公路水运工程建设项目，建设单位应在招标文件、合同文件中明确工地试验室的检测能力、人员、仪器设备配备要求，督促中标单位保证工地试验室的投入，加强对工地试验室试验检测工作的监督检查，按照《公路水运工程试验检测信用评价办法》的要求开展对工地试验室和试验检测人员的信用评价工作。

第三条 施工单位、监理单位应根据工程质量安全管理需要或合同约定，在工程现场可自行设立工地试验室，也可委托第三方试验检测机构设立工地试验室，设立工地试验室的母体均应具有相应的《公路水运试验检测机构等级证书》（以下简称等级证书）。

建设单位也可通过招标等方式直接委托具有等级证书和《计量认证证书》（以下简称计量证书）的第三方试验检测机构设立工地试验室，承担工程建设项目监理的全部或部分试验检测工作。

任何单位不得干预工地试验室独立、客观地开展试验检测活动。

第四条 设立工地试验室的母体试验检测机构，应当在其等级证书核定的业务范围内，根据工程现场管理需要或合同约定，对工地试验室进行授权。授权内容包括工地试验室可开展的试验检测项目及参数、授权负责人、授权工地试验室的公章、授权期限等。"公路水运工程工地试验室设立授权书"（见附件Ⅰ）应加盖母体试验检测机构公章及等级专用标识章。

第五条 工地试验室设立实行登记备案制。经试验检测机构授权设立的工地试验室，应当填写"公路水运工程工地试验室备案登记表"（见附件Ⅱ），经建设单位初审后报送项目质监机构登记备案，质监机构对通过备案的工地试验室出具"公路水运工程工地试验室备案通知书"（见附件Ⅲ）。

工地试验室被授权的试验检测项目及参数或试验检测持证人员进行变更的，应当由母体试验检测机构报经建设单位同意后，向项目质监机构备案。

第六条 母体试验检测机构应加强对授权工地试验室的管理和指导,根据工程现场管理需要或合同约定,合理配备工地试验室试验检测人员和仪器设备,并对工地试验室试验检测结果的真实性和准确性负责。

第七条 工地试验室应按照母体试验检测机构质量管理体系的要求,建立完整的试验检测人员档案、仪器设备管理档案和试验检测业务档案,严格按照试验检测规程操作,并做到试验检测台账、仪器设备使用记录、试验检测原始记录、试验检测报告相互对应。试验检测报告签字人必须是持证的试验检测人员。

工地试验室试验检测环境(包括所设立的养护室、样品室、留样室等)应满足试验检测规程要求和试验检测工作需要。

鼓励工地试验室推行标准化、信息化管理。

第八条 工地试验室应在母体试验检测机构授权的范围内,为工程建设项目提供试验检测服务,不得对外承揽试验检测业务。

工地试验室出具的试验检测报告应加盖工地试验室印章,印章包含的基本信息有:母体试验检测机构名称+建设项目标段名称+工地试验室。

第九条 工地试验室实行授权负责人责任制。工地试验室授权负责人对工地试验室运行管理工作和试验检测活动全面负责,授权负责人必须是母体试验检测机构委派的正式聘用人员,且须持有试验检测工程师证书。

第十条 授权负责人有以下职责:

(一)审定和管理工地试验室资源配置,确保工地试验室人员、设备、环境等满足试验检测工作需要。签发工地试验室出具的试验检测报告,对试验检测数据及报告的真实性、准确性负责。对违规人员有权辞退。

(二)建立完善的工地试验室质量保证体系和管理制度,包括人员、设备、环境以及试验检测流程、样品管理、操作规程、不合格品处理等各项制度,监督各项制度的有效执行。

(三)严格按照国家和行业标准、规范、规程以及合同的约定独立开展试验检测工作。有权拒绝影响试验检测活动公正性、独立性的外部干扰和影响,保证试验检测数据客观、公正、准确。

(四)实行不合格品报告制度,对于签发的涉及结构安全的产品或试验检测项目不合格报告,工地试验室授权负责人应在2个工作日之内报送试验检测委托方,抄送项目质量监督机构,并建立不合格试验检测项目台账。

第十一条 工地试验室授权负责人的管理。

(一)母体试验检测机构应制定工地试验室授权负责人管理制度,对其工作进行监督管理。

(二)质监机构应建立工地试验室授权负责人专用信息库,加强监督检查。按照《公路水运工程试验检测信用评价办法》对其从业情况进行全面的信用评价。

(三)工地试验室授权负责人变更,需由母体试验检测机构提出申请,经项目建设单位同意后报项目质监机构备案。擅自离岗或同时任职于两家及以上工地试验室,均视为违规行为,按照《公路水运工程试验检测信用评价办法》予以扣分。

(四)工地试验室授权负责人信用等级被评为信用较差的,2年内不能担任工地试验室授权负责人。信用等级被评为信用很差的，5年内不能担任工地试验室授权负责人。

（五）工地试验室信用评价结果小于等于70分的，其授权负责人两年内不能担任工地试验室授权负责人。

附件：
Ⅰ．公路水运工程工地试验室设立授权书；
Ⅱ．公路水运工程工地试验室备案登记表；
Ⅲ．公路水运工程工地试验室备案通知书。

附件Ⅰ 公路水运工程工地试验室设立授权书

公路水运工程工地试验室设立授权书

编号：_____

因_____工程建设的需要，决定设立_____工地试验室，授权启用试验室公章：_____

授权_____同志为试验室负责人（检测工程师证书编号：_____），负责工地试验室的管理工作。

授权开展的试验检测项目及参数为：_____

_____

_____。

授权有效期：___年___月___日至_____。

授权机构等级专用标识章：

       检测机构：　　　　　　（章）

       授权人单位负责人签字：

            年　　月　　日

附件Ⅱ　公路水运工程工地试验室备案登记表（附表Ⅱ-1～附表Ⅱ-6）

公路水运工程工地试验室备案

登 记 表

工地试验室：_____（章）

备案日期：_____年_____月_____日

交通运输部基本建设质量监督总站制

填 表 须 知

(1) 本表统一采用 A4 尺寸纸张，内容必须打印，检测机构对填表内容的真实、可靠性负责。

(2) 本表可复印，填写的内容受表格限制时，可按本表格格式增加附页，但须连同正页编第　页，共　页。

(3) "所属法人机构"指的是工地试验室母体检测机构，若母体检测机构不是独立法人，则填写其所属的法人机构。

附录5 关于进一步加强公路水运工程工地试验室管理工作的意见

工地试验室综合情况 附表Ⅱ-1

项目情况	工地试验室名称			工程投资	
	项目业主单位		联系人	电话	
	工地试验室设立单位		联系人	电话	
母体检测机构情况	母体检测机构及法人机构名称			等级及编号	
				计量认证编号	
	法人代表			联系方式	
	行政负责人			联系方式	
	技术负责人			联系方式	
	质量负责人			联系方式	
工地试验室情况	工地试验室详细地址			电话	
				传真	
				邮编	
				E-mail	
	持试验检测人员证书总人数		持试验检测工程师证书人数		
	相关专业高级职称人数		试验检测用房总面积（m²）		
	工地试验室授权业务范围				

附录5 关于进一步加强公路水运工程工地试验室管理工作的意见

工地试验室试验检测业务范围表　　　　　　　　　　　　附表Ⅱ-2

第　页共　页

序号	试验检测项目及参数	采用的试验检测方法和标准（名称/编号）	所用主要仪器设备名称	设备编号	主要操作人员	备注

注：按照委托合同约定及检测机构授权范围填写。

附录5 关于进一步加强公路水运工程工地试验室管理工作的意见

工地试验室授权负责人简历　　　　　　　　附表Ⅱ-3

姓名		性别		出生日期		照　片
学历		职称		从事试验检测工作年限		
试验检测师证书编号					
工作单位及职务					

本人主要试验检测工作经历和业绩	

本人签名：

工地试验室在岗人员一览表　　　　　　　　　　附表Ⅱ-4

序号	姓名	性别	出生年月	学历和专业	职称	检测人员证书编号	从事试验检测年限

附录5 关于进一步加强公路水运工程工地试验室管理工作的意见

工地试验室试验检测仪器设备一览表

附表Ⅱ-5

设备编号	设备名称	型号规格	生产厂家	购置日期	单价（元）	量程或规格	准确度	检定/校准周期	检定/校准单位	最近检定/校准日期	保管人	数量（台、套）	备注

相 关 资 料

(1) 工地试验室设立授权书；
(2) 工地试验室在岗人员学历、职称、检测证书复印件；
(3) 工地试验室授权负责人的聘用证明；
(4) 如委托第三方检测机构组建工地试验室的，应提供委托合同书复印件；
(5) 母体检测机构等级证书及计量证书复印件（如有）。

备 案 意 见　　　　　　　　　　　　　　　　　　　附表Ⅱ-6

母体检测机构意见	（公章） 　　年　月　日
项目建设单位意见	（公章） 　　年　月　日
备案审核质监机构意见	（公章） 　　年　月　日
备注	

附件Ⅲ 公路水运工程工地试验室备案通知书

公路水运工程工地试验室备案通知书

编号：_____

_____工地试验室：

你试验室报送的《公路水运工程工地试验室备案登记表》及相关资料收悉。经审核，满足《公路水运工程试验检测管理办法》（交通部令 2005 年第 12 号）有关规定，同意备案。

你试验室应严格按照有关标准、规范、规程和授权范围，客观、公正、独立开展检测工作，并对所出具的检测报告和检测结果的真实性和准确性负责。相应责任由母体检测机构及你试验室授权负责人承担。

特此通知。

审核质监机构（章）
年　月　日

附录 6

公路水运工程试验检测机构换证复核细则

(2013 年 4 月 22 日 交通运输部工程质量监督局（质监综字〔2013〕7 号〕)

第一条 为做好公路水运工程试验检测机构换证复核工作，根据《公路水运工程试验检测管理办法》（交通部令 2005 年第 12 号）、《公路水运工程试验检测机构等级标准》及《公路水运试验检测机构等级评定程序》和《交通运输部关于进一步加强和规范公路水运工程试验检测工作的若干意见》（交质监发〔2013〕114 号），制定本细则。

第二条 试验检测机构换证复核是指试验检测等级证书有效期满，根据试验检测机构申请，由原发证机构对其与所持有证书等级标准的符合程度、业绩及信用情况以及是否持续具有相应试验检测等级能力的核查。

第三条 交通运输部工程质量监督局（以下简称部质监局）负责公路工程综合类甲级、专项类和水运工程材料类、结构类甲级试验检测机构的换证复核工作以及属于部质监局评定的试验检测项目增项的复核工作。

省级质监机构负责本行政区域内公路工程综合类乙、丙级和水运工程材料类乙、丙级及水运工程结构类乙级试验检测机构的换证复核工作。

第四条 申请换证复核的试验检测机构应将机构、人员等信息录入部质监局试验检测管理信息系统，并及时维护和更新信息。

第五条 申请换证复核的试验检测机构应在等级证书有效期满 3 个月前在试验检测管理系统中完成提交申请，并将换证复核资料送达省级质监机构。属于部质监局复核范围的，省级质监机构应出具核查意见并确保提前 3 个月转送部质监局。

第六条 有增项的试验检测机构在等级证书有效期满，提交换证复核申请时，应同时提交增项复核申请。属于部质监局核查的增项部分由省级质监机构初审合格后报部质监局，部质监局从部专家库中抽专家参加现场核查。

增项换证复核应重点考查试验检测机构在相应参数方面的技术水平、人员、设备、环境等与相关要求的符合性。

第七条 申请换证复核的试验检测机构应符合下列基本条件：

（一）试验检测人员、设备、环境等满足相应等级标准要求（换证复核以最新公布的等级标准为准，配备的设备应与所申请的参数相对应）；

（二）上年度信用等级为 B 级及以上且等级证书有效期内信用等级为 C 级次数不超过 1 次；

（三）等级证书有效期内所开展的试验检测参数应覆盖批准的所有试验检测项目且不少于批准参数的 70%；

（四）甲级及专项类试验检测机构每年应有不少于一项高速公路或大型水运工程现场

检测项目或设立工地试验室业绩,其他等级试验检测机构每年应有不少于一项公路水运工程现场检测项目或设立工地试验室业绩。

第八条 申请换证复核的试验检测机构应提交以下申请材料:

(一)《公路水运工程试验检测机构换证复核申请书》(格式见附件Ⅰ);

(二)申请人法人证书、试验检测等级证书正副本复印件,通过计量认证的,同时提交计量认证证书及附表复印件;

(三)试验检测机构用房平面布置图及用房证明。

第九条 换证复核书面审查通过后,质监机构应组织专家进行现场核查,属于部质监局换证复核范围的,核查专家从部质监局专家库中抽取。属于省级质监机构换证复核范围的,核查专家从省级质监机构专家库中抽取;在乙级机构换证复核中,至少应从部专家库中抽取1名专家参加现场核查。质监机构可派员对现场核查过程监督。

第十条 现场核查的重点是:

(一)试验检测机构基本条件与等级标准及有关要求的实际符合程度;

(二)质量管理体系运行和试验检测工作开展情况;

(三)试验检测机构业绩情况,核查证明材料的真实有效性;

(四)对以下试验检测项目(参数)或人员通过抽查的方式进行能力确认:

1. 标准规范有实质性变化且涉及结构安全及耐久性的试验检测项目(参数);

2. 因标准变化在换证复核中应增加的试验检测项目(参数);

3. 有效期内未开展的试验检测项目(参数);

4. 有效期内变更的技术、质量负责人及其他主要技术人员。

第十一条 依据现场核查情况,专家组完成《公路水运工程试验检测机构换证复核现场核查报告》(格式见附件Ⅱ)。

试验检测机构现场核查得分≥85分的,换证复核结果为合格,需整改的方面,应报送书面整改资料;现场核查得分<85分的,换证复核结果为不合格。

第十二条 质监机构根据专家组现场核查报告及试验检测等级标准确定换证复核结果(格式见附件Ⅲ)。

第十三条 现场核查过程中发现的相关问题,按有关规定记入试验检测机构当年信用评价。

第十四条 试验检测机构存在伪造检测报告、试验检测数据造假、人员冒名顶替、借(租)用试验检测仪器设备等弄虚作假行为的,取消换证复核资格、注销《等级证书》,且2年内不得再次申报。

第十五条 核查组现场核查发现试验检测机构有下列情形之一的,应报告质监机构同意后,中止核查,并书面记录有关情况备查。

(一)现场不具备核查条件;

(二)质量体系控制失效;

(三)实际状况与申请资料或《等级标准》严重不符;

(四)申请项目与实际能力严重不符;

(五)存在本办法第十四条所列行为;

(六)干扰妨碍核查工作;

（七）存在其他违法违规行为。

第十六条 试验检测机构换证复核结果为合格的，予以换发新的《等级证书》，证书有效期为五年；换证复核结果为不合格的，质监机构应当责令其在6个月内进行整改，在整改期内不得承担质量评定和工程验收的试验检测业务。整改期满仍不能达到规定条件的，应降级或者注销《等级证书》。

换证复核结果应当向社会公示、公布。

第十七条 试验检测机构未按规定期限申请换证复核的，其等级证书到期失效。换证复核时被注销等级证书、被降低等级的试验检测机构，其原等级证书失效。

第十八条 本细则由部质监局负责解释。

第十九条 本细则自印发之日起施行，原《公路水运工程试验检测机构换证复核细则（试行）》（质监综字〔2011〕17号）同时废止。

附件：

Ⅰ：公路水运工程试验检测机构换证复核申请书

Ⅱ：公路水运工程试验检测机构换证复核现场核查报告

Ⅲ：公路水运工程试验检测机构换证复核表

附件Ⅰ：公路水运工程试验检测机构换证复核申请书（附表Ⅰ-1～附表Ⅰ-12、附图Ⅰ-1）

公路水运工程试验检测机构换证复核

申 请 书

申请机构名称：_____（章）

申 请 日 期：_____年_____月_____日

交通运输部工程质量监督局制

填 表 须 知

（1）本表统一采用 A4 尺寸纸张，内容必须打印，检测机构对填表内容的真实、可靠性负责。

（2）本表可复印，填写的内容受表格限制时，可按本表格格式增加附页，但须连同正页编第　页，共　页。

（3）"所属法人机构"指的是检测机构不是独立法人其所属的法人机构。若为独立法人的此项不填。

（4）本《申请书》所选"□"内打"√"。

（5）检测机构主要负责人简历栏：分别填写检测机构行政、技术和质量负责人简历。

（6）本《申请书》适用换证和增项复核的申请。

附录6 公路水运工程试验检测机构换证复核细则

试验检测机构综合情况　　　　　　　　　　　　　　　　　附表Ⅰ-1

机构名称							
机构性质		□社团法人		□事业法人	□企业法人	□其他	
联系地址						邮编	
联系电话		传真				E-mail	
所属法人机构名称及法人代表							
所属法人机构性质		□社团法人		□事业法人	□企业法人	□其他	
联系地址						邮编	
联系电话		传真				E-mail	
法定代表人或机构行政负责人			电话			手机	
营业执照				开户银行及账号			

人员情况	持试验检测人员证书总人数			持试验检测工程师证书人数			
	相关专业高级职称人数			试验检测用房总面积（m²）			
	行政、技术和质量负责人						
	姓名	性别	出生日期	职务	职称	专业	从事试验检测年限	试验检测证书编号

申请类型		□换证复核	□增项复核
申请换证复核等级类型或增项内容			
已有等级类型或已批准的增项内容			
认证/认可情况（认证/认可部门/时间/证号）			

组织机构框图	附图Ⅰ-1

注：
1. 独立法人的画出本试验检测机构内、外（行政或业务指导）部关系；
2. 非独立法人的画出本试验检测机构在母体法人中所处位置、所有（人事、财务、后勤保障）二级机构及内、外部关系；
3. 直接关系用实线连接，间接关系用虚线连接。

附录6 公路水运工程试验检测机构换证复核细则

试验检测机构主要负责人简历

附表Ⅰ-2

姓名		性别		出生日期		照片
学历		职称		从事试验检测工作年限		
毕业院校、专业、时间						
职务			试验检测证书编号			
业务专长						
本人主要工作经历和试验检测业绩						
				本人签名：		

注：主要负责人指机构行政、技术、质量负责人。

试验检测人员、设备、环境变动情况一览表　　　附表Ⅰ-3

内容	申报等级（或上次复核）情况				目前情况			
检测人员	职务	姓名	职称	试验检测证书编号	职务	姓名	职称	试验检测证书编号
	行政负责人				行政负责人			
	技术负责人				技术负责人			
	质量负责人				质量负责人			
	检测人员持证总人数：　　人，其中检测工程师：　　人（目前仍有　　人在岗），检测员　　人（目前仍有　　人在岗），相关专业高级职称人数：　　人。				检测人员持证总人数：　　人，其中检测工程师：　　人，检测员　　人，相关专业高级职称人数：　　人 检测人员变动情况：			
仪器设备	仪器设备：　　台（套），价值：　　万元				仪器设备：　　台（套），价值：　　万元 主要增加仪器设备：			
工作环境	机构地址： 用房面积：　　m²，其中试验室　　m²				机构地址： 用房面积：　　m²，其中试验室　　m²			

在岗人员一览表

附表Ⅰ-4

第__页 共__页

序号	姓名	性别	出生年月	岗位职务任职部门	学历和专业	职称	试验检测证书编号	劳动合同（年限）	社会保险（保险种类）	从事试验检测年限	是否新增人员/来本机构时间

注：新增人员是指上次等级评定或换证复核后增加的人员。

试验检测业务范围表　　　　　　　附表Ⅰ-5

第__页　共__页

序号	试验检测参数	采用的试验检测方法和标准（名称/编号）	所用主要仪器设备名称	设备编号	主要操作人员	备注
一、	土					
申请参数						
强制性参数						
1						
2						
……						
非强制性参数						
1						
2						
……						
未申请参数：						
二、	集料					
……						
……						
……						
……						

注：1. 填写时应按公路水运工程试验检测机构等级标准中所列试验检测项目及参数顺序分别填写申请参数和未申请参数，上表以公路工程综合甲级为例。
　　2. 增项复核只填写增加部分。

试验检测仪器设备一览表　　　　　　　附表Ⅰ-6

第__页 共__页

序号	设备编号	设备名称	型号规格	生产厂家	购置日期	单价(元)	量程或规格	准确度	检定/校准周期	检定/校准单位	最近检定/校准日期	保管人	备注
一、土													
强制性仪器设备													
1													
2													
……													
非强制性仪器设备													
1													
2													
……													
缺少的仪器设备：													
二、集料													
……													
……													
……													

注：1. 填写时应按公路水运工程试验检测机构等级标准中所列试验检测项目及参数顺序填写，填完一个大项的强制性、非强制性、缺少的仪器设备再填写下一个大项的仪器设备，上表以公路工程综合甲级为例。
　　2. 增项申报只填写增加部分。

试验检测主要业绩一览表　　　　　　　附表Ⅰ-7

第__页　共__页

序号	项目名称	主要工作内容及工作量	项目（或授权）负责人	起止日期	完成情况

注：1. 填写时应按时间顺序填写，现场检测项目应填写具有一定检测规模和技术难度，能代表机构技术能力的项目。现场核查时应提供合同或监督备案通知书作为证明材料。

2. 增项复核只填写增加部分。

实际开展参数一览表

附表Ⅰ-8

第__页 共__页

序号	项目	批准参数	实际开展参数	未开展参数
总计	____%	____个	____个	____个

注：1. 填写时应按公路水运工程试验检测机构等级标准中所列参数顺序填写，现场核查时应提供报告原件。
2. 增项复核只填写增加部分。

试验检测人员培训记录一览表　　　　　　　　附表Ⅰ-9

序号	培训名称	培训组织单位	主要培训内容	培训时间	主讲人	参加培训的试验检测人员	培训效果

注：按参加新标准、新规范的宣贯培训，参加行业新办法的宣贯培训，参加行业管理部门或专业机构组织的业务知识培训，组织机构内部专业知识培训等分类填写。

参加能力验证和比对试验记录一览表 附表Ⅰ-10

序号	项目(参数)名称	能力验证和比对试验组织单位	参加单位	起止日期	参加人员	评价结果

受表彰和处罚（包括通报批评）情况一览表　　　　　　　附表Ⅰ-11

序号	项目名称	表彰/处罚单位	表彰/处罚内容	表彰/处罚日期	处理结果

复 核 意 见

附表 I-12

主管单位意见：
(公章) 年　月　日
所在地省级质监机构核查意见：
(公章) 年　月　日
换证复核结果：
(公章) 年　月　日
备注：

附件Ⅱ：公路水运工程试验检测机构换证复核现场核查报告（附表Ⅱ-1～附表Ⅱ-6）

公路水运工程试验检测机构换证复核

现场核查报告

机构名称：_____

核查类别：_____

报告编号：_____

核查组长：_____

核查时间：_____

交通运输部工程质量监督局制

填 表 须 知

（1）本表统一采用 A4 尺寸纸张，内容必须打印，专家核查组对填表内容的真实、可靠性负责。

（2）本表可复印，填写的内容受表格限制时，可按本表格格式增加附页，但须连同正页编第　页，共　页。

（3）本《现场核查报告》适用机构换证复核。

公路水运工程试验检测机构换证复核意见表   附表Ⅱ-1

检测机构名称		
现场核查意见	(1) 基本条件符合情况	(1) 试验检测人员、设备、环境基本情况描述： (2) 体系运行情况描述： (3) 开展业务及主要业绩描述：
	(2) 核查发现的主要问题及需改进之处	
	(3) 结论及建议	根据《公路水运工程试验检测机构换证复核细则》有关规定和以上核查意见，核查组建议： (1) 复核结果合格，建议该机构根据专家提出的问题认真整改，并将整改报告经核查组长确认后，予以通过。□ (2) 复核结果不合格。□
核查组长		核查日期	
核查组成员		

附录6 公路水运工程试验检测机构换证复核细则

公路水运工程试验检测机构换证复核基本条件核查表　　　　　附表Ⅱ-2

	基本条件	核查情况					符合情况
1	试验检测人员、设备、环境是否满足相应等级标准要求	人员	持试验检测人员证书总人数		持试验检测工程师证书人数		符合□ 不符合□
			持证工程师专业配置				
			相关专业高级职称人数（持检测师证）				
			技术负责人	职　称： 证书编号： 试验检测工作经历：　　　年			
			质量负责人	职　称： 证书编号： 试验检测工作经历：　　　年			
		设备	短缺的强制性仪器设备				
		环境	试验检测用房面积（m²）（不包含办公面积）		办公用房面积（m²）		
2	上年度信用等级为B级及以上且等级证书有效期内信用等级为C级次数不超过1次	年	年	年	年	年	符合□ 不符合□
		信用等级	信用等级	信用等级	信用等级	信用等级	
3	所开展的试验检测参数是否覆盖批准的所有试验检测项目且不少于批准参数的70%	批准参数数量（个）		开展参数数量（个）			符合□ 不符合□
		未开展的试验检测项目和参数					
4	公路水运工程现场检测项目或设立工地试验室业绩是否满足相应等级要求	年	公路水运工程现场检测项目　　个；设立工地试验室：　　个。				符合□ 不符合□
		年	公路水运工程现场检测项目　　个；设立工地试验室：　　个。				
		年	公路水运工程现场检测项目　　个；设立工地试验室：　　个。				
		年	公路水运工程现场检测项目　　个；设立工地试验室：　　个。				
		年	公路水运工程现场检测项目　　个；设立工地试验室：　　个。				

公路水运工程试验检测机构换证复核评分表　　　附表Ⅱ-3

类别	考核项目	规定分值	评分标准	评分
管理情况 34分	持证人员变更	6分	有效期内持证人员变更比例在40%以内,不扣分;否则,变更每增加10%扣1分	
	机构重要变更	5分	试验检测机构的重要变更(指机构行政负责人、技术、质量负责人、地址等的变更)未在规定期限内办理变更手续,扣5分	
	环境状况	4分	(1)试验室布局合理;(2)仪器设备摆放合理整齐;(3)环境整洁干净;(4)环境条件满足检测要求。一处不达标扣0.5分	
	管理体系运行	5分	(1)质量管理体系运行记录完整,能有效运转;(2)人员了解运行管理要求并按要求落实。 每项不满足扣2分～3分	
	试验记录、报告	4分	(1)档案分类清晰、管理规范、查询方便;(2)相关标准规范收集齐全,现行有效并受控;(3)记录、报告格式规范一致;(4)相关信息完整;(5)更改规范,签字齐全;(6)报告签字人具备资格;(7)结论表述正确;(8)依据标准正确。 每项不满足扣0.5分;发现细则第十四条所列弄虚作假行为的,取消复核资格	
	仪器设备管理	6分	(1)有专人管理仪器设备,固定存放地点;(2)使用记录齐全完整;(3)仪器设备档案齐全完整,分类清晰、管理规范、查询方便;(4)各种标识齐全、规范;(5)设备按规定维护、保养;(6)仪器设备按规定检定、校准。 第6项每1台仪器未检定、校准扣1分,其他每一项未达到扣1分	
	样品管理	4分	(1)标识清晰,信息齐全;(2)保管规范;(3)流转有序;(4)盲样管理规范。 每项不满足要求扣1分	
水平测试 38分	实际操作	38分	使用"现场评分细化表"	
人员培训 8分	查阅档案	8分	(1)及时参加新标准、新规范的宣贯培训;(2)及时参加行业新办法的宣贯培训;(3)积极参加行业管理部门或专业机构组织的业务知识培训;(4)积极组织机构内部专业知识培训。 每项不满足要求扣2分	
能力验证或比对 10分	查阅档案	10分	(1)参加部、省级交通主管部门检测机构能力验证结果为满意或基本满意;(2)机构内部定期组织或参加试验室间的比对试验活动及开展活动的有效性。 能力验证结果为不满意或不合格的,部级一次扣5分,省级一次扣3分;未组织或参加过试验室间的比对试验扣3分,参加过但有效性较差的扣2分	
奖罚情况 10分	查阅档案	10分	在部、省级交通主管部门督查过程中受到通报批评或停业整顿的,部级的每次扣5分,省级的每次扣3分	
合计		100分	100分	

注:1. 在核查中若发现检测机构未能满足基本条件要求,即视为不合格,不再填写此表。
　　2. 评分时,对任一考核项目的扣分不超过该项目规定分值。
　　3. 复核评分≥85分,合格予以通过,需整改的方面,应报送书面整改;评分<85分,不合格。

现场试验项目一览表

附表 Ⅱ-4

序号	现场试验报告		标准、规范、规程	缺陷事实摘要	备注
	编号	名称	名称及代号		
综合评价意见	本次试验室现场试验包含____项检测标准，共计____项参数。现场试验共出具报告____份。其中存在问题如下：				

核查组长：_____ 核查员：_____ 日期：　　　　　年　　月　　日

试验检测能力确认表　　　　　　　　　　　　　　　附表Ⅱ-5

序号	试验检测项目	强制性参数	非强制性参数	限制说明

评定专家组签名：

附录6 公路水运工程试验检测机构换证复核细则

核查组专家签字认可表

附表Ⅱ-6

姓名	单位名称	职称/职务	评审内容	联系方式	签字

附件Ⅲ 公路水运工程试验检测机构换证复核表（样式1～样式7）

样式1

公路水运工程试验检测机构换证复核申请补正通知书

编号：

_____：

你单位于　　年　　月　　日提出_____申请。根据《公路水运工程试验检测管理办法》和《公路水运工程试验检测机构换证复核细则》，请对申请材料在 20 天内作出补正，逾期视为撤销申请。补正内容如下：_____

_____

_____。

特此通知。

（印章）

年　　月　　日

样式2

公路水运工程试验检测机构换证复核现场核查通知书

编号：

_____：

你单位提出_____换证复核申请。

经初审合格，根据《公路水运工程试验检测管理办法》和《公路水运工程试验检测机构换证复核细则》，拟定于　年　月　日至　年　月　日进行现场核查。请提前做好现场核查准备，配合核查组做好现场核查工作。

特此通知。

附件　1. 被核查检测机构注意事项；

　　　2. 现场核查计划表。

（印章）

年　月　日

样式3

公路水运工程试验检测机构
换证复核决定书

编号：

_____：

你单位于　年　月　日提出_____申请。经审查，符合《公路水运工程试验检测管理办法》和《公路水运工程试验检测机构换证复核细则》规定的条件、标准，被评定为：_____等级，准予按照《等级证书》核定的业务和从业范围从事公路水运工程试验检测活动。

（印章）

年　月　日

样式 4

公路水运工程试验检测机构换证复核整改通知书

编号：

_____：

你单位于　　年　月　日提出_____申请。经审查，存在如下问题：_____

_____

_____

_____。

请针对以上问题你进行整改，在现场评定结束满 6 个月后提交书面整改报告，申请复核评定。

（印章）

　　年　月　日

样式5

公路水运工程试验检测机构
换证复核不予通过决定书

编号：

_____：

你单位于　　年　月　日提出_____申请。经审查，存在如下问题：_____
_____。

根据《公路水运工程试验检测管理办法》和《公路水运工程试验检测机构换证复核细则》，决定对你单位提出的申请不予通过。

（印章）

年　月　日

样式 6

试验检测项目核查任务书

编号：

_____省工程质量监督站：

你站于　年　月　日提出的_____单位____
_____试验检测项目申请。经审查，同意对该项目进行核查。

核查时间：　　　年　月　日至　　年　月　日

核查专家：_____

请你站通知被核查检测机构提前做好核查准备，并配合核查专家做好对该项目的核查工作。

（印章）

年　月　日

样式7

试验检测项目评定决定书

编号：

_____省工程质量监督站：

你站于　　年　　月　　日提出的_____单位_____试验检测增项复核申请，经组织专家进行现场核查，认为其符合《公路水运工程试验检测管理办法》和《公路水运工程试验检测机构换证复核细则》规定的条件、标准，现准予通过。（增项范围见附表）

（印章）

年　　月　　日

附录 7

公路水运工程试验检测人员继续教育办法（试行）

(2011 年 10 月 25 日 交通运输部办公厅（厅质监字 [2011] 229 号))

第一章 总 则

第一条 为巩固并不断提高试验检测人员的能力和技术水平，适应公路水运工程试验检测工作发展需要，促进试验检测人员继续教育制度化、规范化、科学化，依据《公路水运工程试验检测管理办法》（原交通部令 2005 年第 12 号），制定本办法。

第二条 本办法所称试验检测人员是指取得公路水运工程试验检测工程师和试验检测员证书的从业人员。

本办法所称继续教育是指为持续提高试验检测人员的专业技术和理论水平，在规定期限内完成的教育。

第三条 接受继续教育是试验检测人员的义务和权利。试验检测人员应按照本办法规定参加继续教育。

试验检测机构应督促本单位试验检测人员按要求参加继续教育，并保证试验检测人员参加继续教育的时间，提供必要的学习条件。

第四条 继续教育应坚持切合实际、注重实效，方便工程现场试验检测人员学习的原则。

第二章 继续教育的组织

第五条 交通运输部工程质量监督局（简称"部质监局"）主管全国公路水运工程试验检测人员继续教育工作，负责制定继续教育相关制度，确定继续教育主体内容，统一组织继续教育师资培训，监督、指导各省开展继续教育工作。交通运输职业资格中心配合部质监局开展相关具体工作。

第六条 各省级交通运输主管部门质量监督机构（简称"省级质监机构"）负责本省范围内试验检测人员继续教育工作，负责制定本行政区域继续教育相关制度和年度计划，结合实际确定继续教育补充内容，组织、协调本省继续教育工作。

第七条 省级质监机构可委托相关机构（以下称"继续教育机构"）具体组织实施试验检测人员继续教育事宜，并按要求将委托的继续教育机构情况报部质监局备案。

第八条 省级质监机构应选择具备以下条件的继续教育机构进行委托：

（一）具有较丰富的公路、水运工程试验检测和工程经验，能够独立按照教学计划和有关规定开展继续教育相关工作；

（二）具有独立法人资格，具备完善的教学、师资等组织管理及评价体系；

（三）有不少于10名师资人员；

（四）有教学场所、实操场所（如租用场所应至少有3年以上的协议）；

（五）收支管理规范，有收费许可证、税务登记证；能够按照相关规定核算有关费用，合理确定收费项目和收费标准；

（六）师资人员一般应具备以下条件：

1. 具有较高的政治、业务素质，较强的政策能力，在专业技术领域内有较高的理论水平和较丰富的工程经验；

2. 具有相关专业高级技术职称；

3. 通过部质监局组织的师资培训。

第九条 省级质监机构应建立委托的继续教育机构和师资人员的数据库，根据本省需求情况，动态、合理地控制委托的继续教育机构的数量和师资规模。委托的继续教育机构和师资人员名单应向社会公布。

第三章 继续教育的实施

第十条 省级质监机构应根据部质监局确定的继续教育主体内容，结合实际制定并公布本省继续教育计划和内容，指导试验检测机构合理、有序地组织试验检测人员参加继续教育。

第十一条 公路水运工程试验检测继续教育采取集中面授方式，逐步推行网络教学和远程教育。

第十二条 受委托的继续教育机构应根据继续教育计划和内容，按照确定的科目和课程编制教学计划、组织教学，并采取措施加强管理，保证教学质量。

第十三条 继续教育的授课内容应突出实用性、先进性、科学性，侧重试验检测工作实际需要，注重与实际操作技能相结合，一般应包括：

（一）与试验检测工作有关的法律法规、标准、规范、规程；

（二）试验检测人员职业道德教育；

（三）试验检测业务的新理论、新方法；

（四）试验检测新技术、新设备；

（五）试验检测案例分析；

（六）实际操作技能；

（七）其他有关知识。

第十四条 试验检测人员可就近参加省级质监机构组织的继续教育，有关情况经相应省级质监机构确认后在管理系统中予以记载。

第十五条 公路水运工程试验检测继续教育周期为2年（从取得证书的次年起计算）。试验检测人员在每个周期内接受继续教育的时间累计不应少于24学时。

第十六条 试验检测人员在其资格证件有效期内，未按规定完成继续教育的，应当补充完成继续教育后办理审验手续（审验办法另行制定）。

第十七条　试验检测人员的以下专业活动可以折算为继续教育学时。每个继续教育周期内，不同形式的专业活动折算的学时可叠加。

（一）参加试验检测考试大纲及教材编写工作的，折算 12 学时；

（二）参加试验检测考试命题工作的，折算 24 学时；

（三）参加试验检测工程师考试阅卷工作的，折算 12 学时；参加试验检测员考试阅卷工作的，折算 8 学时；

（四）担任继续教育师资的，折算 24 学时；

（五）参加部组织的机构评定、试验检测专项检查等专业活动的，折算 12 学时；

（六）参加省组织的机构评定、试验检测专项检查等专业活动的，折算 8 学时；

第四章　继续教育的监督检查

第十八条　省级质监机构应当加强对试验检测人员参加继续教育情况的检查，督促试验检测机构和试验检测人员参加继续教育。

第十九条　省级质监机构应采取措施对师资水平、授课效果、课程内容和组织管理等进行综合评估，适时调整委托的继续教育机构及师资，不断提高教学质量，完善继续教育管理工作。

第二十条　受委托的继续教育机构应当加强档案管理，将继续教育计划、继续教育师资情况、参培学员登记表、学员学习情况及结果等纳入档案管理，并接受省级质监机构的监督检查。

第二十一条　受委托的继续教育机构违反本办法规定，有下列情形之一的，不予确认其所开展的有关工作或取消对其继续教育的委托：

（一）未经委托擅自从事继续教育或者提供虚假继续教育资料的；

（二）未按照继续教育计划和内容要求组织相应继续教育的；

（三）发布继续教育虚假信息的。

第二十二条　试验检测人员在继续教育过程中有弄虚作假、冒名顶替等行为的，取消其本周期内已取得的继续教育记录，并纳入诚信记录。

第二十三条　质监机构工作人员在继续教育管理工作中有徇私舞弊、弄虚作假等情形的，依法给予行政处分；构成犯罪的，依法追究刑事责任。

第五章　附　　则

第二十四条　本办法由部质监局负责解释。省级质监机构可依据本办法制定具体实施办法。

第二十五条　本办法自 2012 年 1 月 1 日起施行。

附录 8

公路水运工程安全生产监督管理办法

（2016年3月7日 中华人民共和国交通运输部令2016年第9号）
（2007年2月14日交通部发布 根据2016年3月7日《交通运输部关于修改〈公路水运工程安全生产监督管理办法〉的决定》修正）。

第一章 总 则

第一条 为加强公路水运工程安全生产监督管理工作，保障人身及财产安全，根据《中华人民共和国安全生产法》、《建设工程安全生产管理条例》、《安全生产许可证条例》，制定本办法。

第二条 公路水运工程建设活动的安全生产行为及对其实施监督管理，应当遵守本办法。

第三条 本办法所称公路水运工程，是指列入国家和地方基本建设计划的公路、水运基础设施新建、改建、扩建以及拆除、加固等建设项目。

本办法所称从业单位，是指从事公路水运工程建设、勘察、设计、监理、施工、检验检测、安全评价等工作的单位。

第四条 公路水运工程安全生产监督管理应当坚持安全第一、预防为主、综合治理的方针。

第五条 公路水运工程安全生产监督管理实行统一监管、分级负责。

交通运输部负责全国公路水运工程安全生产的监督管理工作。

县级以上地方人民政府交通运输主管部门负责本行政区域内的公路水运工程安全生产监督管理工作，但长江干流航道工程安全生产监督管理工作由交通运输部设在长江干流的航务管理机构负责。

交通运输部和县级以上地方人民政府交通运输主管部门，可以委托其设置的安全监督机构负责具体工作，法律、行政法规规定不能委托的事项除外。

依照本条规定承担公路水运工程安全生产监督管理职能的部门或者机构，统称为公路水运工程安全生产监督管理部门。

第六条 公路水运工程安全生产监督管理部门的主要职责：

（一）宣传、贯彻、执行有关安全生产的法律、法规，按照法定权限制定公路水运工程安全生产管理规章和技术标准；

（二）依法对公路水运工程从业单位安全生产条件实施监督管理，组织施工单位的主要负责人、项目负责人、专职安全生产管理人员的考核管理工作；

（三）建立公路水运工程安全生产应急管理机制，制定重大生产安全事故应急预案；

（四）建立公路水运工程从业单位安全生产信用体系，作为交通行业信用体系建设的一部分，对从业单位和人员实施安全生产动态管理；

（五）受理公路水运工程安全生产方面的举报和投诉，依法对公路水运工程安全生产实施监督检查和相应的行政处罚；

（六）依法组织或者参与调查处理生产安全事故，按照职责权限对公路水运工程生产安全事故进行统计分析，发布公路水运工程安全生产动态信息。省级交通运输主管部门负责向交通运输部和国务院其他有关部门报送事故信息；

（七）指导下级交通运输主管部门开展公路水运工程安全生产监督管理工作；

（八）组织公路水运工程安全生产技术研究和先进技术推广应用；

（九）开展公路水运工程安全生产经验交流，普及安全生产知识；

（十）法律、法规规定的其他职责。

第二章 安全生产条件

第七条 从业单位从事公路水运工程建设活动，应当具备法律、行政法规规定的安全生产条件。任何单位和个人不得降低安全生产条件。

第八条 施工单位应当取得安全生产许可证，施工单位的主要负责人、项目负责人、专职安全生产管理人员（以下简称安全生产三类人员）必须取得考核合格证书，方可参加公路水运工程投标及施工。

施工单位主要负责人，是指对本企业日常生产经营活动和安全生产工作全面负责、有生产经营决策权的人员，包括企业法定代表人、企业安全生产工作的负责人等。

项目负责人，是指由企业法定代表人授权，负责公路水运工程项目施工管理的负责人。包括项目经理、项目副经理和项目总工。

专职安全生产管理人员，是指在企业专职从事安全生产管理工作的人员，包括企业安全生产管理机构的负责人及其工作人员和施工现场专职安全员。

第九条 省级交通运输主管部门负责组织公路水运工程施工单位安全生产三类人员的考核发证工作。

第十条 施工单位安全生产三类人员考核分为安全生产知识考试和安全管理能力考核两部分。考核合格的，由省级交通运输主管部门颁发《安全生产考核合格证书》。

第十一条 施工单位的垂直运输机械作业人员、施工船舶作业人员、爆破作业人员、安装拆卸工、起重信号工、电工、焊工等国家规定的特种作业人员，必须按照国家规定经过专门的安全作业培训，并取得特种作业操作资格证书后，方可上岗作业。

第十二条 施工单位在工程中使用施工起重机械和整体提升式脚手架、滑模爬模、架桥机等自行式架设设施前，应当组织有关单位进行验收，或者委托具有相应资质的检验检测机构进行验收。使用承租的机械设备和施工机具及配件的，由承租单位、出租单位和安装单位共同进行验收，验收合格的方可使用。验收合格后30日内，应当向当地交通运输主管部门登记。

第十三条 从业单位应当对从业人员进行安全生产教育和培训，保证从业人员具备必要的安全生产知识，熟悉有关的安全生产规章制度和安全操作规程，掌握本岗位的安全操作技能。未经安全生产教育和培训合格的从业人员，不得上岗作业。

第三章 安 全 责 任

第十四条 建设单位在编制工程招标文件时，应当确定公路水运工程项目安全作业环境及安全施工措施所需的安全生产费用。

安全生产费用由建设单位根据监理工程师对工程安全生产情况的签字确认进行支付。

第十五条 建设单位在公路水运工程施工招标文件中应当按照法律、法规的规定对施工单位的安全生产条件、安全生产信用情况、安全生产的保障措施等提出明确要求。

建设单位不得对咨询、勘察、设计、监理、施工、设备租赁、材料供应、检测等单位提出不符合工程安全生产法律、法规和工程建设强制性标准规定的要求。不得随意压缩合同规定的工期。

第十六条 勘察单位应当按照法律、法规和工程建设强制性标准进行勘察，重视地质环境对安全的影响，提交的勘察文件应当真实、准确，满足公路水运工程安全生产的需要。

勘察单位应当对有可能引发公路水运工程安全隐患的地质灾害提出防治建议。

勘察单位及勘察人员对勘察结论负责。

第十七条 设计单位应当按照法律、法规和工程建设强制性标准进行设计，防止因设计不合理导致安全生产隐患或者生产安全事故的发生。

采用新结构、新材料、新工艺的工程和特殊结构的工程，设计单位应当在设计文件中提出保障施工作业人员安全和预防生产安全事故的措施建议。

设计单位和设计人员应当对其设计负责。

第十八条 监理单位应当按照法律、法规和工程建设强制性标准进行监理，对工程安全生产承担监理责任。应当编制安全生产监理计划，明确监理人员的岗位职责、监理内容和方法等。对危险性较大的工程作业应当加强巡视检查。

监理单位应当审查施工组织设计中的安全技术措施或者专项施工方案是否符合工程建设强制性标准。监理单位在实施监理过程中，发现存在安全事故隐患的，应当要求施工单位整改，必要时，可下达施工暂停指令并向建设单位和有关部门报告。

监理单位应当填报安全监理日志和监理月报。

第十九条 为公路水运工程提供施工机械设备、设施和产品的单位，应确保配备齐全有效的保险、限位等安全装置，提供有关安全操作的说明，保证其提供的机械设备和设施等产品的质量和安全性能达到国家有关标准。所提供的机械设备、设施和产品应当具有生产（制造）许可证、产品合格证或者法定检验检测合格证明。对于尚无相关国家标准或者行业标准的设备和设施，应当保障其质量和安全性能。

第二十条 施工单位应当对施工安全生产承担责任。

施工单位主要负责人依法对本单位的安全生产工作全面负责。施工单位应当建立健全安全生产责任制度和安全生产教育培训制度及安全生产技术交底制度，制定安全生产规章制度和操作规程，保证本单位安全生产条件所需资金的投入，对所承担的公路水运工程进行定期和专项安全检查，并做好安全检查记录。

施工单位的项目负责人依法对项目的安全施工负责，落实安全生产各项制度，确保安全生产费用的有效使用，并根据工程特点组织制定安全施工措施，消除安全事故隐患，及时、如实报告生产安全事故。

本条所称安全生产技术交底制度，是指公路水运工程每项工程实施前，施工单位负责项目管理的技术人员对有关安全施工的技术要求向施工作业班组、作业人员详细说明，并由双方签字确认的制度。

第二十一条 施工单位应当设立安全生产管理机构，配备专职安全生产管理人员。施工现场应当按照每5000万元施工合同额配备一名的比例配备专职安全生产管理人员，不足5000万元的至少配备一名。

专职安全生产管理人员负责对安全生产进行现场监督检查，并做好检查记录，发现生产安全事故隐患，应当及时向项目负责人和安全生产管理机构报告；对违章指挥、违章操作和违反劳动纪律的，应当立即制止。

第二十二条 施工单位在工程报价中应当包含安全生产费用，一般不得低于投标价的1‰，且不得作为竞争性报价。

安全生产费用，应当用于施工安全防护用具及设施的采购和更新、安全施工措施的落实、安全生产条件的改善，不得挪作他用。

第二十三条 施工单位应当在施工组织设计中编制安全技术措施和施工现场临时用电方案，对下列危险性较大的工程应当编制专项施工方案，并附安全验算结果，经施工单位技术负责人、监理工程师审查同意签字后实施，由专职安全生产管理人员进行现场监督：

（一）不良地质条件下有潜在危险性的土方、石方开挖；

（二）滑坡和高边坡处理；

（三）桩基础、挡墙基础、深水基础及围堰工程；

（四）桥梁工程中的梁、拱、柱等构件施工等；

（五）隧道工程中的不良地质隧道、高瓦斯隧道、水底海底隧道等；

（六）水上工程中的打桩船作业、施工船作业、外海孤岛作业、边通航边施工作业等；

（七）水下工程中的水下焊接、混凝土浇筑、爆破工程等；

（八）爆破工程；

（九）大型临时工程中的大型支架、模板、便桥的架设与拆除；桥梁、码头的加固与拆除；

（十）其他危险性较大的工程。

必要时，施工单位对前款所列工程的专项施工方案，还应当组织专家进行论证、审查。

第二十四条 施工单位应当在施工现场出入口或者沿线各交叉口、施工起重机械、拌和场、临时用电设施、爆破物及有害危险气体和液体存放处以及孔洞口、隧道口、基坑边沿、脚手架、码头边沿、桥梁边沿等危险部位，设置明显的安全警示标志或者必要的安全防护设施。

施工单位应当根据不同施工阶段和周围环境及季节、气候的变化，在施工现场采取相应的安全施工措施。施工现场暂时停止施工的，施工单位应当做好现场防护。因施工单位安全生产隐患原因造成工程停工的,所需费用由施工单位承担,其他原因按照合同约定执行。

第二十五条　施工单位应当将施工现场的办公、生活区与作业区分开设置,并保持安全距离;办公、生活区的选址应当符合安全性要求。职工的膳食、饮水、休息场所、医疗救助设施等应当符合卫生标准。

施工现场临时搭建的建筑物应当符合安全使用要求。施工现场使用的装配式活动房屋应当具有生产(制造)许可证、产品合格证。

第二十六条　施工单位应当在施工现场建立消防安全责任制度,确定消防安全责任人,制定用火、用电、使用易燃易爆材料等各项消防管理制度和操作规程,设置消防通道,配备相应的消防设施和灭火器材。

第二十七条　施工单位应当向作业人员提供必需的安全防护用具和安全防护服装,书面告知危险岗位的操作规程并确保其熟悉和掌握有关内容和违章操作的危害。

作业人员有权对施工现场的作业条件、作业程序和作业方式中存在的安全问题提出批评、检举和控告,有权拒绝违章指挥和强令冒险作业。

在施工中发生可能危及人身安全的紧急情况时,作业人员有权立即停止作业或者在采取必要的应急措施后撤离危险区域。

第二十八条　作业人员应当遵守安全施工的工程建设强制性标准、规章制度,正确使用安全防护用具、机械设备等。

第二十九条　施工单位采购、租赁的安全防护用具、机械设备、施工机具及配件,应当具有生产(制造)许可证、产品合格证,并在进入施工现场前由专职安全管理人员进行查验。

施工现场的安全防护用具、机械设备、施工机具及配件必须由专人管理,定期进行检查、维修和保养,建立相应的资料档案,并按照国家有关规定及时报废。

第三十条　施工单位应当对管理人员和作业人员进行每年不少于两次的安全生产教育培训,其教育培训情况记入个人工作档案。

施工单位在采用新技术、新工艺、新设备、新材料时,应当对作业人员进行相应的安全生产教育培训。

新进人员和作业人员进入新的施工现场或者转入新的岗位前,施工单位应当对其进行安全生产培训考核。

未经安全生产教育培训考核或者培训考核不合格的人员,不得上岗作业。

第三十一条　施工单位应当为施工现场的人员办理意外伤害保险,意外伤害保险费应由施工单位支付。实行施工总承包的,由总承包单位支付意外伤害保险费。

第三十二条　建设工程实行施工总承包的,由总承包单位对施工现场的安全生产负总责。总承包单位依法将建设工程分包给其他单位的,分包合同中应当明确各自的安全生产方面的权利、义务。总承包单位对分包工程的安全生产承担连带责任。

分包单位应当服从总承包单位的安全生产管理,分包单位不服从管理导致生产安全事故的,由分包单位承担主要责任。

第三十三条　建设单位、施工单位应当针对本工程项目特点制定生产安全事故应急预案,定期组织演练。发生生产安全事故,施工单位应当立即向建设单位、监理单位和事故发生地的公路水运工程安全生产监督管理部门以及地方安全监督部门报告。建设单位、施工单位应当立即启动事故应急预案，组织力量抢救，保护好事故现场。

第四章　监　督　检　查

第三十四条　公路水运工程安全生产监督管理部门在职责范围内履行安全生产监督检查职责时，有权采取下列措施：

（一）要求被检查单位提供有关安全生产的文件和资料；

（二）进入被检查单位施工现场进行检查；

（三）纠正施工中违反安全生产要求的行为，依法实施行政处罚。

第三十五条　公路水运工程安全生产监督管理部门对从业单位安全生产监督检查的内容主要有：

（一）从业单位安全生产条件的符合情况；

（二）施工单位安全生产三类人员和特种作业人员具备上岗资格情况；

（三）从业单位执行安全生产法律、法规、规章和工程建设强制性标准的情况；

（四）从业单位对安全生产管理制度、安全责任制度和各项应急预案的建立和落实情况；

（五）安全生产管理机构或者专职安全生产管理人员的设置和履行职责情况；

（六）员工的安全教育培训情况；

（七）其他应当监督检查的情况。

第三十六条　公路水运工程安全生产监督管理部门应当对公路水运工程下列施工现场的安全生产情况进行监督检查：

（一）现场驻地；

（二）施工作业点（面）；

（三）危险品存放地；

（四）预制厂、半成品加工厂；

（五）非标施工设备组装厂。

公路水运工程安全生产监督管理部门对易发生生产安全事故的危险工程及施工作业环节应当进行重点监督检查。

第三十七条　公路水运工程安全生产监督管理部门对监督检查中发现的安全问题，应当作出如下处理：

（一）从业单位存在安全管理问题需要整改的，以书面方式通知存在问题单位限期整改；

（二）从业单位存在严重安全事故隐患的，责令立即排除；

（三）重大安全事故隐患在排除前或者在排除过程中无法保证安全的，责令其从危险区域内撤出作业人员或者暂时停止施工；

（四）建设单位违反安全管理规定造成重大生产安全事故的，对全部或者部分使用国有资金的建设项目，暂停资金拨付；

（五）建设单位未列建设工程安全生产费用的，责令其限期改正并不得办理监督手续；

逾期未改正的，责令该建设工程停止施工并通报批评。

被检查单位应当立即落实处理决定，并将整改结果书面报检查单位。责令停工的，应当经复查合格后，方可复工。

第三十八条 公路水运工程安全生产监督管理部门应当建立从业单位信用档案，并将监督检查情况和处理结果及时登录在安全生产信用管理系统中。

第三十九条 从业单位整改不力，多次整改仍然存在安全问题的，公路水运工程安全生产监督管理部门将其列入安全监督检查重点名单，登录在安全生产信用管理系统中，并向有关部门通报。

对存在重大安全事故隐患但拒绝整改或者整改效果不明显或者发生重特大安全事故等不再具备安全生产条件的，公路水运工程安全生产监督管理部门应当向安全生产许可证颁发部门通报，建议暂扣或者吊销安全生产许可证，同时向有关资质证书颁发部门建议降低资质等级。

第四十条 公路水运工程安全生产监督管理部门可委托具备国家规定资质条件的机构对容易发生重特大生产安全事故的工程项目和危险性较大的工程施工进行安全评价和监测。

第四十一条 公路水运工程安全生产监督管理部门应当健全内部管理制度，加强对监督管理人员的教育培训，提高执法水平。监督管理人员应当忠于职守，秉公办事，坚持原则，清正廉洁。与监督检查对象有利害关系的监督人员，应当回避。

第四十二条 公路水运工程安全生产监督管理部门应当建立举报制度，及时受理对公路水运工程生产安全事故或者事故隐患以及监督检查人员违法行为的检举、控告和投诉。

第五章 附 则

第四十三条 违反本办法规定，按照《中华人民共和国安全生产法》、《建设工程安全生产管理条例》、《安全生产许可证条例》的相关规定，给予行政处罚。

第四十四条 本办法自 2007 年 3 月 1 日起施行。

附录 9

关于进一步加强和规范公路水运工程试验检测工作的若干意见

(2013 年 2 月 5 日 交通运输部（交质监发〔2013〕114 号〕)

《公路水运工程试验检测管理办法》（交通部令 2005 年第 12 号）颁布实施以来，各级交通运输主管部门、质监机构、各参建单位对试验检测数据重要性的认识普遍提高，试验检测工作对公路水运工程质量安全的基础保障作用日益突显，试验检测管理制度不断完善，试验检测机构和人员的专业技术水平不断提高，市场规模已基本满足当前交通建设需求。为进一步提高试验检测行业科学化管理水平，切实发挥好试验检测在质量安全监管中的基础性、关键性作用，现就进一步加强和规范公路水运工程试验检测工作提出如下意见：

一、优化试验检测工作环境

（一）试验检测是公路水运工程质量安全管理的重要手段，真实、准确、客观、公正的试验检测数据是控制和评判工程质量、保障工程施工安全和运营安全的重要依据和基本前提。各级交通运输主管部门、质监机构要高度重视试验检测在工程建设质量安全监管工作中的重要性，切实加强组织领导、强化政策研究、做好统筹规划，为试验检测工作创造有利条件。

（二）各级交通运输主管部门、质监机构要加强调研，科学核算本地区试验检测工作成本，制定地区指导价格，引导试验检测工作合理、有效投入。各建设项目在工程概预算编制阶段，要落实试验检测费用渠道；各参建单位在工程实施过程中不得挤占挪用试验检测费用，为保证试验检测工作正常开展提供基本条件。

（三）要切实发挥母体检测机构对保证工地试验室工作质量的基础作用，将试验检测行业管理要求有效延伸至工程一线，着力解决工地试验室人员结构不稳定、责任感不强、短期行为等问题。项目建设、施工、监理等有关参建单位不得利用行政隶属关系、费用拨付手段等干预试验检测工作的正常开展，不得授意更改试验检测数据，努力营造有利于工地试验室独立、规范运行的工作环境。

（四）要牢固树立现代工程管理理念，有效利用试验检测技术手段，加强工程项目建设过程中质量安全风险的预防、预控、预判、预警工作。质监机构、建设单位可委托实力强、信用好的独立试验检测机构，对涉及结构安全的关键部位进行动态监控量测。

二、加强试验检测行业监管

（一）要将试验检测行业管理的重心从市场培育转移到规范和培育并重、更加注重规范上来，按照"调控规模、提升素质、进退有序"的原则，制定试验检测发展规划，切实控制好市场发展节奏和规模，避免因机构数量过多造成恶性竞争的不良后果。

自本文发布之日起用 1 至 2 年时间,整顿规范试验检测市场、提升行业整体素质。在此期间,停止受理所有等级试验检测机构和增项的评定申请。努力构建布局合理、竞争有序、运行高效、诚信守法的试验检测市场新格局。

(二)各省级质监机构要切实履行对甲级和专项类试验检测机构等级评定及换证复核的初审职责,禁止将达不到标准条件的机构上报;对本地区的乙丙级机构,要切实加强动态管理,制定评审和换证复核计划。在乙级机构申报和换证复核的现场评审中,至少应从部专家库中抽取 1 名专家参加。

(三)要采取随机抽查、飞行检查、专项检查等有效方式,加大检测机构证书有效期内的中间检查力度,及时查处和纠正试验检测工作中存在的违规和不规范行为,保证检测机构实际运行状况与相应等级标准要求相符合。对于经整改仍不满足标准要求的机构,要降低机构等级或注销其等级证书。

(四)整顿规范市场秩序,加大对违法违规行为的查处力度。要严厉打击出借资质、转包和违法分包行为;严厉打击试验检测机构恶意压价、施工和监理单位有意压低试验检测相关费用,签订阴阳合同、假合同等违规违法行为;严厉打击试验检测数据造假以及在考试、证书管理等环节的弄虚作假行为。上述行为涉及到的检测机构和人员,要坚决清退出试验检测市场,形成有进有出的市场动态运行机制。

(五)要不断完善信用评价指标设置的科学性,充分发挥试验检测信用管理在提高工作质量、规范从业行为、调控市场规模等方面的重要作用;完善信用评价结果与市场竞争、市场准入等工作的有效衔接机制。要将信用评价融入质量监督、安全监管、专项督查等日常工作中,及时对失信行为进行确认并录入评价管理系统。

三、提升试验检测能力水平

(一)各省级质监机构要结合工程建设特点和行业管理需要,经常组织能力验证、技能竞赛、技术比武等活动,促进能力验证等活动常态化、扁平化,不断扩大参与活动的机构、人员和检测参数范围。鼓励检测机构内部或机构之间开展形式多样的比对、岗位练兵活动,尤其对于涉及结构安全、日常开展业务较少的试验检测项目和参数,要加强实操演练,确保机构和人员持续保持相应试验检测能力。对于在部组织的比对试验中连续 2 年出现"不满意"结果的检测机构,要降低机构等级。

(二)各省级质监机构要按照公路水运工程试验检测人员继续教育有关要求,结合本地区工程特点,作好试验检测继续教育的组织工作,推进网络教学有序开展。各建设项目、检测机构应根据自身特点,广泛开展内部技术培训与交流活动,将继续教育、业务学习融入日常工作中,不断提高试验检测人员的职业道德水平和专业技术能力,努力建设人员专业化、行为规范化、管理科学化的试验检测队伍。

(三)要高度重视试验检测工作质量与仪器设备状况的密切相关性,切实加强仪器设备计量管理,尤其对于自动化、智能化仪器设备,要按照有关规定保证其检定、校准工作有效,及时纠正出现的异常状态,确保试验检测数据准确可靠。

(四)要按照高速公路施工标准化活动的总体部署和《公路试验检测数据报告编制导则》JT/T 828—2012、工地试验室标准化建设的有关要求,规范数据记录和报告管理,大力推进试验检测工作标准化、信息化建设。鼓励采用具有自动采集和监控系统的智能检测设备和手段,提高试验检测数据报告的客观性和规范性,提升工程管理水平。

附录 10

《公路水运工程试验检测专业技术人员职业资格制度规定》和《公路水运工程试验检测专业技术人员职业资格考试实施办法》

(2015 年 6 月 23 日 人力资源社会保障部 交通运输部（人社部发〔2015〕59 号))

公路水运工程试验检测专业技术人员职业资格制度规定

第一章 总 则

第一条 为加强公路水运工程试验检测专业技术人员队伍建设，提高试验检测专业技术人员素质，根据《中华人民共和国公路法》、《中华人民共和国港口法》、《中华人民共和国航道法》和国家职业资格证书制度的有关规定，制定本规定。

第二条 本规定所称试验检测专业技术人员是指在公路水运工程领域从事试验检测专业活动的技术人员。

第三条 国家设立公路水运工程试验检测专业技术人员水平评价类职业资格制度，纳入全国专业技术人员职业资格证书制度统一规划，面向全社会提供公路水运工程试验检测专业技术人员能力水平评价服务。评价结果与工程系列相应级别职称有效衔接，为用人单位科学使用公路水运工程试验检测专业技术人才提供依据。

第四条 公路水运工程试验检测专业技术人员职业资格（以下简称公路水运工程试验检测职业资格）包括道路工程、桥梁隧道工程、交通工程、水运结构与地基、水运材料5个专业，分为助理试验检测师和试验检测师2个级别。助理试验检测师和试验检测师职业资格实行考试的评价方式。

公路水运工程试验检测专业技术人员英文译为：Highway and Waterway Testing & Inspection Professionals。

第五条 通过公路水运工程助理试验检测师和试验检测师职业资格考试，并取得相应级别职业资格证书的人员，表明其已具备从事公路水运工程试验检测专业相应级别专业技术岗位工作的能力。

第六条 人力资源社会保障部、交通运输部共同负责公路水运工程试验检测职业资格制度的政策制定，并按职责分工对职业资格制度的实施进行指导、监督和检查。

交通运输部职业资格中心具体承担公路水运工程试验检测职业资格评价工作。

附录10 《公路水运工程试验检测专业技术人员职业资格制度规定》和《公路水运工程试验检测专业技术人员职业资格考试实施办法》

第二章 考 试

第七条 公路水运工程助理试验检测师和试验检测师职业资格考试，统一大纲、统一命题、统一组织。原则上每年举行一次考试。

第八条 交通运输部职业资格中心负责公路水运工程助理试验检测师和试验检测师职业资格考试的组织和实施工作，组织成立考试专家委员会，研究拟定考试科目、考试大纲、考试试题和考试合格标准。

第九条 人力资源社会保障部、交通运输部对交通运输部职业资格中心实施的考试工作进行监督和检查，指导交通运输部职业资格中心确定公路水运工程助理试验检测师和试验检测师职业资格考试科目、考试大纲、考试试题和考试合格标准。

第十条 遵守国家法律、法规，恪守职业道德，并符合公路水运工程助理试验检测师和试验检测师职业资格考试报名条件的人员，均可申请参加相应级别职业资格考试。

第十一条 符合下列条件之一者，可报考公路水运工程助理试验检测师职业资格考试：

（一）取得中专或高中学历，累计从事公路水运工程试验检测专业工作满4年；

（二）取得工学、理学、管理学学科门类专业大专学历，累计从事公路水运工程试验检测专业工作满2年；或者取得其他学科门类专业大专学历，累计从事公路水运工程试验检测专业工作满3年；

（三）取得工学、理学、管理学学科门类专业大学本科及以上学历或学位；或者取得其他学科门类专业大学本科学历，从事公路水运工程试验检测专业工作满1年；

第十二条 符合下列条件之一者，可报考公路水运工程试验检测师职业资格考试：

（一）取得中专或高中学历，并取得公路水运工程助理试验检测师证书后，从事公路水运工程试验检测专业工作满6年；

（二）取得工学、理学、管理学学科门类专业大专学历，累计从事公路水运工程试验检测专业工作满6年；

（三）取得工学、理学、管理学学科门类专业大学本科学历或者学位，累计从事公路水运工程试验检测专业工作满4年；

（四）取得含工学、理学、管理学学科门类专业在内的双学士学位或者工学、理学、管理学学科门类专业研究生班毕业，累计从事公路水运工程试验检测专业工作满2年；

（五）取得工学、理学、管理学学科门类专业硕士学位，累计从事公路水运工程试验检测专业工作满1年；

（六）取得工学、理学、管理学学科门类专业博士学位；

（七）取得其他学科门类专业的上述学历或者学位人员，累计从事公路水运工程试验检测专业工作年限相应增加1年。

第十三条 公路水运工程试验检测职业资格考试合格，由交通运输部职业资格中心颁发人力资源社会保障部、交通运输部监制，交通运输部职业资格中心用印的相应级别《中华人民共和国公路水运工程试验检测专业技术人员职业资格证书》（以下简称公路水运工程试验检测职业资格证书）。该证书在全国范围内有效。

第十四条 对以不正当手段取得公路水运工程试验检测职业资格证书的，按照国家专业技术人员资格考试违纪违规行为处理规定处理。

第三章 职 业 能 力

第十五条 取得公路水运工程试验检测职业资格证书的人员，应当遵守国家法律和相关法规，维护国家和社会公共利益，恪守职业道德。

第十六条 取得公路水运工程助理试验检测师职业资格证书的人员，应当具备的职业能力：

（一）了解公路水运工程行业管理的法律法规和规章制度，熟悉公路水运工程试验检测管理的规定和实验室管理体系知识；

（二）熟悉主要的工程技术标准、规范、规程；掌握所从事试验检测专业方向的试验检测方法和结果判定标准，较好识别和解决试验检测专业工作中的常见问题；

（三）独立完成常规性公路水运工程试验检测工作；

（四）编制试验检测报告。

第十七条 取得公路水运工程试验检测师职业资格证书的人员，应当具备的职业能力：

（一）熟悉公路水运工程行业管理的法律法规、规章制度，工程技术标准、规范和规程；掌握试验检测原理；掌握实验室管理体系知识和所从事试验检测专业方向的试验检测方法和结果判定标准；

（二）了解国内外工程试验检测行业的发展趋势，有较强的试验检测专业能力，独立完成较为复杂的试验检测工作和解决突发问题；

（三）熟练编制试验检测方案、组织实施试验检测活动、进行试验检测数据分析、编制和审核试验检测报告；

（四）指导本专业助理试验检测师工作。

第十八条 取得公路水运工程试验检测职业资格证书的人员，应当按照国家专业技术人员继续教育有关规定自觉接受继续教育，更新专业知识，不断提高职业素质和试验检测专业工作能力。

第四章 登 记

第十九条 公路水运工程试验检测职业资格证书实行登记制度。登记具体工作由交通运输部职业资格中心负责。登记情况应向社会公布。

第二十条 登记机构应建立持证人员的从业信息和诚信档案，并为用人单位提供查询服务。

第二十一条 取得公路水运工程试验检测职业资格证书的人员，在工作中违反相关法律、法规、规章或者职业道德，造成不良影响的，取消登记并由交通运输部职业资格中心收回其职业资格证书。

第二十二条 公路水运工程试验检测职业资格考试机构和登记机构在工作中，应当严格遵守国家和本行业的有关各项管理规定。

第五章 附 则

第二十三条 通过考试取得公路水运工程试验检测职业资格证书，且符合《工程技术人员职务试行条例》中助理工程师或者工程师任职条件的人员，用人单位可根据工作需要聘任其相应级别工程专业技术职务。

第二十四条 本规定施行前，依据《公路水运工程试验检测管理办法》（交通部令2005年第12号）及相应试验检测人员考试办法要求，取得的试验检测员、试验检测工程师证书效用不变。

第二十五条 本规定自2015年9月1日起施行。

公路水运工程试验检测专业技术人员职业资格考试实施办法

第一条 人力资源社会保障部、交通运输部按照职责分工负责指导、监督和检查公路水运工程助理试验检测师、试验检测师职业资格考试的实施工作。

第二条 交通运输部职业资格中心具体负责公路水运工程助理试验检测师、试验检测师职业资格考试的实施工作。

第三条 公路水运工程助理试验检测师、试验检测师均设公共基础科目和专业科目，专业科目为《道路工程》、《桥梁隧道工程》、《交通工程》、《水运结构与地基》和《水运材料》。公共基础科目考试时间为120min，专业科目考试时间为150min。

第四条 公路水运工程助理试验检测师、试验检测师考试成绩均实行2年为一个周期的滚动管理。在连续2个考试年度内，参加公共基础科目和任一专业科目的考试并合格，可取得相应专业和级别的公路水运工程试验检测专业技术人员职业资格证书。

第五条 符合《公路水运工程试验检测专业技术人员职业资格制度规定》规定的助理试验检测师、试验检测师职业资格考试报名条件者均可申请参加相应级别和专业类别的考试。

第六条 参加考试由本人提出申请，按有关规定办理报名手续。考试实施机构按规定的程序和报名条件审核合格后，核发准考证。参加考试人员凭准考证和有效证件在指定的日期、时间和地点参加考试。

中央和国务院各部门所属单位、中央管理企业的人员按属地原则报名参加考试。

第七条 公路水运工程助理试验检测师、试验检测师职业资格考试的考点原则上设在直辖市和省会城市的大、中专院校或者高考定点学校。如确需在其他城市设置考点，须经交通运输部职业资格中心批准。考试日期原则上为每年的第三季度。

第八条 坚持考试与培训分开的原则。凡参与考试工作（包括命题、审题与组织管理等）的人员，不得参加考试，也不得参加或者举办与考试内容相关的培训工作。应考人员参加培训坚持自愿原则。

第九条 考试实施机构及工作人员应当严格执行考试工作的各项规章制度，遵守考试工作纪律，切实做好从考试试题的命制到使用等各环节的安全保密工作，严防泄密。

第十条 对违反考试工作纪律和有关规定的人员，按照国家专业技术人员资格考试违纪违规行为处理规定处理。

附录 11

检验检测机构资质认定管理办法

(2015 年 4 月 9 日 国家质量监督检验检疫总局(总局令第 163 号))

第一章 总 则

第一条 为了规范检验检测机构资质认定工作,加强对检验检测机构的监督管理,根据《中华人民共和国计量法》及其实施细则、《中华人民共和国认证认可条例》等法律、行政法规的规定,制定本办法。

第二条 本办法所称检验检测机构,是指依法成立,依据相关标准或者技术规范,利用仪器设备、环境设施等技术条件和专业技能,对产品或者法律法规规定的特定对象进行检验检测的专业技术组织。

本办法所称资质认定,是指省级以上质量技术监督部门依据有关法律法规和标准、技术规范的规定,对检验检测机构的基本条件和技术能力是否符合法定要求实施的评价许可。

资质认定包括检验检测机构计量认证。

第三条 检验检测机构从事下列活动,应当取得资质认定:

(一) 为司法机关作出的裁决出具具有证明作用的数据、结果的;
(二) 为行政机关作出的行政决定出具具有证明作用的数据、结果的;
(三) 为仲裁机构作出的仲裁决定出具具有证明作用的数据、结果的;
(四) 为社会经济、公益活动出具具有证明作用的数据、结果的;
(五) 其他法律法规规定应当取得资质认定的。

第四条 在中华人民共和国境内从事向社会出具具有证明作用的数据、结果的检验检测活动以及对检验检测机构实施资质认定和监督管理,应当遵守本办法。

法律、行政法规另有规定的,依照其规定。

第五条 国家质量监督检验检疫总局主管全国检验检测机构资质认定工作。

国家认证认可监督管理委员会(以下简称国家认监委)负责检验检测机构资质认定的统一管理、组织实施、综合协调工作。

各省、自治区、直辖市人民政府质量技术监督部门(以下简称省级资质认定部门)负责所辖区域内检验检测机构的资质认定工作;

县级以上人民政府质量技术监督部门负责所辖区域内检验检测机构的监督管理工作。

第六条 国家认监委依据国家有关法律法规和标准、技术规范的规定,制定检验检测机构资质认定基本规范、评审准则以及资质认定证书和标志的式样,并予以公布。

第七条 检验检测机构资质认定工作应当遵循统一规范、客观公正、科学准确、公平公开的原则。

第二章 资质认定条件和程序

第八条 国务院有关部门以及相关行业主管部门依法成立的检验检测机构，其资质认定由国家认监委负责组织实施；其他检验检测机构的资质认定，由其所在行政区域的省级资质认定部门负责组织实施。

第九条 申请资质认定的检验检测机构应当符合以下条件：

（一）依法成立并能够承担相应法律责任的法人或者其他组织；

（二）具有与其从事检验检测活动相适应的检验检测技术人员和管理人员；

（三）具有固定的工作场所，工作环境满足检验检测要求；

（四）具备从事检验检测活动所必需的检验检测设备设施；

（五）具有并有效运行保证其检验检测活动独立、公正、科学、诚信的管理体系；

（六）符合有关法律法规或者标准、技术规范规定的特殊要求。

第十条 检验检测机构资质认定程序：

（一）申请资质认定的检验检测机构（以下简称申请人），应当向国家认监委或者省级资质认定部门（以下统称资质认定部门）提交书面申请和相关材料，并对其真实性负责；

（二）资质认定部门应当对申请人提交的书面申请和相关材料进行初审，自收到之日起 5 个工作日内作出受理或者不予受理的决定，并书面告知申请人；

（三）资质认定部门应当自受理申请之日起 45 个工作日内，依据检验检测机构资质认定基本规范、评审准则的要求，完成对申请人的技术评审。技术评审包括书面审查和现场评审。技术评审时间不计算在资质认定期限内，资质认定部门应当将技术评审时间书面告知申请人。由于申请人整改或者其他自身原因导致无法在规定时间内完成的情况除外；

（四）资质认定部门应当自收到技术评审结论之日起 20 个工作日内，作出是否准予许可的书面决定。准予许可的，自作出决定之日起 10 个工作日内，向申请人颁发资质认定证书。不予许可的，应当书面通知申请人，并说明理由。

第十一条 资质认定证书有效期为 6 年。

需要延续资质认定证书有效期的，应当在其有效期届满 3 个月前提出申请。

资质认定部门根据检验检测机构的申请事项、自我声明和分类监管情况，采取书面审查或者现场评审的方式，作出是否准予延续的决定。

第十二条 有下列情形之一的，检验检测机构应当向资质认定部门申请办理变更手续：

（一）机构名称、地址、法人性质发生变更的；

（二）法定代表人、最高管理者、技术负责人、检验检测报告授权签字人发生变更的；

（三）资质认定检验检测项目取消的；

（四）检验检测标准或者检验检测方法发生变更的；

（五）依法需要办理变更的其他事项。

检验检测机构申请增加资质认定检验检测项目或者发生变更的事项影响其符合资质认

定条件和要求的,依照本办法第十条规定的程序实施。

第十三条 资质认定证书内容包括:发证机关、获证机构名称和地址、检验检测能力范围、有效期限、证书编号、资质认定标志。

检验检测机构资质认定标志,由 China Inspection Body and Laboratory Mandatory Approval 的英文缩写 CMA 形成的图案和资质认定证书编号组成。式样如下:

第十四条 外方投资者在中国境内依法成立的检验检测机构,申请资质认定时,除应当符合本办法第九条规定的资质认定条件外,还应当符合我国外商投资法律法规的有关规定。

第十五条 检验检测机构依法设立的从事检验检测活动的分支机构,应当符合本办法第九条规定的条件,取得资质认定后,方可从事相关检验检测活动。

资质认定部门可以根据具体情况简化技术评审程序、缩短技术评审时间。

第三章 技术评审管理

第十六条 资质认定部门根据技术评审需要和专业要求,可以自行或者委托专业技术评价机构组织实施技术评审。

资质认定部门或者其委托的专业技术评价机构组织现场技术评审时,应当指派两名以上与技术评审内容相适应的评审员组成评审组,并确定评审组组长。必要时,可以聘请相关技术专家参加技术评审。

第十七条 评审组应当严格按照资质认定基本规范、评审准则开展技术评审活动,在规定时间内出具技术评审结论。

专业技术评价机构、评审组应当对其承担的技术评审活动和技术评审结论的真实性、符合性负责,并承担相应法律责任。

第十八条 评审组在技术评审中发现有不符合要求的,应当书面通知申请人限期整改,整改期限不得超过 30 个工作日。逾期未完成整改或者整改后仍不符合要求的,相应评审项目应当判定为不合格。

评审组在技术评审中发现申请人存在违法行为的,应当及时向资质认定部门报告。

第十九条 资质认定部门应当建立并完善评审员专业技能培训、考核、使用和监督制度。

第二十条 资质认定部门应当对技术评审活动进行监督,建立责任追究机制。

资质认定部门委托专业技术评价机构组织开展技术评审的,应当对专业技术评价机构及其组织的技术评审活动进行监督。

第二十一条 专业技术评价机构、评审员在评审活动中有下列情形之一的,资质认定部门可以根据情节轻重,作出告诫、暂停或者取消其从事技术评审活动的处理:

(一)未按照资质认定基本规范、评审准则规定的要求和时间实施技术评审的;

(二)对同一检验检测机构既从事咨询又从事技术评审的;

（三）与所评审的检验检测机构有利害关系或者其评审可能对公正性产生影响，未进行回避的；

（四）透露工作中所知悉的国家秘密、商业秘密或者技术秘密的；

（五）向所评审的检验检测机构谋取不正当利益的；

（六）出具虚假或者不实的技术评审结论的。

第四章 检验检测机构从业规范

第二十二条 检验检测机构及其人员从事检验检测活动，应当遵守国家相关法律法规的规定，遵循客观独立、公平公正、诚实信用原则，恪守职业道德，承担社会责任。

第二十三条 检验检测机构及其人员应当独立于其出具的检验检测数据、结果所涉及的利益相关各方，不受任何可能干扰其技术判断因素的影响，确保检验检测数据、结果的真实、客观、准确。

第二十四条 检验检测机构应当定期审查和完善管理体系，保证其基本条件和技术能力能够持续符合资质认定条件和要求，并确保管理体系有效运行。

第二十五条 检验检测机构应当在资质认定证书规定的检验检测能力范围内，依据相关标准或者技术规范规定的程序和要求，出具检验检测数据、结果。

检验检测机构出具检验检测数据、结果时，应当注明检验检测依据，并使用符合资质认定基本规范、评审准则规定的用语进行表述。

检验检测机构对其出具的检验检测数据、结果负责，并承担相应法律责任。

第二十六条 从事检验检测活动的人员，不得同时在两个以上检验检测机构从业。

检验检测机构授权签字人应当符合资质认定评审准则规定的能力要求。非授权签字人不得签发检验检测报告。

第二十七条 检验检测机构不得转让、出租、出借资质认定证书和标志；不得伪造、变造、冒用、租借资质认定证书和标志；不得使用已失效、撤销、注销的资质认定证书和标志。

第二十八条 检验检测机构向社会出具有证明作用的检验检测数据、结果的，应当在其检验检测报告上加盖检验检测专用章，并标注资质认定标志。

第二十九条 检验检测机构应当按照相关标准、技术规范以及资质认定评审准则规定的要求，对其检验检测的样品进行管理。

检验检测机构接受委托送检的，其检验检测数据、结果仅证明样品所检验检测项目的符合性情况。

第三十条 检验检测机构应当对检验检测原始记录和报告归档留存，保证其具有可追溯性。

原始记录和报告的保存期限不少于6年。

第三十一条 检验检测机构需要分包检验检测项目时，应当按照资质认定评审准则的规定，分包给依法取得资质认定并有能力完成分包项目的检验检测机构，并在检验检测报告中标注分包情况。

具体分包的检验检测项目应当事先取得委托人书面同意。

第三十二条 检验检测机构及其人员应当对其在检验检测活动中所知悉的国家秘密、商业秘密和技术秘密负有保密义务，并制定实施相应的保密措施。

第五章 监 督 管 理

第三十三条 国家认监委组织对检验检测机构实施监督管理，对省级资质认定部门的资质认定工作进行监督和指导。

省级资质认定部门自行或者组织地（市）、县级质量技术监督部门对所辖区域内的检验检测机构进行监督检查，依法查处违法行为；定期向国家认监委报送年度资质认定工作情况、监督检查结果、统计数据等相关信息。

地（市）、县级质量技术监督部门对所辖区域内的检验检测机构进行监督检查，依法查处违法行为，并将查处结果上报省级资质认定部门。涉及国家认监委或者其他省级资质认定部门的，由其省级资质认定部门负责上报或者通报。

第三十四条 资质认定部门根据检验检测专业领域风险程度、检验检测机构自我声明、认可机构认可以及监督检查、举报投诉等情况，建立检验检测机构诚信档案，实施分类监管。

第三十五条 检验检测机构应当按照资质认定部门的要求，参加其组织开展的能力验证或者比对，以保证持续符合资质认定条件和要求。

鼓励检验检测机构参加有关政府部门、国际组织、专业技术评价机构组织开展的检验检测机构能力验证或者比对。

第三十六条 资质认定部门应当在其官方网站上公布取得资质认定的检验检测机构信息，并注明资质认定证书状态。

国家认监委应当建立全国检验检测机构资质认定信息查询平台，以便社会查询和监督。

第三十七条 检验检测机构应当定期向资质认定部门上报包括持续符合资质认定条件和要求、遵守从业规范、开展检验检测活动等内容的年度报告，以及统计数据等相关信息。

检验检测机构应当在其官方网站或者以其他公开方式，公布其遵守法律法规、独立公正从业、履行社会责任等情况的自我声明，并对声明的真实性负责。

第三十八条 资质认定部门可以根据监督管理需要，就有关事项询问检验检测机构负责人和相关人员，发现存在问题的，应当给予告诫。

第三十九条 检验检测机构有下列情形之一的，资质认定部门应当依法办理注销手续：

（一）资质认定证书有效期届满，未申请延续或者依法不予延续批准的；
（二）检验检测机构依法终止的；
（三）检验检测机构申请注销资质认定证书的；
（四）法律法规规定应当注销的其他情形。

第四十条 对检验检测机构、专业技术评价机构或者资质认定部门及相关人员的违法违规行为，任何单位和个人有权举报。相关部门应当依据各自职责及时处理，并为举报人保密。

第六章 法 律 责 任

第四十一条 检验检测机构未依法取得资质认定，擅自向社会出具具有证明作用数据、结果的，由县级以上质量技术监督部门责令改正，处3万元以下罚款。

第四十二条 检验检测机构有下列情形之一的，由县级以上质量技术监督部门责令其1个月内改正；逾期未改正或者改正后仍不符合要求的，处1万元以下罚款：

（一）违反本办法第二十五条、第二十八条规定出具检验检测数据、结果的；

（二）未按照本办法规定对检验检测人员实施有效管理，影响检验检测独立、公正、诚信的；

（三）未按照本办法规定对原始记录和报告进行管理、保存的；

（四）违反本办法和评审准则规定分包检验检测项目的；

（五）未按照本办法规定办理变更手续的；

（六）未按照资质认定部门要求参加能力验证或者比对的；

（七）未按照本办法规定上报年度报告、统计数据等相关信息或者自我声明内容虚假的；

（八）无正当理由拒不接受、不配合监督检查的。

第四十三条 检验检测机构有下列情形之一的，由县级以上质量技术监督部门责令整改，处3万元以下罚款：

（一）基本条件和技术能力不能持续符合资质认定条件和要求，擅自向社会出具具有证明作用数据、结果的；

（二）超出资质认定证书规定的检验检测能力范围，擅自向社会出具具有证明作用数据、结果的；

（三）出具的检验检测数据、结果失实的；

（四）接受影响检验检测公正性的资助或者存在影响检验检测公正性行为的；

（五）非授权签字人签发检验检测报告的。

前款规定的整改期限不超过3个月。整改期间，检验检测机构不得向社会出具具有证明作用的检验检测数据、结果。

第四十四条 检验检测机构违反本办法第二十七条规定的，由县级以上质量技术监督部门责令改正，处3万元以下罚款。

第四十五条 检验检测机构有下列情形之一的，资质认定部门应当撤销其资质认定证书：

（一）未经检验检测或者以篡改数据、结果等方式，出具虚假检验检测数据、结果的；

（二）违反本办法第四十三条规定，整改期间擅自对外出具检验检测数据、结果，或者逾期未改正、改正后仍不符合要求的；

（三）以欺骗、贿赂等不正当手段取得资质认定的；

（四）依法应当撤销资质认定证书的其他情形。

被撤销资质认定证书的检验检测机构，三年内不得再次申请资质认定。

第四十六条 检验检测机构申请资质认定时提供虚假材料或者隐瞒有关情况的，资质认定部门不予受理或者不予许可。检验检测机构在一年内不得再次申请资质认定。

第四十七条 从事资质认定和监督管理的人员，在工作中滥用职权、玩忽职守、徇私舞弊的，依法予以处理；构成犯罪的，依法追究刑事责任。

第七章 附 则

第四十八条 资质认定收费，依据国家有关规定执行。

第四十九条 本办法由国家质量监督检验检疫总局负责解释。

第五十条 本办法自 2015 年 8 月 1 日起施行。国家质量监督检验检疫总局于 2006 年 2 月 21 日发布的《实验室和检查机构资质认定管理办法》同时废止。

附录 12

检验检测机构资质认定评审准则

(2016 年 5 月 31 日 国家认监委 国认实〔2016〕33 号)

1. 总则

1.1 为实施《检验检测机构资质认定管理办法》相关要求,开展检验检测机构资质认定评审,制定本准则。

1.2 在中华人民共和国境内,向社会出具具有证明作用的数据、结果的检验检测机构的资质认定评审应遵守本准则。

1.3 国家认证认可监督管理委员会在本评审准则基础上,针对不同行业和领域检验检测机构的特殊性,制定和发布评审补充要求,评审补充要求与本评审准则一并作为评审依据。

2. 参考文件

《检验检测机构资质认定管理办法》;
《合格评定 词汇和通用原则》GB/T 27000;
《质量管理体系 要求》GB/T 19001;
《检验检测机构诚信基本要求》GB/T 31880;
《检测和校准实验室能力的通用要求》GB/T 27025;
《合格评定 各类检验机构能力的通用要求》GB/T 27020;
《实验室 生物安全通用要求》GB 19489;
《医学实验室质量和能力的要求》GB/T 22576;
《通用计量术语及定义》JJF 1001。

3. 术语和定义

3.1 资质认定

国家认证认可监督管理委员会和省级质量技术监督部门依据有关法律法规和标准、技术规范的规定,对检验检测机构的基本条件和技术能力是否符合法定要求实施的评价许可。

3.2 检验检测机构

依法成立,依据相关标准或者技术规范,利用仪器设备、环境设施等技术条件和专业技能,对产品或者法律法规规定的特定对象进行检验检测的专业技术组织。

3.3 资质认定评审

国家认证认可监督管理委员会和省级质量技术监督部门依据《中华人民共和国行政许可法》的有关规定,自行或者委托专业技术评价机构,组织评审人员,对检验检测机构的基本条件和技术能力是否符合《检验检测机构资质认定评审准则》和评审补充要求所进行的审查和考核。

4. 评审要求

4.1 依法成立并能够承担相应法律责任的法人或者其他组织。

4.1.1 检验检测机构或者其所在的组织应有明确的法律地位，对其出具的检验检测数据、结果负责，并承担相应法律责任。不具备独立法人资格的检验检测机构应经所在法人单位授权。

4.1.2 检验检测机构应明确其组织结构及质量管理、技术管理和行政管理之间的关系。

4.1.3 检验检测机构及其人员从事检验检测活动，应遵守国家相关法律法规的规定，遵循客观独立、公平公正、诚实信用原则，恪守职业道德，承担社会责任。

4.1.4 检验检测机构应建立和保持维护其公正和诚信的程序。检验检测机构及其人员应不受来自内外部的、不正当的商业、财务和其他方面的压力和影响，确保检验检测数据、结果的真实、客观、准确和可追溯。若检验检测机构所在的单位还从事检验检测以外的活动，应识别并采取措施避免潜在的利益冲突。检验检测机构不得使用同时在两个及以上检验检测机构从业的人员。

4.1.5 检验检测机构应建立和保持保护客户秘密和所有权的程序，该程序应包括保护电子存储和传输结果信息的要求。检验检测机构及其人员应对其在检验检测活动中所知悉的国家秘密、商业秘密和技术秘密负有保密义务，并制定和实施相应的保密措施。

4.2 具有与其从事检验检测活动相适应的检验检测技术人员和管理人员。

4.2.1 检验检测机构应建立和保持人员管理程序，对人员资格确认、任用、授权和能力保持等进行规范管理。检验检测机构应与其人员建立劳动或录用关系，明确技术人员和管理人员的岗位职责、任职要求和工作关系，使其满足岗位要求并具有所需的权力和资源，履行建立、实施、保持和持续改进管理体系的职责。

4.2.2 检验检测机构的最高管理者应履行其对管理体系中的领导作用和承诺：负责管理体系的建立和有效运行；确保制定质量方针和质量目标；确保管理体系要求融入检验检测的全过程；确保管理体系所需的资源；确保管理体系实现其预期结果；满足相关法律法规要求和客户要求；提升客户满意度；运用过程方法建立管理体系和分析风险、机遇；组织质量管理体系的管理评审。

4.2.3 检验检测机构的技术负责人应具有中级及以上相关专业技术职称或同等能力，全面负责技术运作；质量负责人应确保质量管理体系得到实施和保持；应指定关键管理人员的代理人。

4.2.4 检验检测机构的授权签字人应具有中级及以上相关专业技术职称或同等能力，并经资质认定部门批准。非授权签字人不得签发检验检测报告或证书。

4.2.5 检验检测机构应对抽样、操作设备、检验检测、签发检验检测报告或证书以及提出意见和解释的人员，依据相应的教育、培训、技能和经验进行能力确认并持证上岗。应由熟悉检验检测目的、程序、方法和结果评价的人员，对检验检测人员包括实习员工进行监督。

4.2.6 检验检测机构应建立和保持人员培训程序，确定人员的教育和培训目标，明确培训需求和实施人员培训，并评价这些培训活动的有效性。培训计划应适应检验检测机构当前和预期的任务。

4.2.7 检验检测机构应保留技术人员的相关资格、能力确认、授权、教育、培训和监督的记录，并包含授权和能力确认的日期。

4.3 具有固定的工作场所，工作环境满足检验检测要求。

4.3.1 检验检测机构应具有满足相关法律法规、标准或者技术规范要求的场所，包括固定的、临时的、可移动的或多个地点的场所。

4.3.2 检验检测机构应确保其工作环境满足检验检测的要求。检验检测机构在固定场所以外进行检验检测或抽样时，应提出相应的控制要求，以确保环境条件满足检验检测标准或者技术规范的要求。

4.3.3 检验检测标准或者技术规范对环境条件有要求时或环境条件影响检验检测结果时，应监测、控制和记录环境条件。当环境条件不利于检验检测的开展时，应停止检验检测活动。

4.3.4 检验检测机构应建立和保持检验检测场所的内务管理程序，该程序应考虑安全和环境的因素。检验检测机构应将不相容活动的相邻区域进行有效隔离，应采取措施以防止干扰或者交叉污染，对影响检验检测质量的区域的使用和进入加以控制，并根据特定情况确定控制的范围。

4.4 具备从事检验检测活动所必需的检验检测设备设施。

4.4.1 检验检测机构应配备满足检验检测（包括抽样、物品制备、数据处理与分析）要求的设备和设施。用于检验检测的设施，应有利于检验检测工作的正常开展。检验检测机构使用非本机构的设备时，应确保满足本准则要求。

4.4.2 检验检测机构应建立和保持检验检测设备和设施管理程序，以确保设备和设施的配置、维护和使用满足检验检测工作要求。

4.4.3 检验检测机构应对检验检测结果、抽样结果的准确性或有效性有显著影响的设备，包括用于测量环境条件等辅助测量设备有计划地实施检定或校准。设备在投入使用前，应采用检定或校准等方式，以确认其是否满足检验检测的要求，并标识其状态。

针对校准结果产生的修正信息，检验检测机构应确保在其检测结果及相关记录中加以利用并备份和更新。检验检测设备包括硬件和软件应得到保护，以避免出现致使检验检测结果失效的调整。检验检测机构的参考标准应满足溯源要求。无法溯源到国家或国际测量标准时，检验检测机构应保留检验检测结果相关性或准确性的证据。

当需要利用期间核查以保持设备检定或校准状态的可信度时，应建立和保持相关的程序。

4.4.4 检验检测机构应保存对检验检测具有影响的设备及其软件的记录。用于检验检测并对结果有影响的设备及其软件，如可能，应加以唯一性标识。检验检测设备应由经过授权的人员操作并对其进行正常维护。若设备脱离了检验检测机构的直接控制，应确保该设备返回后，在使用前对其功能和检定、校准状态进行核查。

4.4.5 设备出现故障或者异常时，检验检测机构应采取相应措施，如停止使用、隔离或加贴停用标签、标记，直至修复并通过检定、校准或核查表明设备能正常工作为止。应核查这些缺陷或超出规定限度对以前检验检测结果的影响。

4.4.6 检验检测机构应建立和保持标准物质管理程序。可能时，标准物质应溯源到

SI 单位或有证标准物质。检验检测机构应根据程序对标准物质进行期间核查。

4.5 具有并有效运行保证其检验检测活动独立、公正、科学、诚信的管理体系。

4.5.1 检验检测机构应建立、实施和保持与其活动范围相适应的管理体系，应将其政策、制度、计划、程序和指导书制订成文件，管理体系文件应传达至有关人员，并被其获取、理解、执行。

4.5.2 检验检测机构应阐明质量方针，应制定质量目标，并在管理评审时予以评审。

4.5.3 检验检测机构应建立和保持控制其管理体系的内部和外部文件的程序，明确文件的批准、发布、标识、变更和废止，防止使用无效、作废的文件。

4.5.4 检验检测机构应建立和保持评审客户要求、标书、合同的程序。对要求、标书、合同的偏离、变更应征得客户同意并通知相关人员。

4.5.5 检验检测机构需分包检验检测项目时，应分包给依法取得资质认定并有能力完成分包项目的检验检测机构，具体分包的检验检测项目应当事先取得委托人书面同意，检验检测报告或证书应体现分包项目，并予以标注。

4.5.6 检验检测机构应建立和保持选择和购买对检验检测质量有影响的服务和供应品的程序。明确服务、供应品、试剂、消耗材料的购买、验收、存储的要求，并保存对供应商的评价记录和合格供应商名单。

4.5.7 检验检测机构应建立和保持服务客户的程序。保持与客户沟通，跟踪对客户需求的满足，以及允许客户或其代表合理进入为其检验检测的相关区域观察。

4.5.8 检验检测机构应建立和保持处理投诉的程序。明确对投诉的接收、确认、调查和处理职责，并采取回避措施。

4.5.9 检验检测机构应建立和保持出现不符合的处理程序，明确对不符合的评价、决定不符合是否可接受、纠正不符合、批准恢复被停止的工作的责任和权力。必要时，通知客户并取消工作。该程序包含检验检测前中后全过程。

4.5.10 检验检测机构应建立和保持在识别出不符合时，采取纠正措施的程序；当发现潜在不符合时，应采取预防措施。检验检测机构应通过实施质量方针、质量目标，应用审核结果、数据分析、纠正措施、预防措施、管理评审来持续改进管理体系的适宜性、充分性和有效性。

4.5.11 检验检测机构应建立和保持记录管理程序，确保记录的标识、贮存、保护、检索、保留和处置符合要求。

4.5.12 检验检测机构应建立和保持管理体系内部审核的程序，以便验证其运作是否符合管理体系和本准则的要求，管理体系是否得到有效的实施和保持。内部审核通常每年一次，由质量负责人策划内审并制定审核方案。内审员须经过培训，具备相应资格，内审员应独立于被审核的活动。检验检测机构应：

a) 依据有关过程的重要性、对检验检测机构产生影响的变化和以往的审核结果，策划、制定、实施和保持审核方案，审核方案包括频次、方法、职责、策划要求和报告；

b) 规定每次审核的审核准则和范围；

c) 选择审核员并实施审核；

d) 确保将审核结果报告给相关管理者；

e) 及时采取适当的纠正和纠正措施；

f）保留形成文件的信息，作为实施审核方案以及做出审核结果的证据。

4.5.13 检验检测机构应建立和保持管理评审的程序。管理评审通常12个月一次，由最高管理者负责。最高管理者应确保管理评审后，得出的相应变更或改进措施予以实施，确保管理体系的适宜性、充分性和有效性。应保留管理评审的记录。管理评审输入应包括以下信息：

a）以往管理评审所采取措施的情况；
b）与管理体系相关的内外部因素的变化；
c）客户满意度、投诉和相关方的反馈；
d）质量目标实现程度；
e）政策和程序的适用性；
f）管理和监督人员的报告；
g）内外部审核的结果；
h）纠正措施和预防措施；
i）检验检测机构间比对或能力验证的结果；
j）工作量和工作类型的变化；
k）资源的充分性；
l）应对风险和机遇所采取措施的有效性；
m）改进建议；
n）其他相关因素，如质量控制活动、员工培训。

管理评审输出应包括以下内容：

a）改进措施；
b）管理体系所需的变更；
c）资源需求。

4.5.14 检验检测机构应建立和保持检验检测方法控制程序。检验检测方法包括标准方法、非标准方法（含自制方法）。应优先使用标准方法，并确保使用标准的有效版本。在使用标准方法前，应进行证实。在使用非标准方法（含自制方法）前，应进行确认。检验检测机构应跟踪方法的变化，并重新进行证实或确认。必要时检验检测机构应制定作业指导书。如确需方法偏离，应有文件规定，经技术判断和批准，并征得客户同意。当客户建议的方法不适合或已过期时，应通知客户。

非标准方法（含自制方法）的使用，应事先征得客户同意，并告知客户相关方法可能存在的风险。需要时，检验检测机构应建立和保持开发自制方法控制程序，自制方法应经确认。

4.5.15 检验检测机构应根据需要建立和保持应用评定测量不确定度的程序。

4.5.16 检验检测机构应当对媒介上的数据予以保护，应对计算和数据转移进行系统和适当地检查。当利用计算机或自动化设备对检验检测数据进行采集、处理、记录、报告、存储或检索时，检验检测机构应建立和保持保护数据完整性和安全性的程序。自行开发的计算机软件应形成文件，使用前确认其适用性，并进行定期、改变或升级后的再确认。维护计算机和自动设备以确保其功能正常。

4.5.17 检验检测机构应建立和保持抽样控制程序。抽样计划应根据适当的统计方法制定，抽样应确保检验检测结果的有效性。当客户对抽样程序有偏离的要求时，应予以详细记录，同时告知相关人员。

4.5.18 检验检测机构应建立和保持样品管理程序，以保护样品的完整性并为客户保密。检验检测机构应有样品的标识系统，并在检验检测整个期间保留该标识。在接收样品时，应记录样品的异常情况或记录对检验检测方法的偏离。样品在运输、接收、制备、处置、存储过程中应予以控制和记录。当样品需要存放或养护时，应保持、监控和记录环境条件。

4.5.19 检验检测机构应建立和保持质量控制程序，定期参加能力验证或机构之间比对。通过分析质量控制的数据，当发现偏离预先判据时，应采取有计划的措施来纠正出现的问题，防止出现错误的结果。质量控制应有适当的方法和计划并加以评价。

4.5.20 检验检测机构应准确、清晰、明确、客观地出具检验检测结果，并符合检验检测方法的规定。结果通常应以检验检测报告或证书的形式发出。检验检测报告或证书应至少包括下列信息：

a）标题；

b）标注资质认定标志，加盖检验检测专用章（适用时）；

c）检验检测机构的名称和地址，检验检测的地点（如果与检验检测机构的地址不同）；

d）检验检测报告或证书的唯一性标识（如系列号）和每一页上的标识，以确保能够识别该页是属于检验检测报告或证书的一部分，以及表明检验检测报告或证书结束的清晰标识；

e）客户的名称和地址（适用时）；

f）对所使用检验检测方法的识别；

g）检验检测样品的状态描述和标识；

h）对检验检测结果的有效性和应用有重大影响时，注明样品的接收日期和进行检验检测的日期；

i）对检验检测结果的有效性或应用有影响时，提供检验检测机构或其他机构所用的抽样计划和程序的说明；

j）检验检测检报告或证书的批准人；

k）检验检测结果的测量单位（适用时）；

l）检验检测机构接受委托送检的，其检验检测数据、结果仅证明所检验检测样品的符合性情况。

4.5.21 当需对检验检测结果进行说明时，检验检测报告或证书中还应包括下列内容：

a）对检验检测方法的偏离、增加或删减，以及特定检验检测条件的信息，如环境条件；

b）适用时，给出符合（或不符合）要求或规范的声明；

c）适用时，评定测量不确定度的声明。当不确定度与检测结果的有效性或应用有关，或客户的指令中有要求，或当对测量结果依据规范的限制进行符合性判定时，需要提供有关不确定度的信息；

d) 适用且需要时，提出意见和解释；

e) 特定检验检测方法或客户所要求的附加信息。

4.5.22 当检验检测机构从事抽样检验检测时，应有完整、充分的信息支撑其检验检测报告或证书。

4.5.23 当需要对报告或证书做出意见和解释时，检验检测机构应将意见和解释的依据形成文件。意见和解释应在检验检测报告或证书中清晰标注。

4.5.24 当检验检测报告或证书包含了由分包方出具的检验检测结果时，这些结果应予以清晰标明。

4.5.25 当用电话、传真或其他电子或电磁方式传送检验检测结果时，应满足本准则对数据控制的要求。检验检测报告或证书的格式应设计为适用于所进行的各种检验检测类型，并尽量减小产生误解或误用的可能性。

4.5.26 检验检测报告或证书签发后，若有更正或增补应予以记录。修订的检验检测报告或证书应标明所代替的报告或证书，并注以唯一性标识。

4.5.27 检验检测机构应当对检验检测原始记录、报告或证书归档留存，保证其具有可追溯性。检验检测原始记录、报告或证书的保存期限不少于6年。

4.6 符合有关法律法规或者标准、技术规范规定的特殊要求

特定领域的检验检测机构，应符合国家认证认可监督管理委员会按照国家有关法律法规、标准或者技术规范，针对不同行业和领域的特殊性，制定和发布的评审补充要求。

附录 13

检测和校准实验室能力认可准则

(ISO/IEC 17025：2005)
(2015 年 6 月 1 日第一次修订)

1. 范围

1.1 本准则规定了实验室进行检测和/或校准的能力（包括抽样能力）的通用要求。这些检测和校准包括应用标准方法、非标准方法和实验室制定的方法进行的检测和校准。

1.2 本准则适用于所有从事检测和/或校准的组织，包括诸如第一方、第二方和第三方实验室，以及将检测和/或校准作为检查和产品认证工作一部分的实验室。

本准则适用于所有实验室，不论其人员数量的多少或检测和/或校准活动范围的大小。当实验室不从事本准则所包括的一种或多种活动，例如抽样和新方法的设计（制定）时，可不采用本准则中相关条款的要求。

1.3 本准则中的注是对正文的说明、举例和指导。它们既不包含要求，也不构成本准则的主体部分。

1.4 本准则是 CNAS 对检测和校准实验室能力进行认可的依据，也可为实验室建立质量、行政和技术运作的管理体系，以及为实验室的客户、法定管理机构对实验室的能力进行确认或承认提供指南。本准则并不意图用作实验室认证的基础。

注1：术语"管理体系"在本准则中是指控制实验室运作的质量、行政和技术体系。

注2：管理体系的认证有时也称为注册。

1.5 本准则不包含实验室运作中应符合的法规和安全要求。

1.6 如果检测和校准实验室遵守本准则的要求，其针对检测和校准所运作的质量管理体系也就满足了 ISO 9001 的原则。附录提供了 ISO/IEC 17025：2005 和 ISO 9001 标准的对照。本准则包含了 ISO 9001 中未包含的技术能力要求。

注1：为确保这些要求应用的一致性，或许有必要对本准则的某些要求进行说明或解释。

注2：如果实验室希望其部分或全部检测和校准活动获得认可，应当选择一个依据 ISO/IEC 17011 运作的认可机构。

2. 引用标准

下列参考文件对于本文件的应用不可缺少。对注明日期的参考文件，只采用所引用的版本；对没有注明日期的参考文件，采用最新的版本（包括任何的修订）。

ISO/IEC 17000 合格评定－词汇和通用原则。

VIM，国际通用计量学基本术语，由国际计量局（BIPM）、国际电工委员会（IEC）、国际临床化学和实验医学联合会（IFCC）、国际标准化组织（ISO）、国际理论化学和应用化学联合会（IUPAC）、国际理论物理和应用物理联合会（IUPAP）和国际法制计量组织

（OIML）发布。

注：参考文献中给出了更多与本准则有关的标准、指南等。

3. 术语和定义

本准则使用 ISO/IEC 17000 和 VIM 中给出的相关术语和定义。

注：ISO 9000 规定了与质量有关的通用定义，ISO/IEC 17000 则专门规定了与认证和实验室认可有关的定义。若 ISO 9000 与 ISO/IEC 17000 和 VIM 中给出的定义有差异，优先使用 ISO/IEC 17000 和 VIM 中的定义。

4. 管理要求

4.1 组织

4.1.1 实验室或其所在组织应是一个能够承担法律责任的实体。

4.1.2 实验室有责任确保所从事检测和校准工作符合本准则的要求，并能满足客户、法定管理机构或对其提供承认的组织的需求。

4.1.3 实验室的管理体系应覆盖实验室在固定设施内、离开其固定设施的场所，或在相关的临时或移动设施中进行的工作。

4.1.4 如果实验室所在的组织还从事检测和/或校准以外的活动，为识别潜在利益冲突，应规定该组织中涉及检测和/或校准、或对检测和/或校准有影响的关键人员的职责。

注1：如果实验室是某个较大组织的一部分，该组织应当使其有利益冲突的部分，如生产、商业营销或财务部门，不对实验室满足本准则的要求产生不良影响。

注2：如果实验室希望作为第三方实验室得到承认，实验室应能证明其公正性，并能证明实验室及其员工不受任何可能影响其技术判断的、不正当的商业、财务或其他方面的压力。第三方检测或校准实验室不应当参与任何可能损害其判断独立性和检测或校准诚信度的活动。

4.1.5 实验室应：

a) 有管理人员和技术人员，不论他们的其他责任，他们应具有所需的权力和资源来履行包括实施、保持和改进管理体系的职责，识别对管理体系或检测和/或校准程序的偏离，以及采取预防或减少这些偏离的措施（见5.2）；

b) 有措施确保其管理层和员工不受任何对工作质量有不良影响的、来自内外部的不正当的商业、财务和其他方面的压力和影响；

c) 有保护客户的机密信息和所有权的政策和程序，包括保护电子存储和传输结果的程序；

d) 有政策和程序以避免卷入任何会降低其在能力、公正性、判断力或运作诚实性方面的可信度的活动；

e) 确定实验室的组织和管理结构、其在母体组织中的地位，以及质量管理、技术运作和支持服务之间的关系；

f) 规定对检测和/或校准质量有影响的所有管理、操作和核查人员的职责、权力和相互关系；

g) 由熟悉各项检测和/或校准的方法、程序、目的和结果评价的人员，对检测和校准人员包括在培员工，进行充分地监督；

h) 有技术管理者，全面负责技术运作和提供确保实验室运作质量所需的资源；

i) 指定一名员工作为质量主管（不论如何称谓），不论其他职责，应赋予其在任何时候都能确保与质量有关的管理体系得到实施和遵循的责任和权力。质量主管应有直接渠道接触决定实验室政策或资源的最高管理者；

j) 指定关键管理人员的代理人（见注）；

k) 确保实验室人员理解他们活动的相互关系和重要性，以及如何为管理体系质量目标的实现做出贡献。

注：一个人可能有多项职能，对每项职能都指定代理人可能是不现实的。

4.1.6 最高管理者应确保在实验室内部建立适宜的沟通机制，并就确保与管理体系有效性的事宜进行沟通。

4.2 管理体系

4.2.1 实验室应建立、实施和保持与其活动范围相适应的管理体系；应将其政策、制度、计划、程序和指导书制订成文件，并达到确保实验室检测和/或校准结果质量所需的要求。体系文件应传达至有关人员，并被其理解、获取和执行。

4.2.2 实验室管理体系中与质量有关的政策，包括质量方针声明，应在质量手册（不论如何称谓）中阐明。应制订总体目标并在管理评审时加以评审。质量方针声明应在最高管理者的授权下发布，至少包括下列内容：

a) 实验室管理者对良好职业行为和为客户提供检测和校准服务质量的承诺；

b) 管理者关于实验室服务标准的声明；

c) 与质量有关的管理体系的目的；

d) 要求实验室所有与检测和校准活动有关的人员熟悉质量文件，并在工作中执行这些政策和程序；

e) 实验室管理者对遵循本准则及持续改进管理体系有效性的承诺。

注：质量方针声明应当简明，可包括应始终按照声明的方法和客户的要求来进行检测和/或校准的要求。当检测和/或校准实验室是某个较大组织的一部分时，某些质量方针要素可以列于其他文件之中。

4.2.3 最高管理者应提供建立和实施管理体系以及持续改进其有效性承诺的证据。

4.2.4 最高管理者应将满足客户要求和法定要求的重要性传达到组织。

4.2.5 质量手册应包括或指明含技术程序在内的支持性程序，并概述管理体系中所用文件的架构。

4.2.6 质量手册中应规定技术管理者和质量主管的作用和责任，包括确保遵循本准则的责任。

4.2.7 当策划和实施管理体系的变更时，最高管理者应确保保持管理体系的完整性。

4.3 文件控制

4.3.1 总则

实验室应建立和保持程序来控制构成其管理体系的所有文件（内部制订或来自外部的），诸如法规、标准、其他规范化文件、检测和/或校准方法，以及图纸、软件、规范、指导书和手册。

注1：本文中的"文件"可以是方针声明、程序、规范、校准表格、图表、教科书、张贴品、通知、备忘录、软件、图纸、计划等。这些文件可能承载在各种载体上，无论是硬拷贝或是电子媒体，并且可以是数字的、模拟的、摄影的或书面的形式。

注2：有关检测和校准数据的控制在5.4.7条中规定。记录的控制在4.13中规定。

4.3.2 文件的批准和发布

4.3.2.1 凡作为管理体系组成部分发给实验室人员的所有文件，在发布之前应由授权人员审查并批准使用。应建立识别管理体系中文件当前的修订状态和分发的控制清单或等效的文件控制程序并使之易于获得，以防止使用无效和/或作废的文件。

4.3.2.2 文件控制程序应确保：
a) 在对实验室有效运作起重要作用的所有作业场所都能得到相应文件的授权版本；
b) 定期审查文件，必要时进行修订，以确保其持续适用和满足使用的要求；
c) 及时地从所有使用或发布处撤除无效或作废文件，或用其他方法保证防止误用；
d) 出于法律或知识保存目的而保留的作废文件，应有适当的标记。

4.3.2.3 实验室制订的管理体系文件应有唯一性标识。该标识应包括发布日期和/或修订标识、页码、总页数或表示文件结束的标记和发布机构。

4.3.3 文件变更

4.3.3.1 除非另有特别指定，文件的变更应由原审查责任人进行审查和批准。被指定的人员应获得进行审查和批准所依据的有关背景资料。

4.3.3.2 若可行，更改的或新的内容应在文件或适当的附件中标明。

4.3.3.3 如果实验室的文件控制系统允许在文件再版之前对文件进行手写修改，则应确定修改的程序和权限。修改之处应有清晰的标注、签名缩写并注明日期。修订的文件应尽快地正式发布。

4.3.3.4 应制订程序来描述如何更改和控制保存在计算机系统中的文件。

4.4 要求、标书和合同的评审

4.4.1 实验室应建立和保持评审客户要求、标书和合同的程序。这些为签订检测和/或校准合同而进行评审的政策和程序应确保：
a) 对包括所用方法在内的要求应予充分规定，形成文件，并易于理解（见5.4.2）；
b) 实验室有能力和资源满足这些要求；
c) 选择适当的、能满足客户要求的检测和/或校准方法（见5.4.2）；

客户的要求或标书与合同之间的任何差异，应在工作开始之前得到解决。每项合同应得到实验室和客户双方的接受。

注1：对要求、标书和合同的评审应当以可行和有效的方式进行，并考虑财务、法律和时间安排等方面的影响。对内部客户的要求、标书和合同的评审可以简化方式进行。

注2：对实验室能力的评审，应当证实实验室具备了必要的物力、人力和信息资源，且实验室人员对所从事的检测和/或校准具有必要的技能和专业技术。该评审也可包括以前参加的实验室间比对或能力验证的结果和/或为确定测量不确定度、检出限、置信限等而使用的已知值样品或物品所做的试验性检测或校准计划的结果。

注3：合同可以是为客户提供检测和/或校准服务的任何书面的或口头的协议。

4.4.2 应保存包括任何重大变化在内的评审的记录。在执行合同期间，就客户的要求或工作结果与客户进行讨论的有关记录，也应予以保存。

注：对例行和其他简单任务的评审，由实验室中负责合同工作的人员注明日期并加以标识（如签名缩写）即可。对于重复性的例行工作，如果客户要求不变，仅需在初期调查阶段，或在与客户的总协议下对持续进行的例行工作合同批准时进行评审。对于新的、复杂的或先进的检测和/或校准任务，则应当保存更为全面的记录。

4.4.3 评审的内容应包括被实验室分包出去的任何工作。

4.4.4 对合同的任何偏离均应通知客户。

4.4.5 工作开始后如果需要修改合同，应重复进行同样的合同评审过程，并将所有修改内容通知所有受到影响的人员。

4.5 检测和校准的分包

4.5.1 实验室由于未预料的原因（如工作量、需要更多专业技术或暂时不具备能力）或持续性的原因（如通过长期分包、代理或特殊协议）需将工作分包时，应分包给有能力的分包方，例如能够按照本准则开展工作的分包方。

4.5.2 实验室应将分包安排以书面形式通知客户，适当时应得到客户的准许，最好是书面的同意。

4.5.3 实验室应就分包方的工作对客户负责，由客户或法定管理机构指定的分包方除外。

4.5.4 实验室应保存检测和/或校准中使用的所有分包方的注册记录，并保存其工作符合本准则的证明记录。

4.6 服务和供应品的采购

4.6.1 实验室应有选择和购买对检测和/或校准质量有影响的服务和供应品的政策和程序。还应有与检测和校准有关的试剂和消耗材料的购买、接收和存储的程序。

4.6.2 实验室应确保所购买的、影响检测和/或校准质量的供应品、试剂和消耗材料，只有在经检查或以其他方式验证了符合有关检测和/或校准方法中规定的标准规范或要求之后才投入使用。所使用的服务和供应品应符合规定的要求。应保存所采取的符合性检查活动的记录。

4.6.3 影响实验室输出质量的物品的采购文件，应包含描述所购服务和供应品的资料。这些采购文件在发出之前，其技术内容应经过审查和批准。

注：该描述可包括型式、类别、等级、准确的标识、规格、图纸、检查说明、包括检测结果批准在内的其他技术资料、质量要求和进行这些工作所依据的管理体系标准。

4.6.4 实验室应对影响检测和校准质量的重要消耗品、供应品和服务的供应商进行评价，并保存这些评价的记录和获批准的供应商名单。

4.7 服务客户

4.7.1 在确保其他客户机密的前提下，实验室应在明确客户要求、监视实验室中与工作相关操作方面积极与客户或其代表合作。

注1：这种合作可包括：
a) 允许客户或其代表合理进入实验室的相关区域直接观察为其进行的检测和/或校准。
b) 客户出于验证目的所需的检测和/或校准物品的准备、包装和发送。

注2：客户非常重视与实验室保持技术方面的良好沟通并获得建议和指导，以及根据结果得出的意见和解释。实验室在整个工作过程中，应当与客户尤其是大宗业务的客户保持沟通。实验室应当将检测和/或校准过程中的任何延误或主要偏离通知客户。

4.7.2 实验室应向客户征求反馈，无论是正面的还是负面的。应使用和分析这些意见并以改进管理体系、检测和校准活动及客户服务。

注：反馈的类型示例包括：客户满意度调查、与客户一起评价检测或校准报告。

4.8 投诉

实验室应有政策和程序处理来自客户或其他方面的投诉。应保存所有投诉的记录以及实验室针对投诉所开展的调查和纠正措施的记录（见4.11）。

4.9 不符合检测和/或校准工作的控制

4.9.1 实验室应有政策和程序，当检测和/或校准工作的任何方面，或该工作的结果不符合其程序或与客户达成一致的要求时，予以实施。该政策和程序应确保：

a) 确定对不符合工作进行管理的责任和权力，规定当识别出不符合工作时所采取的措施（包括必要时暂停工作、扣发检测报告和校准证书）；

b) 对不符合工作的严重性进行评价；

c) 立即进行纠正，同时对不符合工作的可接受性作出决定；

d) 必要时，通知客户并取消工作；

e) 规定批准恢复工作的职责。

注：对管理体系或检测和/或校准活动的不符合工作或问题的识别，可能发生在管理体系和技术运作的各个环节，例如客户投诉、质量控制、仪器校准、消耗材料的核查、对员工的考察或监督、检测报告和校准证书的核查、管理评审和内部或外部审核。

4.9.2 当评价表明不符合工作可能再度发生，或对实验室的运作与其政策和程序的符合性产生怀疑时，应立即执行4.11中规定的纠正措施程序。

4.10 改进

实验室应通过实施质量方针和质量目标，应用审核结果、数据分析、纠正措施和预防措施以及管理评审来持续改进管理体系的有效性。

4.11 纠正措施

4.11.1 总则

实验室应制订政策和程序并规定相应的权力，以便在识别出不符合工作和对管理体系或技术运作中的政策和程序的偏离后实施纠正措施。

注：实验室管理体系或技术运作中的问题可以通过各种活动来识别，例如不符合工作的控制、内部或外部审核、管理评审、客户的反馈或员工的观察。

4.11.2 原因分析

纠正措施程序应从确定问题根本原因的调查开始。

注：原因分析是纠正措施程序中最关键有时也是最困难的部分。根本原因通常并不明显，因此需要仔细分析产生问题的所有潜在原因。潜在原因可包括：客户要求、样品、样品规格、方法和程序、员工的技能和培训、消耗品、设备及其校准。

4.11.3 纠正措施的选择和实施

需要采取纠正措施时，实验室应对潜在的各项纠正措施进行识别，并选择和实施最可能消除问题和防止问题再次发生的措施。

纠正措施应与问题的严重程度和风险大小相适应。

实验室应将纠正措施调查所要求的任何变更制定成文件并加以实施。

4.11.4 纠正措施的监控

实验室应对纠正措施的结果进行监控，以确保所采取的纠正措施是有效的。

4.11.5 附加审核

当对不符合或偏离的识别引起对实验室符合其政策和程序，或符合本准则产生怀疑时，实验室应尽快依据4.14条的规定对相关活动区域进行审核。

注：附加审核常在纠正措施实施后进行，以确定纠正措施的有效性。仅在识别出问题严重或对业务

有危害时，才有必要进行附加审核。

4.12　预防措施

4.12.1　应识别潜在不符合的原因和所需的改进，无论是技术方面的还是相关管理体系方面。当识别出改进机会，或需采取预防措施时，应制订、执行和监控这些措施计划，以减少类似不符合情况发生的可能性并借机改进。

4.12.2　预防措施程序应包括措施的启动和控制，以确保其有效性。

注1：预防措施是事先主动识别改进机会的过程，而不是对已发现问题或投诉的反应。

注2：除对运作程序进行评审之外，预防措施还可能涉及包括趋势和风险分析结果以及能力验证结果在内的数据分析。

4.13　记录的控制

4.13.1　总则

4.13.1.1　实验室应建立和保持识别、收集、索引、存取、存档、存放、维护和清理质量记录和技术记录的程序。质量记录应包括内部审核报告和管理评审报告以及纠正措施和预防措施的记录。

4.13.1.2　所有记录应清晰明了，并以便于存取的方式存放和保存在具有防止损坏、变质、丢失的适宜环境的设施中。应规定记录的保存期。

注：记录可存于任何媒体上，例如硬拷贝或电子媒体。

4.13.1.3　所有记录应予安全保护和保密。

4.13.1.4　实验室应有程序来保护和备份以电子形式存储的记录，并防止未经授权的侵入或修改。

4.13.2　技术记录

4.13.2.1　实验室应将原始观察、导出资料和建立审核路径的充分信息的记录、校准记录、员工记录以及发出的每份检测报告或校准证书的副本按规定的时间保存。每项检测或校准的记录应包含充分的信息，以便在可能时识别不确定度的影响因素，并确保该检测或校准在尽可能接近原条件的情况下能够重复。记录应包括负责抽样的人员、每项检测和/或校准的操作人员和结果校核人员的标识。

注1：在某些领域，保留所有的原始观察记录也许是不可能或不实际的。

注2：技术记录是进行检测和/或校准所得数据（见5.4.7）和信息的累积，它们表明检测和/或校准是否达到了规定的质量或规定的过程参数。技术记录可包括表格、合同、工作单、工作手册、核查表、工作笔记、控制图、外部和内部的检测报告及校准证书、客户信函、文件和反馈。

4.13.2.2　观察结果、数据和计算应在产生的当时予以记录，并能按照特定任务分类识别。

4.13.2.3　当记录中出现错误时，每一错误应划改，不可擦涂掉，以免字迹模糊或消失，并将正确值填写在其旁边。对记录的所有改动应有改动人的签名或签名缩写。对电子存储的记录也应采取同等措施，以避免原始数据的丢失或改动。

4.14　内部审核

4.14.1　实验室应根据预定的日程表和程序，定期地对其活动进行内部审核，以验证其运作持续符合管理体系和本准则的要求。内部审核计划应涉及管理体系的全部要素，包括检测和/或校准活动。质量主管负责按照日程表的要求和管理层的需要策划和组织内部审核。审核应由经过培训和具备资格的人员来执行，只要资源允许，审核人员应独立于被审核的活动。

注：内部审核的周期通常应当为一年。

4.14.2 当审核中发现的问题导致对运作的有效性，或对实验室检测和/或校准结果的正确性或有效性产生怀疑时，实验室应及时采取纠正措施。如果调查表明实验室的结果可能已受影响，应书面通知客户。

4.14.3 审核活动的领域、审核发现的情况和因此采取的纠正措施，应予以记录。

4.14.4 跟踪审核活动应验证和记录纠正措施的实施情况及有效性。

4.15 管理评审

4.15.1 实验室的最高管理者应根据预定的日程表和程序，定期地对实验室的管理体系和检测和/或校准活动进行评审，以确保其持续适用和有效，并进行必要的变更或改进。评审应考虑到：

——政策和程序的适用性；
——管理和监督人员的报告；
——近期内部审核的结果；
——纠正措施和预防措施；
——由外部机构进行的评审；
——实验室间比对或能力验证的结果；
——工作量和工作类型的变化；
——客户反馈；
——投诉；
——改进的建议；
——其他相关因素，如质量控制活动、资源以及员工培训。

注1：管理评审的典型周期为12个月。

注2：评审结果应当输入实验室策划系统，并包括下年度的目的、目标和活动计划。

注3：管理评审包括对日常管理会议中有关议题的研究。

4.15.2 应记录管理评审中的发现和由此采取的措施。管理者应确保这些措施在适当和约定的时限内得到实施。

5 技术要求

5.1 总则

5.1.1 决定实验室检测和/或校准的正确性和可靠性的因素有很多，包括：

——人员（5.2）；
——设施和环境条件（5.3）；
——检测和校准方法及方法确认（5.4）；
——设备（5.5）；
——测量的溯源性（5.6）；
——抽样（5.7）；
——检测和校准物品的处置（5.8）。

5.1.2 上述因素对总的测量不确定度的影响程度，在（各类）检测之间和（各类）校准之间明显不同。实验室在制订检测和校准的方法和程序、培训和考核人员、选择和校准所用设备时,应考虑到这些因素。

5.2　人员

5.2.1　实验室管理者应确保所有操作专门设备、从事检测和/或校准、评价结果、签署检测报告和校准证书的人员的能力。当使用在培员工时,应对其安排适当的监督。对从事特定工作的人员,应按要求根据相应的教育、培训、经验和/或可证明的技能进行资格确认。

注1:某些技术领域(如无损检测)可能要求从事某些工作的人员持有个人资格证书,实验室有责任满足这些指定人员持证上岗的要求。人员持证上岗的要求可能是法定的、特殊技术领域标准包含的,或是客户要求的。

注2:对检测报告所含意见和解释负责的人员,除了具备相应的资格、培训、经验以及所进行的检测方面的充分知识外,还需具有:

——用于制造被检测物品、材料、产品等的相关技术知识、已使用或拟使用方法的知识,以及在使用过程中可能出现的缺陷或降级等方面的知识;

——法规和标准中阐明的通用要求的知识;

——对物品、材料和产品等正常使用中发现的偏离所产生影响程度的了解。

5.2.2　实验室管理者应制订实验室人员的教育、培训和技能目标。应有确定培训需求和提供人员培训的政策和程序。培训计划应与实验室当前和预期的任务相适应。应评价这些培训活动的有效性。

5.2.3　实验室应使用长期雇佣人员或签约人员。在使用签约人员及其他的技术人员及关键支持人员时,实验室应确保这些人员是胜任的且受到监督,并按照实验室管理体系要求工作。

5.2.4　对与检测和/或校准有关的管理人员、技术人员和关键支持人员,实验室应保留其当前工作的描述。

注:工作描述可用多种方式规定。但至少应当规定以下内容:

——从事检测和/或校准工作方面的职责;

——检测和/或校准策划和结果评价方面的职责;

——提交意见和解释的职责;

——方法改进、新方法制定和确认方面的职责;

——所需的专业知识和经验;

——资格和培训计划;

——管理职责。

5.2.5　管理层应授权专门人员进行特定类型的抽样、检测和/或校准、签发检测报告和校准证书、提出意见和解释以及操作特定类型的设备。实验室应保留所有技术人员(包括签约人员)的相关授权、能力、教育和专业资格、培训、技能和经验的记录,并包含授权和/或能力确认的日期。这些信息应易于获取。

5.3　设施和环境条件

5.3.1　用于检测和/或校准的实验室设施,包括但不限于能源、照明和环境条件,应有利于检测和/或校准的正确实施。

实验室应确保其环境条件不会使结果无效,或对所要求的测量质量产生不良影响。在实验室固定设施以外的场所进行抽样、检测和/或校准时,应予特别注意。对影响检测和校准结果的设施和环境条件的技术要求应制定成文件。

5.3.2 相关的规范、方法和程序有要求，或对结果的质量有影响时，实验室应监测、控制和记录环境条件。对诸如生物消毒、灰尘、电磁干扰、辐射、湿度、供电、温度、声级和振级等应予重视，使其适应于相关的技术活动。当环境条件危及到检测和/或校准的结果时，应停止检测和校准。

5.3.3 应将不相容活动的相邻区域进行有效隔离。应采取措施以防止交叉污染。

5.3.4 应对影响检测和/或校准质量的区域的进入和使用加以控制。实验室应根据其特定情况确定控制的范围。

5.3.5 应采取措施确保实验室的良好内务，必要时应制定专门的程序。

5.4 检测和校准方法及方法的确认

5.4.1 总则

实验室应使用适合的方法和程序进行所有检测和/或校准，包括被检测和/或校准物品的抽样、处理、运输、存储和准备，适当时，还应包括测量不确定度的评定和分析检测和/或校准数据的统计技术。

如果缺少指导书可能影响检测和/或校准结果，实验室应具有所有相关设备的使用和操作指导书以及处置、准备检测和/或校准物品的指导书，或者二者兼有。所有与实验室工作有关的指导书、标准、手册和参考资料应保持现行有效并易于员工取阅（见4.3）。对检测和校准方法的偏离，仅应在该偏离已被文件规定、经技术判断、授权和客户接受的情况下才允许发生。

注：如果国际的、区域的或国家的标准，或其他公认的规范已包含了如何进行检测和/或校准的简明和充分信息，并且这些标准是以可被实验室操作人员作为公开文件使用的方式书写时，则不需再进行补充或改写为内部程序。对方法中的可选择步骤，可能有必要制定附加细则或补充文件。

5.4.2 方法的选择

实验室应采用满足客户需求并适用于所进行的检测和/或校准的方法，包括抽样的方法。应优先使用以国际、区域或国家标准发布的方法。实验室应确保使用标准的最新有效版本，除非该版本不适宜或不可能使用。必要时，应采用附加细则对标准加以补充，以确保应用的一致性。

当客户未指定所用方法时，实验室应从国际、区域或国家标准中发布的，或由知名的技术组织或有关科学书籍和期刊公布的，或由设备制造商指定的方法中选择合适的方法。实验室制定的或采用的方法如能满足预期用途并经过确认，也可使用。所选用的方法应通知客户。在引入检测或校准之前，实验室应证实能够正确地运用这些标准方法。如果标准方法发生了变化，应重新进行证实。

当认为客户建议的方法不适合或已过期时，实验室应通知客户。

5.4.3 实验室制定的方法

实验室为其应用而制定检测和校准方法的过程应是有计划的活动，并应指定具有足够资源的有资格的人员进行。

计划应随方法制定的进度加以更新，并确保所有有关人员之间的有效沟通。

5.4.4 非标准方法

当必须使用标准方法中未包含的方法时，应遵守与客户达成的协议，且应包括对客户要求的清晰说明以及检测和/或校准的目的。所制定的方法在使用前应经适当的确认。

注：对新的检测和/或校准方法，在进行检测和/或校准之前应当制定程序。程序中至少应该包含下列信息：

a) 适当的标识；
b) 范围；
c) 被检测或校准物品类型的描述；
d) 被测定的参数或量和范围；
e) 仪器和设备，包括技术性能要求；
f) 所需的参考标准和标准物质（参考物质）；
g) 要求的环境条件和所需的稳定周期；
h) 程序的描述，包括：
——物品的附加识别标志、处置、运输、存储和准备；
——工作开始前所进行的检查；
——检查设备工作是否正常，需要时，在每次使用之前对设备进行校准和调整；
——观察和结果的记录方法；
——需遵循的安全措施；
i) 接受（或拒绝）的准则和/或要求；
j) 需记录的数据以及分析和表达的方法；
k) 不确定度或评定不确定度的程序。

5.4.5 方法的确认

5.4.5.1 确认是通过检查并提供客观证据，以证实某一特定预期用途的特定要求得到满足。

5.4.5.2 实验室应对非标准方法、实验室设计（制定）的方法、超出其预定范围使用的标准方法、扩充和修改过的标准方法进行确认，以证实该方法适用于预期的用途。确认应尽可能全面，以满足预定用途或应用领域的需要。实验室应记录所获得的结果、使用的确认程序以及该方法是否适合预期用途的声明。

注1：确认可包括对抽样、处置和运输程序的确认。

注2：用于确定某方法性能的技术应当是下列之一，或是其组合：
——使用参考标准或标准物质（参考物质）进行校准；
——与其他方法所得的结果进行比较；
——实验室间比对；
——对影响结果的因素作系统性评审；
——根据对方法的理论原理和实践经验的科学理解，对所得结果不确定度进行的评定。

注3：当对已确认的非标准方法作某些改动时，应当将这些改动的影响制订成文件，适当时应当重新进行确认。

5.4.5.3 按预期用途进行评价所确认的方法得到的值的范围和准确度，应与客户的需求紧密相关。这些值诸如：结果的不确定度、检出限、方法的选择性、线性、重复性限和/或复现性限、抵御外来影响的稳健度和/或抵御来自样品（或测试物）基体干扰的交互灵敏度。

注1：确认包括对要求的详细说明、对方法特性量的测定、对利用该方法能满足要求的核查以及对有效性的声明。

注2：在方法制定过程中，需进行定期的评审，以证实客户的需求仍能得到满足。要求中的认可变

更需要对方法制定计划进行调整时,应当得到批准和授权。

注3:确认通常是成本、风险和技术可行性之间的一种平衡。许多情况下,由于缺乏信息,数值(如:准确度、检出限、选择性、线性、重复性、复现性、稳健性和交互灵敏度)的范围和不确定度只能以简化的方式给出。

5.4.6 测量不确定度的评定

5.4.6.1 校准实验室或进行自校准的检测实验室,对所有的校准和各种校准类型都应具有并应用评定测量不确定度的程序。

5.4.6.2 检测实验室应具有并应用评定测量不确定度的程序。某些情况下,检测方法的性质会妨碍对测量不确定度进行严密的计量学和统计学上的有效计算。这种情况下,实验室至少应努力找出不确定度的所有分量且作出合理评定,并确保结果的报告方式不会对不确定度造成错觉。合理的评定应依据对方法特性的理解和测量范围,并利用诸如过去的经验和确认的数据。

注1:测量不确定度评定所需的严密程度取决于某些因素,诸如:
——检测方法的要求;
——客户的要求;
——据以作出满足某规范决定的窄限。

注2:某些情况下,公认的检测方法规定了测量不确定度主要来源的值的极限,并规定了计算结果的表示方式,这时,实验室只要遵守该检测方法和报告的说明(5.10),即被认为符合本款的要求。

5.4.6.3 在评定测量不确定度时,对给定情况下的所有重要不确定度分量,均应采用适当的分析方法加以考虑。

注1:不确定度的来源包括(但不限于)所用的参考标准和标准物质(参考物质)、方法和设备、环境条件、被检测或校准物品的性能和状态以及操作人员。

注2:在评定测量不确定度时,通常不考虑被检测和/或校准物品预计的长期性能。

注3:进一步信息参见 ISO5725 和"测量不确定度表述指南"(见参考文献)。

5.4.7 数据控制

5.4.7.1 应对计算和数据转移进行系统和适当的检查。

5.4.7.2 当利用计算机或自动设备对检测或校准数据进行采集、处理、记录、报告、存储或检索时,实验室应确保:

a) 由使用者开发的计算机软件应被制定成足够详细的文件,并对其适用性进行适当确认;

b) 建立并实施数据保护的程序。这些程序应包括(但不限于):数据输入或采集、数据存储、数据转移和数据处理的完整性和保密性;

c) 维护计算机和自动设备以确保其功能正常,并提供保护检测和校准数据完整性所必需的环境和运行条件。

注:通用的商业现成软件(如文字处理、数据库和统计程序),在其设计的应用范围内可认为是经充分确认的,但实验室对软件进行了配置或调整,则应当按 5.4.7.2a)进行确认。

5.5 设备

5.5.1 实验室应配备正确进行检测和/或校准(包括抽样、物品制备、数据处理与分析)所要求的所有抽样、测量和检测设备。当实验室需要使用永久控制之外的设备时,应确保满足本准则的要求。

5.5.2 用于检测、校准和抽样的设备及其软件应达到要求的准确度,并符合检测和/或校准相应的规范要求。对结果有重要影响的仪器的关键量或值,应制定校准计划。设备(包括用于抽样的设备)在投入服务前应进行校准或核查,以证实其能够满足实验室的规范要求和相应的标准规范。设备在使用前应进行核查和/或校准(见5.6)。

5.5.3 设备应由经过授权的人员操作。设备使用和维护的最新版说明书(包括设备制造商提供的有关手册)应便于合适的实验室有关人员取用。

5.5.4 用于检测和校准并对结果有影响的每一设备及其软件,如可能,均应加以唯一性标识。

5.5.5 应保存对检测和/或校准具有重要影响的每一设备及其软件的记录。该记录至少应包括:

a) 设备及其软件的识别;

b) 制造商名称、型式标识、系列号或其他唯一性标识;

c) 对设备是否符合规范的核查(见5.5.2);

d) 当前的位置(如果适用);

e) 制造商的说明书(如果有),或指明其地点;

f) 所有校准报告和证书的日期、结果及复印件,设备调整、验收准则和下次校准的预定日期;

g) 设备维护计划,以及已进行的维护(适当时);

h) 设备的任何损坏、故障、改装或修理。

5.5.6 实验室应具有安全处置、运输、存放、使用和有计划维护测量设备的程序,以确保其功能正常并防止污染或性能退化。

注:在实验室固定场所外使用测量设备进行检测、校准或抽样时,可能需要附加的程序。

5.5.7 曾经过载或处置不当、给出可疑结果,或已显示出缺陷、超出规定限度的设备,均应停止使用。这些设备应予隔离以防误用,或加贴标签、标记以清晰表明该设备已停用,直至修复并通过校准或检测表明能正常工作为止。实验室应核查这些缺陷或偏离规定极限对先前的检测和/或校准的影响,并执行"不符合工作控制"程序(见4.9)。

5.5.8 实验室控制下的需校准的所有设备,只要可行,应使用标签、编码或其他标识表明其校准状态,包括上次校准的日期、再校准或失效日期。

5.5.9 无论什么原因,若设备脱离了实验室的直接控制,实验室应确保该设备返回后,在使用前对其功能和校准状态进行核查并能显示满意结果。

5.5.10 当需要利用期间核查以保持设备校准状态的可信度时,应按照规定的程序进行。

5.5.11 当校准产生了一组修正因子时,实验室应有程序确保其所有备份(例如计算机软件中的备份)得到正确更新。

5.5.12 检测和校准设备包括硬件和软件应得到保护,以避免发生致使检测和/或校准结果失效的调整。

5.6 测量溯源性

5.6.1 总则

用于检测和/或校准的对检测、校准和抽样结果的准确性或有效性有显著影响的所有设备，包括辅助测量设备（例如用于测量环境条件的设备），在投入使用前应进行校准。实验室应制定设备校准的计划和程序。

注：该计划应当包含一个对测量标准、用作测量标准的标准物质（参考物质）以及用于检测和校准的测量与检测设备进行选择、使用、校准、核查、控制和维护的系统。

5.6.2 特定要求

5.6.2.1 校准

5.6.2.1.1 对于校准实验室，设备校准计划的制定和实施应确保实验室所进行的校准和测量可溯源到国际单位制（SI）。

校准实验室通过不间断的校准链或比较链与相应测量的 SI 单位基准相连接，以建立测量标准和测量仪器对 SI 的溯源性。对 SI 的链接可以通过参比国家测量标准来达到。

国家测量标准可以是基准，它们是 SI 单位的原级实现或是以基本物理常量为根据的 SI 单位约定的表达式，或是由其他国家计量院所校准的次级标准。当使用外部校准服务时，应使用能够证明资格、测量能力和溯源性的实验室的校准服务，以保证测量的溯源性。由这些实验室发布的校准证书应有包括测量不确定度和/或符合确定的计量规范声明的测量结果（见 5.10.4.2）。

注1：满足本准则要求的校准实验室即被认为是有资格的。由依据本准则认可的校准实验室发布的带有认可机构标志的校准证书，对相关校准来说，是所报告校准数据溯源性的充分证明。

注2：对测量 SI 单位的溯源可以通过参比适当的基准（见 VIM：1993.6.4），或参比一个自然常数来达到，用相对 SI 单位表示的该常数的值是已知的，并由国际计量大会（CGPM）和国际计量委员会（CIPM）推荐。

注3：持有自己的基准或基于基本物理常量的 SI 单位表达式的校准实验室，只有在将这些标准直接或间接地与国家计量院的类似标准进行比对之后，方能宣称溯源到 SI 单位制。

注4："确定的计量规范"是指在校准证书中必须清楚表明该测量已与何种规范进行过比对，这可以通过在证书中包含该规范或明确指出已参照了该规范来达到。

注5：当"国际标准"和"国家标准"与溯源性关联使用时，则是假定这些标准满足了实现 SI 单位基准的性能。

注6：对国家测量标准的溯源不要求必须使用实验室所在国的国家计量院。

注7：如果校准实验室希望或需要溯源到本国以外的其他国家计量院，应当选择直接参与或通过区域组织积极参与国际计量局（BIPM）活动的国家计量院。

注8：不间断的校准或比较链，可以通过不同的、能证明溯源性的实验室经过若干步骤来实现。

5.6.2.1.2 某些校准目前尚不能严格按照 SI 单位进行，这种情况下，校准应通过建立对适当测量标准的溯源来提供测量的可信度，例如：

——使用有能力的供应者提供的有证标准物质（参考物质）来对某种材料给出可靠的物理或化学特性；

——使用规定的方法和/或被有关各方接受并且描述清晰的协议标准。可能时，要求参加适当的实验室间比对计划。

5.6.2.2 检测

5.6.2.2.1 对检测实验室，5.6.2.1 中给出的要求适用于测量设备和具有测量功能的检测设备，除非已经证实校准带来的贡献对检测结果总的不确定度几乎没有影响。这种情况下，实验室应确保所用设备能够提供所需的测量不确定度。

注：对5.6.2.1的遵循程度应当取决于校准的不确定度对总的不确定度的相对贡献。如果校准是主导因素，则应当严格遵循该要求。

5.6.2.2.2 测量无法溯源到 SI 单位或与之无关时，与对校准实验室的要求一样，要求测量能够溯源到诸如有证标准物质（参考物质）、约定的方法和/或协议标准（见5.6.2.1.2）。

5.6.3 参考标准和标准物质（参考物质）

5.6.3.1 参考标准

实验室应有校准其参考标准的计划和程序。参考标准应由5.6.2.1中所述的能够提供溯源的机构进行校准。实验室持有的测量参考标准应仅用于校准而不用于其他目的，除非能证明作为参考标准的性能不会失效。参考标准在任何调整之前和之后均应校准。

5.6.3.2 标准物质（参考物质）

可能时，标准物质（参考物质）应溯源到 SI 测量单位或有证标准物质（参考物质）。只要技术和经济条件允许，应对内部标准物质（参考物质）进行核查。

5.6.3.3 期间核查

应根据规定的程序和日程对参考标准、基准、传递标准或工作标准以及标准物质（参考物质）进行核查，以保持其校准状态的置信度。

5.6.3.4 运输和储存

实验室应有程序来安全处置、运输、存储和使用参考标准和标准物质（参考物质），以防止污染或损坏，确保其完整性。

注：当参考标准和标准物质（参考物质）用于实验室固定场所以外的检测、校准或抽样时，也许有必要制定附加的程序。

5.7 抽样

5.7.1 实验室为后续检测或校准而对物质、材料或产品进行抽样时，应有用于抽样的抽样计划和程序。抽样计划和程序在抽样的地点应能够得到。只要合理，抽样计划应根据适当的统计方法制定。抽样过程应注意需要控制的因素，以确保检测和校准结果的有效性。

注1：抽样是取出物质、材料或产品的一部分作为其整体的代表性样品进行检测或校准的一种规定程序。抽样也可能是由检测或校准该物质、材料或产品的相关规范要求的。某些情况下（如法庭科学分析），样品可能不具备代表性，而是由其可获性所决定。

注2：抽样程序应当对取自某个物质、材料或产品的一个或多个样品的选择、抽样计划、提取和制备进行描述，以提供所需的信息。

5.7.2 当客户对文件规定的抽样程序有偏离、添加或删节的要求时，这些要求应与相关抽样资料一起被详细记录，并被纳入包含检测和/或校准结果的所有文件中，同时告知相关人员。

5.7.3 当抽样作为检测或校准工作的一部分时，实验室应有程序记录与抽样有关的资料和操作。这些记录应包括所用的抽样程序、抽样人的识别、环境条件（如果相关）、必要时有抽样位置的图示或其他等效方法，如果合适，还应包括抽样程序所依据的统计方法。

5.8 检测和校准物品（样品）的处置

5.8.1 实验室应有用于检测和/或校准物品的运输、接收、处置、保护、存储、保留和/或清理的程序，包括为保护检测和/或校准物品的完整性以及实验室与客户利益所需的全部条款。

5.8.2 实验室应具有检测和/或校准物品的标识系统。物品在实验室的整个期间应保留该标识。标识系统的设计和使用应确保物品不会在实物上或在涉及的记录和其他文件中混淆。如果合适，标识系统应包含物品群组的细分和物品在实验室内外部的传递。

5.8.3 在接收检测或校准物品时，应记录异常情况或对检测或校准方法中所述正常（或规定）条件的偏离。当对物品是否适合于检测或校准存有疑问，或当物品不符合所提供的描述，或对所要求的检测或校准规定得不够详尽时，实验室应在开始工作之前问询客户，以得到进一步的说明，并记录下讨论的内容。

5.8.4 实验室应有程序和适当的设施避免检测或校准物品在存储、处置和准备过程中发生退化、丢失或损坏。应遵守随物品提供的处理说明。当物品需要被存放或在规定的环境条件下养护时，应保持、监控和记录这些条件。当一个检测或校准物品或其一部分需要安全保护时，实验室应对存放和安全作出安排，以保护该物品或其有关部分的状态和完整性。

注1：在检测之后要重新投入使用的测试物，需特别注意确保物品的处置、检测或存储/等待过程中不被破坏或损伤。

注2：应当向负责抽样和运输样品的人员提供抽样程序，及有关样品存储和运输的信息，包括影响检测或校准结果的抽样因素的信息。

注3：维护检测或校准样品安全可能出自记录、安全或价值的原因，或是为了日后进行补充的检测和/或校准。

5.9 检测和校准结果质量的保证

5.9.1 实验室应有质量控制程序以监控检测和校准的有效性。所得数据的记录方式应便于可发现其发展趋势，如可行，应采用统计技术对结果进行审查。这种监控应有计划并加以评审，可包括（但不限于）下列内容：

a）定期使用有证标准物质（参考物质）进行监控和/或使用次级标准物质（参考物质）开展内部质量控制；

b）参加实验室间的比对或能力验证计划；

c）使用相同或不同方法进行重复检测或校准；

d）对存留物品进行再检测或再校准；

e）分析一个物品不同特性结果的相关性。

注：选用的方法应当与所进行工作的类型和工作量相适应。

5.9.2 应分析质量控制的数据，当发现质量控制数据将要超出预先确定的判据时，应采取有计划的措施来纠正出现的问题，并防止报告错误的结果。

5.10 结果报告

5.10.1 总则

实验室应准确、清晰、明确和客观地报告每一项检测、校准，或一系列的检测或校准的结果，并符合检测或校准方法中规定的要求。

结果通常应以检测报告或校准证书的形式出具，并且应包括客户要求的、说明检测或校准结果所必需的和所用方法要求的全部信息。这些信息通常是 5.10.2 和 5.10.3 或

5.10.4 中要求的内容。

在为内部客户进行检测和校准或与客户有书面协议的情况下,可用简化的方式报告结果。对于 5.10.2 至 5.10.4 中所列却未向客户报告的信息,应能方便地从进行检测和/或校准的实验室中获得。

注1:检测报告和校准证书有时分别称为检测证书和校准报告。
注2:只要满足本准则的要求,检测报告或校准证书可用硬拷贝或电子数据传输的方式发布。

5.10.2 检测报告和校准证书

除非实验室有充分的理由,否则每份检测报告或校准证书应至少包括下列信息:

a) 标题(例如"检测报告"或"校准证书");
b) 实验室的名称和地址,进行检测和/或校准的地点(如果与实验室的地址不同);
c) 检测报告或校准证书的唯一性标识(如系列号)和每一页上的标识,以确保能够识别该页是属于检测报告或校准证书的一部分,以及表明检测报告或校准证书结束的清晰标识;
d) 客户的名称和地址;
e) 所用方法的识别;
f) 检测或校准物品的描述、状态和明确的标识;
g) 对结果的有效性和应用至关重要的检测或校准物品的接收日期和进行检测或校准的日期;
h) 如与结果的有效性或应用相关时,实验室或其他机构所用的抽样计划和程序的说明;
i) 检测和校准的结果,适用时,带有测量单位;
j) 检测报告或校准证书批准人的姓名、职务、签字或等效的标识;
k) 相关时,结果仅与被检测或被校准物品有关的声明。

注1:检测报告和校准证书的硬拷贝应当有页码和总页数。
注2:建议实验室作出未经实验室书面批准,不得复制(全文复制除外)检测报告或校准证书的声明。

5.10.3 检测报告

5.10.3.1 当需对检测结果作出解释时,除 5.10.2 中所列的要求之外,检测报告中还应包括下列内容:

a) 对检测方法的偏离、增添或删节,以及特定检测条件的信息,如环境条件;
b) 相关时,符合(或不符合)要求和/或规范的声明;
c) 适用时,评定测量不确定度的声明。当不确定度与检测结果的有效性或应用有关,或客户的指令中有要求,或当不确定度影响到对规范限度的符合性时,检测报告中还需要包括有关不确定度的信息;
d) 适用且需要时,提出意见和解释(见 5.10.5);
e) 特定方法、客户或客户群体要求的附加信息。

5.10.3.2 当需对检测结果作解释时,对含抽样结果在内的检测报告,除了 5.10.2 和 5.10.3.1 所列的要求之外,还应包括下列内容:

a) 抽样日期;

b) 抽取的物质、材料或产品的清晰标识（适当时，包括制造者的名称、标示的型号或类型和相应的系列号）；

c) 抽样位置，包括任何简图、草图或照片；

d) 列出所用的抽样计划和程序；

e) 抽样过程中可能影响检测结果解释的环境条件的详细信息；

f) 与抽样方法或程序有关的标准或规范，以及对这些规范的偏离、增添或删节。

5.10.4 校准证书

5.10.4.1 如需对校准结果进行解释时，除5.10.2中所列的要求之外，校准证书还应包含下列内容：

a) 校准活动中对测量结果有影响的条件（例如环境条件）；

b) 测量不确定度和/或符合确定的计量规范或条款的声明；

c) 测量可溯源的证据（见5.6.2.1.1注2）。

5.10.4.2 校准证书应仅与量和功能性检测的结果有关。如欲作出符合某规范的声明，应指明符合或不符合该规范的哪些条款。

当符合某规范的声明中略去了测量结果和相关的不确定度时，实验室应记录并保存这些结果，以备日后查阅。

作出符合性声明时，应考虑测量不确定度。

5.10.4.3 当被校准的仪器已被调整或修理时，如果可获得，应报告调整或修理前后的校准结果。

5.10.4.4 校准证书（或校准标签）不应包含对校准时间间隔的建议，除非已与客户达成协议。该要求可能被法规取代。

5.10.5 意见和解释

当含有意见和解释时，实验室应把作出意见和解释的依据制定成文件。意见和解释应象在检测报告中的一样被清晰标注。

注1：意见和解释不应与ISO/IEC 17020和ISO/IEC指南65中所指的检查和产品认证相混淆。

注2：检测报告中包含的意见和解释可以包括（但不限于）下列内容：

——对结果符合（或不符合）要求的声明的意见；

——合同要求的履行；

——如何使用结果的建议；

——用于改进的指导。

注3：许多情况下，通过与客户直接对话来传达意见和解释或许更为恰当，但这些对话应当有文字记录。

5.10.6 从分包方获得的检测和校准结果

当检测报告包含了由分包方所出具的检测结果时，这些结果应予清晰标明。分包方应以书面或电子方式报告结果。

当校准工作被分包时，执行该工作的实验室应向分包给其工作的实验室出具校准证书。

5.10.7 结果的电子传送

当用电话、电传、传真或其他电子或电磁方式传送检测或校准结果时，应满足本准则的要求（见5.4.7）。

5.10.8 报告和证书的格式

报告和证书的格式应设计为适用于所进行的各种检测或校准类型,并尽量减小产生误解或误用的可能性。

注1:应当注意检测报告或校准证书的编排,尤其是检测或校准数据的表达方式,并易于读者理解。

注2:表头应当尽可能地标准化。

5.10.9 检测报告和校准证书的修改

对已发布的检测报告或校准证书的实质性修改,应仅以追加文件或资料更换的形式,并包括如下声明:

"对检测报告(或校准证书)的补充,系列号……(或其他标识)",或其他等效的文字形式。

这种修改应满足本准则的所有要求。

当有必要发布全新的检测报告或校准证书时,应注以唯一性标识,并注明所替代的原件。

附录:ISO/IEC 17025:2005 与 ISO 9001:2000 的条款对照(附表13-1)。

ISO 9001:2000 与 ISO/IEC 17025:2005 的条款对照　　　附表 13-1

ISO 9001:2000	ISO/IEC 17025:2005
第1章	第1章
第2章	第2章
第3章	第3章
4.1	4.1,4.1.1 到 4.1.5,4.2,4.2.1 到 4.2.4
4.2.1	4.2.2,4.2.3,4.3.1
4.2.2	4.2.2 到 4.2.4
4.2.3	4.3
4.2.4	4.3.1,4.12
5.1	4.2.2,4.2.3
5.1a)	4.1.2,4.1.6
5.1b)	4.2.2
5.1c)	4.2.2
5.1d)	4.15
5.1e)	4.15
5.2	4.4.1
5.3	4.2.2
5.3a)	4.2.2
5.3b)	4.2.3
5.3c)	4.2.2

续表

ISO 9001：2000	ISO/IEC 17025：2005
5.3d)	4.2.2
5.3e)	4.2.2
5.4.1	4.2.2c)
5.4.2	4.2.1
5.4.2a)	4.2.1
5.4.2b)	4.2.1
5.5.1	4.1.5a)，f)，h)
5.5.2	4.1.5i)
5.5.2a)	4.1.5i)
5.5.2b)	4.11.1
5.5.2c)	4.2.4
5.5.3	4.1.6
5.6.1	4.15
5.6.2	4.15
5.6.3	4.15
6.1a)	4.10
6.1b)	4.4.1，4.7，5.4.2 到 5.4.4，5.10.1
6.2.1	5.2.1
6.2.2a)	5.2.2，5.5.3
6.2.2b)	5.2.1，5.2.2
6.2.2c)	5.2.2
6.2.2d)	4.1.5k)
6.2.2e)	5.2.5
6.3.1a)	4.1.3，4.12.1.2，4.12.1.3，5.3
6.3.1b)	4.12.1.4，5.4.7.2，5.5，5.6
6.3.1c)	4.6，5.5.6，5.6.3.4，5.8，5.10
6.4	5.3.1，5.3.2，5.3.3，5.3.4，5.3.5
7.1	5.1
7.1a)	4.2.2
7.1b)	4.1.5a)，4.2.1，4.2.3
7.1c)	5.4，5.9
7.1d)	4.1，5.4，5.9
7.2.1	4.4.1，4.4.2，4.4.3，4.4.4，4.4.5，5.4，5.9，5.10
7.2.2	4.4.1，4.4.2，4.4.3，4.4.4，4.4.5，5.4，5.9，5.10

附录 13 检测和校准实验室能力认可准则

续表

ISO 9001：2000	ISO/IEC 17025：2005
7.2.3	4.4.2，4.4.4，4.5，4.7，4.8
7.3	5.5.4，5.9
7.4.1	4.6.1，4.6.2，4.6.4
7.4.2	4.6.3
7.4.3	4.6.2
7.5.1	5.1，5.2，5.4，5.5，5.6，5.7，5.8，5.9
7.5.2	5.2.5，5.4.2，5.4.5
7.5.3	5.8.2
7.5.4	4.1.5c)，5.8
7.5.5	4.6.1，4.12，5.8，5.10
7.6	5.4，5.5
8.1	4.10，5.4，5.9
8.2.1	4.10
8.2.2	4.11.5，4.14
8.2.3	4.11.5，4.14，5.9
8.2.4	4.5，4.6，4.9，5.5.2，5.5.9，5.8，5.8.3，5.8.4，5.9
8.3	4.9
8.4	4.10，5.9
8.5.1	4.10，4.12
8.5.2	4.11，4.12
8.5.3	4.9，4.11，4.12

ISO/IEC 17025 包含了一系列 ISO 9001：2000 中未包含的技术能力要求

附录 14

质量发展纲要（2011—2020 年）

（2012 年 2 月 6 日 国务院 国发〔2012〕9 号）

为深入贯彻落实科学发展观，促进经济发展方式转变，提高我国质量总体水平，实现经济社会又好又快发展，特制定本纲要。

一、质量发展的基础与环境

质量发展是兴国之道、强国之策。质量反映一个国家的综合实力，是企业和产业核心竞争力的体现，也是国家文明程度的体现；既是科技创新、资源配置、劳动者素质等因素的集成，又是法治环境、文化教育、诚信建设等方面的综合反映。质量问题是经济社会发展的战略问题，关系可持续发展，关系人民群众切身利益，关系国家形象。

党和国家历来高度重视质量工作。新中国成立尤其是改革开放以来，国家制定实施了一系列政策措施，初步形成了中国特色的质量发展之路。特别是国务院颁布实施《质量振兴纲要（1996 年—2010 年）》以来，全民质量意识不断提高，质量发展的社会环境逐步改善，我国主要产业整体素质和企业质量管理水平有较大提高，产品质量、工程质量、服务质量明显提升，原材料、基础元器件、重大装备、消费类及高新技术类产品的质量接近发达国家平均水平，一批国家重大工程质量达到国际先进水平，商贸、旅游、金融、物流等现代服务业服务质量明显改善，覆盖第一二三产业及社会事业领域的标准体系初步形成。但是，我国质量发展的基础还很薄弱，质量水平的提高仍然滞后于经济发展，片面追求发展速度和数量，忽视发展质量和效益的现象依然存在。产品、工程等质量问题造成的经济损失、环境污染和资源浪费仍然比较严重，质量安全特别是食品安全事故时有发生。一些生产经营者质量诚信缺失，肆意制售假冒伪劣产品，破坏市场秩序和社会公正，危害人民群众生命健康安全，损害国家信誉和形象。

新世纪的第二个十年，是我国全面建设小康社会、加快推进社会主义现代化的关键时期，是深化改革开放、加快转变经济发展方式的攻坚时期。在这一重要历史时期，经济全球化深入发展，科技进步日新月异，全球产业分工和市场需求结构出现明显变化，以质量为核心要素的标准、人才、技术、市场、资源等竞争日趋激烈。同时，我国工业化、信息化、城镇化、市场化、国际化进程加快，实现又好又快发展需要坚实的质量基础，满足人民群众日益增长的质量需求也对质量工作提出更高要求。面对新形势、新挑战，坚持以质取胜，建设质量强国，是保障和改善民生的迫切需要，是调整经济结构和转变发展方式的内在要求，是实现科学发展和全面建设小康社会的战略选择，是增强综合国力和实现中华民族伟大复兴的必由之路。

二、指导思想、工作方针和发展目标

（一）指导思想。高举中国特色社会主义伟大旗帜，以邓小平理论和"三个代表"重要思想为指导，深入贯彻落实科学发展观，从强化法治、落实责任、加强教育、增强全社会质量意识入手，立足当前，着眼长远，整体推进，突出重点，综合施策，标本兼治，全面提高质量管理水平，推动建设质量强国，促进经济社会又好又快发展。

（二）工作方针。以人为本，安全为先，诚信守法，夯实基础，创新驱动，以质取胜。

——把以人为本作为质量发展的价值导向。质量发展必须不断满足人民群众日益增长的物质文化需要，更好地保障和改善民生。提高质量水平，促进质量发展，也必须依靠人民群众的共同努力。

——把安全为先作为质量发展的基本要求。强化质量安全意识，落实质量安全责任，严格质量安全监管，加强质量安全风险管理，提高质量安全保障能力，科学处置质量安全事件，切实保障广大人民群众的身体健康和生命财产安全。

——把诚信守法作为质量发展的重要基石。倡导诚实守信、合法经营。增强质量诚信意识，完善质量诚信体系，严厉打击质量违法行为，充分发挥市场机制作用，营造公平竞争、优胜劣汰的市场环境，发展先进的质量文化。

——把夯实基础作为质量发展的保障条件。深化理论研究，加强质量法治建设，夯实质量管理基础，加强质量人才培养，推进标准化、计量、认证认可以及检验检测能力建设，不断完善有利于质量发展的体制机制。

——把创新驱动作为质量发展的强大动力。加快技术进步，实现管理创新，提高劳动者素质，优化资源配置，增强创新能力，增强发展活力，推动质量事业全面、协调、可持续发展。

——把以质取胜作为质量发展的核心理念。坚持好字优先，好中求快。全面提高各行各业的质量管理水平，发挥质量的战略性、基础性和支撑性作用，依靠质量创造市场竞争优势，增强我国产品、企业、产业的核心竞争力。

（三）发展目标。到2020年，建设质量强国取得明显成效，质量基础进一步夯实，质量总体水平显著提升，质量发展成果惠及全体人民。形成一批拥有国际知名品牌和核心竞争力的优势企业，形成一批品牌形象突出、服务平台完备、质量水平一流的现代企业和产业集群，基本建成食品质量安全和重点产品质量检测体系，为全面建设小康社会和本世纪中叶基本实现社会主义现代化奠定坚实的质量基础。

1. 产品质量：到2020年，产品质量保障体系更加完善，产品质量安全指标全面达到国家强制性标准要求，质量创新能力和自有品牌市场竞争力明显提高，品种、质量、效益显著改善，节能环保性能大幅提升，基本满足人民群众日益增长的质量需求。农产品和食品实现优质、生态、安全，制造业主要行业和战略性新兴产业的产品质量水平达到或接近国际先进水平。

到2015年，产品质量发展的具体目标：

——农产品和食品质量安全水平稳定提高。农业标准化生产普及率超过30%，主要农产品质量安全抽检合格率稳定在96%以上。重点食品质量安全状况保持稳定良好。农产品和食品质量安全得到有效保障。

——制造业产品质量水平显著提升。产品质量合格率稳步提高，其中产品质量国家监督抽查合格率稳定在90%以上，主要工业产品的质量损失率逐步下降，质量竞争力逐步提高，重大装备部分关键零部件、基础元器件、基础材料等重点工业产品和重要消费类产品的技术质量指标达到或接近国际先进水平。培育一批具有国际竞争力的自有品牌，品牌价值和效益明显提升。

——战略性新兴产业发展能力大幅提升。形成一批由我主导的国际标准，主要产品质量处于国际先进水平，培育一批质量素质高、品牌影响力大和核心竞争力强的大企业和一批创新活力旺盛的中小企业，推动战略性新兴产业发展成为先导性、支柱性产业。

2. 工程质量：到2020年，建设工程质量水平全面提升，国家重点工程质量达到国际先进水平，人民群众对工程质量满意度显著提高。

到2015年，工程质量发展的具体目标：

——工程质量水平显著提升。工程质量整体水平保持稳中有升，建筑、交通运输、水利电力等重大建设工程的耐久性、安全性普遍增强，工程质量通病治理取得显著成效，大中型工程项目一次验收合格率达到100%，其他工程一次验收合格率达到98%以上。人民群众对工程质量（尤其住宅质量）满意度明显提高，建设工程质量投诉率逐年下降。

——工程质量技术创新能力明显增强。在建筑、交通基础设施、清洁能源和新能源等重要工程领域拥有一批核心技术，节能、环保、安全、信息技术含量显著增加。建筑工程节能效率和工业化建造比重不断提高。绿色建筑发展迅速，住宅性能改善明显。

3. 服务质量：到2020年，全面实现服务质量的标准化、规范化和品牌化，服务业质量水平显著提升，建成一批国家级综合服务业标准化试点，骨干服务企业和重点服务项目的服务质量达到或接近国际先进水平，服务业品牌价值和效益大幅提升，推动实现服务业大发展。

到2015年，服务业质量发展的具体目标：

——生产性服务业质量全面提升。在金融服务、现代物流、高技术服务、商务服务、交通运输和信息服务等重点生产性服务领域，建立健全服务标准体系，全面实施服务质量国家标准。重点提升外包服务、研发设计、检验检测、售后服务、信用评价、品牌价值评价、认证认可等专业服务质量，促进生产性服务业与先进制造业融合。培育形成一批品牌影响力大、质量竞争力强的大型服务企业（集团）。生产性服务业顾客满意度达到80以上。

——生活性服务业质量显著改善。批发、零售、住宿、餐饮、居民服务、旅游、家庭服务、文化体育产业等生活性服务领域质量标准与国际先进水平接轨，标准覆盖率大幅提升，建成一批国家级服务标准化示范区。培育形成一批凝聚民族文化特色的服务品牌和精品服务项目，基本形成专业化、品牌化、网络化经营模式，服务产品种类不断丰富，满足人民群众多样化需求。行业自律能力和质量诚信意识明显增强，生活性服务业顾客满意度达到75以上。

	专栏1 质量发展主要指标
01	产品质量（2015年） 农业标准化生产普及率超过30% 主要农产品质量安全抽检合格率稳定在96%以上 产品质量国家监督抽查合格率稳定在90%以上

续表

	专栏1 质量发展主要指标
02	工程质量（2015年） 大中型工程项目一次验收合格率达到100% 其他工程一次验收合格率达到98%以上
03	服务质量（2015年） 生产性服务业顾客满意度达到80以上 生活性服务业顾客满意度达到75以上

三、强化企业质量主体作用

（一）严格企业质量主体责任。建立企业质量安全控制关键岗位责任制，明确企业法定代表人或主要负责人对质量安全负首要责任、企业质量主管人员对质量安全负直接责任。严格实施企业岗位质量规范与质量考核制度，实行质量安全"一票否决"。企业要严格执行重大质量事故报告及应急处理制度，健全产品质量追溯体系，切实履行质量担保责任及缺陷产品召回等法定义务，依法承担质量损害赔偿责任。

（二）提高企业质量管理水平。企业要建立健全质量管理体系，加强全员、全过程、全方位的质量管理，严格按标准组织生产经营，严格质量控制，严格质量检验和计量检测。大力推广先进技术手段和现代质量管理理念方法，广泛开展质量改进、质量攻关、质量比对、质量风险分析、质量成本控制、质量管理小组等活动。积极应用减量化、资源化、再循环、再利用、再制造等绿色环保技术，大力发展低碳、清洁、高效的生产经营模式。

（三）加快企业质量技术创新。把技术创新作为企业提高质量的抓手，切实加大技术创新投入，加快科技成果转化，注重创新成果的标准化和专利化，扭转重制造轻研发、重引进轻消化、重模仿轻创新的状况。积极应用新技术、新工艺、新材料，改善品种质量，提升产品档次和服务水平，研究开发具有核心竞争力、高附加值和自主知识产权的创新性产品和服务。鼓励有条件的企业建立技术中心、工程中心、产业化基地，努力培育集研发、设计、制造和系统集成于一体的创新型企业。

（四）发挥优势企业引领作用。努力推动中央企业和行业骨干企业成为国际标准的主要参与者和国家标准、行业标准的实施主体，将质量管理的成功经验和先进方法向产业链两端延伸推广，带动提升整体质量水平。发挥优势企业对中小企业的带动提升作用，鼓励制定企业联盟标准，引领新产品开发和品牌创建，带动中小企业实施技术改造升级和管理创新，提升专业化分工协作水平和市场服务能力，增强质量竞争力。

（五）推动企业履行社会责任。强化以确保质量安全、促进可持续发展为基本要求的企业社会责任理念，建立健全履行社会责任的机制，将履行社会责任融入企业经营管理决策。推动企业积极承担对员工、消费者、投资者、合作方、社区和环境等利益相关方的社会责任。鼓励企业发布社会责任报告，强化诚信自律，践行质量承诺，在经济、环境和社会方面创造综合价值，树立对社会负责的良好形象。

四、加强质量监督管理

（一）加快质量法治建设。牢固树立质量法治理念，坚持运用法律手段解决质量发展中的突出矛盾和问题。健全质量法律法规，研究制定完善质量安全和质量责任追究等法律法规。严格依法行政，规范执法行为，保证严格执法、公正执法、文明执法。加强执法队伍建设，开展对执法人员的培养与培训，提高执法人员综合素质和执法水平。完善质量法制监督机制，落实执法责任，切实做到有权必有责、用权受监督、侵权须赔偿、违法要追究。加强质量法制宣传教育，普及质量法律知识，营造学法、用法、守法的良好社会氛围。

（二）强化质量安全监管。制定实施国家重点监管产品目录，加强对关系国计民生、健康安全、节能环保的重点产品、重大设备、重点工程及重点服务项目的监管。加强对食品、药品、妇女儿童老人用品以及农业生产资料、建筑材料、重要消费品、应急物资的监督检查，完善生产许可、强制性产品认证、重大设备监理、进出口商品法定检验、特种设备安全监察、登记管理等监管制度。强化城乡结合部和农村市场等重点区域，以及生产、流通、进出口环节质量安全监管，增强产品质量安全溯源能力，建立质量安全联系点制度，健全质量安全监管长效机制。

（三）实施质量安全风险管理。建立企业重大质量事故报告制度和产品伤害监测制度，加强对重点产品、重点行业和重点地区的质量安全风险监测和分析评估，对区域性、行业性、系统性质量风险及时预警，对重大质量安全隐患及时提出处置措施。建立和完善动植物外来有害生物防御体系、进出口农产品和食品质量安全保障体系、进出口工业品质量安全监控体系和国境卫生检疫风险监控体系，有效降低动植物疫情疫病传入传出风险，保障进出口农产品、食品和工业品质量安全，防止传染病跨境传播。完善质量安全风险管理工作机制，制定质量安全风险应急预案，加强风险信息资源共享，提升风险防范和应急处置能力，切实做到对质量安全风险的早发现、早研判、早预警、早处置。

专栏 2 建立健全质量安全风险管理体系	
01	强化食品质量安全风险预警 组织实施集中、高效、针对性强的食品安全风险预警，完善食品安全信息收集、风险监测、预警通报等功能。重点加强食品安全风险监测网络建设，强化非法添加物和食品添加剂监测，及时开展安全评估，切实防范系统性风险。
02	完善产品伤害监测系统 质检、卫生等部门共同建立产品伤害监测系统，收集、统计、分析与产品相关的伤害信息，评估产品安全的潜在风险，及时发出产品伤害预警，为政府部门、行业组织及企业等制定防范措施提供依据。
03	加强产品质量安全风险预警 搭建产品质量安全信息收集网络，建立产品质量安全信息舆情监控系统，完善产品质量安全风险预警公共技术服务，加强高危行业、重点产品及进出口商品的质量安全风险监测，提升产品质量安全风险评估和预警效能。
04	健全进出境动植物检疫和国境卫生检疫疫情风险监控 完善进出境动植物检疫和国境卫生检疫疫情风险信息收集网络，做好进出境动植物检疫标准法规、风险监测、风险评估、风险预警、疫情信息、检疫截获信息等公共技术和信息服务，增强口岸卫生检疫和动植物检疫能力。

（四）加强宏观质量统计分析。建立健全以产品质量合格率、出口商品质量合格率、顾客满意指数以及质量损失率等为主要内容的质量指标体系，推动质量指标纳入国民经济和社会发展统计指标体系。各地方、各行业要结合实际情况，建立和完善质量状况分析报告制度，定期评估分析质量状况及质量竞争力水平，比较研究国内外质量发展趋势，为宏观经济决策提供依据。

（五）推进质量诚信体系建设。健全质量信用信息收集与发布制度。搭建以组织机构代码实名制为基础、以物品编码管理为溯源手段的质量信用信息平台，推动行业质量信用建设，实现银行、商务、海关、税务、工商、质检、工业、农业、保险、统计等多部门质量信用信息互通与共享。完善企业质量信用档案和产品质量信用信息记录，健全质量信用评价体系，实施质量信用分类监管。建立质量失信"黑名单"并向社会公开，加大对质量失信惩戒力度。鼓励发展质量信用服务机构，规范发展质量信用评价机构，促进质量信用产品的推广使用，建立多层次、全方位的质量信用服务市场。

（六）依法严厉打击质量违法行为。加大生产源头治理力度，强化市场监督管理，深入开展重点产品、重点工程、重点行业、重点地区和重点市场质量执法，严厉查办制假售假大案要案，严厉打击危害公共安全、人身健康以及生命财产安全等质量违法行为，严厉查办利用高科技手段从事质量违法活动。加强执法协作，建立健全处置重大质量违法突发案件快速反应机制和执法联动机制，加强行业性、区域性产品质量问题集中整治，深入开展农业生产资料、建筑材料等产品打假，保护广大人民群众的合法权益。建立健全质量安全有奖举报制度，切实落实对举报人的奖励，保护举报人的合法权益。做好行政执法与刑事司法的有效衔接，加大质量违法行为的刑事司法打击力度。

五、创新质量发展机制

（一）完善质量工作体制机制。完善符合社会主义市场经济发展要求、具有中国特色的质量宏观管理体制。健全地方政府负总责、监管部门各负其责、企业是第一责任人的质量安全责任体系。构建政府监管、市场调节、企业主体、行业自律、社会参与的质量工作格局，充分运用经济、法律、行政等手段维护质量安全，充分发挥市场和企业在促进质量发展中的能动作用。加大政府质量综合管理和质量安全保障能力投入，合理配置行政资源，强化质量工作基础建设，提升质量监管部门的履职能力，逐步在经济技术开发区、高新技术产业园区等功能区以及产业集中的乡镇建立质量监管和技术服务机构。广泛开展质量强省（区、市）活动，形成全社会齐抓共管的良好氛围。

（二）健全质量评价考核机制。建立健全科学规范的质量工作绩效考核评价体系，完善地方各级人民政府和有关行业质量工作的评价指标和考核制度，将质量安全和质量发展纳入地方各级人民政府绩效考核评价内容。加强考核结果的反馈，强化考核结果运用，绩效考核结果作为领导班子和领导干部综合考核评价的内容，作为领导班子建设和领导干部选拔任用、培养教育、管理监督、激励约束的依据。严格质量事故调查和责任追究，加大警示问责和督导整改力度，严肃查处质量事故涉及的渎职腐败行为。

（三）强化质量准入退出机制。发挥质量监管职能作用，对高污染、高耗能、高排放及资源浪费的行业和产品，严格市场准入，加快淘汰落后产能，促进结构优化升级。对涉及人身健康、财产安全的产品和重要敏感进出口商品，进一步严格质量准入条件，提高市场准入门槛。建立健全缺陷产品和不安全食品召回制度。对不能满足准入条件、不能保证质量安全和整改后仍然达不到要求的企业,依法强制退出。对存在严重违法行为的,坚决依法取缔。

(四)创新质量发展激励机制。建立国家和地方质量奖励制度,对质量管理先进、成绩显著的组织和个人给予表彰奖励,树立先进典型,激励广大企业和全社会重质量、讲诚信、树品牌。通过国家中小企业发展专项资金,支持中小企业产品研发、质量攻关。鼓励企业积极开展争创质量管理先进班组和质量标兵活动,鼓励质量工作者争创"五一"劳动奖。

(五)创建品牌培育激励机制。大力实施名牌发展战略,发挥品牌引领作用,制定并实施培育品牌发展的制度措施,开展知名品牌创建工作。加大自主知识产权产品的保护力度,建设有利于品牌发展的长效机制和良好环境。支持企业依托技术标准开拓海外市场,实施品牌经营和市场多元化战略,打造世界知名品牌。建立品牌建设国家标准体系和品牌价值评价制度,完善与国际接轨的品牌价值评价体系,增强品牌价值评价国际话语权。进一步加强地理标志产品、中国驰名商标及地方名牌产品等工作。

	专栏3 品牌建设重点措施
01	建立品牌建设标准体系 　　围绕质量核心,加强品牌培育、品牌管理和品牌评价方法研究,制定品牌的术语、要素、评价要求和建设指南等国家标准,建立符合中国国情、与国际接轨的品牌建设国家标准体系。
02	建立品牌价值评价制度 　　以消费者认可、市场竞争中产生为原则,参照国际标准和国际惯例,以品牌货币价值评价为主要内容,以装备制造、钢铁有色、纺织服装、轻工家电、电子信息、汽车制造、石油化工、现代物流、旅游等优势产业为重点,建立具有中国特色的品牌价值评价体系和制度,提高中国品牌的国际化水平。
03	开展知名品牌创建工作 　　制定创建条件和配套政策措施,以产业聚集区、国家自主创新示范区、经济技术开发区、高新技术产业园区、现代服务区、旅游景区等为重点,推动地方人民政府开展知名品牌创建工作,规范产业发展,扩大品牌影响,提升区域经济竞争力。

(六)建立质量安全多元救济机制。积极探索实施符合市场经济规则、有利于消费者维权的产品质量安全多元救济机制。完善产品侵权责任制度,建立产品质量安全责任保险制度,保障质量安全事故受害者得到合理、及时的补偿。引导企业、行业协会、保险以及评估机构加强合作,降低质量安全风险,切实维护企业和消费者合法权益。

六、优化质量发展环境

(一)加强质量文化建设。牢固树立质量是企业生命的理念,实施以质取胜的经营战略。将诚实守信、持续改进、创新发展、追求卓越的质量精神转化为社会、广大企业及企业员工的行为准则,自觉抵制违法生产经营行为。推进社会主义先进质量文化建设,提升全民质量意识,倡导科学理性、优质安全、节能环保的消费理念,努力形成政府重视质量、企业追求质量、社会崇尚质量、人人关心质量的良好氛围,提升质量文化软实力。

(二)营造良好市场环境。建立各类企业依法使用生产要素、公平参与市场竞争、平等受到法律保护的环境。把优质安全作为扩大市场需求的积极要素,进一步释放城乡居民消费潜力,促进社会资源向优质产品、优秀品牌和优势企业聚集。打击垄断经营和不正当竞争,坚决破除地方保护,维护市场秩序,形成公平有序、优胜劣汰的市场环境。引导企业参与国际合作与交流,树立我国企业、产品良好国际形象,提升国际竞争力。

(三)完善质量投诉和消费维权机制。健全质量投诉处理机构,运用现代信息技术完善质量投诉信息平台,充分发挥12365、12315等投诉热线的作用,畅通质量投诉和消费维权渠道。积极推进质量仲裁检验和质量鉴定,有效调解和处理质量纠纷,化解社会矛盾。增强公众的质量维权意识,建立社会质量监督员制度。支持和鼓励消费者依法开展质量维权活动,更好地维护用户和消费者权益。

(四)发挥社会中介服务作用。加强质量管理、检验检测、计量校准、合格评定、信用评价等社会中介组织建设,推动质量服务的市场化进程。加强对质量服务市场的监管与指导,鼓励整合重组,推进质量服务机构规模化、网络化和品牌化建设,培育我国质量服务品牌。行业协会、学会、商会等社会团体要积极提供技术、标准、质量管理、品牌建设等方面的咨询服务,及时反映企业及消费者的质量需求,依据市场规则建立自律性运行机制,进一步促进行业规范发展,充分发挥中介组织在质量发展中的桥梁纽带作用。

(五)加强质量舆论宣传。深入开展全国"质量月"、"3·15"国际消费者权益保护日等形式多样、内容丰富的群众性质量活动,深入企业、机关、社区、乡村普及质量基础知识。坚持正确的舆论导向,大力宣传质量工作方针政策、法律法规以及质量管理先进典型。加强质量舆论监督,加大对质量违法案件的曝光力度,震慑质量违法行为。充分发挥新闻媒体质量舆论宣传的主渠道作用,引导各类媒体客观发布质量问题信息。

(六)深化质量国际交流合作。积极参加和主办国际质量大会,交流质量管理和技术成果,开展务实合作。围绕国家重大产业、区域经济发展规划及检验检测技术、标准一致性,建立双边、多边质量合作磋商机制,参与质量相关国际和区域性标准、规则制定,促进我国标准、计量、认证认可体系与国际接轨。积极应对国外技术性贸易措施,完善我国技术性贸易措施体系。鼓励国内企业、科研院所、大专院校、社会团体开展国际质量交流与合作,引进国外先进质量管理方法、技术和高端人才。

七、夯实质量发展基础

(一)推进质量创新能力建设。加大质量科技投入,加强质量研究机构和质量教育学科建设,形成分层级的质量人才培养格局,培育一批质量科技领军人才,探索建立具有中国特色的质量管理理论、方法和技术体系,加大质量科技成果转化应用力度。加快建立以企业为主体、市场为导向、产学研相结合的质量技术创新体系,发挥优势企业、重点科研院所和高等院校创新要素集聚的优势,建立一批重点突出、优势互补、资源共享的质量创新基地。推动实施重大质量改进和技术改造项目,培育形成以技术、标准、品牌、服务为核心的质量新优势。

(二)加强标准化工作。加快现代农业、先进制造业、战略性新兴产业、现代服务业、节能减排、社会管理和公共服务等领域国家标准体系建设。实施标准分类管理,加强强制性标准管理。缩短标准制修订周期,提升标准的先进性、有效性和适用性。积极采用国际标准,增强实质性参与国际标准化活动的能力,推动我国优势技术与标准成为国际标准,积极参与制修订影响我国相关产业发展的国际标准,提高应对全球技术标准竞争的能力。完善标准化管理体制,创新标准化工作机制,加强标准化与科技、经济和社会发展政策的有效衔接,促进军民标准化工作的有效融合。构建标准化科技支撑体系和公共服务体系,健全国家技术标准资源服务平台。

专栏4 标准化工作重点

01	**现代农业** 　　完善农业物资条件、基础设施、生产技术、产品质量、运输存储、市场贸易以及农产品质量检测、动植物疫病防控以及农业社会化服务等农业标准体系，研究制定支撑高产、优质、高效、生态、安全农产品生产的技术标准。
02	**战略性新兴产业** 　　制定战略性新兴产业的标准化建设规划，加快建立有利于战略性新兴产业发展的标准体系，开展战略性新兴产业标准制定的示范试点工作。
03	**现代服务业** 　　积极拓展服务业标准化工作领域，建立完善细化、深化生产性服务业分工的质量标准与行业规范，进一步制定完善生活性服务业标准，建立健全重点突出、结构合理、科学适用的服务质量国家标准体系，重要服务行业和关键服务领域实现标准全覆盖，扩大服务标准覆盖范围。
04	**节能减排领域** 　　建立和完善资源、能源与环境标准体系，重点研制推动资源节约的先进技术标准、领跑者能效标准、高耗能产品能耗限额标准、终端用能产品能效标准、交通工具燃料消耗量限值标准、取水定额标准、废旧产品回收利用与再生资源标准，完善资源节约标准体系。
05	**社会管理领域** 　　建立健全教育、卫生、人口、公共就业和人才服务、劳动关系、社会保险、社会管理等社会事业领域的标准化体系，促进社会公平正义，推动和谐社会建设。
06	**标准化示范、试点项目** 　　在农业、服务业、循环经济、高新技术、国家重大工程等领域培育一批国家级标准化示范区和示范试点项目。

（三）强化计量基础支撑作用。紧密结合新型工业化进程，建立并完善以量子物理为基础，具有高精确度、高稳定性和与国际一致性的计量标准以及量值传递和测量溯源体系。紧跟国际前沿计量科技发展趋势，针对国家战略性新兴产业发展、节能减排、循环经济、贸易公平、改善民生等计量新需求，加强计量标准体系建设，大力推进法制计量，全面加强工业计量，积极拓展工程计量，强化能源计量监管，培育和规范计量校准市场，加强计量检测技术的研究应用。提升计量服务能力，建设一批重大精密测量基础设施，建立完善国家计量科技创新基地和共享服务平台。尽快形成适应经济社会发展的计量体系。

（四）推动完善认证认可体系。参照国际通行规则，建立健全法律规范、行政监管、认可约束、行业自律、社会监督相结合的认证认可管理模式，完善认证认可体系，提升认证认可服务能力，提高强制性产品认证的有效性，推动自愿性产品认证健康有序发展，完善管理体系和服务认证制度。进一步培育和规范认证、检测市场，加强对认证机构、实验室和检查机构的监督管理。稳步推进国际互认，提高认证认可国际规则制定的参与度和话语权，提升中国认证认可国际影响力。

专栏5 认证认可工作重点		
01	提升认可能力	研究开发新型认可制度，推进食品安全领域良好农业规范（GAP）、危害分析和关键控制点（HACCP）、节能减排等认可工作。保持实验室认可数量和能力稳步增长。
02	完善强制性产品认证	开展强制性产品认证质量状况分析、安全风险评估和公共质量安全评价，加强对从业机构和人员、获证企业及产品的监督检查，健全强制性产品认证质量可追溯体系，促进认证产品质量水平全面提高。
03	推动自愿性产品认证	完善国家自愿性认证制度。强化节能、节水、节电、节油、可再生资源和环境标志产品认证，推动环保装备和综合利用装备产品认证。加强对有机产品、绿色食品、无公害农产品等认证有效性的监管。
04	提升管理体系认证水平	深化质量、环境、职业健康安全管理体系认证，努力提高认证有效性，积极拓展认证领域，推动管理体系标准在社会管理、文化教育医疗及新兴产业的广泛应用。加强信息技术服务、供应链安全体系认证的技术研发。
05	完善信息安全认证认可体系	加强信息安全认证认可制度和能力建设，健全信息安全认证认可工作体系，促进信息安全认证认可结果的社会采信。
06	加快实施服务认证	加快新型服务认证制度研发及实施进度，推进交通运输业、金融服务业、信息服务业、商务服务业、旅游业、体育产业等重点领域认证认可制度的建立和实施。

（五）加快检验检测技术保障体系建设。推进技术机构资源整合，优化检验检测资源配置，建设检测资源共享平台，完善食品、农产品质量快速检验检测手段，提高检验检测能力。加强政府实验室和检测机构建设，对涉及国计民生的产品质量安全实施有效监督。建立健全科学、公正、权威的第三方检验检测体系，鼓励不同所有制形式的技术机构平等参与市场竞争。对技术机构进行分类指导和监管，规范检验检测行为，促进技术机构完善内部管理和激励机制，提高检验检测质量和服务水平，提升社会公信力。支持技术机构实施"走出去"战略，创建国际一流技术机构。

专栏6 提升检验检测能力		
01	检测仪器装备研发	加大检验检测技术和检测装备的研发力度，推进重点仪器、关键检测设备的国产化进程，加快快速检测仪器设备、方法的筛选、推广和应用。
02	检测机构建设	推进实验室国际互认，建设一批高水平的国家产品质量监督检验中心、重点实验室和型式评价实验室，形成专业齐全、布局合理的地方和区域中心实验室格局。
03	检测资源共享平台建设	加强产业聚集地区公共检验检测技术服务平台建设，提高对中小企业检测的便利化服务能力。

续表

	专栏6 提升检验检测能力
04	检验检疫能力建设 　　增强技术性贸易措施应对和实施能力,加强出入境疫病疫情监控和进出口商品检验技术能力建设。在经济技术开发区、高新技术产业园区和出口加工区,建设一批面向设计开发、生产制造、售后服务全过程的公共检测技术服务平台。构建一批具有自主品牌的专业实验室检测联盟。
05	重点专项 　　开展提升食品质量安全检测和风险监测能力专项建设、重点产业产品和工程质量检测体系专项建设。

（六）推进质量信息化建设。加快质量信息网络工程建设,运用物联网等信息化手段,依托物品编码和组织机构代码等国家基础信息资源,加强产品质量和工程质量信息的采集、追踪、分析和处理,提高质量控制和质量管理的信息化水平,提升质量安全动态监管、质量风险预警、突发事件应对、质量信用管理的效能。推动信息化与工业化深度融合,提高产品质量和工程质量信息化水平。

八、实施质量提升工程

（一）质量素质提升工程。通过质量知识普及教育、职业教育和专业人才培养等措施,提升全民质量素养。建立中小学质量教育社会实践基地,普及质量知识。鼓励有条件的高等学校设立质量管理相关专业,培养质量专业人才。建立和规范各类质量教育培训机构,广泛开展面向企业的质量教育培训,重点加强对企业经营者的质量管理培训,加强对一线工人的工艺规程和操作技术培训,提高企业全员质量意识和质量技能。到2015年,基本完善国家质量专业技术人员职业资格以及注册设备监理师、注册计量师等制度。

（二）可靠性提升工程。在汽车、机床、航空航天、船舶、轨道交通、发电设备、工程机械、特种设备、家用电器、元器件和基础件等重点行业实施可靠性提升工程。加强产品可靠性设计、试验及生产过程质量控制,依靠技术进步、管理创新和标准完善,提升可靠性水平,促进我国产品质量由符合性向适用性、高可靠性转型。到2020年,我国基础件、通用件及关键自动化测控部件等可靠性水平满足国内市场需求,重点产品的可靠性达到或接近国际先进水平。百万千瓦级核电设备、新能源发电设备、高速动车组、高档数控机床与基础制造装备等一批重大装备可靠性达到国际先进水平。

（三）服务质量满意度提升工程。根据生产性和生活性服务业的不同特点,建立健全服务标准体系和服务质量测评体系,在交通运输、现代物流、银行保险、商贸流通、旅游住宿、医疗卫生、邮政通讯、社区服务等重点领域,建立顾客满意度评价制度,推进服务业满意度评价试点。引导企业提高服务质量,满足市场需求,促进服务市场标准化、规范化、国际化发展。

（四）质量对比提升工程。在农业、工业、建筑业和服务业等行业,分类分层次广泛开展质量对比提升活动。比照国际国内先进水平,在重点行业和支柱产业,开展竞争性绩效对比;在产业链和区域范围内,开展重点企业和产品的过程质量和管理绩效对比。制定质量对比提升工作制度,建立科学评价方法,完善质量对标分析数据库,为制定发展战略、明确发展目标提供质量改进的参考和依据。制定质量改进和赶超措施,优化生产工艺、更新生产设备、创新管理模式，改进市场销售战略。建立质量提升服务平台，完善对中小企业信息咨询、技术支持等公共服务和社会服务体系，实现质量提升和赶超。到2015年，在重要产业领域的5万家企业开展质量对比提升活动，使先进质量管理理念得到广泛传播，科学的质量管理方法和技术得到普遍采用，骨干和支柱行业内领先企业的质量达到国际先进水平。

（五）清洁生产促进工程。积极推进清洁生产模式。加快制修订与节能减排和循环经济有关的标准，建立健全低碳产品标识、能效标识、再生产品标识与低碳认证、节能产品认证等制度。落实和完善有利于清洁生产的财税政策。构建清洁生产技术服务平台，加快节能减排技术研发，攻克一批关键性技术难关。建立能源计量监测体系，加强对重点能耗企业能源计量监督管理。建立市场准入与退出机制，严格高耗能、高污染项目生产许可管理，加大淘汰落后产能力度。到2015年，清洁生产新技术产业化和标准化水平大幅提升，建成一批清洁生产示范项目和公共服务平台，生产过程污染物的产生和排放得到有效控制，资源消耗大幅降低。

九、组织实施

（一）加强组织领导。国务院质量主管部门应当根据工作需要组织召开联席会议，加强对质量工作的统筹规划和组织领导，制订落实本纲要的年度行动计划，研究解决和协调处理重大质量问题，督促检查本纲要贯彻实施情况。地方各级人民政府、各行业主管部门要按照纲要的部署和要求，把质量发展目标纳入本地区、本行业国民经济社会发展规划，加强质量政策引导，将质量工作列入重要议事日程，制定实施方案，明确目标责任，认真组织实施，切实提高质量发展的组织保障水平。

（二）完善配套政策。地方各级人民政府、各行业主管部门要围绕建设质量强国，制定本地区、本行业促进质量发展的相关配套政策和措施，加大对质量工作的投入，完善相关产业、环境、科技、金融、财税、人才培养等政策措施。在执行过程中加强本纲要与"十二五"国民经济和社会发展规划及其他有关规划的政策衔接，确保本纲要提出的各项目标得以实现。

（三）狠抓工作落实。地方各级人民政府、各行业主管部门要将落实质量发展的远期规划同解决当前突出的质量问题结合起来，使近期要求、实施步骤更有针对性，突出重点区域、重点领域、重点环节、重点产品和重点人群，有效解决事关公共安全、人身健康和生命财产安全的重点质量问题。各地方、各部门要联系本地区、本部门质量安全中的实际问题，落实本纲要及年度行动计划确定的发展目标和重点任务，夯实质量基础，保障质量安全，促进质量发展。

（四）强化检查考核。地方各级人民政府、各行业主管部门要建立落实本纲要的工作责任制，对纲要的实施情况进行严格检查考核，务求各项工作落到实处，确保质量发展取得实效。对纲要实施过程中取得突出成绩的单位和个人予以表彰奖励。国务院将适时检查考核本纲要的贯彻实施情况。

附录 15

工地试验室常用仪器设备自校规程

格式：

文件编号：

_____工地试验室

作业指导书

（仪器设备自校规程）

编　制：

审　核：

批　准：

版　本：　　第　　版

受控状态：

发放编号：

发布日期：　　年　月　日　　实施日期：　　年　月　日

附录15 工地试验室常用仪器设备自校规程

仪器设备自校规程目录　　　　　　　　附表 15-1

序号	仪器设备自校规程名称	备注
1	环刀校验方法	
2	李氏比重瓶校验方法	
3	液塑限联合测定仪校验方法	
4	相对密度仪校验方法	
5	击实仪校验方法	
6	灌砂筒及标准砂校验方法	
7	称量盒（铝盒）校验方法	
8	电热干燥箱校验方法	
9	针片状规准仪校验方法	
10	石料压碎值测定仪校验方法	
11	水泥净浆搅拌机校验方法	
12	水泥标准稠度和凝结时间测定仪校验方法	
13	水泥胶砂搅拌机校验方法	
14	水泥抗压夹具校验方法	
15	雷氏夹校验方法	
16	水泥试验筛校验方法	
17	水泥胶砂振实台校验方法	
18	沸煮箱校验方法	
19	水泥胶砂流动度测定仪校验方法	
20	水泥标准养护箱校验方法	
21	水泥胶砂试模校验方法	
22	混凝土、砂浆搅拌机校验方法	
23	混凝土坍落度筒及捣棒校验方法	
24	混凝土及砂浆试模校验方法	
25	气压式含气量测定仪校验方法	
26	集料试验筛校验方法	
27	容积升筒校验方法	
28	CBR 试模校验方法	
29	钢筋标距仪校验方法	
30	砂浆分层度测定仪校验方法	
31	无侧限抗压试模校验方法	
32	弯沉仪校验方法	
33	轻型触探仪（N10）校验方法	
34	手工铺砂仪校验方法	
35	泥浆相对密度计校验方法	
36	泥浆含砂率计校验方法	

续表

序号	仪器设备自校规程名称	备注
37	泥浆黏度计校验方法	
38	细集料压碎指标测定仪校验方法	
39	水泥砂浆稠度仪校验方法	
40	雷氏夹膨胀测定仪校验方法	
41	三米直尺校验方法	
42	钢筋弯曲机校验方法	
43	混凝土钻孔取芯机校验方法	
44	容量筒、容量瓶、广口瓶校验方法	
45	灌水测定仪校验方法	
46	路面渗水仪校验方法	
47	直读式测钙仪校验方法	
48	核子密度仪与灌砂法对比试验作业指导书	
49	砂浆捣棒校验方法	

具体的校验方法和记录表格（略）

附录 16

工地试验室常用仪器设备（标准物质）期间核查规程

格式：

文件编号：

_____工地试验室

作业指导书

（仪器设备（标准物质）期间核查规程）

编　　制：

审　　核：

批　　准：

版　　本：　　　第　　版

受控状态：

发放编号：

发布日期：　　年　月　日　　实施日期：　　年　月　日

附录16 工地试验室常用仪器设备（标准物质）期间核查规程

目 录

附表16-1

序号	仪器设备（标准物质）期间核查规程名称	备注
1	仪器设备（标准物质）期间核查规定	
2	Ⅲ级电子天平核查方法	
3	Ⅱ级电子天平核查方法	
4	分析天平核查方法	
5	架盘天平核查方法	
6	案秤核查方法	
7	台秤核查方法	
8	水泥细度负压筛核查方法	
9	粉煤灰细度负压筛核查方法	
10	混凝土回弹仪核查方法	

1. 仪器设备（标准物质）期间核查规定

（1）目的

为了规范需要进行期间核查的有关仪器设备（标准物质），以保持其检定/校准状态的持续有效，特制定本规定。

（2）适用范围

本规定适用于仪器设备性能不稳定且漂移率大；使用非常频繁；经常携带到现场检测；在恶劣环境下使用；曾经过载或怀疑有质量问题等的仪器设备（标准物质）所进行的期间核查。

（3）在下列情况下应对仪器设备（标准物质）进行期间核查：

1）仪器设备经过运输、搬迁以及环境条件突然变化（如温度、湿度的突然变化）时，必须进行；

2）仪器设备导出数据异常；

3）长期脱离实验室控制的仪器设备在恢复使用前（如外界）；

4）当仪器设备长时间不用，再重新使用之前，应进行；

5）仪器设备发生故障经维修、改装后或使用时间已较长，但还没有报废的仪器设备应经常进行检查；

6）对检定周期较长的仪器设备应增加检查次数；

7）按照年度核查次数进行；

8）使用在检测机构控制范围以外的仪器设备等。

（4）核查方法

1）仪器设备（标准物质）核查工作程序，应按照《仪器设备期间核查程序》执行。

2）核查对象

本工地试验室所有性能不稳定且漂移率大；使用非常频繁；经常携带到现场检测；在恶劣环境下使用；曾经过载或怀疑有质量问题等的仪器设备，如：电子天平、分析天平、架盘天平、案秤、台秤、水泥细度负压筛、粉煤灰细度负压筛及混凝土回弹仪等。

3）核查周期

天平及秤规定从省级计量检测院检定合格后开始，每4个月进行1次核查；水泥细度负压筛规定从省级计量检测院检定合格后开始，在每使用100次后进行1次核查；粉煤灰细度负压筛规定从省级计量检测院检定合格后开始，在每使用150次后进行1次核查；混凝土回弹仪规定从省级计量检测院检定合格后开始，在每次使用前后进行1次核查。

4）核查所用标准物质

本工地试验室均使用经过省级计量检测院检定合格的标准物质。

5）核查记录

核查记录内容包括：核查依据；核查参数（天平及秤类采用示值重复性、四角误差；水泥、粉煤灰细度负压筛类采用与水泥细度标准样品比值；混凝土回弹仪类采用4次旋转90°的率定平均值是否超过 80 ± 2 范围）；核查所用标准物质；核查数据记录；核查结论；核查员、审核员的签名；核查时间等。

6）经核查不合格的仪器设备，应按照《检验检测设备和设施管理程序》处理。
(5) 相关文件
1)《质量手册》；
2)《仪器设备期间核查程序》；
3)《检验检测设备和设施管理程序》。
(6) 记录
1) 仪器设备（标准物质）期间核查目录；
2) 仪器设备（标准物质）期间核查计划；
3) 仪器设备（标准物质）期间核查记录表。

2. Ⅲ级电子天平核查方法

感量 0.1g 等Ⅲ级电子天平为精密仪器，用于试验过程中称量物件重量。
(1) 技术要求
1) 天平示值重复性误差，法定允差为±1e；
2) 天平四角误差，法定允差为 1e。
(2) 核查依据
《机械天平》JJG 98。
(3) 核查所用标准物质
三等砝码。
(4) 核查项目及方法
1) 示值重复性检查
用已知重量的砝码（标准器标称值），放于电子天平称盘中心位置，记录电子天平的读数，重复称量 6 次；并计算出每次天平读数与标准标称值的差值。
2) 四角误差检查
用已知重量的砝码（标准器标称值），放于电子天平称盘左上角位置，记录电子天平的读数；然后将砝码分别放于电子天平的左下角、右上角、右下角，分别记录电子天平的读数；并计算出每次天平读数与标准标称值的差值。
(5) 核查结果
检验以上 2 项项目，其核查差值均符合技术要求为合格，准予使用。否则，应予调修或更换新电子天平。
(6) 核查周期
4 个月。
(7) 核查记录
核查记录表的格式和内容，见表 2.7.7-3。

3. Ⅱ级电子天平核查方法

感量 0.01g 等Ⅱ级电子天平为精密仪器，用于试验过程中称量物件重量。

(1) 技术要求

1) 天平示值重复性误差，法定允差为±3e；

2) 天平四角误差，法定允差为3e。

(2) 核查依据

《机械天平》JJG 98。

(3) 核查所用标准物质

3等砝码。

(4) 核查项目及方法

1) 示值重复性检查

用已知重量的砝码（标准器标称值），放于电子天平称盘中心位置，记录电子天平的读数，重复称量6次；并计算出每次天平读数与标准标称值的差值。

2) 四角误差检查

用已知重量的砝码（标准器标称值），放于电子天平称盘左上角位置，记录电子天平的读数；然后将砝码分别放于电子天平的左下角、右上角、右下角，分别记录电子天平的读数；并计算出每次天平读数与标准标称值的差值。

(5) 核查结果

检验以上2项项目，其核查差值均符合技术要求为合格，准予使用。否则，应予调修或更换新电子天平。

(6) 核查周期

4个月。

(7) 核查记录

核查记录表的格式和内容，见表2.7.7-3。

4. 分析天平核查方法

分析天平为杠杆式双盘等臂天平，作精密衡量分析测定之用。

(1) 技术要求

1) 天平示值重复性误差，允许误差为±1e；

2) 天平四角误差，允许误差为±1e。

(2) 核查依据

《机械天平》JJG 98。

(3) 核查所用标准物质

2等砝码。

(4) 核查项目及方法

1) 示值重复性检查

用已知重量的砝码（标准器标称值），放于天平称盘中心位置，记录天平的读数，重复称量6次；并计算出每次天平读数与标准标称值的差值。

2) 四角误差检查

用已知重量的砝码（标准器标称值），放于天平称盘左上角位置，记录天平的读数；

然后将砝码分别放于天平的左下角、右上角、右下角，分别记录天平的读数；并计算出每次天平读数与标准标称值的差值。

（5）核查结果

检验以上2项项目，其核查差值均符合技术要求为合格，准予使用。否则，应予调修或更换新分析天平。

（6）核查周期

4个月。

（7）核查记录

核查记录表的格式和内容，见表2.7.7-3。

5. 架盘天平核查方法

架盘天平用于试验过程中称量物件重量。

（1）技术要求

1) 天平示值重复性误差，法定允差为±2e；

2) 天平四角误差，法定允差为2e。

（2）核查依据

《架盘天平》JJG 156。

（3）核查所用标准物质

3等砝码。

（4）核查项目及方法

1) 示值重复性检查

用已知重量的砝码（标准器标称值），放于天平称盘中心位置，记录天平的读数，重复称量6次；并计算出每次天平读数与标准标称值的差值。

2) 四角误差检查

用已知重量的砝码（标准器标称值），放于天平称盘左上角位置，记录天平的读数；然后将砝码分别放于天平称盘的左下角、右上角、右下角，分别记录天平的读数；并计算出每次天平读数与标准标称值的差值。

（5）核查结果

检验以上2项项目，其核查差值均符合技术要求为合格，准予使用。否则，应予调修或更换新架盘天平。

（6）核查周期

4个月。

（7）核查记录

核查记录表的格式和内容，见表2.2.7-3。

6. 案秤核查方法

案秤用于试验过程中称量物件重量。

(1) 技术要求

1) 案秤示值重复性误差，允许误差为 2.0g；

2) 案秤四角误差，允许误差为 2.0g。

(2) 核查依据

《非自行指示秤》JJG 14。

(3) 核查所用标准物质

4 级砝码。

(4) 核查项目及方法

1) 示值重复性检查

用已知重量的砝码（标准器标称值），放于案秤称盘中心位置，记录案秤的读数，重复称量 6 次；并计算出每次案秤读数与标准标称值的差值。

2) 四角误差检查

用已知重量的砝码（标准器标称值），放于案秤称盘左上角位置，记录案秤的读数；然后将砝码分别放于案秤的左下角、右上角、右下角，分别记录案秤的读数；并计算出每次案秤读数与标准标称值的差值。

(5) 核查结果

检验以上 2 项项目，其核查差值均符合技术要求为合格，准予使用。否则，应予调修或更换新案秤。

(6) 核查周期

4 个月。

(7) 核查记录

核查记录表的格式和内容，见表 2.7.7-3。

7. 台秤核查方法

台秤用于试验过程中称量物件重量。

(1) 技术要求

1) 台秤示值重复性误差，允许误差为 10.0g；

2) 台秤四角误差，允许误差为 10.0g。

(2) 核查依据

《非自行指示秤》JJG 14。

(3) 核查所用标准物质

M1 级砝码。

(4) 核查项目及方法

1) 示值重复性检查

用已知重量的砝码（标准器标称值），放于台秤称盘中心位置，记录台秤的读数，重复称量 6 次；并计算出每次台秤读数与标准标称值的差值。

2) 四角误差检查

用已知重量的砝码（标准器标称值），放于台秤称盘左上角位置，记录台秤的读数；

然后将砝码分别放于台秤的左下角、右上角、右下角，分别记录台秤的读数；并计算出每次台秤读数与标准标称值的差值。

(5) 核查结果

检验以上 2 项项目，其核查差值均符合技术要求为合格，准予使用。否则，应予调修或更换新台秤。

(6) 核查周期

4 个月。

(7) 核查记录

核查记录表的格式和内容，见表 2.7.7-3。

8. 水泥细度负压筛核查方法

水泥细度负压筛，广泛应用于水泥细度检验。

(1) 技术要求

1) 当 C 值在 0.80～1.20 范围内时，试验筛可继续使用；

2) 当 C 值超出 0.80～1.20 范围时，试验筛应予淘汰。

(2) 核查依据

《水泥细度检验方法 筛析法》GB/T 1345 附录 A 的标定方法。

(3) 核查所用标准物质

水泥细度标准样品。

(4) 核查项目及方法

1) 标定操作

将水泥细度标准样品按照《水泥细度检验方法 筛析法》GB/T 1345 附录 A.5.1 测定标准样品的细度。

2) 标定结果

二个样品结果的算术平均值为最终值，但当两个样品筛余结果相差大于 0.3% 时应称第三个样品进行试验，并取接近的两个结果进行平均作为最终结果。

3) 试验筛修正系数

C=标准样品的筛余标准值/标准样品在试验筛上的筛余值。

(5) 核查结果

当 C 值在 0.80～1.20 范围内时，试验筛可继续使用；当 C 值超出 0.80～1.20 范围时，试验筛应予淘汰。

(6) 核查周期

每使用 100 次后。

(7) 核查记录

核查记录表的格式和内容，见表 2.7.7-3。

9. 粉煤灰细度负压筛核查方法

粉煤灰细度负压筛，广泛应用于粉煤灰细度检验。
（1）技术要求
1）当 K 值在 0.80～1.20 范围内时，试验筛可继续使用；
2）当 K 值超出 0.80～1.20 范围时，试验筛应予淘汰。
（2）核查依据
《用于水泥和混凝土中的粉煤灰》GB/T 1596 附录 A 的试验方法。
（3）核查所用标准物质
粉煤灰细度标准样品。
（4）核查项目及方法
1）标定操作
将粉煤灰细度标准样品按照《用于水泥和混凝土中的粉煤灰》GB/T 1596 附录 A.4 步骤测定标准样品的细度。
2）标定结果
二个样品结果的算术平均值为最终值，但当二个样品筛余结果相差大于 0.3% 时应称第三个样品进行试验，并取接近的两个结果进行平均作为最终结果。
3）试验筛修正系数
K = 标准样品筛余标准值/标准样品筛余实测值。
（5）核查结果
当 K 值在 0.80～1.20 范围内时，试验筛可继续使用，K 可作为结果修正系数；当 K 值超出 0.80～1.20 范围时，试验筛应予淘汰。
（6）核查周期
筛析 150 个样品后。
（7）核查记录
核查记录表的格式和内容，见表 2.7.7-3。

10. 混凝土回弹仪核查方法

混凝土回弹仪，广泛应用于工程结构构件混凝土强度的无破损检验。
（1）技术要求
1）当率定值在 80±2 范围内时，回弹仪可继续使用；
2）当率定值超出 80±2 范围时，回弹仪应送检定单位检验。
（2）核查依据
《回弹法检测混凝土抗压强度技术规范》JGJ/T 23 进行率定试验。
（3）核查所用标准物质
洛氏硬度 HRC60±2 的钢砧。
（4）核查项目及方法

1) 率定操作

率定试验宜在干燥、室温 5~35℃ 的条件下进行。率定时，钢砧应稳固地平放在刚度大的物体上。测定回弹值时，取连续向下弹击 3 次的稳定回弹值的平均值。弹击杆应分 4 次旋转，每次旋转宜约 90°。

2) 率定结果

弹击杆每旋转一次的率定平均值应为 80±2。每次取连续向下弹击 3 次的稳定回弹值的平均值。

(5) 核查结果

当率定值在 80±2 范围内时，回弹仪可继续使用；当率定值超出 80±2 范围时，回弹仪应送检定单位检验或调修或更换新回弹仪。

(6) 核查周期

工程检测使用前后。

(7) 核查记录

核查记录表的格式和内容，见表 2.7.7-3。

参 考 文 献

[1] 解先荣主编.公共基础[M].第2版.北京：人民交通出版社，2012.
[2] 张超，郑南翔，王建设主编.路基路面试验检测技术[M].北京：人民交通出版社，2004.
[3] 韩文元，包左军主编.交通安全设施及机电工程[M].(2014年版)北京：人民交通出版社，2014.
[4] 顾龙芳编著.计量学基础[M].北京：中国计量出版社，2006.
[5] 陈建勋，马建秦主编.隧道工程试验检测技术[M].北京：人民交通出版社，2005.
[6] 中国就业培训技术指导中心编.职业道德[M].北京：中央广播电视大学出版社，2007.
[7] 中华人民共和国计量法(2015年4月24日第十二届全国人民代表大会常务委员第十四次会议《关于修改＜中华人民共和国计量法＞等五部法律的决定》第三次修正).
[8] 中华人民共和国计量法实施细则(2016年2月6日国务院令第666号).
[9] 关于公布《中华人民共和国标准化法(修订草案征求意见稿)》公开征求意见的通知(2016年3月22日日国务院法制办公室).
[10] 中华人民共和国标准化法实施条例(1990年4月6日国务院令第53号).
[11] 中华人民共和国产品质量法(2009年修正)(根据2009年8月27日根据第十一届全国人民代表大会常务委员会第十次会议《关于修改部分法律的决定》第二次修正)).
[12] 建设工程质量管理条例(2000年1月30日国务院令第279号).
[13] 公路工程竣(交)工验收办法(2004年3月31日交通部令2004年第3号).
[14] 公路工程竣(交)工验收办法实施细则(2010年4月30日交通运输部公路司发布(交公路发〔2010〕65号)).
[15] 关于修改《公路水运工程试验检测管理办法》的决定(2016年12月22日交通运输部令2016年第80号).
[16] 关于公布《公路水运工程试验检测机构等级标准》及《公路水运工程试验检测机构等级评定程序》的通知(2008年8月21日交通运输部(交质监发[2008]274号)).
[17] 关于印发《公路水运工程试验检测信用评价管理办法(试行)》的通知(2009年6月25日交通运输部(交质监发[2009]318号).
[18] 关于进一步加强公路水运工程工地试验室管理工作的意见(2009年8月10日交通运输部办公厅(厅质监字[2009]183号)).
[19] 关于印发《公路水运工程试验检测机构换证复核细则》的通知(2013年4月22日交通运输部工程质量监督局(质监综字〔2013〕7号)).
[20] 关于印发《公路水运工程试验检测人员继续教育办法(试行)》的通知(2011年10月25日交通运输部办公厅(厅质监字[2011]229号)).
[21] 公路水运工程安全生产监督管理办法((2016年3月7日交通运输部令2016年第9号)).
[22] 《危险化学品安全管理条例(修订)》(2013年12月7日国务院令第645号).
[23] 关于进一步加强和规范公路水运工程试验检测工作的若干意见(2013年2月5日交通运输部(交质监发〔2013〕114号)).
[24] 关于印发《公路水运工程试验检测专业技术人员职业资格制度规定》和《公路水运工程试验检测专业技术人员职业资格考试实施办法》的通知(2015年6月23日人力资源社会保障部　交通运输部

(人社部发〔2015〕59 号)).

[25] 检验检测机构资质认定管理办法(2015 年 4 月 9 日国家质量监督检验检疫总局(总局令第 163 号)).

[26] 关于印发《检验检测机构资质认定评审准则》及释义和《检验检测机构资质认定评审员管理要求》的通知(2016 年 5 月 31 日国家认监委国认实〔2016〕33 号).

[27] 国际标准化组织(ISO)和国际电工委员会(IEC)联合发布的 ISO/IEC17025:2005《检测和校准实验室能力的通用要求》.

[28] 关于印发《检验检测机构资质认定配套工作程序和技术要求》的通知(2015 年 7 月 29 日国家认监委国认实〔2015〕50 号).

[29] 质量发展纲要(2011—2020 年)(2012 年 2 月 6 日 国务院 国发〔2012〕9 号).

[30] 关于印发《公民道德建设实施纲要》的通知(2001 年 9 月 20 日中共中央中发〔2001〕15 号).

[31] 交通建设试验检测行业从业自律公约(2006 年).中国交通建设监理协会试验检测工作委员会.

[32] 计量基础知识之一量值溯源(编号:527)(2009 年 5 月 12 日福建省计量测试学会).

[33] 关于印发《工地试验室标准化建设要点》的通知(2012 年 9 月 3 日交通运输部办公厅(厅质监字〔2012〕200 号)).

[34] 关于建立南宁市建设工程质量检测机构远程视频监控系统的通知(2012 年 12 月 20 日南宁市建设工程质量安全协会南建质安协〔2012〕12 号).

[35] 关于进一步加强工程质量检测机构信息化管理的通知(2013 年 1 月 28 日南宁市建筑管理处南建管字〔2013〕1 号).

[36] 关于《山东省公路水运工程工地试验室标准化建设与管理指南》征求意见的通知(2010 年 11 月 9 日山东省交通厅基本建设工程质量监督站).

[37] 湖北交投武汉城市圈环线高速公路仙洪段建设指挥部,湖北交投武汉城市圈环线高速公路仙洪段总监理工程师办公室.湖北交投武汉城市圈环线高速公路(仙洪段)标准化建设实施细则第一册(工地建设).湖北武汉:2012(11).

[38] 中华人民共和国国家标准.房屋建筑和市政基础设施工程质量检测技术管理规范[S]GB 50618—2011.北京:中国建筑工业出版社,2011.

[39] 中华人民共和国国家标准.数值修约规则与极限数值的表示和判定[S]GB/T 8170—2008.北京:中国标准出版社,2009.

[40] 中华人民共和国交通运输行业标准.公路试验检测数据报告编制导则[S]JT/T 828—2012.北京:人民交通出版社,2012.

[41] 中华人民共和国国家计量技术规范.通用计量术语及定义[S]JJF 1001—2011.北京:中国质检出版社,2012.

[42] 中华人民共和国国家标准.合格评定 能力验证的通用要求[S]GB/T 27043—2012.北京:中国标准出版社,2013.

[43] 中华人民共和国行业标准.公路工程质量检验评定标准 第一册 土建工程[S]JTGF80/1—2004.北京:人民交通出版社,2004.

[44] 中华人民共和国行业标准.公路工程质量检验评定标准 第二册 机电工程[S]JTGF80/2—2004.北京:人民交通出版社,2004.

[45] 中华人民共和国行业标准.公路土工试验规程[S]JTG E40—2007.北京:人民交通出版社,2007.

[46] 中华人民共和国行业标准.公路工程无机结合料稳定材料试验规程[S]JTG E51—2009.北京:人民交通出版社,2009.

[47] 中华人民共和国行业推荐性标准.公路路面基层施工技术细则[S]JTG/T F20—2015.北京:人民

参 考 文 献

交通出版社股份有限公司，2015.
[48] 中华人民共和国行业标准．公路工程岩石试验规程［S］JTG E41—2005. 北京：人民交通出版社，2005.
[49] 中华人民共和国行业标准．公路工程集料试验规程［S］JTG E42—2005. 北京：人民交通出版社，2005.
[50] 中华人民共和国行业推荐性标准．公路水泥混凝土路面施工技术细则［S］JTG/T F30—2014. 北京：人民交通出版社，2014.
[51] 中华人民共和国行业推荐性标准．公路桥涵施工技术规范［S］JTG/T F50—2011. 北京：人民交通出版社，2011.
[52] 中华人民共和国行业标准．公路工程沥青及沥青混合料试验规程［S］JTG E 20—2011. 北京：人民交通出版社，2011.
[53] 中华人民共和国行业标准．公路沥青路面施工技术规范［S］JTG F40—2004. 北京：人民交通出版社，2004.
[54] 中华人民共和国行业标准．公路路基路面现场测试规程［S］JTG E60—2008. 北京：人民交通出版社，2008.
[55] 中华人民共和国国家标准．高分子防水材料　第1部分　片材［S］GB 18173.1—2012. 北京：中国标准出版社，2013.
[56] 中华人民共和国国家标准．高分子防水材料　第2部分　止水带［S］GB 18173.2—2014. 北京：中国标准出版社，2015.
[57] 中华人民共和国国家标准．高分子防水材料　第3部分　遇水膨胀橡胶［S］GB/T 18173.3—2014. 北京：中国标准出版社，2015.
[58] 中华人民共和国国家标准．石油沥青纸胎油毡［S］GB 326—2007. 北京：中国标准出版社，2008.
[59] 中华人民共和国国家标准．输送流体用无缝钢管［S］GB/T 8163—2008. 北京：中国标准出版社，2009.
[60] 中华人民共和国国家标准．混凝土外加剂［S］GB 8076—2008. 北京：中国标准出版社，2009.
[61] 中华人民共和国建材行业标准．喷射混凝土用速凝剂［S］JC 477—2005. 北京：中国建材工业出版社，2005.
[62] 中华人民共和国煤炭行业标准．水泥锚杆　锚固剂［S］MT 219—2002. 北京：中国煤炭工业出版社，2002.
[63] 中华人民共和国建材行业标准．砂浆、混凝土防水剂［S］JC 474—2008. 北京：中国建材工业出版社，2008.
[64] 中华人民共和国国家标准．碳素结构钢［S］GB/T 700—2006. 北京：中国标准出版社，2007.
[65] 中华人民共和国国家标准．工业硅酸钠［S］GB/T 4209—2008. 北京：中国标准出版社，2008.
[66] 中华人民共和国交通行业标准．公路工程土工合成材料　短纤针刺非织造土工布［S］. JT/T 520—2004 北京：人民交通出版社，2004.
[67] 中国工程建设标准化协会标准．岩土锚杆（索）技术规程［S］CECS 22—2005. 北京：中国计划出版社，2005.
[68] 中华人民共和国交通运输行业标准．预应力混凝土桥梁用塑料波纹管［S］JT/T 529—2016. 北京：人民交通出版社有限公司，2016.
[69] 中华人民共和国国家标准．埋地用聚乙烯（PE）结构壁管道系统　第1部分　聚乙烯双壁波纹管材［S］GB/T 19472.1—2004. 北京：中国标准出版社，2004.
[70] 中华人民共和国国家标准．农田排水用塑料单壁波纹管［S］GB/T 19647—2005. 北京：中国标准出版社，2005.

[71] 中华人民共和国建材行业标准．软式透水管[S]JC 937—2004．北京：中国建材工业出版社，2005．

[72] 中华人民共和国国家标准．低压流体输送用焊接钢管[S]GB/T 3091—2015．北京：中国标准出版社，2015．

[73] 中华人民共和国国家标准．热轧型钢[S]GB/T 706—2008．北京：中国标准出版社，2008．

[74] 中华人民共和国交通行业标准．公路桥梁板式橡胶支座[S]JT/T 4—2004．北京：人民交通出版社，2004．

[75] 中华人民共和国交通行业标准．公路桥梁盆式支座[S]JT/T 391—2009．北京：人民交通出版社，2009．

[76] 中华人民共和国国家标准．桥梁球型支座[S]GB/T 17955—2009．北京：中国标准出版社，2009．

[77] 中华人民共和国交通行业标准．公路桥梁伸缩装置[S]JT/T 327—2004．北京：人民交通出版社，2004．

[78] 中华人民共和国国家标准．水泥细度检验方法筛析法[S]GB/T 1345—2005．北京：中国标准出版社，2005．

[79] 中华人民共和国国家标准．水泥比表面积测定方法 勃氏法[S]GB/T 8074—2008．北京：中国标准出版社，2008．

[80] 中华人民共和国建材行业标准．勃氏透气仪[S]JC/T 956—2014．北京：中国建材工业出版社，2015．

[81] 中华人民共和国国家标准．水泥标准稠度用水量、凝结时间、安定性检验方法[S]GB/T 1346—2011．北京：中国标准出版社，2012．

[82] 中华人民共和国国家标准．水泥胶砂流动度测定方法[S]GB/T 2419—2005．北京：中国标准出版社，2005．

[83] 中华人民共和国国家标准．水泥胶砂强度检验方法（ISO法）[S]GB/T 17671—1999．北京：中国标准出版社，1999．

[84] 中华人民共和国国家标准．水泥密度测定方法[S]GB/T 208—2014．北京：中国标准出版社，2014．

[85] 中华人民共和国行业标准．混凝土用水标准[S]JGJ 63—2006．北京：中国建筑工业出版社，2006．

[86] 中华人民共和国国家标准．用于水泥和混凝土中的粉煤灰[S]GB/T 1596—2005．北京：中国标准出版社，2005．

[87] 中华人民共和国国家标准．水泥化学分析方法[S]GB/T 176—2008．北京：中国标准出版社，2009．

[88] 中华人民共和国国家标准．金属材料 拉伸试验 第1部分：室温试验方法[S]GB/T 228.1—2010．北京：中国标准出版社，2011．

[89] 中华人民共和国行业标准．钢筋焊接及验收规程[S]JGJ 18—2012．北京：中国建筑工业出版社，2012．

[90] 中华人民共和国行业标准．钢筋机械连接技术规程[S]JGJ 107—2016．北京：中国建筑工业出版社，2016．

[91] 中华人民共和国国家标准．金属材料 洛氏硬度试验 第1部分：试验方法（A、B、C、D、E、F、G、H、K、N、T标尺）[S]GB/T 230.1—2009．北京：中国标准出版社，2009．

[92] 中华人民共和国行业标准．公路工程水泥及水泥混凝土试验规程[S]JTG E30—2005．北京：人民交通出版社，2005．

[93] 中国工程建设标准化协会标准．钻芯法检测混凝土强度技术规程[S]CECS 03—2007．北京：中国

建筑工业出版社，2007.

[94] 中国工程建设标准化协会标准. 超声回弹综合法检测混凝土强度技术规程[S]CECS 02—2005. 北京：中国建筑工业出版社，2005.

[95] 中华人民共和国行业标准. 回弹法检测混凝土抗压强度技术规程[S]JGJ/T 23—2011. 北京：中国建筑工业出版社，2011.

[96] 中华人民共和国国家标准. 普通混凝土长期性能和耐久性能试验方法标准[S]GB/T 50082—2009. 北京：中国建筑工业出版社，2010.

[97] 中华人民共和国国家标准. 用于水泥和混凝土中的粒化高炉矿渣粉[S]GB/T 18046—2008. 北京：中国标准出版社，2008.

[98] 中华人民共和国国家标准. 砂浆和混凝土用硅灰[S]GB/T 27690—2011. 北京：中国标准出版社，2012.

[99] 中华人民共和国国家标准. 高强高性能混凝土用矿物外加剂[S]GB/T 18736—2002. 北京：中国标准出版社，2002.

[100] 中华人民共和国国家标准. 矿物掺合料应用技术规范[S]GB/T 51003—2014. 北京：中国建筑工业出版社，2014.

[101] 中华人民共和国国家标准. 硅灰的化学分析方法[S]GB/T 27973—2011. 北京：中国标准出版社，2012.

[102] 中华人民共和国国家标准. 普通混凝土拌合物性能试验方法标准[S]GB/T 50080—2002. 北京：中国建筑工业出版社，2003.

[103] 中华人民共和国国家标准. 混凝土外加剂匀质性试验方法[S]GB/T 8077—2012. 北京：中国标准出版社，2013.

[104] 中华人民共和国国家标准. 混凝土膨胀剂[S]GB 23439—2009. 北京：中国标准出版社，2009.

[105] 中华人民共和国建材行业标准. 混凝土防冻剂[S]JC 475—2004. 北京：中国建材工业出版社，2005.

[106] 中华人民共和国行业标准. 砌筑砂浆配合比设计规程[S]JGJ/T 98—2010. 北京：中国建筑工业出版社，2011.

[107] 中华人民共和国行业标准. 普通混凝土配合比设计规程[S]JGJ 55—2011. 北京：中国建筑工业出版社，2011.

[108] 中华人民共和国行业标准. 公路路基施工技术规范[S]JTG F10—2006. 北京：人民交通出版社，2006.

[109] 中华人民共和国国家标准. 普通混凝土力学性能试验方法标准[S]GB/T 50081—2002. 北京：中国建筑工业出版社，2003.

[110] 中华人民共和国行业推荐性标准. 公路土工合成材料应用技术规范[S]JTG/T D32—2012. 北京：人民交通出版社，2012.

[111] 中华人民共和国交通运输行业标准. 公路工程路面基层稳定用水泥[S]JT/T 994—2015. 北京：人民交通出版社股份有限公司，2015.

[112] 中华人民共和国国家标准. 混凝土强度检验评定标准[S]GB/T 50107—2010. 北京：中国建筑工业出版社，2010.

[113] 中华人民共和国国家标准. 岩土工程勘察规范(2009 版)[S]GB 50021—2001. 北京：中国建筑工业出版社，2009.

[114] 中华人民共和国国家标准. 混凝土质量控制标准[S]GB 50164—2011. 北京：中国建筑工业出版社，2011.

[115] 中华人民共和国国家标准. 建设用砂[S]GB/T 14684—2011. 北京：中国标准出版社，2011.

[116] 中华人民共和国国家标准.建设用卵石、碎石[S]GB/T 14685—2011.北京：中国标准出版社，2011.

[117] 中华人民共和国国家标准.砌体结构工程施工质量验收规范[S]GB 50203—2011.北京：中国建筑工业出版社，2011.

[118] 中华人民共和国行业标准.建筑砂浆基本性能试验方法标准[S]JGJ/T 70—2009.北京：中国建筑工业出版社，2009.

[119] 李彬.李海峰，混凝土强度离散性原因分析[J].职业，2010(18)：138-139.

[120] 彭成锦，浅谈桥梁工程灌注桩施工中导管堵塞的处理方法[J].民营科技，2009(2)：168-168.

[121] 周少松.徐辉，混凝土强度不足成因和处理措施[J].城市建设理论研究：电子版，2012(18).

[122] 武海波.浅谈钢筋混凝土T梁裂缝成因及其处理措施[J].科技创新导报，2007(18)：27-27.

[123] 张志红，隧道二次衬砌混凝土裂缝原因分析和治理措施[J].西部探矿工程，2005，17(1)：109-110.

[124] 西安旭丰科技发展有限责任公司.骨料粉料配比沥青拌合站质量检测系统 SEIPHER[EB/OL].慧聪网．

[125] 苍穹之鹰2.拌合站生产数据自动采集与监管系统[EB/OL].百度文库，2014-04-23.

[126] 广州粤建三和软件有限公司.保障房混凝土植入FRID芯片[EB/OL].百度百科．

网上下载服务说明

网上下载服务：公路工程施工项目管理需要的各种表格。

网上免费下载服务使用方法如下：

1. 计算机用户

2. 移动端用户

注：增值服务从本书发行之日起开始提供，如果输入卡号和密码或扫码后无法通过验证，请及时与我社联系。

客服电话：4008-188-688（周一至周五 9：00—17：00）

防盗版举报电话：010-58337026，010-58337208，举报查实重奖。

网上下载服务如有不完善之处，敬请广大读者谅解。欢迎提出宝贵意见和建议，谢谢！